# FIDIC 合同原理与实务

崔军 著

机械工业出版社

本书以英国法为基础，总结了 FIDIC 合同的历史沿革，概括了 FIDIC 合同体系中各种标准合同格式的主要特征，并以使用最为广泛的 FIDIC 合同 1987 年第 4 版旧红皮书和 1999 年第 1 版新红皮书为主线，阐述了国际承包工程项目的主要当事人——业主、工程师、承包商、分包商的权利和义务，全面论证了施工合同的性质、合同的成立、投标程序、设计、分包、变更、付款、违约救济、索赔以及争议的解决等内容。本书采用了大量的英国和美国的著名判例，并在每一章之后以附录的方式提供了与国际承包工程相关的信息，有助于读者直接引用这些判例，深入了解和研究 FIDIC 合同。

本书适用于从事国际承包工程业务的各级项目管理人员使用，也适用于从事国际承包工程项目的设计咨询工程业务人员和监理工程师使用，还可供参与国际承包工程项目争议案件的律师、仲裁员参考借鉴，并可作为大专院校工程管理相关专业的 FIDIC 合同教材。

**图书在版编目（CIP）数据**

FIDIC 合同原理与实务/崔军著.—北京：机械工业出版社，2011.10（2021.8 重印）
ISBN 978-7-111-35576-2

Ⅰ.①F… Ⅱ.①崔… Ⅲ.①合同承包—研究 Ⅳ.①F243.5

中国版本图书馆 CIP 数据核字（2011）第 158744 号

机械工业出版社（北京市百万庄大街 22 号　邮政编码 100037）
策划编辑：闫云霞　责任编辑：闫云霞
版式设计：张世琴　责任校对：陈延翔
封面设计：鞠　杨　责任印制：李　昂
北京捷迅佳彩印刷有限公司印刷
2021 年 8 月第 1 版第 4 次印刷
160mm×235mm · 44 印张 · 2 插页 · 785 千字
标准书号：ISBN 978-7-111-35576-2
定价：96.00 元

电话服务　　　　　　　　　网络服务
客服电话：010-88361066　　机　工　官　网：www.cmpbook.com
　　　　　010-88379833　　机　工　官　博：weibo.com/cmp1952
　　　　　010-68326294　　金　书　网：www.golden-book.com
**封底无防伪标均为盗版**　　机工教育服务网：www.cmpedu.com

# 作者简介

## 崔 军

北京大学法学学士，法学硕士，中国对外承包工程商会专家委员，中国国际经济贸易仲裁委员会仲裁员，英国皇家特许建造师，英国土木工程师学会关联会员，英国建筑法学会会员。

在中东、非洲、亚洲、欧洲工作长期从事国际工程承包项目管理工作。在国外工作期间，主要从事项目索赔、合同管理，驻在国公司的管理和运营，BOT/PPP 项目开发等工作，熟谙国际工程承包市场的历史、现状及其运作模式。

主要著作：

专著《FIDIC 合同原理与实务》

专著《FIDIC 分包合同原理与实务》

合著《国际承包工程实用手册》

译著《FIDIC 用户指南》

译著《施工合同索赔》

译著《工期索赔》

合著《国际工程承包总论》（第 2 版）

专著《国际工程承包市场开发实务》（即将出版）

专著《国际工程设计——施工和 EPC 合同应用实务》（即将出版）

专著《国际工程分包合同应用实务》（即将出版）

译著《工期延误分析》

主要论文和文章：

在《国际经济合作》、《国际工程与劳务》、《项目管理技术》上发表论文和文章 40 多篇。

FIDIC 分包的一般原则和特殊规则系列文章

FIDIC 工期索赔的计算系列文章
工期延误分析技术——计划影响分析法
工期延误分析技术——时间影响分析法
工期延误分析技术——实际与计划工期对比法
工期延误分析技术——影响事件剔除法
论 FIDIC 合同的设计责任
FIDIC 合同中满足使用功能的义务
FIDIC 合同中按劳付酬原则及其应用
FIDIC 合同中的警告义务
论国际工程项目中的意向书
CPM 网络进度计划中时差的归属

主要讲座和课程：
海外 BOT/PPP 实践
BOT/PPP 项目的风险、识别和分担
海外 BOT/PPP 项目开发策略
FIDIC 合同索赔和案例分析
国际工程承包市场开发策略
国际 EPC 项目管理实务
国际工程分包合同实战解析
国际 EPC 分包合同管理最佳实践

# 序

我很荣幸受邀为《FIDIC 合同原理与实务》一书作序。

自 1979 年我国第一批对外承包工程企业进入国际工程承包市场以来，我国对外承包工程事业取得了令世人瞩目的辉煌业绩，走过了从无到有、从弱到强，从简单的劳务分包、工程分包、工程施工到设计采购施工 EPC 项目总承包，从工程承包到 BOT/PPP 投资模式的转变历程。身为中国对外承包工程事业发展的亲历者和见证人，我为中国对外承包工程事业取得的骄人业绩感到自豪。

30 多年来，我国对外承包工程企业的规模不断发展壮大。截至 2010 年底，已有 2800 多家中国企业获得了对外承包工程经营资质。2008 年以来，中国中铁股份有限公司、中国铁建股份有限公司、中国建筑股份有限公司、中国交通建设股份有限公司、中国冶金科工股份有限公司 5 家企业相继跻身《财富》杂志世界 500 强。中国内地企业入选美国《工程新闻记录》（ENR）全球最大 225 家国际承包商的数量逐年增多，从 1981 年的 1 家快速发展到 2010 年的 54 家，并且，2010 年入选 ENR 全球最大 225 家国际承包商的中国对外承包工程企业整体实力已经跃居世界第一位。

自 2000 年以来，我国对外承包工程企业在国际工程承包市场的业务规模不断扩大，并保持高速增长的态势。我国对外承包工程企业新签合同额和完成营业额年均增长率约 30%，从 2000 年的新签合同额 117 亿美元、完成营业额 84 亿美元，猛增到 2010 年的新签合同额 1344 亿美元、完成营业额 922 亿美元。

经过 30 多年的不懈努力，我国对外承包工程业务领域已从单纯的交通、建筑工程扩大到石油化工、制造加工、电子通信、水利水电、环保、矿山建设等诸多领域，形成了多元化的市场和业务格局。

进入 21 世纪以来，我国对外承包工程事业正经历着从起步走向成熟、从低端市场走向高端市场、从成本优势型转向资本技术和管理优势型发展的重要阶段。一些对外承包工程企业发挥自身优势，开发并实施了 BOT 和 PPP 等特许经营性质的投资类工程项目，开展对外投资业务，探索转变传统承包方式行业升级之路，在竞争激烈的国际工程承包市场上获得了先机，成功实现了业务的转型、规模的扩大、效益的提高和企业的健康发展。

作为土木工程合同的"圣经"，FIDIC 合同已经广泛应用在我国对外承包工程企业实施的国际工程项目中。在过去的 30 多年里，我国对外承包工程企业签署和执行最多的莫过于国际咨询工程师联合会颁布的 FIDIC 系列合同，经历了使用 1977 年第 3 版 FIDIC 合同，1987 年第 4 版 FIDIC 红皮书，1999 年版 FIDIC 新红皮书、新黄皮书和银皮书的整个过程。FIDIC 合同使我国对外承包工程企业了解和认识了国际工程项目的施工理念、运作模式和程序，也使我们成为熟练的操作者和践行者，并成就了一批 FIDIC 合同方面理论与实务研究的管理人才。

我很高兴看到一本以 FIDIC 合同原理与实务为标题的专著的出现，这是继作者的力作《FIDIC 分包合同原理与实务》之后的另一本以 FIDIC 合同为研究对象的专著。本书不仅详细阐述了 FIDIC 合同涉及的 FIDIC 合同体系、合同的成立、业主的主要权利和义务、承包商的主要权利和义务、工程师的责任和义务，还详细论证了设计责任、施工延误和干扰、变更、付款、索赔、合同的暂停和终止以及争议的解决等内容，是一本理论功底扎实、实务性强的著作。同时，本书还介绍了当代最新的基于关键线路法 CPM 的施工延误分析技术、最新的国际工程项目合同理论研究成果，以反映当代 FIDIC 合同研究的最新成果，与时代同步。

对于我国对外承包工程企业和国际工程项目的参与者和管理者来说，深刻理解和掌握 FIDIC 合同条款的真谛，将能提高国际工程项目的管理水平，维护企业的合法权益，而本书无疑会起到这样的作用。

中国对外承包工程商会会长

# 前 言

作为拙著《FIDIC 分包合同原理与实务》（机械工业出版社 2010 年 1 月出版发行）的姊妹篇，本书以英国法为基础，以 FIDIC 合同为平台，详细阐述和论证了 FIDIC 合同，即主包合同的成立、业主和工程师的权利和义务、承包商的权利和义务、工程设计、不同现场条件和施工干扰、工程缺陷和缺陷通知期限、变更、支付、索赔、工程的暂停、违约和终止以及争议的解决等多方面的合同问题。同时，本书还利用作者在《FIDIC 分包合同原理与实务》中的研究成果和结论，并在以前研究的基础上针对 FIDIC 合同作了进一步论证，以期为读者提供翔实的论据和支撑，稳固而立论长久的观点。

秉承《FIDIC 分包合同原理与实务》的写作风格和体例，本书仍在每章后面以附录的方式介绍与有关章节内容相关的知识，并在每一章节的正文内容中大量地直接引用了英、美等普通法系的判例，一方面，这些案例可以支持作者的论点，另一方面，读者可以在实践中直接参考这些判例，利用这些判例中的结论，维护自身权益。

FIDIC 合同是国际咨询工程师联合会聘请知名咨询工程师、法学专家、律师等编制的一套适用于国际建筑和土木工程项目的标准合同格式，自 1957 年第 1 版面世以来，获得了业主、工程师和承包商的好评，在国际工程项目中得到了广泛的应用，国际金融组织，如世界银行、亚洲开发银行等也将 FIDIC 合同作为公共工程采购的一项标准合同格式。FIDIC 合同在国际上的流行有其自身的原因，一方面，以英国土木工程师学会 ICE 合同为基础的 FIDIC 合同反映了西方国家 200 多年建筑和土木工程业的实践、经验和发展趋势；另一方面，FIDIC 合同构建的业主、工程师和承包商三位一体的工程项目实施机制很好地平衡了业主和承包商的权利和义务，而 FIDIC 合同 1999 年版合同中引进的争议裁决委员会机制无疑为争议的解决，避免过多的仲裁和诉讼设置了防火墙。

自 FIDIC 编制出版了 1999 版合同系列后，该版合同得到了日益广泛的应用，但与此同时，1987 年第 4 版施工合同条款也还将在若干年内与新版合同并存使用。对于那些熟悉第 4 版施工合同的人而言，由于 1999 年版合同在条款编号、体例、语言和内容上作了大幅度修改，需要时间适应 1999 年版合同的内容，因此，本书采用了对比的方法，照应两版合同的不同规定，甄别内涵的细微差别，为读者提供全面的解决方案。

1999 年版 FIDIC 合同族包括红皮书《施工合同条款》、黄皮书《生产设备和设计—施工合同条款》、银皮书《设计采购施工（EPC）/交钥匙工程合同条款》以及绿皮书《简易合同条款》，其中使用最为广泛的是红皮书，因此，本书将以红皮书为主轴，兼顾黄皮书和银皮书的内容，并在专门章节中加以论述，以免有失偏狭。

本人是一个学法律出身的人，因工作关系，多年来行走于国际承包工程的边缘或深入其中，虽与法律渐行渐远，但情愫依旧，未敢忘怀。与《FIDIC 分包合同原理与实务》相一致，本书依旧从法律视角为出发点，力争从法律的角度把握国际承包工程中的 FIDIC 合同应用中的有关问题，但本书并不是一本纯粹的法律书籍，而是一本以法律为工具，论述 FIDIC 合同和国际承包工程中实际问题的著作。再者，从法律的角度阐述国际承包工程实务，能够从更高的层次和形态解决棘手的合同问题，避免就事论事，一叶障目。

为了保持体例的完整，本书还将 FIDIC 分包合同的内容纳入有关章节。为化繁为简，避免重复，作者重新整理和归纳了其发表在《国际工程与劳务》杂志的 FIDIC 分包合同的系列文章。读者如需深入了解分包合同，建议阅读拙著《FIDIC 分包合同原理与实务》。

在国际承包工程项目中，有些工程项目使用的是 FIDIC 合同，有些工程项目使用的是业主编制的合同或其他标准合同格式，但无论采用何种合同格式，尽管合同条款的具体规定不同，但国际工程项目中的基本原理和规则是相通的，因此，了解 FIDIC 合同原理，也有助于使用其他合同格式的施工管理人员把握合同的基本要求和运作机制。

能够完成这本专著，首先得益于我妻子和孩子的体谅，没有她们的支持，不可能心无旁骛完成写作任务。在写作和本书出版过程中，还得到了机械工业出版社闫云霞策划编辑和其他编辑人员的大力支持，在此一并表示真诚的感谢。

# 缩略语表

| | |
|---|---|
| AGC | The Associated General Contractors of America/美国总包商协会 |
| AIA | American Institute of Architects/美国建筑师学会 |
| BOT | Build – Operation – Transfer/建造 – 运营 – 移交 |
| CECA | The Civil Engineering Contractors Association/英国土木工程承包商协会 |
| CIOB | The Chartered Institute of Building/英国特许建造学会 |
| DB | Design and Build/设计—建造 |
| DBO | Design Build and Operation/设计—建造和运营 |
| EOT | Extension of Time/工期延长 |
| FECE | The English Federation of Civil Engineering Contractors/英国土木工程承包商联合会 |
| FIDIC | International Federation of Consulting Engineers/国际咨询工程师联合会 |
| EPC | Engineering – Procurement – Construction/设计 – 采购 – 建造 |
| ICE | Institute of Civil Engineers/英国土木工程师学会 |
| JCT | The Joint Contracts Tribunal Limited/英国联合合同裁判所 |
| NEC | New Engineering Contract/新工程合同条件，英国土木工程学会编制 |
| PFI | Private Finance Initiative/私营主导融资 |
| PPP | Public Private Partnership/公共私营合伙 |
| RIBA | The Royal Institute of British Architects/英国皇家建筑师协会 |
| SCL | Society of Construction Law/英国建筑法学会 |

# 目 录

序
前言
缩略语表

## 第1章 FIDIC 合同体系 ... 1
### 1.1 FIDIC 合同的历史演变 ... 1
1.1.1 ICE 合同和 ACE 合同 ... 1
1.1.2 第1版 FIDIC 合同 ... 3
1.1.3 第2版和第3版 FIDIC 合同 ... 4
### 1.2 FIDIC 彩虹族合同 ... 5
1.2.1 彩虹族合同 ... 5
1.2.2 1987年第4版红皮书 ... 6
1.2.3 FIDIC 桔皮书 ... 9
1.2.4 FIDIC 分包合同格式 ... 10
### 1.3 1999年版 FIDIC 合同体系 ... 13
1.3.1 1999年版 FIDIC 合同 ... 13
1.3.2 FIDIC 新红皮书 ... 15
1.3.3 FIDIC 新黄皮书 ... 16
1.3.4 FIDIC 银皮书 ... 16
1.3.5 FIDIC 绿皮书 ... 16
1.3.6 FIDIC 蓝皮书 ... 17
### 1.4 FIDIC 合同协调版 ... 17
### 1.5 2008年设计—建造和运营合同 ... 19
1.5.1 DBO 合同的适用范围 ... 19
1.5.2 DBO 合同的体例和条款安排 ... 19
1.5.3 DBO 合同条款的主要内容 ... 21
1.5.4 DBO 合同与 BOT 合同 ... 22
1.5.5 施工合同、DB 合同和 DBO 合同 ... 24
### 1.6 FIDIC 合同评述 ... 25
1.6.1 FIDIC 合同体系一览表 ... 25
1.6.2 FIDIC 合同述评 ... 26

附录1.1　国际咨询工程师联合会 …………………………………… 27
附录1.2　FIDIC其他出版物 ………………………………………… 28

## 第2章　施工合同的性质 …………………………………………… 31
### 2.1　施工合同的定义 ……………………………………………… 31
### 2.2　施工合同的当事人 …………………………………………… 34
2.2.1　业主 ………………………………………………………… 34
2.2.2　承包商 ……………………………………………………… 36
2.2.3　建筑师 ……………………………………………………… 37
2.2.4　工程师 ……………………………………………………… 37
2.2.5　验工计量师 ………………………………………………… 38
2.2.6　分包商 ……………………………………………………… 39
2.2.7　供应商 ……………………………………………………… 39
### 2.3　施工合同类型 ………………………………………………… 40
2.3.1　施工合同分类 ……………………………………………… 40
2.3.2　单价、总价和成本加酬金合同 …………………………… 41
2.3.3　设计—施工合同 …………………………………………… 43
### 2.4　施工合同文件 ………………………………………………… 43
2.4.1　施工合同文件的构成 ……………………………………… 43
2.4.2　施工合同文件的优先次序 ………………………………… 46
### 2.5　合同的法律适用 ……………………………………………… 47
附录2.1　施工合同中的联合体 …………………………………… 48
附录2.2　文本之争（1） …………………………………………… 51
附录2.3　文本之争（2） …………………………………………… 53

## 第3章　合同的成立 ………………………………………………… 55
### 3.1　合同成立的条件 ……………………………………………… 55
3.1.1　要约 ………………………………………………………… 55
3.1.2　承诺 ………………………………………………………… 60
3.1.3　对价 ………………………………………………………… 64
3.1.4　合同成立的要件 …………………………………………… 65
### 3.2　合同的相互关系 ……………………………………………… 67
### 3.3　从担保 ………………………………………………………… 69
3.3.1　从担保的定义 ……………………………………………… 69
3.3.2　从担保的法律意义和后果 ………………………………… 69
3.3.3　建筑工程业常见的从担保类型 …………………………… 71
3.3.4　英国JCT合同体系下的从担保 …………………………… 71

- 3.3.5 从担保的主要内容和期限 ……………………………………… 72
- 3.3.6 从担保协议的构成 ……………………………………………… 72
- 3.3.7 FIDIC 和 ICE 的观点 …………………………………………… 73

3.4 意向书 …………………………………………………………………… 73
- 3.4.1 意向书的定义 …………………………………………………… 73
- 3.4.2 意向书使用的不同情况和后果 ………………………………… 74
- 3.4.3 如何判断意向书是否具有约束力 ……………………………… 78
- 3.4.4 意向书无法律约束力时的补救措施 …………………………… 81

3.5 合同的内容 ……………………………………………………………… 81
- 3.5.1 条款和抽象陈述 ………………………………………………… 81
- 3.5.2 明示条款和默示条款 …………………………………………… 81
- 3.5.3 条件条款和担保条款 …………………………………………… 82

附录 3.1 大陆法系和英美法系 ……………………………………………… 84
附录 3.2 英美法院判例标注的含义 ………………………………………… 86
附录 3.3 溯及既往的合同效力 ……………………………………………… 87

# 第 4 章 招标和投标 ……………………………………………………… 89

4.1 概述 ……………………………………………………………………… 89
4.2 FIDIC 建议的招标程序 ………………………………………………… 90
4.3 承包商的投标程序 ……………………………………………………… 91
- 4.3.1 投标程序 ………………………………………………………… 91
- 4.3.2 投标的撤回 ……………………………………………………… 94

4.4 投标过程中当事人的义务 ……………………………………………… 94
- 4.4.1 参与投标的承包商的义务 ……………………………………… 94
- 4.4.2 业主的义务 ……………………………………………………… 96

4.5 业主要求和承包商建议书 ……………………………………………… 97
- 4.5.1 业主要求 ………………………………………………………… 97
- 4.5.2 承包商建议书 …………………………………………………… 98

4.6 投标两阶段合同理论 …………………………………………………… 99
- 4.6.1 投标两阶段合同理论的来源及其影响 ………………………… 99
- 4.6.2 如何判断 A 合同或主包商与分包商之间合同关系的存在 …… 100
- 4.6.3 投标阶段主包商和分包商的关系 ……………………………… 100
- 4.6.4 投标阶段主包商承诺的约束力 ………………………………… 101
- 4.6.5 投标阶段分包商承诺的约束力 ………………………………… 102

4.7 允诺禁反言原则 ………………………………………………………… 103
4.8 投标中的错误 …………………………………………………………… 105

4.9 普通法给予的权利 …… 107
附录4 FIDIC 建议业主要求的内容 …… 109

# 第5章 业主的主要义务 …… 110

5.1 概述 …… 110
5.2 提供现场占有权的义务 …… 111
  5.2.1 现场占有权的含义 …… 111
  5.2.2 合同的明示义务 …… 112
  5.2.3 默示义务 …… 114
  5.2.4 进入和占有程度 …… 116
  5.2.5 未能履行提供现场进入权和占有权的义务 …… 117
5.3 任命建筑师或工程师的义务 …… 119
  5.3.1 FIDIC 合同的规定 …… 119
  5.3.2 任命工程师的方式 …… 120
  5.3.3 任命工程师协议中的主要问题 …… 120
  5.3.4 更换工程师 …… 121
5.4 发布指示的义务 …… 122
  5.4.1 业主的指示义务 …… 122
  5.4.2 1987年第4版 FIDIC 红皮书中业主的指示义务 …… 123
  5.4.3 1999年版 FIDIC 新红皮书、新黄皮书中业主的指示义务 …… 124
  5.4.4 业主指示的方式 …… 125
5.5 指定分包商或供货商的义务 …… 126
  5.5.1 业主指定分包商或供货商的动机 …… 126
  5.5.2 FIDIC 合同的规定 …… 127
5.6 支付义务 …… 129
5.7 披露信息的义务 …… 129
  5.7.1 业主向承包商披露信息的义务 …… 129
  5.7.2 FIDIC 合同的明示规定 …… 131
  5.7.3 现场条件和数据 …… 132
5.8 合作义务 …… 135
  5.8.1 FIDIC 合同的规定 …… 135
  5.8.2 积极的合作义务 …… 136
  5.8.3 消极的合作义务 …… 137
5.9 允许承包商履行全部工作的义务 …… 137
5.10 获得和协助承包商获得许可的义务 …… 138
5.11 安排资金的义务 …… 139

- 5.12 按照合同规定提供设备和免费材料的义务 ········· 140
- 5.13 补偿损失和费用的义务 ········· 141
- 附录 5.1 1987 年第 4 版 FIDIC 红皮书中业主的主要义务 ········· 141
- 附录 5.2 1999 年版新红皮书中业主的主要义务 ········· 147
- 附录 5.3 1999 年版新黄皮书中业主的主要义务 ········· 151
- 附录 5.4 1999 年版银皮书中业主的主要义务 ········· 156

## 第 6 章 工程师的主要义务和责任 ········· 160

- 6.1 概述 ········· 160
- 6.2 FIDIC《客户/咨询工程师协议书》········· 161
  - 6.2.1 FIDIC 白皮书的编制原则 ········· 161
  - 6.2.2 FIDIC 白皮书的主要条款和内容 ········· 161
  - 6.2.3 FIDIC 白皮书建议的咨询服务报酬的支付方式 ········· 163
  - 6.2.4 知识产权 ········· 164
  - 6.2.5 FIDIC 白皮书建议的争议解决程序 ········· 164
- 6.3 工程师的作用 ········· 164
- 6.4 设计和提供图纸的义务 ········· 166
- 6.5 监理义务 ········· 168
- 6.6 发布指示的义务 ········· 169
  - 6.6.1 1987 年第 4 版红皮书中工程师发布指示的义务 ········· 170
  - 6.6.2 1999 年版 FIDIC 新红皮书中工程师的指示义务 ········· 173
  - 6.6.3 1999 年版 FIDIC 新黄皮书中工程师的指示义务 ········· 176
- 6.7 通知义务 ········· 179
  - 6.7.1 1987 年第 4 版 FIDIC 红皮书中工程师的通知义务 ········· 179
  - 6.7.2 1999 年版 FIDIC 新红皮书中工程师的通知义务 ········· 183
- 6.8 作出决定的义务 ········· 185
  - 6.8.1 1999 年版 FIDIC 新红皮书中工程师作出决定的义务 ········· 185
  - 6.8.2 工程师作出决定的程序 ········· 187
  - 6.8.3 公正的决定 ········· 187
- 6.9 作出变更的义务 ········· 188
- 6.10 检查义务 ········· 189
- 6.11 计量义务 ········· 189
- 6.12 签认义务 ········· 190
- 6.13 工程师权力的限制 ········· 190
- 附录 6.1 1987 年第 4 版红皮书中工程师的主要义务和责任 ········· 191
- 附录 6.2 1999 年版新红皮书中工程师的主要义务和责任 ········· 197

附录6.3　1999年版新黄皮书中工程师的主要义务和责任 ······ 202

# 第7章　承包商的主要义务 ······ 208
## 7.1　概述 ······ 208
## 7.2　明示义务和默示义务 ······ 209
### 7.2.1　明示义务 ······ 209
### 7.2.2　默示义务 ······ 210
## 7.3　实施和完成工程项目的义务 ······ 211
## 7.4　质量义务 ······ 212
### 7.4.1　FIDIC合同的质量保证体系 ······ 212
### 7.4.2　"以适当的和技艺精湛的方式"的含义 ······ 213
### 7.4.3　材料和货物的质量义务 ······ 217
## 7.5　进度义务 ······ 218
### 7.5.1　FIDIC合同中的进度义务 ······ 218
### 7.5.2　FIDIC合同中"应有的速度和毫不耽搁地"的含义 ······ 218
## 7.6　合作义务 ······ 223
## 7.7　设计义务 ······ 224
## 7.8　警告义务 ······ 224
### 7.8.1　明示条款与默示义务 ······ 225
### 7.8.2　警告义务的范围和标准 ······ 226
### 7.8.3　分包合同中的警告义务 ······ 227
### 7.8.4　违反警告义务的后果 ······ 228
## 7.9　提供保证、保障和保险的义务 ······ 229
## 7.10　"使工程师满意"的含义 ······ 231
### 7.10.1　合同规定 ······ 231
### 7.10.2　学术解释 ······ 232
### 7.10.3　工程师应行为公正 ······ 232
### 7.10.4　"使工程师满意"的义务 ······ 233
附录7.1　1987年第4版红皮书中承包商的主要义务 ······ 233
附录7.2　1999年版新红皮书中承包商的主要义务 ······ 244
附录7.3　1999年版新黄皮书中承包商的主要义务 ······ 249
附录7.4　1999年版银皮书中承包商的主要义务 ······ 254

# 第8章　设计责任 ······ 259
## 8.1　概述 ······ 259
## 8.2　谨慎义务 ······ 260
### 8.2.1　谨慎义务的含义 ······ 260

## 8.2.2 谨慎标准的判断 ………………………………………………… 261
## 8.2.3 过失和违反谨慎义务 …………………………………………… 261
## 8.3 满足使用功能的义务 …………………………………………………… 262
### 8.3.1 定义和检验标准 ……………………………………………… 262
### 8.3.2 FIDIC 的立场 ………………………………………………… 263
### 8.3.3 工程建筑业中的默示担保义务 ……………………………… 264
### 8.3.4 违反满足使用功能义务的责任 ……………………………… 265
### 8.3.5 小结 …………………………………………………………… 266
## 8.4 受托责任 ………………………………………………………………… 266
## 8.5 设计程序 ………………………………………………………………… 268
附录 8.1 Greaves & Co.（Contractors）Ltd. 诉 Baynham Meikle & Partners，(1975) 4 BLR 56 案 …………………………………… 272
附录 8.2 Gloucestershire County Council 诉 Richardson；House of Lords [1969] 1 AC 480 案 ……………………………………… 273
附录 8.3 Viking Grain Storage Ltd. 诉 T. H. White Installations Ltd. 案 ……………………………………………………………… 276

# 第 9 章 设计—施工、EPC 和交钥匙合同 ……………………………………… 278
## 9.1 概述 ……………………………………………………………………… 278
## 9.2 设计—施工标准合同格式 ……………………………………………… 279
### 9.2.1 FIDIC 合同体系中的设计—施工合同格式 ………………… 279
### 9.2.2 ICE 合同体系中的设计—施工合同格式 …………………… 279
### 9.2.3 JCT 合同体系中的设计—施工合同格式 …………………… 279
### 9.2.4 AGC400 合同体系中的设计—施工合同格式 ……………… 279
### 9.2.5 NEC 合同体系中的设计—施工合同格式 …………………… 281
## 9.3 合同模式 ………………………………………………………………… 282
## 9.4 设计—施工合同的主要特征 …………………………………………… 283
## 9.5 设计—施工承包模式的优缺点 ………………………………………… 284
### 9.5.1 设计—施工合同的优点 ……………………………………… 284
### 9.5.2 设计—施工合同的缺点 ……………………………………… 285
## 9.6 与设计—施工、EPC 和交钥匙合同有关的主要问题 ………………… 286
## 9.7 FIDIC 新黄皮书 ………………………………………………………… 287
### 9.7.1 FIDIC 新黄皮书的适用范围 ………………………………… 287
### 9.7.2 FIDIC 新黄皮书主要事件的典型顺序 ……………………… 288
### 9.7.3 FIDIC 新黄皮书文件的构成和优先次序 …………………… 289
### 9.7.4 FIDIC 新黄皮书与新红皮书的主要区别 …………………… 291

## 9.8 FIDIC 银皮书 ............................................................ 292
### 9.8.1 FIDIC 银皮书的适用范围 ............................................ 292
### 9.8.2 FIDIC 银皮书主要事件的典型顺序 .................................. 293
### 9.8.3 FIDIC 银皮书文件的构成和优先次序 ............................... 295
### 9.8.4 FIDIC 银皮书与新黄皮书的主要区别 ............................... 295
## 附录 9.1  EPC 合同控制的关键——设计工作 ............................... 296
## 附录 9.2  EPC 项目的进度计划 ............................................ 298

# 第 10 章  工程分包合同 ....................................................... 303
## 10.1 工程分包的性质和特征 .................................................. 303
### 10.1.1 分包的定义 ........................................................ 303
### 10.1.2 工程分包的法律性质 ............................................... 303
### 10.1.3 分包不是"并存债务转移" ......................................... 305
### 10.1.4 分包的法律特征 ................................................... 307
## 10.2 分包合同关系 .......................................................... 307
### 10.2.1 一般原理 .......................................................... 307
### 10.2.2 主包商与分包商的合同关系 ....................................... 308
### 10.2.3 业主与分包商的关系 ............................................... 309
### 10.2.4 工程师与分包商之间的关系 ....................................... 310
### 10.2.5 小结 .............................................................. 311
## 10.3 FIDIC 分包合同的一般原则 ............................................ 311
## 10.4 FIDIC 分包合同的特殊规则 ............................................ 315
## 10.5 分包合同的编制 ....................................................... 320
### 10.5.1 编制分包合同的原则 ............................................... 320
### 10.5.2 解决方案 .......................................................... 322
## 10.6 分包合同的几个问题 .................................................... 324
### 10.6.1 责任传递条款 ..................................................... 324
### 10.6.2 附条件支付条款 ................................................... 325
### 10.6.3 留置权 ............................................................ 326
### 10.6.4 保障和保证不受损害条款 ......................................... 327
## 10.7 分包工程的控制和管理 .................................................. 329
### 10.7.1 国际工程分包市场和分包商的选择 ................................ 329
### 10.7.2 转让和再分包 ..................................................... 330
### 10.7.3 指定分包商及其管理 ............................................... 330
### 10.7.4 分包商的日常管理 ................................................. 331
### 10.7.5 分包商的索赔 ..................................................... 332
## 10.8 2009 年新版 FIDIC《施工分包合同条件》的主要内容和特点 ... 333

10.8.1 编制新版施工分包合同条件的原因和遵循的原则 ………… 333
10.8.2 新版施工分包合同条件的体例和主要内容 ………………… 334
10.8.3 2009 年新版 FIDIC 分包合同的主要特点 ………………… 336
10.8.4 分包合同争议裁决委员会 …………………………………… 339
10.8.5 2009 年 FIDIC《施工分包合同条件》中索赔处理机制 …… 340
10.8.6 2009 年 FIDIC《施工分包合同条件》的争议解决机制 …… 344
附录 10.1 受托履行的法律限制 ………………………………………… 350
附录 10.2 主合同和分包合同的契合 …………………………………… 353
附录 10.3 重新任命指定分包商的有关问题 …………………………… 354
附录 10.4 1994 年版 FIDIC 分包合同与 2009 年新版 FIDIC 分包合同
条款对照表 …………………………………………………… 356
附录 10.5 2009 年新版 FIDIC 分包合同与 1994 年版 FIDIC 分包合同
条款对照表 …………………………………………………… 360

## 第 11 章 工期 ……………………………………………………………… 365

11.1 明示和默示工期 …………………………………………………… 365
11.2 FIDIC 合同的工期要求 …………………………………………… 367
　　11.2.1 1987 年第 4 版红皮书中有关工期的条款 ………………… 367
　　11.2.2 1999 年版新红皮书、新黄皮书和银皮书中有关工期的条款 … 368
11.3 开工 ………………………………………………………………… 368
11.4 进度计划 …………………………………………………………… 370
　　11.4.1 FIDIC 合同对进度计划的要求 …………………………… 370
　　11.4.2 FIDIC 分包合同对进度计划的要求 ……………………… 371
　　11.4.3 承包商编制和递交进度计划的义务 ……………………… 373
　　11.4.4 更新进度计划 ……………………………………………… 380
　　11.4.5 进度计划构成合同文件时业主和承包商的义务 ………… 384
11.5 竣工 ………………………………………………………………… 385
　　11.5.1 实际完工和实质完工 ……………………………………… 385
　　11.5.2 竣工程序 …………………………………………………… 385
　　11.5.3 竣工试验 …………………………………………………… 387
11.6 承包商竣工后的义务 ……………………………………………… 389
　　11.6.1 缺陷责任 …………………………………………………… 389
　　11.6.2 缺陷通知期限内承包商的义务 …………………………… 389
　　11.6.3 履约证书 …………………………………………………… 391
附录 11.1 Walter Lawrence & Sons Ltd. 诉 Commercial Union Properties
　　　　　Ltd.（1984）案 ……………………………………………… 391

附录 11.2　Balfour Beatty Building Ltd. 诉 Chestermount Properties Ltd. (1993) 案 ……………………………………………………… 392

附录 11.3　Henry Boot Construction Ltd. 诉 Malmaision Hotel (Manchester) Ltd. (1999) 案 …………………………………………………… 396

# 第12章　施工延误和干扰 ………………………………………………………… 399
## 12.1　施工延误和干扰的定义及其分类 ……………………………………… 399
## 12.2　施工延误的成因 ………………………………………………………… 400
### 12.2.1　施工延误的主要成因 ………………………………………… 400
### 12.2.2　工程变更 ……………………………………………………… 401
### 12.2.3　不可预见事件 ………………………………………………… 402
### 12.2.4　设计延误和投标程序 ………………………………………… 403
### 12.2.5　业主原因 ……………………………………………………… 403
### 12.2.6　人员或货物的短缺 …………………………………………… 403
### 12.2.7　其他原因 ……………………………………………………… 404
## 12.3　施工延误分析技术——计划影响分析法 ……………………………… 404
### 12.3.1　概述 …………………………………………………………… 404
### 12.3.2　计划影响分析法 ……………………………………………… 404
## 12.4　时间影响分析法 ………………………………………………………… 407
### 12.4.1　概述 …………………………………………………………… 407
### 12.4.2　适用范围 ……………………………………………………… 408
### 12.4.3　示例 …………………………………………………………… 408
### 12.4.4　分析步骤 ……………………………………………………… 410
### 12.4.5　SCL 准则 ……………………………………………………… 411
### 12.4.6　主要优缺点 …………………………………………………… 411
## 12.5　实际与计划工期对比法 ………………………………………………… 412
### 12.5.1　概述 …………………………………………………………… 412
### 12.5.2　适用范围 ……………………………………………………… 412
### 12.5.3　示例 …………………………………………………………… 412
### 12.5.4　SCL 准则 ……………………………………………………… 413
### 12.5.5　主要优缺点 …………………………………………………… 414
## 12.6　影响事件剔除法 ………………………………………………………… 414
### 12.6.1　概述 …………………………………………………………… 414
### 12.6.2　适用范围 ……………………………………………………… 415
### 12.6.3　示例 …………………………………………………………… 415
### 12.6.4　SCL 准则 ……………………………………………………… 416
### 12.6.5　主要优缺点 …………………………………………………… 417

| | | |
|---|---|---|
| 12.6.6 | 使用哪种分析方法 | 417 |
| 12.7 | CPM 网络进度计划中时差的归属 | 418 |
| 12.7.1 | 时差的定义和分类 | 418 |
| 12.7.2 | 时差归属的重要意义 | 419 |
| 12.7.3 | 谁拥有时差 | 420 |
| 12.7.4 | NEC 和 FIDIC 合同的观点 | 425 |
| 12.7.5 | 良好的习惯做法 | 425 |
| 12.8 | SCL 准则 | 426 |
| 12.9 | 赶工 | 429 |
| 12.9.1 | 赶工的定义及其分类 | 429 |
| 12.9.2 | 采取赶工措施的时间和赶工措施 | 430 |
| 12.9.3 | 赶工的义务 | 431 |
| 12.9.4 | 协议赶工 | 433 |
| 12.9.5 | 单边赶工 | 435 |
| 12.9.6 | 建设性赶工 | 436 |
| 附录 12.1 | H. Fairweather & Co. Ltd. 诉 London Borough of Wandswoth (1987) 案 | 443 |
| 附录 12.2 | Glenlion Construction Ltd. 诉 The Guinness Trust (1987) 案 | 445 |
| 附录 12.3 | Great Eastern Hotel Company Ltd. 诉 John Liang Construction Ltd. & Anor (2005) 案 | 446 |
| 附录 12.4 | 运用时间影响分析技术 (TIA) 定量分析工期延长期限 | 448 |
| 附录 12.5 | 时间影响分析法汇总表 | 453 |
| 第 13 章 | 工程变更 | 455 |
| 13.1 | 变更的概念、性质和验证标准 | 455 |
| 13.1.1 | 标准格式合同中的定义 | 455 |
| 13.1.2 | 变更的原因和性质 | 456 |
| 13.1.3 | 司法验证标准 | 458 |
| 13.2 | 变更的权力和效果 | 460 |
| 13.2.1 | 变更的权力 | 460 |
| 13.2.2 | 变更的效果 | 462 |
| 13.3 | 变更的指示 | 463 |
| 13.4 | 变更的限制和拒绝 | 464 |
| 13.5 | 价值工程 | 469 |
| 13.6 | 变更的程序 | 470 |

13.7 工程量表与变更 …… 471
13.8 变更的估价 …… 473
　13.8.1 标准格式合同中的规定 …… 473
　13.8.2 变更估价的原则 …… 474
　13.8.3 公平的估价 …… 477
13.9 变更与索赔 …… 479
13.10 价格浮动 …… 481
13.11 因法律改变的调整 …… 485
13.12 暂定金额 …… 487
13.13 计日工 …… 489
附录13　FIDIC 合同 1987 年第 4 版和 1999 年版《施工合同条件》合同条款对照表 …… 491

# 第14章　支付
14.1 合同类型与付款方式 …… 499
　14.1.1 单价合同 …… 499
　14.1.2 总价合同 …… 499
　14.1.3 成本加酬金合同 …… 501
14.2 计量 …… 502
　14.2.1 计量准则 …… 502
　14.2.2 测量程序 …… 502
　14.2.3 分包工程的计量 …… 503
　14.2.4 估价 …… 503
14.3 付款程序 …… 505
　14.3.1 预付款支付程序 …… 505
　14.3.2 期中付款支付程序 …… 506
　14.3.3 最终付款支付程序 …… 509
14.4 业主的抵消权 …… 510
　14.4.1 抵消权 …… 510
　14.4.2 FIDIC 合同中业主对承包商抵消权的行使 …… 512
　14.4.3 向指定分包商直接付款 …… 513
　14.4.4 承包商对分包商抵消权的行使 …… 515
附录14　1987 年第 4 版红皮书业主、工程师和承包商的主要义务对照表 …… 516

# 第15章　风险的识别、分担和管理
15.1 国际工程合同风险及其分配 …… 537

- 15.1.1 国际工程合同风险 ……………………………………………… 537
- 15.1.2 不同合同类型的风险分配 ……………………………………… 540
- 15.2 FIDIC 合同中的风险及其分配 ………………………………………… 542
  - 15.2.1 不同 FIDIC 合同类型的风险分配 ……………………………… 542
  - 15.2.2 FIDIC 合同中的不可抗力风险 ………………………………… 545
- 15.3 合同风险的识别 ………………………………………………………… 547
  - 15.3.1 风险识别的步骤和方法 ………………………………………… 547
  - 15.3.2 风险识别的标示 ………………………………………………… 550
- 15.4 合同风险管理 …………………………………………………………… 551
  - 15.4.1 风险管理的架构和程序 ………………………………………… 551
  - 15.4.2 风险处理 ………………………………………………………… 552
- 15.5 国际工程项目中的担保 ………………………………………………… 554
  - 15.5.1 担保的分类 ……………………………………………………… 554
  - 15.5.2 国际工程承包行业中使用的担保 ……………………………… 555
  - 15.5.3 FIDIC 合同 1999 年版中使用的担保 ………………………… 557
  - 15.5.4 凭要求即付担保 ………………………………………………… 558
  - 15.5.5 凭单据付款担保 ………………………………………………… 559
- 附录 15 1999 年版新红皮书业主、工程师和承包商主要义务对照表 ……………………………………………………………… 560

## 第 16 章 索赔 …………………………………………………………… 574

- 16.1 概述 ……………………………………………………………………… 574
  - 16.1.1 索赔的定义 ……………………………………………………… 574
  - 16.1.2 索赔的构成条件 ………………………………………………… 575
  - 16.1.3 索赔的分类 ……………………………………………………… 576
  - 16.1.4 索赔的验证标准 ………………………………………………… 576
- 16.2 FIDIC 合同项下索赔的依据 …………………………………………… 577
  - 16.2.1 新旧版红皮书中的索赔依据 …………………………………… 577
  - 16.2.2 新旧版红皮书中索赔条款的主要变化 ………………………… 580
  - 16.2.3 1999 年版 FIDIC 合同中承包商向业主索赔条款 …………… 580
- 16.3 FIDIC 合同项下索赔的前提条件 ……………………………………… 581
- 16.4 工期延长索赔 …………………………………………………………… 583
  - 16.4.1 工期延长索赔的依据 …………………………………………… 583
  - 16.4.2 工期延长索赔的计算:单因延误事件 ………………………… 585
  - 16.4.3 工期延长索赔的计算:共同延误事件 ………………………… 598
- 16.5 费用索赔 ………………………………………………………………… 601
  - 16.5.1 直接损失和费用的含义 ………………………………………… 601

16.5.2　费用和利润索赔的合同依据 …………………………………… 602
　　16.5.3　费用索赔的分类 …………………………………………………… 605
　　16.5.4　费用索赔的计算 …………………………………………………… 605
16.6　分包工程的索赔 …………………………………………………………… 613
　　16.6.1　分包工程索赔概述 ………………………………………………… 613
　　16.6.2　分包工程的工期索赔 ……………………………………………… 615
　　16.6.3　分包工程的费用索赔 ……………………………………………… 616
16.7　反索赔：业主的索赔 ……………………………………………………… 617
　　16.7.1　1999年版FIDIC合同中业主向承包商索赔条款 ………………… 617
　　16.7.2　业主索赔的程序 …………………………………………………… 617
16.8　索赔的陈述和索赔报告的编制 …………………………………………… 618
附录16　1999年版新黄皮书业主、工程师和承包商主要义务
　　　　 对照表 …………………………………………………………………… 621

## 第17章　合同违约、损害赔偿、暂停和终止 …………………………… 636
17.1　概述 ………………………………………………………………………… 636
　　17.1.1　合同履行的概念和原则 …………………………………………… 636
　　17.1.2　违约和违约救济 …………………………………………………… 637
　　17.1.3　情势变迁、合同落空和不可抗力 ………………………………… 638
　　17.1.4　合同的让与和消灭 ………………………………………………… 640
17.2　误期损害赔偿费 …………………………………………………………… 640
　　17.2.1　误期损害赔偿费的性质 …………………………………………… 640
　　17.2.2　FIDIC合同中的误期损害赔偿费 ………………………………… 641
17.3　暂停 ………………………………………………………………………… 644
　　17.3.1　业主暂停的权利 …………………………………………………… 644
　　17.3.2　承包商暂停的权利 ………………………………………………… 645
17.4　合同的终止 ………………………………………………………………… 646
　　17.4.1　业主终止合同 ……………………………………………………… 646
　　17.4.2　承包商终止合同 …………………………………………………… 648
　　17.4.3　合同终止时的通知 ………………………………………………… 650
　　17.4.4　分包合同中主包商未能付款时的终止 …………………………… 652
　　17.4.5　分包合同中分包商不能满足进度要求时的终止 ………………… 653
　　17.4.6　方便时的终止 ……………………………………………………… 654
　　17.4.7　终止合同的后果 …………………………………………………… 655
附录17　1999年版FIDIC银皮书业主和承包商主要义务对照表 ……… 658

## 第18章　争议的解决 ……………………………………………………………… 666
18.1　争议解决方式的选择 ……………………………………………………… 666

18.1.1　合同当事人选择的权利 …………………………………………… 666
  18.1.2　标准合同格式规定的解决争议的方式 …………………………… 667
 18.2　FIDIC 合同项下解决争议的机制 ……………………………………… 669
  18.2.1　1987 年第 4 版规定的解决争议方式 ……………………………… 669
  18.2.2　1999 年版新红皮书规定的解决争议方式 ………………………… 670
  18.2.3　FIDIC 分包合同规定的解决争议方式 …………………………… 672
 18.3　仲裁 ………………………………………………………………………… 673
  18.3.1　仲裁条款和仲裁协议 ………………………………………………… 673
  18.3.2　仲裁机构 ……………………………………………………………… 674
  18.3.3　仲裁规则 ……………………………………………………………… 674
  18.3.4　仲裁程序 ……………………………………………………………… 675
  18.3.5　仲裁裁决的执行 ……………………………………………………… 676

**参考文献** ………………………………………………………………………… 677

# 第1章 FIDIC 合同体系

在今天高度发达的社会中，标准合同格式已经成为日常商业活动的一个必要组成部分。

——内尔·G·伯尼:《FIDIC 合同格式》

## 1.1 FIDIC 合同的历史演变

### 1.1.1 ICE 合同和 ACE 合同

英国土木工程师学会（Institution of Civil Engineers，简称 ICE）是英国最具权威的土木工程师的专业团体和学术机构，其编制的 ICE 合同为业主、工程师和承包商等工程项目参与方所广泛接受和认可，在土木工程施工领域享有极高的声誉。

ICE 合同由英国土木工程师学会、咨询工程师协会和土木工程承包商协会联合编制，1945 年 12 月编制出版了第 1 版 ICE 合同格式，1950 年 1 月出版了第 2 版 ICE 合同，1951 年 3 月、1955 年 1 月、1973 年 6 月、1991 年 1 月分别编制出版了第 3 版、第 4 版、第 5 版、第 6 版 ICE 合同格式，目前正在使用的版本是 1999 年发布的、2003 年 1 月第 7 版《ICE 合同条款（计量版）》（ICE Conditions of Contract, Measurement Version, 7th edition）。

ICE 合同主要适用于英国国内的土木工程项目，具有浓厚的英式合同的特征，反映了不同时期编制合同时英国普通法和法院判例发展的现状，吸收了制定法和判例中确定的法律原则。从表 1-1 中可以看出，与适用于国际工程项目的 FIDIC 合同 1987 年第 4 版相比，ICE 合同是一份适用于英国国内土木工程项目的标准合同格式。

表 1-1 FIDIC 合同 1987 年第 4 版与 ICE 合同第 7 版条款的主要区别

| 条 款 | FIDIC 合同 1987 年第 4 版 | ICE 合同第 7 版 |
| --- | --- | --- |
| 第 5.1 款 | 语言和法律 | 合同文件的相互解释 |
| 第 26.1 款 | 遵守法令和规章 | 递交通知和支付费用 |

(续)

| 条款 | FIDIC 合同 1987 年第 4 版 | ICE 合同第 7 版 |
|---|---|---|
| 第 26.2 款 |  | 业主的退还金额 |
| 第 26.3 款 |  | 遵守法令和规章等 |
| 第 67 条 | 争端的解决 | 适用于苏格兰和北爱尔兰 |
| 第 69 条 | 业主的违约 | 雇员所得税和垃圾税的调整 |
| 第 70.1 款 | 费用的增加或减少 | 增值税 |
| 第 70.2 款 | 后续的法规 | 工程师出具增值税净额证书 |
| 第 70.3 款 |  | 争议 |
| 第 70.4 款 |  | 不适用第 66 条 |
| 第 71 条 | 货币限制 | 1994 年 CDM 法规 |
| 第 72.1 款 | 汇率 | 特别规定 |
| 第 72.2 款 | 货币比例 |  |
| 第 72.3 款 | 为暂定金额支付的货币 |  |

鉴于 ICE 合同仅适用于英国本土，为了适应国外工程项目的需要，在 ICE 合同的基础上，英国咨询工程师协会和施工行业出口机构一起起草了《土木工程合同条款海外版》（the Overseas（Civil）Conditions of Contract），简称 ACE 合同格式。该版 ACE 合同格式得到了 ICE 的批准，并于 1956 年 8 月出版发行。

ACE 合同格式是以 ICE 合同为蓝本编制的，其概念、体例和格式与 ICE 合同基本相同，两者之间的细微差别如下：

（1）在定义中增加了"批准"一词。

（2）在有关转让条款中增加了澄清声明的规定。

（3）在工程师同意和分包任何工程项目条款中增加了"不能无故拖延"的内容。

（4）在第 13 条中增加了"有关工程"的用语。

（5）扩展了第 15 条有关承包商监督的内容。

（6）重新编排了第 22 条有关青苗赔偿的例外情形。

（7）在第 40（1）(b) 款中增加了"影响工程安全"的措辞。

（8）为计算第 47 条规定的误期损害赔偿费，将按周计算改为按天计算赔偿费。

尽管 ACE 合同与 ICE 合同基本相同，但 ACE 合同格式是第一个国际性的土木工程项目的标准合同格式，为 FIDIC 编制国际通用的标准合同格式提供了范本。更为重要的是，ACE 合同将合同分为了两个部分，即第一部分：通用合同条款；第二部分：专用条款，为 FIDIC 合同体例的形成进行了铺垫。除此之外，ACE 合同还赋予了工程师更大的权力，从而构建了业主、工程师和承包商的合同和项目管理机制。同时，为适应国际工程项目的需要，ACE 还对劳务、风险的分担、计量方法、不良物质条件等条款进行了调整，在第二部分的专用条款中对若干问题进行了重新规定，包括关税、税收、价格调整、贿赂和贪污、合同准据法等。

## 1.1.2 第 1 版 FIDIC 合同

自 1956 年 8 月 ACE 合同的发布到 1957 年 8 月 FIDIC 合同第 1 版编制发行，ACE 合同仅仅使用了一年的时间。1957 年 8 月，国际咨询工程师联合会（FIDIC）与建筑和公共工程国际联合会（现为欧洲施工国际联合会，the International European Construction Federation，FIEC）共同编制发布了《土木工程施工（国际）合同条款》（the Conditions of Contract (international) for Works of Civil Engineering Construction）。由于合同标题过长，而该合同的封皮又被印刷成红色，因此，人们将第 1 版 FIDIC 合同简称为"红皮书"。

除了 FIDIC 合同第 1 版与 ACE 合同的第 1、16、31、34、40、53、60、65 条和第 69（2）款存在细微的区别外，两版合同的主要区别如下：

（1）第 6（1）款规定了合同的主导语言。
（2）第 10 条规定了履约担保，代替了 ACE 合同中的保证。
（3）第 11 条规定了应在业主提供资料的基础上进行投标。
（4）取消了 ACE 合同第 12 条规定的气候条件的内容。
（5）在第二部分专用条款中规定了提前完工的奖励条款。
（6）对 ACE 合同第 52（1）款的措辞进行了修改。
（7）红皮书规定仲裁员的任命应根据国际商会（ICC）的《调解和仲裁规则》办理。
（8）在通用条款之后增加了劳动力、材料成本上涨以及影响施工成本上涨的规定，还增加了货币的限制或贬值的规定。

FIDIC 合同第 1 版沿袭了 ACE 合同的体例和规定，将合同分为《通用条款》和《专用条款》两个部分，形成和固定了 FIDIC 合同的传统合同体例。业主和工程师可以通过修改第二部分《专用条款》，而不用修改第一部分《通用条款》的基础上使 FIDIC 合同适合于具体项目的需要，使得 FIDIC 合同具有很大的灵活性。

### 1.1.3　第2版和第3版FIDIC合同

1969年7月，经亚洲和西太平洋承包商国际联合会（the International Federation of Asian and Western Pacific Contractor's Associations）的批准和认可，FIDIC编制出版了第2版FIDIC红皮书。在第2版红皮书中，增加和补充了疏浚和开垦专用条款，并将其作为红皮书的第三部分。与第1版相比，合同条款内容没有进行任何修改，只是在1973年再版印刷时增加了美国总包商协会（AGC）和泛美施工行业联合会两家批准机构。

1973年6月，ICE编制发行了颇受争议的第5版ICE合同格式，这无疑为FIDIC起草发行新版合同格式提供了前提条件。1977年3月，FIDIC出版发行了第3版红皮书，即《土木工程施工国际合同条款》，并对第2版FIDIC合同和ICE合同第5版作了一些重大修改。正如马克斯·W·亚伯拉罕森在《工程法与ICE合同》一书中所说的"1977年FIDIC出版了新版国际合同条款，它与ICE合同有所区别[⊖]。"与以前版本的FIDIC合同相比，第3版合同的主要变化如下：

（1）在第1（4）款中增加了"成本"的定义，取代了第2版合同中"费用"的定义。

（2）在第2（1）款中明确规定了工程师的权力和责任。

（3）第2版第6（1）款改为第3版的第5（1）款，对主导语言和合同准据法作出了明确规定。

（4）第3版第6（3）款规定了对承包商工程进度的干扰，第6（4）款规定了承包商因干扰要求延长工期和补偿的规定。

（5）第3版增加了第23（3）款，对第三者责任险作出了规定。

（6）第3版第40条细化了应由业主承担的承包商遭受的额外费用的规定。

（7）参考ICE合同第5版内容，重新起草了第46条。

（8）第51（2）款对承包商确认工程师的口头指示的时间作了明确规定。

（9）第3版规定了"费率和价格"，取代了第2版的"费率"一词。

（10）第52（3）款将承包商可以要求重新估价的变更百分比调整为10%。

---

⊖　Max W. Abrahamson. Engineering Law and the ICE Contracts [M]. 4th ed. London: Applied Science Publishers, 1979: v.

（11）删除了第 58 条规定的直接成本金额，第 3 版修改为暂定金额。

（12）修订了不可抗力条款。

（13）第 3 版增加了第 70 条：费用和法律的变更；第 71 条：货币和汇率；第 72 条：汇率。

FIDIC 合同第 2 版和第 3 版编制发行的时间与 20 世纪 70、80 年代经济发展的高峰期相吻合，由于 FIDIC 合同较好地处理了不同法律制度和体系的冲突，因此，FIDIC 红皮书获得了巨大的成功，在世界范围内成功实施了众多大型工程项目，赢得了人们的赞许和普遍欢迎，奠定了其在国际上的地位。

## 1.2 FIDIC 彩虹族合同

### 1.2.1 彩虹族合同

为适应 20 世纪 80 年代和 90 年代初世界经济和社会的发展，FIDIC 编制出版了彩虹族合同范本文件，现将这组合同范本称为旧版合同，而 1999 版"FIDIC 新彩虹族"被称为新版合同。目前，某些彩虹族合同仍在使用，如 1987 年第 4 版红皮书。

FIDIC 彩虹族合同范本（旧版合同）包括：

（1）《土木工程施工合同条款》（Conditions of Contract for Works of Civil Engineering Construction）——红皮书，1987 年第 4 版，1996 年修订后再版印刷。

（2）《电气与机械设备合同条款》（Conditions of Contract for Electrical and Mechanical Plant）——黄皮书。

（3）《设计—建造和交钥匙合同条款》（Conditions of Contract for Design - Build and Turnkey）——桔皮书。

（4）《业主/咨询工程师标准服务协议》（Client/Consultant Model Services Agreement）——白皮书。

（5）《土木工程施工分包合同条款》（Conditions of Sub - contract for Works of Civil Engineering Construction），1994 年第 1 版。

（6）《招标程序》（Tendering Procedure）——蓝皮书。

（7）《联营体协议书》（Joint Venture Agreement）。

（8）《咨询服务分包协议书》（Sub-Consultant Agreement）。

## 1.2.2  1987年第4版红皮书

1983年，FIDIC执行委员会任命了合同起草委员会，负责编制起草1987年第4版红皮书。1987年9月，在瑞士洛桑举行的FIDIC年会上发布了《土木工程施工合同条款》，简称1987年第4版红皮书。

与FIDIC合同第3版的名称不同，1987年第4版删除了第3版标题中的"国际"一词。FIDIC执行委员会认为，仅需将1987年第4版第二部分《专用条款》稍加修改，该款合同同样可以适用国内合同，这样，不仅可以在国际工程项目中使用1987年第4版红皮书，也可在任何一个国家将红皮书当做国内合同范本加以使用。

与第3版红皮书相比，1987年第4版红皮书扩展和补充了第二部分《专用条款》，并将第二部分单独成册，便于FIDIC合同用户使用。第一部分《通用条款》和第二部分使用相互对应的条款，以便用户进行对应条款的修改，使其适用于特定的工程项目。另外，第二部分还给出了范例条款，供用户参考使用。

1988年，FIDIC再版印刷了第4版红皮书，并对有关条款进行了修订，但这些修订内容仅是一些很小的改动，不影响对合同条款的理解和解释，而是进一步表明了合同条款所要表达的真实意图，见表1-2。

表1-2  1988年再版红皮书文本中的修改内容

| 条　款 | 修　改　内　容 |
| --- | --- |
| 前言 | 将第1段最后一句修改为"条款同样适用于国内合同使用" |
| 第10.1款 | 在第2行"合同"之后加上"，"。第3句修改为"应根据业主和承包商同意的格式出具此类保证" |
| 第22.1（b）款 | 第22.1（b）款构成一个完整句子，即在"除工程外"与其他句子之间没有空行 |
| 第31.2（c）款 | 第31.2（c）款构成一个完整句子，即在"任何此类性质"与其他句子之间没有空行 |
| 第44.3款 | 修改为"在上述两种情形下，工程师应相应通知承包商，并将通知抄送给业主" |
| 第49.1（a）款 | 删除了"实质的"一词 |
| 第60.3（b）款 | 第2段以"当……时"开始 |
| 第60.5款 | 在最后一段的开头加上定冠词"the" |
| 第67.1款 | 在第3段第8行"如果"之后加上"，"。第4段第2行用"notice"代替"notification" |
| 第二部分 | 在第（a）（i）项之后加上"和（iv）" |

1992年，FIDIC 在重新出版第 4 版红皮书时，又对 FIDIC 红皮书进行了补充修订，见表 1-3。

表 1-3  1992 年再版红皮书文本中的修改内容

| 条款 | 修改内容 |
|---|---|
| 第 1.1 (e) 款 | 增加了定义 (ⅲ) "临时付款证书" 和 (ⅳ) "最终付款证书" |
| 第 8.1 款 | 增加了第 2 段内容 |
| 第 12.2 款 | 将旁注中的 "恶劣的" 改为 "不可预见的" |
| 第 13.1 款 | 删除了 "或者，根据第 2 条的规定，从工程师代表" 的用语，增加了 "(或其代表)" |
| 第 15.1 款 | 在 "工程师" 后面增加了句号。删除了 "或者，根据第 2 条的规定，从工程师代表" 的用语 |
| 第 21.1 (a) 款 | 增加了 " (在上下文中，'费用'包括'利润')" |
| 第 21.4 (a) 款 | 将 "where" 更正为 "whether" |
| 第 40.3 款 | 删除了第一行最后的 "书面" 一词 |
| 第 42.3 款 | 将 "wayleave" 修订为 "right of way"，旁注和索引也作了相应修改 |
| 第 60.1 (e) 款 | 在最后一句增加了 "或其他的" 用语 |
| 第 60.2 款 | 将 "交付工程师签认" 修改为 "向业主递交临时付款证书"。"thereof" 修改为 "此类报表"，将 "他" 修改为 "工程师"。第 (b) 项中的 "临时证书" 修改为 "临时付款证书" |
| 第 60.3 (b) 款 | 将第 8 行中的 "指令的" 修改为 "指示的" |
| 第 60.4 款 | 将第 1 行和第 4 行中的 "临时证书" 以及第 2 行中的 "证书" 修改为 "临时付款证书" |
| 第 60.5 款 | 在第 2 行中 "工程师" 一词的后面增加了 "6 份"。在第 (b) 项的最后增加了 "或者其他的" |
| 第 60.7 款 | 将旁注中的 "最终证书" 修改为 "最终付款证书" |
| 第 60.8 款 | 将旁注中的 "最终证书" 修改为 "最终付款证书" |
| 第 60.8 (a) 款 | 增加了 "或者其他的" 一词 |
| 第 60.8 (b) 款 | 将 "根据除第 47 条以外的合同规定" 修改为 "除第 47 条的规定外" |
| 第 60.10 款 | 将第 1 行和第 4 行中的 "临时证书" 修改为 "临时付款证书"。第 5 行和第 6 行中的 "临时证书" 也修改为 "临时付款证书"。在最后一句话中增加 "或其他的" |

(续)

| 条款 | 修改内容 |
| --- | --- |
| 第65.6款 | 将第9行中的"和按照第67条的程序"改为"和第67条" |
| 第66.1款 | 将第2行的"一方当事人"改为"或者双方当事人"。在第3行的"他的"和"合同的"之间插入"或他们的"。在"随后"一词之后增加"除非本款和第67条项下的各方当事人的权利另有约定,在不违背各方当事人违约的情况下,当事人应解除合同,和" |
| 第67.2款 | 将"除非当事人已经尝试通过友好协商的方式解决争议,否则不应开始仲裁程序"。修改为"在开始仲裁之前,当事人应通过友好协商方式解决争议"。"无论是否已经尝试通过友好协商解决争议"修改为"即使没有通过友好协商方式解决争议" |
| 第69.1 (d) 款 | 将"由于不可预见的经济混乱的原因"修改为"不可预见的经济原因" |
| 第二部分 | 将第3行"5.1部分"改为"5.1(部分)" |

1996年11月,FIDIC出版了《1992年重印版修订的土木工程施工合同条款——1987年第4版补充修改稿》,对争议解决方式、支付和避免签认付款延误作出了重大修改,其内容如下:

(1) 引入了"争议裁决委员会(Dispute Adjudication Board,DAB)"机制解决有关合同争议,代替了多年来采用的在仲裁前由工程师负责解决争议的做法。

(2) 允许采用"以总价为基础支付"工程款,这是对第一部分规定的以工程量表为基础重新计量方式的修改。

(3) 如果工程师延迟签发临时付款证书或业主延迟付款,承包商可索赔利息。

FIDIC合同1987年第4版红皮书共计有72条,194款,23544个字。第4版红皮书沿袭了第3版红皮书的体例,并以ICE合同第5版为基础起草制定,因此,总体而言,第4版红皮书仍是一个以英国法为基础制定的标准合同格式,其依据的基本概念如下:

(1) 以英国国内合同为基础。
(2) 法律概念以英国普通法为基础。
(3) 合同用语以英国法起草原则为基础。
(4) 工程项目的设计和监理是以合同双方当事人信任为基础,以聘用咨询工程师的方式进行。
(5) 单价合同,需在重新测量的基础上按量计价和支付。
(6) 合同当事人的责任和义务是以共同分担风险为基础的。

与 FIDIC 合同前三版红皮书相同，第 4 版红皮书主要适用于业主承担设计工作，承包商按照业主提交的图纸进行施工的国际工程项目，但根据第 4 版红皮书，承包商也可负责设计工作。

与黄皮书和桔皮书为总价合同相比，第 4 版红皮书是单价合同形式，承包商实施的工程需在重新计量的基础上按实际完成工程数量按月进行结算，业主按工程师签认的临时付款证书支付应付给承包商的工程款项。

1999 年版新红皮书将逐渐取代 1987 年第 4 版红皮书。

### 1.2.3 FIDIC 桔皮书

在 FIDIC 彩虹族合同体系中，红皮书主要适用于业主负责设计，承包商按图施工的工程，而黄皮书主要用于生产设备的供货和安装工程，且生产设备构成大型项目一个组成部分的项目，为了适应 20 世纪 90 年代对设计和施工一体化的趋势，以及交钥匙或称设计、采购和建造（EPC）项目的盛行，满足业主希望承包商负责设计和施工，以总价合同为基础实施工程项目的需要，1995 年 FIDIC 编制出版了《设计—施工与交钥匙合同条款》，简称桔皮书。

与红皮书的 72 条条款相比，桔皮书共有 20 条，160 款，官方文件为 48 页，其中第一部分是通用条款，第二部分是专用条款。FIDIC 桔皮书 20 条的结构体系为 1999 年版 FIDIC 合同奠定了基础。

FIDIC 桔皮书共有 20 条，标题如下：

第 1 条：合同
第 2 条：业主
第 3 条：业主代表
第 4 条：承包商
第 5 条：设计
第 6 条：职员和劳务
第 7 条：生产设备、材料和工艺
第 8 条：开工、延误和暂停
第 9 条：竣工试验
第 10 条：业主的接收
第 11 条：竣工后试验
第 12 条：缺陷责任
第 13 条：合同价格和付款
第 14 条：变更

第 15 条：承包商的违约

第 16 条：业主的违约

第 17 条：风险和责任

第 18 条：保险

第 19 条：不可抗力

第 20 条：索赔、争议和仲裁

1999 年版 FIDIC 合同银皮书《EPC/交钥匙合同条款》将取代 1995 年版桔皮书。

## 1.2.4　FIDIC 分包合同格式

《土木工程施工分包合同条件》（Conditions of Subcontract for Works of Civil Engineering Construction）是 FIDIC 起草和编制的分包合同格式，与其 1987 年第 4 版《土木工程施工合同条件》配套使用，可称为 FIDIC 分包合同 1994 年第 1 版，或称为 FIDIC 分包合同格式。FIDIC 认为，经过简单修改，FIDIC 分包合同条件也同样适用于指定分包商的情况。

在 FIDIC 合同 1987 年第 4 版红皮书中，合同中涉及分包的内容仅有 4 条，如下：

(1) 第 4.1 条，规定承包商不能将整个工程分包出去，无工程师的事先同意，承包商不得将工程的任何部分分包出去。

(2) 第 4.2 条，在合同规定的缺陷责任期结束后，承包商必须将未终止的分包商义务的权益转让给业主。

(3) 第 59 条，规定了指定分包商情形。

(4) 第 63.4 条，规定了在合同终止后工程师指示将任何为实施工程或为合同的目的而要求提供货物、材料或服务的协议利益的转让业主。

上述四点内容远远不能满足分包的需要，为此，FIDIC 根据用户的要求，在红皮书应用了 20 年后编制了与红皮书配套使用的分包合同格式。

该分包合同格式是在英国土木工程承包商联合会（The English Federation of Civil Engineering Contractors）的 1991 年 9 月版分包合同格式（Form of Sub-Contract），或称 FECE 格式（FECE Form）基础上修改后形成的，但 FIDIC 分包合同格式与 FECE 格式从内容和形式均有所不同，如 FIDIC 分包合同增加了分包商履约保函、语言、准据法、成本和法律的变更、货币和汇率等条款，另外延续了 FIDIC 合同的传统，增加了每一条款的标题。

FIDIC 分包合同格式分为第一部分《通用条件》和第二部分《专用条件》。《通用条件》有 22 条，包括：

第 1 条　　定义和解释
第 2 条　　一般义务
第 3 条　　分包合同文件
第 4 条　　主合同
第 5 条　　临时工程、承包商的设备和（或）其他设施（如有）
第 6 条　　现场工作和通道
第 7 条　　开工和竣工
第 8 条　　指示和决定
第 9 条　　变更
第 10 条　　变更的估价
第 11 条　　通知和索赔
第 12 条　　分包商的设备、临时工程和材料
第 13 条　　保障
第 14 条　　未完成的工作和缺陷
第 15 条　　保险
第 16 条　　支付
第 17 条　　主合同的终止
第 18 条　　分包商的违约
第 19 条　　争端的解决
第 20 条　　通知和指示
第 21 条　　费用及法规的变更
第 22 条　　货币及汇率

组成 FIDIC 分包合同的文件如下：

（1）分包合同协议书（Subcontract Agreement）。
（2）承包商发出的中标函（The Contractor's Letter of Acceptance）。
（3）分包商报价书（The Subcontractor's Offer）。
（4）分包合同条件第一部分（Part I of the Conditions of Subcontract）。
（5）分包合同条件第二部分（Part II of the Conditions of Subcontract）。
（6）构成分包合同一部分的任何其他文件。

FIDIC 分包合同的主要规定如下：

（1）承包商与分包商所有往来通知、同意、批准、证书、确认和决定应为书面形式，如为口头实行，也需要承包商随后书面确认。

（2）未经承包商的同意，分包商不能将整个分包工程进行分包，也不能将部分分包工程再行分包，除非为提供分包工程所需劳务和购买分包合同

或主合同规定标准的材料除外。

（3）除非第二部分另有规定，分包合同应适用主合同采用的法律。但需要说明，这不是强制性规定，承包商可以另行选择他国的法律作为分包合同适用的法律。

（4）组成分包合同的文件的优先顺序如下，分包协议、承包商接受函、分包商报价、第二部分专用条件、第一部分一般条件以及构成分包合同的其他文件。在第3.4条的规定中，FIDIC合同并没有指明是否包括主合同。

（5）应视为分包商已全面了解了主合同的规定。

（6）除非第二部分专用条件另有规定，承包商没有义务向分包商提供和保留临时工程。

（7）分包商应在收到开工令之后的14天内开工，并应尽力和毫无延误地按照承包商的批准和指令实施分包工程。

（8）分包商应根据主合同项下工程师下达的并经承包商通知和确认的变更令或者承包商的变更令实施分包工程。

（9）分包商的在场设备、临时工程和材料的规定适用于1987年第4版《土木工程施工合同条件》第54条的规定。

（10）分包商有权在履行其分包合同义务后得到分包合同款项。需要说明的是，FIDIC分包合同的规定是为了避免承包商提出和规定诸如"在从业主处得到工程款后才支付分包合同款项"等不利的条款。但主包商与分包商如何谈判支付时间和条件，应站在不同的立场进行研判。

（11）如果主包商和分包商之间发生争议，可以通过仲裁解决。但该条款中只规定了使用国际商会（ICC）的仲裁规则，没有明确仲裁地点，主包商和分包商可以在分包合同中约定仲裁机构和地点，也可以改变使用的仲裁规则。一般而言，在哪个机构仲裁，就应使用该机构的仲裁规则。

根据FIDIC在1996年编制的《土木工程施工分包合同条件指引》（Introduction to the FIDIC Conditions of Subcontract for Works of Civil Engineering Construction），使用FIDIC分包合同格式应注意如下问题：

（1）由于FIDIC合同1987年第4版只在第4.1、4.2、59、63.4条原则规定了分包的一般原则，而"红皮书"自身对承包商如何进行分包工程也没有给予更多的指引，因此，在使用分包合同格式时应与1987年第4版合同结合使用，最好采用"背靠背"方式。分包合同文字的解释和理解也应结合"红皮书"中对合同的解释对照进行。

（2）分包原则。分包合同格式1994年版第4条对FIDIC 1987年第4版合同的分包原则进行了细化，进一步明确了主包商和分包商之间的权利和义务关系，具体如下：

1) 第4.1条明确规定了主包商应根据分包商的请求，在现场准备主合同的文件以备分包商核查，但主包商的价格清单除外。而且，还进一步规定了应视为分包商对主合同的内容，除价格清单外，全部了解。

2) 第4.2条规定了分包商应对分包工程承担承包商在主合同项下所有的责任和义务。

3) 第4.3条规定了分包商与业主之间没有合同关系。根据上述原则，分包商没有权利要求从业主处直接得到付款，也没有权利对业主采取直接的法律行动。

4) 第4.4条规定了分包商违约导致在主合同项下对承包商的损害问题。

(3) 支付条款。支付方式是分包合同中的核心问题。在主包合同中，主包商应认识到可能存在如下支付风险：

1) 工程师可能不能按时签认承包商的月付款证书，或不能全部签认或根本不签认。

2) 业主可能延迟支付承包商的月付款证书，或拒绝全部支付或根本不予支付，原因是业主可能不同意工程师签认的支付证书，或由于业主财政困难、清算、破产或恶意。

FIDIC的分包合同格式较好地平衡了主包商和分包商之间的利益关系，明确了双方的权利和义务，由于在实际中使用FIDIC合同1987年第4版的工程项目很多，因此，建议如果主合同是第4版合同条款，分包合同最好使用1994年版分包合同格式。

FIDIC在编制出版1999年版《施工合同条件》和2005年协调版《施工合同条件》后，为了解决各个合同版本之间的配套问题，FIDIC组成了起草委员会，编制了与1999年版新红皮书和协调版施工合同配套的分包合同格式。2009年12月，FIDIC出版了与1999年版新红皮书配套使用的新分包合同格式（测试版）。详见本书第10章有关2009年版分包合同格式的内容。

## 1.3　1999年版FIDIC合同体系

### 1.3.1　1999年版FIDIC合同

1999年10月，FIDIC编制发行了新版FIDIC合同体系，如下：

(1)《施工合同条款》（Conditions of Contract for Construction），适用于业主设计的建筑和土木工程——新红皮书（New Red Book）。

(2)《生产设备和设计—建造合同条款》(Conditions of Contract for Plant and Design – Build),适用于电气和机械设备、民用工程由承包商设计——新黄皮书(New Yellow Book)。

(3)《EPC/交钥匙项目合同条款》(Conditions of Contract for EPC/Turnkey Projects)——新银皮书(New Silver Book)。

(4)《简明合同格式》(Short Form of Contract),适用于价值相对较低的房屋建筑或土木工程——新绿皮书(New Green Book)。

FIDIC 在编制 1999 年版之前的合同版本中,由于起草委员会成员不同,形成了各个合同版本的体例安排各不相同的现象。与 1999 年以前的各种 FIDIC 合同相比,1999 年版 FIDIC 合同的体例和格式发生了重大改变,新红皮书、新黄皮书和银皮书都采用了相同的体例和格式,合同通用条款全部安排为 20 条,见表 1-4。

表 1-4 1999 年版 FIDIC 合同条款对照表

| 条款 | 红皮书 | 黄皮书 | 银皮书 |
| --- | --- | --- | --- |
| 1 | 一般规定 | 一般规定 | 一般规定 |
| 2 | 业主 | 业主 | 业主 |
| 3** | 工程师 | 工程师 | 业主的管理 |
| 4 | 承包商 | 承包商 | 承包商 |
| 5** | 指定分包商 | 设计 | 设计 |
| 6 | 职员和劳务 | 职员和劳务 | 职员和劳务 |
| 7 | 生产设备、材料和工艺 | 生产设备、材料和工艺 | 生产设备、材料和工艺 |
| 8 | 开工、延误和暂停 | 开工、延误和暂停 | 开工、延误和暂停 |
| 9 | 竣工验收 | 竣工试验 | 竣工试验 |
| 10 | 业主的接收 | 业主的接收 | 业主的接收 |
| 11 | 缺陷责任 | 缺陷责任 | 缺陷责任 |
| 12** | 测量和估价 | 竣工后试验 | 竣工后试验 |
| 13 | 变更和调整 | 变更和调整 | 变更和调整 |
| 14 | 合同价格和付款 | 合同价格和付款 | 合同价格和付款 |
| 15 | 业主终止 | 业主终止 | 业主终止 |
| 16 | 承包商暂停和终止 | 承包商暂停和终止 | 承包商暂停和终止 |
| 17 | 风险与责任 | 风险与责任 | 风险与责任 |
| 18 | 保险 | 保险 | 保险 |
| 19 | 不可抗力 | 不可抗力 | 不可抗力 |
| 20 | 索赔、争议和仲裁 | 索赔、争议和仲裁 | 索赔、争议和仲裁 |

注:** 表明条款内容的区别。

在新红皮书、新黄皮书和银皮书三款合同中,由于合同的适用范围、合同性质不同,尽管合同条款的标题相同,但有些条款的内容是不同的。新红皮书、新黄皮书和银皮书合同条款的主要区别是:

(1) 第 3 条。新红皮书和新黄皮书第 3 条规定的是工程师,而银皮书第 3 条规定了业主的管理。

(2) 第 5 条。新红皮书规定了指定分包商的内容,而新黄皮书和银皮书第 5 条规定了设计内容。在黄皮书中,根据合同的规定,如果承包商未能仔细阅读业主提供的资料并且在 28 天内未能通知业主有关错误,承包商可能对业主提供的错误资料失去索赔的权利。在银皮书中,除下述情况外,承包商在递交投标之前已被视为仔细阅读了业主提供的资料,并对业主提供资料中的任何错误、不准确或省略承担责任:

1) 合同中不能修改的或业主承担责任的资料。
2) 满足使用功能的定义。
3) 试验和施工标准。
4) 除非合同另有规定,承包商不能核实的资料。

(3) 第 12 条。由于新红皮书属于单价合同,因此,新红皮书第 12 条规定了测量和估价的内容。而新黄皮书和银皮书属于总价合同,承包商实施的工程无需进行重新测量计价,因此,第 12 条均规定了竣工后试验的内容。

## 1.3.2 FIDIC 新红皮书

与 1987 年第 4 版红皮书相同,1999 年版红皮书也是 FIDIC 合同体系中最基本的合同条款,其主要适用于业主负责设计的工程项目,但它也认同承包商从事设计工作,通用条款第 4.1 款对此作了专门规定。作为对旧版红皮书的修改,1999 版合同条款也期望在业主设计的电气和机械工程中使用。遵循旧版黄皮书的规定,第 9 条增加了竣工后验收条款,以满足生产性工厂项目的要求。第 1.1.3.6 款规定了"竣工后验收"条款,而在专用条款和规范中将提供详细的规定。

1999 年版新红皮书按照工程项目实施的逻辑顺序对合同条款顺序进行了安排,如下:

(1) 第 1 条规定了合同条款内容涉及的定义。

(2) 第 2、3、4 条规定了合同当事人,即业主、工程师和承包商及其他们之间的权利和义务。

(3) 第 5、6、7 条规定了实施工程项目涉及的资源事宜,即指定分包商、职员和劳务以及设备、材料和工艺。

(4) 第 8、9、10 条规定了施工过程涉及的有关事宜，即开工、延误和暂停，竣工验收和业主的接收。

(5) 第 11 条规定了缺陷责任事宜。

(6) 第 12、13、14 条规定了与付款相互关联的问题，即测量和估价、变更和调整、合同价格和付款。

(7) 第 15、16 条规定了终止合同的内容，包括业主终止合同和承包商终止合同两个方面的规定。

(8) 第 17、18、19 条规定了风险和责任、保险和不可抗力的内容。

(9) 第 20 条规定了索赔、争议和仲裁的条款，如通过友好协商、仲裁等方式解决合同争议的相关内容。

有关新旧版 FIDIC 红皮书之间的区别，英国资深咨询工程师布赖恩·W·托特蒂尔在《FIDIC 用户指南》一书中写道：

"新版和旧版的 FIDIC 合同有许多相似之处，有些条款是一样的，但已被重新安排和编号。尽管如此，一些条款已经发生了重大的变化，为了保留原条款的本来含义，一些条款只进行了微小改动。如果假设 1999 版合同没有修改与传统合同相似的条款，那将是一件非常容易但又非常危险的事[⊖]。"

随着时间的推移，1999 年版新红皮书将取代 1987 年版旧红皮书。

### 1.3.3 FIDIC 新黄皮书

参见本书第 9 章有关内容。

### 1.3.4 FIDIC 银皮书

参见本书第 9 章有关内容

### 1.3.5 FIDIC 绿皮书

根据 FIDIC《简明合同格式》前言，该合同格式不仅适用于相关的小额合同工程，而且适用于"不需要专业分包的非常简单或重复性工程或工期较短的工程"。

与新红皮书、新黄皮书相比，《简明合同格式》没有关于工程师的规定，因此有必要指定有经验的人作为第 3.1 条规定的"授权人"和第 3.2 条

---

⊖ 布赖恩·W·托特蒂尔. FIDIC 用户指南 [M]. 崔军，译. 北京：机械工业出版社，2009：7.

规定的"业主代表"。而且,《简明合同格式指南》确定业主的代表为业主工作并代表业主利益,但并没有要求他具有不偏不倚的解决合同争议的双重作用。

《简明合同格式》是1999年版新红皮书《施工合同条款》的简明格式,只有15条和52款,其主要特点如下:

(1) 简明格式合同中没有专用条款,如需要修改和增加附加条款,则应增加专用条款。

(2) 无需使用投标附录和中标通知书,且"协议书"代替了合同协议书。协议书规定了业主对投标的要求、承包商投标要约和业主的承诺内容。

(3) 第6.1款规定了业主责任清单,承包商可以按照第7.3款规定有权要求工期延长和按照第10.4款的规定要求偿还费用。另外,业主责任清单归纳了分散在红皮书中的索赔理由。

(4) "裁决人"代替了争议裁决委员会。根据简明格式,只有在争议发生时,才能任命裁决人。

### 1.3.6 FIDIC 蓝皮书

2001年,FIDIC出版了《疏浚和开垦工程合同条款》测试版,该合同的体例和内容与FIDIC《简明合同格式》相似。为适应疏浚工程需要,合同仅进行了部分修改。

## 1.4 FIDIC 合同协调版

2005年FIDIC出版了《施工合同条件协调版》(Harmonized Edition of Conditions of Contract for Construction),简称MDB版(the MDB Edition),供同意使用该版合同的多边发展银行(the Multilateral Development Banks)在项目采购程序中使用。

目前,MDB版合同的参与银行有:
(1) 世界银行。
(2) 亚洲开发银行。
(3) 非洲发展银行。
(4) 黑海贸易和发展银行。
(5) 加勒比发展银行。
(6) 欧洲复兴和开发银行。
(7) 美洲洲际发展银行。

(8) 伊斯兰发展银行。

(9) 北欧发展银行。

在 2005 年 MDB 版中，对 1999 年新红皮书的某些条款和内容进行了修改，内容如下：

(1) 一般性修改：第 1.1.1.4、1.1.1.9、1.1.1.10、1.1.2.9、1.2、1.5 款。

(2) 银行提出的修改：第 1.1、1.15、2.4、4.1、14.1、14.7、15.6、16.1、16.2、18.1 款。

(3) 其他修改：第 1.1.3.6、1.4、1.8、1.12、2.5、3.1、3.4、4.2、4.3、4.4、4.18、6.1、6.2、6.7、6.12 – 6.22、8.4、12.3、13.7、13.8、14.2、14.5、14.9、14.13、14.15、15.5、16.4、17.1、17.3、17.6、19.1、19.2、19.4、19.6、20.2、20.3、20.4、20.6、20.7 款。

MDB 版合同对新红皮书的主要修改内容如下：

(1) 体例和文字的一般修改。

1) 投标附录修改为合同数据，并将其放在专用条款第一部分。

2) 争议裁决委员会修改为争议委员会。

3) 对银行和借款人进行了定义并在合同数据中列明。

(2) 与银行有关的条款变动。

1) 第 1.15 款规定承包商必须允许银行及其指定人检查或审计承包商账目。

2) 第 2.4 款规定如果银行暂停了贷款项下的提款，业主应通知承包商。

3) 第 4.1 款规定工程所需的或组成的所有的设备、材料和服务的原产地应符合银行规定的有资格来源国。

4) 第 14.7 款规定贷款暂停时的支付。

5) 第 16.1 款和第 16.2 款规定暂停贷款时的停工和终止。

(3) 其他修改。

1) 第 1.2 款规定合理的利润是 5%。

2) 第 3.1 款列出了对业主权限的限制。

3) 第 1.4 款规定承包商应给予那些来自指定的分包商国家的承包商公平和合理的机会。

4) 第 6.1 款鼓励承包商从项目所在国雇用职员和劳务。

5) 第 6.7 款、第 6.12 至 6.22 款规定了附加的卫生、安全、福利等条款。

6) 第 14.9 款规定了保留金担保。
7) 第 15.6 款规定了反对贪污和欺诈行为条款。
8) 第 20.2 款修改了争议委员会任命程序。

## 1.5　2008 年设计—建造和运营合同

### 1.5.1　DBO 合同的适用范围

2008 年 9 月，FIDIC 在加拿大魁北克省召开的年会上推出了《设计—建造和运营项目合同条款》（Conditions of Contract for Design, Build and Operate Projects），简称 DBO 合同，又称 FIDIC 金皮书。关于起草 DBO 合同的动机，FIDIC 在 DBO 合同的前言中写道：

"1999 年，国际咨询工程师联合会（FIDIC）出版了新的合同条款系列文件，包括：①《施工合同条款》；②《生产设备和设计—施工合同条款》；③《EPC/交钥匙工程合同条款》。FIDIC 随后又出版了适用于小额和简单工程项目的《简明合同格式》以及《疏浚和开垦工程合同条款》。在出版了这些合同格式后，显然，对建立在长期运营承诺基础上的设计—建造和运营项目的需求在不断增加[⊖]。"

DBO 合同主要适用于：承包商不仅需要对设施的设计和施工负责，还应在设施移交给业主之前，对设施的长期运营（DBO 合同采用 20 年的运营期限）负责的项目。根据 DBO 合同前言，DBO 合同不适用于那些基于非传统的设计—施工方式承建的项目，或者与 DBO 合同采用的 20 年运营期明显有别的工程项目。

### 1.5.2　DBO 合同的体例和条款安排

DBO 合同采用了与新红皮书、新黄皮书和银皮书相同的条款和体例安排，但考虑到 DBO 合同的特殊性，合同体例安排有其自身的特点，见表 1-5。

---

⊖　FIDIC. Conditions of Contract for Design, Build and Operate Projects [M]. Geneva: FIDIC, 2008: 2.

表 1-5　DBO 合同的体例安排

| 分　类 | 文 件 名 称 |
|---|---|
| 第一部分 | 《通用条款》(General Conditions) |
| 第二部分 | 《专用条款》(Particular Conditions)，包括：<br>(1) 第 1 部分：合同数据<br>　1) 概述<br>　2) 合同数据<br>(2) 第 2 部分：特殊规定<br>　1) 概述<br>　2) 投标文件编制指南<br>　3) 特殊条款编制指南 |
| 第三部分 | 范例格式，包括：<br>(1) 投标和协议书范例格式<br>　1) 投标函<br>　2) 中标通知书<br>　3) 合同协议书<br>　4) 争议裁决委员会成员协议书<br>　5) 运营服务争议裁决委员会协议书<br>　6) 运营许可<br>(2) 保证和担保范例格式<br>　1) 投标保函<br>　2) 母公司担保格式<br>　3) 履约保证——见索即付保函<br>　4) 履约保证——保证保函<br>　5) 预付款保函<br>　6) 维修保养保函 |

与 1999 年版新黄皮书条款相比，DBO 合同条款采用了相同的顺序和安排。考虑到 DBO 合同的特殊性质，有些条款与新黄皮书有所不同，见表 1-6。

表 1-6　DBO 合同与新黄皮书条款对照表

| 条　款 | 黄皮书 | DBO 合同 |
|---|---|---|
| 1 | 一般规定 | 一般规定 |
| 2 | 业主 | 业主 |
| 3** | 工程师 | 业主代表 |
| 4 | 承包商 | 承包商 |
| 5 | 设计 | 设计 |
| 6 | 职员和劳务 | 职员和劳务 |
| 7 | 生产设备、材料和工艺 | 生产设备、材料和工艺 |

(续)

| 条　款 | 黄皮书 | DBO 合同 |
|---|---|---|
| 8 | 开工、延误和暂停 | 开工、延误和暂停 |
| 9** | 竣工试验 | 设计—建造 |
| 10** | 业主的接收 | 运营服务 |
| 11** | 缺陷责任 | 试验 |
| 12 | 竣工后试验 | 缺陷 |
| 13 | 变更和调整 | 变更和调整 |
| 14 | 合同价格和付款 | 合同价格和付款 |
| 15 | 业主终止 | 业主终止 |
| 16 | 承包商暂停和终止 | 承包商暂停和终止 |
| 17** | 风险与责任 | 风险分配 |
| 18** | 保险 | 异常风险 |
| 19** | 不可抗力 | 保险 |
| 20 | 索赔、争议和仲裁 | 索赔、争议和仲裁 |

注：** 表明条款内容的区别。

## 1.5.3　DBO 合同条款的主要内容

DBO 合同采用了与新红皮书、新黄皮书和银皮书相同的条款安排，共 20 条 197 款，条款内容如下：

（1）第 1 条，共计 15 款。该条主要规定了合同的一般内容，如定义、解释、法律和语言、连带责任等内容。与 1999 年版新黄皮书相比，第 1.1 款定义中增加了新的定义，如下：

1）设计—建造。

2）设计—建造期限。

3）运营服务。

4）截止日。

5）成本加利润。

6）财务备忘录。

7）特许协议。

8）合同竣工证书。

9）意外事件。

10）设计—建造最终付款证书。

11）运营服务最终付款证书。

12) 设计—建造最终报表。
13) 维修保养基金。
14) 运营管理要求。
15) 运营和维护计划。
16) 运营服务期限。

（2）第2、3、4条主要规定了合同当事人，如业主、业主代表和承包商的权利和义务，与FIDIC其他合同条款的内容相似。

（3）第5、6、7条规定了设计、职员和劳务以及生产设备、材料和工艺的内容，其内容与FIDIC其他合同条款规定相似，但需将这些规定扩展到运营服务期内。

（4）第8条规定了开工、延误和暂停的内容，其内容与FIDIC其他条款内容相似。

（5）第9条规定了设计和建造的内容，与新黄皮书的规定相似。

（6）第10条对承包商在运营期间的运营服务做了规定，与新红皮书、新黄皮书和银皮书中承包商只负责建造，建造后将项目移交给业主而不承担运营服务责任不同，该条是DBO合同特有的条款。

（7）第11条规定了试验的内容。

（8）第12条规定了缺陷责任内容。与FIDIC其他合同中均规定了缺陷责任期限不同，由于DBO合同中承包商负责运营，因此承包商应负责运营服务期限内的修补缺陷的责任。

（9）第13、14、15、16条的内容与其他FIDIC合同相似，但有些权利和义务应扩展到运营服务期间。

（10）第17、18、19、20条的内容与其他FIDIC合同相似，但有些条款的规定应扩展到运营服务期间。

## 1.5.4 DBO合同与BOT合同

在某种程度上，FIDIC编制的DBO合同与建造—运营—移交（build-operate-transfer）合同（简称BOT合同），具有一定的相似性，例如两个合同的一方都承担了建造工程项目，并在完成施工任务后进行运营，且在运营服务期结束后移交给政府或公共部门的责任。从这些表面现象来看，非常容易将两种合同的性质和内容混淆。根据FIDIC关于DBO合同条款内容和指南，FIDIC编制的DBO合同与BOT合同有着本质的区别。

BOT是指政府或公共部门通过特许权协议，授权项目发起人为某个项目成立专门的项目公司，负责该项目的融资、设计、建造、运营和维护，在规定的特许期内向该项目的使用者收取费用，由此回收项目的投资、经营和维护等成本，并获得合理的回报。在特许经营期满后，项目公司将项目移交给政府或公共部门[○]。BOT 项目的典型合同结构见图 1-1。

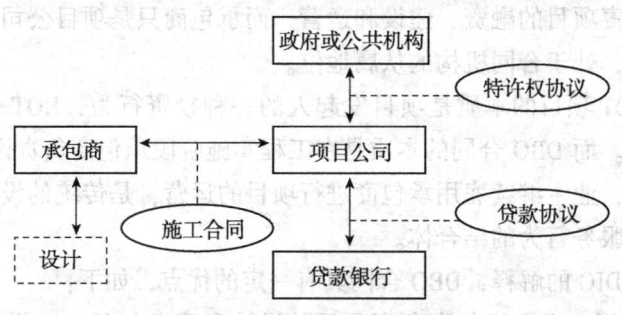

图 1-1 BOT 项目合同结构

根据 FIDIC 编制的 DBO 合同，DBO 是指业主（政府或公共机构或其他机构）与承包商签订合同，由承包商负责项目的设计、建造，在项目建成后由承包商在运营服务期内（FIDIC 建议 20 年）负责项目的运营，并由业主支付设计、建造费用以及运营服务费用，在运营服务期满后将项目移交给业主。DBO 合同结构见图 1-2。

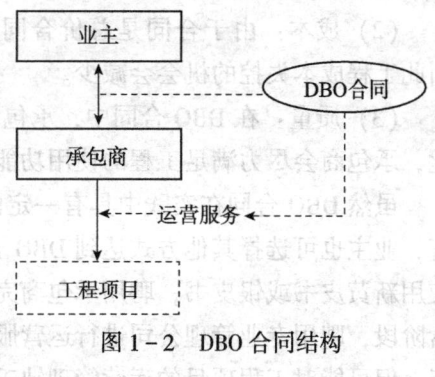

图 1-2 DBO 合同结构

从图 1-1 和图 1-2 可以看出，DBO 合同与 BOT 合同的区别是：

（1）融资主体不同。在 DBO 合同中，根据 FIDIC 的解释，业主负责项目的融资，与其他 FIDIC 合同相同，承包商不负责项目的融资。而在 BOT 项目中，项目公司负责项目的融资，承包商只是项目公司聘用的实施项目的机构。

（2）获得回报的途径不同。在 DBO 合同中，业主需向承包商支付设计、建造费用以及运营服务费用，承包商得到的利润是承包工程所得的回报以及运营服务费用。但在 BOT 合同中，项目公司需要从项目运营收费中回收项目的投资、经营和维护成本，并获得合理的回报。

---

○ 中国对外承包工程商会．国际工程承包实用书册 [M]．北京：中国铁道出版社，2007：440．

（3）合同主体地位不同。在 DBO 合同中，业主与承包商签订 DBO 合同，由承包商负责设计、建造和运营项目，承包商处于合同结构的中心地位。在 BOT 项目中，政府或公共机构与项目公司签订特许经营权协议，由项目公司负责项目的融资、建设和运营，而承包商只是项目公司聘用的工程实施的主体，处于合同机构的从属地位。

（4）BOT 项目的本质是项目发起人的一种投资行为，BOT 合同是投资性质的合同。而 DBO 合同的本质是在工程实施阶段承包商负责设计和施工，在运营阶段，业主继续雇用承包商进行项目的运营，是传统的设计和施工模式加上运营服务行为的结合体。

根据 FIDIC 的解释，DBO 合同具有一定的优点，如下：

（1）时间：由于承包商负责项目的设计和建造任务，这样可以减少不必要的延误，工期更为合理。

（2）成本：由于合同是总价合同，承包商承担了项目的大部分风险，因此工程成本失控的机会会减少。

（3）质量：在 DBO 合同中，承包商负责工程的设计、建造和运营，因此，承包商会尽力满足工程的使用功能，保证项目的质量。

虽然 DBO 合同在实践中具有一定的适用性和比较优势，但对于业主而言，业主也可选择其他方式达到 DBO 合同的目的，如在工程项目建设阶段，使用新黄皮书或银皮书，聘用承包商完成工程的设计和施工，而在项目的运营阶段，聘用专业管理公司进行运营服务。一般而言，承包商精于设计和施工，但可能对工程项目的运营管理缺乏经验。

### 1.5.5 施工合同、DB 合同和 DBO 合同

在传统的施工合同中，承包商根据业主提供的图纸负责实施、完成和修复工程的缺陷，但设计—施工合同（DB）和 DBO 合同的出现改变了承包商的义务的范围。在 DB 合同中，承包商的义务前移到设计阶段，承包商承担了传统施工合同中业主应负责的设计义务，而在 DBO 合同中，承包商的义务同时发生了前移和后置，即承包商既承担了工程项目的设计义务，又承担了工程项目的运营义务，如图 1-3 所示。

施工合同、DB 合同和 DBO 合同性质的改变，不仅改变了业主和承包商的权利、义务范围，而且改变了施工合同、DB 合同和 DBO 合同的性质，也改变了施工合同、DB 合同和 DBO 合同的风险模式。

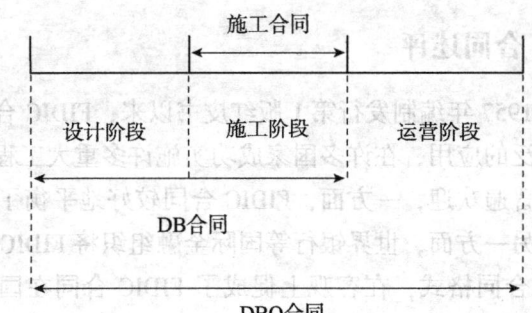

图 1-3 施工合同、DB 合同和 DBO 合同阶段示意图

## 1.6 FIDIC 合同评述

### 1.6.1 FIDIC 合同体系一览表

自 1957 年开始，FIDIC 在不同的时期起草编制了各种标准合同格式，见表 1-7。FIDIC 其他出版物见附录 1.2。

表 1-7 FIDIC 合同体系一览表

| 分 类 | 文 件 名 称 | 出版年代 |
|---|---|---|
| 第 1 版红皮书 | 《土木工程施工（国际）合同条款》 | 1957 |
| 第 2 版红皮书 | 《土木工程施工（国际）合同条款》 | 1969 |
| 第 3 版红皮书 | 《土木工程施工（国际）合同条款》 | 1977 |
| 彩虹族合同 | 《土木工程施工合同条款》（红皮书） | 1987 |
| | 《电气与机械设备合同条款》（黄皮书） | 1987 |
| | 《设计—建造和交钥匙合同条款》（桔皮书） | 1995 |
| | 《客户/咨询工程师标准服务协议》（白皮书） | 1998 |
| | 《土木工程施工分包合同条款》 | 1994 |
| 新彩虹族合同 | 《施工合同条款》（新红皮书） | 1999 |
| | 《生产设备和设计—建造合同条款》（新黄皮书） | 1999 |
| | 《EPC/交钥匙项目合同条款》（银皮书） | 1999 |
| | 《简明合同格式》（绿皮书） | 1999 |
| | 《疏浚和开垦工程合同条款》（蓝皮书） | 2001 |
| | 《施工合同条件协调版》 | 2005 |
| | 《设计—建造和运营项目合同条款》 | 2008 |
| | 《施工分包合同条款》测试版 | 2009 |

## 1.6.2 FIDIC 合同述评

自 FIDIC 于 1957 年编制发行第 1 版红皮书以来，FIDIC 合同在国际工程项目中得到了广泛的应用，在许多国家成功实施许多重大工程项目，受到了业主和承包商的普遍欢迎。一方面，FIDIC 合同较好地平衡了业主和承包商的权利和义务，另一方面，世界银行等国际金融组织将 FIDIC 合同作为公共工程采购的标准合同格式，在客观上促成了 FIDIC 合同在国际范围内的使用。虽然 FIDIC 合同在国际上获得了成功，但多年来，国际上对 FIDIC 合同的批评也不绝于耳。

国际上有些专家学者对 FIDIC 合同的批评主要集中在如下几个方面：

(1) 严格的程序和苛刻的条款规定。

"尽管许多专家在评价 FIDIC 合同时，认为这是属于一个亲承包商的合同（A Pro‐Contracotr's Contract），但合同中关于承包商的责任显得十分苛刻，对承包商的制约条款达到无所不包的地步[1]"。

"在国际舞台上，FIDIC 合同和 NEC 合同展开了日渐明显的竞争。自 20 世纪 90 年代开始使用 NEC 合同以来，英国、南非以及泰国已经成功使用了该款合同。在使用 NEC 合同的项目中，项目管理愈加有效，而且没有发生什么争议。NEC 合同鼓励施工团队成员之间的合作 [迈克尔·拉瑟姆爵士在《构建团队》（拉瑟姆报告）杂志中报道了和提出了许多有益的建议]。但另一方面，新的 FIDIC 合同条款仍然继续强调和加强了有关通知和索赔的合同约束机制[2]"。

(2) 强调遵守合同程序，与 NEC 合同相比，忽视了业主、承包商和工程师之间的合作。

"1999 年版 FIDIC 红皮书、黄皮书和银皮书被广泛使用于大型国际工程项目之中（工程金额一般大于 50 万美元），但这些合同条款仅规定了承包商应向业主发出预警通知的内容，而没有规定业主回应承包商，寻求有利于双方的最佳解决方案的机制。与此相反，用于小型工程项目（工程金额一般小于 50 万美元）的绿皮书改变了红皮书、黄皮书和银皮书的规定，规定业主和承包商应向对方发出预警通知。但不幸的是，绿皮书仅规定了承包商'……为减少影响，应采取合理的措施'的内容。在这种情况下，

---

[1] 田威. FIDIC 合同条件实用技巧 [M]. 北京：中国建筑工业出版社，2006：132.
[2] Reg Thomas. Construction Contract Claims [M]. 2nd. New York：Palgrave Publishing. 2001：31.

业主的义务是什么[1]?"

(3) FIDIC 合同分为《通用条款》和《专用条款》两个部分，而《专用条款》容易为业主所利用，进而将合同修改成完全对业主有利的规定，主要集中在如下几个方面：

① 删除承包商对恶劣物质条件和公共当局造成的延误索赔工期延长的权利。

② 删除承包商索赔迟付工程款利息的权利、因迟付工程款暂停工程的权利以及索赔工期延长和额外费用的权利。

③ 将承包商因业主未能支付工程款而终止合同的权利从合同规定的 28 天推迟到 100 天。

④ 删除因业主违约，承包商有权终止合同的所有理由。

⑤ 如果在接到赶工指示后承包商仍未能加快施工进度（即使承包商遭受了他有权索赔工期延长的事件），业主有权终止合同。

⑥ 删除业主风险和特殊风险条款，承包商负责 FIDIC 合同第 4 版第 20.4 款、第 65.1 款和第 65.2 款规定的所有业主风险和特殊风险。

"业主是否利用 1999 年版 FIDIC 合同滥用上述这些规定，仍有待人们的观察。如果业主滥用了这些权利，承包商可能会抵制工程项目的招标，这是业主或工程师应当吸取的经验和教训[2]"。

(4) 无论是合同类型、种类和可选择性，FIDIC 编制的标准合同格式明显落后于其他协会组织，如 JCT、ICE 和 AIA 等组织编制的标准合同格式。但随着 1999 年版 FIDIC 合同的出版发行，批评 FIDIC 行动缓慢、不能与时俱进的声音日渐消失。

## 附录 1.1　国际咨询工程师联合会

国际咨询工程师联合会是一个独立的由各国咨询工程师协会组成的国际性组织，其法文名称为 Fédération lnternationale Des lngénieurs Conseils，字头缩写为 FIDIC，英文名称是 International Federation of Consulting Engineers。由于国际咨询工程师联合会的全称过长，人们通常将其简称为 FIDIC，国内有些著作按其发音译为"菲迪克"。

---

[1] Reg Thomas. Construction Contract Claims [M]．2nd. New York：Palgrave Publishing. 2001：32.
[2] Reg Thomas. Construction Contract Claims [M]．2nd. New York：Palgrave Publishing. 2001：61.

FIDIC 成立于 1913 年，由欧洲三个国家的咨询工程师协会发起成立，其目的是共同促进成员协会的职业利益，向其成员协会传播有益的信息。FIDIC 的成员是以各国的全国性咨询工程师协会为主体，目前共有 75 个国家的咨询工程师协会加入了 FIDIC，代表了世界上的一百多万咨询工程师。

FIDIC 的主要职能机构有执行委员会（EC）、土木工程合同委员会（CECC）、业主和咨询工程师关系委员会（CCRB）、职业责任委员会（PLC）和秘书处（Secretariat）。此外，FIDIC 还成立了诸如裁决员评估小组（APA）、可持续发展委员会（SDC）、成员委员会（MC）、融资委员会（FinC）等非常设性机构。

自 1957 年编制出版第 1 版红皮书以来，FIDIC 陆续起草编制了各种标准合同格式，使 FIDIC 合同成为国际工程项目通用的标准合同格式，奠定了其在国际上的牢固地位。FIDIC 取得的最伟大的成就是：FIDIC 合同为业主和承包商所接受、认可，并在国际工程项目上受到了的普遍欢迎，成功实施了许多国际工程项目。

FIDIC 举办各类讲座、培训和会议，以促进其发展目标，即维护高尚的道德和职业标准；交流观点和信息；讨论成员协会和国际金融机构共同关心的问题；促进发展中国家工程咨询业的发展。

除各类标准合同格式外，FIDIC 出版发行了各类出版物，包括风险管理、质量管理、环境管理、可持续发展等内容。

FIDIC 地址是：
International Federation of Consulting Engineers（FIDIC）
World Trade Center II
P. O. Box 311
1215 Geneva 15
Switzerland
Phone：+ 41 22 799 49 00
Fax：+ 41 22 799 49 01
Email：fidic@ fidic. org
Web：http:/www.fidic.org

## 附录 1.2　FIDIC 其他出版物

除表 1-7 列明的不同时期的标准合同格式外，FIDIC 编辑发行的其他出版物有：

**1. 合同条款使用指南**

不同版本的 FIDIC 合同条款使用指南

**2. 其他合同协议**

(1)《客户—咨询工程师协议》(白皮书)

(2)《白皮书指南》

(3)《标准咨询工程师代表协议》

(4)《联营体(联合体)协议》

(5)《咨询分包协议》

(6)《联营体和咨询分包协议指南》

(7)《承包商资格预审标准格式》

(8)《投标程序》

**3. 商业实践指南**

(1)《商业实践指南》

(2)《商业实践指南手册》

(3)《政策声明》

(4)《构建咨询业能力指南》

(5)《选择咨询工程师指南》

(6)《基于质量选择咨询服务》

(7)《工程咨询业质量管理指南》

**4. 质量和诚信管理**

(1)《质量和诚信管理手册》

(2)《质量管理手册》

(3)《质量管理指南》

(4)《工程咨询业 ISO9001：2000 标准解释和应用指南》

(5)《质量管理培训工具》

(6)《商业诚信管理指南》

(7)《商业诚信管理系统培训工具》

**5. 风险管理**

(1)《风险管理手册》

(2)《大型土木工程保险》

(3)《职业责任保险入门》

(4)《风险管理手册：施工争议的友好协商解决》

(5)《施工、保险和法律》

(6)《使用独立咨询工程师指南》

(7)《咨询公司的临时合作协议指南》

(8)《职业责任索赔和调解解释和指南》

### 6. 环境和可持续发展

(1)《环境和可持续发展手册》

(2)《UNEP – ICC – FIDIC 环境管理体系手册》

(3)《EMS 资源培训工具》

(4)《EMS 证书指南》

(5)《EMS 手册》

(6)《EMS 总结报告》

(7)《项目可持续发展管理指南》

(8)《咨询服务业的可持续发展战略》

(9)《咨询服务业的可持续发展：2002 年总结报告》

### 7. 其他 FIDIC 出版物

如各类会议和研讨会的文件，为咨询工程师、业主和国际开发机构提供的信息，资格预审格式等。

读者可登录 FIDIC 官方网站 www.fidic.org，从 bookshop 获得 FIDIC 各类出版物。

（资料来源：FIDIC：FIDIC Publications）

# 第 2 章 施工合同的性质

与其他合同一样，建筑合同的本质是一项协议。
——斯蒂芬·福斯特、维维安·拉姆齐:《基廷论施工合同》

## 2.1 施工合同的定义

世界各国对合同的概念有着不同的定义。《美国合同法重述》认为"合同是一个许诺（promise）或一系列的许诺，对于违反这种许诺，法律给予救济，或者法律以某种方式承认履行这种许诺乃是一项义务㊀"。《牛津法律词典》将合同定义为"一项具有法律约束力的协议。'要约和承诺'构成协议，但一项具有法律约束力的协议必须满足许多其他要件㊁。"有些英国学者将合同定义为："拥有法律权利和义务的人之间达成的契约或协议㊂"。

在国际工程项目中，施工合同（construction contract）已被广泛使用于各类建筑和土木工程项目的活动中。施工合同是建筑法中的核心和最活跃的要素，它是建筑经济活动或交易的中心。换言之，建筑业的一切经济活动都离不开一个基本载体——施工合同。

在西方施工合同用语中，有建筑合同（building contract）、工程合同（engineering contract）和施工合同（construction contract）三种称谓，关于这三种称谓，约翰·尤夫教授在《建筑法》一书中说道：

"从法律意义来说，建筑合同、工程合同的含义没有任何区别，但施工合同包括上述两种合同㊃。"

关于施工合同的定义，有关标准格式合同、建筑师学会、学者、法官和有关国家的建筑法律给出了不同的答案。

---

㊀ 英文原文是：A contract is a promise, or set of promises, for breach of which the law gives a remedy, or the performance of which the law in some way recognizes as a duty.
㊁ Elizabeth A. Martin. Jonathan Law. A Dictionary of Law [M]. 6th ed. Oxford: Oxford University Press, 2006: 126.
㊂ Stephanie Owen. Law for the Construction Industry [M]. 2nd ed. London: Pearson Longman, 1997: 48.
㊃ John Uff. Construction Law [M]. 9th ed, London: Sweet & Maxwell Limited, 2005: 259.

FIDIC 合同 1987 年第 4 版红皮书第 1.1.（b）.（i）对合同定义如下：

"合同指本条款（第一、二部分）、规范、图纸、工程量表、投标书、中标函、合同协议书（如已完成），以及其他明确列入中标函或合同协议书（如已完成）中的此类进一步的文件。"

FIDIC 合同 1999 年版《施工合同条款》第 1.1.1.1 款对合同的定义如下：

"合同指合同协议书、中标函、投标函、本条件、规范要求、图纸、资料单以及合同协议书或中标函中列明的后续文件（如有）"。

FIDIC 合同 1987 年版和 1999 年版对合同的定义内容有所不同，1999 版将资料单列入，根据 1999 版第 1.1.1.7 条规定："资料单指合同中名为各种表的文件，由承包商填写并随投标函一起提交。此类文件包括工程数量清单、数据、表册、费率和/或价格表。"

美国建筑师学会将工程合同概括为：

"协议书（Agreement）+条款（Conditions）=合同（Contract）。"

英国土木工程师学会对合同的定义与 FIDIC 合同中的定义相似。

上述定义从不同的侧面反映了施工合同的性质，但从抽象意义而言，英国维兰斯·杜肯在《哈得逊论建筑和工程合同》（Hudson's Building and Engineering Contract, 11th ed.）中将施工合同的定义为："一个房屋建筑或工程合同可以被定义为一项协议，某个人，泛指建筑商或承包商，为了酬金为另一个人，泛称工程业主或雇主，履行建筑或土木工程性质的工作[一]"。

在 Modern Engineering（Bristol）Ltd. 诉 Gilbert - Asb Northern [1974] AC 689 案中，迪洛克大法官将建筑合同描述为：

"一项货物销售、实施工程和提供劳务的完整协议，当交付货物或完成工程时，以总价为基础，按分期付款方式支付合同价款[二]。"

在各国建筑法律中，关于施工合同的定义，以英国 1996 年《住宅许可、建造和重建法》[三]最具代表性。该法第 104、105 条规定了施工合同的定义和

---

[一] Duncan Wallace. Hudson's Building and Engineering Contracts [M]. 11th ed. London: Sweet & Maxwell, 1997.

[二] Stephen Furst, Vivian Ramsey. Keating on Construction Contracts [M]. 8th ed. London: Sweet & Maxwell, 2006: 1. 该定义也被霍普大法官在 Beaufort Development (N.I.) Ltd. v. Gilbert - Ash (N.I.) Ltd. 1999 1. A.C. 266 案中引用。需要注意的是，并不是所有的施工合同都是以分期付款方式支付。有关施工合同定义，还可参见 Discain Project Services Ltd. v. Opecprime Development Ltd. [2001] EWHC Technology 450 案、Emson Eastern v. EME Developments (1991) 55 BLR 114 案。

[三] 英国 1996 年《住宅许可、建造和重建法》的英文名称是：Housing Grants, Construction and Regeneration Act，简称 HGCRA96。

建设施工的范围，如下：

"104（1）本节中'施工合同'是指与某人就下述任何一项内容达成的协议：

（a）施工作业；

（b）安排由他人实施工程，无论是在分包合同项下或其他方式；

（c）为建设施工提供自有劳务，或他人的劳务；

（2）在本节中，施工合同的范围包括下述协议：

（a）进行建筑设计或勘查工作；

（b）向建设施工相关的建筑、工程、内外装修或美化设计提供咨询；

（3）在本节中，施工合同的范围不包括雇佣合同（在1996年雇佣权利法之内）；

105（1）本节中述及的'施工作业'指下述规定中的任何一种施工：

（a）建筑、结构形成，或将形成土地的一部分（无论是否为永久性）的施工，变更、修复、维护、扩建、毁坏或拆除；

（b）形成或将形成土地一部分的，包括（不违背上述规定情形下）墙体、路、电线、通信设施、机场跑道、码头、港口、铁路、内陆河运、管道、水库、给水干管、井、排水管、排水设施的工业设备和安装、护坡保护或防护的施工，变更、修复、维护、扩建、毁坏或拆除；

（c）建筑或结构物内配置的形成土地一部分的，包括（在不违背上述规定情形下）供暖、照明、空调、通风、供电、排水、卫生设施、供水、防火系统或安全或通信系统的安装；

（d）施工、变更、修复、扩展或恢复过程中的建筑和结构物的内外清洁；

（e）构成一个完整部分，或准备，或为完成进行的施工，如本款上述规定，包括清场、推土、挖掘、隧道开挖和钻孔、基础布置、安装、维护或模板拆除、场地恢复、美化或道路和其他通道工程。

（f）建筑或结构物内外表面的油漆或装修；

（2）下述施工不属于本节规定的施工作业：

（a）石油或天然气的钻孔或提炼；

（b）材料的提炼（无论是地下或地上）；为此而进行的地下工程的钻洞、或钻孔或施工；

（c）在现场为提供支撑或通道而进行的机械或设备的装配、安装或拆除，或钢结构工程的安装和拆除，主要活动是：

（i）核处理、发电、给排水处理；或

（ii）化学物、药物、石油、气体、钢铁、食品、饮料的生产、转化、处理或散装储存（而非仓储）；

（d）制造或向现场交付：

（i）建筑、工程构件或设备；

（ii）材料、机械或设备；或

（iii）供暖、照明、空调、通风、供电、排水、卫生、供水、防火、安全或通信系统的零件；除合同要求安装外；

（e）艺术品、雕塑、壁画和其他艺术性质的艺术品的生产、安装和修复。"

英国法对施工合同的定义包括了绝大多数的建筑和土木工程，但并不是全部的建设工程。不可否认的是，英国法对施工合同和建筑施工做了最为完整和全面的解释，且具有成文法上的效力。

## 2.2 施工合同的当事人

与买卖交易仅涉及买方和卖方不同，一项建筑或土木工程施工合同涉及了业主、建筑师、工程师、承包商、分包商、供应商、其他咨询工程师等众多参与的当事人。在建筑工业产业链中，这些参与者在不同的阶段担当了不同的角色，共同促进和完成工程项目。有关施工合同的当事人及其合同关系，见图 2-1。

### 2.2.1 业主

业主（the Employer 或 the Owner）是指工程项目的所有者和拥有者以及其财产的合法继承人。在美国大多称之为 "the Owner" 或者 "building owner"，具有对其工程使用的土地和对地上建筑物拥有所有权的含义，而在其他英语国家的建筑工程领域被称为 "the Employer"，具有"雇主"的含义。在标准合同格式中，如 FIDIC、NEC、JCT、ICE 等，业主均被称为 "the Employer"。

具有业主主体资格的可以是私人、公司，也可以是政府部门。私人业主一般是建造住宅工程的所有者，在土木工程建设领域，绝大多数业主是公司和政府部门。

FIDIC 合同 1987 年第 4 版中第 1.1.（a）款的解释为："业主是指本合同条件第二部分指定的当事人以及取得此当事人的合法继承人，但除非承包商同意，不指此当事人的任何受让人。"

# 第 2 章 施工合同的性质

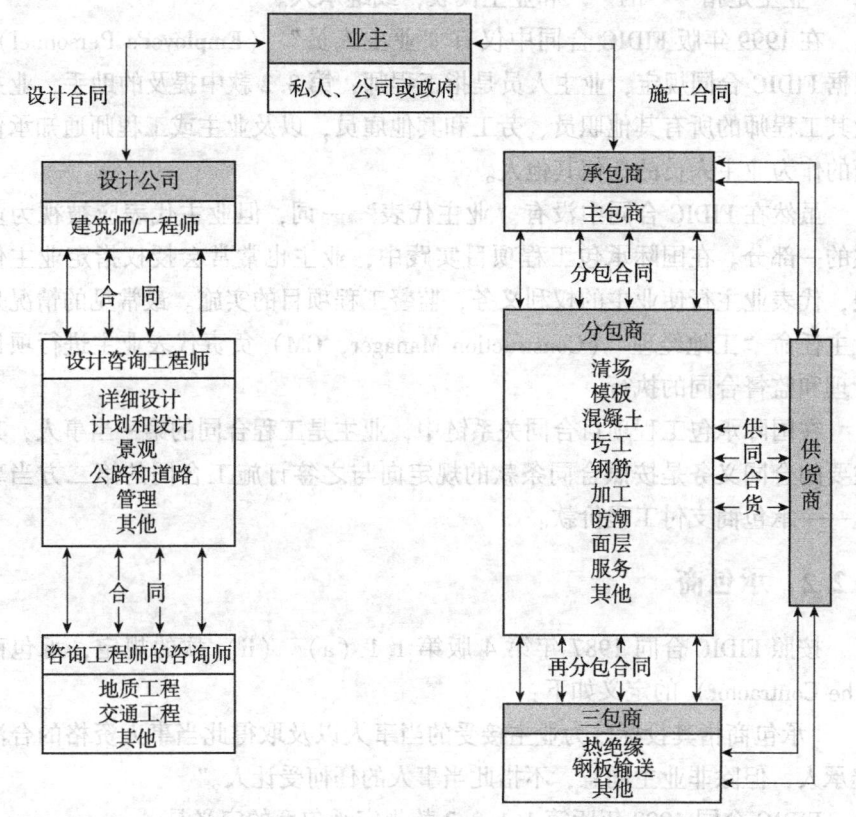

图 2-1 施工合同的当事人及其合同关系[一]

注：1. 双箭头表示合同关系。

2. 合同当事人之间的相互关系（privity of contract）以双箭头表示。

FIDIC 合同 1999 年版第 1.1.2.2 款规定："业主是指招标文件附录中指明的作为业主的人及其财产的合法继承人"。

大多数标准格式合同，如 FIDIC 版所有标准格式合同，ICE 合同第 5、6、7 版，美国总包商协会（AGC），美国建筑师学会（AIA）标准合同格式均以"指向"的方式，FIDIC 合同的规定或以"填空"的方式，而 ICE 合同第 5 版注明业主名称，这对于业界使用广泛的标准格式合同而言是合理的，这样做的目的是使其具有更强的适用性。

"业主代表"（the Employer's personal representatives）一词在 FIDIC 合同中没有出现，但在 ICE 第 5 版中业主的定义中指明，其规定如下：

---

[一] 中国对外承包工程商会. 国际工程承包实用手册 [M]. 北京：中国铁道出版社，2007：334.

"业主是指……的……和业主代表，或继承人。"

在 1999 年版 FIDIC 合同中仅有"业主人员"（Employer's Personnel）。根据 FIDIC 合同规定，业主人员是指工程师，第 3.2 款中提及的助手，业主及其工程师的所有其他职员、劳工和其他雇员，以及业主或工程师通知承包商的作为业主人员的任何其他人。

虽然在 FIDIC 合同中没有"业主代表"一词，但业主代表应被视为业主的一部分。在国际承包工程项目实践中，业主也常常会授权指定业主代表，代表业主行使业主的权利义务，监督工程项目的实施。最常见的情况是业主任命"工地经理"（Construction Manager，CM）负责代表业主进行项目管理和监督合同的执行。

在国际承包工程项目合同关系链中，业主是工程合同的第一当事人，其主要的合同义务是按照合同条款的规定向与之签订施工合同的第二方当事人——承包商支付工程价款。

### 2.2.2 承包商

按照 FIDIC 合同 1987 年第 4 版第 1.1（a）（ii）款的规定，承包商（the Contractor）的定义如下：

"承包商指其投标已为业主接受的当事人以及取得此当事人资格的合法继承人，但除非业主同意，不指此当事人的任何受让人。"

FIDIC 合同 1999 年版第 1.1.2.3 款规定承包商的定义是：

"承包商是指已为业主接受的投标信中指明作为承包商的当事人及其财产上的合法继承人。"

简而言之，承包商是指与业主签订工程合同，负责实施、完成和维护工程项目的当事人。该定义有助于区别分包商和工程师，特别是分包商、供货商的含义。

承包商的主要义务就是在合同规定的时间内实施和完成他所签约的工程，如工程有缺陷，有义务在缺陷责任期内修补任何缺陷。

对于大型复杂的工程，几个承包商可以作为组成联合体实施和完成工程项目。对于业主而言，无论承包商是单一体还是任何形式的联合体，其法律责任和合同责任是一样的，即在联合体情况下，联合体各成员对业主承担连带责任。

承包商是除业主之外的第二方合同关系当事人，业主与承包商签订合同构成了国际承包工程项目中的合同基础和一切合同关系的基石。

如果承包商雇用了一个或多个分包商，在这种情况下，承包商又可称为总包商（general contractor）或主包商（primary contractor），他负责与业主签订工程合同，总体负责施工和完工，而专业施工则由若干分包商进行。分包商要在材料、工艺和进度方面向承包商负责，承包商根据分包合同对每一个分包商的工作和行为负责。

随着社会专业化分工的发展和科技的进步，总包商和主包商的含义已经趋同，更确切地说，总包商和主包商的含义已没有实质区别[一]。

## 2.2.3 建筑师

在传统的工程承包方式中，业主与承包商签订施工合同，作为业主聘任的第三方，建筑师或工程师负责设计、监督项目的实施，业主、建筑师/工程师、承包商构成了工程项目实施的三极体系。在建筑合同中，业主聘任的负责设计和监理的咨询工程师被称为"建筑师"。

JCT合同2005版《建筑合同标准格式》第1.1款将建筑师定义为"第3条命名的人员，或者指定的或根据第3.5款另行同意的任何继承人。""广义而言，建筑师的职责是代表业主，负责准备计划和规范，并监督工程项目实施，根据合同规定完成工程项目。因此，建筑师是业主的代理人，对业主承担职业上的谨慎义务，尽管业主和承包商通常会就建筑师需公正地或者不偏不倚地根据合同对合同事宜作出决定达成谅解[二]。"

建筑师或工程师不是业主和承包商之间签订的主合同或任何分包合同的一方当事人，他是与业主签订咨询服务合同的一方当事人。

## 2.2.4 工程师

工程师（the Engineer），又称监理工程师或咨询工程师，是指由业主聘任的代表业主对承包商实施的工程项目的质量、进度、工艺和成本等进行监督管理的人。在土木工程项目中，称监理工程师或咨询工程师为"工程师"。

FIDIC合同1987年第4版第1.1.（a）（iv）款规定工程师的定义为：

---

[一] Keith Collier. Construction Contract [M]. 3rd ed. 北京：清华大学出版社：26-28. 作者在书中指出，在早期总包商是负责整个项目的管理和实施，总包商并不真正做项目的主体工程，他雇用分包商进行。而主包商要用自身的资源实际实施部分工程，而其他工程则由与之签订分包合同的分包商负责。对于前种情况，许多国家的法律是明文禁止的，或者为业主所拒绝的。

[二] Stephen Furst, Vivian Ramsey. Keating on Construction Contracts [M]. 8th ed. London：Sweet & Maxwell, 2006：3. 参见案例 Sutcliffe v. Thackrah [1974] A. C. 727 HL 案。

"工程师指业主为合同目的而指定作为工程师并在本条件第二部分保持这一称谓的人员"。

FIDIC合同1999版第1.1.2.4款规定工程师的定义是：

"工程师指业主为合同目的而指定作为工程师并在招标附录中保持这一称谓的人员；或者业主根据第3.4条随时指定的并通知承包商的任何其他人员。"

工程师不属于业主和承包商之间合同关系的一方，按照建筑和土木工程业界惯例，业主和工程师之间将签订咨询服务合同，明确业主和工程师的权利和义务及其权利的限制。业主和工程师之间的服务合同可参考FIDIC出版的《业主和咨询工程师之间协议书国际通用规则》的格式或其他标准合同格式。

工程师的职责涉及了工程管理和监督的各个方面，这在FIDIC合同条款中"工程师和工程师代表"中有所体现。经过多年的发展，在国际承包工程项目中工程师的作用、主要职责、权利范围等已形成了一套行业惯例。

对于承包商而言，工程师是业主的代表，工程师的任何行为均视为是业主的行为，但承包商不能起诉工程师，因为承包商与工程师之间没有合同关系，这是"合同关系不涉及第三人（privity of contract）"的法则所决定的。

如果业主指定联合工程师（joint engineers），即指定了两个或两个以上的人同时担任一个工程项目的工程师，在这种情况下，由两个工程师在证书、指令上签字是有效的。在Lamprell诉Billericay Union（1849）3 Exch 283一案中，法院判决在存在两个建筑师（工程师）时，如果业主与建筑师之间的合同明确规定所有指令和证书需两人签署才有效时，由其中一人签署的证书无效[⊖]。

建筑师或工程师应根据他与业主签订的咨询合同，代表业主履行义务。他有时还需要"独立地"行使权力，如签认付款、作出决定等，在这种情况下，建筑师或工程师应在业主和承包商之间公正地履行职责。

## 2.2.5 验工计量师

验工计量师（quantity surveyor，简称QS）是业主聘任的，代表业主计量

---

⊖ 关于建筑师/工程师及其工程师代表签认证书、指令的案例，请参考英国Tuta Products Pty. Ltd. v. Hutcherson Bros. Pty. Ltd. [1972] 46 A.L.J.R. 479 Aus.案、Marryat v. Broderick（1837）150 E.R. 799案和Finchbourne Ltd. v. Rodrigues [1976] 3 All E.R. 581, C.A.案。

工程数量，或为投标的目的计算工程数量的人。业主可以雇用验工计量师计量工程数量和对变更作出估价，或者根据建筑师/工程师的要求计量和估价。验工计量师多出现在大型工程项目中。但验工计量师的工作可由建筑师/工程师自己进行。

在 JCT 合同中，规定了验工计量师的职责，但在 FIDIC 合同、ICE 合同中没有任何有关验工计量师的规定。根据 FIDIC 红皮书和 ICE 合同，工程师负责工程数量的计量和估价，但工程师可单独聘用验工计量师负责计量和估价工作。

验工计量师可以由业主聘任，也可以由建筑师或工程师另行签订合同聘用。按照业界惯例，验工计量师通常以个人名义履行义务，或组成有限责任合伙公司（limited liability partnership，LLP）从事验工计量师工作。有时验工计量师也被承包商聘用，在投标时进行工程数量的计算、估价等工作。

### 2.2.6 分包商

分包商（the Subcontractor）是指与承包商签订合同，在现场负责实施业主和承包商订立的主合同中一部分工程的人。根据 FIDIC 合同 1987 年第 4 版第 1.1.（a）(iii) 款，分包商的定义是：

"分包商指合同中作为分包工程某一部分的分包商的任何当事人，或者由工程师同意已将工程的某一部分分包给他的任何当事人以及取得该当事人资格的合法继承人，但不指此当事人的任何受让人。"

FIDIC 合同 1999 年版关于分包商的定义如下：

"分包商指合同列明的或被指定的作为工程某一部分分包商的任何当事人；以及取得每一当事人资格的合法继承人。"

分包商的出现是社会进步和专业化分工细化的结果之一，任何一个承包商的能力和专业设置都不能覆盖所有的专业，特别是在科技进步飞速的今天。

有关分包和分包商的内容，请详见本书第 10 章和《FIDIC 分包合同原理与实务》一书。

### 2.2.7 供应商

供应商（the supplier）是指为工程项目提供材料和所需设备的人。在工程项目中供应商的存在是普遍的，如管材供货商、水泥供应商、砂石料供应商、成品混凝土供应商、电梯、电缆、电线、灯具、钢结构、钢绞线供应商等。供应商与承包商和分包商签订供货合同，按照合同文件要求供应货物，并承担相应的质量担保责任。

供应商不属于业主与承包商、业主与工程师、承包商与分包商之间合同关系的任何一方,他与业主、工程师之间没有合同关系。

应严格区分分包商和供应商二者的区别,分包商是指与承包商(主包商)直接签订合同在现场实施一部分工程项目的人,而供应商是指供应材料和项目所需设备的人。严格区分分包商和供应商的实质意义在于两者的合同关系、基于合同的权利和义务是不同的。

在国际承包工程项目的合同参与方当中,还有管理承包商(management contractor)、设计咨询公司雇用的专业设计咨询公司(designer's consultants)、担保银行等,这些参与方在不同类型的国际承包工程合同中扮演着不同的角色,发挥着不同的作用。

## 2.3 施工合同类型

### 2.3.1 施工合同分类

按照不同的标准,施工合同可分为多种类型,见表 2-1。

表 2-1 施工合同类型

| 分类标准 | 合同形式 | 可适用的标准合同格式 |
| --- | --- | --- |
| 项目规模 | 小型工程项目合同 | FIDIC 绿皮书、JCT 小型工程建筑合同 |
| | 中型工程项目合同 | 1987 年和 1999 年 FIDIC 红皮书、JCT 中型工程建筑合同、ICE、AIA、AGC、NEC 合同 |
| | 大型工程项目合同 | 1987 和 1999 年 FIDIC 红皮书、黄皮书、银皮书、JCT 大型项目施工合同、ICE 第 7 版、AIA、AGC、NEC 合同等 |
| 工作内容 | 施工合同 | FIDIC 红皮书、黄皮书、银皮书、JCT 合同、ICE 合同、AIA、AGC 和 NEC 合同等 |
| | 咨询服务合同 | FIDIC 白皮书、AIA 合同 B、C 系列合同、NEC 合同、JCT 合同等 |
| | 施工管理合同 | AIA 合同 G 系列、NEC 专业服务合同、JCT 合同施工管理合同等 |
| | 货物采购合同 | 承包商制定的标准订单格式 |
| | 安装合同 | 承包商制定的标准合同格式 |
| | 其他 | |

(续)

| 分类标准 | 合同形式 | 可适用的标准合同格式 |
|---|---|---|
| 工作范围 | 施工合同 | FIDIC 红皮书、JCT、AIA、AGC、ICE、NEC 合同等 |
| | 设计—施工合同 | FIDIC 黄皮书、JCT、AIA、AGC、ICE、NEC 的设计—施工合同等 |
| | EPC/交钥匙合同 | FIDIC 银皮书、JCT、AIA、AGC、ICE、NEC 的 EPC/交钥匙合同等 |
| | 分包合同 | FIDIC 分包合同格式、JCT、AIA、AGC、ICE、NEC 分包合同格式等 |
| | 劳务合同 | 承包商制定的标准合同格式 |
| | 其他 | |
| 支付方式 | 单价合同 | FIDIC 红皮书、ICE 第 7 版、JCT、AIA、NEC 合同等 |
| | 总价合同 | FIDIC 黄皮书、银皮书、JCT、AIA、NEC 设计—施工合同等 |
| | 成本补偿合同 | JCT 成本加酬金合同、AIA、AGC 成本加酬金合同等 |

## 2.3.2 单价、总价和成本加酬金合同

从承包商的立场出发，国际承包工程业界习惯上将施工合同按照总价合同、单价合同和成本补偿合同进行分类见表 2-2，这也是工程建筑业界进行合同风险判断的最基本方式。

表 2-2 总价合同、单价合同和成本补偿合同分类和主要特征

| 合同类型及适用范围 | 详细分类 | 主要特征 |
|---|---|---|
| 总价合同<br>（Lump Sum Contract）<br>适用于：<br>房建工程<br>设计—建造工程<br>交钥匙（或 EPC）工程<br>设计详尽、工程数量明确、工期较短的土木工程 | 固定总价合同<br>（Firm Lump Sum Contract） | 适用于工期不超过一年、工程数量明确、设计十分明确的工程<br>合同总价固定，不能因通货膨胀因素进行调整<br>按照里程碑分阶段或按完成百分比支付 |
| | 调价总价合同<br>（Escalation Lump Sum Contract） | 可用于工期不超过一年，或一年以上的工程项目<br>承包工程价格固定，如因通货膨胀引起工、料成本增加到约定的限度时，可调整合同总价<br>按里程碑分阶段或按完成百分比支付 |
| | 固定工程量总价合同<br>（Lump Sum on Firm Bill of Quanities Contract） | 承包商投标时按单价合同方式填报工程单价，并合计出总价<br>在设计变更或工程数量增加时，以承包商的单价为基础计算价格和调整总价<br>按里程碑分阶段或按完成百分比支付 |
| | 管理费总价合同<br>（Management Fee Lump Sum Contract） | 业主支付给其雇用的管理公司或专家一笔总的管理费用<br>按约定时间或完成百分比支付 |

(续)

| 合同类型及适用范围 | 详细分类 | 主要特征 |
|---|---|---|
| 单价合同<br>（Unit Price Contract）<br><br>适用于：<br>各种类型的土木工程<br>工程内容和设计不明确的工程<br>合同中的工程数量与实际完成工程数量差距较大的工程 | 估计工程量单价合同<br>（Bill of Approximate Quantities Contract） | 标书中列明的工程数量仅是近似值，承包商按标书中的数量填具单价，实际结算按照承包商实际完成工程数量乘以单价结算工程款<br>按月凭业主和工程师签认的月账单支付<br>竣工时以竣工图最终数量结算总价 |
| | 纯单价合同<br>（Straight Unit Price Contract） | 适用于设计咨询公司未能提供施工详图，不能准确计算工程量的情形<br>投标时业主可能没有给出工程数量<br>按实际完成工程量结算工程款<br>按月凭业主和工程师签认的月账单支付 |
| | 单价与总价混合合同<br>（Unit Price and Lump Sum Items Contract） | 以单价合同为基础，但就某些不易计算工程量的分项工程采用总价包干方式<br>单价合同工程部分按实际工程量乘以单价计算；总价部分按完成百分比或里程碑或全部完成后一次性计量支付 |
| 成本补偿合同<br>（Cost Plus Fee Contract）<br><br>适用于：<br>工程内容尚未完全确定而又急于开工的工程<br>工程所需的人工、材料和设备不能确定的工程<br>建筑物维修、翻新工程等 | 成本加固定费用合同<br>（Cost Plus Fixed Fee Contract） | 对直接成本，如人工、材料和机械费用由业主实报实销，给予承包商一笔固定数目的报酬作为管理费和利润 |
| | 成本加定比费用合同<br>（Cost Plus fixed Percentage Contract） | 工程直接成本加一定比例的报酬费用，在签订合同时由业主和承包商确定给付承包商报酬的百分比 |
| | 成本加奖金合同<br>（Cost Plus Fixed Fee with Bonus Contract） | 工程直接成本加一定数目的奖金。当承包商的成本控制在商定的金额以下时，可得到奖金，当超出预定成本时，则对超支部分罚款 |
| | 成本价保证最大酬金合同<br>（Cost Plus Fixed Fee with Guaranteed Maximum Price Contract） | 签订合同时业主和承包商商定一个保证最大酬金额，但最大限度不能超过成本加保证最大酬金 |
| | 最大成本加费用合同<br>（Maximum Cost Plus Fee Contract） | 在总价合同基础上加上固定酬金费用。如实际成本超过合同中的工程成本总价，由承包商承担额外费用；如节约了工程成本，节约部分由业主和承包商分享 |
| | 工时和材料补偿合同<br>（Time and Material Reimbursement Contract） | 使用综合的工时费率计算支付人员费用、材料费用以实际成本支付 |

## 2.3.3 设计—施工合同

有关内容参见本书第 9 章有关内容。

## 2.4 施工合同文件

### 2.4.1 施工合同文件的构成

根据 FIDIC 合同 1987 年第 4 版第 5.2 款和 1999 年版红皮书第 1.5 款的规定，一项施工合同的文件通常包括：①合同协议书（the Contract Agreement）；②中标通知书（the Letter of Acceptance）；③投标书（the Tender，1987 年第 4 版红皮书）或者投标函（the Letter of Tender，1999 年版红皮书）；④合同条款（Conditions of Contract）；在 FIDIC 合同中，合同条款分为通用条款（General Conditions）和专用条款（the Particular Conditions）两部分；⑤规范（the Specification）；⑥图纸（the Drawings）；⑦标价的工程量表（the Priced Bill of Quantity，1987 年第 4 版红皮书）或者清单（the Schedules，1999 年第 4 版）；⑧构成合同组成部分的任何其他文件（any other documents forming part of the Contract）。

**1. 合同协议书**

FIDIC 合同 1987 年第 4 版红皮书第 1.(b)(vii) 款规定："合同协议书指第 9.1 款所述的合同协议书（如有）。"第 9.1 款规定："在被邀请签约时，承包商应同意签订并履行合同协议书，本协议书由业主根据本合同条款所附格式拟订，如必要，可对其进行修改。"

FIDIC 合同 1999 版新红皮书第 1.1.1.3 款将合同协议书定义为："合同协议书指根据第 1.6 款 [合同协议书] 所述的合同协议书（如有）。"第 1.6 款规定："除非另有协议，双方应在承包商收到中标通知书后的 28 天内签订合同协议书。合同协议书应以专用条款所附格式为依据。为签订合同协议书，业主应承担依法征收的印花税和类似费用（如有）。"

在英美法系国家，合同的成立应具备要约、承诺和对价三项要素。在施工合同中，只要有承包商的要约（投标书），业主的承诺（中标通知书）即可构成具有法律约束力的合同。但在有些大陆法系国家，当事人需要签订一份名为"合同协议书"的文件，合同才得以成立。

根据英国法，合同协议书构成一项声明（statement），表明双方当事人达成的所有重要事项，如日期、当事人、工程项目名称、合同金额和对价。

FIDIC 合同条款所附的合同协议书的格式符合这项要求。除上述重要的事项外，合同协议书还可能规定建筑师或工程师以及验工计量师的名称等内容。

**2. 中标通知书**

1987 年第 4 版红皮书第 1.（b）（vi）款规定："中标通知书指业主对投标书的接受。"

1999 年版新红皮书规定："中标通知书指业主签署的正式接受投标函的信件，包括所附的含有双方间签订的协议的任何备忘录。如无此类中标通知书，则中标通知书一词指合同协议书，发出或收到中标通知书的日期指签署合同协议书的日期。"

中标通知书构成一项业主的承诺。根据英美法，一旦业主作出承诺，合同即告成立。如中标通知书附有条件，只有在条件成就时合同才能成立。

**3. 投标书**

1987 年第 4 版红皮书第 1.（b）（v）款规定："投标书指承包商根据合同的各项规定，为了工程实施、完成和修补任何缺陷，向业主提出的并被中标通知书接受的报价书。"

1999 年版新红皮书弃用了"投标书"一词，而改为"投标函"，根据新红皮书的规定和解释，"投标书"和"投标函"具有相同的含义。第 1.1.1.4 款规定："投标函指由承包商填写的题为投标函的文件，包括其签署的向业主递交的工程报价。"

投标书构成承包商的要约。无论是英美法系还是大陆法系，均要求要约符合招标文件的规定，否则，构成反要约。

**4. 合同条款**

合同条款主要规定的是合同双方当事人应遵守的主要权利和义务、违约和补救措施、争议解决等内容。根据 FIDIC 合同，合同条款可分为《通用条款》和《专用条款》，但在 ICE、JCT 合同中，没有《专用条款》这份文件。

**5. 规范**

1987 年第 4 版红皮书第 1.(b)(ii)款规定："规范指合同中包括的工程规范，以及第 51 条规定的或由承包商提出并经工程师批准的对规范的任何修改或补充。"

1999 年版新红皮书规定："规范指合同中题为规范的文件，以及按照合同对规范所作的任何补偿或修改。此类文件规定了对工程的要求。"

规范是一个比"工程量表"含义更为不确切的术语，通常是指工程如何实施和材料标准的文件。业主有权挑选使用任何规范性的标准，如英国规范、德国规范或者美国规范等，但因工程项目的不同，建筑师或工程师在编制合同文件时需要重新制定、补充和修改相关标准，构成工程项目使用的规范。

**6. 图纸**

1987年第4版红皮书第1.(b)(iii)款规定："图纸指工程师根据合同规定向承包商提供的所有图纸、计算书和类似性质的技术资料，以及由承包商提供并经工程师批准的所有图纸、计算书、样品、图样、模型、操作和维修手册和类似性质的其他技术资料"。

1999年版红皮书第1.1.1.6款规定：图纸指包含在合同中的工程图纸，以及由业主（或其代表）按照合同发出的任何补充和修改的图纸"。

图纸和规范构成了一个工程项目物化过程（从构想到实现过程）中的最为重要的两份工程技术性质的文件。

**7. 工程量表或清单**

1987年第4版红皮书第1.(b)(iv)款规定："工程量表指构成投标书一部分的已标价的以及完成的工程量表。"

1999年版新红皮书第1.1.1.10款规定："工程量表指包含在清单中的如此命名的文件（如有）。"

第1.1.1.7款对清单作了规定："清单指合同中名为各种表的文件，由承包商填写并随投标函一起递交。此类文件包括工程量表、数据、表册、费率和/或价格。"

1987年第4版红皮书规定的工程量表和1999年版新红皮书规定的清单的文件范围大不相同，新红皮书规定的清单包括工程量表。

工程量表不是必然构成合同文件的一份文件，在单价合同中，工程量表构成合同的一份文件。但在总价合同、成本加酬金合同中，工程量表可以不是合同的一个文件。一般而言，如果工程量表构成合同文件的一部分，应在合同中予以明示规定。

在FIDIC红皮书和新红皮书中，工程量表是一份重要的合同文件。

**8. 构成合同组成部分的任何其他文件**

投标邀请、承包商在签约谈判期间签订的会议纪要、往来信函、估价等可能会构成合同文件的一部分。这些文件会对合同文件的优先次序以及解释带来很大麻烦，因此，双方当事人在签署这些文件时应在文件中明确其地位和优先性，如构成了对合同协议书、中标通知书、规范、图纸、工程量表等文件的修改或补充，应明示规定修改或补充的内容及其效力。

## 2.4.2 施工合同文件的优先次序

由于组成施工合同的文件多种多样，因此，需要明确构成合同文件的优先次序，避免业主、建筑师/工程师、承包商以及分包商等在对文件理解不一致时无所是从，莫衷一是。

1987年第4版红皮书第5.2条规定合同文件的优先次序如下：
(1) 合同协议书。
(2) 中标通知书。
(3) 投标书。
(4) 本合同条款第二部分（专用条款）。
(5) 本合同条款第一部分（通用条款）。
(6) 规范。
(7) 图纸。
(8) 标价的工程数量。
(9) 构成合同一部分的任何其他文件。

1999年版红皮书第1.5款规定的文件优先次序是：
(1) 合同协议书。
(2) 中标通知书。
(3) 投标函。
(4) 专用条款。
(5) 通用条款。
(6) 规范。
(7) 图纸。
(8) 清单和构成合同组成部分的任何其他文件。

在1999年版黄皮书中，"业主要求"代替了新红皮书中的"规范"，"承包商建议书"代替了新红皮书中的"清单"。

在1999年版银皮书中，合同文件的优先次序是：
(1) 合同协议书。
(2) 专用条款。
(3) 通用条款。
(4) 业主要求。
(5) 投标书和构成合同组成部分的其他文件。

根据红皮书、新红皮书、黄皮书和银皮书的规定，构成合同的这些文件是可以相互说明的。虽然FIDIC作了如此规定，但当合同文件出现不一致时，应使用优先文件在先的原则进行解释。

在施工合同谈判过程或在施工过程中，如果业主和承包商达成了任何其他协议、会议纪要或备忘录等，除非在这些其他协议、会议纪要或备忘录明确规定文件的优先性，否则，应按照合同通用条款或专用条款规定的优先次序判定其他协议、会议纪要或备忘录的效力。当这些文件内容出现相互矛盾时，应按照文件的优先次序进行解释，即优先次序在先的文件具有法律效力，而优先次序在后的文件没有法律效力，不能予以适用。

## 2.5 合同的法律适用

合同的法律适用，是指在涉外民事法律关系中合同各方当事人发生合同争议时，法院或仲裁机构以何国的实体法作为处理争议所依据的法律。国际上普遍认为应采用当事人意思自治原则，并辅之以最密切联系的原则。

意思自治原则（autonomy of will）是指合同中允许双方当事人缔结合同时自行约定合同的某国的法律，法律也承认当事人有选择法律的自主权，如果当事人之间产生争议，受案法院或仲裁机构应当以当事人选择的法律作为合同准据法（Governing Law, Applicable Law），以确定当事人之间的权利义务。

最密切联系原则是指当事人没有明示约定解决合同争议所适用的法律，受理合同争议的法院和仲裁机构确定处理合同争议所适用的法律时确定的原则。最密切联系原则选择法律可以采取：

(1) 缔约地法。即双方当事人签署合同所在地的法律。

(2) 履行地法。如有时履行地存在两个或两个以上时，可适用主要履行地法，或以特种履行地为合同履行地。

(3) 法院地法或仲裁地法。当事人如未约定应适用的法律，但在合同中规定了一旦发生争议，交由某国法院或仲裁机关管辖时，一般均可据此推定当事人意图适用该国的法律。

(4) 物之所在地法。

(5) 船旗国法。

(6) 当事人或者至少债务人的居所地、住所地或营业地法。

(7) 当事人的共同本国法。

(8) 在一合同与其他合同有某种从属关系时，只要无相反的规定，可推定适用原始合同的准据法。

(9) 根据"与其使之无效，不如使之有效"的解释合同的原则确定准据法。如果当事人未选择法律时，而所涉及的数国法律相互抵触，依某国法律合同有效，而依他国法律合同为无效，则应推定适用使合同有效的那一国家的法律。

国际工程建筑领域普遍使用的一些国际性组织编制的合同范本并不能超越内国法，即一国国内法律的管辖，它必须遵守一国国内法，受国内法的制约和管辖。

通常地，施工合同均对合同适用的准据法作出选择，即指明合同所适用哪个国家的法律，一般地，均选择工程所在地国家的法律。

选择法律的规则如下：

（1）选择的法律是实体法。如果争议的解决是在工程所在地之外的第三国，在诉讼或仲裁时应适用第三国的程序法，如大陆法系中的民事诉讼法或英美法系的讼诉程序法，或仲裁院、仲裁庭的仲裁规则。

（2）合同准据法不能完全彻底地排除外国法。在施工合同中，外国法律可能会对保险、保函、现场外制造和运输中的物品造成冲击。

合同适用于哪一个国家的法律在实务中具有实质性意义，如下：

（1）承包商应遵守法律适用国的法律。

（2）除合同条款的明示规定外，承包商还应遵守法律适用国的合同法、民事法律（在大陆法系国家）等约束合同当事人的法律。

（3）对合同条款的效力产生影响。以附条件支付条款为例，英国《1996年住宅许可、建造和重建法》第113条明文禁止这种条款，主包商和分包商签署这种 pay if paid 或 pay when paid 条款是无效的。而在美国，在不同的州，法律规定不同，这种附条件支付条款就可能有效，也可能无效，或者有效但主包商应在一个合理时间支付这三种情形。由此可见法律选择的重要性。

（4）在承包商与业主发生争议，诉诸法律解决合同纠纷时，法院或仲裁庭会以合同的适用法律为准绳，裁决合同当事人的争议。

## 附录2.1　施工合同中的联合体

### 联合体主要形式：Conventional/Item Joint Venture

施工合同中的联合体，英文称为 consortium 或 joint venture，中文称为联合体或联营体，是两个或两个以上承包商联合，作为一个承包商进行投标，中标后实施某个工程项目。其源于：

（1）一国法律的限制，如工程所在国法律规定须有当地公司的参与，否则承包商无投标资格。

（2）一国法律对与外国承包商与当地公司联合投标和实施工程规定有优惠政策，联合可以取得竞标优势。

（3）工程规模巨大或技术复杂的项目，单个承包商总包困难大，联合竞标可以降低标价，发挥各家所长，利于工程的实施。

国际工程项目中普遍采用的联合体形式有联合施工联合体（conventional joint venture）和分担施工联合体（item joint venture）。这两种联合体并不依公司法登记注册而新设立一个公司法人，而是根据某个特别项目的需要，在投标前由各方组成联合体，以联合体的名义进行投标和实施工程，在工程完成后解散。

许多著作中经常提及的法人型联合体或合营公司，是指两个或两个以上承包商组成一个新的公司法人，承揽和实施工程项目。它属于新设公司，依公司法登记注册并从事经营活动。这种法人型联合体并不是为某一个特定项目特别设立，而是有一定的经营期限和长远发展目标。以新设合营公司的名义进行投标和实施工程，与一般承包商相同，它并不是国际工程项目中的联合体。

## 联合施工联合体

联合施工联合体是两个或两个以上承包商按照参与比例承担义务，享有利益，进行投标和实施工程项目。如 A 承包商在联合体中的参与比例为 50%，B 承包商参与比例为 30%，C 承包商参与比例为 20%，各方参与比例构成 100%。

联合施工联合体应在投标阶段由各方合作伙伴签署联合体协议，约定参与比例、董事会的组成、各方权利义务和职责、退出机制、清算和解散等内容。根据投标文件规定，联合体协议应作为投标文件的一部分递交给业主。

在实施工程阶段，联合施工联合体通常由联合体中的一个合作伙伴负责施工管理，施工中发生的成本、费用或收益由联合体各方按参与比例分摊。

联合施工联合体应处理如下会计和税务事宜：

（1）以联合体名义新设银行账户。

（2）为联合体建立财务账目。

（3）单独报税。

工程所需的保函和保险也应以联合体名义向业主出具，而各参与人可以内部保障协议方式，或提供反担保方式解决保函项下的法律责任。

## 分担施工联合体

分担施工联合体是两个或两个以上承包商组成联合体，各自承担整体工程项目的一部分工程的形式。在分担施工联合体方式下，每个承包商各自负责一部分工程，使用各自施工队伍，自负盈亏，自担风险，各自对自己的工程部分负责，各成员之间并不对整个合同的风险和责任承担负责。在这种方式下，联合体各成员可能会出现A承包商盈利，B承包商亏损的情形。

这种方式是国际承包工程项目中最常见的方式，各承包商相互分工，各自负责，省去了联合施工联合体的日常管理和协调的困难。

## 联合体的法律性质和法律责任

国际工程项目中的联合施工联合体和分担施工联合体的法律性质均属合伙法律关系。依各国合伙法律规定，联合体各成员之间的内部相互责任依联合体协议的约定，在对外责任方面，联合体各成员须对外承担连带责任。所谓连带责任，是指联合体一方不能履行合同和赔偿时，其他联合体成员负有继续履行合同和赔偿的责任。在联合体一方未能履约，而由另一方履行时，成员间的法律责任得依联合体协议的约定界定。联合体内部成员之间在合同中不能约定免除成员间的连带责任，即使约定，也是无效和不能对抗任何他人的。

FIDIC合同1999年版第1.14条规定：

"如果承包商是由两个或两个以上的当事人（依照适用法律）组成的联营体、联合体或其他未立案的组合：

（a）这些当事人应被认为在履行合同上对雇主负有连带责任。

（b）这些当事人应将有权约束承包商及其每个当事人的负责人通知雇主；以及

（c）未经雇主事先同意，承包商不得改变其组成或法律地位。"

这是国际范本合同中最直接和简明的规定，确定了联合体对业主的责任。在英国ICE合同第7版中，与FIDIC合同1987年第4版相同，没有明示规定联合体的对外责任。但需要指出的是，即使合同没有明示规定联合体的对外责任，但由于各国法律均对联合体的对外责任进行了明确的规定，因此，联合体各成员应对外承担连带责任。

## 附录 2.2　文本之争（1）

### 基本案情

在 Bulter Machine Tool Co. Ltd. 诉 Ex – Cell – O Corporation（England）Ltd.［1979］1 All ER 965 案[一]中，1969 年 5 月 23 日，卖方发出要约，向买方销售机具，金额为 75535 英镑，交货期为 10 个月。该要约采用书面报价形式，并声明此中的条款"优于买方订货单中的任何条款和条件。"卖方报价中的条款包括了一项价格变动条款。1969 年 5 月 27 日，买方根据自己订单中的不含价格变动的条款，回复了卖方并向卖方发出购买此批机具的订单。该订单附有可撕下的确认收讫的回执，回执上印有"我方根据订单上声明的条款和条件接受你的订单。"卖方签署了回执并将其返还给买方，并附信说明此订单是："根据我方修改的 5 月 23 日的报价单签订，交货期为 10～11 个月。"在交付货物后，卖方要求买方支付增加的费用，买方拒绝支付该笔增加的费用。

### 法院判决

买方 5 月 27 日的订单构成一项反要约，否定了卖方于 5 月 23 日报价中提出的要约。在卖方完成并返还印有根据买方条款和条件确定交易的回执时，卖方已经接受了反要约的有关条款，而这些条款不包括价格变动内容。卖方所附信函提及的 5 月 23 日报价单与此没有关系，因为它仅提及了价格和机具的确认内容。

### 法官陈述

丹宁大法官在判决中写道：

"在大多数情况下，如果发生了'文本之争'，在一方递交了最后一份文本，而另一方没有提出反对意见而接受时，合同即告成立……但困难在于决定哪一个文本，或者哪个文本的哪个部分构成合同的条款和条件。在有些情况下，打出最后一枪的人将赢得这场战斗，这个人就是提出最新条款和条件的人。在他的最新条款中，声明如下：如果另一方不反对，他就同意按

---

[一] Michael Furmston, Powell – Smith and Furmston's Building Contract Casebook [M]. 4th ed. Oxford: Blackwell Publishing Ltd., 2006: 33-35.

此执行……但是，在有些情况下，最先打出第一枪的人可能将赢得这场战斗。如果他按照报价单背面的条款和条件，根据标明的价格提出要约，而买方根据自己制定条款和条件的订单作出了承诺，那么，如果卖方的报价单和买方的订单区别很大，不可避免地影响到了价格时，除非买方特别提醒卖方加以注意，否则，买方不应利用两者的区别。另外的情况是，战斗取决于双方火力的大小。双方可以最终达成协议，但文本内容已经面目全非。应结合双方当事人的意见对合同条款和条件作出解释。如果双方当事人的意见能够协调，并能达到一个统一的结果，这是最好不过的事情。如果分歧无法弥合，彼此矛盾，则应将删除双方当事人无法达成一致的条款，并寻求双方当事人可以接受的解决方案。"

劳顿法官在判决中写道：

"在现代商业交易的报价单和订单中，通常从事交易的公司都会自己在报价单和订单的背后用很小的字体印有相关的限制合同条款，就像本案中当事人一样，这种做法会产生合同文本之争。问题是如何进行这种文本之争的战斗？法官的观点是这种战斗会涉及合同的许多方面，法官应尽力调查当事人的意愿并作出相应的判断。但依我看来，这场战斗应根据已经确立的规则进行，即应根据18世纪的所确定的惯例，而非基于现代消耗战的概念来进行这场战斗。

有关文本之争的规则是在130多年前郎戴尔大法官在审理 Hyde 诉 Wrench（1840）一案中确定的，丹宁大法官在本案中提到了这个案例。如果有人认为这个案件已经过时的话，那就应参考麦兆法官的审理的 Trollope & Colls Ltd 诉 Atomic Power Construction Ltd.（1962）案，在该案中，法官呼吁 Hyde 诉 Wrench 案的判决仍然有效。

我认为，如果过去确定的这些规则应适用这个案件，则答案是显而易见的。卖方首先在报价单提出了要约……"

## 小结

(1)"文本之争"不仅会发生在货物买卖合同中，也会出现在施工合同中，除了各种标准合同格式外，有时承包商也会使用自己印制的合同格式用于分包工程项目。

(2) 在发生"文本之争"时，应根据合同法的一般原理，即要约、反要约和承诺的规则确定合同当事人确定的最后的文本。

(3) 合同双方当事人接受的最后的合同文本就是约束当事人的合同，一旦合同成立，双方当事人应予遵守。

## 附录2.3 文本之争（2）

### 基本案情

在 A E Yates Trenchless Solutions Limited 诉 Black & Veatch Limited [2008] EWHC 3183 (TCC) 案[⊖]中，Yates 是一家专业工程承包商，受雇于 Gleeson 公司（Gleeson 公司后来被 Black & Veatch 公司（本案被告）接管），作为分包商进行钻孔施工。2006 年，在施工过程中，Yates 公司遇到了不可预见的地质条件，为此提出延误和干扰索赔，并根据分包合同的规定提出有权要求费用补偿的要求。原被告双方没有签署任何分包合同。双方当事人接受存在分包合同，但就分包合同包括哪些条款内容产生了分歧。

在审理此案的过程中，法院需要决定：

（1）哪些条款适用于分包合同？

（2）分包合同何时成立？

（3）Yates 公司提出的条件是否包括在了分包合同之中以及是否具有优先权？

2005 年 10 月 10 日，Gleeson 公司发出招标邀请，招标邀请书中规定使用 2004 年版第 2 版 IChemE 土木工程合同格式（"棕皮书"）。另外，招标邀请书还规定参与投标的承包商还应参加合同签署之前的答辩会。2005 年 10 月 20 日，Yates 递交了标书，但另行提供了一份分包合同格式合同一部分的条款，并声明如果与棕皮书的规定相冲突，Yates 递交的分包合同文本将享有优先权。

2005 年 11 月 1 日，Yates 公司派人参加了答辩会。在会上，与会人员作了答辩记录。该文件的第 1 页记录了分包合同文本时 IChemE 棕皮书。在文件的最后一页的下方，双方当事人还在记录上签字，并注明"这是一份正式的答辩记录"。Yates 公司参会人员也在文件上签字。2005 年 11 月 3 日，Gleeson 公司向 Yates 公司递交了分包合同格式文件，在文件第 1 页上声明棕皮书为分包合同文本，并要求 Yates 公司签署并将合同文本退还。Yates 公司签收了文件，注明将此文件送交总部批准。2006 年 2 月 6 日，Yates 开始施工，但很快就遇到地质问题，Yates 认为责任应归咎于 Gleeson 公司。

---

⊖ Gary Peters. Battle of the Forms and Contract Formations [P/OL]. http://www.brewerconsulting.co.uk/cases/case.php&id=6289.

## 法院判决

法院裁定：由于 Yates 公司没有在签订合同前的答辩会上表示不同意见，因此，双方当事人已就 IChemE 棕皮书分包合同文本达成一致，且 Yates 公司已在答辩记录上签字，足以证明 Yates 公司已经接受了一切条件。另外，法官指出，Yates 公司没有对他收到的分包合同文本提出反对意见。

关于分包合同成立的时间：法院裁定 Gleeson 公司送交分包合同文本，并附封首函的做法以界定为是要约，即向 Yates 公司发出了按照分包合同文件中规定的条件实施分包工程的要约。Yates 公司随后以行为，包括开始施工和实施分包工程变更指示的方式接受了 Gleeson 公司发出的要约。由于签字要求不能构成成立合同关系的前提条件，因此，Yates 公司没有签署分包合同文本文件的事实并不能避免分包合同的成立。

关于 Yates 公司提出的条件是否包含在分包合同之内的问题：法院认为分包合同包括 Yates 公司的报价和棕皮书合同条件，但棕皮书明确规定如果内容存在冲突，棕皮书的一般条件将优先于 Yates 公司报价的规定。相应地，法院裁决 Yates 公司的报价的效力不能超越分包合同文件，Yates 公司在分包报价中提及的条件不能降低一般合同条件的优先性。

## 小结

(1) 在通过招标采购工程项目时，业主和承包商之间发生文本之争的可能性极少，特别是在使用 FIDIC 合同作为施工合同时。

(2) 文本之争多发生在承包商与分包商之间。有时，分包商为了急于拿到项目，在没有签订分包合同，或仅凭意向书、承包商的一封信函，甚至仅凭承包商的口头承诺就开始分包合同的施工，这无疑为争议、仲裁和诉讼埋下了祸根。

(3) 如果你不同意业主或承包商建议的合同文本，那么，你应一开始就提出反对意见。如果在收到订单后开始了施工，你的行为将构成对订单的接受，那么你应对其负责。

# 第3章 合同的成立

契约之成立，双方间须有协议。

——杨桢：《英美契约法论》

## 3.1 合同成立的条件

### 3.1.1 要约

在 VHE Construction Plc 诉 Alfred McAlpine Construction Ltd. [1977] EWHC Technology 370 案中，伯舍尔大法官在本案中阐述道：

"当事人之间的合同（是否）存在，如果存在，合同条款的内容是什么？显然，这个问题是建筑业最经常问及的问题。由于项目金额巨大，在当事人因付款而产生纠纷时，首先需要决定合同是否存在的问题。在合同存在时，如有，合同条款的内容是什么[1]？"

英美法系认为，合同成立的最基本的要件是当事人的意思表示一致（或称合意，meeting of mind or mutual assent[2]），意思表示可以是明示的，也可以是默示的，实现合意需要要约（offer）与承诺（acceptance）两个阶段实现。如一方当事人向另一方提出要约，另一方当事人对此要约表示承诺，在双方当事人之间就产生了有法律约束力的合同。

要约是一方当事人以缔结合同为目的，向一个或一个以上特定的人发出的内容十分明确的意思表示。有的学者将其定义为"要约，乃以缔结契约为目的向他人所为之意思表示[3]。"提出要约的当事人称为要约人（Offeror），对方称为受要约人（Offeree）。要约可以书面提出，也可口头提出。一项有效的要约须具备如下条件：

（1）要约人必须清楚表明愿意按照要约的内容订立合同的意思。要约的目的是以订立合同为其目的，如不以订立合同为目的，就不能称为要约。

---

[1] John Adriaanse. Construction Contract Law [M]. 2nd. ed. Hampshire：Palgrave Macmillan，2007：35.

[2] Shop-Pro of Indiana, Inc. 诉 Brown, 585 N. E. 2d 1357 (Ind. App. 1992).

[3] 杨桢. 英美契约法论 [M]. 4th ed. 北京：北京大学出版社，2007：25.

（2）要约必须是由要约人向特定的受要约人发出的。在这个问题上，英美法院的一些法院判例认为，要约既可以向某一特定的人（a particular person），也可以向某一群人（a group of persons），甚至可以向全世界（the whole world）发出。典型的案例是1893年英国Carlill诉Carbolic Smoke Ball Company案。对于普通商业广告，英美法认为只要广告的文字明确、肯定，则构成一项要约，如上述判例。而大陆法系和北欧等国的法律认为要约须向一个或一个以上特定的人发出的，而普通商业广告不是向特定人发出的，普通商业广告不是要约，是要约邀请。而对于悬赏（reward）广告，各国均认为悬赏构成一项要约，一旦有人看到广告并且完成了该广告要做的事情，广告人就应支付广告中规定的报酬。

（3）要约的内容必须十分明确。即要约须包括准备签订的合同的主要条件，一旦受要约人表示承诺，就足以成立一份对双方有法律约束力的合同。要约人和受要约人应十分清楚的是，如果协议内容过于模糊，法院将判决合同无效。在英国1941年Scammell & Nephew诉Ouston一案中，法院判决合同无效，因为"分期付款协议"中既没有规定利率，也没有规定还款时间和还款次数。但合同条件的不确定性可以通过以下方式弥补，如商业惯例中某些词语有特殊的含义，双方当事人以往交易中形成的具有特殊含义的词语，合同本身提供了解决词语不确定性方法。

【案例】一承包商向一房主发出要约，内容如下："如果其他工程允许，我将在九月的第三周为您粉刷房子，价格为3000美元。"

另一承包商也向该房主发出要约，内容如下："我可以为您刷房子，价格为3000美元。我的价格包括铲掉所有的现存的墙壁表面，清除旧漆，用Sherwin-Williams外用底漆涂刷所有裸露木头，再用该品牌的油漆刷两层面漆，颜色由您决定。水管和排水设施的修复不包括在内。如气候允许，工程将于九月的第三周开始并在该周全部完成。"

比较这两项要约，很明显第二个要约要比第一个要约清楚、明确的多，并且第一个要约还附加了条件。应当认为，第二项要约构成了有效的要约，而第一项要约，由于内容过于含混，不能构成一项有效的要约。

（4）要约必须送达（communicated）受要约人才能生效。

要约的约束力是指要约对要约人和受要约人的拘束力。一般而言，要约对受要约人没有约束力，受要约人接到要约，可以承诺也可以不承诺，受要约人并不因此而承担必须承诺的义务，也没有通知要约人的义务。而要约对于要约人是否具有约束力以及具有约束力的条件，应视各国法律的具体规定。

一般认为，要约人可以在要约尚未生效前将要约取消，阻止其生效。而在要约生效后，要约人将要约撤销，英美法系和大陆法系各有不同的规定，应参阅各国法律的规定。

要约因下述情形而终止：

(1) 要约因过期而失效。一种情况是规定了承诺的期限，如受要约人未能在规定时间内接受，则要约失效。另一种是没有规定承诺的期限，就应在合理的时间内作出承诺，否则要约失效。后者的典型案例是英国 1886 年 Ramsgate Victoria Hotel 诉 Montefiore 案，在该案中原告在被告发出出售股份的要约 5 个月后才作出接受的承诺，因明显超过了"合理时间"（reasonable time），要约失效。什么是"合理时间"，法律一般规定在缺少明示条款的情况下应根据具体情况决定合理时间的范围。对于工程承包项目而言，30 天也许是一个合理的时间，但可多可少，应依据工程项目的性质、业主和当时的经济条件确定。

在国际工程招投标项目中，招标文件中均规定业主接受的时间，如承包商递交标书后的 1 个月或 2 个月，如果业主未能在规定的时间内作出承诺，则承包商递交的要约失效。在国际工程项目投标实务中，常常发生的是业主要求延期，并要求承包商延长投标保函。在这种情况下，承包商有两种选择，一是同意延期，延长保函。二是不同意延期，撤回保函。在第一种情形下，承包商的要约依然有效。在第二种情形下，要约因过期而失效，如业主在承诺有效期外作出接受承包商报价，除非再次争得承包商的同意，否则承诺无效。如果承包商认为自己的报价低，可能会亏损（因为在投标截止日期之日业主已经开标，投标的承包商均已知道各自的价格），理智的做法是利用第二种情形放弃要约，避免实施中可能出现的亏损。

(2) 要约因被要约人的撤回或依法撤销而失效。依法撤销的情形包括如果要约是私人性质，要约人死亡；二是受要约人死亡。另一种情形是条件的落空（failure of a condition），包括一项明示条件和一项默示条件的落空。在英国 1962 年 Financings Ltd. 诉 Stimpson 案中，法院判决因车辆严重损坏，购买车辆的要约失效，因为要约中包含一项默示条件，即车辆应维持要约发出时的状态。

根据英国法，在要约人（业主）接受投标人的报价之前，投标人可以在任何时间撤回或撤销其投标，但应会知要约人。投标人可以对承诺时间作出约定，如声明"自递交投标之日起，本投标接受承诺的有效期为 6 个月"，或者声明"自收到投标之日起，我方投标在 6 个月内有效"。在投标过程中，投标人应完全遵守投标程序规定。为减轻投标人在业主承诺后撤回投标的风险，业主往往要求投标人提供投标担保。如投标人在业主承诺后撤回投标，业主可没收投标人的投标担保。

(3) 要约因被要约人拒绝或实质性更改而失效。如果受要约人对要约进行了扩充、限制或变更，也视为对要约的拒绝，构成了反要约（counter-offer），亦使要约失效。反要约须经原要约人承诺后，合同才能成立。以英国 1840 年 Hyde 诉 Wrench 一案为例，被告发出以 1000 英镑出售农场的要约，原告说愿以 950 英镑购买。法院认为原告的行为构成了反要约，并使原要约失效。附条件的承诺（conditional or qualified acceptance），如"如果你把你的汽车漆成红色，我就花 500 英镑买下"，也构成反要约。根据英国法，要求要约人提供进一步信息的请求不是反要约。

【案例】一承包商向业主发出"根据图纸和规范的要求以 100000 美元承揽某项建筑工程"。图纸规定工程位于现场的南端。业主发出了承诺，但提出了更改，即工程应在现场的北端修建，而不是南端。这种要约和承诺方式不能形成有效的合同，因为业主对要约提出了更改，从而构成了反要约。如果业主和承包商要使上述要约和承诺有效，承包商需要根据业主的要求提出另一个在现场北端修建工程的要约，如业主接受，则构成有效的要约和承诺，形成合同。

英美法中还有"交叉的要约"（cross-offers）的概念，例如甲向乙发出一个要约，表示愿以 2000 美元将二手汽车卖给对方，而乙在收到该要约之前，主动表示愿以 2000 美元购买其汽车，尽管乙的信与甲的来信的内容相同，但不能认为这是一项承诺，只能视为是交叉的要约，法律不承认交叉的要约构成一项具有约束力的合同。

要约邀请（Invitation for offer, invitation to treat）是指发出此项邀请的人邀请他人或别人向他提出要约，要约邀请不是要约。有些公司寄出的报价单、价目表和商品目录、商店的橱窗展品等不是要约，而是要约邀请，其目的是引诱对方向自己提出具有要约性质的订单。其他典型的要约邀请还包括拍卖、招标、土地售卖、公交车时间表、以合同为准（subject to contract）等。在"以合同为准"式的要约邀请中，根据英国法，应将 subject to contract 明显标注在信头。在国际贸易实务中，标有保留性或限制性条件的，如"价格随时调整，恕不通知"，或"仅供参考"、"须经我方最后确认"、"以我方货物售出为准"等亦构成要约邀请。

FIDIC 合同条款认为业主应采用竞争性招标方式选择承包商。根据 FIDIC 的建议，在对承包商进行资格预审后（特别是对于大中型工程项目），投标程序是以业主发出招标邀请通知开始。在国际工程招标过程中，业主向承包商发出邀请，邀请承包商投标即是要约邀请，而承包商的投标行为是要约，如业主接受，才能构成有法律约束力的协议。"一般而言，投标邀请不是一项约束业主接受最低或任何投标的要约。与广告相比，例如出售图书、出租房屋的广告，它们是一项'邀请谈判'——发出接收要约——发出讲价条件的邀请，投标邀请与广告具有相同的性质[一]。"

在 MJB Enterprise Limited 诉 Defence Construction (1955) Ltd. and Ors (1999) 15 Const LJ 455 案中，伊安古奇法官评述道：

"虽然授予最低价格的规则并不能必然造成业主获得最便宜的报价，但（投标）制度可以提供竞争机会，降低价格。在投标过程中，有许多'低价'投标人的标价太低，并最后以不可克服的资金窘境而使项目无法最终按期完成。这种情况不可避免地导致增加业主的额外成本，而业主往往无法从违约的承包商处获得补偿[二]。"

针对建筑行业或工程承包行业而言，有三个特殊的涉及要约的问题：

第一，要约中能否提出某些机构制定的标准格式条款。如果要约中明确写明要约包括这些标准格式条款，则可以提出和适用。而且，即使要约人没有明确写明，但根据双方当事人以往商业交往中适用标准格式条款的习惯，可以推定适用要约中包括这些标准格式条款。

"因此，如果一项要约中提出承包商应根据规定的条款实施工程，在没有作出任何明示的承诺或反要约时，承包商实施了工程项目，那么他应受要约提及条款的约束[三]。"

第二，分包商或供货商根据标准格式条款所作的要约与主包商的投标文件冲突。

【案例】根据业主的招标文件规定，授标（承诺）应在投标截止日期起的 60 天内作出。主包商在规定日期递交了投标文件，分包商给主包商的报价（要约）中也规定其报价是根据主合同招标文件的规定作出的。然而，在分包商递交的报价标准格式单的背面，规定了报价有效期为主合同投标截

---

[一] Stephen Furst, Vivian Ramsey. Keating on Construction Contracts [M]. 8th ed. London: Sweet & Maxwell, 2006: 19.

[二] 参见案例：Blackpool and Fylde Aero Club v. Blackpool BC [1990] 1 WLR 1195 案、Harmon CFEM Facades (UK) Ltd. v. The Corporate Officer of the House of commons [1999] EWCA Technology 199 案、Fairclough building Ltd. v. Port Talbot BC (1993) 62 BLR 82 案、Pauling v. Pantifex (1852) 2 Saund. & M. 59 案。

[三] Stephen Furst, Vivian Ramsey. Keating on Construction Contracts [M]. 8th ed. London: Sweet & Maxwell, 2006: 34-35.

止日期后的 10 天。如果未能在 10 天内接受，其要约将失效。在业主开标后，主包商的报价是最低价，业主在投标日期之日后的 45 天将工程标授予主包商，当主包商要求与分包商签订合同时，分包商却以要约已经过期为由拒绝签订分包合同。

在该实例中，显然，主包商在业主授予主合同之前不可能与分包商签订分包合同。而且，在分包商报价中也明确写明了"根据主合同投标文件"，因此，可以推断分包商知道，或应当知道主合同的投标文件的规定，而且主合同的投标文件规定将优先于任何分包商的标准格式条款。

避免这种尴尬局面的关键是主包商在要求分包商报价时应明确分包报价的有效期与主包商向业主报价的有效期相一致或要求更长的时间，如两者不一致，应以主包商向业主报价的有效期为准。

第三，分包商向主包商报价行为的性质。

分包商向主包商递交分包工程的报价，这是工程项目中最为普遍的现象之一。分包商向主包商报价的行为属于要约，而主包商向分包商要求报价的行为属于要约邀请。在 Loranger Const. Corp. 诉 E. F. Hauserman Company 376 Mass. 757, 384 N. E. 2d 176 (1978) 案中，法官判决分包商的报价属于要约。虽然在 Williams 诉 Favret Supreme Court of Minnesota, 1983. 330 N. W. 2d. 693 案中，法官判决分包商的报价属于要约邀请的性质，但该案的反对意见却认为分包商的报价属于要约[⊖]。

## 3.1.2 承诺

承诺（acceptance）是指要约人在要约的有效期内作出声明或以其他行为对一项要约表示同意的行为。根据英国法律规定，一项有效的承诺须具备如下条件：

（1）承诺必须在要约的有效期内作出。

（2）承诺必须由受要约人作出。

（3）承诺必须与要约的内容一致，即承诺应当像镜像（mirror – image）一样，反照出要约的内容，否则就不是承诺而是反要约（counter – offer）。同时，承诺内容必须清楚准确，一项含糊的承诺不能构成承诺，当事人之间

---

⊖ 参见崔军著《FIDIC 分包合同原理与实务》有关内容。参见案例：Holman Erection Co. v. Orville E. Madsen & Sons, Inc. 1983, 330 N. W. 2d. 693 案、Southern California Acoustics Co. v. C. V. Holder, Inc. 71 Cal. 2d 719 (1969) 案、Milone & Tucci, Inc. v. Bona Fide Builders, Inc. 49 Wash. 2d 363 301 (1956) 案。

不能因此而存在合同关系。

【案例】在 Courtney & Fairbairn Ltd. 诉 Tolaini Brothers (Hotels) Ltd., Court of Appeal (1975) 2 BLR 97 案[一]中，被告计划开发一栋汽车旅馆项目，为此，向原告提出是否能对提供融资支持。如原告可以安排融资，被告将"根据成本加5%利润酬金的方式，就拟开发的项目……指示验工计量师商谈一份公平和合理的合同价格。"被告在回复中称"同意规定的条件。"原告为该项目安排了融资，但一直没有与被告签署合同。

法院判决：由于双方当事人之间没有就合同价格及其确定的方法达成协议，双方当事人之间不存在具有强制力的合同。价格是合同的一项基本要件。

丹宁大法官在判决中写道：

"我认为双方当事人没有就价格或者如何计算价格达成一致。双方当事人达成的协议只是'商谈'公平和合理的合同价格。信函中的文字是：'验工计量师将就拟开发的三个项目中的每一项工程商谈公平和合理的合同价格'，这表明双方还没有就合同价格达成一致，但可就此进行谈判。'顺便提一句，将在工程的净成本基础上加上5%的利润计算合同价格'，这句话表明了双方当事人没有就估价达成协议，也没有就合同价格达成一致。合同的所有一切都有赖于今后的谈判，这是双方当事人自己已经达成的协议。如果将合同价格交由第三人，如建筑师进行谈判，则是另外一回事。但在本案中，双方当事人是要他们自己对此进行谈判。

在建筑合同中，价格是合同的一项基本要件，除非双方当事人就价格达成一致，或者就确定价格的方法达成协议，而不是依赖双方当事人还未进行的谈判，否则，双方当事人之间不存在合同。在建筑合同中，双方当事人必须在工程开始之前知道工程到底是多少钱，或者在任何情况下，双方同意的估价是多少。承包商和业主都不可能梦想在双方没有就合同价格或确定价格方法的情况下签署一份金额超过20万英镑的建筑合同。"

在承诺时，如果当事人使用了不清晰的或者含糊不清的语言，法庭会尽力对当事人之间明示的意思表示作出合理的解释，而使合同得以成立。在 Constable Hart & Co. Ltd. 诉 Peter Lind & Co. Ltd. (1978) 9 BLR 1 案中，原

---

[一] Michael Furmston. Powell – Smith and Furmston's Building Contract Casebook [M]. 4th ed. Oxford: Blackwell Publishing Ltd., 2006: 49–51. 参见案例 Hillas & Co. Ltd. v. Arcos Ltd. (1932) 案、Mitsui Babcock Energy Ltd. v. John Brown Engineering Ltd. (1996) 51 Con LR 129 案。

告是被告的分包商，分包合同使用的是 FECE 标准分包合同格式，分包合同附有分包商的报价，并规定："一直到 1975 年 6 月 3 日，固定合同价格保持不变，双方当事人将协商任何在此日期之后实施的工程的价格，"被告在订货单中确定了"直到 1975 年 6 月 3 日，固定价格是 434732.29 英镑，扣除 5% 的折扣。"1975 年 6 月 3 日，分包商未能按期完成工程，而双方当事人也未能就此日期之后的施工价格达成协议。法院判决应根据默示条款确定分包合同，即不能按照 1975 年 6 月 3 日之前的价格确定价格，此日期之后的施工价格是合理的价格。

（4）承诺可以是书面的、口头的，或是某种行为默示的。有时承诺可以是默示的或可以通过具体行为作出，而不是具体的文字。例如，如果一承包商提出在你的土地上盖房子，而在你提出接受之前承包商已经进行了基础开挖，如果你接受的这种现实并没有表示反对，在承包商和你之间合同已经默示成立，因为你已经允许承包商开始施工。

【案例】 在 A. Davies & Co.（Shopfitters）Ltd. 诉 William Old Ltd.（1996）67 LGR 395 案[⊖]中，业主和被告根据 JCT63 合同格式签订了主合同。建筑师致函原告，邀请原告作为指定分包商进行投标，并表明将通过主包商按照建筑师签认的证书支付分包工程价款。建筑师接受了原告的报价，通知原告主包商将向分包商发出订单。但在主包商起草的主合同中，含有附条件支付条款，即'pay when paid'条件。分包商对此没有提出异议并开始施工。业主破产后，无法支付应付给主包商的分包商实施的工程价款，于是分包商向主包商追偿工程价款。

法院判决：分包商已经接受了主包商提出的开始工程的条件。主包商的订单构成一项反要约，而分包商已通过行为表示接受。原告败诉[⊖]。

（5）如果要约是可选择的，承诺必须清楚指明是哪一个。

（6）一个人不能就他所不知道的要约作出承诺。

（7）"交叉的要约"不能构成一项合同。

承诺生效的时间，是合同法中的一个关键问题。根据英美法律，承诺一

---

⊖ Michael Furmston. Powell – Smith and Furmston's Building Contract Casebook［M］.4th ed. Oxford：Blackwell Publishing Ltd.，2006：57. 参见案例 G. Percy Trentham Ltd. v. Archital Luxfer Ltd.（1992）63 BLR 44 案、Brogden v. Metropolitan Railway（1877）2 App Cas 666 案、New Zealand Shipping Co. Ltd. v. A. M. Satterwaite & Co. Ltd.［1975］AC 154 案、Gibson v. Manchester City Council［1979］1 WLR 294 案、British Bank for Foreign Trade Ltd. v. Novinex［1949］1 KB 628 案、Trollope & Colls Ltd. v. Atuomic Power Construction Ltd.［1963］1 WLR 333 案。

⊖ 1996 年，英国颁布实施了《住宅许可、建造和重建法》，第 103 条明示规定了附条件支付条款不予适用，但业主破产的情形除外。

旦生效，合同即告成立，双方当事人就承受了因合同产生的权利和义务。在此问题上，英美法系主张"投邮主义"（the postal Rule），即凡以信件、电报作出承诺时，承诺的函电一经投邮、拍发、承诺即生效，而不是要约人收到时生效。但上述规则也有一些限制。根据英国法律，对上述规则的限制如下：

（1）仅适用于信件和电报方式。
（2）不适用于即时送达方式。
（3）必须合理地使用邮寄送达方式。
（4）承诺信函必须适用的写明地址并粘上邮票。
（5）可以取代该规则，即要约人可以明示地或默示地将该规则排除在外。

而大多数大陆法系国家主张"到达主义"（Received the Letter of Acceptance），即凡承诺的函电只要送达要约人的支配范围就生效，而不管要约人是否已知晓其承诺的内容。

沉默不能构成一项承诺，即要约人不可以在要约中规定受要约人的沉默构成一项承诺。典型的案例见英国 1862 年 Felthouse 诉 Bindley 案和 Allied Marine Transport Ltd 诉 Vale Do Rio Doce Navegacao SA ［1985］2 Lloyds Rep. 18，25 案。

随着科学技术的发展，即时和电子通信工具，如电话、电传、传真、E-mail、msn 等得以普及和应用，通信的即时化也给法律带来一些新的问题。根据英国法律，对于用即时和电子工具送达的承诺，在要约人收到信息时承诺生效。根据英国的判例，如 Entores 诉 Miles 案和 1982 年 Brinkibon Ltd. 诉 Stalag Stahl 案，法院判决在工作时间，在承诺的信息打印出来时承诺即告生效，而不是要约人看到承诺时。如果是在夜间或假日等非办公时间受要约人发出了承诺，根据英国的判例，应认为在要约人可能看到承诺的下一个工作日为送达时间。这项规则也适用于传真和电传。对于电话应答机，则存在一些争议，一些人认为电话应答机不是一种即时通讯工具，在打电话人和接电话的人听到该信息之间存在时间差和延误。如果要约人打开了电话应答机，他就应承担所有的风险，就应适用"投邮主义"原则。而另一方面，有些人认为"投邮主义"自身就相互矛盾，不能将其适用范围扩大。因此，大多数人均主张应适用最基本的原则，即承诺应当送达才能生效。因此，对于电话应答机而言，在要约人听到应答机录制的信息时承诺才生效。

承诺的撤回是承诺人阻止承诺发生法律效力的一种意思表示，承诺须在生效前撤回，一旦生效，合同即告成立，承诺人就不得撤回其承诺。

### 3.1.3 对价

对价（Consideration）是英美法系的概念，约因（Cause）是大陆法系的概念，台湾学者将对价亦称为约因[⊖]。大陆法系和英美法系许多国家的法律均要求，一项法律上有效的合同，除了当事人之间意思表示一致外，还需要对价和约因，也就是说，要约、承诺和对价构成合同成立的最根本条件。

所谓对价，是指合同当事人之间必须存在相对给付的关系，即一方当事人在享有合同规定的权利的同时必须承担某种作为或不作为的义务。在 Dunlop Pneumatic Tyre Co. Ltd. 诉 Selfridge & Co., Ltd. (1915) All E. R. Rep. 333 案中，普罗克法官将对价定义为："一方当事人的行为，容忍或允诺，系换取对方允诺的代价，此项允诺具有效力"。买卖合同中卖方交货时为了取得买方的货款，而买方付款则是为了取得卖方的货物。一项有效的对价须具备如下条件：

（1）对价必须是合法的。

（2）对价必须是待履行的对价（Executory Consideration）或已履行的对价（Executed Consideration），而不是过去的对价（Past Consideration），过去的对价没有效力。

（3）对价必须具有某种价值，但不要求对称。

（4）已经存在的义务或法律上的义务不是对价。

（5）凡属履行法律上的义务，不能作为对价。

约因，根据法国法律，是指订约当事人产生该项债务所追求的最接近和直接的目的，即订立合同的原因或目的，它是合同有效成立的要素之一。而德国法律与法国法律规定不同，没有将约因作为合同成立的必要条件。但根据英国法，对价是合同成立的要素，如果一方当事人没有向另一方当事人给出相应的对价，合同就不能成立，也没有法律执行效力。

【案例】除非业主同意支付额外的工程价款，否则承包商拒绝施工。事实上，承包商负有义务按照原合同价格进行施工，但业主不同意支付这笔额外价款。法院判决：承包商未能对业主允诺支付额外价款给出对价，因此，合同不能成立，不具有任何约束力[⊖]。

对价和约因是一个复杂的、晦涩难懂的法律问题，从工程承包或建筑行

---

[⊖] 杨桢. 英美契约法论 [M]. 4th ed. 北京：北京大学出版社，2007：25.

[⊖] Max W. Abrahamson. Engineering Law and I. C. E. Contracts [M]. 4th ed. London: Applied Science Publishers, 1983: 3. 参见案例：Sharpe v. San Paulo Ry. (1873) L. R. 8Ch. App. 597 案。

业而言，只需了解其基本原则和在工程承包合同中的所指，即承包商同意建设工程项目，而业主同意支付承包商，这就是工程承包合同中的对价或约因。"在一般建筑合同中，业主的对价是支付价款或者许诺支付，承包商的对价是实施工程或者许诺实施工程项目⊖。"

在英美法中，对价也有例外，如不得自食其言，或称为允诺禁反言（promissory estoppel）。该原则认为，许诺一经作出，对方会产生信赖，如自食其言，势必使对方遭受不公平的结果或经济上的损失，因此，不得自食其言。另外，慈善捐赠、许诺偿还已过诉讼时效的债务或因破产而解除的债务、签字蜡封合同、爱、感情和道德义务不需要或不应存在对价。

### 3.1.4 合同成立的要件

英美法系和大陆法系国家对合同的定义表述各不相同，法律规定不同，但各国法律都规定合同应具备一定的成立条件（ingredient of contract 或 elements of contract）。根据英国法，除了合同当事人需要通过要约和承诺达成协议（agreement）外，合同还需满足如下条件才能成立并具有法律约束力⊜：

（1）合同须有对价（但契据除外）。
（2）当事人必须有确立法律关系的意图。
（3）当事人必须具有签订合同的行为能力。
（4）合同必须符合法律规定的形式。
（5）协议必须合法。

英美法认为，一项有效的合同必须具有合法的目标或目的，凡是没有合法标的的合同就是非法的，是无效的。违法的合同有两种情况，一是成文法所禁止的合同，二是违反普通法的合同。如违反公共政策（public policy）的合同、不道德的合同（immoral contract）、违法的合同（illegal contract）等均是非法的。公共政策是英美法的概念，它是一个非常广泛、灵活，其内容随社会经济与政治环境的改变而变化。违反公共政策，是指损害公众利益，违背某些成文法规定的政策或目标，或旨在妨碍公共健康、安全、道德以及一般社会福利的合同，如限制贸易合同、限制竞争合同和限制价格合同等。

---

⊖ Stephen Furst, Vivian Ramsey. Keating on Construction Contracts [M]. 8th ed. London: Sweet & Maxwell, 2006: 18. 对于业主不能支付价款的对价，参见 Charnock v. Liverpool Corp [1968] 1 W. L. R. 1498 案。履行现存合同义务的对价，参见 New Zealand Shipping Co. Ltd. v. A. M. Satterthwaite & Co. Ltd. [1975] A. C. 154 PC 案、North Ocean Shipping Co. Ltd. v. Hyundai Construction Co. Ltd. [1979] Q. B. 705 案、Pao On v. Lau Yiu Long [1980] A. C. 614 案等。

⊜ Elizabeth A. Martin. Jonathan Law. A Dictionary of Law [M]. 6th. ed. Oxford: Oxford University Press, 2006: 126.

(6) 协议不因普通法或成文法的规定，或者内在缺陷，如有影响力的错误[一]而无效。

有的英国学者[二]认为，一项有效的具有法律约束力的合同成立的必要要件是：

(1) 协议。
(2) 对价。
(3) 受协议约束的意图。

影响合同成立和有效的其他要件有：

(1) 合同标的没有任何基本错误。
(2) 当事人具有签订合同的行为能力。
(3) 标的合法。
(4) 合同符合法律规定的具体形式，即书面或契据方式。
(5) 当事人签订协议完全出于他们的自由意愿。

根据英国法，只要具备了上述要件，合同即告成立，并具有法律的约束力。但大陆法系某些国家，需要合同当事人签订合同，合同才能成立。

在英国法中上述几个合同必备要件中，其必要要件和影响因素的关系见图 3 - 1：

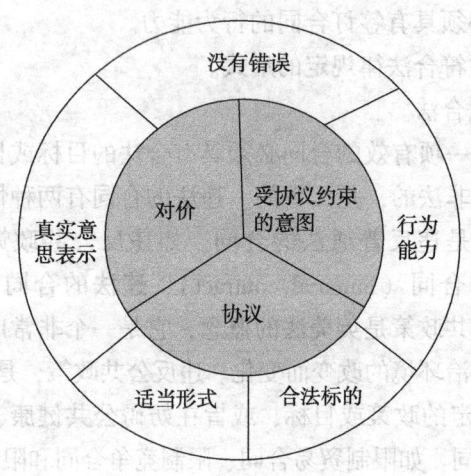

图 3 - 1 合同成立的要件

---

[一] 有影响力的错误（operative mistake）是指双方当事人就合同中最基本的事实发生错误，如发生此种错误，合同不能成立，合同在法律上是无效的。有影响力的错误包括共同错误、双方错误和单方错误三种情况。

[二] Stephanie Owen. Law for the Construction Industry [M]. 2nd. ed. Harlow: Pearson Longman Limited, 1997, 49.

如图 3-1 所示，协议和对价、受法律约束的意图是合同成立的必要条件，而没有错误、真实意思表示、适当形式、合同标的合法、行为能力是影响合同成立的次要因素。

## 3.2 合同的相互关系

合同的相互关系（privity of contract），或翻译为"合同的相对性"或"合同关系不涉及第三人原则"，是指合同当事人之间的相互关系。依照英国法中合同关系不涉及第三人的原则，只有合同当事人有权就合同事宜起诉或被诉，合同当事人不能将权利转让或赋予给其他任何人。例如，甲方与乙方达成协议，由甲方为乙方刷房子，作为回报，乙方将向丙方支付 1000 英镑，但丙方不能起诉乙方，要求乙方支付上述款项。如果丙方可以起诉，就意味着合同确立了为第三方获得的权利（right acquired for a third party, jus quaesitum tertio），而英国法不承认这种权利[一]。

根据英国法，合同关系不涉及第三人原则包含两项独特的规则：

（1）即使订立的合同具有使第三方受益的目的，但非合同当事人不能要求该项利益。

（2）非合同当事人的第三方不能承担合同责任。

合同关系不涉及第三人原则的例外情形如下：

（1）转让；在履行了有关正式手续后，在未经合同另一方同意的情况下，一方当事人可以转让权利。

（2）代理。

（3）多方当事人协议。

（4）附属合同。

（5）银行保兑信用证。

（6）信托。

（7）租赁。

（8）限制性契约。

（9）LPA 1925 年法案第 56 节。

法定例外情形如下：

（1）限价协议。

（2）保险。

---

[一] Elizabeth A. Martin. A Dictionary of Law [M].4th ed. Oxford: Oxford University Press: 356

(3) 流通票据。

(4) LPA 1925 法案第 56 节。

根据英国法，允许第三人提起诉讼的情形如下：

(1) 信托。

(2) LPA 1925 年法案第 56 节。

(3) 排他性代理。

允许受约人代表第三方执行合同的情形如下：

(1) 实际履行。

(2) 强制令或者停止进行诉讼程序。

(3) 损害赔偿。

第三人负担义务的情形如下：

1) 限制性契约。

2) 因违反合同而造成的侵权责任（tort）。

英国法中调整规范合同关系不涉及第三人的法律主要是《1999 年第三方权利合同法案》（The Contract (Right of Third Parties) Act 1999），该法案对合同关系不涉及第三人原则的严格限制进行了改革。该法案规定了第三方有权主张合同权利，要求合同利益的情形进行了规定，其立法主旨是给予非合同当事人的第三方主张合同的权利。根据该法案，第三方可以主张合同的权利，如果：

1) 合同明确规定了第三方可以主张合同的权利；或者，

2) 合同条款的主旨就是使第三方受益。

合同关系不涉及第三人原则在国际工程项目中的实际意义在于承包商不能起诉因工程师的疏忽或错误而起诉工程师，因为承包商与工程师之间没有合同关系。如果承包商要起诉工程师，只能以侵权责任为由起诉工程师的疏忽和错误，因为根据英国法，以侵权为由起诉不需要当事人之间具有合同关系。

合同关系不涉及第三人原则在分包合同关系中亦具有重要的实际意义，它是分包合同关系链中各方当事人，如业主、工程师、主包商、分包商之间纵向和横向合同关系和合同责任的法律基础。运用该项规则，就可以解释和理解分包合同关系链中各方的责任和利益。业主虽然与分包商之间没有合同关系，但业主可以侵权责任为由起诉分包商，同样主包商也可以侵权责任为由起诉三包商、四包商。

## 3.3 从担保

### 3.3.1 从担保的定义

从担保（collateral warranty）是指给予订立合同双方当事人之外的第三人从属权利的一种合约。

根据英国法中的"合同相互关系"原则，非订立合同的双方当事人之外的第三人无权主张合同的利益。在建筑工程领域，按照合同的相对性原则，除业主外，其他人不能对承包商的疏忽或未履行谨慎义务（duty of care）起诉承包商。

但是，如果工程项目的参与者，如设计师、工程师/建筑师、承包商、分包商、设备供应商等被要求向与建筑物利益权利人，如建筑物的使用人、买受人、承租人或贷款人提供书面保证合同，即从担保合约（collateral contract），则就在工程建设项目的参与者和这些建筑物利益权利人之间建立了直接的合同关系，如果在建筑物使用过程中出现缺陷，则建筑物利益相关权利人就可以直接以从担保合约为基础直接起诉设计师、工程师/建筑师、承包商、分包商以及设备供应商。此外，如果分包商被要求与业主签署从担保合约，则分包商就与业主之间建立了从属性的保证合同关系。

另外，业主或第三人以合同为由起诉，与以侵权为由起诉相比，要容易得多，因为在侵权法项下的举证责任和要求是非常严格的。

目前，英国建筑工程业中，与建筑工程合同，如 JCT 系列合同相配套，业主要求所有设计师、工程师/建筑师、承包商、分包商、设备供应商等签署从担保合约。

### 3.3.2 从担保的法律意义和后果

从担保的法律意义是在订立合同的双方当事人与第三人之间主要就义务（duty）建立法律关系。

从业主的角度看，在设计师、工程师/建筑师、承包商、分包商及设备供应商向建筑物使用人、买受人、承租人、贷款人提供从担保的情形下，这些建筑物权利人可以直接起诉工程项目参与者，从而使业主免于被起诉。

更重要的是，在业主破产的情况下，从担保保护了贷款人、买受人、承租人，他们可以直接起诉承包商。

从担保的主要目的是保护业主免受承包商破产的损害。即使承包商消失了，业主也不必依据主合同起诉承包商，而可以依据从担保合约起诉承包商。

从担保的法律后果如下：

（1）加重了债务人的法律义务和责任。

在建筑工程领域，如设计师、工程师/建筑师、承包商、分包商、设备供应商被要求在签署工程合同的同时签署从担保合约，加重了这些人的法律义务和责任，使这些人承担了原工程合同中原本不存在的法律义务和责任。同时，在法律义务和责任期限上超越了工程合同中的质保期，延长到了建筑物的使用期。

（2）加大了债权人、第三人诉权范围。

在传统建筑工程承包合同中，按照传统法律理论，合同以外的第三人不能享有主张合同利益的权利，第三人，即建筑物权利人不能因承包商、分包商、设备供应商的疏忽、未履行谨慎义务起诉他们，建筑物权利人只能以侵权法中的疏忽为由起诉业主，承担建筑物缺陷的修复责任。但在存在从担保合约的情形下，建筑物权利人就可以违背从担保合约的担保义务为由直接起诉所有设计师、工程师/建筑师、承包商、分包商以及设备供应商，而不必以侵权法中的疏忽为由行使诉权。

（3）与第三人建立了直接的法律关系。

在建筑工程承包合同关系中，按照传统理论，分包商与业主之间没有合同关系。但如果业主要求分包商与业主之间订立从担保合约，则分包商与业主之间就建立了法律关系，如图3-2所示：

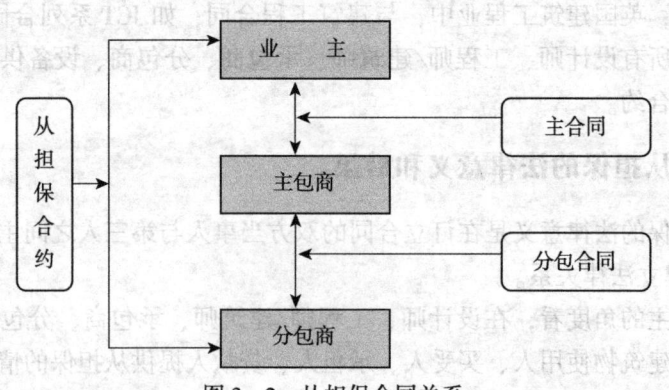

图3-2 从担保合同关系

从担保合约的法律性质是从属性的、第二位的，是保证性质的法律关系。其法律关系和保证人承担的义务和责任依合约内容具体确定。

在建筑工程承包合同关系之外，从担保合约建立了与建筑工程合同当事人之外的第三人，如建筑物的使用人、买受人、承租人或贷款人等的法律关系，即在建筑物使用过程中，如出现缺陷，第三人可依从担保合约直接起诉设计师、承包商、分包商以及设备供应商。

### 3.3.3 建筑工程业常见的从担保类型

（1）除与业主签署设计和监理合同外，咨询工程师还可能被要求向一个或一个以上的第三人，如贷款人、承租人或买受人提供担保。

（2）除与承包商就其承担的设计工作和建筑合同签署合同外，作为承包商的分包商的设计公司还可能被要求向业主或其他第三人提供担保。

（3）除与业主签订工程管理合同外，承包商可能被要求向业主或任何第三人提供担保。

（4）除与主包商签订分包合同外，分包商可能被业主要求，需要就其设计部分向业主提供担保。

### 3.3.4 英国 JCT 合同体系下的从担保

英国 JCT 合同项下安排的从担保包括：
(1) 承包商向贷款人提供的从担保。
(2) 承包商向承租人或买受人提供的从担保。
(3) 分包商向贷款人提供的从担保。
(4) 分包商向承租人或买受人提供的从担保。
(5) 分包商向业主提供的从担保。

在 JCT 合同体系下，从担保涉及的建筑工程合同文本有：
(1) JCT 标准建筑合同。
(2) JCT 中级建筑合同。
(3) JCT 承包商设计的中级建筑合同。
(4) JCT 设计和施工合同。

在 JCT 合同体系下，应注意掌握如下要点：
(1) 业主应根据 JCT 合同的性质，要求专业设计咨询公司提供从担保。
(2) 承租人应要求工程项目的参与者——承包商和专业设计咨询公司提供从担保。
(3) 应要求专业设计咨询公司提供职业保障保险。业主和承租人应检查咨询公司是否投保了职业保障保险。
(4) 业主或承租人应可以在工程竣工的十年内向建筑物的买受人转让

担保利益。

（5）承租人必须能够对承包商和/或咨询公司因疏忽或违约造成的缺陷行使追索权。

### 3.3.5 从担保的主要内容和期限

从担保的内容依不同的从担保性质而不同。一般而言，从担保的主要内容如下：

（1）担保设计符合规范和使用功能要求。
（2）担保施工质量符合规范和使用功能要求。
（3）担保在从担保合约期限内对建筑物的修复和更换。
（4）保障受益人免受担保人因疏忽、未履行谨慎义务而造成的损害。
（5）其他要求担保人担保的内容。

根据英国法，从担保以契据（deed）方式出现，担保期限为12年。

### 3.3.6 从担保协议的构成

一项从担保协议由如下内容构成：

（1）当事人

担保人，即分包商；担保人的雇主，即承包商；受益人，即业主、买受人、租赁人或贷款人。

（2）前言

主要阐述订立协议的背景，并说明项目情况，当事人的地位和订立从担保协议的原因。

（3）担保事项

这是从担保的核心条款，通常担保人需担保已经并将继续履行担保合同项下的义务。其内容视担保人和受益人的不同而有所区别。

（4）补充担保

补充担保的内容通常包括：
① 担保人应尽合理的技能和谨慎选择所使用的工程材料。
② 担保人设计的工程应满足合同中规范的要求。
③ 担保人保证制造和工艺良好，并满足业主的要求。

（5）限制

该条款的目的是限制从担保不能超越从担保协议中的责任和义务。

（6）职业保障保险

在从担保协议中，通常要求担保人提供职业保障保险，保险期限要求在主合同工程实际竣工之后的 6 年或 12 年。

(7) 介入权利

如果从担保的受益人是贷款人或所有权买受人，在担保人有权终止合同或违背受益人相关合同时，贷款人或所有权买受人会要求允许受益人接管与担保人的合同。

(8) 版权

在从担保协议中，作为一般规则，协议中包括一项以受益人为受益人的，不可撤销的免除版税的规定。根据这个条款，允许受益人复制和使用担保人的设计信息，但通常仅限于为开发目的而使用相关信息。

(9)《1999 年（第三方权利）合同法案》

在许多标准的从担保协议中，均将该法案排除在从担保协议之外。

### 3.3.7　FIDIC 和 ICE 的观点

作为咨询工程师的国际性组织，FIDIC 认为，在工程建筑项目中，业主在法律上已经得到了足够的保障。要求咨询工程师向第三人提供从担保，违反了咨询工程师和这个行业的利益，增加了咨询工程师的责任，同时对职业保障保险（professional indemnity insurance）也构成了威胁。

为此，FIDIC 建议其会员反对在咨询工程师和第三人之间设立从担保的概念和做法。

英国土木工程师协会 ICE 并没有对从担保提出看法，只是认为，这种加重咨询工程师法律义务和责任的从担保应当是合理的。

## 3.4　意向书

### 3.4.1　意向书的定义

关于意向书概念的描述，在 Turriff Construction Ltd. 诉 Regalia Knitting Mills Ltd. 案中，法官 Fay 解释道：

"意向书只是一方当事人以书面形式提出将在未来某一天签订合同的意向。除特殊情况外，它没有约束力。"

根据上述解释，意向书具有两个主要特征：

(1) 只是表达将在未来签订合同的意向。

(2) 没有法律约束力，但特殊情况除外。

## 3.4.2 意向书使用的不同情况和后果

在业主尚未与承包商签订合同之前，或在工程分包过程中，有些业主可能要求承包商，或者主包商也许会要求分包商在签订施工合同或分包合同之前开始有关工程或现场准备工作，这种现象时有发生。

意向书在不同的情况下使用会产生不同的后果：

（1）业主在准备与承包商签署施工合同，或者主包商在准备与分包商签订的正式合同时，由于某种原因，在要求承包商或者分包商开始工作时合同文本没有准备妥当，这时，业主或者主包商就会发出一份意向书，详细规定有关包括在协议中的所有文件。虽然这份文件是暂时性的，但它仍具有与双方达成的协议的同等效力，除了按照有关规定需要盖章才能成为契据的合同外。

（2）意向书是一项开始工作或开始准备工作，并承诺给付的请求。

（3）意向书是那种主包商通知分包商他还对分包商的报价感兴趣，但是还没有或不想使其成为对双方具有约束力的合同。

在第（1）种情况下，由于没有新的建议或对合同条款进行修改，意向书构成了一种承诺，当主包商将意向书送达给分包商时，双方之间就存在了有约束力的合同。

在第（2）种情况下，主包商的意向书只是一项要约，分包商可以接受也可以提出反要约。一旦分包商签字或以其他方式签收，当事人就要遵守这项协议但仅限于要约规定。例如，如果意向书中要求分包商开始设计工作，分包商没有义务去做除设计工作之外的其他义务；如果意向书要求做到一定的预定金额，一旦完成预定金额，协议就应终止，分包商就不能继续执行意向书。根据英国法院的判例，如 Monk Construction 诉 Norwich Union 案，如果意向书中规定了封顶价格（capped price）或预定金额（set price），履约当事人就没有权利索偿超出该封顶价格的任何额外价款，即使履约当事人可以证明他已支付了多出封顶价格的费用。

在第（3）种情况下，意向书没有法律约束力，意向书只是一种意向性声明而已。

【案例】在 British Steel Corporation 诉 Cleveland Bridge & Engineering Co. Ltd., Queen's Bench Division, (1981) 24 BLR 94[一]案中，被告 Clevelang

---

[一] Michael Furmston. Powell-Smith and Furmston's Building Contract Casebook. Oxford: Blackwell Publishing, 2006: 3-7.

(CBE)参与了在沙特阿拉伯建设一间银行的建设项目,建筑中需要提供一种铸铁节点,CBE 与原告 British Steel Corp (BSC) 对此项供货进行了谈判。1979 年 2 月 1 日,CBE 向 BSC 发出如下意向书:

"我们高兴地通知贵方,我方有意与贵司签署分包合同,由贵司就项目所需的顶棚铸铁节点供货。我方理解,贵方已就我方所需的一套节点进行了详细设计,因此,我方要求贵方立即开始准备工作,直到向贵方提供正式分包合同格式。"

根据这封信函,BSC 开始工作。1979 年 2 月 27 日,CBE 向 BSC 发出电传,电传中列明了项目所需节点的交货顺序,这也是第一次 CBE 要求按照特定交货顺序制造所需节点。尽管这种要求造成了一些问题,但 BSC 还是继续制造节点产品。

CBE 没有向 BSC 提供分包合同正式格式,当事人双方就价格或交货日期达成一致。最终,CBE 也没有向 BSC 支付已交付的节点产品。

BSC 根据双方已存在合同或按劳付酬 (quantum meruit) 原则要求 CBE 支付 229832.70 英镑铸铁节点制造费用。CBE 承认这些货物已经出售并且已经交付给他们,并且承认承担部分责任。该项承认是以抵消总额为 867735.68 英镑的辩解为依据,CBE 同时以 BSC 违反合同规定,延迟交货和未按次序交货为由反诉 BSC。

BSC 的主要论点是他有权根据按劳付酬的原则得到给付,如果在双方当事人不存在有约束力的合同,那么 CBE 的反诉就没有法律依据。CBE 辩称双方的合同关系已经在 2 月 21 日的信函中成立,而且交货顺序也在电传中说明,BSC 亦进行了节点的制造。

法院判决:根据意向书和 BSC 的履约行为,当事人之间不存在合同关系,但 BSC 有权依据按劳付酬原则得到给付。

法官 Robert Goff J 在判决中写道:

"关于本案中这个合同是否成立的问题,必须依据双方当事人之间进行的有关交流的真实意思,以及依据这些交流所从事行为的效果决定。对于意向书是否可以构成有约束力的合同的问题,我们可能并不能给出确凿的、快速的答案,因为必须根据具体案件的具体情况判断。在大多数情况下,根据意向书内容要求所从事的工作,无论是否构成合同或合同关系不存在,是无关紧要的,因为按照要求从事工作的人只是简单地要求给付,通常地他可以依据按劳付酬原则进行索偿,而是否依照合同或准合同(Quasi-Contract)关系索偿并没有什么区别的。当然,按劳付酬的索偿跨越了合同和恢复原状的界限,所以如果只是基于按劳付酬原则或合理价格索偿,对区分是按合同或准合同索偿并没有任何帮助。但是，在本案中，如果一方当事人以违约为由索偿，那么，合同是否存在的问题就是一个至关重要的问题。

为便于分析，由意向书形成的合同（如有）的成立可能是下述两种方式中的一种，或者可能是一般有效合同，每一方当事人都向另一方承担了相互义务；或可能是一种有时被称为'如果'（if）性质的合同，即 A 要求 B 从事某项工作并答应 B，如果他履约了，那么他将得到相应的回报，通常来说是相应的报酬。第二种情况所述的交易只不过是一项标准的要约，如果一方在其失效或合法撤回之前已经履约，将构成一项有约束力的合同。

第一种情况下的意向书已被法官 Fay 在 Turriff Construction Ltd. 诉 Regalia Knitting Mills Ltd.（1971）一案中判为合同成立，这也是本案中 CBE 所主张的合同类型。当然，如前所述，应根据具体案件的具体情况判断。根据本案的事实，而且，依我所见，根据大多数案件的事实，让我维持这个观点是十分困难的，因此有必要查看本案中 CBE 意向书中的条款，以便我们了解其中的难点。在那封信中，要求 BSC 立即开始工作的表述为'开始准备工作，直到向贵方提供正式分包合同格式，'这种表述，明白无误地是使分包合同处在谈判状态，而没有涉及价格、交货日期和适用条款。在这种情况下，很难得出 BSC 通过开始工作，从事了具有合同约束力的履约行为。毫不怀疑，必须正视 CBE 那时发出的信函表明谈判已经进入了后期，并且将要签署正式的合同，但是，由于当事人正在处于谈判过程中，不可能说一些重大合同条款的确实程度。我发现，在这种情况下，我不能得出这样的结论，即 BSC 通过开始工作而约束双方完成工作。在辩论过程中，我询问了 BSC 一个问题，即在开始工作后，BSC 是否可以随时停止工作，BSC 回答是他们不能随意停止工作，即使合同条款的谈判完全破裂。我发现这种意见与一般常识和商业习惯不一致，使我无法接受。这也许揭示了在 1979 年 4 月 4 日，BSC 实际上声明直到双方就规范达成一致，他们才开始工作的事实。根据我的判断，它不仅反映了商业的实际情况，也反映了法律上的实际情况。

因此，在本案中，我拒绝了 CBE 提出的他们之间存在有约束力合同的主张。由于 BSC 已经根据 CBE 意向书的要求进行了工作，那么还存在一个问题，依据 BSC 有权索偿合理报酬是否使合同成立，即如我前面所述是否存在一个"如果"合同。在辩论过程中，我也被此吸引，在此基础上，不仅解析上是有可能的，而且可能为 BSC 的履约提供了必要合同义务的载体，例如，交付货物的默示质量义务。但是，越仔细研究这个案子，就越发现这个选择无法吸引我了。我发现真正的难点是交易的实际情况，特别是在一个正式合同还在谈判阶段时已经开始了工作。当然，事实是，供货交易的合同可以依标准或本案的情况成立，也将有一切可能依据标准条件成立，通常是供货商的标准格式。这种标准格式不仅对于卖方的供货质量缺陷，而且对于因卖方质量缺陷和延迟交付所造成的损害（如有）的有关规定都是合法的。卖方销售货物时不承担相应损失，也可能买卖双方就延迟交付需支付违约金达成一致。在本案中，一项未决争议是 CBE 和 BSC 之间是否使用了标准格式合同的问题，前者对卖方的延迟交付责任没有任何限制，而后者将上述责任排除在外。相应地，在本案中由于双方当事人还处在谈判阶段，不可能预见卖方将承担什么责任，例如，质量缺陷责任或延迟交货责任，即使以后能够签署正式合同的话。在此类情形下，如果买方要求卖方在签署正式合同'之前'开始工作，从而推断卖方依此行动并承担有关履约义务是困难的，除非承担该项义务是根据双方当事人期望在短期内将签署正式合同的有关条款确定。如果卖方在这种情况下开始工作并承担履行合同的无限责任，而他可能在即将签订的合同中并不承担同样责任，那这将是一个特例。

基于这些理由，我拒绝接受存在'如果'合同的方案。依我判断，对事实的分析是简明的。双方当事人对最终签订正式合同充满信心。在此种情形下，为加快对预期合同的实施，一方要求另一方开始合同工作，而另一方遵守该项要求。如果今后合同如期签订，那么已经履行的工作将被视为是合同项下的工作；如果与当事人双方的期望相悖没能签订合同，那么就不涉及需确定合同条款内容的合同，而且法律简明地规定了提出要求的一方需要向履约的一方支付合理价格的义务，这种义务被我们称之为准合同或恢复原状。与此一致，提出要求的一方当事人可能发现他将承担他以后签订的合同中可能不应支付的款项的义务，例如，如果合同能够签订，有关准备工作将按照成品价格收费：见 william Lacey（Hounslow）Ltd. v. Davis（1957）。此外，该解决方案与有关判决一致，如 Lacey v. Davis 案判决，未报道的 Sanders & Forster Ltd. v. A. Monk & Co. Ltd.（1980）案上诉法院的判决，虽然判决作了部分让步，以及 O. T. M. Ltd. v. Hydranautics（1981）案中，法官 Parker J 的脆弱的附带意见，即他说一项意向书'只有在其根据意向书中的指示工作并能够使被告得到按劳付酬款项时才能生效。'我只想在判决中做如下补充，即使我的结论是在这个案件中合同是成立的，并且是我所说的'如果'合同类型，然后我仍可能得出结论 BSC 没有合同义务继续履约或完成合同工作，因此当事人也就没有合同义务，在合理时间内完成工作。但是，在本案中我的结论是当事人之间根本没有签订任何合同。

在辩论过程中，律师主张在这种合同中价格是一项必备的条件，如果双方不能达成一致,那么合同就不能成立。律师根据 Denning MR 大法官在 Courtney & Fairbairn Ltd. v. Tolaini Brothers（Hotels）Ltd.（1975）案中的附带意见,即在建筑合同中价格是一项最基本的条款。然而我并不理解民事上诉法院院长在附带意见中所说的每一个建筑合同中价格是一项必备条款,特别是在法庭上他明示地提到的大型合同。毫不怀疑地,在绝大多数商业交易中,特别是在大型合同中,价格是一项必备条款,但经过最终分析,它成为一项建筑工程的首要问题。从如下三个案件中可以清楚地明白这个问题,即 May & Butcher Ltd. v. The King（1929）, W. N. Hillas and Co. Ltd. v. Arcos Ltd（1932）以及 Foley v. Classique Coaches Ltd.（1934）, 这些案件表明了必须遵守这些明确的和固有的原则, 但在这些案件中的问题是, 依据有关具体建设项目交易, 是否与当事人的意思表示相一致, 即使双方当事人并没有就支付的合理价格达成一致。但在本案中,与民事上诉法院院长在 Courtney v. Tolaini Brothers 案中所表达的意见相一致, 我毫不怀疑价格的确是一项必备条款, 没有它（与其他必备条款一起）则不能形成最终协议。

因此 BSC 有权赢得其索偿请求, CBE 的抵消权和反诉不能成立。"

### 3.4.3 如何判断意向书是否具有约束力

法官 Anthony Thornton 在 A C Controls Ltd. 诉 British Broadcasting Corporation, Quen's Bench Division,（2002）89 Con LR 52；[2002] EWHC 3132 案中总结了有关判断原则：

"（1）经分析,当事人称为或视为意向书的文件可以构成有约束力的合同,如果在客观解释时当事人的语言确有如此效果。

（2）或者,通过对其条款的客观解释,该份文件可以构成一种"如果"性质的合同,即一方当事人向另一方当事人发出标准的要约,如果他履行已界定的服务,那么他将为此得到报酬。然而,他们之间没有形成履行义务,而且要约中的明示或默示条款也限制了得到给付的相互义务。

（3）如果交易已被完全履行,并且合同成立的所有障碍已在合同谈判时和履行过程中消除,那么,即使没有完成正式合同的签字和履行手续,合同也是可能存在的。

（4）在解释意向书语言的效力时,考虑产生意向书的实际背景是必要的。"

法官 Humphrey Lloyd 在 Durabella Ltd. 诉 J. Jarvis & Sons Ltd.（2001）83 Con LR 145 案中解释道：

"另一方面,除非通过客观判断,非常清楚地,双方当事人事实上同意他们认为必要的以及构成合同所必需的所有事项，否则合同不能成立。"

从英国法院的判例，包括 British Steel 诉 Cleveland Bridge 案、Mitsui Babcock Engergy Ltd. 诉 John Brown Engineering Ltd.（1996）51 Con LR 129 案和附录7.2、7.3等可以清楚地得出如果一项意向书要具备合同约束力，必须具备如下条件：

（1）当事人必须声明他们签订合同的意愿，无论是来自意向书内容还是其行为。

（2）当事人必须就一些必要条款达成一致，如当事人、工程内容、价格和时间，并应具备充分的确定性以使合同能够在商业上运作。

（3）对要约的承诺必须清楚，无论是文字上还是行为上。

判断意向书是否有具备合同效力，还应考虑意向书中规定的条件是否具备充分的确定性以使合同能够成立，以及意向书中还有哪些事项还需要解决的程度。

判断一个意向书的效力，如同安慰信一样，不能简单地从信函的字面去解释其效力，认为只要是表明意向书，就没有约束力，而是应当具体问题具体分析，仔细甄别意向书的背景、内容、是否产生权利和相互义务关系，依据有关判例解读意向书的含义，判断是否产生合同效力，对当事人具有约束力[⊖]。

【案例】在 A C Controls Ltd. 诉 British Broadcasting Corporation, Quen's Bench Division,（2002）89 Con LR 52；[2002] EWHC 3132 案中，1998年，BBC 考虑安装能够控制、监控和记录其57个建筑物的软件系统。为此，BBC 进行了招标，1999年1月原告 ACC 公司递交了投标文件，价格为3118074.14英镑。

BBC 化了很长的时间准备基于 The Joint IMechE/IEE Model Form of General Conditions of Contract MF1（1988）的正式合同，但始终没有准备妥当。然而，BBC 要求原告 ACC 公司开始工作，并根据 BBC 的内部规定，说明除非签署正式合同，否则不能支付。相应地，1999年6月双方授权代表签署了一份文件，该份文件被视为意向书性质（虽然文件上没有明确说明是意向书）。该信函要求 ACC 公司进行设计工作并进行有关的前期工作，并由独

---

⊖ Turriff Construction Ltd. 诉 Regalia Knitting Mills Ltd.（1971）9 BLR 20案；法官 Fay 审理的 British Steel Corp. 诉 Cleveland Bridge and Engineering Co. Ltd.［1984］1 All ER 504, QBD 案, Robert Goff J（后来是 Chieveley 的 Goff 大法官）审理；Pagnan SpA 诉 Feed Products Ltd.［1987］2 Lloyds Rep 601, CA 案；Kleinwort Benson Ltd. 诉 Malaysia Mining Corpn Bhd［1989］1 All ER 785, CA 案；G. Percy Trentham Ltd. 诉 Archital Luxfer Ltd.（1992）63 BLR 44, CA案。

立的咨询公司评估付款。

1999年7月7日，BBC又再次致函ACC公司，确认其有意签署正式合同并要求ACC工作满500000英镑止。然而，在实施过程中，在ACC还未从事大量工作之前，BBC终止了该项目。

法院判决：6月份的信函，以及被随后7月份信函实质修改的文件使合同得以成立。ACC有权得到因这两封信函而实施工程的合理价格。500000英镑的限额并不是ACC公司有权得到给付的限额。只要ACC开始工作，ACC就有权得到他从事的合同工程的合理价格，但BBC有权告诉ACC公司，一旦达到500000英镑，ACC公司应停止工作。

【案例】在Turriff Construction Ltd.诉Regalia Knitting Mills Ltd.[一]案中，Regalia公司邀请Turriff公司投标，承担在Colby一工厂工程的设计和施工。标书于1969年5月最后确认。在1969年6月2日的会议上，Regalia公司通知Turriff公司，希望他们同意于1972年竣工，并着手实施工程。Turriff公司要求"尽快发出一份意向书，使他们将承担的工程得到保护。"1969年6月17日Regalia公司向Turriff公司发出以下信件：

"正如我们在1969年6月2日的会议上商定的，我们的意向是把合同授予你们，承担建造一个包括生产、储存、办公和餐饮实施的工厂，并分4个阶段连续施工。

一期工程按照双方商定的固定价格，二、三、四期工程按照一期工程的标准定价。工程应在1972年前竣工，开工日期为1969年8月1日。经过商定付款方式系我方根据估算师提供的数量为标准按月支付。

以上各项协议有待于征地协议、与Colby开发公司的租约、建筑和法律许可以及现场调查报告完成后正式确认。

全部事宜有待于对合同条件达成协议"。

一俟收到规划批准，Turriff公司便开始细部设计工作。出于各种原因，该工程被取消。1970年2月12日，Regalia公司致函拒绝承担责任，理由是"我们之间不存在任何合同，在1969年6月17日致函给你们时，事实上已经说全部事宜有待于对合同条件达成协议之后方成立。"Turriff公司提起诉讼，索赔自1969年6月2日会议之后工程的费用。

法院判决：Regalia公司应对已进行的工程负责。在1969年6月2日的会议上，Turriff已提出进行准备工作的报价，条件是Regalia公司承担责任，并指出他们将把意向书看成接受他们的报价。1969年6月17日发出的意向

---

[一] 邱创. 国际工程合同原理与实务 [M]. 北京：中国建筑工业出版社，2002：31.

书并未否认这项责任。实际上存在一个包括中期费用的附属合同。

### 3.4.4 意向书无法律约束力时的补救措施

如果意向书被法官、仲裁庭判断为产生了合同效力,则应根据合同法上规定的救济方法,补偿另一方当事人因履约而对其造成的损害。

如果意向书被法官、仲裁庭判断为没有合同效力,则在大陆法系,当事人可依据不当得利请求恢复原状,得到补偿。在英美法系国家,则可通过按劳取酬原则,以此为诉讼理由,而不能以当事人之间存在合同为由起诉或申请仲裁,得到应得的报酬。

## 3.5 合同的内容

### 3.5.1 条款和抽象陈述

一旦合同成立,就需要界定各方当事人的权利义务范围。为分清主、次权利和义务,英国法对合同条款进行了不同的分类。

根据英国法,条款(terms)是构成合同明示条款(the express terms of contract)的声明(statement)。如果条款是不真实的,不真实的声明将构成违约。

抽象陈述(mere representation)不构成合同的一部分,但可以帮助引导合同的声明。如果抽象的陈述是不真实的,不真实的声明将成为"不实陈述"(misrepresentations)。

一项声明能否成为合同的条款,主要依据当事人的意图。而如何确定当事人的意图,法院主要考虑如下因素:
① 声明对当事人的重要性。
② 当事人的相关知识。
③ 声明的方式。
④ 合同是否为强制性书面形式。

### 3.5.2 明示条款和默示条款

根据英国法,明示条款(express term)是合同当事人以文字、书面或口头同意的合同规定。默示条款(implied term)是指当事人没有以文字方式同意的,但被法院认为是实现当事人假定意图所必需的,或被成文法引进合同中的合同规定。

鉴别明示条款相对容易，即是合同中明确、明示同意的内容或条款即为明示条款。默示条款主要来自：

（1）习惯。

（2）成文法。

英国1979年货物销售法在货物买卖合同中默示了如下条款：

适用于所有买卖：

① 卖方有权销售货物。

② 凭说明销售的货物需与说明相符。

对于以商业方式进行的货物买卖，默示如下：

① 货物质量令人满意。

② 货物适用于卖方所知的任何特殊用途。

③ 凭样品销售的货物需与样品相符。

对于提供服务性质的合同，默示事项是应以合理的精心和技巧，在合理的时间内，以合理的价格提供服务。

（3）法院。

法院认定的默示条款主要有两种：

① 事实上的默示条款。

② 法律上的默示条款。

### 3.5.3 条件条款和担保条款

在英国法中，条件条款（condition）是指事实的声明或构成合同必要条款（terms）的许诺。简单来说，是指合同的主要条款（major terms of contract）。如果涉及条件条款的声明是不真实的，或者一方没有履行其许诺，受损害的一方当事人可以终止（或解除）合同或要求赔偿。

担保条款（warranty）是指合同中次要的或者从属性的事实声明或许诺。简单而言，是指合同中的次要条款。如果一方当事人违反了担保条款，另一方当事人无权终止合同（或解除）合同，而他只能要求赔偿。

无名条款（innominate terms）和中间条款（intermediate terms），是近年来英国法院通过判例形成的新的概念，英国法院将那些既不属于条件条款，也不属于担保条款的合同内容归类为无名条款和中间条款。如果违反中间条款或无名条款，确定损害赔偿需视违约的性质及其后果是否严重而定。

关于warranty一词，通常我们将其翻译成中文的"担保"，而将guarantee也翻译为"担保"，实际上这两个词在英国法中有着不同的含义：

《牛津法律字典》第4版对warranty解释如下：

"1)（合同法中）合同的条款（terms）或许诺（promise）。违反上述条款和许诺，无辜的一方有权要求损害赔偿，但不能因此解除合同。比较 condition。2)（保险法中）被保险人的许诺。如违反许诺，保险人有权因此解除合同。因此，该词与'合同法的条件条款'具有相同的含义。3) 广义的，制造商对其有缺陷产品负责修复、更换或另外赔偿的书面许诺。见 guarantee"。

对 guarantee 的解释如下：

"1) 一人（担保人）对应就其债务承担主要责任的另一人（主债务人）的债务或违约承担责任的从属性协议。担保需要独立的对价而且必须是书面形式。为其担保义务付出的担保人有权从主债务人处得到赔偿。比较'保障'。2) 见 warranty。"

从上面的解释可以看出，英文中的 guarantee 与中文的'担保'的含义是相一致和吻合的。但 warranty 则没有中文中的'担保'的含义，但业界翻译为"担保"，也可暂且用之。

从字典中的解释，而不是从中文"担保"的字面含义来理解 condition 和 warranty 条款，就相对容易得多。

在英美法系中，担保（warranty）又可区分为明示担保（express warranty）和默示担保（implied warranty）。在建筑施工领域，承包商的担保是指承包商保证或担保其工程的特征、质量和适宜性以及其工程可以在一特定的时间内使用。承包商的担保义务来源于承包商明示的允诺或法律规定的默示允诺。

(1) 明示担保

明示担保是指实施工程的当事人在合同中书面写明的保证其工程具有一定质量的明确的允诺或担保。大多数工程的修复责任源于明示的合同担保。在工程建设项目中，应严格区分材料质量或施工质量的明示担保和施工规范的明示担保，前者是工程施工中典型的明示担保，而对后者，某些法院认为不构成明示担保。

典型的明示担保仅仅要求承包商保证其工程符合有关计划和规范，这就意味着如果业主提供的计划和规范存在缺陷，业主通常就无权根据明示担保条款向承包商提出索赔，承包商也不能据此承担业主提供的有缺陷的计划和规范的责任和风险。

在设计和建造合同中，业主往往要求承包商不仅担保其工程符合有关计划和规范要求，而且还会要求承包商担保其工程达到某种标准和结果。以水泥厂等工厂建造合同为例，业主会要求在试运营后一定期限内，如 3 个月内达到某种设计的生产产量。如承包商在合同中明示担保了这项义务，则承包商就承担了对不符合规范要求的工程进行修复的义务，也承担了产量不能达标时的修复义务。

(2) 默示担保

默示担保是指合同当事人在合同中明示担保之外的法律或法院对合同所赋予的担保义务。在建筑施工领域，法院赋予的默示担保义务是为了保证建筑工程能够达到最低的技能和精心水平，无论合同双方当事人是否在合同中对该项义务进行了明文规定，这些法律所赋予的默示担保的义务都是存在的。

一般而言，在建筑施工领域，默示担保以下述方式出现：

1) 技艺精湛施工的默示担保。
2) 对于住宅施工而言，可居住性的默示担保。

对于上述两种默示担保，承包商均应以合理的努力和精心避免可预见的经济上和物质上损害。

为了对默示担保责任有所限制，承包商有时在合同中插入某些条款，明示的或默示的放弃某些担保责任，上述弃权条款对于商业用户来说是具有法律效力的，但对于一般用户，如住户来说是无效的，因为法律认定商业用户或实体比一般用户具有更强的能力，更容易得到保护。

## 附录3.1　大陆法系和英美法系

法系（Law System）是欧美法学界根据法的历史、特点和渊源关系对各国法律进行分类，凡属同一历史传统且具有相同特点的法律即构成一个法系，通常是以某一国家在一定时期的法律特征作为划分标准，历史上曾有中华法系、印度法系、伊斯兰法系、大陆法系和英美法系，其中中华、印度、伊斯兰法系已属法制史上的概念，目前，对世界各国法律制度影响最大的是大陆法系和英美法系。

### 大陆法系

大陆法系（Continental Law System），亦称民法法系（Civil Law System）、罗马法系、成文法系、法典法系。大陆法系是在继承和发展"罗马法"的基础上逐渐形成和完善的，并作为一个体系在13世纪出现于西欧，以1804年《法国民法典》和1900年《德国民法典》的颁布标志着大陆法系的成熟与完善。大陆法系以法国和德国为代表，欧洲大陆的许多国家，如法国、德国、瑞士、意大利、比利时、卢森堡、荷兰、西班牙、葡萄牙、奥地利、丹麦、挪威、芬兰、瑞典、希腊等国，以及整个拉丁美洲的国家、非洲国家中的原法属、西属、葡属等非英语国家、近东的一些国家、日本、泰国、旧中国和中国台湾、英美法系国家中的美国路易安那州、加拿大的魁北克省、英国的苏格兰也均属于大陆法系。

大陆法系的法律渊源主要是法律，包括宪法、法典、法典以外的法律和条例，与英美法系（普通法系）不同，判例在大陆法系国家原则上不作为法的正式渊源，一个判决只对被判处的案件有效，对以后法院判决同类型案件没有约束力，法院和当事人不能援引前例作为判决的法律依据和抗辩，这也正是两个法系的最主要的区别。

大陆法系的结构特点是强调成文法的作用，强调法律的系统化、条理化、法典化和逻辑性，并将法律分为公法和私法两个部分，其中公法是指与国家有关的法律，如宪法、行政法、刑法、诉讼法和国家公法，私法一般是指与个人利益有关的法律，如民法和商法等。在大陆法系国家中，尽管语言不同，但在各国的法律领域中都使用相同的法律制度和概念，其法律词汇可以准确对译，掌握了一个国家的法律，便可容易了解其他国家的法律。

## 英美法系

英美法系（Anglo‐American Law System），又称普通法系（Common Law System），判例法系（Case Law System），是英国在中世纪时期在继承和发展日耳曼习惯法的基础上，以诺曼王朝的国王法院的判例逐步形成的一种法律制度，以后扩展到美国以及过去英属殖民地的国家和地区，主要国家和地区有英国、美国、加拿大、澳大利亚、新西兰、爱尔兰、马来西亚、新加坡、巴基斯坦、印度、我国的香港特别行政区、非洲的一些英语国家。南非、斯里兰卡和菲律宾等国原属大陆法系，后受普通法影响很大，这些国家和地区是大陆法系和普通法系的混合物。

与大陆法系将法律分为公法、私法两大范畴不同，英美法系将法律分为普通法和衡平法（Equity Law）两个部分。所谓普通法，亦称习惯法或判例法，是随着英国中央集权王朝的建立和巩固，通过高等法院的法官依判决的形式而逐步发展起来的一种全国普遍适用的法律规则。而衡平法是指在14世纪时，为了补充和匡正当时不完善的普通法，由英国的枢密大臣法院发展起来的判例法。两者的主要区别如下：

（1）救济方法不同。普通法只有两种救济方法，即金钱赔偿和返还财产，且以金钱赔偿为主。衡平法则发展了一些新的救济方法，主要有实际履行和禁令，即法院可根据衡平法判令负有义务的当事人按合同的规定履行其义务，禁令是指法院可判令当事人不得作出某种行为，以预防不法行为或违约行为的发生。

(2) 诉讼程序不同。根据普通法，法院在审理案件时须设陪审团，且采取口头询问和口头答辩方式。根据衡平法，法院在审理案件时不设陪审团，且采取书面诉讼程序。

(3) 法律术语不同。两者在法律术语有许多不同。

在美国的法律结构中，除了存在普通法和衡平法外，美国还存在联邦法和州法两大部分，原则上联邦法律高于州法律。

**大陆法系和普通法系区别**

(1) 法律渊源不同。大陆法系是继承和发展了罗马法，以成文法作为法律的主要渊源；而英美法是继承和发展了日尔曼的习惯法，以判例法为主要渊源。

(2) 大陆法系国家的法律主要是立法机构制定的，而英美法系国家的法律是由高等法院的法官判例形式发展的。

(3) 逻辑推理方式不同。大陆法系国家的法院判决是演绎推理，而英美法系国家的法院判决是归纳推理形式。

(4) 大陆法系国家以实体法为中心，法院在审理案件时重视实体法多于程序法；而大陆法系国家以诉讼法为中心，法院比较重视诉讼程序。

(5) 法律结构不同。大陆法系国家把法律分为公法和私法，而英美法系国家将法律分为普通法和衡平法。

(6) 大陆法系国家立法机构具有优越地位，而司法机构处于从属地位。英美法系国家司法机关处于主导地位。

随着社会和法律制度的发展，英美法系国家的成文法日益增多，判例法有所减少，判例中确定的法律原则，通过立法成为成文法或法典，如美国的《统一商法典》等。在现代社会中，这两大法系仍将是世界各国法律制度的主要代表。

## 附录3.2 英美法院判例标注的含义

英美法系是判例法系，法院的判决定期公布在各种法律杂志或期刊中，供律师、当事人阅读参考使用。

英国主要的刊载法院判例的杂志称为法律报告（law reports），有许多种类的这种杂志，由法律报告协调委员会（Incorporated Council of Law Reporting）负责出版。英国登载法院判例的杂志有《法律报告周刊》（The Weekly Law Report，WLR）、《全英格兰法律报告》（All England Law Reports，All ER）、《当代法律报告》（Times Law Reports，TLR）以及《建筑法律报告》（Building Law Reports，Build LR）。

在法律报告中出现的英美法院判决，通常表示为：Bradburn v. Lindsay（1983）2 All E. R. 408，其含义见图3－3：

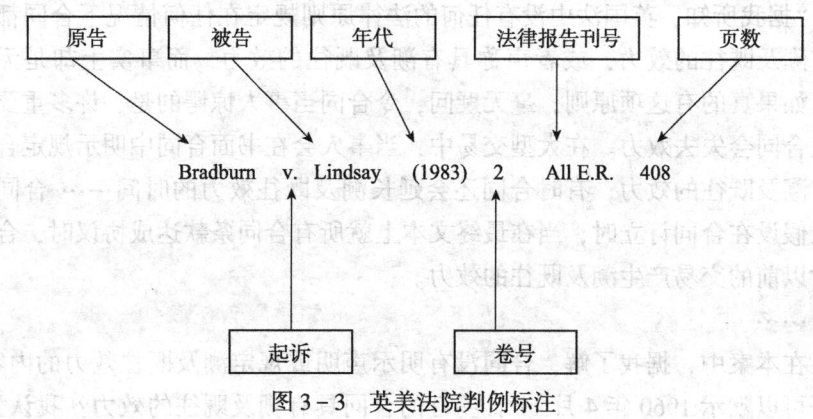

图3－3　英美法院判例标注

## 附录3.3　溯及既往的合同效力

**基本案情**

在 Trollope & Colls Ltd. 诉 Atomic Power Constructions Ltd.［1962］3 All ER 1035 案㊀中，1959年2月，原告（分包商）向被告（承包商）递交了投标文件，希望承建一部分土木工程项目。原被告双方为此进行了谈判。1959年6月，在双方还在进行谈判时，应被告出具的意向书的请求，原告开始了工程项目的施工。1960年4月11日，原被告双方当事人终于就合同的通用条款达成了协议。法院认为在1960年4月11日双方当事人对合同所有的必要条款达成了一致。原被告对达成一致的合同条款，特别是有关变更的条款是否可以影响和支配1960年4月11日之前已经完成的工程发生了争议。

---

㊀　Michael Furmston. Powell－Smith and Furmston's Building Contract Casebook［M］.4th ed. Oxford：Blackwell Publishing Ltd.，2006：63-65.

## 法院判决

双方当事人最终于 1960 年 4 月 11 日签订的合同可以对该日期之前当事人已经实施的工程产生效力。

## 法官陈述

法官迈格在判决中写道：

"据我所知，英国法中没有任何的法律原则规定在任何情况下合同都不具有溯及既往的效力，或者声称具有溯及既往的效力，而事实上却是无效的。如果真的有这项原则，毫无疑问，令合同当事人惊愕的是，许多重要的商业合同会失去效力。在大型交易中，当事人会在书面合同中明示规定合同具有溯及既往的效力，有时合同还会延长溯及既往效力的时间……合同当事人假设在合同订立时，当在最终文本上就所有合同条款达成协议时，合同将对以前的交易产生溯及既往的效力。

……

在本案中，据我了解，合同没有明示声明或规定溯及既往效力的内容。是否可以默示 1960 年 4 月 11 日签订的合同具有溯及既往的效力？我认为，这是本案的关键问题。

据说，在许多情况下，如果仅仅是因为合同当事人想要默示合同条款，或者仅仅因为当事人可能，或者作为一个理性人已经对合同条款达成一致时，法院就不能对合同条款进行默示解释。通俗而言，只有在合同当事人为了赋予合同具有'商业功效'时，才能对合同条款进行默示解释。在本案中，从某种意义上说，合同条款具有溯及既往的效力可以使合同具有商业功效……"

## 小结

（1）在本案中，合同当事人达成的协议对分包商在此之前实施的工程具有约束力和溯及既往的效力。

（2）值得注意的是，如果合同当事人已经对以前的工程达成了非常明确的协议，则后来当事人达成的协议可能不能约束他们之前达成的协议，除非合同当事人明示规定后来的协议对以前的协议产生效力。

（3）在施工过程中，如果出现了两份不同的合同或协议，合同当事人应明确两份合同的效力。如果合同当事人没有察觉或意识到这一点，当出现纠纷时，根据这个判例，当事人后来达成的协议将对以前的协议产生溯及既往的效力。

# 第 4 章 招标和投标

投标书是投标者提交的最重要的单项文件。
——FIDIC：《土木工程施工合同条件应用指南》

## 4.1 概述

国际承包工程的采购通常采用如下方式进行：
(1) 国际竞争性招标方式。
(2) 有限竞争性招标方式。
(3) 直接谈判方式。

在世界银行、亚洲开发银行、欧洲开发银行、非洲开发银行等国际金融组织的建筑和土木工程项目采购中，通常使用国际竞争性招标方式选择承包商。在工程所在国政府的建筑和土木工程项目采购中，当地政府大多面向当地承包商，采用有限竞争性招标方式或直接谈判方式选择承包商，但应视工程所在国公共工程采购法律的具体规定。在私人投资项目的采购中，由于没有法律的具体限制，私人投资者可采用有限竞争性投标方式或直接谈判方式选择承包商。

在国际竞争性招标方式中，针对大、中型工程项目，为了选择合格的承包商参加投标，控制投标承包商的数量，业主通常需要首先进行承包商的资格预审，对承包商的资格进行审查，列出合格承包商的短名单，筛选出合格的承包商参加投标，保证中标的承包商能够和有能力履行合同义务。

对承包商而言，参与国际竞争性招标、有限竞争性招标或者通过直接谈判是获取工程项目的必经程序。

关于竞争性投标的优点，有关论述如下：

"竞争性投标较之其他选择承包商的方法有某些显而易见的优点……它不但是一种以最低的代价取得所需要的货物或劳务的有效手段，而且用这种方式订立的固定价格的合同亦容易执行。按照这种合同，成本提高一般应由承包商负担。竞争性投标也能减少订约上的偏见和偏袒，参加投标的厂商将会感到他们在争取合约方面是机会平等的[①]。"

世界银行在其采购准则中指出:"国际性投标是世界银行提供资金的项目获得所需要的大部分货物和工程的最经济、最有效率的方法。"

## 4.2 FIDIC 建议的招标程序

FIDIC 认为业主应采用竞争性招标方式选择承包商。FIDIC 建议的招标程序如图 4-1:

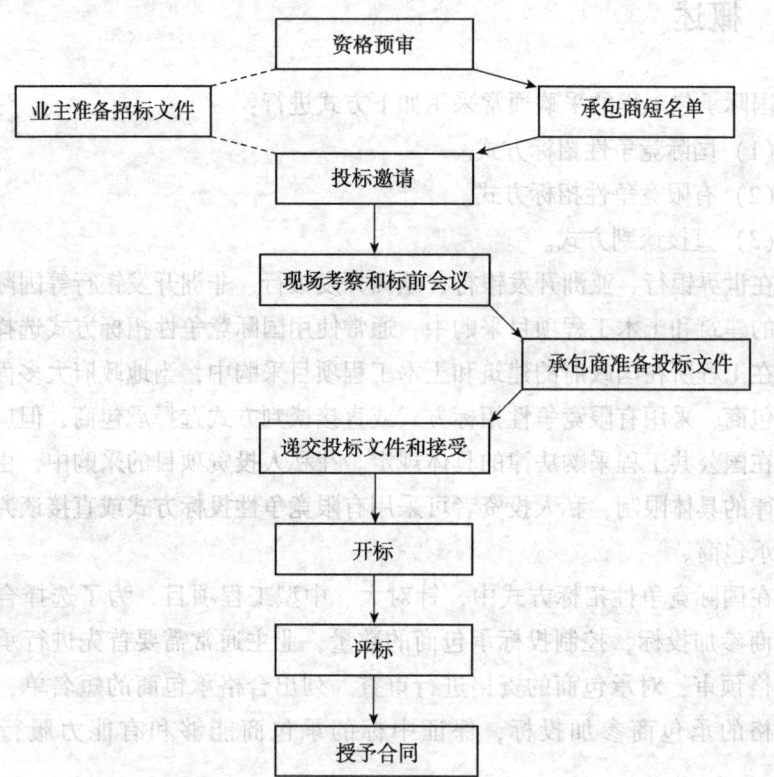

图 4-1 FIDIC 建议的招标程序流程图

FIDIC 认为:"经验证明,对于大型的和涉及国际招标的项目来说,对投标者的资格预审是必需的,这是因为通过资格预审可以使业主(工程师)能提前了解到应邀投保的公司的能力。同时也保证了向不一定愿意参加公开

---

① 施米托夫.出口贸易 [M].对外经济贸易大学对外贸易系 译.北京:对外贸易教育出版社,1985:561.

或无限制招标的大公司发出邀请。这种无限制招标并不总是有利于合理竞争，因为投标者数量可能太多以致影响到成功的投标，反而不能被接受。此外，如果各公司明知大部分投标不能中标仍递交大量投标，将为此付出无效的费用，并产生大量多余的投标，而资格预审就具有减少上述多余投标的优点[⊖]。

资格预审文件包括的主要内容如下：
(1) 承包商的组织和机构。
(2) 承包商从事此项工程的经验以及在工程所在国工作的经验。
(3) 承包商的资源，包括管理、技术、劳务和设备资源。
(4) 承包商的财务状况。
(5) 承包商联合体情况（如适用）。

一般而言，业主发出的招标文件应包括：
(1) 投标邀请书。
(2) 投标须知。
(3) 合同条款，包括通用合同条款和专用合同条款。
(4) 规范。
(5) 图纸。
(6) 工程量表。
(7) 其他补遗文件。

承包商应按照招标文件的要求填写招标文件的相关内容，在承包商向业主递交投标文件后，一旦中标，这些文件就构成了具有法律约束力的合同文件。

## 4.3 承包商的投标程序

### 4.3.1 投标程序

在获得招标文件后，承包商通常采取如下程序进行国际工程项目的投标工作，如图4-2所示。
(1) 成立临时投标机构。
承包商的临时性投标机构主要由商务人员、工程技术人员和翻译人员（如

---

⊖ FIDIC. 土木工程施工合同条件应用指南 [M]. 臧军昌等译. 北京：航空工业出版社，1991：4.

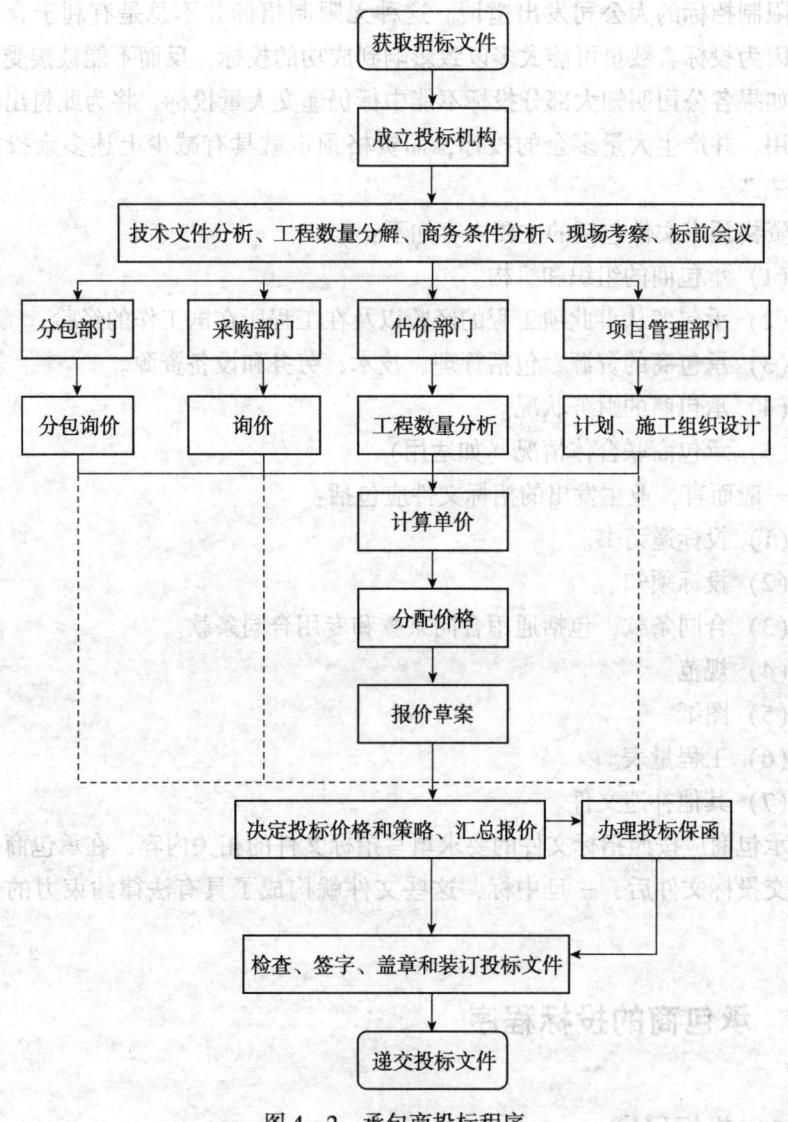

图 4-2 承包商投标程序

需要）等各个专业人员组成。临时投标机构的人数应视承包商拟投标工程的大小、难易程度决定。

(2) 分析招标文件。

承包商应分析投标须知规定的商务条件，明确投标项目的商务要求，例如工程性质、工程规模、业主的资金来源、承包商是否可以独自投标、是否需要与当地承包商联合、承包商的资质要求、资金要求、保函金额等基本情况，作出是否投标的决策。

承包商还应分析工程技术文件，如工程图纸、规范、工程量表等内容，确定工程范围、工程数量、工程难度和要求等内容。

(3) 现场考察和标前会议。

通常，投标须知中都明确规定业主组织承包商进行现场考察和标前会议的时间安排，除非承包商非常了解现场的情况，否则，承包商应参加业主组织的正式的现场考察，并应参加业主组织的标前会议。在标前会议上，承包商可以对招标文件和现场情况提出任何问题或疑问，业主应回答这些问题和疑问，并在标前会议结束后整理承包商提出的问题和业主的答复意见，发送到拟投标的每一个承包商手中。

(4) 计算投标价格和报价工作。

在投标工程涉及不同专业的情况下，承包商应组织不同专业的工程技术人员分析工程项目的具体要求，要求采购部门进行相关的询价工作，分包部门进行分包工程的询价，工程技术部门进行图纸分析和工程数量分析，项目管理部门负责编制施工组织计划和进度计划等。在获取了各个工程分项工程的价格、分包价格、材料价格后，临时投标机构的工程技术人员应计算每个单项工程的单价，将间接费用分摊到每个单项工程中，形成投标报价草案。

(5) 投标决策。

在临时投标机构准备妥当投标报价草案后，承包商应决定投标策略，调整投标价格或价格分配体系。承包商投标决策的可选择性如下：

① 为占领市场和获取新项目的需要，采用低价投标策略或亏损投标策略。

② 获取合理利润的投标策略。合理利润是指某国或地区的建筑和土木工程承包行业公认的利润值，如 FIDIC《施工合同条款协调版》规定的 5% 的利润，或者某个国家或工程承包行业 3% 的利润。

③ 高低标价投标策略。承包商采取何种投标策略取决于承包商投标时的具体情况。在经济衰退时期，承包商承建的工程很少时，为了维系公司的运转，承包商往往不得不采取低价投标策略。在经济高速发展阶段，承包商的生意红火时，承包商往往采取获取合理利润或高标价投标的策略，以便获得更高的利润。

(6) 递交投标文件。

承包商应在投标须知规定的截止日期或截止时间之前递交投标文件。如承包商在投标截止日期或截止时间之后递交了投标文件，根据投标须知的规定，承包商的投标应视为是废标，业主不应接受延迟递交的投标文件。

### 4.3.2 投标的撤回

由于承包商的投标行为是其向业主发出的要约行为，根据一般合同法原理和业主制订的投标规则，投标的承包商可在投标截止日期之前的任何时间撤回其投标，但在投标截止日期之后，如果承包商撤回其投标，一般而言，根据业主制定的投标规则的规定，业主有权没收承包商的投标保函。

## 4.4 投标过程中当事人的义务

### 4.4.1 参与投标的承包商的义务

在投标过程中，参与投标的承包商的主要义务如下：
（1）遵守招标文件的规定和要求的义务。

在业主使用 FIDIC 合同 1987 年第 4 版或者 1999 年版新红皮书招标时，在业主负责设计的情况下，承包商应严格遵守招标文件的规定，按照招标文件的要求填写招标文件，编制投标文件。

在业主使用 FIDIC 合同 1999 年版新黄皮书和银皮书招标时，承包商应认真阅读和理解业主要求的内容，充分准备承包商的设计和投标建议书，使承包商的投标建议书满足业主的要求。

（2）变通的或替代的方案。

在使用业主负责设计的 FIDIC 合同 1987 年第 4 版或者 1999 年版新红皮书时，除非招标文件明示规定承包商可以提出变通的或替代的方案，否则，一般而言，参与投标的承包商无需或不应提出变通的技术方案，以降低投标价格。这主要是因为承包商需要花费大量的时间和费用准备和完善变通的技术方案，另一方面，业主可能也没有时间和人力去验证承包商提出的变通的或替代方案的优劣，而使用某个承包商提出的变通的技术方案评标，可能对其他参与投标的承包商不甚公平。

在使用 FIDIC 合同 1999 年版新黄皮书和银皮书招标时，由于承包商需要根据业主要求提出投标建议书，因此，参与投标的承包商应准备投标的技术方案和建议书。

如果参与投标的承包商提出了变通的或替代的方案，在业主授标时，应明确使用哪一个方案作为合同的基础，否则，业主将处于不利的地位。

【案例】在 Peter Lind & Co. Ltd. 诉 Mersey Docks & Harbour Board

[1972] 2 Lloyds Rep 234案[1]中，原告（承包商）在投标时向业主（被告）提出了两个投标方案，一个是固定价格报价方案，另一个是成本加酬金报价方案。在业主授标时，只说明接受"你方的投标"，但没有说明是固定价格报价方案还是成本加酬金报价方案。承包商完成了施工，但提出按照按劳计酬（quantum meruit）为基础要求业主支付工程款。

法院判决：由于被告在授标时没有指明接受哪一项报价，因此，原被告之间不存在合同关系。原告有权根据按劳付酬原则获得工程款。

(3) 递交投标保函的义务。

如果招标文件要求承包商随其投标文件递交投标保函，参与投标的承包商应按照招标文件要求的保函格式、银行、保函金额、有效期等开具投标保函，并作为投标文件的一份文件递交给业主。如承包商未能在投标时递交投标保函，则业主视承包商投标为不合格投标，不予评审。如承包商递交的投标保函不符合招标文件的要求，承包商的投标亦应被视为废标。

(4) 承担投标费用的义务。

除非业主的投标文件中明示规定业主承担一定的投标费用，否则，承包商应承担其准备投标的一切费用。当然，承包商的投标费用可以反映在投标价格中，对于中标的承包商而言，可以有机会收回投标费用，但对于未中标的承包商而言，只能自己承担投标费用，除非可以默示业主将支付部分投标费用。但是，如果承包商在投标准备中的工作超出了预期的范围，或者业主利用投标准备工作获得利益时，或者承包商按照业主的要求提供了额外的服务，如果可以默示存在业主的支付投标费用的许诺，则承包商有权获得投标费用的补偿。

【案例】在 William Lacy（Hounslow）Ltd. 诉 Davis [1975] 2 AII ER 712案[2]中，原告为被告的一座受战争损害的建筑进行重建的计划工作。根据被告的要求，原告计算了修复该建筑所需的木材和钢材数量，并提供了各种修复计划和估价，以便业主与战争赔偿委员会商谈赔偿事宜。此后，被告通知原告，他打算聘用其他建造商修复建筑物，而实际上，被告已经将建筑物出售给了别人。

原告于是状告被告违约，并要求被告按照按劳计酬方法支付其应得的报酬。

---

[1] Michael Furmston. Powell–Smith and Furmston's Building Contract Casebook [M]. 4th ed. Oxford：Blackwell Publishing Ltd.，2006：15-16.

[2] Michael Furmston. Powell–Smith and Furmston's Building Contract Casebook [M]. 4th ed. Oxford：Blackwell Publishing Ltd.，2006：15-16.

法院判决：虽然当事人之间不存在合同关系，但应默示存在一项许诺，被告应为原告所提供的服务支付合理的报酬。

在 William Lacy 案中，承包商要求业主支付其应得报酬的理由十分充分，因为业主要求承包商提供相关的服务，但在某些情况下，如果业主仅凭默示要求承包商提供服务，并且业主因此获取的利益仅是一种潜在的可能性时，承包商也有权要求业主支付其应得的服务费用[⊖]。

在实践中，有些不道德的业主常常使用承包商准备的前期技术文件进行公开招标工作，而业主与准备前期技术文件的承包商之间并未存在任何形式的合同，承包商进行相应前期技术准备工作的原因可能是为了追踪和获得工程项目，在这种情况下，由于业主利用承包商提供的服务获取了利益，因此，承包商有权要求业主按照按劳付酬的原则支付其应得的报酬。

### 4.4.2 业主的义务

业主的招标被视为是要约邀请，而承包商的投标被视为是要约，因此，根据合同法的一般法律原则和商业惯例，业主没有接受承包商递交的最低投标（lowest tender）的法律义务。在实践中，业主通常在招标文件中明示规定业主不承担接受最低投标的义务。

根据在 The Queen in right of Ontario 诉 Ron Engineering & Construction (Eastern) Ltd., [1981] 1 S. C. R. 111 上诉案（参见本书第 4.6.1 节）中确定的原则，许多法院判决都认为在投标过程中业主和承包商之间存在一项互惠义务，即承包商不能撤回其投标，如撤回则应承担业主没收投标保函或抵押金的责任，而业主在决定授标时应平等地和公平地对待每一个符合招标要求的投标人[⊖]。如果公共工程的发标人接受了不符合招标要求的投标，则发标人应赔偿合格投标人的损失，包括利润损失，参见 Gallan J in Pratt 诉 Palmerston North City [1995] 1 N. Z. L. R. 969 案，MJB Enterprises Ltd. 诉 Defence Construction (1951) Ltd. [1999] 1 S. C. R. 619 案[⊖]。

---

[⊖] Marston Construction Ltd. v. Royal Trust Co. of Canada [1986] A C 207.
[⊖] Harmon CREM Facades (UK) Ltd. v. Corporate Officer of the House of Commons (1996) 67 Con LR 1; Pratt Contractor Ltd. v. Transit New Zealand.
[⊖] Hughes Aircraft Systems International Ltd. v. Airservices Australia (1997) 146 A. L. R. 1.

## 4.5 业主要求和承包商建议书

### 4.5.1 业主要求

在 FIDIC 合同 1987 年第 4 版和 1999 年版新红皮书中,由于上述两个合同适用于业主承担设计的建筑和土木工程,因此,通用条款中没有一份名为业主要求的文件。但在 1999 年版新黄皮书和银皮书中,由于承包商承担设计责任,因此,新黄皮书和银皮书均规定了"业主要求"的内容,替代了 1999 年版新红皮书"规范"一词。

1999 年版新黄皮书第 1.1.1.5 款和银皮书第 1.1.1.3 款将业主要求定义为:"业主要求系指包括在合同中名为业主要求的文件,以及按照合同规定对此类文件所做的任何补充和修改。此类文件应列明工程的目的、范围及其设计和/或其他技术标准。"

在 1999 年版新黄皮书中,涉及合同的定义包括合同、合同协议书、中标通知书、投标函、业主要求、清单、承包商建议书、投标书、投标书附录、保证表和复垦计划表。在银皮书中,涉及合同的定义有合同、合同协议书、业主要求、投标书、履约保证和付款计划表。根据新黄皮书和银皮书对业主要求的定义以及两个合同对合同内容的安排,业主要求是与规范内容相同的一份技术性质的文件,在该份文件中,业主应说明工程的目的、范围、设计和其他技术标准。

虽然 1999 年版新黄皮书和银皮书没有对业主要求的内容作出详细的规定,但根据 FIDIC 合同新黄皮书和银皮书对业主要求的责任的规定,业主应在业主要求中尽可能详细地规定工程的范围、设计标准和有关其他设计标准。即使业主对其所承建的工程不是内行,但业主也可以通过聘用咨询工程师的方式确定工程项目的设计和其他技术标准,以便承包商投标报价。

1999 年版新黄皮书第 5.1 款的规定:

"如果(考虑到时间和费用)达到一个有经验的承包商在递交投标书前,对现场和业主要求进行应有的细心检查时,本应发现此类错误、失误或其他缺陷的程度,则竣工时间应不予延长,合同价格不予调整。"

在黄皮书中,根据第 5.1 款的规定,承包商对业主要求中的错误只承担一个有经验的承包商在仔细检查时本应发现错误的责任,而不是对业主要求中的错误承担全部责任。如果承包商本应发现,但没有发现错误、失误或其他缺陷时,则承包商无权要求延长工期,也无权要求调整合同价格。根据有关英国判例，判断承包商本应发现而实际上没有发现业主要求中的错误是一个事实问题，而非法律问题[⊖]，参见本书第 8 章设计责任的有关章节。

与 1999 年版新黄皮书不同，银皮书第 5.1 款规定：

"承包商应被视为，在基准日期之前已经仔细审查了业主要求（包括设计标准和计算，如有）。承包商应负责工程的设计，并在除下列业主应负责的部分外，对业主要求（包括设计标准和计算）的正确性负责。"

在银皮书中，与在黄皮书中承包商承担的审查业主要求的责任不同，按照第 5.1 款的规定，承包商应对业主要求的正确性承担全部责任。

### 4.5.2 承包商建议书

在使用业主负责设计的 1987 年第 4 版红皮书和 1999 年版新红皮书招标时，由于业主已经准备妥当了所有的合同文件，包括图纸和规范等，因此，承包商只需按照招标文件的要求填写和递交所有投标文件，而无需提交承包商认为更为合理、经济和可行的建议书。但在使用黄皮书进行招标时，由于需要承包商对业主所需的生产设备和土木工程进行设计，并以承包商自己设计的文件为基础进行报价，因此，需要承包商在投标时递交承包商建议书，作为投标文件的一个重要组成部分，供业主评审。

按照 1999 年版新黄皮书第 1.1.1.7 款，对承包商建议书定义如下：

"承包商建议书是指包括在合同中由承包商随投标函递交的名为建议书的文件。此项文件可包括承包商的初步设计。"

根据上述定义和工程承包业界惯例，承包商建议书是承包商准备的一份建议书，它可能是承包商自己准备的初步设计文件，也可能是一份简单的设计文件或者施工规划。另外，根据新黄皮书第 1.1.1.7 款的规定，承包商没有义务在投标阶段向业主提交详细设计图纸和所有的技术细节，但承包商建议书应满足承包商支持其投标报价的基本要求。如果在投标时承包商建议书的内容只是几张设计草图，显然，这几张草图无法支持承包商的报价，也无法说明承包商技术建议的合理性和经济性。根据行业惯例，承包商为了获得投标项目，应向业主递交一份内容类似初步设计的文件，而不是概念设计文件或详细设计文件。

FIDIC 合同 1999 年版银皮书没有规定承包商建议书的定义，也没有涉及承包商建议书的内容，但是，由于新黄皮书和银皮书同属设计—施工合同，

---

⊖ Plant Construction Plc v. Clive Adams Associates (2000) 69 Con LR 106.; Brunswick Construction Ltd. v. Nowlan.

因此，在银皮书中引入了承包商文件的用语。按照银皮书第1.1.6.1款的规定，承包商文件是指承包商根据合同提交的所有计算书、计算机程序和其他软件、图纸、手册、模型以及其他技术性文件。即使银皮书没有规定承包商建议书的定义，但在设计—施工合同投标中，承包商应向业主递交一份内容类似承包商建议书的承包商文件。

## 4.6 投标两阶段合同理论

### 4.6.1 投标两阶段合同理论的来源及其影响

投标时两阶段合同理论来源于加拿大高等法院大法官 Estey J 在 The Queen in right of Ontario 诉 Ron Engineering & Construction (Eastern) Ltd.，[1981] 1 S. C. R. 111 上诉案中所作出的判决。该案案情如下：

承包商 Ron Engineering 建筑公司按照安大略省水务署（业主）的招标文件规定，向业主递交了投标文件以及金额为 15 万加元的保兑支票。根据招标文件规定，该投标押金将在合同签署、递交履约保函和付款保函后返还给投标人。

在开标后，承包商发现投标金额计算方面存在错误，于是便通过电传和其他往来函件通知业主要求撤回其投标。业主回复投标不能撤销并要求承包商签署施工合同，承包商予以拒绝。招标文件规定，如果投标被撤销或在一定时间内没有签署合同，业主有权没收投标押金。根据该项规定，业主没收了承包商的投标押金。于是承包商起诉业主，要求业主返还投标押金。

加拿大高等法院同意一审法院的判决，认为承包商在发现计算错误并书面通知业主后已使承包商的要约（投标行为）处于不能承诺的状态。法官 Estey J 进一步探讨了投标阶段的合同构成，认为在投标阶段存在两个阶段的合同，第一个 A 合同是投标合同（Bid Contract），在承包商根据业主投标文件规定递交投标文件时成立，其性质是单务合同。在业主承诺接受了承包商的投标后，第二个 B 合同，即施工合同（Construction Contract）就相应成立，其性质是双务合同。在本案中，作为 A 合同的投标合同是成立的，但由于业主在不能作出承诺的情况下进行了承诺，使得作为施工合同的 B 合同无法成立，因此，业主无权没收承包商的投标押金，应予返还。

本案判决改变了此前加拿大有关投标的法律和对投标的理解，确立了投标时的两阶段合同理论，它与 Naylor Group Inc. 诉 Ellis - Don Construction Ltd.，[2001] 2 S. C. R. 9432001 SCR 58 案一起，构成了加拿大现代投标法律的基础,同时将竞争性投标法律向下扩展到主包商和分包商的层级。

### 4.6.2 如何判断 A 合同或主包商与分包商之间合同关系的存在

判读 A 合同,即投标合同成立的主要依据是投标文件是否符合招标文件的条款,以及这些条款是否存在使合同成立的意思表示。例如,如果招标文件规定投标是可以撤销的,或者规定业主将同投标人就协议进行谈判,那么就不能断定投标合同是成立的。投标中经常遇到的业主要求提交建议书或表达兴趣函之类的投标文件,由于上述文件只能表示为就 B 合同进行协商的意思表示,不能判定为 A 合同成立。

与加拿大的判例不同,英美法中对投标时主包商和分包商之间的关系并不区分为 A 合同和 B 合同的关系,而是根据合同法中要约和承诺以及合同成立的一般理论判断投标阶段主包商和分包商之间是否存在合同关系。但英、美、加拿大等国法院在判断主包商与分包商之间在投标阶段是否存在合同上是基本一致的,即判断主包商或分包商之间是否存在承诺,是否存在使合同成立的意思表示。

### 4.6.3 投标阶段主包商和分包商的关系

在投标阶段,业主往往会要求承包商将可能分包的工程内容按照招标文件的要求的格式列出可能分包的工程内容和分包商名单,但承包商在投标文件中的列入分包商名单或使用分包商的报价行为并不能必然地在主包商和分包商之间形成合同关系。

【案例】在美国 McCandlish Electric, Inc. 诉 Will Construction Co. No. 18935-00-III, 2001 Wash. App. LEXIS 1364(June 282001)案中,被告在向当地市政府投标污水处理厂项目时,使用了原告的电气设备的报价,并将原告作为电气分包商列入了投标文件。开标后,被告发现其报价远远低于第二标的报价,于是对是否与市政府签署合同犹豫不决,同时要求原告公司降低报价,原告回应同意对价格给予调整,但被告在得到合同后将电气工程给予了其他分包商。

原告随即将诉诸法律。上诉法院批评了被告的不道德竞标行为,但上诉法院承认法令默示主包商可以根据法律的规定将分包合同授予名单上列明的分包商,然而,法律并没有"明确规定主包商在任何情况下不可以使用其他分包商替代名单上的分包商",而且法令也没有规定分包商可以将此作为诉讼理由。因此,法院判定原告败诉。

根据英国法,在分包商的投标被接受之前,主包商与分包商之间没有合同关系，分包商通常无权就分包工程投标所发生的费用进行索偿，但普通法上有时也规定了可以适当考虑分包商投标的某些权利。但这种情况是作为例外情形进行考虑和平衡的。

【案例】在 Blackpool and Fylde Aero Club Ltd. 诉 Blackpool Borough Council, Court of Appeal [1990] 3 ALL ER 25 案[一]中，被告拥有一个机场，并通过给予经营者一定期限的特许经营权的方式进行融资。1983 年，被告邀请包括原告在内的 6 家公司就未来 3 年的特许经营权进行投标，招标文件规定投标截止时间为 1983 年 3 月 17 日中午 12 点，超过截止日期的投标将不予以考虑。原告于 1983 年 3 月 17 日上午 11 时向市政厅的信箱递交其投标文件，但市政厅的信箱在 12 点之前没有清理。结果，原告的投标文件被作为迟交的标书处理并不予以考虑。

法院判决：在这种情况下，被告承诺在投标截止日期之前递交的标书将予以适当考虑，原告递交标书的行为具有成立有效合同的意思表示。

### 4.6.4 投标阶段主包商承诺的约束力

在投标过程中，分包商的报价只是一种要约行为，在没有得到主包商的承诺之前，双方没有合同关系。在主包商没有承诺时，如果主包商在中标后选择了其他分包商，分包商没有法律的理由要求主包商赔偿；反之，如果由于分包商以价格错误、原报价太低或者要求提高价格为由拒绝接受分包，迫使主包商在中标后不得不另找他人，主包商也没有法律的理由要求分包商赔偿或承担原提供报价的分包商与其他替代分包商之间价格的价差，但适用允诺禁反言的情况除外[二]。

【案例】在 Naylor Group Inc. 诉 Ellis – Don Construction Ltd. 案中，主包商 Ellis – Don 按照投标邀请书的要求就医院建造项目进行投标。业主决定通

---

[一] Michael Furmston. Powell – Smith and Furmston's Building Contract Casebook [M]. 4th ed. Oxford: Blackwell Publishing Ltd., 2006: 16 – 17.

[二] (1) The Queen in right of Ontario v. Ron Engineering & Construction (Eastern) Ltd., [1981] 1 S. C. R. 111; (2) M. J. B. Enterprises Ltd. v. Defence Construction (1951) Ltd., [1999] 1 S. C. R. 619; (3) Ellis – Don Ltd. v. Ontario (Labour Relations Board), [2001] 1 S. C. R. 221, 2001 SCC 4; (4) Northern Construction Co. v. Gloge Heating & Plumbing Ltd. (1986), 19 C. L. R. 281; (5) Aluma Systems Canada Inc., [1994] O. L. R. D. No. 4398 (QL); (6) Martel Building Ltd. v. Canada, [2000] 2 S. C. R. 860, 2000 SCC 60; (7) M. J. Peddlesden Ltd. v. Liddell Construction Ltd. (1981), 128 D. L. R. (3d) 360; (8) Canadian Pacific Hotels Ltd. v. Bank of Montreal, [1987] 1 S. C. R. 711; (9) Peter Kiewit Sons'Co. v. Eakins Construction Ltd., [1960] S. C. R. 361; (10) Davis Contractors Ltd. v. Fareham Urban District Council, [1956] A. C. 696; (11) Hydro – Quebec v. Churchill Falls (Labrador) Corp., [1988] 1 S. C. R. 1087; (12) McDermid v. Food – Vale Stores (1972) Ltd. (1980), 12 Alta. L. R. (2d) 300.

过加拿大有关建设工程投标规定由分包商就分包工程部分进行投标,然后由主包商按照加拿大投标抵押制度规定递交投标文件。根据投标抵押制度规定,分包工程的投标应在投标截止日期之前,作为主包工程的一部分事先并入主包工程报价之中。主包商选择了分包商 Naylor Group 的报价并且在递交给业主的投标文件中将其列入分包商名单,且其报价是最低的。

主包商使用了分包商的报价,并转而向业主报价。然而,在主包商获得合同后,由于工会联盟要求分包商必须是国际电气工人兄弟会的成员,而该分包商不是该会会员,因此,主包商将电气工程以分包商的价格,给了另外一家没有参加投标的公司。于是,分包商提起诉讼,主张主包商的行为是投标选购⊖(bid shopping),主包商不能将分包工程给予他人,要求予以赔偿。

加拿大高等法院支持了分包商的请求,认为主包商与分包商之间的 A 合同是成立的,主包商主张的工会要求分包商必须是国际电气工人兄弟会会员的理由是不成立的,而且主包商还事先知道工会会员的限制,因此,判决主包商赔偿分包商的利润损失。

### 4.6.5 投标阶段分包商承诺的约束力

在投标阶段,如果分包商与主包商达成协议,分包商向主包商报出分包合同价格,主包商使用分包商的报价,如主包商中标,则分包商按照投标阶段的报价实施分包工程。在这种约定的情况下,如果分包商在主包商中标后反悔,放弃分包合同,就违反了分包商与主包商之间达成的协议,会导致主包商的诉讼和索偿⊖。

【案例】在加拿大著名的 Northern Construction Co. Ltd. 诉 Gloge Heating & Plumbing Ltd.(1984)6 DLR(4 th)450 案中,被告分包商由于在分包工程报价中价格偏低,因此拒绝签署分包合同,于是原告将分包商诉上法庭。

法院认为,在分包商收到投标邀请并按照标书规定递交了投标文件后,

---

⊖ 投标选购(bid shopping)是指主包商在中标后,没有通知报价最低的分包商,反而向其他分包商寻求更低的价格。

⊖ (1) O'Connell v. Harkema Express Lines Ltd. (1982), 141 D. L. R. (3d) 291; (2) Petrogas Processing Ltd. v. Westcoast Transmission Co. (1988), 59 Alta. L. R. (2d) 118; (3) Victoria Wood Development Corp. v. Onday (1978), 92 D. L. R. (3d) 229; (4) Marathon-Delco Inc., [2000] O. L. R. D. No. 542 (QL); (5) Twin City Mechanical v. Bradsil (1967) Ltd. (1996), 31 C. L. R. (2d) 210; (6) Lang v. Pollard, [1957] S. C. R. 858; (7) Woelk v. Halvorson, [1980] 2 S. C. R. 430; (8) Andrews v. Grand & Toy Alberta Ltd., [1978] 2 S. C. R. 229; (9) Laurentide Motels Ltd. v. Beauport (City), [1989] 1 S. C. R. 705; (10) Widrig v. Strazer, [1964] S. C. R. 376.

主包商和分包商之间的 A 合同就成立了，在合同 A 中，投标人同意招标文件规定的条款和条件，并承担了使其标书在招标文件规定的时间内有效的义务。如果分包商在承诺后违约，则应承担违约责任，为此判定分包商败诉。

## 4.7 允诺禁反言原则

在英美法中，允诺禁反言（promissory estoppel），又译允诺禁反悔，是指为了预防在某些情况下由于缺乏对价而产生不公平的结果，在一方当事人的作出许诺后，另一方当事人会产生信赖，如自食其言，势必使另一方当事人遭受不公平的结果或经济上的损失。

与加拿大使用投标两阶段合同理论处理主包商和分包商之间的投标报价行为不同，英国和美国采用合同法的要约和承诺的一般法律原则以及允诺禁反言原则处理投标阶段主包商和分包商之间的关系，适用于分包商向主包商的报价行为。根据允诺禁反言原则，在分包商向主包商报价后，如果主包商中标，则分包商不能撤回其报价（要约）⊖。

事实上，允诺禁反言也存在某些限制，在主包商存在投标选购或投标杀价⊖（bid chiseling）行为时，由于主包商对分包商的报价不存在依赖关系，因此，不能适用允诺禁反言原则，参见 Preload Technology, Inc. 诉 A. B. & J. Construction Co., Inc. 696 F. 2d 1080, 1089（1983）案和 Saliba – Kinglen Corp. 诉 Allen Engineering Co. 15 Cal. App. 3d 95, 92 Cal. Rptr. 799 (1971) 案。

在投标过程中，主包商可以使用分包商的投标文件，可在中标后自由决定与任何分包商签订合同，但分包商不能撤回其对主包商的报价，这主要源于主包商和分包商承担的风险不同。如果主包商依赖分包商的报价并中标，但事后分包商却反悔时，无疑将给主包商造成巨大的损失。而分包商在给主包商报价后，无论主包商是否得标，对分包商均无影响。在分包商向主包商报价行为上，允诺禁反言原则看似有失公允，但实质上是公平的。美国的绝大多数判例表明，如果主包商在中标后分包商撤回其报价，主包商可根据允诺禁反言原则迫使分包商执行原报价或要求分包商赔偿损失。

如果主包商根据允诺禁反言原则要求撤回其分包报价的分包商赔偿损失，

---

⊖ Dernman v. Star Paving Co. 51 Cal. 2d 409, 333 p. 2d 757 (1958).

⊖ 投标杀价（bid chiseling）是指主包商中标后，虽然通知了报价最低的分包商，但却称有其他报价更低的分包商报价，从而迫使该分包商降低其报价。

主包商应能够举证证明下述事项：

(1) 主包商必须确定分包商已经向其递交了一份清晰和确实的报价。

(2) 主包商必须确定分包商在报价时知道主包商将依赖其分包报价。如果分包商知道主包商将使用最低分包报价用于其主合同的投标，则依赖（reliance）得以成立。

(3) 主包商必须在主合同投标中依赖分包商的报价，并且依赖必须是合理的。如果分包商的报价太低，以致主包商怀疑分包商的报价存在错误或误解了工程范围和适用的规范时，则不能构成依赖，且依赖是一项不合理的依赖。

(4) 在分包商承担责任之前，必须确定由于分包商未能履行承诺，已经或将要对主包商造成损失的事实。

【案例】在美国 Preload Technology, Inc. 诉 A. B. & J. Construction Co., Inc. 696 F. 2d 1080, 1089（1983）案中，原告作为主包商在准备投标时使用了被告（分包商）的报价。原告中标，由于被告的分包报价最低，原告希望被告能够成为该项目的分包商，但分包商却撤回了分包报价，称由于公司总体工程计划的变更和其他项目的需要无法成为该项目的分包商。原告声明，如被告不能撤回其拒绝履行分包合同的声明，将诉诸法律追索损失。

随后，原告雇用了其他分包商进行施工，但分包工程价格比被告的分包价格高出 155000 美元。于是，原告以被告违反合同和允诺禁反言原则为由要求被告支付其遭受的差价损失。

美国区法院判决：基于允诺禁反言原则，分包商应对其报价金额与其他分包商价格之间的差价承担责任。

在本案上诉过程中，美国上诉法院支持了美国区法院的判决。

在 Preload Technology 案件审理过程中，法院也对分包报价中的允诺禁反言原则作出了某些限制，例如主包商超出分包报价有效期，或未能在合理时间接受分包报价，则不能适用允诺禁反言原则[⊖]。如果主包商在中标后，在与分包商签订分包合同之前有任何投标选购或投标杀价[⊜]行为，则表明主包商对分包商的报价不能构成依赖，在这种情况下，不能适用允诺禁反言原则。

---

[⊖] Wargo Builders Inc. v. Douglas L Cox Plumbing & Heating 268 NE 2d 597599（1971）; Wheeler v. WhiteTexas; Cooper Petroleum Co. v. La Gloria Oil & Gas CoTexas. Section 90 states; 436 SW 2d 889（1969）398 SW 2d 93（1965）; Montgomery Industries International Inc. v. Thomas Construction Co. 620 F 2d 91（1980）.

[⊜] Oakland-Alameda County Builders'Exchange v. FP Lathrop Construction Co. 4 Cal 3d 354; 93 Cal Rptr 602; 482 P 2d 226（1971）; Study McGraw-Hill, Colorado, USA: p.57.（1968）19 Hastings LJ 505520. See also Leiby, LR（1988）Florida Construction Manual（2d ed）.

根据英美判例，如果主包商不能证明其对分包报价的依赖是合理和公正的，也不能适用允诺禁反言原则[⊖]。

允诺禁反言是英美法系特有的原则，大陆法系没有这项法律制度。在主包商中标后分包商撤回其报价时，主包商应视投标所在国及其法律制度，采用适当的法律措施维护自身权益。一般而言，在英美法系国家，主包商可使用允诺禁反言原则追索分包商撤回报价所造成的损失，在大陆法系国家，只能运用合同成立的一般原理判断主包商和分包商之间合同关系是否存在，是否有条件存在。如果主包商和分包商在投标报价时存在合同关系，或者有条件存在合同关系或某种约定，则主包商可在分包商撤回分包报价时以分包商违约为由追索其遭受的损失。如果主包商和分包商之间没有约定分包报价的合同关系，则主包商没有任何理由追偿其遭受的损失。

## 4.8 投标中的错误

承包商难免会在递交的投标文件中出现错误。通常，业主在投标须知中均会规定处理计算错误的基本原则，以某个国际招标项目的投标须知为例，规定：

"对数字错误的改正

（1）对于已经确认具备实质性反映的投标书，业主将检查是否有数字错误。业主将按以下规定改正数字错误：

（a）文字与数字不一致的地方，以文字为准。

（b）某条目的单价与该条目相应的总价（单价×数量）不一致时以单价为准，但如果业主认为单价中的小数点明显放错了位置从而导致了与总价不一致，那么以该条目的总价为准，同时改正单价。

（2）业主将遵循同样的程序修改投标价格中的错误并为此征求投标人的同意，修改后对投标人具有约束力。如果投标人不接受改正后的标价，业主将拒绝其投标书，甚至可以根据第17.6（b）款的规定没收其投标保函。"

在业主评标过程中，如发现承包商投标文件中的计算错误，将按照投标须知中规定的原则处理数字错误，业主的处理结果对承包商具有约束力。

根据英美法确定的投标错误原则（doctrine of mistake），一般而言，如果承包商的投标书存在错误，则可以免除承包商履约的责任，在某些情况下，也允许承包商改正投标错误，并可将合同授予改正了投标错误的承包商。

---

⊖ S. M. Nielsen Co. v. National Heat & Power Co., Inc., 337 N. E. 2d 387（Ill. App. 1975）.

一方面，从公平的角度而言，一方当事人不能以另一方当事人的错误为基础不合理地赚取利润；另一方面，在投标文件存在错误时，投标文件并没有代表承包商的真实意思表示，而以存在错误的投标为基础的合同不能表示招标人和投标人双方的意思表示达成了一致（或称合意）。从合同成立的角度而言，如果没有当事人之间的合意，则合同无法成立，不具有法律约束力。

一般而言，如果承包商能够证明投标存在错误，并且其错误将导致其遭受巨大损失，则承包商可以撤回其投标。但是，为了避免低标承包商，或者第一标投标价格与第二标投标价格存在巨大差异的承包商滥用投标错误原则，根据英美判例，错误的种类和允诺投标人撤回投标的原则受到了严格的限制。如果承包商的投标存在错误，投标错误必须符合下述验证标准：

（1）重大错误。即承包商主张的错误必须是重大的，错误导致了投标总价的严重偏差。

（2）错误必须依据客观的评断。即应通过检查投标和投标准备文件决定错误的性质和程度。

（3）错误必须是笔误，而不是判断性错误。例如，在价格栏目中将正确的投标价格 220000 美元填写为 22000 美元，而明显的是，承包商不可能花费 22000 美元完成某个单项工程[⊖]。

（4）在投标出现错误时，如果不允许投标人撤回其投标，可以肯定的是，业主将因投标错误而不合理地获取利润。

（5）除非是以讨价还价的方式致使投标人撤回其投标，否则，业主不能采取任何歧视性做法。即投标人因错误导致报价过低时，业主可能因此丧失了讨价还价的机会，但业主不应利用投标错误而与投标人讨价还价，获取不合理地利益。在这种情况下，业主没有受到任何伤害。

（6）投标人的错误不能导致其无法履行积极的法律义务，或者造成投标人的严重的或重大的过失。

除上述 6 项验证标准外，根据英美判例，在投标出现错误时，通知时间是决定投标人是否可以撤回其投标书的一项十分关键的因素。如果投标人未能及时通知业主投标中的错误，则承包商可能因此失去撤回其投标的机会。如果投标人在很长时间内才通知业主投标出现错误，则法庭通常不愿意纠正投标错误[⊖]。

---

⊖ M. J. McGough Co. v. Jane Lamb Memorial Hospital, 302 F. Supp. 482 (D. C. S. D. Iowa 1969); Balaban Godon Co., Inc., v. Brighton Sewer Dist. (1973), No. 2 41 A. 2. 246, 342 N. Y. 2d. 435.

⊖ Department of Transport v. Ronlee, Inc., 518 So. 2d. 1326.

因此，在投标过程中，如投标人发现投标错误，应立即通知业主改正错误，最好是在中标通知书发出之前通知和改正错误。如果在合同履行过程中才发现错误，则承包商无权增加合同金额。

当发生投标错误时，如投标人主张投标错误，则投标人应承担举证责任，证据应充分和清晰。另一方面，业主也承担了告知义务，即在发现投标错误时立即通知承包商，按照投标须知规定的改正规则修改投标错误，修改结果对投标人具有约束力<sup>⊖</sup>。

当出现投标错误时，可能出现的结果是：

(1) 投标人撤回其投标。
(2) 废除合同。
(3) 投标人放弃免责的权利。即如果投标人发现投标错误很小，改正与否都无所谓，这时，承包商为了维持其投标的价格，可能会通知业主放弃改正错误，承包商还按照原报价签订施工合同。一般而言，如果投标错误无关大局，承包商都会选择这种方式处理投标错误。有时，承包商明知投标中出现了错误，但为了维持最低标价，他也不会通知业主进行改正。
(4) 改正投标错误。在承包商或业主改正投标错误后，改正后的标价就是承包商投标的原始报价，业主应按照改正后的价格进行评标并授予施工合同。如果改正后的标价，投标人的报价仍然是最低标价，则业主可按改正后的标价授标。如果改正标价后使得投标人的标价与第二标非常接近，在第二标的投标人提出抗议时，投标人应提出充分的证据证明其投标错误。如果改正标价后使得投标人的标价高于第二标的标价，在这种情况下，投标人可撤回其投标。如果业主与承包商已经签订了施工合同，唯一可能的补救措施是取消合同。

上述投标错误原则主要适用于公共工程的招标和投标项目，对于私人投资项目而言，在出现投标错误时，投标人是否可以撤回其投标或废除合同，应视私人投资项目的具体招标规定而定。

## 4.9　普通法给予的权利

根据英国法，对某项特殊情形，普通法上有时也规定了可以适当考虑承

---

⊖　Hudson Structural Steel Co. v. Smith & Rumery Co. (1912), 110 Me. 123, 85 A. 384; MacMaster University v. Wilchar Construction Ltd. (1971) 22 DLR (3d) 9; Stent Foundations Ltd. v. Carillion Construction (Contracts) Ltd. (2000) 78 Con LR 188; Ace Electric Co. v. Portland General Elec. Co. 637 P. 2d 1366 (Or. App. 1981); Derrick & Dana Contracting, Inc. v. United States, 7 Cl. Ct. 627 (1985).

包商投标的某些权利。

**【案例】** 在 Blackpool and Fylde Aero Club Ltd. 诉 Blackpool Borough Council, Court of Appeal ［1990］3 ALL ER 25 案①中，被告拥有一个机场，并通过给予经营者一定期限的特许经营权的方式进行融资。1983 年，被告邀请包括原告 Blackpool 在内的 6 家公司就未来三年的特许经营权进行投标，招标文件规定在投标文件信封上不能表明投标者的名字，投标截止时间为 1983 年 3 月 17 日中午 12 点，超过截止日期的投标将不予以考虑。原告于 1983 年 3 月 17 日上午 11 时向市政厅的信箱递交其投标文件，但市政厅的信箱在 12 点之前没有清理。结果，原告的投标文件被作为迟交的标书处理并不予以考虑。

法院判决：在这种情况下，被告承诺在投标截止日期之前递交的标书将予以适当考虑，原告递交标书的行为具有成立有效合同的意思。

法官 Bingham LJ 在判决书中说道："这种招标程序在许多方面严重偏向于招标人，招标人可以邀请他选择的许多或少许的投标人进行投标，也无需告诉他邀请了谁，邀请了多少其他人投标。受邀人经常需要花费大量的人力和费用准备投标资料，如果没有成功，准备投标的花费也无法得到补偿，虽然本案中并没有太大花费。对于一个复杂的项目而言，准备招标邀请书也需要时间和费用，虽然本案不是这样，但无论怎样，招标人不需要承诺能够开始项目。他可以不接受最高标，也可以不接受任何投标，也可以不用给出任何接受或拒绝的理由。投标人的风险并没有以他可能是最高标（或许，根据具体情况是最低标）而结束。但是如果，如本案中那样，邀请人获得的投标都来自于邀请人知道的人，并且如果当地政府的投标邀请规定了一个清晰的、有序的和熟悉的程序（可以查看草拟的、不可谈判的合同条件，提供通用的投标格式，提供专门设计的可以使投标人匿名的、可以识别有关投标的以及明确投标截止日期的信封），那么，根据我的判断，就可以在这种程度上保护受邀人，即如果受邀人在投标截止日期前递交了合格的投标文件，受邀人就有权确保他的投标在投标截止日期之后能够被打开并可以得到与其他所有合格投标文件一样的考虑，或如果其他投标符合的话，他的投标将被予以考虑。当然，受邀人的这种权利不仅仅是一种期望，而是合同上的权利。在投标之前，原告是否询问了被告按时的和合格的投标将被会与其他投标一样得到考虑，我认为答案可能是肯定的。同时我认为，如果上述事实没有效力的话，法律可能是有缺陷的。

---

① Michael Furmston. Powell-Smith and Furmston's Building Contract Casebook, 4th ed. ［M］. Oxford: Blackwell Publishing Ltd.：16-17.

投标邀请书没有明确规定被告将考虑按时的和合格的投标，这是当然的事实。这就是为什么要关注默示含义，虽然被告并没有说这对他而言有约束力，但从上下文含义来看，一个合理的受邀人应懂得招标邀请应明确说明如果他按时递交了合格的投标文件，那就至少应同其他投标文件一样得到适当的考虑。"

## 附录4　FIDIC建议业主要求的内容

根据1999年版新黄皮书、银皮书和金皮书的规定，FIDIC建议业主要求应包括如下内容：

第1.8款：承包商文件的副本的份数。
第1.13款：业主获得的许可。
第2.1款：基础、结构、生产设备的分阶段提供现场占有权和通道。
第4.1款：业主的满足使用功能的要求。
第4.6款：在现场的其他承包商。
第4.7款：放线位置、基线和参考标高。
第4.14款：第三方（仅适用黄皮书）。
第4.18款：环境限制。
第4.19款：现场已有的电力、供水、排水、燃气和其他服务。
第4.20款：业主的设备和免费材料。
第5.1款：设计人员的资格。
第5.2款：承包商的文件。
第5.4款：技术标准和建筑法规。
第5.5款：业主人员的运行培训。
第5.6款：竣工图纸和工程的其他记录。
第5.7款：运行和维护手册。
第6.6款：人员的设施。
第7.2款：样品。
第7.3款：现场外检验的要求（仅适用银皮书）。
第7.4款：制造过程和（或）施工中的检验。
第9.1款：竣工试验。
第9.4款：未能通过竣工试验的损害赔偿费。
第12.1款：竣工后试验。
第12.4款：未能通过竣工后试验的损害赔偿费。
第13.5款：暂定金额（仅适用黄皮书）。

# 第 5 章 业主的主要义务

合同默示是一项积极的和消极的义务：业主必须采取一切必要的行动，不能妨碍或阻碍承包商按期完成工程项目。

——约翰·阿德里安斯：《施工合同法概论》

## 5.1 概述

按照英美法中的合同对价理论，"在一般建筑合同中，业主的对价是支付价款或者许诺支付，承包商的对价是实施工程或者许诺实施工程项目[⊖]"也就是说，业主的主要义务是支付合同价款或者许诺支付合同价款，承包商的主要义务是实施工程项目或者许诺实施工程项目。

根据契约自由原则，合同当事人可以通过合同约定不同的权利和义务，只要不违背法律规定。合同当事人之间权利和义务主要来源于：

(1) 口头或书面合同。

(2) 法律规定的义务。对于法律规定的权利和义务，无论合同当事人是否在合同中作了明示的或默示的规定，合同当事人均应遵守，不受当事人之间合同约定的影响。

对业主而言，由于业主是工程项目的最初发起人和最终受益者，因此，除了支付合同价款或许诺支付合同价款的义务外，业主还承担了许多其他义务，如下：

(1) 提供现场占有权的义务。

(2) 任命建筑师或工程师的义务。

(3) 发布指示的义务。

(4) 指定分包商或供货商的义务。

(5) 支付义务。

(6) 披露信息的义务。

(7) 合作义务。

---

⊖ Stephen Furst. Vivian Ramsey. Keating on Construction Contracts [M]. 8th ed. London: Sweet & Maxwell, 2006: 18.

除了上述这些主要义务外，根据大多数标准合同格式的明示规定和默示规定，业主还承担了若干项其他义务，如获得许可的义务、允许承包商履行全部工作的义务等。业主完全履行这些义务是承包商履行义务的前提条件，也是获得项目成功的必要前提。

## 5.2 提供现场占有权的义务

### 5.2.1 现场占有权的含义

对于现场占有权（possession of site）的表述，不同的施工合同使用了各种不同的术语，例如"占有"（possession）、"使用"（use）、"进入"（access）或者"占据"（occupation）等。在 FIDIC 合同 1987 年第 4 版第 42.1 款和第 42.2 款和 1999 年版新红皮书、新黄皮书和银皮书第 2.1 款中使用了"进入"（access）和"占有"（possession）的专业术语。

FIDIC 合同 1987 年第 4 版和 1999 年版系列合同并没有对"占有"和"进入"给出定义解释。一般而言，"现场占有权"和"进入现场"（access to site）的含义、范围及其因此产生的风险分配取决于合同的明示条款的规定和默示条款的内容。

关于"占有"的定义，纽维大法官在 H. W. Nevill（Sunblest）Ltd. 诉 William Press & Son Ltd. （1981）20 BLR 83 案中对 1963 年版 JCT 合同第 21（1）款中的"占有"一词作了解释。纽维大法官认为，对承包商而言，"占有"是指允许承包商占有现场，直至项目竣工日期为止。在项目竣工时，这种许可将终止。而 JCT63 合同第 15（2）款和第 15（3）款仅给予承包商为修复缺陷而再次进入现场的权利。

在 Impresa Castelli SpA 诉 Cola Holdings Limited （2002）TCC 案中，桑顿大法官对 JCT 合同中的"进入"、"部分占有"和"使用或占据"的含义作了解释。桑顿大法官认为有必要考虑三种相互关联而又有所区分的占有和占据方式，如下：

(1) 在施工过程中，承包商应单独占有现场。

(2) 在部分占有现场之后，业主可从承包商处收回那部分工程现场的独家占有权。

(3) 承包商保持单独占有现场的权利，但应允许业主使用和占据工程现场的部分或全部现场。在发生了此类事件时，以承包商同意的方式使用和占据现场的业主改变了承包商单独占有现场的现状。

在 Impresa Castelli SpA 案中，桑顿大法官还对"占有"、"部分占有"和"占据"作了总结，如下：

（1）除非承包商将工程的一部分现场退回给了业主，并且在合同开工时业主享有对现场的独占权，否则，应允许承包商单独占有现场，并保留独占权，直至项目实际竣工为止。

（2）如果承包商只完成了工程的某些部分，在这种情况下，承包商负有在停工的部分工程进行继续施工的义务，并可继续履行缺陷修复义务。

（3）在工程结束时，承包商应将现场的独占权归还给业主。

（4）虽然承包商或业主享有对整个现场或现场的一部分享有独占权，尽管承包商享有对工程的独占权，但仍应允许业主按照合同规定在实施的工程范围内使用或占有任何未完工程。

（5）业主使用或占有任何未完工程不影响承包商对现场的独占权，也不影响承包商的义务以及有关误期损害赔偿费、保留金、缺陷责任期、保险、复原或准备最终付款证书的权利。实际上，业主仍允许承包商保有对工程的独占权。

应当指出，Impresa Castelli SpA 案的情形适用于只有一个承包商在现场进行施工的情况。在多个承包商在现场同时施工时，现场占有的范围和互不干扰的占有取决于工程的性质和实际情况。

"进入现场"（access to site）具有多重含义，可以指进入现场区域的方式和可能性，也可指占有现场的能力。进入现场意味着允许承包商的人员、设备、材料、车辆、服务能够到达现场区域，履行施工合同项下的义务。为了有效地进入现场，应允许采用各种运输方式，并且业主必须准备妥当，使现场具备进入的条件。

### 5.2.2 合同的明示义务

一般而言，标准合同格式都会对现场占有权和进入现场作出明示规定。1987 年版 FIDIC 红皮书第 42.1 款"现场占有权及其通道"规定：

"除合同可能另有规定外：

（a）随时给予承包商占有现场各部分的范围；以及

（b）承包商可占用现场各部分的顺序。

并应根据合同中对于工程施工顺序的任何要求，在工程师发出开工通知书同时，业主应使承包商占有：

（c）一定大小的所需的部分现场；以及

（d）按照合同由业主提供的此类通道。

以便使承包商能够根据第14条提到的工程进度计划（如有）开始并进行施工，否则，将根据承包商提出的合理建议开工。此时，应将该建议通知工程师，并将一份副本抄送业主。业主将随工程的进展，随时让承包商占有工程施工所需的其他部分，以便使承包商能以应有的速度并视具体情况或按上述进度计划或按承包商的合理建议进行工程施工。"

1999年版FIDIC新红皮书第2.1款"现场进入权"规定：

"业主应在投标附录中规定的时间（或几个时间）内，给予承包商进入和占有现场所有部分的权利。承包商不能独享此项进入和占有权。根据合同规定，如果要求业主（向承包商）给予任何基础、结构、生产设备或进入手段的占有权，业主应按规范规定的时间和方式给予。然而，在收到履约担保前，业主可拒绝给予上述任何进入或专有权。

如果在投标附录中未能规定上述时间，业主应在承包商依照第8.3款[进度计划]规定的施工所需的时间内，给予承包商进入和占有现场的权利。"

1999年版新黄皮书和银皮书第2.1款作了上述类似的规定。

与1987年版FIDIC红皮书相比，1999年版新红皮书、新黄皮书和银皮书第2.1款对现场进入权和占有权作了更加明确、灵活和切合实际的明示规定。按照1999年版FIDIC合同，现场进入权和占有权的含义如下：

（1）在投标附录规定的时间（或几个时间）内，给予承包商进入和占有现场所有部分的权利。

（2）承包商不能独享此项进入和占有权。

（3）如果承包商要求业主给予任何基础、结构、生产设备或进入手段的占有权，业主应按规范规定的时间和方式给予。

（4）如投标附录中未规定进入和占有时间，业主应按第8.3款规定的施工所需时间，给予承包商进入和占有现场的权利。

（5）如果业主未能给予现场进入权和占有权，业主应给予承包商工期延长和费用补偿。

1999年版FIDIC新红皮书、新黄皮书和银皮书第1.1.6.7项将"现场"定义为："现场是指将实施永久性工程和运送生产设备与材料到达的地点，以及合同中可能指定为现场组成部分的任何其他场所。"根据这项定义，在FIDIC合同中，现场的范围及其广泛，现场不仅包括永久性工程的所在地点，还包括任何其他地点，但其他地点的位置和范围需要合同当事人具体确定。

需要注意的是，第2.1款中的"进入权"（the right of access）与第

4.15款中提及的"进场道路"（access route）的含义有着本质的区别。第2.1款提供"进入权"是业主的义务，而第4.15款规定的"进场道路"是指承包商对现场的进入道路的适宜性和可用性感到满意，并有义务开通和维护进场道路。

1987年第4版红皮书第42.1款没有对承包商独享进入和占有权作出明示规定，而1999年版新红皮书、新黄皮书和银皮书对承包商不能独享此项进入和占有权作了明示的规定。根据英国法（或者普通法），如果合同没有予以明示规定，则在大多数合同中，合同默示应向承包商提供合理的进入和占有权，以便使承包商能够履行合同的权利和义务。1999年版FIDIC合同规定的承包商不能独享进入和占有权的内容，可以避免承包商提出独占权的要求，为在现场的其他承包商和人员的施工活动提供了合同上的依据。另外，根据1999年版新红皮书第4.6款，承包商还应与在现场施工的其他承包商进行合作。

在部分进入和占有的情况下，承包商应检查投标附录中的有关规定，确定何时及其部分占有的地点和次序。

在承包商进入和占有现场后，承包商就承担了一系列的责任和义务，最重要的义务是1999年版红皮书第4.8款和第4.22款规定的安全和现场保卫的义务。另外，由于1999年版新红皮书明示规定承包商不享有进入和占有权的独占权，因此，承包商应理解和与业主确定与进入权和占有权的相关义务。"如果承包商不能控制全部的现场和在现场的行为，或者是与他人共同拥有占有权利，那么必须在合同中明确承包商的责任。"[一]

1999年版第2.1款没有规定业主进入现场的权利，但在第7.3款"检验"中规定业主人员应在所有合理的时间内有充分机会进入现场的所有部分以及获得天然材料的所有地点。为了对业主进入现场的权利作出更加明确的规定，业主可在编制第二部分专用条款时增加业主进入现场权利的内容。

### 5.2.3 默示义务

无论施工合同是否以明示条款方式规定了业主提供进入和占有权的条款，施工合同都存在一项默示条款，即业主应在合理的时间内向承包商提供现场占有权，以便承包商履行合同的权利和义务，按期完成工程项目[二]。在

---

[一] 布赖恩·W. 托特蒂尔.FIDIC用户指南［M］.崔军译.北京：机械工业出版社，2009：79.

[二] The London Borough of Hounslow v. Tweickenham Gardens Development（1970）78 BLR 89.

Frceman v. Hensler（1900）64 JP 260 CA 案中，柯林斯法官说道："与承包商签订承建合同的业主承担了一项默示义务，即为了使承包商履行向他承诺义务的目的，他应向承包商移交土地。"

在新建项目中，在缺少明示规定时，施工合同中通常默示一项条款，即业主应在合理的时间内向承包商移交现场，在大多数情况下，应向承包商提供充分的不受干扰的占有权，以使承包商能够履行合同项下的义务⊖。

【案例】在 Freemen & Son 诉 Hensler 案⊖中，原告 Freemen 与被告签订了一项拆除旧建筑并安装新建筑的建筑合同，工期为 6 个月。合同于 7 月 4 日签订。根据合同规定，新建筑的所有砌砖工程应同时开始，并规定不能高于原建筑 5 英尺。依照被告要求，原告同意自 7 月 4 日起推迟两周开始施工，但直到应提供部分现场规定的时间有效期过了数周原告还不能开始施工。在原告提供整个现场之前，时间已经过了将近 5 个月。于是原告以被告违反合同为由要求赔偿。

法院判决：合同中包含一项默示条款，即应立即给予承包商现场占有权。虽然当事人之间的协议已经放弃了该项义务，但应以合理时间代替。由于未能在合理时间内给出现场占有权，原告有权就此延误造成的损失索偿。

法官 Collins LJ 说道："合同清楚地规定了建筑物业主应在合同签订后立即向承包商提供整个现场占有权。与承包商签订合同并让承包商在其土地上建造房屋的建筑物业主也有一项默示承诺，即应向承包商提供以允许承包商有义务建造房屋为目的的土地。"

约翰·尤夫教授在《建筑法律》一书中写道："在建筑和工程合同中，有一些重要的条款是以默示方式出现的，这些条款要求建筑业主应在合理的时间内提供现场占有权，并且在合理的时间内发出指示和信息⊜。"

【案例】在 The Queen in Right of Canada 诉 Walter Cabott Construction Ltd. Canadian Federal Court of Appeal（1975）21 BLR 42 案@中，被上诉人 Cabott 公司与上诉人签订了安装孵卵所建筑合同，该合同是整个项目 6 个合同中的一个合同。由于后来的两个承包商越过现场界限施工干扰了被上诉人 Cabott 公司施工。于是被上诉人 Cabott 公司以违反现场占有的默示条款起诉要

---

⊖ Penvidic Contracting Co. Ltd. v. International Nickel Co. of Canada Ltd. ［1975］53 DLR 748.
⊖ Michael Furmston. Building Contract Casebook ［M］. 4th ed. Oxford：Blackwell Publishing Ltd.，2006：153.
⊜ John Uff. Construction Law ［M］. 9th ed. London：Sweet & Maxwell Limited，2005：181.
@ Michael Furmston. Building Contract Casebook ［M］. 4th ed. Oxford：Blackwell Publishing Ltd.，2006：155.

求赔偿损失。

  法院判决：Cabott 公司胜诉。上诉人由于侵占了 Cabott 部分现场而违约。合同条款规定的默示条款是有效的，因为对于施工合同而言，提供不受他人干扰的工作空间是一项基本义务。

  施工合同通常还默示一项条款，即业主不能干扰承包商的施工工作。如意一方当事人有必要与另一方当事人进行合作，以便进行施工时，则施工合同默示一项要求一方当事人进行必要的工作，以便另一方完成其工程的义务[⊖]。至于要求另一方进行必要工作的范围，则应视工程项目的具体情况确定。

  虽然 1999 年版 FIDIC 新红皮书、新黄皮书和银皮书没有在第 2.1 款中对业主进入现场的权利作出明示的规定，而只在第 7.2 款"检验"中规定了业主进入现场的权利，但在缺少明示条款时，施工合同默示业主及其专业人员拥有进入权，进行质量检查、监控、测量、监督和合同的管理工作。

  在大多数情况下，承包商进入和占有现场的权利是通过业主颁发许可的方式获得的。如果合同没有对通过许可方式进入和占有现场作出明示规定，则施工合同默示业主不能撤销其批准的进入和占有许可[⊖]。在 London Borough of Hounslow 诉 Tweickenham Gardens Development Ltd. (1970) 7 BLR 89 案中，法院判决合同存在这项默示条款。

## 5.2.4 进入和占有程度

  承包商有权充分占有现场（sufficient possession），以便在不受他人干扰的情况下进行工程的施工。进入和占有程度（degree of access and possession）主要包括：①充分进入；②占有时间；③安静占有。

**1. 充分进入**

  业主向承包商提供现场的程度和充分性，以及主包商向分包商提供现场的程度和充分性看起来是一个事实问题，而不是一个法律问题。对此，一般施工合同中都明确规定现场占有的程度和范围。如果没有明确程度和范围，则根据已有英国的判例，法官会从现场占有的充分性来考虑，即业主必须向承包商提供程度充分的现场占有，以便承包商能够不受他人干扰地实施工程，

---

 ⊖ London Borough of Merton v. Leach (1988) 32 BLR 51.
 ⊖ The London Borough of. Hounslow v. Tweickenham Gardens Developments Ltd. (1970) 7 BLR 89.; Tara Civil Engineering Ltd. v. Moorfield Developments Ltd. (1989) 46 BLR 74.; Wiltshier Construction (South) Limited v. Parkers Developments Limited.; Mayfield Holding Ltd. v. Moona Reef Ltd. (1973) INZLR 309.

充分程度应依不同的案件具体确定。

**2. 占有时间**

占有时间包含两层含义，一是业主提供给主包商现场的时间，或主包商提供给分包商现场的时间，二是占有时间的终点。

对于前者，根据现有判例，认为应在合理时间内提供现场占有权，这是合同的默示条款，如果没有能在合理时间提供现场，则应给予工期延长和赔偿损失，参见本节 Freemen & Son 诉 Hensler 案。

关于后者，占有时间应到承包商或分包商竣工时止，合同默示一项条款，即业主颁发的进入和占有现场的许可是不可撤销的。

**3. 安静占有**

所谓安静占有，是指不受干扰地拥有现场占有权并实施工程。通常，安静占有的权利受到的损害源于：

(1) 业主的其他承包商。
(2) 法律授权者的履行。
(3) 罢工。

在安静占有权受到损害时，承包商可将损害归于不可抗力或干扰，提出工期索赔和费用索赔。

### 5.2.5 未能履行提供现场进入权和占有权的义务

业主未能履行现场进入权和占有权的义务是否构成重大违约，西方学者和法官存在不同的看法。多数学者认为，业主未能提供进入权和占有权构成重大和基础性违约。但在 The Wardens and Commonalty of Mystery of Mercers of the City of London v. The New Hampshire Insurance Company (1992) 60 BLR 256 案中，法官帕克认为未能提供现场进入权和占有权不构成重大违约。法官认为，在建筑合同中，延误是经常发生的事情，JCT 合同也对因"有关事件"所造成的延误作了明示规定。虽然有关事件没有明确对提供现场占有权的 6 周时间作出具体规定，但在建筑合同中，延误的可能性是一个必然存在的事物。

业主未能按照合同规定或双方商定的时间和方式提供现场进入权和占有权将对项目产生重大影响。在 FIDIC 合同中，将会相应改变一系列的时间，也会导致竣工日期的延误和承包商费用的增加，还会导致承包商不得不修改根据第 8.3 款"进度计划"的规定提交的进度计划和施工次序。

业主未能提供现场进入权和占有权将不可避免地产生两个后果，一是施工进度的延误，二是承包商会遭受损失和发生额外费用。对此，有些标准合同格式规定了承包商有权索赔工期和要求业主给予费用补偿的规定，但有些合同没有进行明示的规定。在缺少明示规定的情况下，施工合同默示承包商有权提出工期延长索赔和要求业主给予费用补偿的权利。

1987年版 FIDIC 红皮书第 42.2 款"未能提供占有权"规定：

"如果由于业主的原因未能按照第 42.1 款规定提供上述占有权而导致承包商延误工期和（或）付出费用，则工程师应在及时与业主和承包商协商后，作出如下决定：

（a）根据第 44 条的规定，承包商有权获得任何延长的工期；和

（b）应在合同价格中增加此类费用。

工程师应相应地通知承包商，并将一份副本呈交业主。"

1999年版 FIDIC 新红皮书、新黄皮书和银皮书第 2.1 款作了与 1987 年 FIDIC 红皮书第 44.2 款类似的规定。按照 1999 年版 FIDIC 合同第 2.1 款的明示规定，如果业主未能给出现场进入权和占有权，则承包商有权提出工期延长索赔和费用索赔。

如果业主被他不能控制的或不负有法律责任的第三人错误地阻止进入，那么业主对其提供充分的现场占有义务不承担违约责任。

**【案例】** 在 Porter 诉 Totttenham Urban District Council, Court of Appeal, [1915] KB 1041 案[1]中，原告与被告签订合同，为被告在市政厅所有的土地上修建一所学校。合同规定原告有权立即进入现场，并在规定时间内完成整个项目。通往现场的唯一通道是现场旁边的一条软基道路，合同规定原告可以铺设枕木，并随后将其改造为永久性的道路。在施工开始后，由于相邻业主提出通道的所有权属于他所有，原告被迫停止施工。原告以第三人造成延误为由向被告提出损害费用要求。

法院判决：原告败诉。市政厅（被告）不应对因第三人错误地干扰而自由使用进出现场道路承担一项默示担保。

但是，在业主可以有权通过采取必要的法律行动改善有关情况时，如果业主没有适时采取措施，造成无法按时提供现场占有权，则业主应对未能提供现场进入权和占有权承担责任。

**【案例】** 在 The Rapid Building Group Ltd. 诉 Ealing Family Housiing Association Ltd. (1985) 1 Con LR 1 案[2]中，原告与被告签订合同，由原告为被

---

[1] Michael Furmston. Building Contract Casebook [M]. 4th ed. Oxford: Blackwell Publishing Ltd., 2006: 156.

[2] Michael Furmston. Building Contract Casebook [M]. 4th ed. Oxford: Blackwell Publishing Ltd., 2006: 157.

告修建101栋住宅，所使用的合同为JCT63合同格式。合同第21条和附录规定业主应在1980年6月23日向原告提供现场占有权。但由于现场的东北角住有擅自占住空房的人，被告未能在规定日期内给出现场占有权。虽然被告采取了法律措施清除了这些擅自占住空房的人，但原告比规定日期延迟了19天才占有整个现场。

法院判决：被告违反了第21条的规定，并且违约导致了延误。

## 5.3 任命建筑师或工程师的义务

与货物买卖合同中只存在买方和卖方两个合同当事人不同，由于建筑和土木工程的性质和复杂特性，在施工合同中，业主需要聘用专业设计人员进行工程项目的设计，还需要专业技术人员监督项目的施工，以期按照设计要求完成工程项目。在传统工程承包模式中，设计和监督工程项目的实施往往都是由一个咨询工程师或一家咨询公司进行的。在建筑施工合同中，设计和监督项目施工的咨询工程师称为"建筑师"，而在土工工程合同中，咨询工程师称为"工程师"。在FIDIC合同中，咨询工程师被称为"工程师"。

### 5.3.1 FIDIC合同的规定

1987年FIDIC红皮书第2条"工程师和工程师代表"没有明示规定业主任命工程师的文字表述，但在第1.1. (iv) 项工程师的定义中规定："'工程师'是指业主为合同目的而制定作为工程师并在本条件第二部分保持这一称谓的人员。"

1999年版FIDIC新红皮书第3.1款"工程师的任务和权力"规定："业主应任命工程师，工程师应履行合同中指派给他的任务。"

第1.1.2.4项规定："'工程师'是指由业主任命并在投标附录中指明，为实施合同担任工程师的人员，或有时根据第3.4款[工程师的替换]的规定，由业主任命并通知承包商的其他人员。"

按照FIDIC合同红皮书、新红皮书和新黄皮书的明示规定，业主负有任命工程师的义务，同时，任命工程师也是业主的一项权利。在缺少合同明示规定时，法院会默示一项条款，业主有义务任命工程师[⊖]。

---

⊖ I. N. Duncan Wallace. Hudson's Building and Engineering Contracts [M]. 11th ed, First Supplement. London: Sweet & Maxwell, 2003: 114.

在 1999 年版 FIDIC 合同中，新红皮书、新黄皮书第 2.1 款明示规定了业主任命工程师的义务，但在银皮书中，由于不存在工程师且银皮书也没有对此作出明示规定，因此，业主没有任命工程师的义务。

有关工程师的地位和作用，参见本书第 6 章有关章节。

### 5.3.2 任命工程师的方式

业主可以采取多种方式任命工程师，业主和工程师缔结咨询设计服务合同的主要方式有：

（1）交换信函。即业主向工程师发出信函，询问工程师是否愿意提供某个工程项目的咨询设计服务，以及提供服务的报酬和时间等。工程师可予以答复，同意业主给出的条件或提出自己的要求。在双方达成一致时，任命工程师的任务即告结束。

（2）在信函中列明使用的标准合同格式。在业主向工程师发出的提供咨询设计服务的信函中，可以列明和包括使用的标准合同格式，如 2001 年第 2 版 FIDIC《客户/咨询工程师（单位）协议书》或者 ICE、AIA 等机构编制发行的咨询工程服务合同。

（3）定制格式。许多业主编制了自己的咨询设计服务标准合同格式，但需要业主和工程师通过谈判确定合同内容。通常，由于业主编制的咨询服务合同对自己保护过多，需要业主和工程师进行长时间的谈判，才能最终商定合同的具体条款和内容。

（4）标准合同格式。世界上有一些专业机构提供用于业主和咨询工程师的协议书，这些专业机构主要有 FIDIC、ICE、ACE（咨询和工程师协会）、CIC（施工行业协会）、AIA 等机构。使用这些标准合同格式的好处在于业主和工程师双方都了解合同条款的规定和内容，知道合同的风险及其分担，双方无需为条款的规定和细节纠缠不清，可以直接商谈有关服务的价格和费率以及付款安排，易于达成协议。

### 5.3.3 任命工程师协议中的主要问题

业主与工程师签订的咨询设计服务协议中涉及的主要问题有：

（1）谨慎义务（duty of care）。
（2）满足使用功能的担保义务（warranty for fitness purpose）。
（3）绝对的或严格责任。
（4）提供专业服务的时间安排。
（5）签认和报表。

(6) 有害材料。
(7) 开工、终止和暂停。
(8) 关键人员。
(9) 业主的义务。
(10) 保障。
(11) 责任的限制和除外责任。
(12) 职业保障保险。
(13) 咨询服务的分包。
(14) 报酬。
(15) 咨询服务的范围。
(16) 保函、母公司担保、误期损害赔偿费、抵消权和保留金。
(17) 争议的解决。
(18) 版权。

有关谨慎义务、满足使用功能的担保义务，参见本书第8章。

### 5.3.4 更换工程师

虽然1987年第4版红皮书没有明示规定业主更换工程师的内容，但业主和工程师之间的咨询设计服务合同通常会对协议的终止、工程师的更换作出明示规定。即使咨询设计服务合同没有明示规定合同的终止和替换工程师的条款，但一般法律原则也允许在一方违约时，另一方也可以终止合同。

1999年版新红皮书第3.4款规定了工程师的替换条款，如下：

"如果业主拟替换工程师，业主应在拟替换日期42天前通知承包商，告知拟替换工程师的姓名、地址和相关经验。如果承包商通知业主，对某人提出合理的反对意见，并附有详细的依据，业主就不应用该人替换工程师。"

根据该款的规定，业主必须在拟更换日期42天前通知承包商。如果对拟替换的工程师提出合理的反对意见，并提供了详细的依据时，业主不得使用该人替换原工程师。

业主有权在任何时候替换工程师，并且业主没有义务向承包商提供替换的理由。本款规定的关键问题在于承包商的反对意见，如果承包商对拟替换的工程师提出反对意见，他必须提供详细的依据，业主可以接受承包商的意见，也可以不理会承包商的看法，业主有权作出自己的决定。

## 5.4 发布指示的义务

### 5.4.1 业主的指示义务

为了使工程按期完工，承包商需要业主发布指示、任命、信息、计划和细节。如需要，业主、或业主代表或者其代理人，如建筑师或工程师必须在适当的时间内向承包商发出指示，以使承包商能够履行合同义务。如果合同没有明示规定发布指示的时间，则业主应在合理的时间内发出指示。合理时间取决于合同的明示规定或具体情况，但并不单独取决于承包商的方便和金钱利益。

另一方面，除非合同另有其他规定，否则，如果业主未能在适当的时间内签发施工所需的计划、图纸和其他信息，则业主的行为构成了违约。在 Neodox Ltd. 诉 Borough of Swinton & Pendlebury（1958）5 BLR 34 案[一]中，迪普洛克法官指出：

"很明显……考虑到合同的商业效率，在合同履行过程中，工程师必须随时发出施工所需的细节和指示，并且必须在合理时间内发出。在发出此类指示时，工程师作为业主和公司的代理人，如果他未能在合理时间内发出此类指示，则公司应对违约承担赔偿责任。"

在承包商递交了提前完工的进度计划时，不能默示业主自己、其雇员或代理人应履行相应的义务，以使承包商能够按照其提前竣工的进度计划提前完工。换言之，即使承包商递交了提前竣工的计划，业主也没有配合承包商的义务，按照承包商的进度计划发布指示、提供图纸和信息。

**【案例】** 在 Glenlion Construction Ltd. 诉 The Guinness Trust（1987）11 Con LR 126 案[二]中，原被告签订合同，由原告为被告承建位于英国肯特郡 Bromley 的一个住宅开发项目。合同文本为 1963 年版《附工程数量的标准建筑合同》。进入现场的日期为 1981 年 6 月 29 日，工期 114 周。

根据合同的规定，承包商的一项义务是递交 "一份整个工程的进度计划或图表"，表明承包商能够在 114 周完成整个项目。Glension 公司充分履行了这项义务。但在递交的进度计划中，承包商表明将在进入现场后的 101

---

[一] Michael Furmston. Building Contract Casebook [M]. 4th ed. Oxford: Blackwell Publishing Ltd., 2006: 175.

[二] Michael Furmston. Building Contract Casebook [M]. 4th ed. Oxford: Blackwell Publishing Ltd., 2006: 176.

周内完成整个工程。

在施工过程中项目受到了延误。承包商认为延误是由于业主的专业团队未能及时提供资料,导致他无法按照进度计划中规定的竣工日期之前完成整个工程项目。承包商提起仲裁。仲裁员作出了有利于业主 Guinness Trust 仲裁裁决。于是,承包商将争议诉至官方裁决法庭。

福克斯·安德鲁斯法官在审理中写道:

"上诉人(原审原告)和答辩人(原审被告)之间在合同中是否存在一项默示的条款,即只要进度计划显示了在合同规定的竣工日期之前完工,业主本人、其职员或代理人就应履行上述协议,以便使承包商能够按照进度计划的要求进行施工,在上述提前竣工日期完成整个工程。"

法官的结论是:"对这个问题的答复是'不'。Glension 公司没有权力建议他们提前完工。如果合同存在一项默示条款,只能是默示业主 Guinness 负有这项义务,而不是承包商负有这项义务。也没有确实明显的证据表明为什么赋予业主一项纯粹单边义务是合理和平等的。

法官福克斯·安德鲁斯还说道:"(承包商)提出的提前完工的单边责任将会导致整个合同失衡。"

## 5.4.2　1987年第4版 FIDIC 红皮书中业主的指示义务

1987年第4版 FIDIC 红皮书中若干条款规定了业主向承包商发出指示、同意、批准和信息的内容,参见表 5-1。

表 5-1　1987年第4版 FIDIC 红皮书业主发出的指示义务

| 条款序号 | 条款标题 | 指示内容 |
| --- | --- | --- |
| 3 | 合同转让 | 对承包商要求转让合同利益作出指示 |
| 9 | 合同协议书 | 由业主负责准备和签订费用 |
| 10.1 | 履约担保 | 业主批准开具履约担保的机构 |
| 10.3 | 根据履约担保的索赔 | 通知承包商导致索赔的性质 |
| 11.1 | 现场视察 | 业主向承包商提供有关的水文和地表等资料 |
| 22.3 | 业主的保障 | 保障承包商免于承担有关第 22.2 款所述的例外情况的一切索赔、诉讼、损害赔偿费、诉讼费、指控费及其他费用 |
| 25.1 | 保险证据和条款 | 要求承包商提供保险证据 |
| 26 | 遵守法律和规章 | 业主负责获得工程所需要的任何规划、区域划分获其他类似的批准 |

(续)

| 条款序号 | 条款标题 | 指示内容 |
| --- | --- | --- |
| 30.3 | 材料或工程设备的运输 | 业主应协商解决有关问题 |
| 63.1 | 承包商的违约 | 发出终止合同的通知 |
| 65.6 | 战争爆发 | 发出终止合同的通知 |
| 67.1 | 工程师的决定 | 发出不满通知 |

### 5.4.3　1999年版FIDIC新红皮书、新黄皮书中业主的指示义务

与1987年第4版FIDID红皮书一样，1999年版新红皮书、新黄皮书中的许多条款也对业主发出指示作了明示规定，如下：

表5-2　1999年版FIDIC新红皮书、新黄皮书和银皮书中业主发出的指示义务

| 条款序号 | 条款标题 | 指示内容 |
| --- | --- | --- |
| 1.6 | 合同协议书 | 由业主负责支付印花税和类似费用 |
| 1.7 | 权益转让 | 对承包商要求转让合同利益作出指示 |
| 1.8 | 文件的照管和提供 | 通知文件中的错误和缺陷 |
| 1.13 | 遵守法律 | 业主负责获得工程所需要的任何规划、区域划分获其他类似的批准 |
| 2.4 | 业主的资金安排 | 通知承包商资金安排的变化 |
| 2.5 | 业主的索赔 | 通知承包商索赔细节 |
| 3.4 | 工程师的替换 | 通知替换工程师（不适用银皮书） |
| 4.2 | 履约担保 | 业主批准开立履约担保的机构<br>通知承包商导致索赔的性质 |
| 4.10 | 现场数据 | 业主向承包商提供有关的水文和地表等资料 |
| 11.1 | 完成扫尾工作和修补缺陷 | 通知缺陷工程内容 |
| 11.2 | 修补缺陷的费用 | 通知非归因于承包商的修补费用 |
| 11.4 | 未能修补缺陷 | 发出未能修复缺陷日期的通知 |
| 15.2 | 业主终止 | 发出终止合同的通知 |
| 15.5 | 业主终止的权利 | 发出因方便原因而终止合同的通知 |
| 17.1 | 保障 | 保障承包商免于承担本款所述的例外情况的一切索赔、诉讼、损害赔偿费、诉讼费、指控费及其他费用 |
| 18.1 | 有关保险的一般要求 | 要求承包商提供保险证据 |
| 19.6 | 自主选择终止，付款和解除 | 发出终止合同的通知 |
| 20.4 | 取得争议裁决委员会的决定 | 发出不满争议裁决委员会决定的通知 |

在1999年版FIDIC银皮书中，由于业主完全代替了工程师，因此，业主负责发布与工程有关的所有的指示。

### 5.4.4 业主指示的方式

业主的指示应采取书面方式。在合同没有明示规定时，默示合同存在一项条款，即指示应采取书面方式。在口头指示时，应在合同明示规定的时间内进行书面确认，如合同对此没有作出明示规定，应在合理时间内进行书面确认或在承包商要求的时间内予以确认。

1987年FIDIC合同红皮书第1.5款"通知、同意、批准、证明和决定"规定：

"在本合同中，无论何处述及由任何人发出或颁发任何通知、同意、批准、证明或决定，除另有说明者外，均指书面的通知、同意、批准、证明或决定；而'通知'、'证明'、或'决定'字样均应据此解释。对于任何此类同意、批准、证明或决定，均不应被无故扣压或拖延。"

1999年版FIDIC新红皮书第1.3款"通信交流"规定：

"不论在何种场合，在给予或签发批准、证明、同意、决定、通知和请求时，在本《条款》中，这些通信交流均应：

（a）采用书面形式，亲自面交（取得对方收据），通过邮寄或信使传送，或采用投标附录中提出的任何商定的电子传输方式发送；和

（b）交付、传送或传输至投标附录规定的接收人的地址。但：

（i）如接收人通知了另外的地址时，随后通信信息应按新地址发送；和

（ii）如接收人在请求批准、同意时没有另外说明，可按请求书发出的地址发送。

不得无故扣压或拖延批准、证明、同意和决定。当向一方签发证书时，签发人应将一份复印件发给另一方。当另一方或工程师给一方发通知时，亦应根据情况抄送给工程师或另一方。"

在FIDIC合同中，通信联系，特别是文件的传递和收发是一项十分重要的工作，这是FIDIC合同对时间严格的限制性规定造成的。在有些情况下，文件的递交时间还会影响承包商的权利，例如，第20.1款规定的承包商递交索赔通知的要求，如果承包商未能按照第20.1款的规定在28天内递交索赔通知，则承包商会因此丧失索赔的权利。对于承包商而言，在合同明示规定时间成为承包商某项权利成立的前提条件时，承包商应十分注意有关规定，按时提交有关文件。

在采用书面形式，亲自面交，通过邮寄或信使传送时，由于需要取得对

方的收据，因此，文件的收发不会存在什么太大的问题。但问题往往出在传真和电子往来文件方面。业主、承包商和工程师应十分注意传真和电子往来文件的确认问题。在 Construction Partnership UK Limited 诉 Leek Developments Limited 2006 CILL2357 案中，原告于 2005 年 12 月 23 日向被告发出传真，但由于被告公司圣诞节假期，直到 2006 年 1 月 3 日才看到这份传真。法国判决通过传真方式递交合同通知构成了合同文件实际送达。在 Bernuth Lines 诉 High Seas Shipping 2006 CILL 2343 案中，法官判决电子邮件方式送达文件是有效的，由于被雇员在收到电子邮件后没有处理，则被告应为此承担责任。

电子文件往来正日益替代传统的信函和文件往来方式，成为当今世界一种主要的通信交流手段，为此，为了方便商业往来，各国也纷纷制定电子签名法，如欧盟 1999/93 法令等。业主、承包商和工程师在以电子方式进行通信时，应遵守有关电子签名法律。在没有制定签字签名法律的国家，业主、承包商和工程师应事先约定电子通信交流的方式。

## 5.5 指定分包商或供货商的义务

### 5.5.1 业主指定分包商或供货商的动机

业主指定分包商或供货商的动机有：

（1）业主希望在工程项目中使用一家公司，减少电梯、扶梯和机电等设备的后续服务、维护和零配件供应等问题。

（2）业主与专业技术公司有长期合作关系，业主希望在新的工程中继续合作以保持其良好的关系。

（3）受市场需求变化影响，业主希望与产品制造商或供货商直接谈判，以期保证所需产品的及时和稳定供应，以独家合同换取产品的供应时间和稳定的价格。

（4）由于设计过程中设计咨询公司越来越依赖专业技术公司，业主或设计公司希望在选择承包商之前，选定专业技术公司，使专业技术公司能够在早期介入，提供有关产品的说明和资料，以便设计咨询公司有足够的时间在工程项目设计中使用。

（5）如果工程所需的设备制造或采购时间较长，为及时在工程项目中使用，业主可能在选择主包商之前就进行订货或采购。

（6）对于一些工艺要求高的或艺术性强的工程，业主就倾向于由专业公司承担，而且可能设计咨询公司也倾向和信任专业公司和人士。

## 5.5.2 FIDIC 合同的规定

与 1987 年版 FIDIC 红皮书在第 59.1 款"指定分包商的定义"对指定分包商的定义不同，1999 年版 FIDIC 新红皮书对指定分包商的定义作了非常宽泛的定义。新红皮书第 5.1 款"指定分包商的定义"规定：

"合同中的'指定分包商'是指以下分包商：

（a）合同中提出的指定分包商；或

（b）工程师根据第 13 条 [变更和调整] 的规定指示承包商雇用的分包商。"

从新红皮书第 5.1 款的规定可以看出，指定分包商可能来自：

（1）业主在合同中提出的指定分包商。在这种情况下，业主往往在招标文件中已经列明了指定分包商的名单，承包商在投标过程中需要了解指定分包商的资格、经验及其价格。

（2）工程师根据新红皮书第 13 条的规定，在施工过程中，通过变更令指定分包商。

1999 年版新红皮书第 5 条对指定分包商作了系统的明示规定，而 1999 年版新黄皮书、银皮书只在第 4.5 款作了简单的规定，参见表 5-3。

表 5-3 1999 年版新红皮书、新黄皮书和银皮书指定分包商条款对照表

| 1999 年版新红皮书 | | 1999 年版新黄皮书 | | 1999 年版银皮书 | |
|---|---|---|---|---|---|
| 条款 | 内　　容 | 条款 | 内　　容 | 条款 | 内　　容 |
| 5.1<br>5.2<br>5.3<br>5.4 | 指定分包商的定义<br>反对指定<br>对指定分包商的付款<br>付款证据 | 4.5<br>指定分包商 | 本款中，"指定分包商"是指工程师根据第 13 条 [变更和调整] 的规定，指示承包商雇用的分包商。如果承包商尽快向工程师发出通知，对指定分包商提出合理的反对意见，并附有详细的依据资料，承包商不应有任何雇用义务 | 4.5<br>指定分包商 | 本款中，"指定分包商"是指业主根据第 13 款 [变更和调整] 的规定，指示承包商雇用的分包商。如果承包商尽快向业主发出通知，对指定分包商提出合理的反对意见，并附有详细的依据资料，承包商不应有任何雇用义务 |

从表 5-3 中可以得出，1999 年版新红皮书使用第 5 条，分 4 款对指定分包商作了详细的规定，而 1999 年版新黄皮书仅在第 4.5 款，使用 56 个英文单词，而 1999 年版银皮书在 4.5 款，使用 57 个英文单词对指定分包商进行了简单的规定。FIDIC 在编制新红皮书、新黄皮书和银皮书时，主要基于这三种合同不同性质和不同的风险分担。新红皮书属于单价合同，业主承担

了大部分的风险，因此，业主在合同管理和指定分包商的方面有绝对的话语权。而新黄皮书属于总价合同，适用于生产设备和设计—施工工程项目，业主和承包商承担的风险基本相同，因此，业主亦不宜太多介入项目的施工管理之中。银皮书也属于总价合同，但承包商承担了大部分的风险，且银皮书中没有工程师这一角色，因此，FIDIC 指南建议业主不应过多介入承包商的施工管理过程。

根据 1999 年版新红皮书、新黄皮书和银皮书关于指定分包商的规定，业主有权指定分包商，但承包商有权提出反对意见，拒绝雇用指定分包商。1999 年版新红皮书第 5.4 款"付款证据"还明示规定，业主有权行使抵消权，在承包商没有向指定分包商付款时，业主可以直接向指定分包商支付以前证明应付的款项。而 1999 年版新黄皮书、银皮书没有明示规定对业主行使向指定分包商直接付款的权利，也就是说，在缺乏明示条款的情况下，指定分包商是否享有与新红皮书中指定分包商同等的付款待遇呢？

英国资深工程师布赖恩·W. 托特蒂尔在《FIDIC 用户指南》一书中评述道："黄皮书没有规定合同中提名的指定分包商，但工程师可以变更令的方式签发指示指定分包商。但是，承包商没有义务使用他提出合理拒绝的分包商，而且黄皮书中的分包商也不享有红皮书中指定分包商的同等付款待遇的规定[⊖]。"

同样，在银皮书第 4.5 款和其他条款没有明示规定业主可以对指定分包商的付款行使抵消权的情况下，业主不能行使抵消权，不能直接向指定分包商付款，然后再从应付给承包商的款项中扣除。

关于反对指定的理由，1999 年版新红皮书第 5.2 款对反对的理由作了详细的规定，如下：

"承包商没有义务雇用其向工程师尽快发出通知中提出合理异议并附有支持细节的指定分包商。（其中）任何以下事项引起的反对，应被视为是合理的，除非业主同意保障承包商免受这些事项结果的影响：

（a）有理由确信，该分包商没有足够的能力、资源或财务能力；

（b）分包合同中没有明确规定，指定分包商应保障承包商不承担指定分包商及其代理人或雇员或误用货物的责任；或

（c）分包合同没有明确规定，对分包工程（包括设计，如有），指定分包商应

---

⊖ 布赖恩·W. 托特蒂尔. FIDIC 用户指南 [M]. 崔军译. 北京：机械工业出版社，2009：93.

(i) 为承包商承担此项义务和责任，以便承包商履行其在合同项下的义务和责任，和

(ii) 保障承包商免受按照合同规定或相关产生的所有义务和责任，和因分包商任何未能完成这些义务或履行这些责任的影响产生的义务和责任。"

而在 1999 年版新黄皮书和银皮书第 4.5 款中，仅对承包商反对指定规定："如果承包商尽快向工程师（在银皮书中为业主）发出通知，对指定分包商提出合理的反对意见，并附有详细的依据资料，承包商不应有任何雇用义务。"这种规定是否会减轻新红皮书中承包商应该证明第 5.2 款中第 (a)、(b) 和 (c) 项中规定内容的责任呢？

对于这个问题，答案是否定的。在新黄皮书和银皮书中，承包商在提出反对指定分包商的意见时，应证明承包商无法雇用指定分包商的原因，并应提出详细的依据材料。新红皮书中规定的反对理由只是合同规定的法定理由，这些理由构成了承包商反对指定的充分的理由和证据。在新黄皮书和银皮书中，承包商可参考新红皮书规定的理由，以此为依据提出反对指定意见，但承包商提出反对指定时，可不限于这些理由，但承包商的理由必须充分的和可证实的，否则，工程师或业主会拒绝承包商反对指定的意见。

有关指定分包商的内容，参见本书第 10 章有关章节。

## 5.6 支付义务

支付或许诺支付是业主的一项最重要的义务。在施工合同中，施工合同的对价是承包商实施工程项目，而业主为此支付工程价款。施工合同的性质不同，支付方式也有所不同。1987 年版红皮书和 1999 年版新红皮书属于单价合同，业主按月向承包商支付工程款。1999 年版新黄皮书和银皮书属于总价合同，业主按付款计划中确定的里程碑支付工程价款。

有关业主的支付义务，参见本书第 14 章有关章节。

## 5.7 披露信息的义务

### 5.7.1 业主向承包商披露信息的义务

根据英国法的一般原则，业主没有义务向承包商披露现场条件（site

conditions)和现场数据（site data）的义务，但合同明示规定的情况除外。邓肯·华莱士在著名的《哈德逊论建筑和工程合同》一书中写道："业主没有为承包商施工轻易提供工作现场，或者进行勘察、钻孔或进行其他调查的义务。"福斯特在《基廷论施工合同》一书中回应了这个观点，认为"应视为承包商已经视察和检查了现场……并使自己满意[1]。"根据英国法，承包商承担地表和地质条件的风险。但是，除了标准合同格式和合同的明示规定外，承包商还有其他方法挑战上述原则。

在合同缺少明示规定时，承包商可以主张如下理由推翻业主，没有义务向承包商披露现场条件：

(1) 默示条款。
(2) 担保。
(3) 谨慎义务。
(4) 与事实不符的陈述。

在 Bottoms 诉 Lord Mayor of York（1812）2 案中，承包商 Bottoms 在发现不良现场条件后要求按照额外工程予以补偿。工程师拒绝签发变更指示。法院判决承包商在发现不良地质条件后无权放弃合同。在该案中，法院认为合同当事人没有进行地质勘探工作，而且业主警告承包商因预期不良的地质条件，承包商可能会因此遭受损失。从该案和 Thorn 诉 Corporation of London（1876）1 App Cas 120 案可以得出，承包商在以默示条款提出索赔时，会遇到极大的困难。

但在 Bacal Construction（Midlands）Ltd. 诉 Northampton Development Corporation（1975）8 BLR 88 案[2]中，承包商（原告）根据标书中提供的相邻地块的地质勘探资料进行了下部结构的设计并进行了报价，但在施工中发现与原地质资料完全不符，承包商不得不进行重新设计，并实施了额外工程。承包商主张业主违反了默示条款和担保，地质条件应与其设计所依据的情况相一致。法院支持了承包商的主张。

**【案例】** 在 Thorn 诉 London Corporation（1876）1 APP. Cas 120 案[3]中，原告与被告签署合同，为被告拆除一座现有桥梁并根据业主工程师准备的计

---

[1] John Adriaanse. Construction Contract Law [M]. 2nd ed. New York：Palgrave Macmillan, 2007：145.

[2] Michael Furmston. Building Contract Casebook [M]. 4th ed. Oxford：Blackwell Publishing Ltd, 2006：158.

[3] Michael Furmston. Building Contract Casebook [M]. 4th ed. Oxford：Blackwell Publishing Ltd, 2006：160-161.

划和规范在原址新建一座桥梁。但后来证实计划和规范存在重大缺陷。Thorn 不得不采用其他方法建造这座桥梁，为此遭受了严重的损失。业主文件中使人确信这些计划和规范是正确的，但文件规定不能担保这些文件的准确性。Thorn 提起诉讼，要求被告赔偿其所遭受的损失，主张存在一项默示的担保，根据计划和规范，该桥能够以便宜的价格修建。

法院判决：原告败诉，不能默示存在这项担保。Thorn 有义务完成偏离计划的工程项目。

虽然英国法中没有明确业主在侵权法上是否应对承包商提供准确或充分信息的义务，但英国法院并不完全排斥业主负有谨慎义务的主张。参见 Morrison–Knudsen 诉 Commonwealth of Australia（1972）13 BLR 114 案[一]。

承包商还可以与事实不符的陈述（misrepresentation）为由提出抗辩，这是一项承包商提出的有力主张。参见 Pearson 诉 Dublin Corporation（1907）AC 351 案和 Howard Marine Dredging Co. Ltd. 诉 Ogden & Sons（Excavations）Ltd.（1977）9 BLR 34 案。

## 5.7.2 FIDIC 合同的明示规定

1987 年 FIDIC 合同红皮书对业主披露信息的义务作了明示规定，见表 5-4。

表 5-4　1987 年版 FIDIC 红皮书对业主披露信息的义务

| 条款序号 | 条款标题 | 披露信息的内容 |
| --- | --- | --- |
| 6.1 | 图纸和文件的保管和提供 | 文件中的错误或缺陷 |
| 11.1 | 现场视察 | 地质、水文、环境等数据 |
| 49.1 | 缺陷责任期 | 缺陷通知期内的缺陷 |
| 49.2 | 完成剩余工作和修补缺陷 | 剩余工作和修补缺陷 |
| 49.3 | 修补缺陷的费用 | 非承包商自费负责的缺陷 |
| 49.4 | 承包商未执行指示 | 未能修补缺陷的日期 |
| 63.1 | 承包商的违约 | 业主终止合同 |
| 28.1 | 专利权 | 侵犯知识产权和工业产权 |
| 66.1 | 解除履约时的付款 | 因不可抗力终止合同 |

1999 年版 FIDIC 新红皮书、新黄皮书和银皮书中的多个条款对业主披露

---

[一] Michael Furmston. Building Contract Casebook [M]. 4th ed. Oxford：Blackwell Publishing Ltd.，2006：162.

信息的义务作了明示规定，见表 5-5。

表 5-5  1999 年版新红皮书对业主披露信息的义务

| 条款序号 | 条款标题 | 披露信息的内容 |
| --- | --- | --- |
| 1.8 | 文件的照管和提供 | 文件中的错误或缺陷 |
| 2.4 | 业主的资金安排 | 融资安排的变更 |
| 2.5 | 业主的索赔 | 索赔细节 |
| 3.4 | 工程师的替换 | 更换工程师的细节（不适用银皮书） |
| 4.10 | 现场数据 | 地质、水文、环境等数据 |
| 11.1 | 完成扫尾工作和修补缺陷 | 缺陷通知期内的缺陷 |
| 11.2 | 修补缺陷的费用 | 非承包商自费负责的缺陷 |
| 11.4 | 未能修补的缺陷 | 未能修补缺陷的日期 |
| 15.2 | 业主终止 | 业主终止合同 |
| 15.5 | 业主终止的权利 | 方便终止 |
| 17.5 | 知识产权和工业产权 | 侵犯知识产权和工业产权 |
| 19.2 | 不可抗力的通知 | 不可抗力事件 |
| 19.3 | 将延误减至最小的义务 | 不可抗力停止影响情形 |
| 19.7 | 根据法律解除履约 | 因不可抗力终止合同 |
| 20.4 | 取得争议裁决委员会的决定 | 不满争议裁决委员会的决定 |

### 5.7.3 现场条件和数据

**1. FIDIC 合同的规定**

现场条件和现场数据是业主应向承包商披露的最重要的信息之一。除业主通过可行性研究获得的现场资料外，承包商不可能在投标时调查影响施工的每一项现场条件。对于业主提供的现场条件信息，1987 年 FIDIC 合同红皮书第 11.1 款"现场视察"规定：

"在承包商提交投标书之前，业主应向承包商提供由业主或业主代表根据有关该项工程的勘察所取得的水文及地表以下的资料，但承包商应对他自己对上述资料的解释负责。"

1999 年版 FIDIC 新红皮书、新黄皮书第 4.10 款"现场数据"规定：

"业主应在基准日期前，将其取得的现场地下、水文条件及环境方面的所有有关数据，提供给承包商。同样地，业主在基准日期后得到的所有此类资料，也应提供给承包商。承包商应负责解释所有此类资料。"

根据 1987 年 FIDIC 红皮书、1999 年版 FIDIC 新红皮书和新黄皮书的规定,业主对现场条件和现场数据的准确性负责,承包商只对其承担解释责任,并对其自己的解释负责。

1999 年版 FIDIC 银皮书第 4.10 款 "现场数据" 规定:

"业主应在基准日期前,将其取得的现场地下、水文条件及环境方面的所有有关资料,提供给承包商。同样地,业主在基准日期后得到的所有此类资料,也应提供给承包商。

承包商应负责核实和解释所有此类资料。除第 5.1 款 [设计义务的一般要求] 提出的情况外,业主对这些资料的准确性、充分性和完整性不承担责任。"

因此,在 1999 年版 FIDIC 银皮书中,业主负有责任向承包商提供现场条件信息,承包商负有核实(verify)和解释的责任,但业主不对这些资料的准确性、充分性和完整性承担责任,承包商对这些资料的准确性、充分性和完整性负责。而在 1987 年版 FIDIC 合同红皮书、1999 年版 FIDIC 新红书、新黄皮书中,承包商没有核实现场数据资料的义务,而只是解释的责任。

**2. 不完整的现场条件和现场数据资料**

根据合同的明示条款,有关现场条件和数据的一般原则是如果承包商实施整个工程,则承包商自己应对现场性质和条件感到满意。不能假定合同文件中有关现场条件的声明或者有关工程范围是准确无误的,也不能假定施工方法是可行的。业主不能担保合同文件中的信息或声明的准确性。

下述原因可能会导致出现不完整的现场条件和数据:

(1) 项目前期工作不完整。业者可能受预算或资金的限制,可行性研究的范围和深度达不到施工设计和施工需要。例如,在大中型桥梁项目中,业主在可行性研究中要求的钻探深度只有 40 米,为此向承包商提供的只是 40 米深度的地质资料,这可能远远不能满足施工设计和施工的需要。

(2) 其他有关部门,如气象部分、水利部门拥有完整的资料,但业主未能从有关部门获得这些资料并提供给承包商。

(3) 业主拥有有关的现场资料和数据,但业主没有向承包商提供这些资料和数据。

但是,无论如何,业主应保证其选择的现场数据不会构成与事实不符的陈述,例如只向承包商提供部分地质勘探资料。此外,业主还应保证不向承包商提供进行地址勘探的有关专家意见,只能向承包商提供地质资料本身,至于如何解释这些资料,根据合同的规定,承包商负有义务,对现场条件或数据进行解释。

**3. 不可预见的物质条件**

1987 年版 FIDIC 红皮书中与现场条件和现场数据有关的条款是：

（1）第 11.1 款：现场视察。

（2）第 12.1 款：投标书的完备性。

（3）第 12.2 款：不利的外界障碍或条件。

1999 年版 FIDIC 新红皮书、新黄皮书和银皮书与现场条件和现场数据有关的条款是：

（1）第 4.10 款：现场数据。

（2）第 4.11 款：中标合同金额的充分性；在银皮书中为"合同价格的充分性"。

（3）第 4.12 款：不可预见的物质条件；在银皮书中为"不可预见的困难"。

上述这些条款以及 1987 年版 FIDIC 红皮书第 1.1 款中的"现场"定义，1999 年版 FIDIC 新红皮书、新黄皮书和银皮书第 1.1 款中的"现场"定义实质上规定了与现场条件和数据相关的内容，而在施工过程中，承包商遇到不可预见的物质条件提出工期和费用索赔是最主要的索赔根源之一。

根据 1999 年版 FIDIC 新红皮书第 1.1.6.8 项的规定，"不可预见"是指一个有经验的承包商在提交投标书日期前不能合理预见。

按照 1999 年版 FIDIC 新红皮书第 4.12 款的规定，"物质条件"是指承包商在现场施工时遇到的自然物质条件、人为的及其他物质障碍和污染物，包括地下和水文条件，但不包括气候条件。

根据 1999 年版 FIDIC 新红皮书第 4.10 款的规定，承包商应被认为在提交投标书前，已视察和检查了现场、周围环境、上述数据和其他得到的资料，并对所有有关事项已感到满足要求。

在发生不可预见的物质条件时，将第 1.1.6.8 项和第 4.10 款的内容联系起来，从业主的观点出发，很难判断和说清楚一个有经验的承包商不能预见的物质条件的范围和程度。但从举证的角度而言，当承包商遇到不可预见的物质条件时，承包商将承担举证责任，他不仅需要证明导致延误的物质条件是一个有经验的承包商无法预见的，而且还需要证明他在投标和准备进度计划时无法预见会遇到此类物质条件的风险。

FIDIC 定义的物质条件中"不包括气候条件"，因为热带风暴和飓风等属于季节性的气候现象，是可以预见的。但根据 1999 年版新红皮书第 8.4 款，承包商可因极端恶劣的气候条件要求延长工期。

在发生了不可预见的物质条件时，根据1987年版FIDIC红皮书第12.2款、1999年版新红皮书、新黄皮书第4.12款的规定，承包商可以有权要求延长工期和补偿费用。

1999年版FIDIC银皮书第4.12款规定：

"除合同另有说明外，

（a）承包商应被认为已取得了对工程可能产生影响或作用的有关风险、意外事件和其他情况的全部必要资料；

（b）通过签署合同，承包商接受对预见到的为顺利完成工程的所有困难和费用的全部责任；

（c）合同价格对任何未预见到的困难和费用不应考虑调整。"

根据银皮书第4.12款的规定，承包商承担了全部不可预见的物质条件，或称不可预见的困难的全部风险。在施工过程中，如发生不可预见的困难，承包商无权要求工期延长和费用补偿。

## 5.8 合作义务

### 5.8.1 FIDIC合同的规定

1987年版FIDIC红皮书没有以"合作"的标题规定业主的合作义务，但1999年版FIDIC新红皮书、新黄皮书和银皮书第4.6款对承包商的"合作"作了规定，如下：

"承包商应根据合同规定或工程师的指示，为可能被雇佣在现场或其附近从事未包括在合同中工程的下列人员提供适当的条件：

（a）业主人员；

（b）业主雇佣的任何其他承包商，和

（c）任何合法设立的公共当局的人员。

如果任何此项指示导致承包商增加不可预见的费用时，该指示应构成一项变更。为这些人员和其他承包商的服务可包括使用承包商设备，以及由承包商负责的临时工程或进入现场的安排。

根据合同，如果要求业主按照承包商文件向承包商提供任何基础、结构、生产设备或进入手段的占有权，承包商应按照规范规定的时间和方式，向工程师提交此类文件。"

虽然第4.6款以"合作"为标题，但实质上规定的不是业主和承包商之间的合作事宜，而仅仅是规定承包商应如何向业主人员、其他承包商或公共当局人员提供协助的内容，因此，第4.6款规定的是承包商的单边义务，与业主和承包商之间的合作根本没有任何关系。

FIDIC合同对合作内容的规定和处理招致了许多专家和学者的批评，认为与NEC合同强调业主、工程师和承包商三者之间的合作相比，FIDIC合同存在明显差距。

### 5.8.2 积极的合作义务

在每一个建筑和土木工程施工合同中，合同默示一项条款，即业主应尽一切必要的努力，使工程得以完成。在Luxor（Eastbourne）Ltd.诉Cooper [1941] 1 All ER 33案中，韦斯康特·西蒙认为："如果甲方雇用乙方为进行工程施工，需要乙方为此花费金钱和付出努力……一般来说，雇用乙方进行施工时，需要甲方给予合作……合同默示应马上给予必要的合作。"在Cory Ltd.诉City of London Corporation [1951] 2 All ER 85案中，亚仕魁斯法官指出："总之……在任何合同中，有必要默示一项条款，继任何一方当事人都不能妨碍对方履行和谈，其他条款不能排斥这项推论。"

除业主的默示合作义务外，积极的合作义务主要来自合同的明示规定。遗憾的是，FIDIC合同没有明确建立业主、工程师和承包商之间的合作机制。虽然FIDIC合同存在这个遗憾，但一般而言，业主是项目的发起人和受益者，在最大限度内向承包商提供帮助，给予合作，有利于工程项目的顺利实施。

【案例】在Maidenhand Electrical Services Ltd.诉Johnson Control Systems Ltd.（1996）15-CLD-10-02案[⊖]中，合同规定分包商应：①与承包商充分合作……以避免业主的干扰，进行楼宇连续施工；②在规定的时间内，在业主方便的时间内或根据承包商的指示按照规定的方法进行施工；③分包商应努力工作，按照承包商的合理指示以规定的次序、方法和时间进行施工。

法院判决不能扩大和过于宽泛地解释"根据承包商的指示"一词的含义，不能将其解释为该项规定排除了承包商与分包商进行合作，以使分包商在规定的20周内完成分包工程的义务。由于合同规定了分包商要求工期延长和费用补偿的权利，因此，分包商有权因承包商的过错要求给予延期和补偿损失及费用。

---

⊖ John Adriaanse. Construction Contract Law [M]. 2nd ed. New York：Palgrave Macmillan, 2005：141.

### 5.8.3 消极的合作义务

在施工合同中，合同默示业主的一项消极的义务，即业主不能妨碍承包商根据合同的规定履行义务，并按照正常的和有秩序的方法实施工程。根据该默示义务，建筑师或工程师必须履行义务，以使承包商能够实施工程，业主应对建筑师或工程师的违约程度负责。

**【案例】** 在 London Borough of Merton 诉 Stanley Hugh Leach Ltd. (1985) 32 BLR 51 案⊖中，承包商提出索赔，主张由于业主聘用的建筑师未能尽其应有的勤奋和谨慎以及缺乏合作精神造成了工程的延误。承包商主张在 JCT63 合同中，合同默示业主应给予合作，保证承包商按时完成工程。

**法院判决**：（1）业主不能妨碍和阻碍承包商按照合同规定履行其义务，并以正常的和有秩序的方法实施工程。（2）有必要采取一切必要的措施，使得承包商能够履行其义务，并按照正常的和有秩序的方法进行施工。

默示的合作义务可能会受到合同明示条款规定限制。在 Scottish Power Plc 诉 Kvaerner Construction (Regions) Ltd. [1998] 案中，分包合同附录要求分包商"在 24 周内完成所有的现场工作。分包商的所有工作应适合主包商的要求，并与实施分包工程当时的主合同的进度计划相适应。"合同附录还要求分包商应根据主包商的指示开始分包工程的施工，并按照主包商的要求勤奋地进行施工。在施工过程中，主包商指示分包商分阶段实施工程。竣工后，分包商提出索赔干扰和延误索赔，要求主包商对其造成的延误和干扰给予补偿。

法官认为分包合同的明示规定不能排除主包商的默示合作义务。即使分包合同明示规定主包商有权指示分包商如何进行施工，但主包商也不能完全自由地干扰和打断分包商以正常的和适当的方式履行分包合同的义务。另外，主包商负有义务，规划施工时间，保证分包商能够连续施工，并采取一切必要的措施使得分包商能够履行义务。

## 5.9 允许承包商履行全部工作的义务

1987 年版 FIDIC 红皮书第 8.1 款规定："承包商应按合同的各项规定，以应有的谨慎和努力（在合同规定的范围内）对工程进行设计、施工和竣工，

---

⊖ Michael Furmston. Building Contract Casebook [M]. 4th ed. Oxford：Blackwell Publishing Ltd.，2006：165-174.

并修补其任何缺陷。"第51.(b)款规定:"省略任何此类工作(但被省略的工作由业主或其他承包商实施者除外)。"

1999年版FIDIC新红皮书、新黄皮书和银皮书第4.1款规定:"承包商应按照合同及工程师的指示,设计(在合同规定的范围内)、实施和完工工程,并修补其中的任何缺陷"。第13.1.(d)款规定:"任何工作的删减,但要交给他人实施的工作除外。"

FIDIC合同的上述规定明确了两项内容:

(1)业主应允许承包商履行全部工作。

(2)业主有权删减或省略工程,但交给他人,包括业主和其他承包商实施的工作除外。

西方大量的判例表明,业主有权删减或省略工程,但删减或省略工程的目的不是为了业主自己或交给其他承包商实施,而是出于技术原因等,否则,业主的行为构成违约,承包商有权索赔因此遭受的利润和费用损失[⊖]。

在缺少合同明示规定业主可以删除或省略工程的情况下,不能默示业主有权删除或省略工程[⊖],参见 Safeway Wrecking Ltd. 诉 dineen (1972) 2 N. S. R. 2nd 49案。

## 5.10 获得和协助承包商获得许可的义务

1987年版FIDIC红皮书没有规定业主获得和协助承包商获得许可的义务。1999年版新红皮书、新黄皮书和银皮书第8.5款"当局造成的延误"规定:

"如果适合下列条件,即:

(a)承包商已尽力遵守了工程所在国依法成立的有关公共当局所制定的程序;

(b)这些当局延误或打乱了承包商的工作;和

(c)延误或中断是不可预见的。

则上述延误或中断可视为第8.4款[竣工时间的延长](b)项下的延误原因。"

---

⊖ Commissioner for Main Roads v. Reed & Stuart Ltd. (1974) 48 A. L. R.; Carr v. J. J. Berriman Pty Ltd. (1953) 27 A. L. J.

⊖ I. N. Duncan Wallace. Hudson's Building and Engineering Contracts [M]. 11th ed. First Supplyment. London: Sweet & Maxwell. 2003.

一般而言,在只有业主才能获得的有关许可时,业主应承担获得许可的义务和责任。在需要承包商获得有关许可时,业主只有协助承包商获得许可的义务。对于承包商而言,及时获得工程所在国各个公共当局的许可是承包商的一项重要的工作。

根据 FIDIC 合同第 8.5 款的规定,在公共当局造成延误时,如未能及时签发有关许可时,承包商有权提出工期延长索赔。

按照第 8.5 款第(a)至(c)项的规定,只有在这三个条件同时具备的情况下,承包商才有权要求工期延长,否则,承包商无权要求延期。

与 FIDIC 新红皮书中的其他条款既规定承包商有权索赔费用和要求延期不同,本款只规定了承包商要求延期的权利。本款没有明示规定承包商具有索赔费用的权利,而是选择了沉默。按照这款规定,承包商只能索赔工期延长,而无权索赔费用。

FIDIC 指南认为,在第 8.5 款项下,无论由于何种原因造成了延误,如没有提及承包商有权索赔费用和利润损失时,承包商无权要求补偿费用损失。

## 5.11 安排资金的义务

1987 年版 FIDIC 红皮书没有明示规定业主安排资金的义务。在国际金融组织提供融资的项目实务中,业主通常都会在招标广告和投标须知招标文件中说明资金的来源。在当地政府提供资金的项目中,招标通知中也会说明项目资金的来源。

1999 年版新红皮书、新黄皮书和银皮书第 2.4 款对业主的资金安排进行了明示规定如下:

"在收到承包商的任何要求后的 28 天内,业主应提交其已做的并将予以保持的资金安排的合理证据,以便业主有能力按照第 14 条〔合同价格和付款〕的规定,支付合同价格(按当时估算)。如业主拟对其资金安排做出任何重要的变更,应将有关变更细节通知承包商。"

这是一项打消承包商顾虑的新的规定。在国际金融组织的贷款项目中,承包商不会对业主的支付能力产生怀疑。对于当地政府支付的项目,由于受到当地政府年度预算的控制和影响,承包商最好在下一个财政年度开始前,询问下一个财政年度项目预算安排金额,确认业主的支付能力。对于私人项目,承包商应要求业主提供资金安排的合理证据,如要求银行、融资机构或业主出示贷款协议等文件,或者,要求业主出具付款担保,确保业主有能力支付工程款项的情况下开始施工。

第2.4款没有规定什么是"合理的证据"，但一般认为，能够说明业主有能力支付工程款项的文件可以构成一项合理的证据，如贷款协议、财政部的预算资金分配表、业主付款担保。业主的存款证明能否构成一项合理的证据？由于存款随时可以调用，除非业主每月向承包商提供存款余额的证明，否则，承包商有理由怀疑业主的支付能力。

如果业主未能在第2.4款规定的28天内向承包商提供资金安排的合理证据，那么，承包商可根据第16.1款的规定，提前21天向业主发出通知，暂停或减缓施工进度。如果在承包商发出通知后的42天内，业主没有给出合理的证据，那么，承包商有权按照第16.2款的规定终止合同。此时，应适用第16.3款和第16.4款规定的终止程序。

如果业主对资金安排作出了重要变更，业主应将变更的详情通知承包商。但第2.4款没有规定什么是"重要变更"，这主要取决于业主的自我判断和决定。从融资的商业交易实务来看，影响业主支付能力的"重要变更"应是贷款协议的终止和取消、融资机构减少贷款金额等事项。在业主遇到资金短缺，无力支付应付工程款项时，承包商可根据第16条的规定，暂停或减缓施工进度，如超过了合同规定的延付期限，承包商有权终止合同。

## 5.12 按照合同规定提供设备和免费材料的义务

1999年版新红皮书、新黄皮书和银皮书第4.20款"业主设备和免费供应的材料"规定了业主应按照合同规定提供设备和免费材料的义务：

"业主应准备业主设备（如有），供承包商根据规范规定的细节、安排和价格，在工程施工中使用。除非规范另有说明：

（a）除下列（b）项所列情况外，业主应对业主设备负责；

（b）当任何承包商人员操作、驾驶、指挥、或占用或控制某项业主设备时，承包商应对每项设备负责。

使用业主设备的适当数量和应付金额（按规定价格）应由工程师按第2.5款［业主的索赔］和第3.5款［决定］的要求表示同意或作出决定。承包商应向业主支付此项金额。

业主应根据规范规定的细节，免费提供"免费供应的材料"（如有）。业主应自行承担风险和费用，根据合同规定的时间和地点供应这些材料。承包商应对其进行目视检查，并将这些材料的短少、缺陷或缺项迅速通知工程师。除非双方另有协议，业主应立即纠正通知中指明的短少、缺陷或缺项。

目视检查后，承包商应负责照管、监护和控制这些免费供应的材料。承包商的检查、照管、监护和控制的义务，不应解除业主对目视检查难以发现的任何短少、缺陷或缺项所应负的责任。"

根据新红皮书第 1.1.6.3 项"业主的设备"定义的规定，业主设备是指规范中列明由业主提供的，供承包商在施工中使用的仪器、机械和车辆（如有），但不包括业主尚未接受的生产设备。业主提供的设备应在规范中明确规定。通过阅读规范，在投标时，承包商可以清楚地知道业主提供的设备名称、规格和数量。

FIDIC 合同没有对"免费材料"进行定义，但承包商可以在投标阶段从规范中了解免费材料的名称、规格和数量等信息。

业主应仔细考虑向承包商提供设备和免费材料的问题。在提供设备和材料时，应根据承包商的进度提供设备和材料。业主对提供设备和材料承担了全部风险。如果业主未能及时提供设备和免费材料，承包商有权提出工期延长和相关的费用索赔。

对于业主提供的设备，如果承包商认为价格太高，承包商有权拒绝使用。如果业主和承包商为此产生分歧和争议，工程师可根据第 3.5 款作出决定。

第 4.20 款第（a）和（b）项对业主设备作了十分重要的规定，明示规定业主对设备负责，当任何承包商人员操作、驾驶、指挥、或占用或控制某项业主设备时，承包商应对每项设备负责。

## 5.13　补偿损失和费用的义务

1987 年第 4 版红皮书和 1999 年版新红皮书、新黄皮书中的若干条款都规定了业主补偿损失和费用的义务。如新红皮书第 1.9 款"延误的图纸或指示"规定："任何此类费用和合理利润应计入合同价格，给予支付。"有关补偿损失和费用的义务，参见本书第 16 章有关内容。

## 附录 5.1　1987 年第 4 版 FIDIC 红皮书中业主的主要义务

| 1987 年第 4 版 FIDIC 合同条款 | | 业主的义务 | 1999 年版 FIDIC 合同对应条款 |
|---|---|---|---|
| | 定义和解释 | | |
| 1.5 | 通知、同意、批准、证明和决定 | （1）书面义务<br>（2）不得无故扣压或拖延 | 1.3 |

(续)

| 1987年第4版 FIDIC 合同条款 | | 业主的义务 | 1999年版 FIDIC 合同对应条款 |
|---|---|---|---|
| | 工程师和工程师代表 | | |
| 2.1 | 工程师的职责和权力 | （1）任命工程师<br>（2）业主批准工程师行使合同规定的权力 | 3.1 |
| | 转让与分包 | | |
| 3.1 | 合同转让 | 同意或否决承包商转让合同的行为 | 1.7 |
| 4.1 | 分包 | 同意或否决承包商的分包行为 | 4.4 |
| 4.2 | 分包商义务的转让 | 要求分包商在缺陷责任期届满时将尚未终止的分包义务转让给业主 | 4.5 |
| | 合同文件 | | |
| 5.1 | 语言和法律 | 确定合同的主导语言 | 1.4 |
| 6.1 | 图纸和文件的保管和提供 | 按时或按合同规定提供施工用图纸、文件和复印件 | 1.8 |
| 6.2 | 现场要保留一套图纸 | 检查承包商在现场保留的图纸和文件 | 1.8 |
| 6.3 | 工程进展中断 | 接收承包商发出的延误或中断提供图纸的通知 | 1.9 |
| 6.4 | 图纸误期和误期的费用 | 同意或决定承包商提出的因图纸延误导致的工期延长索赔和（或）费用索赔 | 1.9 |
| 7.1 | 补充图纸和指示 | 提供补充图纸和指示 | 3.3 |
| | 一般义务 | | |
| 9.1 | 合同协议书 | （1）邀请承包商签署合同协议书<br>（2）承担签订合同的费用 | 1.6 |
| 10.2 | 履约担保的有效期 | 在履约担保到期后将其退还给承包商 | 4.2 |
| 10.3 | 根据履约担保的索赔 | 在对履约担保提出索赔时，通知承包商，说明承包商的违约性质 | 4.2 |
| 11.1 | 现场视察 | 向承包商提供水文和地质资料 | 4.10 |
| 12.1 | 投标书的完备性 | | 4.11 |
| 12.2 | 不利的外界障碍或条件 | 同意或决定承包商提出的因不利的外界障碍或条件而导致的工期延长和（或）费用索赔 | 4.12 |
| 14.1 | 应提交的进度计划 | 同意或评估承包商提交的进度计划 | 8.3 |
| 14.2 | 修订的进度计划 | 同意或评估承包商提交的修订的进度计划 | 8.3 |
| 17.1 | 放线 | 提供原始基准点、基准线和参考标高 | 4.7 |

(续)

| 1987年第4版 FIDIC 合同条款 | | 业主的义务 | 1999年版 FIDIC 合同对应条款 |
|---|---|---|---|
| 19.2 | 业主的责任 | 在使用业主自己的人员时，负责安全并保持现场井然有序。在使用业主雇用的其他分包商时，也应负责安全和秩序 | 2.3 |
| | 责任的分担和保险义务 | | |
| 20.3 | 由于业主风险造成的损失或损坏 | 向承包商支付因业主风险造成工程损坏的修复费用 | 17.4 |
| 21.2 | 保险范围 | 在需要业主对工程进行保险时，进行有关工程的保险 | 18.2 |
| 21.3 | 对未能收回金额的责任 | 根据第20条的规定分担保险责任 | 18.1 |
| 22.3 | 业主提供的保障 | 保障承包商免于承受本条规定的任何损失或索赔 | 17.1 |
| 23.1 | 第三方保险（包括业主的财产） | 在需要以业主的联合名义对因履行合同引起的任何人员伤亡或财产损失进行保险时，投保有关保险 | 18.3 |
| 23.2 | 保险的最低数额 | 在业主承担保险责任时，应至少承保最低保险数额 | 18.3 |
| 23.3 | 交叉责任 | 承担保险的交叉责任 | 18.3 |
| 25.1 | 保险的证据和条款 | 在业主承担保险责任时，提供保险证据 | 18.1 |
| 25.2 | 保险的完备性 | 在业主承担保险责任时，保证保险的完备性 | 18.1 |
| 25.3 | 对承包商未办保险的补救方法 | 在承包商未履行保险义务时，业主可进行保险并保持其有效，支付保险费用，并可从应付给承包商的款项中扣除 | 18.1 |
| 25.4 | 遵守保险单的条件 | 保障承包商免受未能遵守保险单条件而造成的一切损失和索赔 | 17.1 |
| | 承包商的其他义务 | | |
| 27.1 | 化石 | 同意或决定承包商提出的因化石而导致的工期延长和（或）费用索赔 | 4.24 |
| | 劳务 | | |
| | 材料、工程设备和工艺 | | |
| 36.1 | 材料、工程设备和工艺的质量 | 检验和检测材料、设备和工艺质量 | 7.1 |
| 36.4 | 未规定检验费用 | 向承包商支付未规定的检验费用 | 7.4 |

(续)

| 1987 年第 4 版 FIDIC 合同条款 | | 业主的义务 | 1999 年版 FIDIC 合同对应条款 |
|---|---|---|---|
| 36.5 | 工程师关于未规定检验的决定 | 对未规定的检验费用作出决定 | 7.4 |
| 37.3 | 检查和检验的日期 | 提前 24 小时通知检查和检验的日期 | 7.3 |
| 37.4 | 拒收 | 通知承包商拒收并说明理由 | 7.5 |
| 38.1 | 工程覆盖前的检查 | | 7.3 |
| 38.2 | 剥露和开孔 | 确定剥露和开孔的费用,并向承包商支付该笔费用 | 7.3 |
| 39.2 | 承包商不遵守指示 | 业主雇用他人实施工程并支付费用 | 7.6 |
| | 暂时停工 | | |
| 40.2 | 暂时停工后工程师的决定 | 同意或决定承包商提出的因暂停施工而导致的工期延长和(或)费用索赔 | 8.9 |
| 40.3 | 暂时停工持续 84 天以上 | 承担暂停施工的合同责任 | 8.11 |
| | 开工和误期 | | |
| 42.1 | 现场占有权及其通道 | 给予承包商现场占有权和通道 | 2.1 |
| 42.2 | 未能给出占有权 | 在未能给出占有权时,同意或决定承包商提出的相应的工期延长和(或)费用索赔 | 2.1 |
| 44.1 | 竣工时间的延长 | 同意或决定承包商提出的竣工期限延长的索赔 | 8.4 |
| 44.3 | 临时的延期决定 | 同意或决定承包商提出的临时工期延长索赔 | 8.4, 20.1 |
| 46.1 | 施工进度 | 业主可从任何应支付或将支付给承包商的款项中扣除附加监理费用 | 8.6 |
| 47.1 | 误期损害赔偿费 | 业主可从应付给承包商的款项中扣除误期损害赔偿费用 | 8.7 |
| 47.2 | 误期损害赔偿费的减少 | 业主可根据工程价值的降低而按比例减少误期损害赔偿费金额 | 10.2 |
| 48.1 | 移交证书 | 颁发移交证书 | 10.1 |
| 48.2 | 区段或部分移交 | 接收区段或部分移交的工程 | 10.2 |
| 48.3 | 部分工程基本竣工 | 在部分工程竣工时,颁发部分工程移交证书 | 10.2 |
| | 缺陷责任 | | |
| 49.4 | 承包商未执行指示 | (1)业主可要求其他承包商修补缺陷的费用<br>(2)业主可从应付给承包商的款项中扣除其他承包商的修补缺陷的费用 | 11.4 |

(续)

| 1987年第4版<br>FIDIC 合同条款 | | 业主的义务 | 1999年版<br>FIDIC 合同<br>对应条款 |
|---|---|---|---|
| 50.1 | 承包商进行调查 | (1) 要求承包商调查工程缺陷<br>(2) 确定修补缺陷的费用 | 11.8 |
| | 变更、增添和省略 | | |
| 51.1 | 变更 | 作出变更指示 | 13.1 |
| 52.1 | 变更的估价 | 同意或决定变更后的合理的费率和价格 | 12.3 |
| 52.2 | 工程师确定费率的权力 | 决定变更后的费率和价格 | 12.3 |
| 52.3 | 变更超过15% | 决定变更超过15%后的费率和价格 | — |
| 52.4 | 计日工 | (1) 同意以计日工为基础进行施工<br>(2) 按计日工规定的费率和价格向承包商支付工程价款 | 13.6 |
| | 索赔程序 | | |
| 53.3 | 索赔的证明 | 指示承包商进一步提供索赔资料 | 20.1 |
| 53.5 | 索赔的支付 | 向承包商支付已经批准的索赔款项 | |
| | 承包商的设备、临时工程和材料 | | |
| 54.3 | 清关 | 业主协助承包商办理海关手续 | 2.2 |
| 54.4 | 承包商的设备再出口 | 业主协助承包商办理设备再出口手续 | 2.2 |
| 54.5 | 承包商的设备租用条件 | 允许承包商租用设备实施工程 | 4.4, 15.2 |
| 54.6 | 用于第63条的费用 | 支付业主租赁的设备费用 | 15.3 |
| | 计量 | | |
| 56.1 | 需测量工程 | 重新测量工程 | 12.1 |
| 57.2 | 包干项目的分项 | 批准包干项目中的分项工程 | 14.1 |
| | 暂定金额 | | |
| 58.2 | 暂定金额的使用 | 指示承包商使用暂定金额,用于提供货物、材料、设备或服务 | 13.5 |
| | 指定分包商 | | |
| 59.2 | 指定的分包商;对指定的反对 | 业主指定和雇用指定分包商 | 5.2 |
| 59.3 | 设计要求应明确规定 | 明确指定分包中的设计要求 | 5.2 |
| 59.5 | 对指定分包商的支付证书 | 在承包商未支付指定分包商的情况下,业主直接支付指定分包商,并从应付给承包商的款项中扣除 | 5.4 |
| | 证书与支付 | | |

(续)

| 1987年第4版 FIDIC 合同条款 | | 业主的义务 | 1999年版 FIDIC 合同对应条款 |
|---|---|---|---|
| 60.2 | 每月的支付 | 支付应付给承包商的工程进度款 | 14.6 |
| 60.3 | 保留金的支付 | 按照合同规定向承包商支付保留金 | 14.9 |
| 60.4 | 证书的修改 | 修改或更正临时付款证书 | 14.6 |
| 60.6 | 最终报表 | 支付最终报表中的应付给承包商的款项 | 14.11 |
| 60.10 | 支付时间 | 按照合同规定的时间向承包商付款 | 14.7 |
| 62.1 | 缺陷责任证书 | 颁发缺陷责任证书 | 11.9 |
| 62.2 | 未履行的义务 | 履行缺陷责任证书颁发前的义务 | 11.10 |
| | 补救措施 | | |
| 63.1 | 承包商的违约 | （1）提前14天发出通知，进驻现场终止对承包商的雇用<br>（2）业主可自己完成或雇用他人完成工程 | 15.2 |
| 63.2 | 终止日的估价 | 与工程师协商终止时的工程估价 | 15.3 |
| 63.3 | 终止后的付款 | 业主向承包商支付应付款项 | 15.4 |
| 63.4 | 协议利益的转让 | 接受协议利益的转让 | 4.4, 15.2 |
| 64.1 | 紧急补救工作 | （1）业主采取紧急补救工作，支付补救费用<br>（2）从应付给承包商的款项中扣除业主支付的费用 | 7.6 |
| | 特殊风险 | | |
| 65.3 | 特殊风险对工程的损害 | 支付因特殊风险而造成的额外费用 | 17.4 |
| 65.5 | 由特殊风险引起的费用增加 | 业主应偿还承包商因特殊风险造成的费用增加款项 | 17.4 |
| 65.8 | 合同终止后的付款 | 支付合同终止后应付给承包商的款项 | 19.6 |
| | 解除履约 | | |
| 66.1 | 解除履约时的付款 | 支付解除履约后应付给承包商的款项 | 19.7 |
| | 争议的解决 | | |
| 67.1 | 工程师的决定 | 在不满工程师的决定时，提出仲裁请求 | 20.1 |
| 67.2 | 友好解决 | 应友好解决争端 | 20.5 |
| 67.3 | 仲裁 | 根据仲裁规则指定仲裁人 | 20.6 |
| 67.4 | 未能遵从工程师的决定 | 将争议提交仲裁 | 20.7 |
| | 通知 | | |
| 68.1 | 致承包商的通知 | 通知承包商的义务 | 1.3 |

第 5 章 业主的主要义务　147

(续)

| 　 | 1987 年第 4 版 FIDIC 合同条款 | 业主的义务 | 1999 年版 FIDIC 合同对应条款 |
|---|---|---|---|
| 68.3 | 地址的变更 | 通知对方地址变更事宜，并抄送给工程师 | 1.3 |
| 　 | 业主的违约 | 　 | 　 |
| 69.3 | 终止时的付款 | 向承包商支付应付给承包商的款项 | 16.4 |
| 　 | 费用和法规的变更 | 　 | 　 |
| 70.2 | 后续的法规 | 同意或决定因法律变更而导致的费用增加 | 13.7 |
| 　 | 货币及汇率 | 　 | 　 |
| 71.1 | 货币限制 | 赔偿因货币限制导致的损失 | 　 |
| 72.2 | 货币比例 | 按照货币比例支付应付给承包商的工程价款 | 14.15 |
| 72.3 | 为暂定金额支付的货币 | 按照货币比例支付暂定金额付款 | 14.15 |

## 附录 5.2　1999 年版新红皮书中业主的主要义务

| 条目 | 条款标题 | 业主的主要义务 |
|---|---|---|
| 1.6 | 合同协议书 | 支付印花税和签署合同协议书有关的其他费用 |
| 1.7 | 权益转让 | 在全部或部分转让合同时应得到承包商的同意 |
| 1.13 | 遵守法律 | 为永久性工程取得规划、区域划定或类似的许可的义务；取得业主要求中规定的任何其他许可的义务 |
| 2.1 | 现场进入权 | 给予承包商进入和占有现场的义务；根据合同规定的时间和方式进入任何基础、结构、设备或者选择进入手段的义务 |
| 2.2 | 许可、执照和批准 | 协助承包商取得法律文本以及申请许可、执照或批准的义务 |
| 2.3 | 业主人员 | 与承包商的各项努力进行合作，遵守安全程序和环境保护要求 |
| 2.4 | 业主的资金安排 | 应承包商的要求，向承包商提供资金安排的合理证明 |
| 2.5 | 业主的索赔 | 向承包商发出业主索赔金钱和延长缺陷通知期限的通知和提供说明细节 |
| 3 | 工程师 | 　 |
| 3.1 | 工程师的职责和义务 | 业主应任命工程师<br>批准工程师行使某些权力 |

(续)

| 条目 | 条款标题 | 业主的主要义务 |
|---|---|---|
| 3.4 | 工程师的替换 | 提前42天通知承包商更换工程师,并通知相关工程师的细节。在承包商反对时,业主不应雇用拟替换的工程师 |
| 3.5 | 决定 | 根据合同的规定,同意或决定承包商提出的索赔或者争议事项 |
| 4 | 承包商 | |
| 4.10 | 现场数据 | 向承包商提供现场数据以及基准日期之后的此类数据 |
| 4.20 | 业主设备和免费供应的材料 | 向承包商提供业主设备和免费材料 |
| 5 | 指定分包商 | |
| 5.1 | 指定分包商的定义 | 任命指定分包商 |
| 5.2 | 反对指定 | 在承包商反对指定时,保障承包商免受任何损害 |
| 5.4 | 付款证据 | 在承包商未能向指定分包商付款时,业主可自行决定直接向指定分包商付款 |
| 7 | 生产设备、材料和工艺 | |
| 7.3 | 检验 | 在生产、加工和施工期间毫无延误地对材料和工艺进行检查、检验、测量和试验,并将上述工作内容通知承包商 |
| 7.4 | 试验 | 提前24小时将参加试验的意图通知承包商,在业主通知试验变更时,批准承包商的试验变更费用和工期延长申请 |
| 7.5 | 拒收 | 将拒绝设备、材料、设计或者工艺的事项通知承包商,并提供拒绝的理由 |
| 8 | 开工、延误和暂停 | |
| 8.1 | 工程的开工 | 提前7天向承包商发出开工日期的通知 |
| 8.3 | 进度计划 | 在收到计划后的21天内,向承包商发出计划不符合合同要求的通知 |
| 8.4 | 竣工时间的延长 | 同意或对承包商提出的因变更、延误或者业主造成的障碍或其他原因导致的索赔作出决定 |
| 8.9 | 暂停的后果 | 同意或决定承包商提出的因业主指示暂停工程导致的工期延长和(或)费用索赔(当承包商没有过错的情况下);根据第8.10款的规定,向承包商支付材料款 |
| 9 | 竣工试验 | |
| 9.2 | 延误的试验 | 对承包商提出的因业主不当延误竣工试验而导致的工期延长和(或)费用索赔表示同意或作出决定 |
| 10 | 业主的接收 | |

(续)

| 条目 | 条款标题 | 业主的主要义务 |
|---|---|---|
| 10.1 | 工程和区段工程的接收 | 在工程竣工时接收工程,并向承包商颁发接收证书 |
| 10.3 | 对竣工试验的干扰 | 对承包商提出的因业主干扰竣工试验而导致的工期延长和(或)费用索赔表示同意或作出决定 |
| 11 | 缺陷责任 | |
| 11.1 | 完成扫尾工作和修补缺陷 | 通知承包商工程的内在缺陷或损害情况 |
| 11.6 | 进一步试验 | 在修复缺陷或损害后,通知承包商进行其要求的重复试验 |
| 11.7 | 进入权 | 向承包商提供工程所有部分的通道,向承包商提供使用运行和工作记录,直至颁发履约证书为止 |
| 11.8 | 承包商调查 | 对承包商提出的应业主要求调查缺陷而导致的费用索赔表示同意或作出决定 |
| 11.9 | 履约证书 | 在缺陷通知期限结束后或在承包和提供的所有的文件,完成了所有的工程的试验并修复了缺陷后的28天内颁发履约证书 |
| 11.10 | 未履行的义务 | 在颁发履约证书后履行所有业主应履行的其他义务 |
| 11.11 | 现场清理 | 出售或处理承包商应从现场撤走,但没有撤走的设备、材料以及临时工程等,业主可从应付给承包商的付款余额中扣除上述清理费用 |
| 12 | 测量和估价 | |
| 12.3 | 估价 | 对工程进行测量和估价,决定新的费率和价格 |
| 12.4 | 删减 | 决定删减任何工程 |
| 13 | 变更和调整 | |
| 13.1 | 变更权 | 取消、确认或变更业主签发的,但遭到承包商反对的指示 |
| 13.3 | 变更程序 | 批准、否决或者对承包商应业主要求提出的承包商建议书作出评论<br>同意或决定变更的合同价格的调整 |
| 13.7 | 因法律改变的调整 | 同意或决定承包商提出的因法律变更而导致的工期延长和(或)费用索赔 |
| 14 | 合同价格和付款 | |
| 14.2 | 预付款 | 根据合同专用条款的规定,向承包商支付动员和设计的预付款 |
| 14.6 | 临时付款 | 如业主不同意承包商递交的报表,则应在收到报表后的28内通知承包商 |

(续)

| 条目 | 条款标题 | 业主的主要义务 |
|---|---|---|
| 14.7 | 付款的时间安排 | 根据合同的规定,向承包商支付预付款、每一笔工程进度款和应付的最终付款 |
| 14.8 | 延误的付款 | 向承包商支付迟付工程款的融资费用 |
| 14.9 | 保留金的支付 | 向承包商支付保留金:在签发接收证书后返回50%,在缺陷通知期限届满后返回剩余的保留金 |
| 14.10 | 竣工报表 | 在收到承包商递交的完成任何单项工程报表后,如业主对此存有异议,应在收到报表后的28天内通知业主。如无任何异议,应向承包商付款 |
| 14.13 | 最终付款 | 向承包商支付最终付款 |
| 15 | 业主的终止 | |
| 15.2 | 业主的终止 | 在业主有权终止合同的情况下,应至少提前14天向承包商发出终止合同的通知 |
| 15.3 | 终止日期的估价 | 在业主终止合同时,同意或决定应付给承包商的工程价款 |
| 15.4 | 终止后的付款 | 在业主终止合同时,向承包商支付工程款的余额 |
| 15.5 | 业主终止的权利 | 在因业主方便终止合同的情况下,通知承包商,并向承包商支付所有应付款项 |
| 16 | 暂停和承包商的终止 | |
| 16.1 | 承包商暂停工作的权利 | 在发生暂停时,同意或决定承包商提出的工期延长和(或)费用索赔 |
| 16.4 | 终止时的付款 | 在终止时返还履约保函,向承包商支付应付的工程价款、费用、利润损失和损害赔偿费用 |
| 17 | 风险和责任 | |
| 17.1 | 保障 | 保障承包商免于合同规定的索赔、损害、损失和费用 |
| 17.4 | 业主风险的后果 | 在发生业主风险后,同意或决定承包商提出的工期延长和(或)费用索赔 |
| 17.5 | 知识产权和工业产权 | 保障并使承包商免受工业和知识产权侵权的损害 |
| 18 | 保险 | |
| 18.1~18.4 | | 根据合同的规定,承担业主负责的工程保险 |
| 19 | 不可抗力 | |
| 19.2 | 不可抗力的通知 | 通知承包商不可抗力事件 |

第5章　业主的主要义务　151

（续）

| 条目 | 条款标题 | 业主的主要义务 |
|---|---|---|
| 19.3 | 将延误减至最小的义务 | 降低不可抗力事件对工程施工的影响，在不可抗力事件对业主的影响停止时，通知承包商 |
| 19.4 | 不可抗力的后果 | 同意或决定承包商提出的因不可抗力事件而导致的工期延长和费用索赔 |
| 19.6, 19.7 | 自主选择终止、付款和解除<br>根据法律解除履约 | 在不可抗力事件造成合同终止时，向承包商支付应付的工程价款 |
| 20 | 索赔、争议和仲裁 | |
| 20.1 | 承包商的索赔 | 回应承包商的索赔要求，批准或否决（附评估意见）承包商提出的工期延长和（或）费用索赔 |
| 20.2 | 争议裁决委员会的任命 | 与承包商一起共同任命争议裁决委员会（DAB）成员；任命一名成员并获得承包商的同意；向DAB成员支付一半的报酬 |
| 20.3 | 对争议裁决委员会未能取得一致 | 通知并抄送DAB对争议作出的决定，向DAB成员提供现场进入权<br>在DAB作出决定时，如不满，应及时发出通知 |
| 20.4 | 取得争议裁决委员会的决定 | 在诉诸仲裁之前，友好解决争议 |
| 20.5 | 友好解决 | 将争议诉诸仲裁，并遵守仲裁裁决 |

## 附录5.3　1999年版新黄皮书中业主的主要义务

| 条目 | 条款标题 | 业主的主要义务 |
|---|---|---|
| 1.6 | 合同协议书 | 支付印花税和签署合同协议书有关的其他费用 |
| 1.7 | 权益转让 | 在全部或部分转让合同时应得到承包商的同意 |
| 1.9 | 业主要求中的错误 | 同意或决定因业主要求中的错误导致的承包商提出的工期延长和（或）费用索赔 |
| 1.12 | 保密 | 遵守保密义务 |
| 1.13 | 遵守法律 | 为永久性工程取得规划、区域划定或类似的许可的义务；取得业主要求中规定的任何其他许可的义务 |
| 2.1 | 现场进入权 | 给予承包商进入和占有现场的义务；根据合同规定的时间和方式进入任何基础、结构、设备或者选择进入手段的义务 |

(续)

| 条目 | 条款标题 | 业主的主要义务 |
|---|---|---|
| 2.2 | 许可、执照和批准 | 协助承包商取得法律文本以及申请许可、执照或批准的义务 |
| 2.3 | 业主人员 | 与承包商的各项努力进行合作,遵守安全程序和环境保护要求 |
| 2.4 | 业主的资金安排 | 应承包商的要求,向承包商提供资金安排的合理证明 |
| 2.5 | 业主的索赔 | 向承包商发出业主索赔金钱和延长缺陷通知期限的通知和提供说明细节 |
| 3 | 工程师 | |
| 3.1 | 工程师的职责和义务 | 业主应任命工程师<br>批准工程师行使某些权力 |
| 3.4 | 工程师的替换 | 提前42天通知承包商更换工程师,并通知相关工程师的细节。在承包商反对时,业主不应雇用拟替换的工程师 |
| 3.5 | 决定 | 根据合同的规定,同意或决定承包商提出的索赔或者争议事项 |
| 4 | 承包商 | |
| 4.10 | 现场数据 | 向承包商提供现场数据以及基准日期之后的此类数据 |
| 4.20 | 业主设备和免费供应的材料 | 向承包商提供业主设备和免费材料 |
| 5 | 设计 | |
| 5.1 | 设计义务的一般要求 | 对业主要求中的业主提供的某些数据的准确性负责 |
| 5.4 | 技术标准和法规 | 如业主要求承包商遵守有关变更或新的标准、规定或其他法律,业主应着手作出变更 |
| 7 | 生产设备、材料和工艺 | |
| 7.3 | 检验 | 在生产、加工和施工期间毫无延误地对材料和工艺进行检查、检验、测量和试验,并将上述工作内容通知承包商 |
| 7.4 | 试验 | 提前24小时将参加试验的意图通知承包商,在业主通知试验变更时,批准承包商的试验变更费用和工期延长申请 |
| 7.5 | 拒收 | 将拒绝设备、材料、设计或者工艺的事项通知承包商,并提供拒绝的理由 |
| 8 | 开工、延误和暂停 | |
| 8.1 | 工程的开工 | 提前7天向承包商发出开工日期的通知 |
| 8.3 | 进度计划 | 在收到计划后的21天内,向承包商发出计划不符合合同要求的通知 |

第5章 业主的主要义务 153

(续)

| 条目 | 条款标题 | 业主的主要义务 |
|---|---|---|
| 8.4 | 竣工时间的延长 | 同意或对承包商提出的因变更、延误或者业主造成的障碍或其他原因导致的索赔作出决定 |
| 8.9 | 暂停的后果 | 同意或决定承包商提出的因业主指示暂停工程导致的工期延长和（或）费用索赔（当承包商没有过错的情况下）；根据第8.10款的规定，向承包商支付材料款 |
| 9 | 竣工试验 | |
| 9.2 | 延误的试验 | 对承包商提出的因业主不当延误竣工试验而导致的工期延长和（或）费用索赔表示同意或作出决定 |
| 10 | 业主的接收 | |
| 10.1 | 工程和区段工程的接收 | 在工程竣工时接收工程，并向承包商颁发接收证书 |
| 10.3 | 对竣工试验的干扰 | 对承包商提出的因业主干扰竣工试验而导致的工期延长和（或）费用索赔表示同意或作出决定 |
| 11 | 缺陷责任 | |
| 11.1 | 完成扫尾工作和修补缺陷 | 通知承包商工程的内在缺陷或损害情况 |
| 11.6 | 进一步试验 | 在修复缺陷或损害后，通知承包商进行其要求的重复试验 |
| 11.7 | 进入权 | 向承包商提供工程所有部分的通道，向承包商提供使用运行和工作记录，直至颁发履约证书为止 |
| 11.8 | 承包商调查 | 对承包商提出的应业主要求调查缺陷而导致的费用索赔表示同意或作出决定 |
| 11.9 | 履约证书 | 在缺陷通知期限结束后或在承包和提供的所有的文件，完成了所有的工程的试验并修复了缺陷后的28天内颁发履约证书 |
| 11.10 | 未履行的义务 | 在颁发履约证书后履行所有业主应履行的其他义务 |
| 11.11 | 现场清理 | 出售或处理承包商应从现场撤走、但没有撤走的设备、材料以及临时工程等，业主可从应付给承包商的付款余额中扣除上述清理费用 |
| 12 | 竣工后试验 | |
| 12.1 | 竣工后试验的程序 | 提前21天向承包商发出进行竣工后试验的通知，并提供所有的电力、燃料、材料，准备妥当业主的人员和设备 |
| 12.2 | 延误的试验 | 同意或决定承包商提出的因业主的不合理延误竣工后试验而导致的索赔 |
| 12.3 | 重新试验 | 在业主的不合理延误允许承包商使用竣工后试验通道，以致承包商无法调查竣工后试验失败的原因并进行适当的调整或修正时，如承包商提出索赔，业主应同意或决定索赔 |

(续)

| 条目 | 条款标题 | 业主的主要义务 |
|---|---|---|
| 13 | 变更和调整 | |
| 13.1 | 变更权 | 取消、确认或变更业主签发的,但遭到承包商反对的指示 |
| 13.3 | 变更程序 | 批准、否决或者对承包商应业主要求提出的承包商建议书作出评论<br>同意或决定变更的合同价格的调整 |
| 13.7 | 因法律改变的调整 | 同意或决定承包商提出的因法律变更而导致的工期延长和(或)费用索赔 |
| 14 | 合同价格和付款 | |
| 14.2 | 预付款 | 根据合同专用条款的规定,向承包商支付动员和设计的预付款 |
| 14.6 | 临时付款 | 如业主不同意承包商递交的报表,则应在收到报表后的28内通知承包商 |
| 14.7 | 付款的时间安排 | 根据合同的规定,向承包商支付预付款、每一笔工程进度款和应付的最终付款 |
| 14.8 | 延误的付款 | 向承包商支付迟付工程款的融资费用 |
| 14.9 | 保留金的支付 | 向承包商支付保留金:在签发接收证书后返回50%,在缺陷通知期限届满后返回剩余的保留金 |
| 14.10 | 竣工报表 | 在收到承包商递交的完成任何单项工程报表后,如业主对此存有异议,应在收到报表后的28天内通知业主。如无任何异议,应向承包商付款 |
| 14.13 | 最终付款 | 向承包商支付最终付款 |
| 15 | 业主的终止 | |
| 15.2 | 业主的终止 | 在业主有权终止合同的情况下,应至少提前14天向承包商发出终止合同的通知 |
| 15.3 | 终止日期的估价 | 在业主终止合同时,同意或决定应付给承包商的工程价款 |
| 15.4 | 终止后的付款 | 在业主终止合同时,向承包商支付工程款的余额 |
| 15.5 | 业主终止的权利 | 在因业主方便时终止合同的情况下,通知承包商,并向承包商支付所有应付款项 |
| 16 | 暂停和承包商的终止 | |
| 16.1 | 承包商暂停工作的权利 | 在发生暂停时,同意或决定承包商提出的工期延长和(或)费用索赔 |

(续)

| 条目 | 条款标题 | 业主的主要义务 |
|---|---|---|
| 16.4 | 终止时的付款 | 在终止时返还履约保函，向承包商支付应付的工程价款、费用、利润损失和损害赔偿费用 |
| 17 | 风险和责任 | |
| 17.1 | 保障 | 保障承包商免于合同规定的索赔、损害、损失和费用 |
| 17.4 | 业主风险的后果 | 在发生业主风险后，同意或决定承包商提出的工期延长和（或）费用索赔 |
| 17.5 | 知识产权和工业产权 | 保障并使承包商免受工业和知识产权侵权的损害 |
| 18 | 保险 | |
| 18.1~18.4 | | 根据合同的规定，承担业主负责的工程保险 |
| 19 | 不可抗力 | |
| 19.2 | 不可抗力的通知 | 通知承包商不可抗力事件 |
| 19.3 | 将延误减至最小的义务 | 降低不可抗力事件对工程施工的影响，在不可抗力事件对业主的影响停止时，通知承包商 |
| 19.4 | 不可抗力的后果 | 同意或决定承包商提出的因不可抗力事件而导致的工期延长和费用索赔 |
| 19.6, 19.7 | 自主选择终止、付款和解除<br>根据法律解除履约 | 在不可抗力事件造成合同终止时，向承包商支付应付的工程价款 |
| 20 | 索赔、争议和仲裁 | |
| 20.1 | 承包商的索赔 | 回应承包商的索赔要求，批准或否决（附评估意见）承包商提出的工期延长和（或）费用索赔 |
| 20.2 | 争议裁决委员会的任命 | 与承包商一起共同任命争议裁决委员会（DAB）成员；任命一名成员并获得承包商的同意；向 DAB 成员支付一半的报酬 |
| 20.3 | 对争议裁决委员会未能取得一致 | 通知并抄送 DAB 对争议作出的决定，向 DAB 成员提供现场进入权<br>在 DAB 作出决定时，如不满，应及时发出通知 |
| 20.4 | 取得争议裁决委员会的决定 | 在诉诸仲裁之前，友好解决争议 |
| 20.5 | 友好解决 | 将争议诉诸仲裁，并遵守仲裁裁决 |

## 附录 5.4  1999 年版银皮书中业主的主要义务

| 条目 | 条款标题 | 业主的主要义务 |
|---|---|---|
| 1.6 | 合同协议书 | 支付印花税和签署合同协议书有关的其他费用 |
| 1.7 | 权益转让 | 在全部或部分转让合同时应得到承包商的同意 |
| 1.9 | 保密 | 对合同内容的保密义务 |
| 1.13 | 遵守法律 | 为永久性工程取得规划、区域划定或类似的许可的义务；取得业主要求中规定的任何其他许可的义务 |
| 2.1 | 现场进入权 | 给予承包商进入和占有现场的义务；根据合同规定的时间和方式进入任何基础、结构、设备或者选择进入手段的义务 |
| 2.2 | 许可、执照和批准 | 协助承包商取得法律文本以及申请许可、执照或批准的义务 |
| 2.3 | 业主人员 | 与承包商的各项努力进行合作，遵守安全程序和环境保护要求 |
| 2.4 | 业主的资金安排 | 应承包商的要求，向承包商提供资金安排的合理证明 |
| 2.5 | 业主的索赔 | 向承包商发出业主索赔金钱和延长缺陷通知期限的通知和提供说明细节 |
| 3 | 业主的管理 | |
| 3.5 | 决定 | 根据合同的规定，同意或决定承包商提出的索赔或者争议事项 |
| 4 | 承包商 | |
| 4.10 | 现场数据 | 向承包商提供现场数据以及基准日期之后的此类数据 |
| 4.20 | 业主设备和免费供应的材料 | 向承包商提供业主设备和免费材料 |
| 5 | 设计 | |
| 5.1 | 设计义务的一般要求 | 对业主要求中的业主提供的某些数据的准确性负责 |
| 5.4 | 技术标准和法规 | 如业主要求承包商遵守有关变更或新的标准、规定或其他法律，业主应着手作出变更 |
| 7 | 设备、材料和工艺 | |
| 7.3 | 检验 | 在生产、加工和施工期间毫无延误地对材料和工艺进行检查、检验、测量和试验，并将上述工作内容通知承包商 |
| 7.4 | 试验 | 提前 24 小时将参加试验的意图通知承包商，在业主通知试验变更时，批准承包商的试验变更费用和工期延长申请 |

(续)

| 条目 | 条款标题 | 业主的主要义务 |
|---|---|---|
| 7.5 | 拒收 | 将拒绝设备、材料、设计或者工艺的事项通知承包商,并提供拒绝的理由 |
| 8 | 开工、延误和暂停 | |
| 8.1 | 工程的开工 | 提前7天向承包商发出开工日期的通知 |
| 8.3 | 进度计划 | 在收到计划后的21天内,向承包商发出计划不符合合同要求的通知 |
| 8.4 | 竣工时间的延长 | 同意或对承包商提出的因变更、延误或者业主造成的障碍或其他原因导致的索赔作出决定 |
| 8.9 | 暂停的后果 | 同意或决定承包商提出的因业主指示暂停工程导致的工期延长和(或)费用索赔(当承包商没有过错的情况下);根据第8.10款的规定,向承包商支付材料款 |
| 9 | 竣工试验 | |
| 9.2 | 延误的试验 | 对承包商提出的因业主不当延误竣工试验而导致的工期延长和(或)费用索赔表示同意或作出决定 |
| 10 | 业主的接收 | |
| 10.1 | 工程和区段工程的接收 | 在工程竣工时接收工程,并向承包商颁发接收证书 |
| 10.3 | 对竣工试验的干扰 | 对承包商提出的因业主干扰竣工试验而导致的工期延长和(或)费用索赔表示同意或作出决定 |
| 11 | 缺陷责任 | |
| 11.1 | 完成扫尾工作和修补缺陷 | 通知承包商工程的内在缺陷或损害情况 |
| 11.6 | 进一步试验 | 在修复缺陷或损害后,通知承包商进行其要求的重复试验 |
| 11.7 | 进入权 | 向承包商提供工程所有部分的通道,向承包商提供使用运行和工作记录,直至颁发履约证书为止 |
| 11.8 | 承包商调查 | 对承包商提出的应业主要求调查缺陷而导致的费用索赔表示同意或作出决定 |
| 11.9 | 履约证书 | 在缺陷通知期限结束后或在承包和提供的所有的文件,完成了所有的工程的试验并修复了缺陷后的28天内颁发履约证书 |
| 11.10 | 未履行的义务 | 在颁发履约证书后履行所有业主应履行的其他义务 |
| 11.11 | 现场清理 | 出售或处理承包商应从现场撤走,但没有撤走的设备、材料以及临时工程等,业主可从应付给承包商的付款余额中扣除上述清理费用 |
| 12 | 竣工后试验 | |

(续)

| 条目 | 条款标题 | 业主的主要义务 |
|---|---|---|
| 12.1 | 竣工后试验的程序 | 提前21天向承包商发出进行竣工后试验的通知,并提供所有的电力、燃料、材料,准备妥当业主的人员和设备 |
| 12.2 | 延误的试验 | 同意或决定承包商提出的因业主的不合理延误竣工后试验而导致的索赔 |
| 12.3 | 重新试验 | 在业主的不合理延误允许承包商使用竣工后试验通道,以致承包商无法调查竣工后试验失败的原因并进行适当的调整或修正时,如承包商提出索赔,业主应同意或决定索赔 |
| 13 | 变更和调整 | |
| 13.1 | 变更权 | 取消、确认或变更业主签发的,但遭到承包商反对的指示 |
| 13.3 | 变更程序 | 批准、否决或者对承包商应业主要求提出的承包商建议书作出评论<br>同意或决定变更的合同价格的调整 |
| 13.7 | 因法律改变的调整 | 同意或决定承包商提出的因法律变更而导致的工期延长和(或)费用索赔 |
| 14 | 合同价格和付款 | |
| 14.2 | 预付款 | 根据合同专用条款的规定,向承包商支付动员和设计的预付款 |
| 14.6 | 临时付款 | 如业主不同意承包商递交的报表,则应在收到报表后的28天内通知承包商 |
| 14.7 | 付款的时间安排 | 根据合同的规定,向承包商支付预付款、每一笔工程进度款和应付的最终付款 |
| 14.8 | 延误的付款 | 向承包商支付迟付工程款的融资费用 |
| 14.9 | 保留金的支付 | 向承包商支付保留金:在签发接收证书后返回50%,在缺陷通知期限届满后返回剩余的保留金 |
| 14.10 | 竣工报表 | 在收到承包商递交的完成任何单项工程报表后,如业主对此存有异议,应在收到报表后的28天内通知业主。如无任何异议,应向承包商付款 |
| 14.13 | 最终付款 | 向承包商支付最终付款 |
| 15 | 业主的终止 | |
| 15.2 | 业主的终止 | 在业主有权终止合同的情况下,应至少提前14天向承包商发出终止合同的通知 |
| 15.3 | 终止日期的估价 | 在业主终止合同时,同意或决定应付给承包商的工程价款 |
| 15.4 | 终止后的付款 | 在业主终止合同时,向承包商支付工程款的余额 |

（续）

| 条目 | 条款标题 | 业主的主要义务 |
|---|---|---|
| 15.5 | 业主终止的权利 | 在因业主方便时终止合同的情况下，通知承包商，并向承包商支付所有应付款项 |
| 16 | 暂停和承包商的终止 | |
| 16.1 | 承包商暂停工作的权利 | 在发生暂停时，同意或决定承包商提出的工期延长和（或）费用索赔 |
| 16.4 | 终止时的付款 | 在终止时返还履约保函，向承包商支付应付的工程价款、费用、利润损失和损害赔偿费用 |
| 17 | 风险和责任 | |
| 17.1 | 保障 | 保障承包商免于合同规定的索赔、损害、损失和费用 |
| 17.4 | 业主风险的后果 | 在发生业主风险后，同意或决定承包商提出的工期延长和（或）费用索赔 |
| 17.5 | 知识产权和工业产权 | 保障并使承包商免受工业和知识产权侵权的损害 |
| 18 | 保险 | |
| 18.1~18.4 | | 根据合同的规定，承担业主负责的工程保险 |
| 19 | 不可抗力 | |
| 19.2 | 不可抗力的通知 | 通知承包商不可抗力事件 |
| 19.3 | 将延误减至最小的义务 | 降低不可抗力事件对工程施工的影响，在不可抗力事件对业主的影响停止时，通知承包商 |
| 19.4 | 不可抗力的后果 | 同意或决定承包商提出的因不可抗力事件而导致的工期延长和费用索赔 |
| 19.6、19.7 | 自主选择终止、付款和解除根据法律解除履约 | 在不可抗力事件造成合同终止时，向承包商支付应付的工程价款 |
| 20 | 索赔、争议和仲裁 | |
| 20.1 | 承包商的索赔 | 回应承包商的索赔要求，批准或否决（附评估意见）承包商提出的工期延长和（或）费用索赔 |
| 20.2 | 争议裁决委员会的任命 | 与承包商一起共同任命争议裁决委员会（DAB）成员；任命一名成员并获得承包商的同意；向 DAB 成员支付一半的报酬 |
| 20.3 | 对争议裁决委员会未能取得一致 | 通知并抄送 DAB 对争议作出的决定，向 DAB 成员提供现场进入权<br>在 DAB 作出决定时，如不满，应及时发出通知 |
| 20.4 | 取得争议裁决委员会的决定 | 在诉诸仲裁之前，友好解决争议 |
| 20.5 | 友好解决 | 将争议诉诸仲裁，并遵守仲裁裁决 |

# 第6章 工程师的主要义务和责任

行为公正意味着乐于倾听和考虑业主和承包商双方的观点,然后基于事实作出决定。

——FIDIC:《土木工程施工合同条件应用指南》

## 6.1 概述

工程师或建筑师是土木工程和建筑工程施工合同中的特有的角色。如前所述,工程师不属于业主和承包商签订的施工合同的当事人,他只是业主聘用的,代表业主进行工程项目管理的人。FIDIC 合同称其为工程师,JCT 标准建筑合同称其为建筑师,而在 NEC 合同中,工程师属于合同管理人(contract administrator, CA)。

工程师介入工程项目、进行工程项目的管理的权利和义务源自业主与工程师之间签订的咨询服务合同。在咨询服务合同中,业主与工程师约定工作范围、工程师的权限、业主和工程师的义务、工程师的报酬、酬金的支付、违约责任、责任限制等内容。工程师根据咨询服务合同的规定,代表业主负责工程项目的日常管理、成本控制、进度管理、质量监督,并保证工程项目按照进度计划如期完工。

在建筑和土木工程施工合同中,工程师的主要义务和责任是:

(1) 设计和提供图纸义务。
(2) 监理义务。
(3) 发布指示义务。
(4) 通知义务。
(5) 作出决定的义务。
(6) 作出变更义务。
(7) 检查义务。
(8) 计量义务。
(9) 签认义务。

## 6.2 FIDIC《客户/咨询工程师协议书》

### 6.2.1 FIDIC 白皮书的编制原则

《客户/咨询工程师协议书》（Client/Consultant Agreement，简称"白皮书"）是 FIDIC 在 1991 年第 1 版白皮书基础上，针对 1998 年《客户/咨询工程师服务协议书范本》第 3 版，于 2001 年重新修订后出版发行的。

FIDIC 在编制白皮书时，遵循的下述基本原则：
（1）注重客户和咨询工程师权利和义务的平衡。
（2）使合同版本能够得到广泛的应用。
（3）语言简明，易于翻译。
（4）促进合作和相互信赖，避免引起对立的看法。
（5）认清国际商业的现实，考虑委托咨询工作的特有情况和困难。
（6）避免使用特定地域的法律术语、用语和措辞。
（7）使合同双方当事人考虑到各自承担的风险和责任，而不限于委托工作的技术内容。

### 6.2.2 FIDIC 白皮书的主要条款和内容

FIDIC 白皮书的构成文件是：
（1）通用条件。
（2）专用条件。
（3）附录：包括：
① 附录 A：服务范围。
② 附录 B：客户应提供的人员、设备、设施或其他服务。
③ 附录 C：报酬和支付。

FIDIC 白皮书共 44 条，主要规定了客户和咨询工程师的权利和义务、责任的限制、报酬标准、支付程序、服务范围、争议的解决等内容。其中，附录 A：服务范围给出了工程项目各个阶段咨询工程师担当的主要角色和主要工作范围，有利于理解咨询工程师在工程项目各个不同阶段中的作用。

FIDIC 白皮书附录 A：典型的服务范围的内容，见表 6-1。

表 6-1　FIDIC 白皮书附录 A：典型的服务范围

| 项目实施阶段 | 典型服务范围 |
| --- | --- |
| 项目发起阶段 | (1) 审查现有数据，决定其充分性和适合性<br>(2) 与客户进行讨论，对采取的步骤取得一致<br>(3) 确定要做的工作/收集必要的信息<br>(4) 提交发起报告<br>(5) 获得客户的批准<br>(6) 如必要，为客户编制调整服务预算的文件 |
| 项目确定阶段 | (1) 确定项目的预期功能<br>(2) 制定达到要求的功能所使用的标准和准则<br>(3) 确定项目的实施方法<br>(4) 获得客户批准 |
| 备选建议书 | (1) 提出在技术上满足要求功能的替代解决方案<br>(2) 各备选方案的预算<br>(3) 详细检查备选方案，与客户取得一致 |
| 可行性研究 | (1) 按第 4 组随后任务的要求进行测量和调查<br>(2) 按照规定的标准和准则，开发选定的备选方案，证明技术的可行性，做出费用估算<br>(3) 进行环境影响分析<br>(4) 对项目预期成本和收入做出财务分析<br>(5) 对项目预期成本和利润做出经济分析<br>(6) 推荐一个备选方案 |
| 详细的工程设计 | (1) 如必要，进行进一步的测量和调查<br>(2) 按照规定的标准和准则，进行选定的备选方案的设计，达成要求的详细程度，使其符合商定的实施方法和方案<br>(3) 施工过程中进行价格分析/费用估算<br>(4) 进行可施工性评估<br>(5) 进行价值工程评估<br>(6) 根据环境影响评估结果，编写减轻措施计划<br>(7) 获得客户批准 |
| 招标文件 | (1) 与客户商定合同条件和问题<br>(2) 最后确定招标文件<br>(3) 编制详细的费用估算<br>(4) 获得客户批准 |
| 招标和授标 | (1) 发布广告和颁发招标文件<br>(2) 组织现场考察和标前会议<br>(3) 颁发补遗和澄清文件<br>(4) 对收到的建议书/投标文件作出分析，并提出中标的建议<br>(5) 协助客户与选定的承包商谈判<br>(6) 编制合同文件 |

(续)

| 项目实施阶段 | 典型服务范围 |
| --- | --- |
| 施工监理 | （1）进行补充设计<br>（2）审查补充设计（包括安装图）<br>（3）设计控制<br>（4）可施工性评估<br>（5）价值工程评估<br>（6）文件控制<br>（7）进度控制<br>（8）成本控制<br>（9）合同管理<br>（10）核实保证和保险要求<br>（11）质量控制记录<br>（12）测量和证书<br>（13）在变更和索赔方面向客户提供协助<br>（14）编制报告 |
| 接收和试运行 | （1）工程竣工时进行检验<br>（2）监督试运行，并进行试运行期间的试验<br>（3）监控试运行期间承包商的工作<br>（4）核实客户职员在培训期间取得的证书<br>（5）编制移交证书 |
| 缺陷责任期限 | （1）提供定期的或持续的检验服务<br>（2）安排需要的修复工作<br>（3）编制所有必要的结清文件<br>（4）协助谈判最终结算金额<br>（5）进行缺陷检验和穿孔表<br>（6）编制无缺陷证书 |

## 6.2.3 FIDIC 白皮书建议的咨询服务报酬的支付方式

FIDIC 白皮书建议，客户向咨询工程师支付报酬的通常做法是将服务报酬分为酬金（fees）和开支（expenses）两部分，规定"服务报酬由酬金和开支组成。"根据 FIDIC 白皮书的规定，"开支"是指咨询工程师为服务目的向另一方或第三方的直接净支付，但不包括向职员支付的薪金，或被认为已包括在用于薪金的乘数系数中的任何开支。

FIDIC 白皮书建议，几种常见的支付咨询报酬的方式是：

（1）总额酬金（lump sum），包括或加上某些开支。

（2）按时间支付（time based charges），包括或加上某些开支。

（3）服务的净费用加酬金（net cost of the services plus a fee），酬金包括：

① 一笔固定金额。
② 服务净费用的固定百分比。
③ 服务净费用或某些有关目标费用的分级百分比。
④ 工程费用或其即时估算费用的百分比，或全部包干或加上某些开支。

### 6.2.4 知识产权

根据 FIDIC 白皮书的规定，原则上，咨询工程师应保留重复使用其服务的专门技术及非保密性成果的权力，以便向其服务的未来用户报出经济的价格，咨询工程师还可以在其他工程项目运用其技能和技术。可能有时客户会对某种特殊承购具有保持控制的合法权益，但一般这些成果具有独特性质，但这里强调的是拒绝复制权，而不是重复使用的权利。

### 6.2.5 FIDIC 白皮书建议的争议解决程序

FIDIC 白皮书规定了三阶段的争议解决程序。如果双方当事人因服务协议发生分歧或争议，当事人可首先通过友好协商的方式解决争议。如果通过友好协商未能达成一致，当事人可通过调解程序解决争议。如果无法达成调解协议，任何一方当事人均可将争议诉诸仲裁。任何一方当事人均不能开始争议的仲裁程序，除非已经试图通过调解解决双方当事人之间的争议。但是，根据第 8.2.2 款的规定，如果在一方当事人发出调解通知后的 90 天内仍无法解决双方的争议，任何一方当事人均可将争议提交仲裁解决。

## 6.3 工程师的作用

在传统的施工合同中，例如 1987 年版 FIDIC 红皮书，工程师的作用如下：
（1）作为工程项目的设计者。
（2）作为业主的代理。
（3）作为工程项目的管理人。
（4）作为裁决员和准仲裁员。

但在 1999 年版新黄皮书中，由于新黄皮书的合同的性质属于设计—施工合同，承包商承担了设计责任，因此，工程师作为工程项目设计者的责任转移给了承包商，但工程师仍然是以业主的代理、工程项目的管理人的身份出现。在 1999 年版银皮书和 2008 年版金皮书中，业主代表取代了工程师的地位，工程师这一角色没有出现在合同中。尽管业主也可以聘用咨询工程师作为业主代表，代表业主行使管理合同的功能，但在这种情况下，在银皮书和金皮书中，咨询工程师的身份是业主代表，而不是以工程师的身份进行合同和工程项目的日常管理工作。

在上文所述的工程师的四项主要作用中，人们对第（1）、第（3）项作用不存在任何争议。但在 FIDIC 合同中，工程师作为业主的代理作用却经历了一个显著的变化过程。根据 1987 年版 FIDIC 红皮书的规定，工程师是业主聘任的负责项目管理的人员，却没有明确工程师作为代理的地位，但根据 1999 年版新红皮书第 3.1 款第（a）项的规定："每当工程师履行或行使合同规定的或默示的任务或权力时，应视为代表业主执行。"

1987 年版红皮书与 1999 年版新红皮书的主要区别之一就是工程师地位的变化。工程师地位的变化使得工程师的作用明显出现了冲突：一方面，工程师受雇于业主，接受业主支付咨询服务报酬，作为业主的代理行使管理项目的功能；另一方面，根据第 3.5 款的规定，在业主和承包商无法达成一致时，"工程师应对所有有关的情况予以应有的考虑，按照合同作出公正的（fair）决定。"

对此，英国咨询工程师布赖恩·托特蒂尔在《FIDIC 用户指南》一书中评述道[一]：

"无论这种变化是否意味着工程师需对任何具体索赔作出不同决定，这种角色变化都会影响其最终决定。如果工程师按照合同规定公平行事，那么与第一次看到该条款的印象相比，合同条款中用词的变化可能是微不足道的。工程师应记住其任何决定均有可能在短时间内被争议裁决委员会推翻。争议裁决委员会作出的与之相反的决定会导致业主怀疑工程师的能力。"

近些年来，人们对工程师的作用颇有争议。按照传统的理解，工程师应当是一个独立的、公正的角色，在业主和承包商之间保持平衡。在 Amec Civil Engineering Limited 诉 Secretary of State for Transport 案中，利克斯法官根据有关判决对工程师的义务作了总结，如下：

（1）工程师必须"在履行（其专业技能）时保持独立[二]。"

（2）他必须"以公正的和不偏不倚的方式行事"，并且"公正地作出决定，保持平衡[三]。"

---

[一] 布赖恩·托特蒂尔. FIDIC 用户指南 [M]. 崔军译. 北京：机械工业出版社，2009：83.
[二] Hounslow LBC v. Twickenham Garden Developments [1971] 1 Ch 233.
[三] Sutcliffe v. Thackrah.

（3）他必须"公正地行事"[注]。

（4）如果他听取了一方当事人的陈述，他必须向另一方当事人提供机会，让另一方当事人对其指控作出答复[注]。

（5）他必须"公正地和公平地行事"，公正是"一个广义的甚至富有弹性的概念"，公平"不意味着它是一个狭义的概念[注]"。

在 Amec 案中，法官判决工程师未能根据 ICE 合同第 66 条的规定公正地作出决定。

根据英国法，工程师是否在侵权法上对承包商负有谨慎义务仍存在一定的争议，主要集中在工程师签认证书和设计两个方面。而工程师对于业主而言，英国法认为应负有谨慎义务，同时，法院判例还认为工程师应在设计上对业主负有满足使用功能的义务。因此，在工程师行使管理职能、作出决定时，对业主和承包商负有义务的不同也会导致工程师行为的改变。

尽管在 1999 年版新红皮书、新黄皮书中工程师作为业主代理和作出公平的决定，这种所谓的作为"裁决员或准仲裁员"两个角色存在冲突，但作为工程师而言，在合同要求他作出公正的决定时，他应公平地、不偏不倚地考虑各方的利益，作出公平的决定，否则，他的决定可能很快会被争议裁决委员会推翻。

在 1999 年版新红皮书、新黄皮书、银皮书中，FIDIC 引入了争议裁决委员会（DAB）机制，而在 2005 年协调版施工合同中，引入了争议委员会（DB）机制，无论是 DAB 还是 DB，对工程师而言，无疑是对工程师公平作出决定、公平行事设立的一种监督机制；对承包商而言，当承包商认为工程师没有作出公平的决定时，可将争议提交 DAB 或 DB 作出决定，可以说是为承包商获得公平的结果提供了申诉的机制。

## 6.4 设计和提供图纸的义务

在 1987 年版 FIDIC 红皮书、1999 年版新红皮书和 2005 年协调版施工合同中，工程师负有设计和提供图纸的义务，但在 1999 年版新黄皮书、银皮书和 2008 年版金皮书中，承包商负责工程项目的设计，工程师没有设计和提供图纸的义务。

---

⊖ Sutcliffe v. Thackrah.
⊖ AC Harrick (NZ) Ltd. v. Nelson Carlton Construction Co. Ltd. ［1964］NZLR 72.
⊖ Canterbury Pipe Lines Ltd. v. Christchurch Draining Board ［1979］16 BLR 76 NZCA.

有关工程师的设计责任的内容，参见本书第 8 章有关章节。

1999 年版新红皮书第 1.9 款"延误的图纸和指示"规定：

"如果未能在合理的特定时间内将任何必需的图纸或指示发至承包商，以致可能造成工程的拖延或中断时，承包商应通知工程师。通知应包括必需的图纸或指示的细节，为何及何时前必须发出的详细理由，以及如果延迟发出时可能遭受的延误或中断的性质和程度的详情。

如果由于工程师未能在合理的以及在承包商附有支持细节的通知规定的时间内发出图纸或指示，致使承包商遭受延误和/或导致增加费用，承包商应再次通知工程师，并根据第 20.1 款［承包商的索赔］的规定，有权要求：

(a) 根据第 8.4 款［竣工时间的延长］的规定，如果竣工已经或即将遭受延误，应对任何此类延误给予延长期；

(b) 支付计入合同价格的任何此类费用和合理利润。

工程师收到此项的再次通知后，应根据第 3.5 款［决定］的规定，作出同意或决定。

但是，如因承包商的错误或延误，包括承包商文件中的错误或提交延误造成了工程师未能及时发出有关文件，承包商无权要求此类延长期、费用或利润。"

1987 年版 FIDIC 红皮书第 6.1 款、6.2 款、6.3 款、6.4 款和 6.5 款规定了与工程师提供图纸和指示相关的内容，其内容与 1999 年版新红皮书基本一致。

根据 1999 年版新红皮书的规定，工程师负有向承包商提供图纸的义务。在第 1.9 款中，使用了"合理的"一词，如何界定"合理的"或"不合理的"的法律含义和实务中的界限，FIDIC 合同没有给出进一步的提示。

对承包商而言，向工程师提供进度计划、说明需要图纸的具体日期，是一件十分可行的做法。如果工程师未能在承包商要求的时间内提供图纸，并且发生了承包商没有图纸、无法施工的情况，承包商可根据第 1.9 款的规定发出通知，提出工期延长和费用索赔要求。另一方面，承包商也应让工程师有充分的时间准备图纸。在实务中，承包商应掌握如下要点：

(1) 工程师未能在合理的时间内向承包商提供图纸。

(2) 未能在合理时间提供图纸导致承包商无法进行有关的施工。

(3) 未能在合理时间提供图纸造成了施工延误的事实。

但承包商不能忘记 Glenlion Construction Ltd. 诉 The Guinness Trust

(1987) 11 Con LR 126 案的判决，即承包商在制定了提前竣工的进度计划时，业主或工程师没有义务配合承包商的提前竣工计划，向承包商发布指示和提供图纸。

按照第 1.9 款的规定，承包商应分两个阶段向工程师发出通知，第一步是确认工程师未能在合理的时间内提供图纸和指示；第二步是由于工程师未能在合理的时间内提供图纸和指示，以致导致了承包商施工的延误，此时，承包商应再次发出通知，提出工期延长和费用索赔要求。

2005 年版协调版施工合同对新红皮书第 1.9 款作了两处修改，删除了第一段中"性质的详情"，另外一处重要修改是删除了第（b）项中的"合理利润"中的"合理"一词。

## 6.5 监理义务

在建筑和土木工程施工阶段，工程师的一项最重要的任务就是施工监理的义务（duty of supervision）。根据 FIDIC 白皮书的规定，工程师在施工监理阶段的主要义务是：

(1) 进行补充设计。
(2) 审查补充设计（包括安装图）。
(3) 设计控制。
(4) 可施工性评估。
(5) 价值工程评估。
(6) 文件控制。
(7) 进度控制。
(8) 成本控制。
(9) 合同管理。
(10) 核实保证和保险要求。
(11) 质量控制记录。
(12) 测量和证书。
(13) 在变更和索赔方面向客户提供协助。
(14) 编制报告。

工程师对建筑和土木工程项目实施监理的目的是为了保证工程项目能够按照合同的规定和要求进行施工。工程师承担项目监理的义务的范围和程度取决于业主和工程师之间签订的咨询服务合同的约定内容以及工程项目的性质。工程师必须对工程项目进行合理的监督。在 East Ham 诉 Bernard Sunley

[1966] A. C. 406 案⊖中，阿约翰大法官对"合理的检查"的含义进行了界定，如下：

"众所周知，建筑师并不是永久性地驻在现场，而是每隔一段时间去一次现场，可能是一周或两周去一次，当然，他必须检查工程的进度。当他到达现场时，可能会有许多问题等待他去处理：工程进度可能因劳务纠纷滞后；有些材料供应商或分包商的进度滞后；可能现场本身的地质条件出现了问题，例如，发现了大量的地下水。所有这些问题都需要建筑师作出重要的决定。在这种情况下，建筑师认为他对建造商十分了解，他可以督促建造商更好进行施工工作。更为重要的是，他应花费一分钟的时间视察现场，看一看建造商是否按照他提出的规范进行施工……决不能发生这样的事情，建筑师通过合理的检查，本应发现的工程缺陷，但却没有发现，事实上，建筑师因此违反了他对业主应当承担的义务，应对疏忽承担责任。可以肯定的是，建筑师未能发现工程缺陷的疏忽是由于判断错误造成的，或者是错误计算失误造成的，在发生了所有这些情况时，建筑师为此承担责任是合理的和适当的。

但是，无论建筑师去现场检查的次数多么频繁，建筑师都应对所有重要的工程进行充分的检查，特别是那些将要被其他工程覆盖的工程。在一个古老的苏格兰判例 Jameson 诉 Simon 案中，建筑师每周都去建筑现场进行视察，但却没有检查出现缺陷的地板的基础。克拉克大法官指出：

'当然，不可能期望建筑师检查所有的工程，不可能指望只花费几分钟就能检查需要每天或几个小时的长时间观察才能发现的缺陷。但是，对于那些实质性的和重要的事项，例如地板基础工程，如果建筑师未能在地板覆盖之前进行相应的检查，确定下部工程的施工质量，检查地板下面的水泥是否符合规范要求，我认为建筑师应对此承担责任。'"

## 6.6 发布指示的义务

在建筑和土木工程施工合同中，正如《哈德逊论建筑和工程合同》一书将工程师或建筑师描述为工程项目的"船长"一样（Architect/Engineer as the "captain of the ship"），工程师在工程项目中的地位和作用处于核心地位。他必须时时或每天发布指示，指挥参与工程项目的众多人员，共同完成工程项目的实施任务。发布指示的义务成为工程师每天或时时都需要履行的义务。

---

⊖ John Uff. Construction Law [M]. 9th ed. London: Sweet & Maxwell, 2005: 292-293.

所有的施工合同以及标准合同格式都对工程师发布指示的义务作了明示规定。在 FIDIC 合同中，许多条款都规定了工程师发布指示的明示义务。除了这些明示义务外，按照合同的规定，承包商还需要在遇到各种情况时向承包商发出指示，以便承包商按照指示进行施工。对于承包商而言，FIDIC 新红皮书、新黄皮书明示规定，承包商应"按照合同和工程师的指示，设计（在合同规定的范围内）、实施和完成工程，并修补工程中的任何缺陷。"在银皮书和金皮书中，工程师的指示为业主代表的指示所代替。

### 6.6.1　1987 年第 4 版红皮书中工程师发布指示的义务

1987 年第 4 版红皮书中工程师发布指示义务的有关条款见表 6-2。

表 6-2　1987 年第 4 版红皮书中工程师发布指示的有关条款

| 条目 | 条款标题 | 工程师指示的内容 |
| --- | --- | --- |
| 1.5 | 通知、同意、批准、证明和决定 | （1）书面义务<br>（2）不得无故扣压或拖延 |
| 2.5 | 书面指示 | （1）以书面形式发出指示<br>（2）如以口头方式发出指示，应以书面形式对其予以确认<br>（3）如承包商在 7 天内以书面形式向工程师确认口头指示，而工程师未以书面形式加以否认，则应视为是工程师的指示 |
| 5.2 | 合同文件的优先次序 | 在合同文件出现含糊或歧义时，作出解释、校正，并应向承包商发出有关指示 |
| 6.1 | 图纸和文件的保管和提供 | （1）保管图纸，免费向承包商提供两套复印件<br>（2）书面要求承包商提供更多的图纸、规范和其他文件的复印件 |
| 6.3 | 工程进展中断 | 在合理时间内发出进一步的图纸和指示 |
| 7.1 | 补充图纸和指示 | 有权向承包商发出此类补充图纸和指示 |
| 13.1 | 应遵守合同工作 | 由工程师或工程师代表发出指示 |
| 14.2 | 修订的进度计划 | 要求承包商提供修订的进度计划 |
| 14.3 | 应提交现金流量的估算 | 可要求承包商提供现金流量估算 |
| 15.1 | 承包商的监督 | 批准或撤回承包商对其代表的任命 |
| 15.2 | 应提供口译人员 | 要求承包商提供合格的翻译人员 |
| 16.2 | 工程师有权反对 | 有权反对并要求承包商撤换渎职者、不能胜任工作人员、玩忽职守人员以及他认为不宜留在现场的人员 |

（续）

| 条目 | 条款标题 | 工程师指示的内容 |
|---|---|---|
| 17.1 | 放线 | （1）向承包商书面提供原始基准点、基准线和参考标高<br>（2）要求承包商纠正位置、标高、尺寸或基准线错误<br>（3）如工程师提供了不正确数据，则应根据第52条的规定增加合同价格，并相应地通知承包商，副本抄送业主<br>（4）检查承包商的放线工作、基准或标高 |
| 18.1 | 钻孔和勘探开挖 | 如需要，可要求承包商钻孔、勘探或开挖 |
| 19.1 | 安全、保卫和环境保护 | 监督工程的安全、保卫和环境保护 |
| 27.1 | 化石 | （1）对承包商发现的化石等物品发出指示<br>（2）作出延长工期和增加合同价格的决定，并相应地通知承包商，副本抄送给业主 |
| 31.2 | 为其他承包商提供方便 | 书面要求承包商为其他承包商提供方便 |
| 33.1 | 竣工时现场的清理 | 要求承包商清理现场，并使其满意 |
| 35.1 | 劳务人员和承包商设备情况的报告 | 可要求承包商提交劳务人员和设备情况的报告 |
| 36.1 | 材料、工程设备和工艺的质量 | （1）提出材料、工程设备和工艺的质量要求<br>（2）检查、测量和检验材料或工程设备 |
| 36.4 | 未规定的检验费用 | 可要求承包商进行规范规定以外的检验 |
| 37.2 | 检查和检验 | 有权对材料和设备的制造、装配或准备过程进行检查和检验 |
| 37.3 | 检查和检验的日期 | （1）提前24小时通知承包商检查或参加检验的意向<br>（2）如果工程师未能参加检验工作，应对检验数据的准确性给予认可 |
| 37.4 | 拒收 | （1）如材料或工程设备不符合合同规定，可拒收这些材料或工程设备，并立即通知承包商<br>（2）进行重复检验 |
| 38.2 | 剥露和开孔 | （1）指示承包商移动工程任何部分的覆盖物，或指示承包商开孔<br>（2）与业主和承包商协商剥露、开孔、恢复原状和完好的费用总额，决定增加合同价格，并相应地通知承包商，副本抄送业主 |
| 39.1 | 不合格的工程材料或工程设备的拆除 | （1）指示承包商运走不合格的材料或工程设备<br>（2）指示承包商用合格适用的材料或工程设备<br>（3）指示承包商拆除不合格的材料、工程设备或工艺，并重新进行施工 |
| 39.2 | 承包商不遵守指示 | 在承包商不遵守指示时，与业主协商确定雇用他人的全部费用，并相应地通知承包商，副本送交业主 |

(续)

| 条目 | 条款标题 | 工程师指示的内容 |
|---|---|---|
| 40.1 | 暂时停工 | 指示承包商暂停施工 |
| 40.3 | 暂时停工持续 84 天以上 | 批准复工 |
| 45.1 | 工作时间的限制 | 同意承包商在夜间或休息日施工 |
| 46.1 | 施工进度 | (1) 要求承包商赶工<br>(2) 准许承包商夜间和休息日施工<br>(3) 与业主和承包商协商附加监理费金额,并相应地通知承包商,副本抄送业主 |
| 48.1 | 移交证书 | (1) 在 21 天内向承包商签发移交证书,副本抄送业主<br>(2) 书面指示承包商完成尚未完成的工程,修复任何工程缺陷 |
| 48.5 | 妨碍检验 | (1) 对妨碍检验的工程签发移交证书<br>(2) 要求在 14 天内进行竣工检验 |
| 49.2 | 完成剩余工作和修补缺陷 | 指示承包商完成剩余工作和修补缺陷 |
| 50.1 | 承包商进行调查 | (1) 指示承包商调查工程缺陷,并将副本抄送业主<br>(2) 确定承包商调查费用金额,增加合同价格,并相应地通知承包商,副本抄送业主 |
| 51.1 | 变更 | 作出变更指示 |
| 52.3 | 变更超过 15% | (1) 与业主和承包商协商,在合同价格中增加或减少同意的款项<br>(2) 如无法达成一致,工程师应决定该项款额 |
| 52.4 | 计日工 | (1) 指示承包商在计日工基础上进行施工<br>(2) 审核和批准按计日工付款,或按照他认为合理的工作价值付款 |
| 53.2 | 同期记录 | 审查并指示承包商保持同期记录 |
| 53.3 | 索赔的证明 | 要求承包商在其他合理的时间内递交索赔的详细材料 |
| 56.1 | 需测量的工程 | (1) 适时通知承包商及其代理人进行测量工作<br>(2) 通过测量核实和确定工程的价值及其承包商应得的付款<br>(3) 在测量时准备好记录和图纸<br>(4) 承包商提出申诉时,复查记录和图纸,予以确认或修改 |
| 58.1 | 暂定金额的定义 | 指示承包商实施暂定金额项目,作出决定,并相应地通知承包商,副本抄送业主 |
| 58.2 | 暂定金额的使用 | 有权指示承包商或指定分包商实施暂定金额项下的工作、提供货物、材料、设备或服务 |

(续)

| 条目 | 条款标题 | 工程师指示的内容 |
|---|---|---|
| 59.2 | 指定的分包商；对指定的反对 | 指定某分包商 |
| 59.5 | 对指定分包商的支付证书 | (1) 有权要求承包商提供支付指定分包商的证明<br>(2) 应从支付给承包商的款额中扣除业主直接支付给指定分包商的款项，但不应拒发或拖延签发付款证书 |
| 60.2 | 每月的支付 | (1) 在收到承包商报表后的 28 天内确认业主应付款项<br>(2) 在月支付证书金额小于合同规定的最低限额时，不应签发付款证书 |

## 6.6.2 1999 年版 FIDIC 新红皮书中工程师的指示义务

1999 年版 FIDIC 新红皮书中工程师的指示义务见表 6-3。

表 6-3 1999 年版 FIDIC 新红皮书中工程师指示义务的有关条款

| 条目 | 条款标题 | 工程师指示的内容 |
|---|---|---|
| 1 | 一般规定 | |
| 1.3 | 通信交流 | (1) 采用书面形式的义务<br>(2) 不得无故扣压或拖延批准、证明、同意和决定 |
| 1.5 | 文件优先次序 | 在文件出现歧义或不一致时，发出必要的澄清或指示 |
| 1.9 | 延误的图纸或指示 | (1) 按时提供图纸或指示<br>(2) 根据第 3.5 款的规定，同意或决定工期延长或增加合同价格，包括费用和合理利润 |
| 3 | 工程师 | |
| 3.3 | 工程师的指示 | (1) 按照合同规定向承包商发出指示和实施工程和修补缺陷可能需要的附加或修正图纸<br>(2) 采用书面形式发出指示<br>(3) 书面确认口头指示或未通过书面拒绝或进行答复 |
| 4 | 承包商 | |
| 4.6 | 合作 | 指示承包商为现场或附近从事工作的人员提供适当的条件 |
| 4.7 | 放线 | (1) 通知承包商原始基准点、基准线、基准标高<br>(2) 同意或决定工期延长和增加合同价格<br>(3) 决定①错误是否不能被合理发现，不能合理发现的程度；②与该程度相关的工期延长和费用 |
| 4.17 | 承包商的设备 | 同意或否决承包商运走设备 |
| 4.19 | 电、水和燃气 | 根据第 2.5 款和第 3.5 款同意或决定电、水和燃气费用 |

(续)

| 条目 | 条款标题 | 工程师指示的内容 |
|---|---|---|
| 4.20 | 业主设备和免费供应的材料 | 根据第 2.5 款和第 3.5 款同意或决定业主设备的数量和应付金额 |
| 4.24 | 化石 | (1) 应就处理化石等物品发出指示<br>(2) 根据第 3.5 款的规定，同意或决定工期延长和增加合同金额 |
| 5 | 指定分包商 | |
| 5.4 | 付款证据 | 发出包含应付指定分包商金额的付款证书前，可要求承包商提供合理的证据，证明承包商已支付指定分包商款项 |
| 6 | 职员和劳务 | |
| 6.5 | 工作时间 | 同意承包商在休息日之外工作 |
| 7 | 生产设备、材料和工艺 | |
| 7.2 | 样品 | 指示承包商提供变更的附加样品 |
| 7.4 | 试验 | (1) 与业主商定试验所需的物质条件<br>(2) 可改变进行规定试验的位置或细节，或指示承包商进行附加的试验<br>(3) 根据第 3.5 款的规定，同意或决定工期延长和增加合同金额 |
| 7.6 | 修改工作 | 指示承包商进行修补工作 |
| 8 | 开工、延误和暂停 | |
| 8.3 | 进度计划 | (1) 在 21 天内向承包商发出通知，指出不符合合同要求的内容<br>(2) 要求承包商提交未来事件或情况预期影响的股价，或提出建议<br>(3) 向承包商发出通知，指出进度计划不符合合同要求 |
| 8.6 | 工程进度 | 指示承包商提交一份修订的进度计划 |
| 8.8 | 暂时停工 | 可随时指定承包商暂停工程某一部分或全部的施工，并通知暂停原因 |
| 8.12 | 复工 | 检查受暂停影响的工程、生产设备和材料 |
| 9 | 竣工试验 | |
| 9.1 | 承包商的义务 | (1) 指示承包商进行竣工试验的时间<br>(2) 在考虑竣工试验结果时，应考虑到业主对工程的使用，对工程性能和其他特性的影响 |
| 9.3 | 重新试验 | 要求重新进行竣工试验 |
| 9.4 | 未能通过竣工试验 | 有权下令重复进行竣工试验 |

(续)

| 条目 | 条款标题 | 工程师指示的内容 |
|---|---|---|
| 10 | 业主的接收 | |
| 10.1 | 工程和区段工程的接收 | 在收到承包商的申请通知后的28天内①颁发接收证书；②拒绝申请，说明理由 |
| 10.2 | 部分工程的接收 | (1) 颁发永久工程任何部分的接收证书<br>(2) 根据第3.5款的规定，同意或决定增加费用 |
| 11 | 缺陷责任 | |
| 11.6 | 进一步试验 | 要求重新进行任何试验 |
| 11.8 | 承包商调查 | (1) 可要求承包商调查任何缺陷原因<br>(2) 决定调查费用加合理利润 |
| 12 | 测量和估价 | |
| 12.1 | 需测量的工程 | (1) 测量工程的任何部分<br>(2) 准备测量记录<br>(3) 审查记录，进行确认或更改 |
| 12.3 | 估价 | (1) 根据确定的测量结果和适当的费率和价格，进行估价，再根据第3.5款同意或决定合同价格<br>(2) 在确定适当费率和价格前，应确定临时费率和价格 |
| 13 | 变更和调整 | |
| 13.1 | 变更权 | (1) 可通过指示或要求承包商递交建议书的方式，提出变更<br>(2) 取消、确认或改变原指示 |
| 13.3 | 变更程序 | (1) 尽快对承包商提出的建议进行批准、不批准或提出意见<br>(2) 向承包商发出执行每项变更的指示 |
| 13.5 | 暂定金额 | (1) 指示承包商全部或部分地使用暂定金额<br>(2) 要求承包商出示报价单、发票、凭证或收据 |
| 13.6 | 计日工 | 指示按计日工实施变更 |
| 13.7 | 因法律改变的调整 | 根据第3.5款的规定，同意或决定工期延长和增加合同价格 |
| 13.8 | 因成本改变的调整 | (1) 确定成本指数或参考价格<br>(2) 确定临时指数 |
| 14 | 合同价格和付款 | |

(续)

| 条目 | 条款标题 | 工程师指示的内容 |
|---|---|---|
| 14.6 | 临时付款证书的签发 | （1）在收到有关报表和证明文件后的28天内，向业主发出临时付款证书<br>（2）在临时付款证书金额低于最低付款金额时，不予签发临时付款证书，并通知承包商<br>（3）可对任何一次付款证书金额进行改正或修改 |
| 14.9 | 保留金的支付 | 在颁发接收证书和缺陷责任证书时，确认将保留金支付给承包 |
| 20 | 索赔、争议和仲裁 | |
| 20.1 | 承包商的索赔 | （1）在收到索赔通知后，可检查记录保持情况，指示承包商保存进一步的同期记录<br>（2）在收到索赔报告或进一步的证明资料后的42天内，做出回应，表示同意、不批准并附上具体意见，还可要求承包商提供进一步的资料<br>（3）根据第3.5款的规定，决定工期延长和（或）增加合同价格 |

## 6.6.3 1999年版FIDIC新黄皮书中工程师的指示义务

1999年版FIDIC新黄皮书中工程师指示义务的有关条款见表6-4。

**表6-4 1999年版FIDIC新黄皮书中工程师指示义务的有关条款**

| 条目 | 条款标题 | 工程师指示的内容 |
|---|---|---|
| 1 | 一般规定 | |
| 1.3 | 通信交流 | （1）采用书面形式的义务<br>（2）不得无故扣压或拖延批准、证明、同意和决定 |
| 1.5 | 文件优先次序 | 在文件出现歧义或不一致时，发出必要的澄清或指示 |
| 1.8 | 文件的照管和提供 | 接受承包商提供的承包商文件 |
| 1.9 | 延误的图纸或指示 | （1）按时提供图纸或指示<br>（2）根据第3.5款的规定，同意或决定工期延长或增加合同价格，包括费用和合理利润 |
| 3 | 工程师 | |
| 3.3 | 工程师的指示 | （1）按照合同规定向承包商发出指示和实施工程和修补缺陷可能需要的附加或修正图纸<br>（2）采用书面形式发出指示<br>（3）书面确认口头指示或未通过书面拒绝或进行答复 |

(续)

| 条目 | 条款标题 | 工程师指示的内容 |
|---|---|---|
| 4 | 承包商 | |
| 4.1 | 承包商的一般义务 | 要求承包商提交工程施工安排和方法 |
| 4.3 | 承包商代表 | 同意或不同意承包商任命的承包商代表 |
| 4.6 | 合作 | 指示承包商为现场或附近从事工作的人员提供适当的条件 |
| 4.7 | 放线 | （1）通知承包商原始基准点、基准线、基准标高<br>（2）同意或决定工期延长和增加合同价格<br>（3）决定①错误是否不能被合理发现，不能合理发现的程度；②与该程度相关的工期延长和费用 |
| 4.12 | 不可预见的物质条件 | （1）收到承包商的通知后，对该物质条件进行检验研究，同意或决定①此类物质条件是否不可预见，以及不可预见的程度；②与该程度有关的工期延长和费用<br>（2）审核工程类似部分的其他物质条件是否比投标时合理预见的更为有利，如此，同意或决定费用减少金额<br>（3）考虑承包商投标时可能提供的预见的物质条件的任何证据 |
| 4.17 | 承包商的设备 | 同意或否决承包商运走设备 |
| 4.19 | 电、水和燃气 | 根据第2.5款和第3.5款同意或决定电、水和燃气费用 |
| 4.24 | 化石 | （1）应就处理化石等物品发出指示<br>（2）根据第3.5款的规定，同意或决定工期延长和增加合同金额 |
| 5 | 设计 | |
| 5.1 | 设计义务的一般要求 | 应确定是否应用变更规定，并相应地通知承包商 |
| 5.2 | 承包商文件 | （1）审核承包商文件，指出不符合合同的内容<br>（2）通知承包商，说明是否已经批准承包商文件<br>（3）要求进一步的承包商文件 |
| 5.4 | 技术标准和法规 | 对技术标准作出变更 |
| 5.6 | 竣工文件 | 审核竣工文件 |
| 6 | 职员和劳务 | |
| 6.5 | 工作时间 | 同意承包商在休息日之外工作 |
| 6.10 | 承包商人员和设备的记录 | 批准承包商递交的设备和人员格式 |
| 7 | 生产设备、材料和工艺 | |
| 7.2 | 样品 | 指示承包商提供变更的附加样品 |

(续)

| 条目 | 条款标题 | 工程师指示的内容 |
|---|---|---|
| 7.4 | 试验 | (1) 与业主商定试验所需的物质条件<br>(2) 可改变进行规定试验的位置或细节，或指示承包商进行附加的试验<br>(3) 根据第3.5款的规定，同意或决定工期延长和增加合同金额 |
| 7.5 | 拒收 | (1) 拒收生产设备、材料或工艺<br>(2) 要求对生产设备、材料或工艺进行试验 |
| 7.6 | 修改工作 | 指示承包商进行修补工作 |
| 8 | 开工、延误和暂停 | |
| 8.6 | 工程进度 | 指示承包商提交一份修订的进度计划 |
| 8.8 | 暂时停工 | 可随时指定承包商暂停工程某一部分或全部的施工，并通知暂停原因 |
| 8.9 | 暂停的后果 | 根据第3.5款的规定，同意或决定工期延长和增加合同价格 |
| 8.12 | 复工 | 检查受暂停影响的工程、生产设备和材料 |
| 9 | 竣工试验 | |
| 9.1 | 承包商的义务 | (1) 指示承包商进行竣工试验的时间<br>(2) 在考虑竣工试验结果时，应考虑到业主对工程的使用，对工程性能和其他特性的影响 |
| 9.2 | 延误的试验 | 在延误后，通知承包商进行竣工试验 |
| 9.3 | 重新试验 | 要求重新进行竣工试验 |
| 9.4 | 未能通过竣工试验 | 有权下令重复进行竣工试验 |
| 10 | 业主的接收 | |
| 10.1 | 工程和区段工程的接收 | 在收到承包商的申请通知后的28天内①颁发接收证书；②拒绝申请，说明理由 |
| 10.2 | 部分工程的接收 | (1) 颁发永久工程任何部分的接收证书<br>(2) 根据第3.5款的规定，同意或决定增加费用 |
| 10.3 | 对竣工试验的干扰 | (1) 在竣工试验受到干扰时颁发接收证书<br>(2) 根据第3.5款的规定，同意或决定工期延长和增加合同价格 |
| 11 | 缺陷责任 | |
| 11.6 | 进一步试验 | 要求重新进行任何试验 |
| 11.8 | 承包商调查 | (1) 可要求承包商调查任何缺陷原因<br>(2) 决定调查费用加合理利润 |

(续)

| 条目 | 条款标题 | 工程师指示的内容 |
|---|---|---|
| 13 | 变更和调整 | |
| 13.1 | 变更权 | （1）可通过指示或要求承包商递交建议书的方式，提出变更<br>（2）取消、确认或改变原指示 |
| 13.2 | 价值工程 | 批复承包商递交的价值工程建议书 |
| 13.3 | 变更程序 | （1）尽快对承包商提出的建议进行批准、不批准或提出意见<br>（2）向承包商发出执行每项变更的指示 |
| 13.5 | 暂定金额 | （1）指示承包商全部或部分地使用暂定金额<br>（2）要求承包商出示报价单、发票、凭证或收据 |
| 13.6 | 计日工 | 指示按计日工实施变更 |
| 20 | 索赔、争议和仲裁 | |
| 20.1 | 承包商的索赔 | （1）在收到索赔通知后，可检查记录保持情况，指示承包商保存进一步的同期记录<br>（2）在收到索赔报告或进一步的证明资料后的42天内，做出回应，表示同意、不批准并附上具体意见，还可要求承包商提供进一步的资料<br>（3）根据第3.5款的规定，决定工期延长和（或）增加合同价格 |

## 6.7 通知义务

### 6.7.1 1987年第4版FIDIC红皮书中工程师的通知义务

在1987年第4版FIDIC红皮书中，FIDIC合同规定了工程师负有通知义务，见表6－5。

表6－5　1987年第4版FIDIC红皮书中工程师的通知义务

| 条目 | 条款标题 | 工程师通知义务的内容 |
|---|---|---|
| 1.5 | 通知、同意、批准、证明和决定 | （1）书面义务<br>（2）不得无故扣压或拖延 |
| 2.4 | 任命助理 | 可以书面形式任命工程师助理，并通知承包商 |
| 2.5 | 书面指示 | （1）以书面形式发出指示<br>（2）如以口头方式发出指示，应以书面形式对其予以确认<br>（3）如承包商在7天内以书面形式向工程师确认口头指示，而工程师未以书面形式加以否认，则应视为是工程师的指示 |

(续)

| 条目 | 条款标题 | 工程师通知义务的内容 |
|---|---|---|
| 6.4 | 图纸误期和误期的费用 | （1）与业主和承包商进行必要的协商，作出延长工期和增加费用的决定<br>（2）将延长工期和增加费用的决定通知承包商，抄送业主 |
| 12.2 | 不利的外界障碍或条件 | （1）如果工程师认为此类障碍或条件是一个有经验的承包商无法合理地预见到的，应对延长工期或增加费用作出决定<br>（2）将决定通知承包商，并抄送给业主 |
| 16.2 | 工程师有权反对 | 有权反对并要求承包商撤换渎职者、不能胜任工作人员、玩忽职守人员以及他认为不宜留在现场的人员 |
| 17.1 | 放线 | （1）向承包商书面提供原始基准点、基准线和参考标高<br>（2）要求承包商纠正位置、标高、尺寸或基准线错误<br>（3）如工程师提供了不正确数据，则应根据第52条的规定增加合同价格，并相应地通知承包商，副本抄送业主<br>（4）检查承包商的放线工作、基准或标高 |
| 20.3 | 由于业主风险造成的损失或损坏 | （1）要求承包商修复此类损失或损坏的工程<br>（2）作出增加合同价格的决定，并相应地通知承包商，副本抄送业主<br>（3）在多种风险造成了损失或损坏时，决定承包商和业主责任的比例 |
| 27.1 | 化石 | （1）对承包商发现的化石等物品发出指示<br>（2）作出延长工期和增加合同价格的决定，并相应地通知承包商，副本抄送给业主 |
| 30.3 | 材料或工程设备的运输 | 如工程师认为有关材料或工程设备运输的索赔是承包商的责任时，则工程师应与业主和承包商协商确定应赔偿的总额，业主应从承包商处收回该款项，工程师应通知承包商，副本抄送业主 |
| 36.5 | 工程师关于未规定的检验的决定 | 工程师应与业主和承包商协商，决定对未规定的检验延长工期和增加合同价格，并相应地通知承包商，副本抄送业主 |
| 37.3 | 检查和检验的日期 | （1）提前24小时通知承包商检查或参加检验的意向<br>（2）如果工程师未能参加检验工作，应对检验数据的准确性给予认可 |
| 37.4 | 拒收 | （1）如材料或工程设备不符合合同规定，可拒收这些材料或工程设备，并立即通知承包商<br>（2）进行重复检验 |

(续)

| 条目 | 条款标题 | 工程师通知义务的内容 |
|---|---|---|
| 37.5 | 独立检查 | (1) 可将材料或工程设备的检查和检验委托给一名独立的检查员进行<br>(2) 应提前14天通知承包商有关任命独立检查员的事宜 |
| 38.2 | 剥露和开孔 | (1) 指示承包商移动工程任何部分的覆盖物,或指示承包商开孔<br>(2) 与业主和承包商协商剥露、开孔、恢复原状和完好的费用总额,决定增加合同价格,并相应地通知承包商,副本抄送业主 |
| 39.2 | 承包商不遵守指示 | 在承包商不遵守指示时,与业主协商确定雇用他人的全部费用,并相应地通知承包商,副本送交业主 |
| 40.2 | 暂时停工后工程师的决定 | 与业主和承包商协商后,决定延长工期或增加合同价格,并相应地通知承包商,副本送交业主 |
| 41.1 | 工程的开工 | 签发开工通知 |
| 42.2 | 未能给出占有权 | 决定工期延长和增加合同价格,并相应地通知承包商,副本抄送业主 |
| 44.1 | 竣工期限的延长 | 在与业主和承包商适当地协商后,决定竣工时间的延长,并相应地通知承包商,副本抄送业主 |
| 44.2 | 承包商应提供的通知和详细申述 | 除非承包商在28天内递交了通知,或在递交通知后的28天内或工程师同意的其他期限内,承包商提供了详细情况,否则,工程师不一定必须作出决定 |
| 44.3 | 临时的延期决定 | (1) 不得无故拖延,作出延期的临时决定<br>(2) 在收到最终详情后,复查全部情况,作出延期决定<br>(3) 对于上述两种情况,工程师应与业主和承包商协商后作出决定,并相应地通知承包商,副本抄送业主 |
| 46.1 | 施工进度 | (1) 要求承包商赶工<br>(2) 准许承包商夜间和休息日施工<br>(3) 与业主和承包商协商附加监理费金额,并相应地通知承包商,副本抄送业主 |
| 48.2 | 区段或部分的移交 | 对区段工程或部分工程签发移交证书 |
| 48.3 | 部分工程基本竣工 | 对基本竣工的部分工程签发移交证书 |
| 49.3 | 修补缺陷的费用 | (1) 对工程缺陷责任作出判断<br>(2) 如非承包商原因造成的缺陷,应决定增加合同价格,并相应地通知承包商,副本抄送业主 |
| 49.4 | 承包商未执行指示 | 与业主和承包商协商后,确定费用金额,并相应地通知承包商,副本抄送业主 |

（续）

| 条目 | 条款标题 | 工程师通知义务的内容 |
|---|---|---|
| 50.1 | 承包商进行调查 | （1）指示承包商调查工程缺陷，并将副本抄送业主<br>（2）确定承包商调查费用金额，增加合同价格，并相应地通知承包商，副本抄送业主 |
| 52.1 | 变更的估价 | （1）按合同费率对变更作出估价决定<br>（2）与业主和承包商协商，确定一个合适的费率，并相应地通知承包商，副本抄送业主<br>（3）在作出费率决定之前，决定暂行费率或价格，计入临时付款证书 |
| 52.2 | 工程师确定费率的权力 | （1）与业主和承包商适当协商后，确定新的费率和价格<br>（2）如无法达成一致，确定他认为适当的费率或价格，并相应地通知承包商，副本抄送业主<br>（3）在确定新费率或价格之前，确定暂行费率或价格 |
| 53.4 | 未能遵守 | 决定索赔金额，并相应地通知承包商，副本抄送业主 |
| 56.1 | 需测量的工程 | （1）适时通知承包商及其代理人进行测量工作<br>（2）通过测量核实和确定工程的价值及其承包商应得的付款<br>（3）在测量时准备好记录和图纸<br>（4）承包商提出申诉时，复查记录和图纸，予以确认或修改 |
| 58.1 | 暂定金额的定义 | 指示承包商实施暂定金额项目，作出决定，并相应地通知承包商，副本抄送业主 |
| 64.1 | 紧急补救工作 | （1）与业主和承包商协商后，确定补救工作的费用金额，并相应地通知承包商，副本抄送业主<br>（2）在发生紧急补救工作时，尽快通知承包商 |
| 65.3 | 特殊风险对工程的损害 | 根据第52条的规定确定追加合同价格，并相应地通知承包商，副本抄送业主 |
| 65.5 | 由特殊风险引起的费用增加 | 与业主和承包商适当协商，确定由特殊风险导致的费用增加额，计入合同价格中，并相应地通知承包商，副本抄送业主 |
| 65.8 | 合同终止后的付款 | 与业主和承包商适当地进行协商，确定合同终止后的付款，并相应地通知承包商，副本抄送业主 |
| 68.1 | 致承包商的通知 | 将通知发到指定地址 |
| 68.3 | 地址的变更 | 通知业主和承包商有关地址变更 |
| 69.4 | 承包商暂停工作的权利 | 与业主和承包商适当协商后决定工期延长和增加合同价格，并相应地通知承包商，副本抄送业主 |
| 70.2 | 后续的法规 | 与业主和承包商适当协商后，增加合同价格，并相应地通知承包商，副本抄送业主 |

## 6.7.2 1999年版FIDIC新红皮书中工程师的通知义务

英国咨询工程师布赖恩·托特蒂尔在《FIDIC用户指南》一书对1999年版新红皮书涉及的各种通知进行了总结[⊖]，如下：

(1) 一方合同当事人向另一方合同当事人发出的通知，应抄送给工程师：

① 第1.8款规定的文件中的错误或缺陷。
② 第17.5款规定的侵犯知识或工业产权。
③ 第19.2款规定的不可抗力事件和情况。
④ 第19.3款规定的不可抗力停止影响情形。
⑤ 第19.8款规定的因不可抗力引起的终止合同。
⑥ 第20.4款规定的不满争议裁决委员会的决定。

(2) 业主向承包商发出的通知，应抄送给工程师：

① 根据第2.4款对其融资安排的变更。
② 第2.5款项下的索赔细节。
③ 第3.4款规定的更换工程师细节。
④ 第11.1款规定的缺陷通知期限内的缺陷。
⑤ 第11.2款规定的非承包商自费负责的缺陷。
⑥ 第11.4款规定的未能修复缺陷的日期。
⑦ 第15.2款规定的业主终止合同。
⑧ 根据15.2款在终止后撤走设备。
⑨ 第15.5款规定的方便性终止。

(3) 承包商向业主发出的通知，应抄送给工程师：

① 第16.1款规定的暂停或减少工程量。
② 第16.2款规定的终止。
③ 第18.2款规定的停止保险。

(4) 工程师向承包商和业主发出的通知：
第3.5款规定的协议书或工程师的决定。

(5) 工程师向承包商发出的通知，应抄送给业主：

① 第7.3款规定的不要求检查。
② 第7.4款规定的参加验收的意愿。

---

⊖ 布赖恩·W·托特蒂尔. FIDIC用户指南 [M]. 崔军译. 北京：机械工业出版社，2009：68-69.

③ 第7.5款规定的拒绝。
④ 第8.1款规定的开工日期。
⑤ 第8.3款规定的计划与合同不符。
⑥ 第8.3款规定的计划与实际进度不符。
⑦ 第9.2款规定的延迟试验的指示。
⑧ 第10.3款规定的因业主原因延迟的竣工试验。
⑨ 第11.5款规定的进一步试验。
⑩ 第12.1款规定的需测量的工程部分。
⑪ 第14.6款规定的拖延付款。
⑫ 第15.1款规定的履行更改错误的义务。

(6) 承包商向工程师发出的通知：
① 第1.9、4.12、4.24、16.1、17.4、19.4款规定的索赔。
② 第1.9款规定的要求图纸或指示。
③ 第4.4款规定的分包商工程开工日期。
④ 第4.16款规定的设备和其他主要物品交付到现场。
⑤ 第4.20款规定的免费材料的短缺或缺陷。
⑥ 第5.2款（红皮书）和第4.5款（黄皮书）规定的拒绝指定分包商。
⑦ 第7.3款规定的覆盖前的检查。
⑧ 第8.3款规定的可能引起负面影响的情况。
⑨ 第8.11款规定的延长的暂停。
⑩ 第9.1款规定的延误竣工验收的日期。
⑪ 第9.2款规定的延误的竣工验收。
⑫ 第10.1款规定的接收证书的申请。
⑬ 第12.1款规定的不准确记录。
⑭ 第17.4款规定的因业主风险造成的损害。

(7) 合同双方当事人向争议裁决委员会每一个成员发出的通知：
① 根据附录第2项争议裁决协议书生效。
② 根据附录第7项争议裁决协议书终止。

(8) 争议裁决委员会成员向双方当事人发出的通知：
① 附录第2项规定的辞职。
② 根据附录第7项规定的争议裁决协议书的终止。
③ 附件第5项下的决定通知。
④ 附件第7项下的听证通知。

在1999年版新黄皮书中，需要补充1999年版新红皮书中内容的是第5

条"设计"的规定。按照第5条的规定,工程师应通知承包商第5.1款"设计义务的一般要求"、第5.2款"承包商文件"、第5.4款"技术标准和法规"、第5.5款"培训"、第5.6款"竣工文件"、第5.7款"操作和维修手册"和第5.8款"设计错误"涉及的有关问题。

## 6.8 作出决定的义务

### 6.8.1 1999年版FIDIC新红皮书中工程师作出决定的义务

标准合同格式都规定工程师有作出决定的义务,这是工程师的一项义务,但同时也是承包商的一项权利。

在1999年版FIDIC新红皮书中,需要工程师作出决定的事项涉及了众多的内容,见表6-6。

表6-6 1999年版FIDIC新红皮书中工程师作出决定的义务

| 条目 | 条款标题 | 工程师作出决定的内容 |
| --- | --- | --- |
| 1.9 | 延误的图纸或指示 | (1) 工期延长<br>(2) 增加合同金额 |
| 2.1 | 现场进入权 | (1) 工期延长<br>(2) 增加合同金额 |
| 2.5 | 业主的索赔 | (1) 业主有权得到承包商支付的金额<br>(2) 根据第11.3款[缺陷通知期限的延长]的规定,决定缺陷通知期限的延长期 |
| 4.7 | 放线 | (1) 工期延长<br>(2) 增加合同金额 |
| 4.12 | 不可预见的物质条件 | (1) 工期延长<br>(2) 增加合同金额 |
| 4.19 | 电、水和燃气 | 承包商应向业主支付的金额 |
| 4.20 | 业主设备和免费供应的材料 | 承包商应向业主支付的设备使用金额 |
| 4.24 | 化石 | (1) 工期延长<br>(2) 增加合同金额 |
| 7.4 | 试验 | (1) 工期延长<br>(2) 增加合同金额 |
| 7.5 | 拒收 | 承包商应向业主支付的费用 |

(续)

| 条目 | 条款标题 | 工程师作出决定的内容 |
|---|---|---|
| 7.6 | 修补工作 | 承包商应向业主支付的费用 |
| 8.4 | 竣工时间的延长 | 工期延长 |
| 8.5 | 当局造成的延误 | 工期延长 |
| 8.6 | 工程进度 | （1）承包商应向业主支付的费用<br>（2）承包商应支付误期损害赔偿费 |
| 8.9 | 暂停的后果 | （1）工期延长<br>（2）增加合同金额 |
| 9.4 | 未能通过竣工试验 | （1）合同金额的减少额<br>（2）业主索赔金额 |
| 10.2 | 部分工程的接收 | 增加合同金额、费用和利润 |
| 10.3 | 对竣工试验的干扰 | （1）工期延长<br>（2）增加合同金额 |
| 11.4 | 未能修补缺陷 | 合同价格的合理减少额 |
| 11.8 | 承包商的调查 | 调查费用和合理利润 |
| 12.3 | 估价 | 合同价格 |
| 12.4 | 删减 | 删减工程的金额 |
| 13.2 | 价值工程 | 合同价格 |
| 13.3 | 变更程序 | 承包商的建议书 |
| 13.7 | 因法律改变的调整 | （1）工期延长<br>（2）增加合同金额 |
| 14.4 | 付款计划表 | 付款计划 |
| 14.8 | 延误的付款 | 融资费用 |
| 15.3 | 终止日期的估价 | 终止时工程、货物、承包商文件的价值以及承包商应得的款项 |
| 15.4 | 终止后的付款 | 付款金额 |
| 16.1 | 承包商暂停工作的权利 | （1）工期延长<br>（2）增加合同金额 |
| 16.4 | 终止时的付款 | 付款金额 |
| 17.4 | 业主风险的后果 | （1）工期延长<br>（2）增加合同金额 |
| 18.1 | 有关保险的一般要求 | （1）业主的索赔金额<br>（2）承包商的索赔 |

(续)

| 条目 | 条款标题 | 工程师作出决定的内容 |
|---|---|---|
| 18.2 | 工程和承包商设备的保险 | 业主的索赔 |
| 19.4 | 不可抗力的结果 | （1）工期延长<br>（2）增加合同金额 |
| 19.6 | 自主选择终止、付款和解除 | 付款金额 |
| 20.1 | 承包商的索赔 | （1）工期延长<br>（2）承包商有权得到的追加付款 |

在1999年版新黄皮书中，应相应增加第5条"设计"和第12条"竣工后试验"的内容。

### 6.8.2 工程师作出决定的程序

1999年版FIDIC第3.5款"决定"规定了工程师作出决定的程序和要求，如下：

"无论何时，如本条款规定工程师应根据第3.5款同意或决定任何事项时，工程师应与每一当事人协商，尽量达成协议。如未能达成协议，工程师应考虑的所有有关情况，根据合同规定作出公正的决定。

工程师应将每项同意的意见或决定向双方发出通知，并附详细依据。除非并直到按照第20条［索赔、争端和仲裁］的规定作出修改，每一当事人均应履行每项同意或决定事项。"

按照第3.5款的规定，工程师在作出决定时，应遵循如下的程序和步骤，见图6-1。

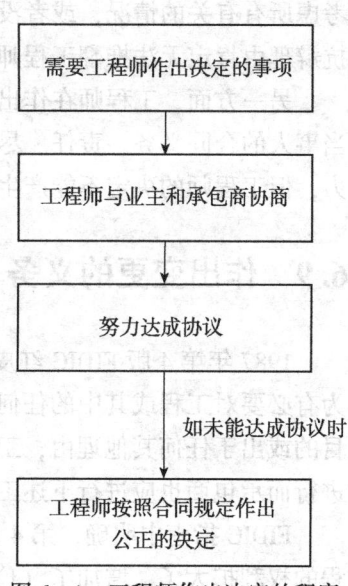

图6-1 工程师作出决定的程序

### 6.8.3 公正的决定

按照1999年版FIDIC新红皮书第3.5款的规定，工程师在作出决定时，"应考虑的工程师应考虑的所有有关情况，根据合同规定作出公正的决定。"按照这项要求，工程师应对表6-6列明的所有事项作出"公正的决定"。

根据第 3.5 款的规定，工程师在作出决定时，应
（1）考虑所有有关情况。
（2）根据合同规定。
（3）公正地作出决定。

对承包商而言，在对工程师作出的决定提出异议时，可能的抗辩理由是：
（1）工程师在作出决定时，没有考虑所有有关的情况。
（2）工程师在作出决定时，违反了合同的明示规定。
（3）工程师在作出决定时，没有公正行事。

判断工程师是否"公正"，是业主或承包商的主观判断问题，英美等国的判例和法律对此并没有给出明确的答案，没有确定"公正"的检验标准。对于业主和承包商而言，如果对工程师的决定提出异议，只能证明抗辩理由中的第（1）和（2）项内容，如果没有证据确认工程师在作出决定时没有考虑所有有关的情况，或者没有按照合同的规定作出决定，仅凭第（3）项抗辩理由肯定无法推翻工程师的决定。

另一方面，工程师在作出决定时，不能修改合同的规定，解除任何一方当事人的合同义务、责任。尽管工程师的决定对双方当事人具有一定的约束力，但工程师的决定不能产生新的责任和义务。

## 6.9 作出变更的义务

1987 年第 4 版 FIDIC 红皮书第 51.1 款"变更"规定："如果工程师认为有必要对工程或其中的任何部分的形式、质量或数量作出任何变更，为此目的或出于任何其他理由，工程师认为上述变更适当时，他有权指示承包商进行而承包商也应进行下述工作。"

FIDIC 指南中明确，第 4 版 FIDIC 红皮书与第 3 版相比，工程师变更工程的权利扩大了，增加了（f）项，包括规定施工顺序和时间安排的变更。但同时，FIDIC 指南也声明，对招标时估计的实际工程量，在重新测量后证明和工程量表中记载的工程量不同时，则不需要变更。

1999 年版 FIDIC 新红皮书第 13.1 款规定："在颁发工程接收证书前的任何时间，工程师可通过签发指示或要求承包商提交建议书的方式作出变更。"

1999 年版新红皮书与 1987 年版红皮书关于变更的不同之处在于，在 1999 年新红皮书中，可以承包商提交建议书的方式作出变更。

工程师作出变更义务的有关内容，参见本书第 13 章有关章节。

## 6.10 检查义务

1987 年第 4 版 FIDIC 红皮书第 37 条规定了工程师检查工程的义务，共分 5 款，分别是：

第 37.1 款：操作检查。
第 37.2 款：检查和检验。
第 37.3 款：检查和检验的日期。
第 37.4 款：拒收。
第 37.5 款：独立检查。

第 38.1 款"工程覆盖之前的检查"作了专门的规定，要求工程师在工程覆盖之前履行检查义务，否则，没有工程师的批准，工程的任何部分均不得覆盖或使之无法查看。

1999 年版 FIDIC 新红皮书第 7.3 款"检查"规定了检查的内容、范围、时间要求和费用问题。规定了"业主人员"有权进入现场的所有部分和获得天然材料的所有地点并进行检查。而根据 1999 年版 FIDIC 新红皮书第 1.1.2.6 款"业主人员"的定义，业主人员既包括工程师也包括业主的任何其他人员。

工程师检查工程的目的是为了避免工程缺陷的发生，本条的规定反映了施工行业质量控制体系的要求。

在实践中，工程师和承包商可以建立检查工程的时间和内容的特定通知程序，可通过周或月度进度报告或工地例会确定工程师的检查时间和内容。

## 6.11 计量义务

在 1987 年第 4 版 FIDIC 红皮书、1999 年版 FIDIC 新红皮书和 2005 年协调版施工合同中，工程师承担了验工计量师的工作，负有计量工程量的义务。但在 1999 年版 FIDIC 新黄皮书、银皮书中，由于这些合同属于设计—施工合同，按照付款计划支付工程价款，因此，工程师或业主代表在新黄皮书和银皮书中没有计量工程量的义务。

1987 年第 4 版 FIDIC 红皮书第 55、56、57 和 58 条规定了计量工程的有关内容，1999 年版 FIDIC 新红皮书第 12 条"测量和估价"对计量义务作了具体规定。

1999年版第12.1款"需计量的工程"规定了计量程序，如下：
（1）工程师决定需要对部分工程进行测量并通知承包商。
（2）承包商参加测量工作并协助工程师进行测量。
（3）如果承包商未能参加计量工作，应认为工程师的计量结果是准确的。

1999年版第12.2款"计量方法"没有规定具体适用的标准计量方法，但业主可在专用条款中明确，或在规范中予以说明。

在1987年第4版FIDIC红皮书、1999年版FIDIC新红皮书和2005年协调版施工合同中，业主向承包商的付款是以重新计量为基础，根据"按量计价"原则核算每月承包商的实际完成工程量，按照合同规定的单价，乘以承包商当月的实际完成工程量即可得出每月承包商应得的工程价款，因此，在上述三款合同中，计量工作具有十分重要的意义。

## 6.12　签认义务

工程师在施工合同中负有签认证书，包括付款证书的义务。有关付款证书的签认义务，参见本书第14章有关内容。

## 6.13　工程师权力的限制

1999年版新红皮书、新黄皮书第3.1款"工程师的义务和权利"对工程师的权利作了限制性规定，如下：

"工程师无权修改合同。

工程师可行使合同中规定的或必然默示的属于工程师的权力。如果要求工程师在行使规定的权力之前须取得业主批准，则应在专用条款中规定这些要求。除非获得承包商的同意，业主保证不对工程师的权力作出进一步的限制。

但是，无论何时，当工程师行使需由业主批准的规定权力时，则（为合同之目的）应视为业主已予批准。

除本条款另有规定外：
（a）无论何时，当工程师履行或行使合同规定的或默示的任务或权力时，应视为代表业主执行。
（b）工程师无权解除合同规定的任何职责、义务或责任；和
（c）工程师的任何批准、校核、证明、同意、检查、检验、指示、通知、建议、要求、试验或类似行动（包括未表示不批准），不应解除承包商在合同

项下应承担的任何责任,包括对错误、遗漏、误差和未能遵守的责任。"

根据第3.1款的表述,工程师在作为业主代表时,他的权力会受到一定的限制,在批准延期、额外费用、签认付款等需要得到业主的同意,但当工程师是独立的咨询人时,也应对工程师的权限作出限制性规定。

【案例】在Stockport Metropolitan Borough Council 诉 O'reilly [1978] 1 Lloyds Rep. 595案中,承包商为业主承建105栋别墅项目,项目使用的是JCT63标准合同格式。但在施工过程中出现了争议,主要争议是:(1)修改合同的范围以及修改的权限;(2)合同终止问题。法官在判决中说道:

"建筑师的越权行为不能使业主承担责任。建筑师不是业主的代理,他无权修改合同。如果建筑师修改了合同,当事人可以同意合同的修改意见。但是,建筑师没有让业主承担这份责任。"

在 Canterbury Pipe Lines Ltd. 诉 The Christchurch Drainage Board (1979) 16 BLR 76案中,作为业主的代理,工程师错误理解了合同,并拒绝签认承包商(原告)的付款证书。承包商暂停了施工,业主(被告)于是终止了合同,并任命另外的承包商继续施工。法院判决工程师没有公正地行事,业主向承包商发出的终止合同的通知是无效的。

## 附录6.1　1987年第4版红皮书中工程师的主要义务和责任

| 条目 | 条款标题 | 工程师的主要义务和责任 |
| --- | --- | --- |
| 1.5 | 通知、同意、批准、证明和决定 | (1) 书面义务<br>(2) 不得无故扣压或拖延 |
| 2.1 | 工程师的职责和权力 | (1) 履行合同规定的职责<br>(2) 履行合同默示的权力,但需要业主批准的除外<br>(3) 无权解除合同规定的承包商的任何义务 |
| 2.2 | 工程师代表 | 任命工程师代表 |
| 2.3 | 工程师权力的委托 | 以书面形式将工程师的权力委托给工程师代表,并可随时撤回委托 |
| 2.4 | 任命助理 | 可以书面形式任命工程师助理,并通知承包商 |
| 2.5 | 书面指示 | (1) 以书面形式发出指示<br>(2) 如以口头方式发出指示,应以书面形式对其予以确认<br>(3) 如承包商在7天内以书面形式向工程师确认口头指示,而工程师未以书面形式加以否认,则应视为是工程师的指示 |

（续）

| 条目 | 条款标题 | 工程师的主要义务和责任 |
|---|---|---|
| 2.6 | 工程师要行为公正 | 公正地处理与工程师职责有关的一切事宜 |
| 4.1 | 分包 | 对承包商的分包事宜作出决定 |
| 5.2 | 合同文件的优先次序 | 在合同文件出现含糊或歧义时，作出解释、校正，并应向承包商发出有关指示 |
| 6.1 | 图纸和文件的保管和提供 | （1）保管图纸，免费向承包商提供两套复印件<br>（2）书面要求承包商提供更多的图纸、规范和其他文件的复印件 |
| 6.2 | 现场保留一套图纸 | 可检查和使用承包商保留在现场的图纸 |
| 6.3 | 工程进展中断 | 在合理时间内发出进一步的图纸和指示 |
| 6.4 | 图纸误期和误期的费用 | （1）与业主和承包商进行必要的协商，作出延长工期和增加费用的决定<br>（2）将延长工期和增加费用的决定通知承包商，抄送业主 |
| 6.5 | 承包商未能提交图纸 | 在作出决定时，将承包商未能提交图纸的这一失误考虑在内 |
| 7.1 | 补充图纸和指示 | 有权向承包商发出此类补充图纸和指示 |
| 7.2 | 由承包商设计的永久工程 | 批准由承包商设计的永久工程 |
| 12.2 | 不利的外界障碍或条件 | （1）如果工程师认为此类障碍或条件是一个有经验的承包商无法合理地预见到的，应对延长工期或增加费用作出决定<br>（2）将决定通知承包商，并抄送给业主 |
| 13.1 | 应遵守合同工作 | 由工程师或工程师代表发出指示 |
| 14.1 | 应提交的进度计划 | （1）可提供进度计划的适当格式<br>（2）同意承包商提交的进度计划 |
| 14.2 | 修订的进度计划 | 要求承包商提供修订的进度计划 |
| 14.3 | 应提交现金流量的估算 | 可要求承包商提供现金流量估算 |
| 15.1 | 承包商的监督 | 批准或撤回承包商对其代表的任命 |
| 15.2 | 应提供口译人员 | 要求承包商提供合格的翻译人员 |
| 16.2 | 工程师有权反对 | 有权反对并要求承包商撤换渎职者、不能胜任工作人员、玩忽职守人员以及他认为不宜留在现场的人员 |
| 17.1 | 放线 | （1）向承包商书面提供原始基准点、基准线和参考标高<br>（2）要求承包商纠正位置、标高、尺寸或基准线错误<br>（3）如工程师提供了不正确数据，则应根据第52条的规定增加合同价格，并相应地通知承包商，副本抄送业主<br>（4）检查承包商的放线工作、基准或标高 |

(续)

| 条目 | 条款标题 | 工程师的主要义务和责任 |
|---|---|---|
| 18.1 | 钻孔和勘探开挖 | 如需要，可要求承包商钻孔、勘探或开挖 |
| 19.1 | 安全、保卫和环境保护 | 监督工程的安全、保卫和环境保护 |
| 20.3 | 由于业主风险造成的损失或损坏 | （1）要求承包商修复此类损失或损坏的工程<br>（2）作出增加合同价格的决定，并相应地通知承包商，副本抄送业主<br>（3）在多种风险造成了损失或损坏时，决定承包商和业主责任的比例 |
| 27.1 | 化石 | （1）对承包商发现的化石等物品发出指示<br>（2）作出延长工期和增加合同价格的决定，并相应地通知承包商，副本抄送给业主 |
| 30.3 | 材料或工程设备的运输 | 如工程师认为有关材料或工程设备运输的索赔是承包商的责任时，则工程师应与业主和承包商协商确定应赔偿的总额，业主应从承包商处收回该款项，工程师应通知承包商，副本抄送业主 |
| 31.1 | 为其他承包商提供机会 | 要求承包商为其他承包商提供合理的机会 |
| 31.2 | 为其他承包商提供方便 | 书面要求承包商为其他承包商提供方便 |
| 33.1 | 竣工时现场的清理 | 要求承包商清理现场，并使其满意 |
| 35.1 | 劳务人员和承包商设备情况的报告 | 可要求承包商提交劳务人员和设备情况的报告 |
| 36.1 | 材料、工程设备和工艺的质量 | （1）提出材料、工程设备和工艺的质量要求<br>（2）检查、测量和检验材料或工程设备 |
| 36.4 | 未规定的检验费用 | 可要求承包商进行规范规定以外的检验 |
| 36.5 | 工程师关于未规定的检验的决定 | 工程师应与业主和承包商协商，决定对未规定的检验延长工期和增加合同价格，并相应地通知承包商，副本抄送业主 |
| 37.1 | 操作检查 | 进入现场进行操作检查 |
| 37.2 | 检查和检验 | 有权对材料和设备的制造、装配或准备过程进行检查和检验 |
| 37.3 | 检查和检验的日期 | （1）提前24小时通知承包商检查或参加检验的意向<br>（2）如果工程师未能参加检验工作，应对检验数据的准确性给予认可 |
| 37.4 | 拒收 | （1）如材料或工程设备不符合合同规定，可拒收这些材料或工程设备，并立即通知承包商<br>（2）进行重复检验 |

(续)

| 条目 | 条款标题 | 工程师的主要义务和责任 |
|---|---|---|
| 37.5 | 独立检查 | (1) 可将材料或工程设备的检查和检验委托给一名独立的检查员进行<br>(2) 应提前14天通知承包商有关任命独立检查员的事宜 |
| 38.1 | 工程覆盖前的检查 | (1) 批准工程的覆盖，对有关将要覆盖的工程进行检查或测量<br>(2) 应参加工程覆盖部分的检查和测量，不得无故拖延 |
| 38.2 | 剥露和开孔 | (1) 指示承包商移动工程任何部分的覆盖物，或指示承包商开孔<br>(2) 与业主和承包商协商剥露、开孔、恢复原状和完好的费用总额，决定增加合同价格，并相应地通知承包商，副本抄送业主 |
| 39.1 | 不合格的工程材料或工程设备的拆除 | (1) 指示承包商运走不合格的材料或工程设备<br>(2) 指示承包商用合格适用的材料或工程设备<br>(3) 指示承包商拆除不合格的材料、工程设备或工艺，并重新进行施工 |
| 39.2 | 承包商不遵守指示 | 在承包商不遵守指示时，与业主协商确定雇用他人的全部费用，并相应地通知承包商，副本送交业主 |
| 40.1 | 暂时停工 | 指示承包商暂停施工 |
| 40.2 | 暂时停工后工程师的决定 | 与业主和承包商协商后，决定延长工期或增加合同价格，并相应地通知承包商，副本送交业主 |
| 40.3 | 暂时停工持续84天以上 | 批准复工 |
| 41.1 | 工程的开工 | 签发开工通知 |
| 42.2 | 未能给出占有权 | 决定工期延长和增加合同价格，并相应地通知承包商，副本抄送业主 |
| 44.1 | 竣工期限的延长 | 在与业主和承包商适当地协商后，决定竣工时间的延长，并相应地通知承包商，副本抄送业主 |
| 44.2 | 承包商应提供的通知和详细申述 | 除非承包商在28天内递交了通知，或在递交通知后的28天内或工程师同意的其他期限内，承包商提供了详细情况，否则，工程师不一定必须作出决定 |
| 44.3 | 临时的延期决定 | (1) 不得无故拖延，作出延期的临时决定<br>(2) 在收到最终详情后，复查全部情况，作出延期决定<br>(3) 对于上述两种情况，工程师应与业主和承包商协商后作出决定，并相应地通知承包商，副本抄送业主 |
| 45.1 | 工作时间的限制 | 同意承包商在夜间或休息日施工 |

(续)

| 条目 | 条款标题 | 工程师的主要义务和责任 |
|---|---|---|
| 46.1 | 施工进度 | (1) 要求承包商赶工<br>(2) 准许承包商夜间和休息日施工<br>(3) 与业主和承包商协商附加监理费金额，并相应地通知承包商，副本抄送业主 |
| 48.1 | 移交证书 | (1) 在21天内向承包商签发移交证书，副本抄送业主<br>(2) 书面指示承包商完成尚未完成的工程，修复任何工程缺陷 |
| 48.2 | 区段或部分的移交 | 对区段工程或部分工程签发移交证书 |
| 48.3 | 部分工程基本竣工 | 对基本竣工的部分工程签发移交证书 |
| 48.5 | 妨碍检验 | (1) 对妨碍检验的工程签发移交证书<br>(2) 要求在14天内进行竣工检验 |
| 49.2 | 完成剩余工作和修补缺陷 | 指示承包商完成剩余工作和修补缺陷 |
| 49.3 | 修补缺陷的费用 | (1) 对工程缺陷责任作出判断<br>(2) 如非承包商原因造成的缺陷，应决定增加合同价格，并相应地通知承包商，副本抄送业主 |
| 49.4 | 承包商未执行指示 | 与业主和承包商协商后，确定费用金额，并相应地通知承包商，副本抄送业主 |
| 49.5 | 缺陷责任期的延长 | 作出延长缺陷责任期的决定 |
| 50.1 | 承包商进行调查 | (1) 指示承包商调查工程缺陷，并将副本抄送业主<br>(2) 确定承包商调查费用金额，增加合同价格，并相应地通知承包商，副本抄送业主 |
| 51.1 | 变更 | 作出变更指示 |
| 52.1 | 变更的估价 | (1) 按合同费率对变更作出估价决定<br>(2) 与业主和承包商协商，确定一个合适的费率，并相应地通知承包商，副本抄送业主<br>(3) 在作出费率决定之前，决定暂行费率或价格，计入临时付款证书 |
| 52.2 | 工程师确定费率的权力 | (1) 与业主和承包商适当协商后，确定新的费率和价格<br>(2) 如无法达成一致，确定他认为适当的费率或价格，并相应地通知承包商，副本抄送业主<br>(3) 在确定新费率或价格之前，确定暂行费率或价格 |
| 52.3 | 变更超过15% | (1) 与业主和承包商协商，在合同价格中增加或减少同意的款项<br>(2) 如无法达成一致，工程师应决定该项款额 |
| 52.4 | 计日工 | (1) 指示承包商在计日工基础上进行施工<br>(2) 审核和批准按计日工付款，或按照他认为合理的工作价值付款 |

(续)

| 条目 | 条款标题 | 工程师的主要义务和责任 |
|---|---|---|
| 53.2 | 同期记录 | 审查并指示承包商保持同期记录 |
| 53.3 | 索赔的证明 | 要求承包商在其他合理的时间内递交索赔的详细材料 |
| 53.4 | 未能遵守 | 决定索赔金额，并相应地通知承包商，副本抄送业主 |
| 54.1 | 工程专用的承包商的设备、临时工程和材料 | 同意将承包商的设备、临时工程和材料运出现场 |
| 56.1 | 需测量的工程 | （1）适时通知承包商及其代理人进行测量工作<br>（2）通过测量核实和确定工程的价值及其承包商应得的付款<br>（3）在测量时准备好记录和图纸<br>（4）承包商提出申诉时，复查记录和图纸，予以确认或修改 |
| 57.2 | 包干项目的分项 | 批准包干项目 |
| 58.1 | 暂定金额的定义 | 指示承包商实施暂定金额项目，作出决定，并相应地通知承包商，副本抄送业主 |
| 58.2 | 暂定金额的使用 | 有权指示承包商或指定分包商实施暂定金额项下的工作、提供货物、材料、设备或服务 |
| 59.2 | 指定的分包商；对指定的反对 | 指定某分包商 |
| 59.5 | 对指定分包商的支付证书 | （1）有权要求承包商提供支付指定分包商的证明<br>（2）应从支付给承包商的款额中扣除业主直接支付给指定分包商的款项，但不应拒发或拖延签付款证书 |
| 60.2 | 每月的支付 | （1）在收到承包商报表后的28天内确认业主应付款项<br>（2）在月支付证书金额小于合同规定的最低限额时，不应签发付款证书 |
| 60.3 | 保留金的支付 | 签发支付保留金的付款证书 |
| 60.4 | 证书的修改 | 修改付款证书金额 |
| 60.6 | 最终报表 | 对最终报表作出决定 |
| 60.8 | 最终证书 | 在接到最终报表和书面结清证明后的28天内，向业主发出最终证书，副本抄送承包商 |
| 62.1 | 缺陷责任证书 | 向承包商颁发缺陷责任证书 |
| 63.1 | 承包商的违约 | 证明承包商违约 |
| 63.2 | 终止日的估价 | 应尽快单方面地或通过与各方协商后，作出估价决定 |
| 63.3 | 终止后的付款 | 查清施工、竣工及修补任何缺陷的费用等，签发付款证书 |

(续)

| 条目 | 条款标题 | 工程师的主要义务和责任 |
|---|---|---|
| 64.1 | 紧急补救工作 | (1) 与业主和承包商协商后,确定补救工作的费用金额,并相应地通知承包商,副本抄送业主<br>(2) 在发生紧急补救工作时,尽快通知承包商 |
| 65.3 | 特殊风险对工程的损害 | 根据第52条的规定确定追加合同价格,并相应地通知承包商,副本抄送业主 |
| 65.5 | 由特殊风险引起的费用增加 | 与业主和承包商适当协商,确定由特殊风险导致的费用增加额,计入合同价格中,并相应地通知承包商,副本抄送业主 |
| 65.8 | 合同终止后的付款 | 与业主和承包商适当地进行协商,确定合同终止后的付款,并相应地通知承包商,副本抄送业主 |
| 67.1 | 工程师的决定 | 对有关争议作出决定 |
| 68.1 | 致承包商的通知 | 将通知发到指定地址 |
| 68.3 | 地址的变更 | 通知业主和承包商有关地址变更 |
| 69.4 | 承包商暂停工作的权利 | 与业主和承包商适当协商后决定工期延长和增加合同价格,并相应地通知承包商,副本抄送业主 |
| 70.2 | 后继的法规 | 与业主和承包商适当协商后,增加合同价格,并相应地通知承包商,副本抄送业主 |

## 附录6.2　1999年版新红皮书中工程师的主要义务和责任

| 条目 | 条款标题 | 工程师的主要义务和责任 |
|---|---|---|
| 1 | 一般规定 | |
| 1.3 | 通信交流 | (1) 采用书面形式的义务<br>(2) 不得无故扣压或拖延批准、证明、同意和决定 |
| 1.5 | 文件优先次序 | 在文件出现歧义或不一致时,发出必要的澄清或指示 |
| 1.8 | 文件的照管和提供 | 接受承包商提供的承包商文件 |
| 1.9 | 延误的图纸或指示 | (1) 按时提供图纸或指示<br>(2) 根据第3.5款的规定,同意或决定工期延长或增加合同价格,包括费用和合理利润 |
| 2 | 业主 | |
| 2.1 | 现场进入权 | 根据第3.5款的规定,同意或决定工期延长或增加合同价格,包括费用和合理利润 |

（续）

| 条目 | 条款标题 | 工程师的主要义务和责任 |
|---|---|---|
| 2.5 | 业主的索赔 | (1) 应尽快向承包商发出业主索赔的通知，说明细节<br>(2) 根据第3.5款的规定，同意或决定①业主有权得到承包商支付的金额；②延长缺陷通知期限 |
| 3 | 工程师 | |
| 3.1 | 工程师的任务和权力 | (1) 应履行合同中指派给他的任务<br>(2) 无权修改合同<br>(3) 可行使合同规定的或必然默示的应属于工程师的权力<br>(4) 如要求，获得业主的批准 |
| 3.2 | 工程师的委托 | (1) 书面向其助手指派和撤销委托<br>(2) 不得将第3.5款规定的任何事项的权力委托他人 |
| 3.3 | 工程师的指示 | (1) 按照合同规定向承包商发出指示、实施工程和修补缺陷可能需要的附加或修正图纸<br>(2) 采用书面形式发出指示<br>(3) 书面确认口头指示或未通过书面拒绝或进行答复 |
| 3.5 | 决定 | (1) 与业主和承包商协商，尽量达成协议<br>(2) 如不能达成协议，按照合同作出公正的决定<br>(3) 通知业主和承包商有关决定，并附上详细依据 |
| 4 | 承包商 | |
| 4.1 | 承包商的一般义务 | 要求承包商提交工程施工安排和方法 |
| 4.3 | 承包商代表 | 同意或不同意承包商任命的承包商代表 |
| 4.6 | 合作 | 指示承包商为现场或附近从事工作的人员提供适当的条件 |
| 4.7 | 放线 | (1) 通知承包商原始基准点、基准线、基准标高<br>(2) 同意或决定工期延长和增加合同价格<br>(3) 决定①错误是否不能被合理发现，不能合理发现的程度；②与该程度相关的工期延长和费用 |
| 4.12 | 不可预见的物质条件 | (1) 收到承包商的通知后，对该物质条件进行检验研究，同意或决定①此类物质条件是否不可预见，以及不可预见的程度；②与该程度有关的工期延长和费用<br>(2) 审核工程类似部分的其他物质条件是否比投标时合理预见的更为有利，如此，同意或决定费用减少金额<br>(3) 考虑承包商投标时可能提供的预见的物质条件的任何证据 |
| 4.17 | 承包商的设备 | 同意或否决承包商运走设备 |
| 4.19 | 电、水和燃气 | 根据第2.5款和第3.5款同意或决定电、水和燃气费用 |
| 4.20 | 业主设备和免费供应的材料 | 根据第2.5款和第3.5款同意或决定业主设备的数量和应付金额 |

(续)

| 条目 | 条款标题 | 工程师的主要义务和责任 |
|---|---|---|
| 4.24 | 化石 | (1) 应就处理化石等物品发出指示<br>(2) 根据第3.5款的规定，同意或决定工期延长和增加合同金额 |
| 5 | 指定分包商 | |
| 5.4 | 付款证据 | 发出包含应付指定分包商金额的付款证书前，可要求承包商提供合理的证据，证明承包商已支付指定分包商款项 |
| 6 | 职员和劳务 | |
| 6.5 | 工作时间 | 同意承包商在休息日之外工作 |
| 6.10 | 承包商人员和设备的记录 | 批准承包商递交的设备和人员格式 |
| 7 | 生产设备、材料和工艺 | |
| 7.2 | 样品 | 指示承包商提供变更的附加样品 |
| 7.3 | 检验 | 及时检查、检验、测量和试验，不得无故拖延，或应立即通知承包商无需进行这些工作 |
| 7.4 | 试验 | (1) 与业主商定试验所需的物质条件<br>(2) 可改变进行规定试验的位置或细节，或指示承包商进行附加的试验<br>(3) 根据第3.5款的规定，同意或决定工期延长和增加合同金额 |
| 7.5 | 拒收 | (1) 拒收生产设备、材料或工艺<br>(2) 要求对生产设备、材料或工艺进行试验 |
| 7.6 | 修改工作 | 指示承包商进行修补工作 |
| 8 | 开工、延误和暂停 | |
| 8.1 | 工程的开工 | 应在不少于7天前向承包商发出开工日期的通知 |
| 8.3 | 进度计划 | (1) 在21天内向承包商发出通知，指出不符合合同要求的内容<br>(2) 要求承包商提交未来事件或情况预期影响的股价，或提出建议<br>(3) 向承包商发出通知，指出进度计划不符合合同要求 |
| 8.4 | 竣工时间的延长 | 应审查工期延长申请，可以增加，但不能减少总的延长时间 |
| 8.6 | 工程进度 | 指示承包商提交一份修订的进度计划 |
| 8.8 | 暂时停工 | 可随时指定承包商暂停工程某一部分或全部的施工，并通知暂停原因 |
| 8.9 | 暂停的后果 | 根据第3.5款的规定，同意或决定工期延长和增加合同价格 |

(续)

| 条目 | 条款标题 | 工程师的主要义务和责任 |
|---|---|---|
| 8.12 | 复工 | 检查受暂停影响的工程、生产设备和材料 |
| 9 | 竣工试验 | |
| 9.1 | 承包商的义务 | （1）指示承包商进行竣工试验的时间<br>（2）在考虑竣工试验结果时，应考虑到业主对工程的使用，对工程性能和其他特性的影响 |
| 9.2 | 延误的试验 | 在延误后，通知承包商进行竣工试验 |
| 9.3 | 重新试验 | 要求重新进行竣工试验 |
| 9.4 | 未能通过竣工试验 | 有权下令重复进行竣工试验 |
| 10 | 业主的接收 | |
| 10.1 | 工程和区段工程的接收 | 在收到承包商的申请通知后的28天内①颁发接收证书；②拒绝申请，说明理由 |
| 10.2 | 部分工程的接收 | （1）颁发永久工程任何部分的接收证书<br>（2）根据第3.5款的规定，同意或决定增加费用 |
| 10.3 | 对竣工试验的干扰 | （1）在竣工试验受到干扰时颁发接收证书<br>（2）根据第3.5款的规定，同意或决定工期延长和增加合同价格 |
| 11 | 缺陷责任 | |
| 11.6 | 进一步试验 | 要求重新进行任何试验 |
| 11.8 | 承包商调查 | （1）可要求承包商调查任何缺陷原因<br>（2）决定调查费用加合理利润 |
| 11.9 | 履约证书 | 在最后一个缺陷通知期限期满后的28天内颁发履约证书 |
| 12 | 测量和估价 | |
| 12.1 | 需测量的工程 | （1）测量工程的任何部分<br>（2）准备测量记录<br>（3）审查记录，进行确认或更改 |
| 12.3 | 估价 | （1）根据确定的测量结果和适当的费率和价格，进行估价，再根据第3.5款同意或决定合同价格<br>（2）在确定适当费率和价格前，应确定临时费率和价格 |
| 12.4 | 删减 | 根据第3.5款，同意或决定删减工程的费用，计入合同价格 |
| 13 | 变更和调整 | |
| 13.1 | 变更权 | （1）可通过指示或要求承包商递交建议书的方式，提出变更<br>（2）取消、确认或改变原指示 |

(续)

| 条目 | 条款标题 | 工程师的主要义务和责任 |
|---|---|---|
| 13.2 | 价值工程 | 批复承包商递交的价值工程建议书 |
| 13.3 | 变更程序 | (1) 尽快对承包商提出的建议进行批准、不批准或提出意见<br>(2) 向承包商发出执行每项变更的指示 |
| 13.5 | 暂定金额 | (1) 指示承包商全部或部分地使用暂定金额<br>(2) 要求承包商出示报价单、发票、凭证或收据 |
| 13.6 | 计日工 | 指示按计日工实施变更 |
| 13.7 | 因法律改变的调整 | 根据第3.5款的规定,同意或决定工期延长和增加合同价格 |
| 13.8 | 因成本改变的调整 | (1) 确定成本指数或参考价格<br>(2) 确定临时指数 |
| 14 | 合同价格和付款 | |
| 14.2 | 预付款 | 签发预付款的临时付款证书 |
| 14.5 | 拟用于工程的生产设备和材料 | 确定和确认各项增加金额 |
| 14.6 | 临时付款证书的签发 | (1) 在收到有关报表和证明文件后的28天内,向业主发出临时付款证书<br>(2) 在临时付款证书金额低于最低付款金额时,不予签发临时付款证书,并通知承包商<br>(3) 可对任何一次付款证书金额进行改正或修改 |
| 14.9 | 保留金的支付 | 在颁发接收证书和缺陷责任证书时,确认将保留金支付给承包 |
| 14.10 | 竣工报表 | 确认竣工报表 |
| 14.11 | 最终付款证书的申请 | (1) 对最终报表作出决定<br>(2) 应向业主报送最终报表中已同意部分的临时付款证书 |
| 14.13 | 最终付款证书的颁发 | (1) 签发最终付款证书<br>(2) 要求承包商提出最终证书申请,如承包商未能在28天内提交申请,应按公正确定的最终付款金额签发最终付款证书 |
| 15 | 业主的终止 | |
| 15.1 | 通知改正 | 通知承包商,要求在合理的时间内,纠正并补救不履约 |
| 15.3 | 终止日期的估价 | 根据第3.5款确定或决定工程、货物和承包商文件的价值以及承包商应得的其他款项 |

(续)

| 条目 | 条款标题 | 工程师的主要义务和责任 |
|---|---|---|
| 17 | 风险与责任 | |
| 17.4 | 业主风险的后果 | 根据第3.5款的规定,决定工期延长和增加合同价格 |
| 19 | 不可抗力 | |
| 19.4 | 不可抗力的后果 | 根据第3.5款的规定,决定工期延长和增加合同价格 |
| 19.6 | 自主选择终止、付款和解除 | 确定已完工程的价值,签发付款证书 |
| 20 | 索赔、争议和仲裁 | |
| 20.1 | 承包商的索赔 | (1) 在收到索赔通知后,可检查记录保持情况,指示承包商保存进一步的同期记录<br>(2) 在收到索赔报告或进一步的证明资料后的42天内,做出回应,表示同意、不批准并附上具体意见,还可要求承包商提供进一步的资料<br>(3) 根据第3.5款的规定,决定工期延长和(或)增加合同价格 |

## 附录6.3　1999年版新黄皮书中工程师的主要义务和责任

| 条目 | 条款标题 | 工程师的主要义务和责任 |
|---|---|---|
| 1 | 一般规定 | |
| 1.3 | 通信交流 | (1) 采用书面形式的义务<br>(2) 不得无故扣压或拖延批准、证明、同意和决定 |
| 1.5 | 文件优先次序 | 在文件出现歧义或不一致时,发出必要的澄清或指示 |
| 1.8 | 文件的照管和提供 | 接受承包商提供的承包商文件 |
| 1.9 | 延误的图纸或指示 | (1) 按时提供图纸或指示<br>(2) 根据第3.5款的规定,同意或决定工期延长或增加合同价格,包括费用和合理利润 |
| 2 | 业主 | |
| 2.1 | 现场进入权 | 根据第3.5款的规定,同意或决定工期延长或增加合同价格,包括费用和合理利润 |
| 2.5 | 业主的索赔 | (1) 应尽快向承包商发出业主索赔的通知,说明细节<br>(2) 根据第3.5款的规定,同意或决定①业主有权得到承包商支付的金额;②延长缺陷通知期限 |
| 3 | 工程师 | |

(续)

| 条目 | 条款标题 | 工程师的主要义务和责任 |
|---|---|---|
| 3.1 | 工程师的任务和权力 | (1) 应履行合同中指派给他的任务<br>(2) 无权修改合同<br>(3) 可行使合同规定的或必然默示的应属于工程师的权力<br>(4) 如有要求，获得业主的批准 |
| 3.2 | 工程师的委托 | (1) 书面向其助手指派和撤销委托<br>(2) 不得将第3.5款规定的任何事项的权力委托他人 |
| 3.3 | 工程师的指示 | (1) 按照合同规定向承包商发出指示、实施工程和修补缺陷可能需要的附加或修正图纸<br>(2) 采用书面形式发出指示<br>(3) 书面确认口头指示或未通过书面拒绝或进行答复 |
| 3.5 | 决定 | (1) 与业主和承包商协商，尽量达成协议<br>(2) 如不能达成协议，按照合同作出公正的决定<br>(3) 通知业主和承包商有关决定，并附上详细依据 |
| 4 | 承包商 | |
| 4.1 | 承包商的一般义务 | 要求承包商提交工程施工安排和方法 |
| 4.3 | 承包商代表 | 同意或不同意承包商任命的承包商代表 |
| 4.6 | 合作 | 指示承包商为现场或附近从事工作的人员提供适当的条件 |
| 4.7 | 放线 | (1) 通知承包商原始基准点、基准线、基准标高<br>(2) 同意或决定工期延长和增加合同价格<br>(3) 决定①错误是否不能被合理发现，不能合理发现的程度；②与该程度相关的工期延长和费用 |
| 4.12 | 不可预见的物质条件 | (1) 收到承包商的通知后，对该物质条件进行检验研究，同意或决定①此类物质条件是否不可预见，以及不可预见的程度；②与该程度有关的工期延长和费用<br>(2) 审核工程类似部分的其他物质条件是否比投标时合理预见的更为有利，如此，同意或决定费用减少金额<br>(3) 考虑承包商投标时可能提供的预见的物质条件的任何证据 |
| 4.17 | 承包商的设备 | 同意或否决承包商运走设备 |
| 4.19 | 电、水和燃气 | 根据第2.5款和第3.5款同意或决定电、水和燃气费用 |
| 4.20 | 业主设备和免费供应的材料 | 根据第2.5款和第3.5款同意或决定业主设备的数量和应付金额 |
| 4.24 | 化石 | (1) 应就处理化石等物品发出指示<br>(2) 根据第3.5款的规定，同意或决定工期延长和增加合同金额 |

(续)

| 条目 | 条款标题 | 工程师的主要义务和责任 |
| --- | --- | --- |
| 5 | 设计 | |
| 5.1 | 设计义务的一般要求 | 应确定是否应用变更规定,并相应地通知承包商 |
| 5.2 | 承包商文件 | (1) 审核承包商文件,指出不符合合同的内容<br>(2) 通知承包商,说明是否已经批准承包商文件<br>(3) 要求进一步的承包商文件 |
| 5.4 | 技术标准和法规 | 对技术标准作出变更 |
| 5.6 | 竣工文件 | 审核竣工文件 |
| 6 | 职员和劳务 | |
| 6.5 | 工作时间 | 同意承包商在休息日之外工作 |
| 6.10 | 承包商人员和设备的记录 | 批准承包商递交的设备和人员格式 |
| 7 | 生产设备、材料和工艺 | |
| 7.2 | 样品 | 指示承包商提供变更的附加样品 |
| 7.3 | 检验 | 及时检查、检验、测量和试验,不得无故拖延,或应立即通知承包商无需进行这些工作 |
| 7.4 | 试验 | (1) 与业主商定试验所需的物质条件<br>(2) 可改变进行规定试验的位置或细节,或指示承包商进行附加的试验<br>(3) 根据第 3.5 款的规定,同意或决定工期延长和增加合同金额 |
| 7.5 | 拒收 | (1) 拒收生产设备、材料或工艺<br>(2) 要求对生产设备、材料或工艺进行试验 |
| 7.6 | 修改工作 | 指示承包商进行修补工作 |
| 8 | 开工、延误和暂停 | |
| 8.1 | 工程的开工 | 应在不少于 7 天前向承包商发出开工日期的通知 |
| 8.3 | 进度计划 | (1) 在 21 天内向承包商发出通知,指出不符合合同要求的内容<br>(2) 要求承包商提交未来事件或情况预期影响的股价,或提出建议<br>(3) 向承包商发出通知,指出进度计划不符合合同要求 |
| 8.4 | 竣工时间的延长 | 应审查工期延长申请,可以增加,但不能减少总的延长时间 |
| 8.6 | 工程进度 | 指示承包商提交一份修订的进度计划 |
| 8.8 | 暂时停工 | 可随时指定承包商暂停工程某一部分或全部的施工,并通知暂停原因 |

(续)

| 条目 | 条款标题 | 工程师的主要义务和责任 |
|---|---|---|
| 8.9 | 暂停的后果 | 根据第 3.5 款的规定，同意或决定工期延长和增加合同价格 |
| 8.12 | 复工 | 检查受暂停影响的工程、生产设备和材料 |
| 9 | 竣工试验 | |
| 9.1 | 承包商的义务 | （1）指示承包商进行竣工试验的时间<br>（2）在考虑竣工试验结果时，应考虑到业主对工程的使用，对工程性能和其他特性的影响 |
| 9.2 | 延误的试验 | 在延误后，通知承包商进行竣工试验 |
| 9.3 | 重新试验 | 要求重新进行竣工试验 |
| 9.4 | 未能通过竣工试验 | 有权下令重复进行竣工试验 |
| 10 | 业主的接收 | |
| 10.1 | 工程和区段工程的接收 | 在收到承包商的申请通知后的 28 天内①颁发接收证书；②拒绝申请，说明理由 |
| 10.2 | 部分工程的接收 | （1）颁发永久工程任何部分的接收证书<br>（2）根据第 3.5 款的规定，同意或决定增加费用 |
| 10.3 | 对竣工试验的干扰 | （1）在竣工试验受到干扰时颁发接收证书<br>（2）根据第 3.5 款的规定，同意或决定工期延长和增加合同价格 |
| 11 | 缺陷责任 | |
| 11.6 | 进一步试验 | 要求重新进行任何试验 |
| 11.8 | 承包商调查 | （1）可要求承包商调查任何缺陷原因<br>（2）决定调查费用加合理利润 |
| 11.9 | 履约证书 | 在最后一个缺陷通知期限期满后的 28 天内颁发履约证书 |
| 12 | 竣工后试验 | |
| 12.2 | 延误的试验 | 根据第 3.5 款的规定确定费用和利润 |
| 12.4 | 未能通过竣工后试验 | 根据第 3.5 款确定费用和利润 |
| 13 | 变更和调整 | |
| 13.1 | 变更权 | （1）可通过指示或要求承包商递交建议书的方式，提出变更<br>（2）取消、确认或改变原指示 |
| 13.2 | 价值工程 | 批复承包商递交的价值工程建议书 |
| 13.3 | 变更程序 | （1）尽快对承包商提出的建议进行批准、不批准或提出意见<br>（2）向承包商发出执行每项变更的指示 |

（续）

| 条目 | 条款标题 | 工程师的主要义务和责任 |
|---|---|---|
| 13.5 | 暂定金额 | （1）指示承包商全部或部分地使用暂定金额<br>（2）要求承包商出示报价单、发票、凭证或收据 |
| 13.6 | 计日工 | 指示按计日工实施变更 |
| 13.7 | 因法律改变的调整 | 根据第3.5款的规定，同意或决定工期延长和增加合同价格 |
| 13.8 | 因成本改变的调整 | （1）确定成本指数或参考价格<br>（2）确定临时指数 |
| 14 | 合同价格和付款 | |
| 14.2 | 预付款 | 签发预付款的临时付款证书 |
| 14.5 | 拟用于工程的生产设备和材料 | 确定和确认各项增加金额 |
| 14.6 | 临时付款证书的签发 | （1）在收到有关报表和证明文件后的28天内，向业主发出临时付款证书<br>（2）在临时付款证书金额低于最低付款金额时，不予签发临时付款证书，并通知承包商<br>（3）可对任何一次付款证书金额进行改正或修改 |
| 14.9 | 保留金的支付 | 在颁发接收证书和缺陷责任证书时，确认将保留金支付给承包 |
| 14.10 | 竣工报表 | 确认竣工报表 |
| 14.11 | 最终付款证书的申请 | （1）对最终报表作出决定<br>（2）应向业主报送最终报表中已同意部分的临时付款证书 |
| 14.13 | 最终付款证书的颁发 | （1）签发最终付款证书<br>（2）要求承包商提出最终证书申请，如承包商未能在28天内提交申请，应按公正确定的最终付款金额签发最终付款证书 |
| 15 | 业主的终止 | |
| 15.1 | 通知改正 | 通知承包商，要求在合理的时间内，纠正并补救不履约 |
| 15.3 | 终止日期的估价 | 根据第3.5款确定或决定工程、货物和承包商文件的价值以及承包商应得的其他款项 |
| 17 | 风险与责任 | |
| 17.4 | 业主风险的后果 | 根据第3.5款的规定，决定工期延长和增加合同价格 |
| 19 | 不可抗力 | |
| 19.4 | 不可抗力的后果 | 根据第3.5款的规定，决定工期延长和增加合同价格 |

(续)

| 条目 | 条款标题 | 工程师的主要义务和责任 |
|---|---|---|
| 19.6 | 自主选择终止、付款和解除 | 确定已完工程的价值,签发付款证书 |
| 20 | 索赔、争议和仲裁 | |
| 20.1 | 承包商的索赔 | (1) 在收到索赔通知后,可检查记录保持情况,指示承包商保存进一步的同期记录<br>(2) 在收到索赔报告或进一步的证明资料后的 42 天内,做出回应,表示同意、不批准并附上具体意见,还可要求承包商提供进一步的资料<br>(3) 根据第 3.5 款的规定,决定工期延长和(或)增加合同价格 |

# 第7章 承包商的主要义务

承包商应按照合同及工程师的指示，设计（在合同规定的范围内）、实施和完成工程，并修补工程中的任何缺陷。

——FIDIC：1999年版《施工合同条件》

## 7.1 概述

承包商是一个把工程项目从概念到物化的实施者，是施工合同中最主要的角色。按照不同的标准，承包商的义务可分为：

(1) 按照义务的主次划分，承包商的义务可分为主要义务（primary obligation）和次要义务（secondary obligation）。

在施工合同中，承包商的主要义务是按照合同的规定，在特定的时间内完成合同规定的工程项目。所有的标准合同格式都对承包商的主要义务作了十分类似的规定，如1999年版FIDIC新红皮书第4.1款规定的"承包商应按照合同及工程师的指示，设计（在合同规定的范围内）、实施和完成工程，并修补工程中的任何缺陷。"承包商违反主要义务即构成违约，业主可根据合同的规定和有关法律的规定采取终止合同、要求赔偿损失等补救措施。

在建筑和土木工程施工领域，承包商承担了许多合同规定的次要义务，如通知义务、警告义务等。至于违反次要义务的责任，迪普洛克大法官说道："违反次要义务的一方当事人……应向另一方当事人支付因其违约而造成他人损失的金钱赔偿[⊖]。"例如，许多标准合同格式规定的误期损害赔偿费的内容。如果合同条款明确规定了承包商违反次要义务时业主有权终止合同，则业主可以在承包商违反次要义务时终止合同。

(2) 按合同是否明示规定划分，承包商的义务可分为明示义务（express obligation）、默示义务（implied obligation）和法定义务（statutory obligation）。

---

⊖ John Adriaanse. Construction Contract Law [M]. 2nd ed. Hamsphire: Palgrave Macmillan, 2005: 105.

明示义务是指合同条款明示规定的义务,例如实施和完成工程项目的义务、通知义务等。默示义务包括三种类型,即根据事实上的默示义务、法律上的默示义务和法定义务。法定义务是指法律规定的应尽的义务,如纳税义务、遵守法律的义务等。法定义务是因法律规定而产生的义务,无需合同当事人在合同中进行约定。

(3) 按义务的内容划分,承包商的义务可分为:

① 实施和完成工程项目的义务。

② 质量义务。

③ 进度义务。

④ 合作义务。

⑤ 设计义务。

⑥ 警告义务。

⑦ 提供保证、保障和保险义务。

## 7.2 明示义务和默示义务

### 7.2.1 明示义务

在施工合同中,明示义务来源于合同的明示条款。按照《牛津法律词典》的解释,明示条款是指"当事人以书面或口头形式同意的合同规定[⊖]。"

在 FIDIC 合同中,承包商的明示义务存在于多处合同条款之中,详见本章附录 7.1、7.2、7.3、7.4。

在 Amalgamated Building Contractors 诉 Wattham Holy Cross UDC [1952] 2 All ER 452 案中,法官将这种明示义务称为当事人制定的私人法律准则(the private code of law of the parties)。一般而言,根据契约自由原则,只要不违法或被法律所禁止,合同当事人可以在合同中写入任何内容,任意规定当事人的权利和义务。

承包商应遵守合同规定的明示义务,如违反其中的主要义务,承包商的行为将构成违约。如违反其中的次要义务,应根据合同的规定确定承包商承担的责任。

---

⊖ Elizabeth A. Martin. Oxford Dictionary of Law [M]. 6th ed. Oxford: Oxford University Press, 2006: 213.

### 7.2.2 默示义务

虽然合同以明示条款的方式规定了当事人的明示义务，但明示条款并不包括协议的全部内容。另外的一个重要方面是合同的默示条款，以及由默示条款而产生的当事人的默示义务。

在 BP Refinery (Westport) Pty Ltd. 诉 Shire [1978] 52 ALJR 20 PC 案中，哈斯廷大法官总结了合同的默示条款应满足的条件：①必须是合理的和平衡的。②必须是能够使合同具有商业效率，如果没有默示条款，合同将归于无效。③必须明显是"不言自明的"。④必须具有清楚的表述。⑤不能与合同的任何明示条款相冲突。

**1. 事实上的默示义务**

事实上的默示义务是法官或仲裁员根据合同推断出的合同当事人的意思表示。在著名的 Greaves & Co. (Contractors) Ltd. 诉 Baynham Meikle & Partners (1975) 4 BLR 56 案中，法官发现双方当事人之间存在一种协议，丹宁大法官在判决中写道：

"证据表明，双方当事人都有一个共同的想法。他们的共同意图是工程师设计的仓库应满足其要求的使用功能。这项共同的意图产生了事实上的默示条款。"

有时，法官或仲裁员可以商业效率的名义认定默示义务的存在。为了使合同有效，法院可以行使权力，默示合同条款的存在。

合同是否存在默示条款和默示义务，不是合同当事人可以决定的事情，而是法官或仲裁员根据其对案件的管辖权而行使的一种权力。

**2. 法律上的默示义务**

法律上的默示义务不是当事人达成一致的内容，而是法官或仲裁员根据法律规定推断出的法律赋予合同当事人应履行的义务，例如：

(1) 合同中的合理的谨慎和技能义务。
(2) 保证雇员能力的义务。
(3) 土地所有人应对建筑的公共部分负责的义务。

在业主雇用承包商承担设计和建造任务时，除非当事人另有约定，承包商默示同意：

(1) 承包商将以技艺精湛的方式和工艺实施工程。
(2) 承包商将提供良好的和适合的材料。
(3) 如果工程项目是住宅项目，建成的住宅应适合居住，即应保证适居性。在有些判例中，承包商应保证建成的住宅满足使用功能。

**【案例】** 在 Test Valley Borough Council 诉 Greater London Council (1979) 13 BLR 63 案[⊖]中，当事人对如何解释合同协议书发生了争议，涉及的主要问题是合同默示的义务标准问题。

法院判决：合同协议书中存在一项默示条款，即承包商应以技艺精湛的方式和工艺、质量良好的材料建造住宅工程，合理地满足使用功能，并适合人类居住。

有关合同默示条款的判例，参见 Hancock 诉 B. W. Brazier (Anerley) Ltd. [1966] 2 All ER 901 案。

**3. 法定义务**

法定义务是法律规定的当事人应当履行的义务。一般而言，合同当事人不能通过合同约定将法定义务排除在外。

## 7.3 实施和完成工程项目的义务

实施和完成工程项目的义务是承包商的一项最基本的、最重要的义务。1987 年第 4 版 FIDIC 红皮书第 8.1 款"承包商的一般责任"规定：

"承包商应按照合同的各项规定，以应有的谨慎和努力（在合同规定的范围内）对工程进行设计、施工和竣工，并修补其中的任何缺陷。承包商应为该工程的设计、施工和竣工以及为修补其任何缺陷而提供所需的不管是临时性的还是永久性的全部工程的监督、劳务、材料、工程设备以及其他物品，只要提供上述物品的必要性在合同内已有规定或可以从合同种合理地推论得出。"

1999 年版 FIDIC 新红皮书、新黄皮书、银皮书第 4.1 款"承包商的一般义务"规定了承包商的一般义务，概括如下：

（1）承包商的主要义务。承包商的主要义务是根据合同的规定和工程师的指示，"实施和完成工程，并修补工程中的任何缺陷。"

（2）提供设备的义务。承包商应提供合同规定的生产设备、承包商人员、货物、消耗品或其他物品和服务。

（3）现场施工的义务。承包商应对所有现场作业、所有施工方法和全部工程的完备性、稳定性和安全性承担责任。

（4）提供施工方法的义务。在工程师要求时，承包商应提交其建议采用

---

⊖ Michael Furmston. Building Contract Casebook [M]. 4th ed. Oxford: Blackwell Publishing, 2006: 85.

的工程施工安排和方法的细节。如事先未通知工程师,对这些安排和方法不得做重要的改变。

(5) 设计义务。承包商应在合同规定的范围内进行设计工作。如果承包商承担了设计工作,设计应满足使用功能。另外,在1999年版FIDIC新红皮书第4.1款中,还规定了设计应遵守的(a)~(d)项规定。重要的是,承包商应对其负责的设计承担全部责任。

在1999年版FIDIC新黄皮书、银皮书中,由于承包商承担了设计义务,因此,新黄皮书和银皮书第5条"设计"专门规定了设计的有权内容。

## 7.4 质量义务

### 7.4.1 FIDIC 合同的质量保证体系

在施工合同中,承包商的质量义务有:

(1) 明示的质量义务,即承包商实施的工程应符合合同文件的要求。在1987年第4版FIDIC红皮书和1999年版新红皮书中,工程质量应符合设计文件、规范的要求。在1999年版FIDIC新黄皮书和银皮书中,应符合业主要求、设计文件的要求。

(2) 默示的质量义务。在施工合同中,默示质量义务包括设计、材料、工艺、建筑师或工程师的满意。

为了保证工程项目的质量,1999年版FIDIC新红皮书在多处条款中对质量问题作了规定,见表7-1。

表7-1 1999年版FIDIC新红皮书有关质量条款的规定

| 条款序号 | 条款标题 | 主 要 内 容 |
| --- | --- | --- |
| 4.1 | 承包商的一般义务 | 承包商应修复工程的缺陷 |
| 4.9 | 质量保证 | 承包商应建立质量保证体系。工程师有权进行审查 |
| 4.21 | 进度报告 | 承包商应递交月进度报告,表明项目进度,并应附上质量保证体系文件、试验结果和材料证书 |
| 7.3.(a) | 检验 | 业主人员有权进入现场 |
| 7.3.(b) | 检验 | 业主人员有权进行检查、检验、测量和试验所有材料和工艺,检查生产设备的制造和材料的生产加工速度 |

(续)

| 条款序号 | 条款标题 | 主要内容 |
|---|---|---|
| 7.3 | 检验 | 工程师有权及时进行检查、检验、测量和试验 |
| 7.3 | 检验 | 承包商不得覆盖、掩盖、包装和运输 |
| 7.4 | 试验 | 工程师应参加试验 |
| 7.5 | 拒收 | 工程师可要求对生产设备、材料或工艺重新进行试验 |
| 7.6.（a） | 修补工作 | 工程师可指示承包商将不符合合同要求的任何生产设备或材料移出现场，并进行更换 |
| 7.6.（b） | 修补工作 | 工程师可指示承包商去除不符合合同的任何其他工作，并重新实施 |
| 11.1.（a） | 完成扫尾工作和修补缺陷 | 在工程师指示的合理时间内，完成接收证书注明日期时尚未完成的任何工作 |
| 11.1.（b） | 完成扫尾工作和修补缺陷 | 完成修补缺陷或损害所需的所有工作 |
| 11.2 | 修补缺陷的费用 | 业主应迅速通知承包商非归因于承包商原因的修补工作 |
| 11.4 | 未能修补缺陷 | 业主可以确定修补缺陷工程的日期 |
| 11.4.（a） | 未能修补缺陷 | 业主可实施修补工作或委托他人进行 |
| 11.4.（b） | 未能修补缺陷 | 业主可要求承包商同意从应付给他的款项中扣除修补费用 |
| 11.4.（c） | 未能修补缺陷 | 如果缺陷或损害使业主丧失了工程的整个利益时，业主可终止合同 |
| 5.2 | 承包商文件（新黄皮书） | 承包商应递交专用条款要求的承包商文件，供评估和批准使用 |
| 5.8 | 设计错误 | 承包商应更正错误、遗漏、含糊、不一致、不适当或其他缺陷 |

## 7.4.2 "以适当的和技艺精湛的方式"的含义

**1. 概述**

"以适当的和技艺精湛的方式"（in a proper and workmanlike manner），有人翻译为"以适当的和专业的方式"，是英美普通法系的特有概念，它要求承包商、分包商在实施工程中必须以适当的和技艺精湛的方式实施和完成工程。

以适当的和技艺精湛的方式是承包商的一项法律义务。在英国、美国、澳大利亚、新西兰等英美法系国家，法律均对此做出了明确的规定。

美国加利福尼亚州 Berkeley 市政厅颁布的《Berkeley 市政规范和规划法令》第 17.16.050 节第 E 项[⊖]规定：

"……该项保函应以所有的排污或排洪管道工程，包括回填、街道路面铺设和清洁工程全部以适当的和技艺精湛的方式，遵守所有市政要求并使公共工程主管满意为条件……"

澳大利亚 Latrobe 市政府 2006 年第 2 号《公路法令》第 13、15（2）、16（2）、17（2）和 20 条均规定了有关工程的实施须以适当的和技艺精湛的方式进行。以第 16（2）条为例，规定：

"必须以适当的和技艺精湛的方式进行交叉道口的施工，并必须遵守任何市政标准或规范。"

除了英美等国有关法律规定工程须以适当的和技艺精湛的方式进行施工外，英国 JCT 标准建筑分包合同条件 2005 版第 2.1 条规定：

"分包商应以适当的和技艺精湛的方式，按照分包合同文件、健康和安全计划以及法律要求的规定实施和完成分包工程，并应遵守承包商（如适用）当时为实施主合同工程按照第 3.4 条规定发出的指示，以及发出的根据法律要求与分包工程有关的通知。"

FIDIC 分包合同 1994 年第 1 版文本中没有出现"以适当的和技艺精湛的方式"的字样。

在合同中没有明示条款规定"以适当的和技艺精湛的方式"进行施工时，或者没有规定承包商、分包商的所需的技能和能力时，有关判例表明，法院将默示承包商、分包商等必须以适当的和技艺精湛的方式实施和完成工程，也有义务选择适当的材料和产品以保证工程确实是技艺精湛的。

**2. "以适当的和技艺精湛的方式"的验证标准**

根据有关判例，"以适当的和技艺精湛的方式"的验证标准如下：

（1）技术标准。应当是工程建设当时的"公认的技术标准"（acknowledged rule of technology）。如果承包商、分包商按照当时公认的技术标准进行施工，则应判断为履行了适当的和技艺精湛的方式的明示的或默示义务。

（2）工艺标准。技艺精湛意味着工程须是以合理的技能完成并且没有缺陷。

（3）遵守合同规范和要求。承包商应严格遵守合同规范和要求进行施工，如果法律有相关要求，也应遵守有关法律要求。

---

⊖ http://www.ci.berkeley.ca.us/bmc/berkeley municipal code/title 17/16/050.html.

(4) 材料和设备标准。应符合规范要求，满足其适用性和使用功能。

(5) 工程施工。应当以当时同一社会的同行业的其他承包商通常施工的方式进行施工，并应以"合理的技能和谨慎"实施工程。

(6) 有关施工的所有的具体情形。

在 Mckinley 诉 Brandt Constr, Inc. 168 Ohio App. 3d 214，2006 - Ohio - 3290 案中，主审法官 Slaby 在判决中写道：

"工程施工合同赋予承包商一项以技艺精湛的方式进行施工的义务。在 Lin 诉 Gatehouse Constr. Co. （1992），84 Ohio App. 3d 96 案第 101 页中，'以技艺精湛的方式'被定义为在同行业中其他承包商通常履约的方式。见 Jones 诉 Devenport（2001 年 1 月 26 日），$2^{nd}$ Dist. No. 18162 案以及 Salewsky 诉 Williams（1990 年 9 月 17 日），$5^{th}$ Dist. No. CA-8131 案。当承包商以技艺精湛的方式进行施工时，损害的适当标准应是签约时双方当事人预期达到效果的修复费用。见 McCray 诉 Clinton Cty. Home Improvement （1998），125 Ohio App. 3d 521 案。"

在 Day - Glo Color Corp. 诉 Brewer - Garrett Co.，2007 - Ohio - 159 案中，法官在判决中写道：

"在如上所述的提供服务合同中，使用通常谨慎的方式时未能以技艺精湛的方式提供服务构成了对法律规定默示义务的违反。见 Velotta 诉 Leo Petronzio Landscaping，Inc.（1982）69 Ohio St. 2d 376 案。在 Vistein 诉 Keeney（1990），71 Ohio App. 3d 92 案中，法院判定，应通过评估过错，以及被告是否使用适当的材料和技艺精湛的技能做出判断的事实问题，以便断定是否违反默示义务。

'以技艺精湛的方式'可被定义为在同一社会或相同工作性质的同一行业的其他人通常实施的方式。在评估那些拥有知识、训练或成功交易或职业所必需的经验的人时，应认为他通常是精通其业务的。见 McKinley 诉 Brandt Constr. Inc.，Lorain App. No. 05 CA 008792，2006 - Ohio - 3290 案。然而，需要特别注意的是，以技艺精湛的方式履行默示义务并不是对修复结果的担保。该项默示义务只简单地要求那些修复或变更现有有形财务或财产的人以技艺精湛的方式提供服务。"

【案例】在 2003 年 9 月美国 Jones & Turner, Inc. and Woody Bogler Trucking Co. 诉 Elmer Senevey and Eric Senevey b/d/a Elmer and Eric Senevey Construction Co.，No. ED 81853（Mo. App.）案中，原告要求被告 Senevey 修建一座供其卡车停车用的钢结构建筑，并与被告 Senevey 以 28500 美元签订了书面合同。由于工程进行了微小变更，最终结算金额为 29000 美元。

合同规范要求"浇筑5英尺长的墙体，厚度8英寸，在钢架端2英寸处安装制动，地面厚度8英寸，两头端墙开放，高度14英尺。"被告为实施工程，从一家制造厂家 Moniteau 公司采购了建筑产品，用于屋顶的安装。

被告 Senvey 完成了工程。1999年1月1日一场大雪造成4英寸厚的积雪压在屋顶，第二天建筑物坍塌。

原告聘请了工程师调查坍塌的原因，工程师发现被告实际使用的材料尺寸与 Moniteau 公司计划中的尺寸相差很大。另外工程师还发现两到三处明显影响建筑物结构稳定性的差误。

原告起诉了被告，法院判决被告返还其得到的工程款29000美元，并赔偿相关费用。

被告提起上诉。上述法院驳回了被告的上诉，裁决"法律要求建筑合同承担默示担保，保证工程以技艺精湛的方式进行施工。"

法院裁定被告 Senevey 的工程是技艺不精湛的，被告选用的 Moniteau 公司的建筑产品是不充分的，在建筑物完工后几个月就坍塌就是证明。

在本案中，承包商的选择材料的义务要比引起问题的施工技术更为重要。

至于法院、仲裁庭在判断承包商、分包商是否以适当的和技艺精湛的方式进行施工时，主要依靠法官、仲裁员的主观判断。在 Beauford Development (NI) Limited. 诉 Gilbert-Ash NI Limited and Others (1998) 案中，大法官 Hoffmann 评述道：

"当事人同意将使用规定的材料以技艺精湛的方式建造这座特定的建筑，并正常地和勤勉地进行施工以使其在规定的日期竣工。毫无疑问，对于如何裁决适当的工艺和勤勉的进度（法院）拥有一定的空间。但通常不能将裁决的行使作为一项改变合同权利的权力。这是需要运用主观标准判断的问题，法院对此是非常熟悉的。"

### 3. "以适当的和技艺精湛的方式"的施工义务

承包商、分包商应以适当的和技艺精湛的方式进行施工，是承包商和分包商的一项法律义务，在没有合同明示条款规定时，法律默示承包商、分包商应以适当的和技艺精湛的方式实施工程。

如果承包商、分包商违反该项义务，他无权就此遭受的损失进行索偿。英美判例表明，如果受损害的人就承包商、分包商违反该项义务要求进行补偿，其补偿费用的适当标准应是将标的物修复到签约时当事人预期效果的修复费用。见 McMonigle Excavating & Concrete, Inc. 诉 Riley, 2004-Ohio-1508 案以及 Mckinley 诉 Brandt Constr., Inc. 168 Ohio App. 3d 214, 2006-

Ohio-3290 案。

【案例】在澳大利亚 Commodore Homes (WA) Pty Ltd 诉 W Austin and MH Rooney [2005] WASAT 292 案中，申请人与被申请人于 2001 年 10 月 2 日签订书面建筑合同，由申请人在西澳大利亚州的 Scarborough 的 21 A Scalby Street 宅基地上建设一栋住宅（工程）。宅基地由两块组成，2 号宅基地位于 1 号宅基地的后面，呈战斧形，有一条车道通过西侧 1 号宅基地，申请人的住宅建在 2 号宅基地上。已有一栋住宅建在车道西侧，整个西侧由挡土墙支撑。挡土墙设计为双面结构，其 600 毫米厚的墙体不能承受过大的荷载。

申请人提出要求撤销建筑争端裁判所要求申请人修复受损挡土墙的指令。

争端裁判所发现，在施工中申请人的混凝土搅拌车开出了已有的车道，开进了车道旁的位于车道和分界围墙之间的花园，而分界墙在挡土墙的顶上。混凝土搅拌车大约 3.6 米高，3 米宽，净重约 23 吨。分界围墙与已建住宅屋檐的距离是 2.8 米，被告出示证据，表明他已经遵守在靠近挡土墙上端注明的轮胎标记，以使他能够在靠近挡土墙上端的地方开车以便通过这条窄路。争端裁判所还发现，混凝土搅拌车曾经开进现场并曾经经过挡土墙上端。在申请表格中，被申请人描述了车道围墙和挡土墙开裂的损坏程度，并索偿 6500 澳元进行修复。

争端裁判所发现，申请人不能对所有的损坏承担责任，因为对现有住宅北端屋檐的损坏是由于车道和仓库建的太靠近挡土墙。关于这点，争端裁判所认为，根据建筑合同，申请人有义务保证建筑现场可以支撑其施工，包括外来材料。

关于从公路到现有住宅屋檐这段车道，争端裁判所接受了工程师的评估报告，即在路面铺设前墙体已经移动到现有位置。混凝土搅拌车的轮载只对墙体产生了很小的移动。争端裁判所认为一个合理的有经验的和合格的建筑商应可能确定挡土墙不能承受 23 吨自重的车辆以及其他荷载。相应的，争端裁判所认为申请人对靠近道路的挡土墙体的损坏承担责任，即对毗邻 Scalby Street 21 号的车库开始的 10 米墙体损坏负责。

## 7.4.3 材料和货物的质量义务

材料和货物的质量义务有：

（1）较低的质量保证义务，也称可交易的质量义务，根据这项义务，承包商使用的材料至少应满足要求和使用的标准。

(2) 较高的质量保证义务。它是指材料或货物的适用性（suitability），判读依据是其是否符合设计文件的要求。

一般情况下，承包商不应就材料或货物满足使用功能提供担保义务，但应负责材料或货物的可交易质量（mechantable quality）。在业主依赖承包商技艺的情况下，承包商应提供满足使用功能的担保。

【案例】 在 Young and Marten Ltd. 诉 McManus Childs Ltd.；House of Lords（1969）9 BLR 77 案中，答辩人签订住房建筑合同，为业主修建住宅，并将房屋用瓦的供货合同分包给上诉人。根据合同规定，房屋用瓦的品牌和生产厂家已被业主指定，其品牌为"Somerset 13"，唯一的生产厂家为 JB。但合同允许答辩人就房屋用瓦做出自己的合同安排。答辩人没有直接从 JB 直接进货，而是通过其上诉人购买了 JB 公司的"Somerset 13"牌房屋用瓦，但由于产品质量出现问题，业主要求赔偿重新铺设房屋用瓦的费用。上诉人辩称由于房屋用瓦不是由他选择的，因此他们对此没有责任。上议院驳回了上诉人的辩解，判决在缺乏依赖的情况下，虽然不能默示合理地满足使用功能条款，但是缺少依赖并不能代替应提供满意的质量的默示条款。

## 7.5 进度义务

### 7.5.1 FIDIC 合同中的进度义务

1999 年版 FIDIC 新红皮书、新黄皮书和银皮书第 8.2 款规定："承包商应在工程或区段工程（如有）的竣工时间内，完成整个工程和每个区段工程（视情况而定）。"在 FIDIC 合同中，投标附录必须写明工期和竣工日期，但承包商可根据第 8.4 款"竣工时间的延长"的规定要求给予工期延长。在延长工期后，承包商应在延长后的工期内完成工程项目。

### 7.5.2 FIDIC 合同中"应有的速度和毫不耽搁地"的含义

**1. 合同规定**

承包商或分包商应在合同规定的工期内完成合同规定的工程项目，这是承包商或分包商的一项基本义务。大多数标准格式合同在通用条款、专用条款、合同协议书以及投标附录均规定了具体的工期时间，但同时，在 FIDIC、JCT、ICE 等标准格式合同的通用条款中，也规定了以"应有的速度和毫不拖延地（Due Expedition and Without Delay）"或者"正常地和勤勉地（Regularly and Diligently）"进行施工表示承包商或分包商时间义务的明示条款。

FIDIC 合同 1987 年第 4 版红皮书第 41.1 条规定：

"承包商在接到工程师有关开工的通知后，应在合理可能的情况下尽快开工。该通知应在中标函颁发日期之后，于投标书附件中规定的期限内发出。此后，承包商应以应有的速度并毫不拖延地开始工程施工。"

FIDIC 合同 1999 年第 1 版红皮书、黄皮书和银皮书第 8.1 条规定：

"承包商应在开工日期后，在合理可能的情况下尽早开始工程的实施，随后应以应有的速度并毫不耽搁地进行工程。"

英国 ICE 合同第 7 版第 41.（2）款也规定了承包商应以迅捷和毫不耽搁地进行工程。

与 FIDIC 和 ICE 合同的措辞不同，英国 JCT 合同使用了"正常地和勤勉地"用语。

英国 JCT98 合同第 23.1 规定："在提供现场之日，应向承包商提供现场占有权，以使承包商能够开始正常地和勤勉地进行施工，并应在竣工日或在此之前完成工程。"

除了这些主流的主包合同外，在业界广泛使用的主流分包合同格式中，也有类似规定。FIDIC 分包合同 1994 年第 1 版第 7.1 条规定：

"随后，（除非承包商另有明确的要求或指示）分包商应以应有的速度并毫不拖延地开始分包工程的施工。"

英国 JCT《大型工程分包合同》2005 版第 20.2 条规定：

"在根据第 20.1 条提供现场通道时，分包商应在现场开始分包合同工程，并应按如下方式实施分包合同工程：

① 正常地和勤勉地；
② 根据分包合同明细表中要求的按照规定的日期和计划；
③ 根据项目进度合理地。

以便能够在竣工期限内实质完成工程。"

除了"正常地和勤勉地"和"迅捷和毫不耽搁地"的表述外，英国 CIOB 分包合同格式第 4.1 条使用了"勤勉和迅捷地"用语：

"分包商应根据附录 AP3 中规定的开工日期或承包商发出的适合其进度的指令，而非第 4.51 条'延误费用'规定开始施工，并应勤勉地和迅捷地进行工程。"

根据有关判例和学术解释，无论合同中使用了"正常地和勤勉地"或"迅捷和毫不耽搁地"或"勤勉和迅捷地"任何用语，以及如何组合这几个词语，它们的含义是基本相同的，即要求承包商按进度计划进行施工，并负有按期完工的义务。

**2. 承包商的时间义务**

承包商的时间义务主要是由工程建筑合同或分包合同中的明示条款和默示条款规定。工程建筑合同以及分包合同一般均明示规定承包商负有明示义务，在规定的日期或在规定的时间之内完成工程。

承包商在时间方面的义务主要体现在三项独立的但又相互联系的明示义务中，如果工程建筑合同没有此类明示条款，则会在合同中默示承包商、分包商的此类义务。

第一项义务：承包商应在规定的日期或期限内完成工程，或分阶段或区段完成工程项目。

第二项义务：承包商应正常地和勤勉地按进度进行施工。有些分包合同格式中规定分包商应按照主合同的进度进行施工。

第三项义务：业主或工程师对施工进度的监督。即承包商应按时递交施工进度计划，如工程师发现实际进度与计划不符合，承包商应递交修改的进度计划，采取措施保证按时完成。

承包商的第一项义务主要表达的是时间长度的概念，即工期的起点和终点。而第二项义务主要表达的是在一定长度的时间内，承包商履约过程中的义务，强调的是履约过程中承包商应尽的义务。

**3. "正常和勤勉地"学术和判例解释**

迄今，工程建筑界和司法界对如何确切定义"应有的速度和毫不拖延地"以及"正常和勤勉地"并没有一个统一标准。

最早对上述用语作出司法解释的是法官 J. Megarry 在 London Borough of Hounslow 诉 Twickenham Garden Developments Ltd., Chancery Division (1970) 7 BLR 81 案中的解释。法官 Megarry 解释道：

"这是难以描述的用语，现有词典也不能提供什么帮助。这些用语传达了一连串的积极的、有序进行的、专业化的以及持续不断的概念。但这些用语对于期望的进度如何并没有什么帮助……"

目前，工程建筑业和司法界对"正常地和勤勉地"用语可以接受的司法解释是法官 Newey QC 在 West Faulkner Associates 诉 London Borough of Newham, Court of Appeal (1992) 42 Con LR 144 案中的解释：

"应将'正常地和勤勉地'合并在一起理解，这个短语意味着承包商必须以完成其合同义务的方式实施工程。它要求承包商对其工作进行规划并领导和管理好相关资源，提供充分和适当的材料和雇用胜任的交易商，以便于施工的工程达到一个可接受的标准，并且所有的时间、次序和合同的其他条款能够被完成实现。"

本案中法官 Simon Brown 基本同意法官 Newey 的解释,但他进一步认为"正常地"和"勤勉地"描述了对承包商的不同要求,这两个词之间存在交叉,单独地看待它们是无所帮助的。法官 Simon Brown 阐述道:

"关于'正常地'一词,它要求承包商在正常的日常基础上,根据合同义务的规定,提供充足的人力、材料和设备以使其具备物质能力充分地进行工程。'勤勉地'强制适用于专业地和有效地提供物质能力方面。"

"综合来说,承包商负有义务,他有必要使用适当的物质资源连续地、专业地、有效地施工,以稳定地按进度施工,并根据合同中关于时间、次序和质量的要求充分地完成工程。"

"除此之外,我认为不可能提供有益的指导,这些词是普通的英语,实际上,如何判断未能正常和勤勉地进行工程,就像描述大象一样,容易辨认但难以描述清楚。"

有关学者对"正常和勤勉地"的学术解释也采用了 West Faulkner Associates 诉 London Borough of Newham 案中法官的评述。

英国学者 Roger Knowles 认为:"被要求'正常地和勤勉地'实施工程的承包商,必须以这样的方式实施工程以便完成自己的合同义务。这要求他们计划好自己的工程,领导和管理好相关资源、劳动力,提供足够并合适的材料,使用有能力的技术人员,以便工程能够完全按可接受的标准实施,且始终按照合同的顺序和其他要求进行施工。"

英国学者 Peter Barnes 也认为,"将这两个词合并理解,分包商'正常和勤勉地'义务要求分包商须使用适当的物质资源,连续地、专业地、有效地进行工程,以稳定地按进度施工,按照合同中关于时间、次序和质量要求充分地完成工程"。

**4. 违反"应有的速度和毫不拖延地"义务的后果**

承包商、分包商只要能够按照法官在 West Faulkner Associates 诉 London Borough of Newham 案中的评述,以及英国学者 Roger Knowles 和 Peter Barnes 的有关解释行事,就可以断定他是"正常地和勤勉地"实施工程,没有违反该项义务。

承包商、分包商违反"正常地和勤勉地"义务应承担的合同后果,不同的标准格式合同对此的态度有所不同,一种认为承包商、分包商违反该项义务将导致业主终止主合同,或主包商终止分包合同,如 JCT 合同、JCT 各种分包合同、CECA 分包合同格式、美国 A401 分包合同格式。另一种则没有将违反该项义务列为业主、主包商可以终止主合同或分包合同的违约事项，如FIDIC合同1987年第4版、1999年第1版，FIDIC分包合同1994年第1版，英国ICE合同第7版。

英国JCT标准建筑分包合同（SBCSub/C）第7.4条"承包商的终止"第1款规定：

"在实际完成分包合同工程之前，如果分包商：

1. 没有合理理由，全部地或实质地终止实施分包合同工程；或
2. 未能正常地和勤勉地进行分包合同工程；或
3. 拒绝或忽视遵守承包商发出的，要求他清除不符合分包合同规定的任何工程、材料或货物，并且其拒绝或忽视主合同受到重大影响。或
4. 未能遵守第3.1条或第3.2条；或
5. 未能遵守第3.20条。

承包商可以向分包商发出指明其违约（规定的违约）的通知。"

英国JCT分包合同条件1980版第29.2条也规定了上述类似的内容。

英国CECA分包合同格式第17条"分包商违约"中规定：

"（b）在承包商书面要求后，未能以应有的勤勉进行分包合同工程。"

尽管英国JCT合同和分包合同、CECA分包合同和美国AIA合同将承包商、分包商违反"正常和勤勉地"义务列为承包商、分包商的违约行为，业主可以此为由终止主合同，主包商也可以此为由终止分包合同，但在实践中，在承包商、分包商的施工进度明显落后于进度计划时，业主是否可以终止主合同，或者主包商是否可以终止分包合同，则是一个十分复杂的问题。另外一个问题是，承包商、分包商的进度明显落后于进度计划，以一个有经验的业主、承包商判断，已不可能在合同规定的时间内完成工程，这时，业主是否可以终止主合同？主包商是否可以终止分包合同？承包商、分包商对进度的延误到何种程度时，业主、主包商才能以违反该项义务为由终止主合同或分包合同？

业主如何判断承包商是否违反"正常和勤勉地"义务，主包商如何判断分包商是否违反"正常和勤勉地"义务，这需要业主、主包商考虑一系列问题。

在Pacific Shipping Corporation and Anor诉Sembawang Corporation Ltd.案中，法官判断对"正常和勤勉地"义务违反应当是重大违约（significant breach）。

首先，业主、主包商必须断定承包商、分包商已不可能在合同规定的时间内完成工程。

其次，业主、主包商必须确定承包商、分包商没有法律上的、合同上的

合法理由延长工期。

再次，业主、主包商必须考虑承包商、分包商每一项工作的效率，确定其效率能否满足工程进度和完工的需要。

业主、主包商在以违反"正常地和勤勉地"义务为由终止主合同或分包合同时，还应考虑如下三个问题：

（1）承包商、分包商是否连续地进行工程施工？

（2）承包商、分包商是否使用了充足的资源？

（3）承包商、分包商是否有过类似违约的历史，是否他还在重复以前的错误？

在FIDIC合同、FIDIC分包合同、JCT合同、CECA合同、美国AIA合同等合同中，进度计划不是合同文件的一个组成部分，对业主、承包商或分包商没有约束力。

如何判断违反"正常和勤勉地"义务是一件十分困难的事情，它可能使业主、主包商陷入与承包商、分包商纠纷的风险之中，同时，由于这方面的判例很少，无法得到更多的可供参考的判例和指导，因此，如果业主要以此为由终止主合同，主包商要以此为由终止分包合同，业主、主包商应慎重对待。

英国JCT合同对承包商、分包商违反"正常地和勤勉地"义务规定了业主、主包商的通知义务，即：

（1）业主应向承包商发出违约通知。主包商也应向分包商发出有关违约通知，通知中应指明违约事项。

（2）在承包商接到业主通知后14天内继续违约。或者，分包商在接到主包商的通知后10天内继续违约（JCT标准建筑分包合同第7.4.2条）。

（3）如果承包商在上述时间继续违约，则业主可以向承包商发出进一步通知，终止合同。或者，主包商可以向分包商发出进一步通知，终止分包合同。

## 7.6 合作义务

在施工合同中，承包商的合同义务包括：

（1）及时提供报表、文件、索赔通知。

（2）向建筑师/工程师提交质量保证体系文件。

（3）提交进度计划、图纸、规范和其他文件。

（4）避免干扰。

(5) 现场保安。

(6) 安全保障。

(7) 环境保护。

(8) 保护健康。

1999 年版 FIDIC 新红皮书、新黄皮书和银皮书第 4.6 款规定了合作义务。如前所述，本款规定的不是业主和承包商如何合作的问题，而是规定承包商如何与其他承包商、业主人员和公共当局人员合作的事项。根据第 4.6 款的规定，承包商应为在现场或其附近从事合同未包括的任何工作的下列人员进行工作提供适当的条件：

(1) 业主人员。

(2) 业主雇用的任何其他承包商。

(3) 任何合法建立的公共当局的人员。

但是，根据第 4.6 款的规定，承包商提供合作不是无偿的、没有任何成本的。如果根据合同或工程师的指示，导致承包商增加不可预见的费用时，工程师的指示将构成一项变更。在构成变更时，承包商可根据第 12 条、第 13 条要求业主支付变更费用。

## 7.7 设计义务

在 1987 年第 4 版 FIDIC 红皮书、1999 年版 FIDIC 新红皮书和 2005 年协调版施工合同中，承包商是否承担设计义务，应视合同的具体规定。在业主负责提供设计时，承包商的主要义务是按照业主提供的设计进行施工，完成和修补其中的缺陷工程。如果合同要求承包商负责设计，则承包商应在合同规定的范围进行设计，并对其设计承担全部的责任。1999 年版 FIDIC 新红皮书、2005 年协调版施工合同第 4.1 款规定了承包商的设计应满足使用功能的义务。

在 1999 年版 FIDIC 新黄皮书、银皮书中，由于这些合同的性质是设计—施工合同，因此，承包商承担工程项目的设计义务。新黄皮书、银皮书第 5 条"设计"规定了承包商应承担的设计义务。

有关设计义务的内容，参见本书第 8 章。

## 7.8 警告义务

警告义务（duty to warn）是英美侵权法中的概念，是指一方负有警告可能遭受损害的另一方相关危险的义务。在 FIDIC 合同体系中，1987 年第 4 版红皮书中尚未明示规定承包商或工程师负有相互通知文件中的错误或缺陷的警告义务，而 1994 年版 FIDIC 分包合同格式和 1999 版 FIDIC 合同红皮书、黄皮书和银皮书中均明示规定了该项警告义务，反映了 FIDIC 合同中警告义务从默示义务上升为明示条款的鲜明变化。

### 7.8.1 明示条款与默示义务

1999 年版 FIDIC 合同《施工合同条款》第 1.8 款规定："如果一方发现为实施工程准备的文件中有技术性错误或缺陷，应迅速将该错误或缺陷通知另一方。" 1999 版黄皮书和银皮书第 1.8 款也规定了相同的内容。但 1987 年第 4 版红皮书中没有明文规定 1999 版第 1.8 款的相同内容。

FIDIC 合同 1987 年第 4 版到 1999 版的改变，反映了警告义务从默示条款到明示条款的变化，1999 版吸收了众多判例中法院判决肯定承包商负有警告的默示义务并将它以明示条款作出规定，有利于合同的管理和处理设计与施工两个界面的矛盾。

有关判例表明，即使合同中没有明示条款规定承包商的警告义务，承包商也负有默示义务对设计中的错误或缺陷提出警告的义务。

在 Victoria University of Manchester 诉 Hugh Wilson and Others（1984）2 ConLR 43 案中，法院判决承包商在 JCT63 默示条款项下负有警告他相信存在的设计缺陷的义务，但承包商没有义务仔细检查图纸、工程量表和规范，即承包商没有积极作为的义务去检查设计缺陷。

在 Chesham Properties Limited 诉 Bucknall Austin Project Management Services Ltd. & Others（1996）案中，法院判决项目管理公司的项目经理负有默示报告义务（implied reporting duty），向业主报告其他咨询工程师的实际或潜在技术缺陷。

有关承包商负有警告义务的案例，可参考 University of Glasgow 诉 Whitfield and Laing（1988）42 BLR 66 案、Sanson Floor Company 诉 Forst's Ltd.［1942］1 W. W. R. 553 案、Brunswick Construction 诉 Nowlan（1975）49 D. L. R（3d）97 案等。

西方多数判例表明，在合同缺乏明示条款规定业主、工程师、承包商等合同当事人之间的对技术性缺陷或错误发出警告义务时，法院大多会将警告义务作为一项默示义务，要求一方负有警告义务，向可能受到损害的另一方提出警告。

### 7.8.2 警告义务的范围和标准

按照有关判例，警告义务主要存在于下述三个方面：

(1) 设计咨询工程师与业主之间，即承担设计的咨询工程师应告知业主有关设计中可能的或潜在的风险，特别是采用新技术、新工艺或未经试验证明的新材料时。

(2) 承包商与业主或工程师之间，即承包商在发现了业主或工程师准备的实施工程的文件中有任何技术性错误或缺陷，应及时通知业主或工程师。

(3) 承包商与分包商之间，即分包商发现分包工程的设计或规范存在任何错误、遗漏、失误或其他缺陷时，应立即通知承包商。

但有关判例打破了上述合同各方的相互警告义务，将警告义务扩大到工程师对承包商在施工中发生的损害负有过失责任。在 Carvalho 诉 Toll Brothers and developers, et al, 675 A. 2d 209 (N. J. 1996) 案中，承包商在下水管道挖掘过程中，由于壕沟坍塌造成一名挖掘公司工人死亡。法院判决工程师负有过失责任，因为他知道壕沟的施工方法是不安全的，虽然合同规定工程师只对施工进度负责，不对安全施工负责。另外，主包商和业主应保障工程师的条款也是无效的，因为保障条款不能对抗公共利益。

而在 Chesham Properties Limited 诉 Bucknall Austin Project Management Services Ltd. & Others (1996) 案中，法院判决项目管理公司的项目经理负有默示报告义务向业主报告其他咨询工程师的实际或潜在技术缺陷，将警告义务扩大到项目中其他咨询工程师的范围。

承包商或分包商在何种程度上行使警告义务，是采取积极的义务还是消极的义务？根据有关判例和实践，承包商或分包商没有积极作为的义务行使警告义务，即承包商或分包商没有必要为了发现工程师的技术缺陷或问题而单独聘用专业技术人员核查设计中的缺陷或错误。在行使警告义务时，承包商的义务是一项消极义务，即在施工过程中发现了设计中的错误或缺陷时，负有义务提出警告。

行使警告义务的标准应当是一个有经验的承包商或分包商能够合理的发现设计文件中的错误或缺陷。在这里，"合理的"和"有经验的"是判断承包商或分包商是否已经行使警告义务的标准。在 Aurum Investments Limits and Avonforce Limited (in liquidation) 诉 knapp Hicks & Partners and Advanced Underpinning Limited (2000) 78 Con LR 114 案中，法官 Dyson 在判决中说道："正如我所说过的，在本案这种情况下将警告义务强加给 Advance

公司是不合理的。'警告'的义务只是一个合理的有能力的承包商应以其技能和谨慎作为的一个方面。合理位于普通法的核心地位。如同大法官 Reid 在 Young & Marten Lted. 诉 McManus Childs Ltds［1969］1 AC 454465 案中所说的：'除非所有的情况是合理的，否则不应在合同中给予默示担保'。"

如何判断承包商或分包商是"合理的"和"有经验的"，是一项根据具体案情进行判断的事实问题。一个最具典型的案例是，在工程师或建筑师在图纸上标错建筑物的承重墙的情况时，一个普通的承包商都可以轻易辨别承重墙和非承重墙的情况下，承包商按图拆除了承重墙，这时，承包商就违背了一个"合理的"和"有经验的"的承包商应该实施的行为。

但总体而言，有关警告义务的整个问题本身还不是很清楚，特别是在设计缺陷没有到达危险的地步时，或者在主合同或分包合同中，承包商或分包商应该知道设计问题，但实际上他不知道的时候，在这种情况下，有关法律对此没有明确的规定。

因此，在警告义务的范围和标准存在不确定性的情况下，承包商或分包商应将发现的设计中的缺陷和错误及时报告给业主或工程师，避免业主以承包商未履行警告义务为由拒绝承包商的索偿和索赔。

### 7.8.3　分包合同中的警告义务

FIDIC 分包合同 1994 年第 1 版第 2.1 条规定："分包商在审阅分包合同和（或）主合同时，或在分包合同工程的施工中，如果发现分包工程的设计或规范存在任何错误、遗漏、失误或其他缺陷，应立即通知承包商。"一般而言，无论分包合同中是否明示规定此类警告义务，法律默示分包商对设计错误等负有警告义务。

FIDIC 分包合同将分包商发现设计或规范存在错误、遗漏、失误或其他缺陷的警告义务的默示义务上升为明示条款，这是 FIDIC 分包合同对 1987 年第 4 版的一项重要补充。有关判例表明，分包商负有警告义务，告知主包商有关业主设计中的缺陷和错误。在 Equitable Debenture Assets Corporation Limited 诉 Willian Moss（1984）案和 Victria University of Manchester 诉 Wilson（1984 - 1985）1 Cost LJ 162 案中，英国法院判决分包商负有对其所知的业主设计存有问题的警告义务，在这种情况下，分包商的警告义务与分包商是否负有设计责任没有关联。

在分包商完成其分包工程后，是否对他人的施工负有警告义务，根据有关判例，分包商没有义务警告在其后施工的其他承包商或分包商。在 Aurum Investments Limits and Avonforce Limited（in liquidation）诉 knapp Hicks &

Partners and Advanced Underpinning Limited（2000）78 Con LR 114 案中，对于分包商在圆满完成其工程后是否对他人实施的工程负有警告义务，法院判决分包商没有此项警告义务。

分包合同中分包商警告义务的标准也应是"有经验的"分包商能够"合理的"发现设计中的缺陷或错误，与承包商对业主和工程师的警告义务的标准相同。

在 Plant Construction Plc 诉 Clive Adams Associates（No.2），Court of Appeal（2000）69 Con LR 106 案中，上诉人（Plant）作为主包商，负责为福特工程研究中心的实验室安装新的动力索具和悬浮索具，JMH 是下部结构的分包商，被上诉人 Adams 是工程结构咨询工程师。在施工中，由于在临时移动屋顶钢梁时屋顶的临时支撑存有缺陷，建筑物的屋顶坍塌。为此，Plant 向福特工程研究中心赔付了损失后，转而向分包商 JMH 和咨询工程师 Adams 提出索偿。法院判决：分包商 JMH 负有义务警告主包商 Plant 支撑系统是有缺陷的。此后的庭审中，法官 John Hicks QC 裁决，如果分包商给以更有效的警告，坍塌就可能不会发生。

除了 FIDIC 分包合同 1994 年第 1 版对警告义务进行了明示条款规定外，其他有些分包合同格式也对此明示规定。在英国 JCT 分包合同条件 1980 年版（DOM/1）中，在第 4.1.5 款、第 4.1.6 款、第 4.1.7 款规定了如果分包商发现不一致和差异时，分包商应通知主包商。JCT 标准建筑分包合同条件 2005 年版第 2.10 条也有类似义务的规定。按照 JCT 分包合同，如果分包商发现下述文件中有任何错误或差异，分包商应立即书面通知主包商，主包商也必须就如何处理错误和差异向分包商发出指示，并应遵循下述程序：

（1）分包商应立即通知主包商。
（2）分包商递交通知，注明消除差异或不同的修改建议。
（3）主包商向分包商就此发出指示。
（4）分包商必须遵守这些指示。
（5）关于消除差异或不同的有关指示，在计算分包合同最终价款时不应予以考虑。

### 7.8.4 违反警告义务的后果

如果承包商明明知道设计存在错误或缺陷，还不负责任地去施工，在这种情况下，如果一个合理的有经验的承包商可以判断设计存在缺陷或错误，仍然施工，那么承包商就会与咨询工程师/建筑师共同承担责任。在 Edward Lindenberg 诉 Joe Canning Jerome Contracting Ltd.（1992）案中，法院判决承包商应分担承重墙被错误拆除所造成的修补工作的费用。

如果因承包商明明知道设计错误或缺陷而不提出警告，如在施工后必须拆除相关缺陷工程，则承包商无权就拆除缺陷或错误工程而提出工期和费用索赔。另一方面，如果工程师知道施工中可能会发生事故，也应警告承包商有关危险，如没有这样做，工程师可能会承担责任。在1999版FIDIC合同第1.8款中，仅规定一方向另一方提出警告的义务，根据合同第1.1.2.1款对当事人的定义解释，应当理解为承包商和业主之间是相互警告关系。

在Rubin诉Coles案中法官Geismar评述到："多次裁决表明，即使承包商必须遵守确定的设计文件，承包商仍负有责任检查该设计文件和判断其充分性；承包商应发现那些容易被发现的或显而易见的缺陷；当承包商知道或有理由相信设计文件是有缺陷的，并按照缺陷履行而没有向业主或建筑师指出该缺陷，则承包商无权得到赔偿。"

## 7.9 提供保证、保障和保险的义务

1987年第4版FIDIC红皮书中，承包商还应对合同规定的工程项目提供保证、保障和保险的义务，见表7-2。

表7-2 1987年第4版FIDIC红皮书中承包商提供保证、保障和保险的义务

| 条款序号 | 条款标题 | 主要内容 |
| --- | --- | --- |
| 10.1 | 履约担保 | 承包商应在收到中标函后的28天内，按投标书附件中注明的金额取得履约担保，并提交给业主 |
| 20.1 | 工程的照管 | 承包商应对工程以及材料和待安装的工程设备等的照管承担完全责任 |
| 20.2 | 弥补损失或损坏的责任 | 承包商应自费弥补工程或任何部分或待用材料或设备的任何损失或损坏 |
| 20.3 | 由于业主风险造成的损失或损坏 | 承包商应修补因业主风险造成的损失或损坏，但业主应支付增加的合同金额 |
| 20.4 | 业主的风险 | 业主的风险范围 |
| 21.1 | 工程和承包商设备的保险 | 承包商应对工程和承包商的设备进行保险 |
| 21.2 | 保险范围 | 承包商应投保的保险范围 |
| 21.3 | 对未能收回金额的责任 | 对未能收回的保险金额，业主或称包商根据第20条的规定承担责任 |

(续)

| 条款序号 | 条款标题 | 主要内容 |
| --- | --- | --- |
| 21.4 | 保险不包括的项目 | 保险不包括的保险范围 |
| 22.1 | 人身或财产的损害 | 承包商应向业主提供保障的义务范围 |
| 22.2 | 例外 | 承包商提供保障的例外情形 |
| 22.3 | 业主提供的保障 | 业主向承包商提供保障的范围 |
| 23.1 | 第三方保险（包括业主的财产） | 承包商应承保第三方责任险 |
| 23.2 | 保险的最低数额 | 承包商应承保的最低保险金额 |
| 23.3 | 交叉责任 | 有关交叉责任的规定 |
| 24.1 | 人员的事故或受伤 | 承包商保障业主免于承担人员事故或受伤的责任 |
| 24.2 | 人员的事故保险 | 承包商应对人员事故进行保险 |
| 25.1 | 保险证据和条款 | 承包商应向业主提供保险证据 |
| 25.2 | 保险的完备性 | 承包商应保证保险的完备性 |
| 25.3 | 对承包商未办保险的补救方法 | 业主可以采取补救措施，并从应付给承包商的款项中扣除其支付的保险费用 |
| 25.4 | 遵守保险单的条件 | 如果一方未能遵守保单的规定，责任方应保障另一方免受此类损失而造成的一切损失和索赔 |
| 26.1 | 遵守法令、规章 | 承包商应遵守有关的法律和规章 |
| 28.1 | 专利权 | 承包商应保障业主免于承担因专利侵权而引起的一切损失和索赔 |
| 29.1 | 对交通和毗邻财产的干扰 | 承包商应保护和保障业主免于承担干扰所引起的一切索赔和损失 |
| 30.2 | 承包商设备或临时工程的运输 | 承包商应保障业主免于承担运输设备或临时工程引起的一切索赔和损失 |

在 1999 年版 FIDIC 新红皮书、新黄皮书和银皮书中，承包商也承担了提供保证、保障和保险的义务，见表 7-3。

表 7-3 1999 年版 FIDIC 新红皮书、新黄皮书和银皮书中承包商提供保证、保障和保险的义务

| 条款序号 | 条款标题 | 主要内容 |
| --- | --- | --- |
| 1.13 | 遵守法律 | 承包商应遵守有关的法律和规定 |
| 4.2 | 履约担保 | 承包商应在收到中标函后的28天内，按投标附录规定的金额取得履约担保，并提交给业主 |

(续)

| 条款序号 | 条款标题 | 主要内容 |
|---|---|---|
| 4.13 | 道路通行权和设施 | 承包商应获得通行权,承担全部费用和开支,取得所有附加设施 |
| 4.14 | 避免干扰 | 承包商应采取措施避免干扰 |
| 4.15 | 进场道路 | 承包商应采取措施,避免道路或桥梁受到损坏 |
| 4.16 | 货物运输 | 承包商应保障业主免受货物运输引起的所有损害赔偿费、损失和开支 |
| 17.1 | 保障 | 承包商应保障业主免于有关索赔、损害赔偿、损失和费用的损失 |
| 17.2 | 承包商对工程的照管 | 承包商应对工程和货物照管承担完全责任 |
| 17.3 | 业主风险 | 业主的风险范围 |
| 17.4 | 业主风险的后果 | 承包商应修补因业主风险造成的损失或损坏,但业主应支付增加的合同金额和延长工期 |
| 17.5 | 知识产权和工业产权 | 承包商应保障业主免受承包商侵犯知识产权和工业产权引起的一切索赔和损失,业主也应保障承包商免受有关侵权所导致的一切索赔和损失 |
| 17.6 | 责任限度 | 承包商违约的责任限度 |
| 18.1 | 有关保险的一般要求 | 承包商投保的一般要求 |
| 18.2 | 工程和承包商设备的保险 | 承包商应对工程和承包商设备进行保险 |
| 18.3 | 人身伤害和财产损害险 | 承包商应投保人身和财产保险 |
| 18.4 | 承包商人员的保险 | 承包商应为其雇用的人员保险 |

# 7.10 "使工程师满意"的含义

## 7.10.1 合同规定

"使工程师满足(to satisfaction of engineer)"或者"使建筑师满意"的这种表达方式,在不同的文本中表达方式不同,有三种情形:

(1)"使工程师满意"。

FIDIC 合同 1987 年第 4 版在第 33.1 条、第 36.4 条、第 48.1 条、第 49.2 条规定了应"使工程师满意。"

英国 ICE 合同第 7 版第 13.(1) 条"工程应使工程师满意"中规定:"除非法律上或实际上不可能,承包商应严格按照合同规定实施和完成工程，使工程师满意，并应严格遵守和执行工程师就任何有关事项（无论是否在合同中提及）发出的指示。承包商只能接受工程师或其根据第24(4)款合法任命代表所发出的指示。"

(2) "使工程师合理满意"

英国 JCT98 合同中使用了"使建筑师合理满意"的用语。

(3) 没有出现"使工程师满意"的措辞。

FIDIC 合同 1999 年第 1 版中，取消了 FIDIC 合同 1987 年第 4 版的中"使工程师满意"规定，没有出现"使工程师满意"的措辞。

在分包合同中，有的分包合同文本规定了分包商应按照合同规定实施和完成工程，并使主包商满意，或者规定了使主包商和工程师满意。如 CECA 分包合同格式第 2. (1) 条规定：

"分包商应根据分包合同的规定，实施、完成和维护分包合同工程并使承包商和工程师合理满意。"

### 7.10.2 学术解释

学者文森特·鲍威尔·史密斯在《马来西亚住宅建筑标准合同》中指出：

"合同中没有任何地方对'合理的满意'的含义进行界定……'合理满意'似乎意味着检验标准是客观的标准，但是实际上这种检验标准是特定建筑师的主观标准，并且在其观点中包含了强烈的个人判断成分。第 34 条规定的仲裁可以对此进行审查，如果任何一方在最终证书签发之前，或者承包商在最终证书签发后 14 天内提出任命仲裁员的书面申请，业主和承包商都可以对建筑师表示满意或不满意提出异议，参阅第 30 (7) 条。"

英国罗杰·诺尔斯认为，"对于合理满意的含义是什么还没有明确的定义。似乎可以这样认为，检验标准是客观标准，但实际上这种检验标准是特定建筑师或工程师的主观标准。如果承包商对此有异议，他的追索权在于将有关问题提交公断或仲裁。"

### 7.10.3 工程师应行为公正

FIDIC 合同 1987 年第 4 版中第 2.6 条规定工程师要行为公正，而 FIDIC 合同 1999 年第 1 版对此没有做出明示规定。

在 Sutcliffe 诉 Thackrah [1974] AC 727, [1974] 2 WLR 295, [1974] 1 All ER 319 案中，法官认为建筑师必须公正无偏见地行使职责。

因此，即使在合同中没有明示条款规定的情况下，法律也默示工程师或建筑师应公正和无偏见地行使职责。另外，满意和合理的满意之间并不存在任何区别。

### 7.10.4 "使工程师满意"的义务

判断承包商是否履行了"使工程师满意"的义务，主要依据承包商是否已经严格地按照合同的规定实施、完成和修复缺陷工程，如果承包商做到了这一点，可以说他已经履行了"使工程师满意"的义务。

如果工程师认为承包商、分包商的施工没有使工程师满意，承包商、分包商可以合同将这类争议送交法院、仲裁庭予以公开、复查或修正。FIDIC合同1987年第4版第2.6条明示规定了承包商的此类权利，典型案例见Sutcliffe诉Thackrah［1974］案。

与"正常和勤勉地"的义务和"以适当的和技艺精湛的方式"履约的义务不同，"使工程师满意"的义务并不能充分地构成一项业主、主包商对承包商、分包商起诉或提起仲裁的诉因，主要是因为满意与否更多的是一种主观标准，业主、主包商面临举证困难。

## 附录7.1　1987年第4版红皮书中承包商的主要义务

| FIDIC合同1987年第4版合同条款 | | 承包商的义务 | 1999年第1版合同对应条款 |
|---|---|---|---|
| | 定义和解释 | | |
| 1.5 | 通知、同意、批准、证明和决定 | (1) 书面义务<br>(2) 不得无故扣压或拖延 | 1.3 |
| | 工程师和工程师代表 | | |
| 2.5 | 书面指示 | (1) 应遵守工程师的书面和口头指示<br>(2) 如口头指示，承包商应在7天内以书面形式向工程师确认 | 3.3 |
| | 转让与分包 | | |
| 3.1 | 合同转让 | 无业主事先同意，承包商不得转让合同 | 1.7 |
| 4.1 | 分包 | (1) 不得将整个工程进行分包<br>(2) 无工程师的事先同意，不得将工程任何部分分包<br>(3) 对分包工程负完全责任 | 4.4 |

(续)

| FIDIC 合同 1987 年第 4 版 合同条款 | | 承包商的义务 | 1999 年第 1 版合同对应条款 |
|---|---|---|---|
| 4.2 | 分包商义务的转让 | （1）将没有到期的分包商的义务转让给业主<br>（2）保证让分包商同意这种转让 | 4.5 |
| | 合同文件 | | |
| 5.1 | 语言和法律 | （1）使用合同规定的语言<br>（2）遵守合同规定的法律 | 1.4 |
| 6.1 | 图纸和文件的保管和提供 | （1）不得将图纸、规范或其他文件用于第三方或转送给第三方<br>（2）在颁发缺陷责任证书时，将全部图纸、规范和其他文件退还给工程师<br>（3）提交图纸、规范和其他文件副本给工程师<br>（4）根据工程师的书面要求，向工程师提供更多的图纸、规范和其他文件 | 1.8 |
| 6.2 | 现场要保留一套图纸 | （1）应在现场保留一套图纸<br>（2）应随时提供给工程师或其授权的人检查和使用 | 1.8 |
| 6.3 | 工程进展中断 | 向工程师提交书面通知，内容包括所需的图纸或指示、需要的原因和时间以及造成工程进展中断等详细说明 | 1.9 |
| 6.5 | 承包商未能提交图纸 | 承包商应按时提交图纸、规范或其他文件 | 1.9 |
| 7.1 | 补充图纸和指示 | （1）承包商应及时提供补充图纸，并受其约束<br>（2）应执行工程师发出的此类补充图纸的指示 | 3.3 |
| 7.2 | 由承包商设计的永久工程 | （1）完成设计任务<br>（2）向工程师提交图纸、规范、计算结果和其他资料<br>（3）向工程师提交使用和维修手册、竣工图纸 | 4.1 |
| 7.3 | 批准不影响责任 | 承包商承担全部合同责任 | 3.1 |
| | 一般义务 | | |
| 8.1 | 承包商的一般责任 | （1）遵守合同的规定，设计、实施和完成工程并修补任何缺陷<br>（2）为实施工程的目的，提供监督、劳务、材料、设备等 | 4.1 |

(续)

| FIDIC 合同 1987 年第 4 版 合同条款 | | 承包商的义务 | 1999 年第 1 版合同对应条款 |
|---|---|---|---|
| 8.2 | 现场作业和施工方法 | (1) 对所有现场作业和施工方法的完备、稳定和安全负担全部责任<br>(2) 承包商对其设计的部分永久性工程负全部责任 | 4.1 |
| 9.1 | 合同协议书 | 应同意并签订和履行合同协议书 | 1.6 |
| 10.1 | 履约担保 | (1) 在收到中标通知书后的 28 天内向业主提交履约保函<br>(2) 通知工程师提交保函事宜<br>(3) 应按照合同规定的格式提交保函<br>(4) 提供履约担保的机构须经业主同意<br>(5) 负担开具保函的费用 | 4.2 |
| 10.2 | 履约担保的有效期 | 应保证履约保函的有效期 | 4.2 |
| 11.1 | 现场视察 | (1) 视察现场<br>(2) 对有关现场情况的资料的解释负责 | 4.10 |
| 12.1 | 投标书的完备性 | 对投标的各项费率和价格负责 | 4.11 |
| 12.2 | 不利的外界障碍或条件 | 向工程师报告不利的外界障碍 | 4.12 |
| 13.1 | 应遵照合同工作 | (1) 应严格按照合同进行工程施工和竣工，并修补任何缺陷<br>(2) 应严格遵守和执行工程师的指示 | 3.3, 19.7 |
| 14.1 | 应提交的进度计划 | (1) 提交工程进度计划<br>(2) 提交施工方案和安排的总说明 | 8.3 |
| 14.2 | 修订的进度计划 | (1) 应向工程师提交修订的进度计划<br>(2) 按修订的进度计划实施工程 | 8.3 |
| 14.3 | 应提交的现金流量估算 | (1) 向工程师提供现金流量表<br>(2) 向工程师提供修订的现金流量表 | 14.4 |
| 14.4 | 不解除承包商的义务或责任 | 承担合同规定的任何义务和责任 | 3.1 |
| 15.1 | 承包商的监督 | (1) 应在工程施工期间及其后提供一切必要的监督<br>(2) 派遣合格的人员进行工程监督<br>(3) 替换监督人员 | 4.3 |
| 16.1 | 承包商的雇员 | (1) 提供合格的管理人员<br>(2) 提供合格的工人 | 6.9 |
| 16.2 | 工程师有权反对 | 撤换不合格人员 | 6.9 |

（续）

| FIDIC 合同 1987 年第 4 版合同条款 | | 承包商的义务 | 1999 年第 1 版合同对应条款 |
|---|---|---|---|
| 17.1 | 放线 | （1）应负责对工程准确的放线<br>（2）自费纠正放线差错<br>（3）应保护和保留好一切水准点、视准轨、测桩和工程放线所用的物件 | 4.7 |
| 18.1 | 钻孔和勘探开挖 | 按工程师要求进行钻孔和勘探开挖 | 13.1 |
| 19.1 | 安全、保卫和环境保护 | （1）保证人员安全<br>（2）自费提供并保持一切照明、防护、围栏、警告信号和看守<br>（3）保护环境 | 4.8、4.18、4.22 |
| | 责任的分担和保险义务 | | |
| 20.1 | 工程的照管 | （1）应对施工期内的工程、材料和待安装的工程设备负照管责任<br>（2）对缺陷期内的工程、材料和设备负照管责任 | 17.2 |
| 20.2 | 弥补损失或损坏的责任 | （1）自费对照管的工程、材料和设备的损失或损坏负责<br>（2）对作业过程中造成的对工程的任何损失或损坏负担责任 | 17.2 |
| 20.4 | 业主的风险 | | 17.3 |
| 21.1 | 工程和承包商设备的保险 | （1）按合同规定进行保险的义务<br>（2）使保险有效的义务 | 18.2 |
| 21.2 | 保险范围 | （1）与业主的联合名义进行保险<br>（2）提供缺陷责任期内的保险 | 18.2 |
| 21.3 | 对未能收回金额的责任 | 与业主分担未保险和未能从承保人收回金额的风险 | 18.1 |
| 22.1 | 人身或财产的损害 | 保障业主免于承受本条规定的任何损失或索赔 | 17.1 |
| 23.1 | 第三方保险（包括业主的财产） | 应以业主的联合名义对因履行合同引起的任何人员伤亡或财产损失进行保险 | 18.3 |
| 23.2 | 保险的最低数额 | 应至少承保最低保险数额 | 18.3 |
| 23.3 | 交叉责任 | 承担保险的交叉责任 | 18.3 |
| 24.1 | 人员的事故或受伤 | 应保障业主不承担上述业主应负责者外的一切损害赔偿和补偿、索赔、诉讼、诉讼费等 | 18.4 |

(续)

| FIDIC 合同 1987 年第 4 版合同条款 | | 承包商的义务 | 1999 年第 1 版合同对应条款 |
|---|---|---|---|
| 24.2 | 人员的事故保险 | （1）为其雇用人员进行保险<br>（2）展延人员保险<br>（3）要求分包商向业主出示保险单 | 18.4 |
| 25.1 | 保险的证据和条款 | （1）在现场工作开始之前向业主提供保险证据<br>（2）在开工之日起的 84 天内向业主提供保险单<br>（3）通知工程师提供保险单事宜<br>（4）应根据业主批准的条件进行保险 | 18.1 |
| 25.2 | 保险的完备性 | （1）通知承保人工程性质、范围和进度计划的变化情况<br>（2）保证合同期内保险的完备性<br>（3）向业主出示生效的保险单和支付收据 | 18.1 |
| 25.4 | 遵守保险单的条件 | 保障业主免受未能遵守保险单条件而造成的一切损失和索赔 | 17.1 |
| | 承包商的其他义务 | | |
| 26.1 | 遵守法令、规章 | （1）遵守工程所在国、所在地的法律和规章<br>（2）应保障业主免于承担因违反法律、规定的任何罚款和责任 | 1.13 |
| 27.1 | 化石 | （1）应采取合理的预防措施<br>（2）应防止其工人或人员移动或损坏此类物品<br>（3）通知工程师，执行工程师的指示 | 4.24 |
| 28.1 | 专利权 | （1）遵守专利权的规定<br>（2）保障业主免于因侵犯专利权而引起的索赔、诉讼、损害赔偿费、诉讼费、指控费等 | 17.5 |
| 28.2 | 矿区使用费 | 应支付工程所需材料的吨位费、矿区使用费、租金或赔偿费 | 7.5 |
| 29.1 | 对交通和毗邻财产的干扰 | （1）不应对交通和毗邻财产的干扰<br>（2）保障业主免于承担因干扰造成的索赔、诉讼、损害赔偿费、诉讼费、指控费等 | 4.14 |
| 30.1 | 避免损坏道路 | 应避免自己和分包商损坏道路、桥梁 | 4.15 |
| 30.2 | 承包商设备或临时工程的运输 | （1）自付费用负责加固或改建道路和桥梁<br>（2）保障业主免于承担因运输造成的任何桥梁、道路引起的索赔 | 4.13，4.15 |

(续)

| FIDIC 合同 1987 年第 4 版 合同条款 | | 承包商的义务 | 1999 年第 1 版合同对应条款 |
|---|---|---|---|
| 30.3 | 材料或工程设备的运输 | 立即通知工程师有关运输材料或设备对道路和桥梁造成的损害或索赔 | 4.16 |
| 30.4 | 水运 | 在使用水运方式时遵守第 30 条的有关规定 | 4.15 |
| 31.1 | 为其他承包商提供机会 | 为其他承包商和人员提供实施工程的合理机会 | 4.6 |
| 31.2 | 为其他承包商提供方便 | 为其他承包商提供实施工程的方便 | 4.6 |
| 32.1 | 承包商保持现场清洁 | 应保持现场整洁 | 4.23 |
| 33.1 | 竣工时的现场清理 | （1）竣工时应清除现场的全部设备、多余材料、垃圾和临时工程<br>（2）保持现场整洁并使工程师满意 | 4.23 |
| | 劳务 | | |
| 34.1 | 职员和劳务人员的雇佣 | 应自行安排所有职员和劳务人员、报酬、住房、膳食和交通 | 6.1 |
| 35.1 | 劳务人员和承包商设备情况的报告 | （1）应遵守工程所在地劳动法规和条件<br>（2）遵照同行业所付一般工资标准和劳动条件 | 6.10 |
| | 材料、工程设备和工艺 | | |
| 36.1 | 材料、工程设备和工艺的质量 | （1）材料、工程设备和工艺的质量符合合同的规定<br>（2）按照工程师的要求进行检验<br>（3）为检查、测量和检验任何材料或工程设备提供协助<br>（4）按工程师的要求提供材料样品进行检验 | 7.1 |
| 36.2 | 样品费用 | 负责承担样品费用 | 7.2 |
| 36.3 | 检验费用 | 负担检验费用 | 7.4 |
| 36.4 | 未规定检验费用 | 如检验没使工程师满意，承包商应负担检验费用 | 7.4 |
| 36.5 | 工程师关于未规定检验的决定 | 承包商应与工程师协商确定检验费用和工期延长 | 7.4 |
| 37.1 | 操作检查 | 为工程师及其人员提供检查的进入现场的一切便利并协助取得进入现场的权力 | 7.3 |

(续)

| FIDIC 合同 1987 年第 4 版合同条款 | | 承包商的义务 | 1999 年第 1 版合同对应条款 |
|---|---|---|---|
| 37.2 | 检查和检验 | 应为工程师进入不属于承包商的车间或场所取得检查和检验的许可 | 7.3 |
| 37.3 | 检查和检验的日期 | （1）与工程师商定检查和检验的时间和地点<br>（2）将检验数据送交工程师 | 7.3 |
| 37.4 | 拒收 | （1）应立即纠正所述缺陷或保证被拒收的材料或工程设备符合合同规定<br>（2）按工程师的要求对被拒收的材料或工程设备进行检验或重复检验<br>（3）与工程师协商确定重复检验的费用 | 7.5 |
| 38.1 | 工程覆盖前的检查 | （1）应保证工程师有充分的机会对工程在覆盖前进行检查<br>（2）通知工程师在覆盖前进行检查 | 7.3 |
| 38.2 | 剥露和开孔 | （1）按工程师的要求移动工程的覆盖物或开孔，并将该部分恢复原状和使之完好<br>（2）与工程师协商已覆盖或掩蔽工程的剥露和开孔的费用 | 7.3 |
| 39.1 | 不合格的工程材料或工程设备的拆运 | （1）将不合格材料或工程设备运离现场<br>（2）用合格的材料或设备取代<br>（3）对不合格工程进行拆除和重新施工 | 7.6 |
| 39.2 | 承包商不遵守指示 | （1）与工程师协商由其他承包商实施工程的费用<br>（2）承担由其他承包商实施工程的费用 | 7.6 |
| | 暂时停工 | | |
| 40.1 | 暂时停工 | （1）根据工程师的指示，在必要的时间和方式暂停工程<br>（2）停工期间负责对工程进行必要的保护和安全保障 | 8.8 |
| 40.2 | 暂时停工后工程师的决定 | 与工程师协商暂时停工后的工期延长和费用 | 8.9 |
| 40.3 | 暂时停工持续 84 天以上 | （1）向承包商递交通知开始工程的施工<br>（2）按第 51 条规定通知工程师删减工程<br>（3）业主违约时，执行第 69.2 和 69.3 条的规定 | 8.11 |
| | 开工和误期 | | |
| 41.1 | 工程的开工 | （1）在开工令下发后尽快开工<br>（2）应迅速且毫不拖延地开始工程施工 | 8.1 |

(续)

| FIDIC 合同 1987 年第 4 版 合同条款 | | 承包商的义务 | 1999 年第 1 版合同对应条款 |
|---|---|---|---|
| 42.1 | 现场占有权及其通道 | (1) 提出合理建议进行开工<br>(2) 将合理开工建议递交工程师,并呈交一份副本给业主<br>(3) 按照业主提供的现场制定进度计划进行施工 | 2.1 |
| 42.2 | 未能给出占有权 | 与工程师协商业主未能给出占有权时的工期延长和费用 | 2.1 |
| 42.3 | 道路通行权和设施 | (1) 承担进出现场所需的专用或临时道路通行权的费用和开支<br>(2) 自费提供现场外的附加设施 | 4.13 |
| 43.1 | 竣工时间 | 在合同规定的时间完成合同工程或某一区段 | 8.2 |
| 44.1 | 竣工时间的延长 | 与工程师和业主协商竣工工期的延长 | 8.4 |
| 44.2 | 承包商应提供的通知书和详细申述 | (1) 在事件发生后的 28 天内通知工程师<br>(2) 向工程师提交任何延期的详细申述 | 8.4 |
| 44.3 | 临时的延期决定 | (1) 向工程师提交延期事件的通知<br>(2) 与工程师和业主协商工期延长事宜 | 8.4, 20.1 |
| 45.1 | 工作时间的限制 | (1) 不得在夜间或休息日施工<br>(2) 向工程师提出夜间或休息日施工的建议 | 6.5 |
| 46.1 | 施工进度 | (1) 在工程师同意的情况下采取必要的措施加快施工进度,以使其符合竣工工期的要求<br>(2) 向工程师提交夜间施工和休息日施工的建议<br>(3) 与业主和工程师协商附加监理费用<br>(4) 承担因赶工造成的附加监理费用 | 8.6 |
| 47.1 | 误期损害赔偿费 | (1) 向业主支付误期损害赔偿费<br>(2) 仍然承担完成工程的义务或合同规定的其他义务和责任 | 8.7 |
| 48.1 | 移交证书 | (1) 通知工程师有关移交申请<br>(2) 完成工程师指出的任何缺陷 | 10.1 |
| 48.2 | 区段或部分移交 | 进行区段或部分移交 | 10.2 |
| 48.4 | 地表需要恢复原状 | 自费恢复地表原状 | 10.4 |
| | 缺陷责任 | | |

(续)

| FIDIC 合同 1987 年第 4 版合同条款 | | 承包商的义务 | 1999 年第 1 版合同对应条款 |
|---|---|---|---|
| 49.2 | 完成剩余工作和修补缺陷 | （1）在移交证书注明的日期之后，尽快完成在当时尚未完成的工作<br>（2）按工程师的要求修补、重建和补救缺陷 | 11.1 |
| 49.3 | 修补缺陷的费用 | 自费承担修补缺陷费用 | 11.2 |
| 49.4 | 承包商未执行指示 | （1）支付因承包商未执行指示而由其他承包商修补缺陷的费用<br>（2）与工程师协商由其他承包商修补缺陷的费用 | 11.4 |
| 50.1 | 承包商进行调查 | （1）调查缺陷责任期满之前的缺陷、收缩或不合格工程原因<br>（2）自费负责修补缺陷、收缩或不合格工程<br>（3）与工程师协商修补缺陷、收缩或不合格工程费用 | 11.8 |
| | 变更、增添和省略 | | |
| 51.1 | 变更 | （1）按工程师的指示进行工程的变更、增添和省略<br>（2）承担由于承包商违约或毁约造成的工程变更费用 | 13.1 |
| 51.2 | 变更的指示 | 不得擅自变更、增添和省略工程 | 13.1 |
| 52.1 | 变更的估价 | 与工程师协商变更后的合理的费率和价格 | 12.3 |
| 52.3 | 变更超过 15% | 与业主和工程师协商变更超过 15% 后的费率和价格 | |
| 52.4 | 计日工 | （1）向工程师提供付款收据或其他凭证，在订购材料前向工程师提交订货报价单供其批准<br>（2）向工程师每天报告所从事工作的所有工人的姓名、工种和工时单，以及所用材料和设备清单<br>（3）每月月末向工程师递交日工报表 | 13.6 |
| | 索赔程序 | | |
| 53.1 | 索赔通知 | 在索赔事件第一次发生后的 28 天内将索赔意向通知工程师 | 20.1 |

（续）

| FIDIC 合同 1987 年第 4 版<br>合同条款 | | 承包商的义务 | 1999 年<br>第 1 版合同<br>对应条款 |
|---|---|---|---|
| 53.2 | 同期记录 | （1）应同期记录索赔事件<br>（2）根据工程师指示保持合理的同期记录<br>（3）允许工程师审查所有同期记录，向工程师提供记录副本 | 20.1 |
| 53.3 | 索赔的证明 | （1）向工程师提供说明索赔款额和提出索赔依据的详细材料<br>（2）在连续发生索赔事件时，应发出进一步的临时详细索赔报告<br>（3）在索赔事件结束后的 28 天内向工程师提出最终详细索赔报告<br>（4）按工程师要求将索赔报告递交给业主 | 20.1 |
| | 承包商的设备、临时工程和材料 | | |
| 54.1 | 工程专用的承包商的设备、临时工程和材料 | （1）提供施工所需的设备、临时工程和材料<br>（2）未经工程师同意，不得将设备、临时工程和材料运离现场 | 4.17 |
| 54.3 | 清关 | 负责设备、临时工程和材料的清关 | 2.2 |
| 54.4 | 承包商的设备再出口 | 负责将设备再出口 | 2.2 |
| 54.5 | 承包商的设备租用条件 | 当合同终止时，承包商不得将租用的设备带至现场 | 4.4，15.2 |
| 54.7 | 编入分包合同的条款 | 应将第 54 条的有关规定编入分包合同中 | 4.4 |
| | 计量 | | |
| 56.1 | 需测量工程 | （1）参加或派出合格的代表协助工程师测量<br>（2）提供工程师所要求的一切详细资料 | 12.1 |
| 57.2 | 包干项目的分项 | 在接到中标通知书后 28 天内把包含在投标书中的每一项包干项目的分项表提交给工程师 | 14.1 |
| | 暂定金额 | | |
| 58.3 | 凭证的出示 | 应向工程师出示与暂定金额开支有关的所有报价单、发票、凭证和账单或收据 | 13.5 |
| | 指定分包商 | | |
| 59.4 | 对指定的分包商的付款 | 支付指定分包商付款 | 5.3 |
| 59.5 | 对指定分包商的支付证书 | 向工程师提供证明，证明他已向指定分包商支付款项 | 5.4 |

(续)

| FIDIC 合同 1987 年第 4 版合同条款 | | 承包商的义务 | 1999 年第 1 版合同对应条款 |
|---|---|---|---|
| | 证书与支付 | | |
| 60.1 | 月报表 | 在每个月末向工程师提交月报表 | 14.3 |
| 60.5 | 竣工报表 | 向工程师递交竣工报表 | 14.10 |
| 60.6 | 最终报表 | （1）向工程师递交最终报表<br>（2）根据工程师的要求提交进一步的资料<br>（3）编制和向工程师提交双方同意的最终报表 | 14.11 |
| 60.7 | 结清 | 应给业主一份书面结清单，并递交一份副本给工程师 | 14.12 |
| 62.2 | 未履行的义务 | 应对在缺陷责任证书颁发前按合同规定应予履行，而在缺陷责任证书颁发时尚未履行的义务承担责任 | 11.10 |
| | 补救措施 | | |
| 63.2 | 终止日的估价 | 与工程师协商终止时的工程估价 | 15.3 |
| 63.3 | 终止后的付款 | 向业主支付超出部分的款额 | 15.4 |
| 63.4 | 协议利益的转让 | 应将其为该合同目的可能签订的、有关提供任何货物或材料或服务或有关实施任何工作的协议的权益转让给业主 | 4.4, 15.2 |
| 64.1 | 紧急补救工作 | （1）支付由业主或其他承包商的紧急补救工作款项<br>（2）与工程师协商由业主或其他承包商紧急补救工作所发生的费用 | 7.6 |
| | 特殊风险 | | |
| 65.3 | 特殊风险对工程的损害 | （1）根据工程师的指示修复特殊风险所造成的损坏或损害<br>（2）根据工程师的指示替换或修复材料或承包商设备 | 17.4 |
| 65.5 | 由特殊风险引起的费用增加 | （1）应立即通知工程师因特殊风险引起的费用增加<br>（2）与工程师和业主协商增加费用 | 17.4 |
| 65.7 | 合同终止时承包商设备的撤离 | （1）应尽快从现场撤离全部设备<br>（2）为其分包商提供撤离设备的便利 | 19.6 |
| | 争端的解决 | | |

(续)

| FIDIC 合同 1987 年第 4 版 合同条款 | | 承包商的义务 | 1999 年第 1 版合同对应条款 |
|---|---|---|---|
| 67.1 | 工程师的决定 | （1）应将与业主的争议首先以书面形式提交给工程师<br>（2）应以应有的精心继续进行工程施工，并执行工程师的指示，除非合同被终止<br>（3）如在收到工程师有关决定后的 70 天内没有表明要将争端提交仲裁，则应遵守工程师的决定 | 20.1 |
| 67.2 | 友好解决 | 应友好解决争端 | 20.5 |
| 67.3 | 仲裁 | 根据仲裁规则指定仲裁人 | 20.6 |
| | 通知 | | |
| 68.2 | 致业主和工程师的通知 | 按照合同规定的方式和地址发出通知 | 1.3 |
| 68.3 | 地址的变更 | 通知对方地址变更事宜，并抄送给工程师 | 1.3 |
| | 业主的违约 | | |
| 69.1 | 业主的违约 | 通知业主违约并将副本呈交给工程师 | 16.2 |
| 69.2 | 承包商设备的撤离 | 应尽快从现场撤离所有带至工地的设备 | 16.3 |
| 69.5 | 复工 | 应尽快恢复正常施工 | 16.1 |
| | 费用和法规的变更 | | |
| 70.2 | 后续的法规 | （1）通知工程师因法规变更或增加所造成费用的增加<br>（2）与工程师和业主协商费用增加 | 13.7 |

## 附录 7.2　1999 年版新红皮书中承包商的主要义务

| 条目 | 条款标题 | 承包商的主要义务 |
|---|---|---|
| 1 | 一般规定 | |
| 1.8 | 文件的照管和提供 | （1）照管和提供承包商文件的义务<br>（2）通知业主承包商文件中的技术性错误或缺陷 |
| 1.9 | 延误的图纸或指示 | 承包商通知工程师有关图纸或指示延误事宜 |
| 1.12 | 保密事项 | 为证明承包商遵守合同的情况，向业主透露合理的和需要的信息 |
| 1.13 | 遵守法律 | 遵守合同适用法律的义务 |
| 3 | 工程师 | |

(续)

| 条目 | 条款标题 | 承包商的主要义务 |
|---|---|---|
| 3.3 | 工程师的指示 | 接受工程师或其助手发出的指示 |
| 3.5 | 决定 | 除非根据第20条的规定作出修改,否则,应遵守工程师的决定 |
| 4 | 承包商 | |
| 4.1 | 承包商的一般义务 | (1) 按照合同设计、实施和完成工程,并修补其中的任何缺陷。工程应满足使用功能<br>(2) 提供设计、施工、竣工和修补缺陷所需的所有设备、人员、材料、服务等事宜<br>(3) 满足业主要求或合同默示要求的为工程的稳定、完成、安全或有效运行所需的所有工作<br>(4) 提交其建议采用的施工安排和方法的细节,并执行其施工安排和方法 |
| 4.2 | 履约担保 | 按照专用条款规定的金额向业主提交履约担保 |
| 4.3 | 承包商代表 | 任命承包商代表 |
| 4.4 | 分包商 | 雇用分包商,对分包工程承担责任,并将分包商的有关细节通知业主 |
| 4.5 | 分包合同权益的转让 | 在根据合同规定需将分包合同权益转让给业主时,应予转让 |
| 4.6 | 合作 | (1) 为业主人员、其他承包商和公共当局的人员提供适当的机会<br>(2) 对现场施工活动负责,并与在现场施工的其他承包商进行合作 |
| 4.7 | 放线 | 根据合同规范的规定进行放线,并修正其中的错误 |
| 4.8 | 安全程序 | 遵守法律和安全规则的义务 |
| 4.9 | 质量保证 | 建立质量保证体系的义务 |
| 4.10 | 现场数据 | 核实和解释业主提供的现场数据 |
| 4.11 | 合同价格的充分性 | 确定合同价格的正确性和充分性 |
| 4.12 | 不可预见的物质条件 | 对一切可以预见困难和完工费用承担责任 |
| 4.13 | 道路通行权与设施 | 承担道路通行权与设施的全部费用 |
| 4.14 | 避免干扰 | 避免对公众方便和道路造成不必要或不适当的干扰 |
| 4.15 | 进场道路 | 防止任何道路或桥梁因承包商的通行或承包商人员受到损坏。提供进场道路的维护,提供标志或方向指示,并承担进场道路不适用和不可用性的全部费用 |
| 4.16 | 货物运输 | 承担所有货物运输的费用,相应通知承包商有关运输事宜 |

(续)

| 条目 | 条款标题 | 承包商的主要义务 |
|---|---|---|
| 4.17 | 承包商设备 | 对承包商的设备负责 |
| 4.18 | 环境保护 | 保护环境的义务 |
| 4.19 | 电、水和燃气 | 提供电、水和燃气的义务 |
| 4.20 | 业主的设备和免费供应的材料 | 照管和支付承包商使用的业主设备的义务 |
| 4.21 | 进度报告 | 提交详细的月进度报告 |
| 4.22 | 现场保安 | 保证现场安全的义务 |
| 4.23 | 承包商的现场作业 | 应将其作业限制在现场,保持现场没有一切不必要的障碍物,在业主接收之前清理现场 |
| 4.24 | 化石 | 采取适当的措施保护现场发现的化石和古物 |
| 5 | 指定分包商 | |
| 5.2 | 反对指定 | 提出反对指定分包商的义务 |
| 5.3 | 向指定分包商付款 | 向指定分包商支付应付金额 |
| 5.4 | 付款证据 | 根据工程师的要求,提供已向指定分包商付款的证据 |
| 6 | 职员和劳务 | |
| 6.1 | 职员和劳务的雇用 | 雇用职员和劳务的义务 |
| 6.2 | 工资标准和劳动条件 | 向职员和劳务支付适当的工资,并遵守当地劳动法的规定 |
| 6.3 | 为业主服务的人员 | 不应从业主人员中招收或试图招收职员和劳务 |
| 6.4 | 劳动法 | 应遵守适用于承包商人员的相关劳动法律 |
| 6.5 | 工作时间 | 在正常工作时间内施工 |
| 6.6 | 为职员和劳务提供设施 | 为承包商人员和业主人员提供必要的食宿和福利设施 |
| 6.7 | 健康和安全 | 对职员和劳务的健康和安全采取必要的预防措施 |
| 6.8 | 承包商的监督 | 监督设计和施工的义务 |
| 6.10 | 承包商人员和设备的记录 | 向业主递交人员和设备的记录 |
| 6.11 | 无序行为 | 避免发生无序行为 |
| 7 | 生产设备、材料和工艺 | |
| 7.1 | 实施方法 | 按照合同规定的方法、良好惯例,使用适当的设备和材料进行施工 |
| 7.2 | 样品 | 自费向业主递交样品,供业主审核 |
| 7.3 | 检验 | 允许业主人员检查工程 |
| 7.4 | 试验 | 进行规定的所有试验 |

(续)

| 条目 | 条款标题 | 承包商的主要义务 |
|---|---|---|
| 7.5 | 拒收 | 对业主拒收的工程,应迅速修复缺陷,并使之符合合同规定 |
| 7.6 | 修补工作 | 按照业主要求进行修补工作 |
| 7.7 | 生产设备和材料的所有权 | 支付材料的使用费和租金 |
| 8 | 开工、延误和暂停 | |
| 8.1 | 工程的开工 | 在开工日期后毫不拖延地开始工厂的设计和施工 |
| 8.2 | 竣工时间 | 在合同规定的时间内完成整个工程(或区段工程) |
| 8.3 | 进度计划 | 向业主递交进度计划,在发生延误或不利影响时通知业主 |
| 8.6 | 工程进度 | 向业主递交修订的进度计划,根据业主的指示,加快施工进度 |
| 8.7 | 误期损害赔偿费 | 如果未能按期完工,向业主支付误期损害赔偿费 |
| 8.8 | 暂时停工 | 根据业主的指示暂停施工 |
| 9 | 竣工试验 | |
| 9.1 | 承包商的义务 | 根据合同的要求进行竣工试验 |
| 9.3 | 重新试验 | 如未能通过竣工试验,重新进行未通过的试验和竣工试验 |
| 11 | 缺陷责任 | |
| 11.1 | 完成扫尾工作和修补缺陷 | 在颁发接收证书后完成剩余工程和修补缺陷 |
| 11.6 | 进一步试验 | 在修补缺陷后,根据业主的要求进行进一步的试验 |
| 11.8 | 承包商调查 | 根据业主的指示,对造成缺陷的原因进行调查 |
| 11.10 | 未履行的义务 | 负责完成当时尚未履行的任何义务 |
| 11.11 | 现场清理 | 在收到履约证书后负责清理现场 |
| 12 | 测量和估价 | |
| 12.1 | 需测量的工程 | 根据工程师的要求,及时排除合同代表协助测量工作,并提供工程师要求的任何具体资料 |
| 12.4 | 删减 | 根据工程师的要求提供详细的资料 |
| 13 | 变更和调整 | |
| 13.1 | 变更权 | 遵守和执行业主的变更指示 |
| 13.3 | 变更程序 | 在发出变更指示前,应业主的要求,提交建议书 |
| 13.5 | 暂定金额 | 根据业主的指示使用暂定金额,并递交报价单、发票、凭证和收据等 |

(续)

| 条目 | 条款标题 | 承包商的主要义务 |
|---|---|---|
| 13.6 | 计日工 | 根据业主的变更指示在日工基础上进行施工 |
| 14 | 合同价格和付款 | |
| 14.1 | 合同价格 | 支付合同项下所有的税费 |
| 14.2 | 预付款 | 向业主递交预付款担保 |
| 14.3 | 临时付款的申请 | 递交临时付款申请 |
| 14.10 | 竣工报表 | 在收到接收证书之日起的84天内递交竣工报表 |
| 14.11 | 最终付款的申请 | 递交最终付款申请书 |
| 14.12 | 结清证明 | 提交最终付款的书面证明 |
| 15 | 业主的终止 | |
| 15.1 | 通知改正 | 在收到业主的改正通知后,在规定的合理时间内纠正并补救未能履行的义务 |
| 15.2 | 业主的终止 | 根据业主终止的通知,撤离现场并将所有材料等交给业主 |
| 15.5 | 业主终止的权利 | 在业主因方便终止合同时,停止施工和撤离设备 |
| 16 | 承包商的暂停和终止 | |
| 16.3 | 停止工作和承包商设备的撤离 | 在承包商终止合同后,停止工作和撤离设备 |
| 17 | 风险与责任 | |
| 17.1 | 保障 | 保障和使业主免受来自承包商的任何索赔、损害赔偿、损失和费用 |
| 17.2 | 承包商对工程的照管 | 负责照管工程,直至颁发接收证书为止 |
| 17.4 | 业主风险的后果 | 在发生了业主风险后,通知业主,并按业主要求,修正此类损失或损害 |
| 17.5 | 知识产权和工业产权 | 保障并使业主免受知识产权和工业产权引起的索赔 |
| 18 | 保险 | |
| 18.1~18.4 | | 对工程进行各种保险和支付保费 |
| 19 | 不可抗力 | |
| 19.2 | 不可抗力的通知 | 在发生了不可抗力事件时,向业主递交不可抗力通知 |
| 19.3 | 将延误减至最小的义务 | 应尽所有合理的努力,使不可抗力对履约合同的任何延误减至最小 |
| 19.6 | 自主选择终止、付款和解除 | 在因不可抗力终止合同后,停止施工并将设备撤离现场 |

(续)

| 条目 | 条款标题 | 承包商的主要义务 |
|---|---|---|
| 19.7 | 根据法律解除履约 | 在根据法律解除合同后，停止施工并将设备撤离现场 |
| 20 | 索赔、争议和仲裁 | |
| 20.1 | 承包商的索赔 | 按时递交索赔通知，保留同期记录，提供细节 |
| 20.2 | 争议裁决委员会的任命 | 任命争议裁决委员会的成员，并同意第3名成员的任命 |
| 20.4 | 取得争议裁决委员会的决定 | 向争议裁决委员会递交所有与索赔有关的资料 |
| 20.5 | 友好解决 | 在递交不满争议裁决委员会的决定通知书，并在提交仲裁前，努力以友好的方式解决争议 |
| 20.6 | 仲裁 | 提交国际商会进行仲裁 |

## 附录7.3  1999年版新黄皮书中承包商的主要义务

| 条目 | 条款标题 | 承包商的主要义务 |
|---|---|---|
| 1.8 | 文件的照管和提供 | (1) 照管和提供承包商文件的义务<br>(2) 通知业主承包商文件中的技术性错误或缺陷 |
| 1.12 | 保密事项 | 为证明承包商遵守合同的情况，向业主透露合理的和需要的信息 |
| 1.13 | 遵守法律 | 遵守合同适用法律的义务 |
| 3 | 工程师 | |
| 3.3 | 工程师的指示 | 接受工程师或其助手发出的指示 |
| 3.5 | 决定 | 除非根据第20条的规定作出修改，否则，应遵守工程师的决定 |
| 4 | 承包商 | |
| 4.1 | 承包商的一般义务 | (1) 按照合同设计、实施和完成工程，并修补其中的任何缺陷。工程应满足使用功能<br>(2) 提供设计、施工、竣工和修补缺陷所需的所有设备、人员、材料、服务等事宜<br>(3) 满足业主要求或合同暗示要求的为工程的稳定、完成、安全或有效运行所需的所有工作<br>(4) 提交其建议采用的施工安排和方法的细节，并执行其施工安排和方法 |
| 4.2 | 履约担保 | 按照专用条款规定的金额向业主提交履约担保 |
| 4.3 | 承包商代表 | 任命承包商代表 |

(续)

| 条目 | 条款标题 | 承包商的主要义务 |
|---|---|---|
| 4.4 | 分包商 | 雇用分包商，对分包工程承担责任，并将分包商的有关细节通知业主 |
| 4.5 | 指定分包商 | 如果没有合理的理由拒绝业主的指定，雇用指定分包商 |
| 4.6 | 合作 | （1）为业主人员、其他承包商和公共当局的人员提供适当的机会<br>（2）对现场施工活动负责，并与在现场施工的其他承包商进行合作 |
| 4.7 | 放线 | 根据合同规范的规定进行放线，并修正其中的错误 |
| 4.8 | 安全程序 | 遵守法律和安全规则的义务 |
| 4.9 | 质量保证 | 建立质量保证体系的义务 |
| 4.10 | 现场数据 | 核实和解释业主提供的现场数据 |
| 4.11 | 合同价格的充分性 | 确定合同价格的正确性和充分性 |
| 4.12 | 不可预见的困难 | 对一切可以预见困难和完工费用承担责任 |
| 4.13 | 道路通行权与设施 | 承担道路通行权与设施的全部费用 |
| 4.14 | 避免干扰 | 避免对公众和道路造成不必要或不适当的干扰 |
| 4.15 | 进场道路 | 防止任何道路或桥梁因承包商的通行或承包商人员受到损坏。提供进场道路的维护，提供标志或方向指示，并承担进场道路不适用和不可用性的全部费用 |
| 4.16 | 货物运输 | 承担所有货物运输的费用，相应通知承包商有关运输事宜 |
| 4.17 | 承包商设备 | 对承包商的设备负责 |
| 4.18 | 环境保护 | 保护环境的义务 |
| 4.19 | 电、水和燃气 | 提供电、水和燃气的义务 |
| 4.20 | 业主的设备和免费供应的材料 | 照管和支付承包商使用业主设备的义务 |
| 4.21 | 进度报告 | 提交详细的月进度报告 |
| 4.22 | 现场保安 | 保证现场安全的义务 |
| 4.23 | 承包商的现场作业 | 应将其作业限制在现场，保持现场没有一切不必要的障碍物，在业主接收之前清理现场 |
| 4.24 | 化石 | 采取适当的措施保护现场发现的化石和古物 |
| 5 | 设计 | |
| 5.1 | 设计义务的一般要求 | 仔细审查业主要求，负责工程的设计，对业主要求的正确性负责 |

(续)

| 条目 | 条款标题 | 承包商的主要义务 |
|---|---|---|
| 5.2 | 承包商文件 | 准备所有承包商文件，应业主的要求，递交给业主进行审核 |
| 5.3 | 承包商的承诺 | 根据适用的法律和合同文件，负责设计、施工和完成工程项目 |
| 5.4 | 技术标准和法规 | 遵守有关工程的设计、施工和完成的有关的技术标准和法规 |
| 5.5 | 培训 | 对业主人员进行工程操作和维修培训 |
| 5.6 | 竣工文件 | 准备和保存竣工文件 |
| 5.7 | 操作和维修手册 | 提供操作和维修手册 |
| 5.8 | 设计错误 | 自费对缺陷和问题进行修补和改正 |
| 6 | 职员和劳务 | |
| 6.1 | 职员和劳务的雇用 | 雇用职员和劳务的义务 |
| 6.2 | 工资标准和劳动条件 | 向职员和劳务支付适当的工资，并遵守当地劳动法的规定 |
| 6.3 | 为业主服务的人员 | 不应从业主人员中招收或试图招收职员和劳务 |
| 6.4 | 劳动法 | 应遵守适用于承包商人员的相关劳动法律 |
| 6.5 | 工作时间 | 在正常工作时间内施工 |
| 6.6 | 为职员和劳务提供设施 | 为承包商人员和业主人员提供必要的食宿和福利设施 |
| 6.7 | 健康和安全 | 对职员和劳务的健康和安全采取必要的预防措施 |
| 6.8 | 承包商的监督 | 监督设计和施工的义务 |
| 6.10 | 承包商人员和设备的记录 | 向业主递交人员和设备的记录 |
| 6.11 | 无序行为 | 避免发生无序行为 |
| 7 | 生产设备、材料和工艺 | |
| 7.1 | 实施方法 | 按照合同规定的方法、良好惯例，使用适当的设备和材料进行施工 |
| 7.2 | 样品 | 自费向业主递交样品，供业主审核 |
| 7.3 | 检验 | 允许业主人员检查工程 |
| 7.4 | 试验 | 进行规定的所有试验 |
| 7.5 | 拒收 | 对业主拒收的工程，应迅速修复缺陷，并使之符合合同规定 |
| 7.6 | 修补工作 | 按照业主要求进行修补工作 |

(续)

| 条目 | 条款标题 | 承包商的主要义务 |
|---|---|---|
| 7.7 | 生产设备和材料的所有权 | 支付材料的使用费和租金 |
| 8 | 开工、延误和暂停 | |
| 8.1 | 工程的开工 | 在开工日期后毫不拖延地开始工厂的设计和施工 |
| 8.2 | 竣工时间 | 在合同规定的时间内完成整个工程（或区段工程） |
| 8.3 | 进度计划 | 向业主递交进度计划，在发生延误或不利影响时通知业主 |
| 8.6 | 工程进度 | 向业主递交修订的进度计划，根据业主的指示，加快施工进度 |
| 8.7 | 误期损害赔偿费 | 如果未能按期完工，向业主支付误期损害赔偿费 |
| 8.8 | 暂时停工 | 根据业主的指示暂停施工 |
| 9 | 竣工试验 | |
| 9.1 | 承包商的义务 | 根据合同的要求进行竣工试验 |
| 9.3 | 重新试验 | 如未能通过竣工试验，重新进行未通过的试验和竣工试验 |
| 11 | 缺陷责任 | |
| 11.1 | 完成扫尾工作和修补缺陷 | 在颁发接收证书后完成剩余工程和修补缺陷 |
| 11.6 | 进一步试验 | 在修补缺陷后，根据业主的要求进行进一步的试验 |
| 11.8 | 承包商调查 | 根据业主的指示，对造成缺陷的原因进行调查 |
| 11.10 | 未履行的义务 | 负责完成当时尚未履行的任何义务 |
| 11.11 | 现场清理 | 在收到履约证书后负责清理现场 |
| 12 | 竣工后试验 | |
| 12.1 | 竣工后试验的程序 | 为竣工后试验提供设备、仪器和人员 |
| 12.3 | 重新试验 | 对未通过的实验进行重新试验 |
| 13 | 变更和调整 | |
| 13.1 | 变更权 | 遵守和执行业主的变更指示 |
| 13.3 | 变更程序 | 在发出变更指示前，应业主的要求，提交建议书 |
| 13.5 | 暂定金额 | 根据业主的指示使用暂定金额，并递交报价单、发票、凭证和收据等 |
| 13.6 | 计日工 | 根据业主的变更指示在日工基础上进行施工 |
| 14 | 合同价格和付款 | |
| 14.1 | 合同价格 | 支付合同项下所有的税费 |
| 14.2 | 预付款 | 向业主递交预付款担保 |

第7章 承包商的主要义务　253

（续）

| 条目 | 条款标题 | 承包商的主要义务 |
|---|---|---|
| 14.3 | 临时付款的申请 | 递交临时付款申请 |
| 14.10 | 竣工报表 | 在收到接收证书之日起的84天内递交竣工报表 |
| 14.11 | 最终付款的申请 | 递交最终付款申请书 |
| 14.12 | 结清证明 | 提交最终付款的书面证明 |
| 15 | 业主的终止 | |
| 15.1 | 通知改正 | 在收到业主的改正通知后，在规定的合理时间内纠正并补救未能履行的义务 |
| 15.2 | 业主的终止 | 根据业主终止的通知，撤离现场并将所有材料等交给业主 |
| 15.5 | 业主终止的权利 | 在业主因方便终止合同时，停止施工和撤离设备 |
| 16 | 承包商的暂停和终止 | |
| 16.3 | 停止工作和承包商设备的撤离 | 在承包商终止合同后，停止工作和撤离设备 |
| 17 | 风险与责任 | |
| 17.1 | 保障 | 保障和使业主免受来自承包商的任何索赔、损害赔偿、损失和费用 |
| 17.2 | 承包商对工程的照管 | 负责照管工程，直至颁发接收证书为止 |
| 17.4 | 业主风险的后果 | 在发生了业主风险后，通知业主，并按业主要求，修正此类损失或损害 |
| 17.5 | 知识产权和工业产权 | 保障并使业主免受知识产权和工业产权引起的索赔 |
| 18 | 保险 | |
| 18.1~18.4 | | 对工程进行各种保险和支付保费 |
| 19 | 不可抗力 | |
| 19.2 | 不可抗力的通知 | 在发生了不可抗力事件时，向业主递交不可抗力通知 |
| 19.3 | 将延误减至最小的义务 | 应尽所有合理的努力，使不可抗力对履约合同的任何延误减至最小 |
| 19.6 | 自主选择终止、付款和解除 | 在因不可抗力终止合同后，停止施工并将设备撤离现场 |
| 19.7 | 根据法律解除履约 | 在根据法律解除合同后，停止施工并将设备撤离现场 |
| 20 | 索赔、争议和仲裁 | |
| 20.1 | 承包商的索赔 | 按时递交索赔通知，保留同期记录，提供细节 |

(续)

| 条目 | 条款标题 | 承包商的主要义务 |
|---|---|---|
| 20.2 | 争议裁决委员会的任命 | 任命争议裁决委员会的成员,并同意第3名成员的任命 |
| 20.4 | 取得争议裁决委员会的决定 | 向争议裁决委员会递交所有与索赔有关的资料 |
| 20.5 | 友好解决 | 在递交不满争议裁决委员会的决定通知书,并在提交仲裁前,努力以友好的方式解决争议 |
| 20.6 | 仲裁 | 提交国际商会进行仲裁 |

## 附录7.4　1999年版银皮书中承包商的主要义务

| 条目 | 条款标题 | 承包商的主要义务 |
|---|---|---|
| 1.8 | 文件的照管和提供 | (1) 照管和提供承包商文件的义务<br>(2) 通知业主承包商文件中的技术性错误或缺陷 |
| 1.9 | 保密 | 对合同文件承担保密义务 |
| 1.12 | 保密事项 | 为证明承包商遵守合同的情况,向业主透露合理的和需要的信息 |
| 1.13 | 遵守法律 | 遵守合同适用法律的义务 |
| 3 | 业主的管理 | |
| 3.4 | 指示 | 接受业主、业主代表或其助手发出的指示 |
| 4 | 承包商 | |
| 4.1 | 承包商的一般义务 | (1) 按照合同设计、实施和完成工程,并修补其中的任何缺陷。工程应满足使用功能<br>(2) 提供设计、施工、竣工和修补缺陷所需的所有设备、人员、材料、服务等事宜<br>(3) 满足业主要求或合同默示要求的为工程的稳定、完成、安全或有效运行所需的所有工作<br>(4) 提交其建议采用的施工安排和方法的细节,并执行其施工安排和方法 |
| 4.2 | 履约担保 | 按照专用条款规定的金额向业主提交履约担保 |
| 4.3 | 承包商代表 | 任命承包商代表 |
| 4.4 | 分包商 | 雇用分包商,对分包工程承担责任,并将分包商的有关细节通知业主 |
| 4.5 | 指定分包商 | 如果没有合理的理由拒绝业主的指定,雇用指定分包商 |

(续)

| 条目 | 条款标题 | 承包商的主要义务 |
|---|---|---|
| 4.6 | 合作 | (1) 为业主人员、其他承包商和公共当局的人员提供适当的机会<br>(2) 对现场施工活动负责,并与在现场施工的其他承包商进行合作 |
| 4.7 | 放线 | 根据合同规范的规定进行放线,并修正其中的错误 |
| 4.8 | 安全程序 | 遵守法律和安全规则的义务 |
| 4.9 | 质量保证 | 建立质量保证体系的义务 |
| 4.10 | 现场数据 | 核实和解释业主提供的现场数据 |
| 4.11 | 合同价格的充分性 | 确定合同价格的正确性和充分性 |
| 4.12 | 不可预见的困难 | 对一切可以预见困难和完工费用承担责任 |
| 4.13 | 道路通行权与设施 | 承担道路通行权与设施的全部费用 |
| 4.14 | 避免干扰 | 避免对公众方便和道路造成不必要或不适当的干扰 |
| 4.15 | 进场道路 | 防止任何道路或桥梁因承包商的通行或承包商人员受到损坏。提供进场道路的维护,提供标志或方向指示,并承担进场道路不适用和不可用性的全部费用 |
| 4.16 | 货物运输 | 承担所有货物运输的费用,相应通知承包商有关运输事宜 |
| 4.17 | 承包商设备 | 对承包商的设备负责 |
| 4.18 | 环境保护 | 保护环境的义务 |
| 4.19 | 电、水和燃气 | 提供电、水和燃气的义务 |
| 4.20 | 业主的设备和免费供应的材料 | 照管和支付承包商使用的业主设备的义务 |
| 4.21 | 进度报告 | 提交详细的月进度报告 |
| 4.22 | 现场保安 | 保证现场安全的义务 |
| 4.23 | 承包商的现场作业 | 应将其作业限制在现场,保持现场没有一切不必要的障碍物,在业主接收之前清理现场 |
| 4.24 | 化石 | 采取适当的措施保护现场发现的化石和古物 |
| 5 | 设计 | |
| 5.1 | 设计义务的一般要求 | 仔细审查业主要求,负责工程的设计,对业主要求的正确性负责 |
| 5.2 | 承包商文件 | 准备所有承包商文件,应业主的要求,递交给业主进行审核 |
| 5.3 | 承包商的承诺 | 根据适用的法律和合同文件,负责设计、施工和完成工程项目 |

(续)

| 条目 | 条款标题 | 承包商的主要义务 |
| --- | --- | --- |
| 5.4 | 技术标准和法规 | 遵守有关工程的设计、施工和完成的有关的技术标准和法规 |
| 5.5 | 培训 | 对业主人员进行工程操作和维修培训 |
| 5.6 | 竣工文件 | 准备和保存竣工文件 |
| 5.7 | 操作和维修手册 | 提供操作和维修手册 |
| 5.8 | 设计错误 | 自费对缺陷和问题进行修补和改正 |
| 6 | 职员和劳务 | |
| 6.1 | 职员和劳务的雇用 | 雇用职员和劳务的义务 |
| 6.2 | 工资标准和劳动条件 | 向职员和劳务支付适当的工资,并遵守当地劳动法的规定 |
| 6.3 | 为业主服务的人员 | 不应从业主人员中招收或试图招收职员和劳务 |
| 6.4 | 劳动法 | 应遵守适用于承包商人员的相关劳动法律 |
| 6.5 | 工作时间 | 在正常工作时间内施工 |
| 6.6 | 为职员和劳务提供设施 | 为承包商人员和业主人员提供必要的食宿和福利设施 |
| 6.7 | 健康和安全 | 对职员和劳务的健康和安全采取必要的预防措施 |
| 6.8 | 承包商的监督 | 监督设计和施工的义务 |
| 6.10 | 承包商人员和设备的记录 | 向业主递交人员和设备的记录 |
| 6.11 | 无序行为 | 避免发生无序行为 |
| 7 | 生产设备、材料和工艺 | |
| 7.1 | 实施方法 | 按照合同规定的方法、良好惯例,使用适当的设备和材料进行施工 |
| 7.2 | 样品 | 自费向业主递交样品,供业主审核 |
| 7.3 | 检验 | 允许业主人员检查工程 |
| 7.4 | 试验 | 进行规定的所有试验 |
| 7.5 | 拒收 | 对业主拒收的工程,应迅速修复缺陷,并使之符合合同规定 |
| 7.6 | 修补工作 | 按照业主要求进行修补工作 |
| 7.7 | 生产设备和材料的所有权 | 支付材料的使用费和租金 |
| 8 | 开工、延误和暂停 | |
| 8.1 | 工程的开工 | 在开工日期后毫不拖延地开始工厂的设计和施工 |
| 8.2 | 竣工时间 | 在合同规定的时间内完成整个工程(或区段工程) |
| 8.3 | 进度计划 | 向业主递交进度计划,在发生延误或不利影响时通知业主 |

(续)

| 条目 | 条款标题 | 承包商的主要义务 |
|---|---|---|
| 8.6 | 工程进度 | 向业主递交修订的进度计划，根据业主的指示，加快施工进度 |
| 8.7 | 误期损害赔偿费 | 如果未能按期完工，向业主支付误期损害赔偿费 |
| 8.8 | 暂时停工 | 根据业主的指示暂停施工 |
| 9 | 竣工试验 | |
| 9.1 | 承包商的义务 | 根据合同的要求进行竣工试验 |
| 9.3 | 重新试验 | 如未能通过竣工试验，重新进行未通过的试验和竣工试验 |
| 11 | 缺陷责任 | |
| 11.1 | 完成扫尾工作和修补缺陷 | 在颁发接收证书后完成剩余工程和修补缺陷 |
| 11.6 | 进一步试验 | 在修补缺陷后，根据业主的要求进行进一步的试验 |
| 11.8 | 承包商调查 | 根据业主的指示，对造成缺陷的原因进行调查 |
| 11.10 | 未履行的义务 | 负责完成当时尚未履行的任何义务 |
| 11.11 | 现场清理 | 在收到履约证书后负责清理现场 |
| 12 | 竣工后试验 | |
| 12.1 | 竣工后试验的程序 | 为竣工后试验提供设备、仪器和人员 |
| 12.3 | 重新试验 | 对未通过的实验进行重新试验 |
| 13 | 变更和调整 | |
| 13.1 | 变更权 | 遵守和执行业主的变更指示 |
| 13.3 | 变更程序 | 在发出变更指示前，应业主的要求，提交建议书 |
| 13.5 | 暂定金额 | 根据业主的指示使用暂定金额，并递交报价单、发票、凭证和收据等 |
| 13.6 | 计日工 | 根据业主的变更指示在日工基础上进行施工 |
| 14 | 合同价格和付款 | |
| 14.1 | 合同价格 | 支付合同项下所有的税费 |
| 14.2 | 预付款 | 向业主递交预付款担保 |
| 14.3 | 临时付款的申请 | 递交临时付款申请 |
| 14.10 | 竣工报表 | 在收到接收证书之日起的84天内递交竣工报表 |
| 14.11 | 最终付款的申请 | 递交最终付款申请书 |
| 14.12 | 结清证明 | 提交最终付款的书面证明 |
| 15 | 业主的终止 | |
| 15.1 | 通知改正 | 在收到业主的改正通知后，在规定的合理时间内纠正并补救未能履行的义务 |

(续)

| 条目 | 条款标题 | 承包商的主要义务 |
|---|---|---|
| 15.2 | 业主的终止 | 根据业主终止的通知，撤离现场并将所有材料等交给业主 |
| 15.5 | 业主终止的权利 | 在业主因方便终止合同时，停止施工和撤离设备 |
| 16 | 承包商的暂停和终止 | |
| 16.3 | 停止工作和承包商设备的撤离 | 在承包商终止合同后，停止工作和撤离设备 |
| 17 | 风险与责任 | |
| 17.1 | 保障 | 保障和使业主免受来自承包商的任何索赔、损害赔偿、损失和费用 |
| 17.2 | 承包商对工程的照管 | 负责照管工程，直至颁发接收证书为止 |
| 17.4 | 业主风险的后果 | 在发生了业主风险后，通知业主，并按业主要求，修正此类损失或损害 |
| 17.5 | 知识产权和工业产权 | 保障并使业主免受知识产权和工业产权引起的索赔 |
| 18 | 保险 | |
| 18.1~18.4 | | 对工程进行各种保险和支付保费 |
| 19 | 不可抗力 | |
| 19.2 | 不可抗力的通知 | 在发生了不可抗力事件时，向业主递交不可抗力通知 |
| 19.3 | 将延误减至最小的义务 | 应尽所有合理的努力，使不可抗力对履约合同的任何延误减至最小 |
| 19.6 | 自主选择终止、付款和解除 | 在因不可抗力终止合同后，停止施工并将设备撤离现场 |
| 19.7 | 根据法律解除履约 | 在根据法律解除合同后，停止施工并将设备撤离现场 |
| 20 | 索赔、争议和仲裁 | |
| 20.1 | 承包商的索赔 | 按时递交索赔通知，保留同期记录，提供细节 |
| 20.2 | 争议裁决委员会的任命 | 任命争议裁决委员会的成员，并同意第3名成员的任命 |
| 20.4 | 取得争议裁决委员会的决定 | 向争议裁决委员会递交所有与索赔有关的资料 |
| 20.5 | 友好解决 | 在递交不满争议裁决委员会的决定通知书，并在提交仲裁前，努力以友好的方式解决争议 |
| 20.6 | 仲裁 | 提交国际商会进行仲裁 |

# 第 8 章  设计责任

承包商应对该部分工程负责，在工程竣工时，应使该部分工程满足其合同规定的预期的使用功能。

——FIDIC：1999 年版《施工合同条件》

## 8.1  概述

在施工合同中，按照设计责任的严格程度划分，设计责任可分为：
（1）谨慎义务（duty of care）。
（2）满足使用功能（fitness for purpose）。
（3）受托责任（fiduciary duty）。

谨慎义务、满足使用功能和受托责任构成了国际承包工程项目中咨询工程师、承包商和分包商的三种阶梯状的义务，其中谨慎义务是基本和标准义务，满足使用功能是严格责任，而受托责任是最高责任。目前，根据有关立法和判例，某些国际标准合同格式，如 FIDIC 施工合同条件等已逐步明示规定承包商的设计应使工程满足使用功能的义务，使得承包商、分包商履行义务的责任趋向严格。

1999 年版 FIDIC 合同第 4.1 条虽然没有像 1987 年 FIDIC 合同第 4 版那样规定"以应有的谨慎和努力，"但在第 5 项第（c）中规定了更为严格的设计责任。Brian W. Totterdill 在《FIDIC 用户指南》中评述道：

"第 4.1 款第 5 项中（c）将设计义务标准规定为：'应使该部分符合合同规定的使用功能。'这些详细的要求必须明确的予以规定，并通过第 9 条规定的竣工验收，或特殊规定的竣工后验收查验其是否符合要求。这项要求比大多数咨询合同中规定的'合理的技能、谨慎和努力'的义务要更加严格。如果发生了因业主的设计咨询工程师或承包商有缺陷的设计导致项目失败的争议时，设计标准的不同可能导致严重的问题。"

根据有关判例，合同中没有明示条款规定满足使用功能时，法律也默示其设计应满足使用功能，无论是否因为过失，咨询工程师、承包商或分包商应为设计和施工的错误和缺陷承担责任，从另一方面来说，意味着在 1999

年版 FIDIC 合同中，承包商在设计时不仅要履行谨慎义务，还有履行满足使用功能义务。有关案例可参考 Independent Broadcasting Authority 诉 EMI Electronics Limited，House of Lords（1980）14 BLR 1 案。

## 8.2 谨慎义务

### 8.2.1 谨慎义务的含义

谨慎义务，又译注意义务，是英美侵权法中特有的概念，是指某人在合理预见其行为可能对他人人身或财产造成损害的情形下，应采取合理的谨慎以避免他人受到损害的一项法律义务，其特征如下：

(1) 谨慎义务是一项法定义务。

(2) 谨慎义务的产生源于一方对另一方负有谨慎义务，在一方对另一方没有承担谨慎义务的情形下，受害一方不能以对方违反谨慎义务而采取法律行动。

(3) 在合同中没有明示条款规定服务内容时，法律默示应以"合理的技能和谨慎（reasonable skill and care）"行事。

(4) 谨慎义务的存在和范围依当事人之间关系的所有情形确定，存在于受到损害的原告利益对于被告来说是可以合理预见的（reasonable foreseeable）。是否可以预见行为对他人的损害，是一个应依案件具体情况判断的事实问题。

在国际承包工程设计和施工领域，谨慎义务是标准格式合同中的一项明示义务，以"合理的技能和谨慎"等词句为其表达方式。FIDIC 合同 1987 年第 4 版第 8.1 条规定"承包商应按照合同的各项规定，以应有的谨慎和努力（with due care and diligence）对工程进行设计（在合同规定的范围内）、实施和完成，并修补其任何缺陷。"英国 ICE 合同第 7 版第 8（2）条设计责任中规定："承包商应以所有的合理技能、谨慎和努力设计其应负责的永久性工程。"在分包合同格式中，如 FIDIC 分包合同 1994 年第 1 版第 2.1 条也有同样的规定。在设计咨询合同中，如 FIDIC 客户/咨询工程师协议书第 5 条等均要求咨询工程师/建筑师应以合理的谨慎和努力从事设计工作。英国 RIBA 出版的建筑师聘用合同第 2.1 条规定："建筑师应该提供服务……运用合理的技能和谨慎，并且满足建筑师职业的一般标准。"

如果工程建筑合同中没有明示条款规定咨询工程师、承包商、分包商提供服务内容时，法律会默示要求咨询工程师、承包商、分包商运用合理的技能和谨慎。在英国法中，谨慎义务也是一项法定义务。

谨慎义务是咨询工程师、承包商和分包商设计和建造义务中的基本义务或称标准义务。如果未能履行这一义务，咨询工程师、承包商和分包商的未加注意的行为构成了过失，就应对其过失行为承担赔偿责任。

### 8.2.2 谨慎标准的判断

在侵权法中，谨慎的标准（standard of care）是指负有谨慎义务的个人所具备的谨慎和小心的程度。定义中所述的"个人"应当是一个"理性人"（reasonable person）的标准，法官 LJ Greer 在 Hall 诉 Brooklands Auto-Racing Club (1933) 1 KB 205 案中描述的"在 Clapham 公共汽车上的人。"按照这些解释，理性人是一个普通人（average person），不要求他完美，也不要求他没有任何瑕疵，他应拥有正常的思维，不过于偏激，不能预见所有的风险，没有精神性疾病。在一般社会活动发生的侵权行为中，一般要求负有谨慎义务的人是一个普通人的标准。

在工程建筑领域，运用合理的技能和谨慎的标准不是一般的"理性人"的标准，而是具有技能的专业人士（skilled professional）的标准，但没有必要达到最高可能的职业水准。在工程建筑合同有明示条款规定设计和施工的要求时，咨询工程师、承包商和分包商应满足这些要求。同时，法律还默示一项设计或施工应当合理地满足使用功能的要求。这是因为在国际承包工程项目中，咨询工程师、承包商和分包商在经历了资格预审、投标等程序时，均会声称自己有技术能力和专业水准进行设计和施工。

如果咨询工程师、承包商或分包商声称拥有更高的技能，应当以他声称的技术水平为评判基础。

### 8.2.3 过失和违反谨慎义务

按照英美侵权法，过失是指未加注意（carelessness）的一种心理状态，因某人违反谨慎义务或未加注意，从而导致他人蒙受损害的一种侵权行为。过失需满足如下要件：

（1）被告对于原告负有谨慎义务。

（2）被告违反这一义务。

（3）违反义务的后果使原告蒙受损害。

从过失的定义和构成要件可以看出，负有谨慎义务是过失的前提，如果违反谨慎义务，则构成了侵权法上的过失，因过失而造成他人损害的，应赔偿他人所遭受的损害或损失。如果以过失为由追索咨询工程师、承包商或分包商的赔偿责任，需以咨询工程师、承包商或分包商对业主负有谨慎义务为基础，这正是谨慎义务在工程承包项目中的关键所在。

根据有关判例，在工程建筑业，违反谨慎义务并进而构成过失的主要情形如下：

因咨询工程师或设计专业人员过失导致设计全部失败或部分失败，并连带工程失败；设计不符合合同规定的规范要求和强制性规范要求；设计数据取值不能满足工程使用功能，造成工程缺陷；设计考虑不周，形成缺陷或工程不具备使用功能；采用了未曾使用过的材料和工艺，使工程出现缺陷；声称自己有更高的设计技能和技术，但在设计中不能实现等。

英美相关判例表明，在业主和咨询工程师、业主和承包商、承包商和分包商之间发生争端时，法院首先需要判断当事人之间是否存在谨慎义务，以及被告是否违反了谨慎义务，构成过失，并对他人造成了损害。

证明被告违反谨慎义务构成过失的举证责任在于原告方，然而原告想要证明被告违反谨慎义务，或未加注意造成了损害，对于原告而言实在是难以证明的难题。多年司法实践和判例表明，原告只要证明使原告遭受损害的事物完全处于被告控制下，以及任何人只要加以注意就不会发生这两项内容，即可推断被告违反谨慎义务。如果被告能够推翻原告的证明，或自己已尽了谨慎义务，或证明损害是第三者未加注意造成的，可以免于违反谨慎义务的责任。如果被告未能举证主张抗辩，不存在免责理由时，法院会判定被告的有责性，并判定被告违反谨慎义务构成过失，承担赔偿责任。

与在谨慎义务情况下原告需要证明被告存有过失不同，在咨询工程师或承包商、分包商承担了满足使用功能的设计责任时，原告无需证明被告违反谨慎义务，存在过失，只要设计没有达到业主或客户预期目的，咨询工程师、负责设计的承包商或分包商就应根据经济损失原则（economic loss doctrine）赔偿业主或客户遭受的直接经济损失，即修复或重建费用。

## 8.3 满足使用功能的义务

### 8.3.1 定义和检验标准

与 FIDIC 合同 1987 年版第 8.1 款规定的承包商应履行应有的谨慎义务不同，1999 年版 FIDIC 合同《施工合同条款》、《生产设备和设计—施工合同条款》和《设计采购施工（EPC）/交钥匙工程合同条款》均规定承包商应承担满足使用功能的严格责任。

根据《牛津法律词典》，满足使用功能的定义为："在商业交易中，卖方必须满足的一项标准。除非有关情形显示买方并不依赖（或者他无法合理依赖）卖方的技能和看法，否则，在买方让卖方知道其购买的货物用于特定目的时，存在一项货物应合理满足使用功能的默示条件。"

美国《统一商法典》第2-315条规定：

"第2-315条：默示担保：满足特定使用功能。

卖方在缔约时有理由知道所需货物的任何特定使用功能，以及买方依赖卖方的技能和看法挑选或提供适宜的货物，除非在下一条中将其排除在外或修改之，否则，存在一项货物应满足此项功能的默示担保。"

上述定义和相关判例显示，满足使用功能的检验标准如下：

（1）买方应让卖方知道，或卖方有理由知道货物的特定使用功能。

（2）买方依赖卖方的技能和看法。

（3）在买方并不依赖卖方的技能和看法，或在合同中将其排除在外，或在合同中将该项义务进行了修改时，就不存在该项默示担保。否则，就存在此项默示担保义务。

## 8.3.2 FIDIC 的立场

FIDIC 合同 1999 版《施工合同条款》第 4.1 款第（c）项规定："承包商应对该部分工程负责，在工程竣工时，应使该部分工程满足合同规定的预期的使用功能。"

FIDIC 合同 1999 版《设计采购施工（EPC）/交钥匙工程合同条件》第 4.1 款规定："承包商应按照合同设计、实施和完成工程，并修补工程中的任何缺陷。完成后，工程应能满足合同规定的工程预期功能。"FIDIC 合同 1999 版黄皮书第 4.1 款也做了相同规定。

而目前仍在使用中的 FIDIC 白皮书《客户/咨询工程师协议书》第 5（i）款咨询工程师的义务规定："咨询工程师的义务是运用合理的技能，谨慎和勤奋工作。"这表明业主和咨询工程师之间的责任与新版合同中的业主和承包商的义务存在明显区别。

FIDIC 合同 1987 版和 1999 版合同之间的承包商责任的转变源于 FIDIC 认为法院在解释施工合同时，可能认为满足使用功能是一项默示义务，在设计—施工合同项目中，这是承包商的责任。

FIDIC 新版合同中要求承包商承担满足使用功能的规定可能会产生如下问题：

（1）在承包商承担满足使用功能的情况下，与承担合理的技能和谨慎义务相比，承包商承担了更高、更严格的责任，这会反映在价格上，也会反映在与业主在风险承担的分担方面。

（2）在设计—施工合同中，承包商向业主承担了满足使用功能的义务，但是，承包商一般是施工承包商，他需要聘请合格的设计咨询工程师作为其设计分包商进行工程设计。在存在承包商和设计分包商两层合同关系的情况下，承包商能否将满足使用功能的合同责任转移给设计分包商，是一个令人困惑的问题，因为根据法律要求和行业惯例，设计咨询工程师仅承担合理的技能和谨慎的义务。如果承包商不能将满足使用功能的责任转让出去，则意味着他自己就要对业主承担该项责任，而设计分包商对承包商只承担合理的技能和谨慎的义务。

在1999版FIDIC合同采用满足使用功能义务的情况下，在承包商只能被动接受这项义务时，可采取下述应对措施：

（1）充分知道和理解业主的要求。

（2）设计时满足业主的预期要求。

（3）向设计分包商转移这项风险；如不能转移，则可在合同价格上获取平衡；或承包商投保有关保险的方式减轻这项风险。

在英国ICE合同第7版第8.（2）款以及JCT合同1998版和2005版中，承包商的义务仍仅限于承担合理的谨慎义务。

### 8.3.3 工程建筑业中的默示担保义务

在工程建筑业，满足使用功能并没有一个明确的法律定义。在工程设计领域中，法律仅要求设计咨询工程师在进行工程设计时履行合理的技能和谨慎。而与合理的谨慎义务相比较，满足使用功能是一项严格责任制度，它赋予了设计咨询工程师或承包商更高的责任。如果设计咨询工程师或承包商承担了满足使用功能的义务，那么他将承担设计失败和错误的严格责任，无论是否能够证明他已经履行了合理的谨慎义务。

在合同中明示规定设计咨询工程师或承包商承担满足使用功能时，设计咨询工程师或承包商应承担该项义务。在合同中仅规定设计咨询工程师或承包商承担合理的技能和谨慎义务时，根据西方有关的大多数判例，咨询工程师不仅要履行合理的技能和谨慎义务，法院会默示咨询工程师或承包商承担满足使用功能的义务。大多数判例结果构成了满足使用功能是咨询工程师的一项默示担保义务，从而提高了咨询工程师的执业标准，这也正是FIDIC在1999版合同中如此规定的主要原因。

在建筑工程业，有关满足使用功能的默示义务，可追寻到Miller诉Cannon Hill Estates Ltd.［1931］案和Hanclck诉B W Brazier（Anerley）Ltd.

[1966]案，在上述两个案例中，法院判决存在一项法律默示的条款，即承包商应以良好的技艺精湛的方式施工，并且他应提供良好的和适宜的材料使其合理满足人类居住需要。在 Greaves & Co. (Contractors) Ltd. 诉 Baynham Meikle & Partners, Court of Appeal (1975) 案中，承包商以设计和施工合同方式为业主修建一座用来存放油桶的仓库，但在竣工后使用过程中，由于叉车搬移油桶时产生震动，造成了第二层楼板出现裂缝。法院判决业主对承包商的设计存在依赖，承包商不仅要履行合理的谨慎义务，还负有义务保证竣工后的工程应合理地满足其使用功能。在 Viking Grain Storage Ltd. 诉 T. H. White Installations Ltd. 案中，原告将一座大型谷物干燥和储存安装工程交由被告以设计和施工总承包的方式实施。在前期地质调查中没有发现地下水，但在工程完成使用中地下水渗漏到谷物仓的地下结构物中，承包商被法院判定工程未满足使用功能，应承担责任。有关满足使用功能的其他典型案例可参考 Young and Marten Ltd. 诉 McManus Childs Ltd.；House of Lords (1969) 案、Gloucestershire County Council 诉 Richardson; House of Lords [1969] 案、Barton 诉 Stiff [2006] 案等。

在举证责任方面，在设计咨询工程师或承包商承担合理的技能和谨慎义务时，业主/客户承担证明设计咨询工程师或承包商未履行合理的技能和谨慎，存在过失的举证责任。但在设计咨询工程师或承包商承担满足使用功能义务时，业主/客户无需证明其存在过失，只需声明设计咨询工程师或承包商知道预期的功能，业主对他们的设计存在依赖，而设计未能符合该项特定功能即可。同时，设计咨询工程师或承包商也不能以他已履行了合理的技能和谨慎为由进行抗辩。

### 8.3.4 违反满足使用功能义务的责任

在 FIDIC 合同 1999 版新红皮书、黄皮书和银皮书中，关于满足使用功能的条款有第 4.1 款 [承包商的一般义务]、第 10.1 (a) 款 [工程和区段工程的接收]、第 11.3 款 [缺陷通知期限的延长] 和第 11.4 款 [未能修补的缺陷]，这些条款涉及了承包商应承担满足使用功能的义务规定，工程的接收以及工程未能满足使用功能的处理原则。

违反满足使用功能义务的责任，应适用违反谨慎义务的赔偿经济损失的原则。根据 FIDIC 新版合同第 11.3 款和第 11.4 款规定，作为承包商违约的情况之一，承包商在违反满足使用功能义务时应承担如下责任：

(1) 承包商自负费用修复缺陷。如未能在规定时间内修复，则业主可由他自己或雇用他人进行修复，费用由承包商承担。

（2）延长缺陷通知期限，但不得超过两年。

（3）终止合同。

（4）收回对工程或未能满足使用功能的部分工程的全部支出总额，加上融资费用和拆除工程、清理现场，以及将生产设备和材料退还给承包商所支付的费用。但根据第17.6款［责任限额］的规定，承包商对业主的全部责任不应超过专用条款中规定的总额或中标合同金额。

在传统的业主和咨询工程师的关系中，如咨询工程师未能履行满足使用功能的义务，应赔偿业主的经济损失，包括修复、延长保证期、赔偿业主经济损失等，但不应超过咨询协议责任限额条款规定的限额。

### 8.3.5 小结

从上述有关满足使用功能的理论和案例可以得出：

（1）满足使用功能的默示担保义务已经从货物买卖或销售的传统领域延伸到工程建筑领域。

（2）满足使用功能是一项比合理的技能和谨慎义务更高的、更为严格的义务。即使咨询设计合同中规定了合理的技能和谨慎义务，但通常法院会根据事实和法律默示咨询工程师或承包商承担满足使用功能的义务。

（3）满足使用功能的验证标准在于：除非合同中明示排除适用满足使用功能的义务，否则只需证明设计咨询工程师或承包商知道工程的预期功能，并且业主依赖他们的技能和判断。

（4）在咨询工程师或设计人员或承包商承担满足使用功能的情况下，业主/客户无需证明其存在过失，只需声明他们知道预期的功能，而设计未能符合该项特定功能即可。

## 8.4 受托责任

受托责任（fiduciary duty）或称受托义务的含义，《英汉法律词典》的解释如下：

"（受托责任）指按普通法原则人和人之间应遵守信义，受托人应忠实应用其权利，为受益人谋求利益，衡平法则不准利用受托人身份谋求个人利益或使其义务与利益发生冲突，据此原则公司之董事、监事、经理和职员与公司之间为受托关系，在其与公司及股东发生关系时有受托义务⊖。"

---

⊖ 夏登峻. 英汉法律词典［M］. 修订版. 北京：法律出版社，1998.12：309-310.

在英美法系中，受托责任是衡平法和普通法赋予的谨慎义务的最高标准（highest standard of care），它要求受托人（fiduciary）绝对忠诚于委托人（principal），不能将个人利益摆放在受托义务之前，除非征得委托人同意，不能以受托人身份从委托事项中获取盈利。

在承担了受托责任时，衡平法要求受托人承担了比普通法上侵权的谨慎义务更为严格的行为标准。在受托责任中，个人利益不得与受托义务相冲突，该项受托义务也不能与其他受托义务相冲突，并且如果没有明示的同意，不能从中获取盈利。

根据英美法，存在受托义务关系的领域主要有：信托人和受益人；董事和公司；清算人和公司；律师和客户；合伙人之间；代理和委托人；股票经纪人和客户；高级雇员和公司；医生和病人；父母和孩子；教师和学生。

受托义务的基本要素如下：
(1) 个人利益和义务的冲突。
(2) 受托义务之间的冲突。
(3) 非盈利原则。

如果受托人违反了上述基本要素，即构成违约。如在委托人不知晓的情况下获取盈利，受托人应将获利返还给委托人。违反受托责任的补救措施应按具体情况确定，主要包括财产上的补救和人身上的补救措施。

在工程建筑领域，受托责任是否适用于咨询工程师或建筑师的设计义务，应以合同的明示义务是合理的技能和谨慎条款的规定为依据。但一般而言，业主和咨询工程师或建筑师之间的设计咨询合同中通常的谨慎义务。有些标准格式合同，如FIDIC合同1999年版明示规定承包商承担满足使用功能的义务，法院也在绝大多数案件中默示承包商、设计咨询工程师或建筑师需要承担满足使用功能义务，但鲜有标准格式合同中将受托责任强加给承包商、咨询工程师或建筑师的。而且，在有关判例中，如果业主或客户主张咨询工程师或建筑师应承担受托义务时，法院一般不会判决咨询工程师或建筑师承担受托义务，从而改变咨询工程师或建筑师的设计义务。

在美国加利福尼亚州一件庭外和解的案件中，业主要求建筑师Helmuth, Obata & Kassabaum（HOK）承担建筑壁板漏水的设计责任，要求赔偿700万美元的损失。在庭审中，法官提示陪审团，根据美国AIA的业主和建筑师协议，建筑师在施工中对业主负有受托义务。在承担了受托义务时，建筑师应将自身的利益放在业主利益或风险责任之后。HOK对此案十分关注，担心如果判决成立，在加利福尼亚州的建筑师将会承担最高的设计义务，重新在法律上定义并改变咨询工程师或建筑师的执业标准。因此，在主包商和分包商为此案赔偿了70万美元的情况下，HOK寻求庭外和解，赔偿业主的损失，使该案没有成立一个可遵循的判例。

在美国明尼苏达州的一个案例中，法院判决建筑师和客户之间不是受托义务的关系，如下：

【案例】在 Carlson 诉 SALA Architects, Inc. 2007 Minn. App. LEXIS 74 案中，原告 Carlson 雇用被告作为建筑师为其设计一栋村舍式小别墅。在被告的建筑师事务所中，有一个名叫 Mulfinger 的工程师在这方面富有经验。但是，该别墅的设计是由一位名叫 Wagner 的工程师设计，而他却没有在明尼苏达州从事设计的执照。由于进度迟缓，在花费了292000美元后，原告终止了设计合同，并以违约和专业过失的理由将被告诉上法庭。

原告主张，被告虚假地声称 Wagner 工程师是一名在明尼苏达州有执照的建筑师，并进一步抱怨 Mulfinger 工程师只参与了极少的一部分工作。

区法院对该案作出了即决判决，判决对被告声称 Wagner 工程师是一名有执照的建筑师没有异议，被告的行为存在专业过失，不实的叙述 Wagner 工程师的地位违反了明尼苏达州的法律，被告违反了受托义务，应返还原告已经支付的设计费用。

明尼苏达州上诉法院推翻了区法院的即决判决。对被告声称 Wagner 是一名有执照的建筑师作出了结论。关于受托责任，法院认为明尼苏达州法律规定没有执照的建筑师从事设计是不合法的，但也可以接受在有执照的建筑师负责设计的情况下，没有执照的工程师可以从事设计工作。而在本案中，有执照的 Mulfinger 负责设计是实际事实。

上诉法院还认为区法院错误地推定业主和建筑师之间的关系本质上是受托义务，而受托义务是否存在只是一个事实问题。法院注意到合同终止是在设计阶段发生的，看来只是一个简单的违约行为。过失索赔应与设计阶段之后的行为有关系，例如施工阶段。因此，上诉法院建议重审，由原审法院考虑是否存在可行的过失索赔。

## 8.5 设计程序

1999年版FIDIC新黄皮书、银皮书和金皮书第5.2款"承包商文件"详细规定了承包商设计的程序和要求，如下：

"承包商文件应包括业主要求规定的技术文件、为满足所有条例要求需要批准的文件，以及第5.6款［竣工文件］和第5.7款［操作和维修手册］中所述的文件。除非业主要求另有规定，承包商文件应使用第1.4款［法律和语言]规定的交流语言编写。

承包商应准备所有承包商文件，亦应准备指导承包商人员所需的任何其他文件。业主人员应有权在准备此类文件的任何地点，对其准备工作进行检查。

如果业主要求中规定了要提交给工程师审核和/或批准的承包商文件，应根据要求，将这些文件以及下述通知一并提交。在本款的下述规定中，(i)'审核期'是指工程师审核和批准（如果如此规定）所需的期限，和(ii)'承包商文件'不包括未要求提交审核和/或批准的任何文件。

除非业主要求另有说明，每项审核期，从工程师收到一份承包商文件和承包商通知的日期算起，不应超过21天。此项通知应指明，承包商文件已可供根据本款进行审核（和批准，如果如此规定）和使用。通知亦应指明承包商文件符合合同规定的情况，或不符合的范围。

工程师在审核期内可向承包商发出通知，指出承包商文件（在说明范围）与合同不符。如果承包商文件确实与合同不符，此项文件应由承包商承担费用，按照本款修正、重新上报，并审核（和批准，如果如此规定）。

除应已取得工程师事先批准或同意的范围外，对工程的每一部分：

(a) 如果已（按照规定）将承包商文件提交工程师批准：

(i) 工程师应通知承包商，说明承包商文件已经批准，可以附上或不附意见，或说明承包商文件（在指明的范围）与合同不符；

(ii) 直到工程师批准了承包商文件，工程的相应部分才能开工；

(iii) 除非工程师此前已按照第(i)目发出通知，在与该部分工程的设计和施工有关的所有承包商文件的审核期届满时，应视为工程师已批准承包商文件；

(b) 在有关部分的设计和施工的承包商文件的审核期尚未届满前，不得开工；

(c) 该部分的施工，应按经审核（和批准，如果如此规定）的承包商文件进行；

(d) 如承包商打算对已审核（和批准，如果如此规定）的设计或文件进行修改，承包商应立即通知工程师。承包商随后应按照上述程序，将修改后的文件提交工程师。

如果工程师指示要求提供进一步的承包商文件，承包商应立即进行准备。

任何此类批准或同意，或（根据本款或其他规定的）任何审核，都不应解除承包商的任何义务或责任。"

按照第5.2款的规定，新黄皮书、银皮书和金皮书规定的不同设计阶段如图8-1所示：

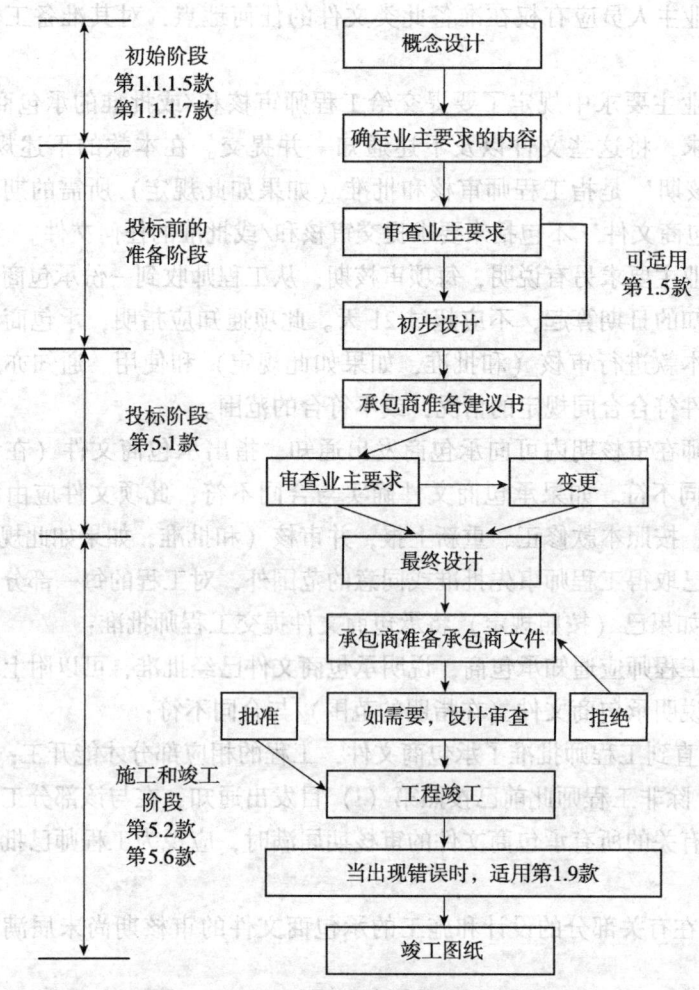

图8-1 FIDIC合同新黄皮书规定的设计程序

按照新黄皮书第5.2款的规定，业主批准和评估承包商设计的程序如图8-2所示：

在新黄皮书、银皮书和金皮书中，业主要求中应规定业主审查和批准承包商设计文件的期间，否则，应适用第5.2款规定的21天的期限。另外，在承包商的进度计划中，也应反映业主批准和审查承包商设计文件的期限。但是，如果业主要求中没有具体规定承包商递交审查和批准的期限时，则意味着合同没有规定必须提交审查和批准的程序。

工程师应在规定的期限内，向承包商发出设计文件与合同规定不符的通

# 第 8 章 设计责任

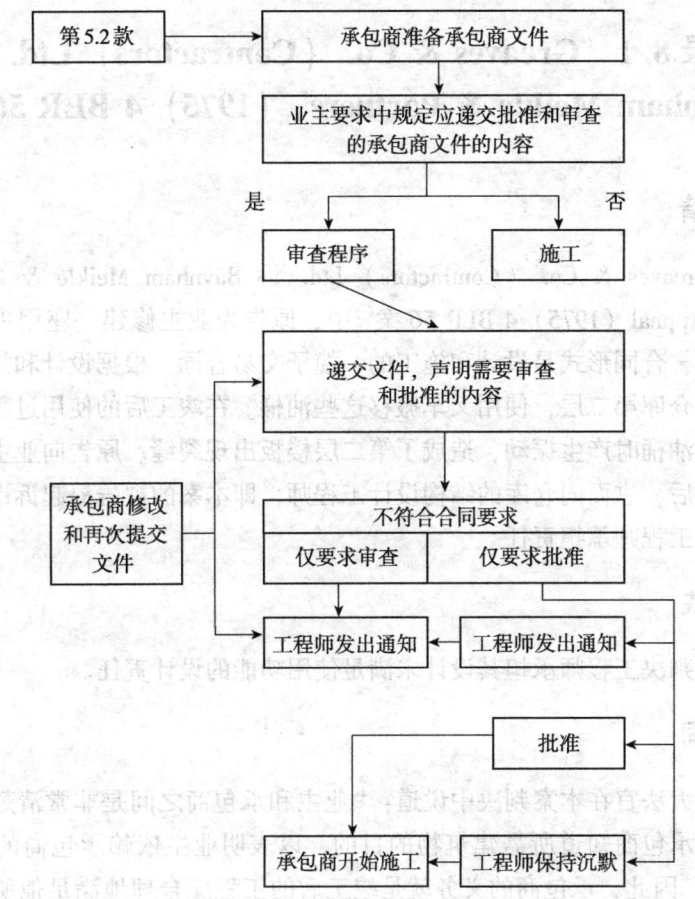

图 8-2 业主评估和批准承包商设计的程序

知。承包商应根据工程师的通知，修改设计文件，然后再次向工程师递交设计文件，供工程师审查和批准。在银皮书和金皮书中，业主代表替代了工程师。

如果工程师未能在合同规定的期限内审查和批准承包商的文件，或者拒绝批准承包商的设计，致使承包商遭受了延误，承包商可根据第 8.4 款的规定要求工期延长。承包商的这种主张源于第 3.1 款的规定，即工程师在履行或行使合同明示规定的义务时，应视为代表业主执行。因此，如果工程师拒绝或未能在合同期限内审查和批准承包商文件，则应视为业主违约，那么，承包商就有权要求工期延长，如果遭受了实际损失，还可以要求业主支付额外费用。

## 附录 8.1　Greaves & Co. (Contractors) Ltd. 诉 Baynham Meikle & Partners, (1975) 4 BLR 56 案

### 基本案情

在 Greaves & Co. (Contractors) Ltd. 诉 Baynham Meikle & Partners, Court of Appeal (1975) 4 BLR 56 案[一]中，原告为业主修建一座用来存放油桶的仓库，合同形式是设计和施工的一揽子交易合同。根据设计和规划，油桶放置在仓库第二层，使用叉车搬移这些油桶。在竣工后的使用过程中，叉车在搬移油桶时产生振动，造成了第二层楼板出现裂缝。原告向业主承担了全部责任后，进而向仓库的结构设计工程师，即本案的被告提起诉讼，要求结构设计工程师承担责任。

### 法院判决

法院判决工程师承担其设计未满足使用功能的设计责任。

### 法官陈词

丹宁大法官在本案判决中说道："业主和承包商之间是非常清楚的，即业主已使承包商知道所需建筑物的目的，以表明业主依赖承包商的'技能和判断'。因此，承包商的义务就是竣工后的工程应合理地满足他所知的需要的使用功能。这不仅仅要求他履行合理的谨慎的义务，承包商应负有义务保证竣工后的工程应合理地满足其使用功能。最近的 Miller v. Cannon Hill Estates Ltd. (1931) 案和 Hancock v. B. W. Brazier (Anerley) Ltd. (1966) 案表明了同样的立场，在这些案例中，也是业主雇用承包商修建住房的案例。法院判决存在一项法律默示的条款，即承包商应以良好的技艺、精湛的方式施工，并且他应提供良好的和适宜的材料使其合理满足人类居住需要。同样的，在本案中，承包商向业主承担了一项义务，仓库应合理地满足他知道的，业主所需的用来储存油桶和移动油桶的使用功能。为修建该仓库，承包商发现他需要得到专业的协助，特别是钢结构部分……

是什么原因造成了地面出现裂缝呢？结构工程师说是由于他们不能负责

---

[一] Michael Furmston. Powell-Smith and Furmston's Building Contract Casebook [M]. 4th ed. Oxford: Blackwell Publishing Ltd., 2006: 75-76.

的混凝土收缩的原因造成的。他们说，他们的设计没有任何错误。但是法官并不能接受这一点。法官发现大部分裂缝是由于振动造成的，而不是收缩造成的。法官主张楼板的设计强度不能承受叉车所产生的振动。

根据上述发现，第一个问题是：结构工程师应向承包商承担什么义务？法官发现存在一项设计应符合使用满载叉车的默示担保，而这项默示担保被破坏了。换言之，结构工程师在设计中负有谨慎的义务，但一般而言，法律赋予专业人员一项更高的义务，而他违反了这项义务……

那么建筑师或工程师设计一座房屋或桥梁时处于什么地位呢？如果按照工程师的设计施工，他是否应承担默示担保义务，即应合理地满足使用功能呢？或者，他是否仅仅承担合理的技能和谨慎义务？这些问题需要根据法律来回答。但在本案中，我认为没有必要对此进行回答。因为证据显示双方当事人对此事的看法是一致的。他们的共同意图就是工程师应设计一座满足所需的使用功能的仓库。这项意图形成了事实上的默示担保。"

## 附录8.2 Gloucestershire County Council 诉 Richardson；House of Lords [1969] 1 AC 480 案

### 基本案情

在 Gloucestershire County Council 诉 Richardson；House of Lords [1969] 1 AC 480 案㊀中，本案原告 Council 雇用答辩人（被告）作为主包商为技术学院安装一项扩展工程，合同采用的是 RIBA 合同 1939 年版（1957 年修订版）。建筑师指定 C 为混凝土构件的指定供应商，并将指定供应商 C 的报价递交给本案答辩人 Richardson，要求 Richardson 接受，Richardson 接受 C 作为指定供应商。在指定供应商 C 的报价中，包括一项如果供货出现缺陷，除非在 24 小时内通知，否则指定供应商将不承担货物缺陷责任的限制性条款。根据主合同的规定，答辩人 Richardson 有权合理拒绝指定分包商，但无权拒绝指定供应商。

在实施过程中，指定供应商的混凝土构件出现缺陷，并造成工期延误。根据工程已被"建筑师指示的原因"造成超过一个月以上的延误，答辩人 Richardson 主张行使终止合同的权利，而上诉人 Council 以答辩人错误终止合

---

㊀ Michael Furmston. Powell–Smith and Furmston's Building Contract Casebook [M]. 4th ed. Oxford: Blackwell Publishing Ltd., 2006: 92–95.

同为由提出索偿。应当承认，如果指定供应商违反了关于混凝土构件质量的默示担保义务，答辩人无权终止合同。

## 法院判决

法院判决：答辩人没有违反默示担保义务。

## 法官陈词

大法官 Lord Pearce 在判决中写道：

"阁下，在承包商被雇用承建某项工程和提供材料时，除非特定案例表明当事人另有其他意图，在特定商业领域工作的承包商承担了一项保证材料质量良好的默示担保义务。为发现当事人的意图，必须考虑合同的明示条款和可接受的有关情况。

本案中当事人签署了英国皇家建筑师协会的合同，这是一份复杂难解的文件。在这份合同中，没有规定任何一方当事人对指定材料质量承担明示责任的条款。承包商必须遵守建筑师的指示。他也必须接受建筑师对指定分包商和指定供应商的任命。如果承包商对指定分包商提出合理的拒绝，或者，反之亦然，如果分包商没有与承包商签订分包合同，保障承包商免受因分包商过失造成的索赔，以及保障承包商'免受与在合同中承包商责任相同的分包合同中的相同责任'，那么就不能雇用指定分包商（第21条）。这些用语清楚地表明了承包商接受指定分包商所承担工程的相关责任。

关于指定供应商，有关情况是明显地不同的。在合同中，指定供应商的条款（第22条）就在指定分包商条款的后面。它规定不能因为承包商的合理拒绝而行使否决权，也不能由于供应商拒绝向承包商提供保障而不雇用指定供应商。我认为不能忽视这种省略。与第21条相反，第22条的意图是承包商不承担指定供应商提供材料的责任。否则，如同指定分包商一样，应给予承包商合理拒绝的机会，以及坚持从供应商得到保障的权利。

业主应承担指定供应商提供材料的责任，对当事人而言，这是一项合理的意思表示。业主自己的专家——建筑师选择了指定供应商，建筑师决定指定的材料满足使用功能，并且在商谈主合同之前或之中建筑师已与供应商达成了初步安排，而从没有给予承包商表达自己意见的机会。承包商只是简单地接受指示，从指定供应商处获得材料。正是业主自己，并通过建筑师商谈了材料价格，以及因价格而影响的材料质量，并且业主自己才能进行试验和检查材料质量。指定的所有情况显示，它实际上排除了对承包商技能和判断的依赖。并且，尽管承包商从指定供应商处获得利润，但其利润是有限的，承包商负有协调交付到现场的材料和尽力避免延误（第18（vii）款）的义务。

另一方面，如果承包商对指定供应商提供的材料不承担责任，那么业主对缺陷材料就没有任何补救措施。合同第22条明确规定指定供应商只与承包商存在合同关系，业主支付指定材料的款项，业主向承包商支付指定材料款项，然后承包商向指定供应商支付。如果主张承包商不承担指定供货商的责任，那就违背了合同项下供应材料的良好质量的担保义务的一般原则，即业主应可以对承包商采取补救措施，而反过来，承包商可以对存有过错的供应商采取行动。

然而，尽管存在上述重要的事实，但我认为，通过对照第21条和第22条的文字，这些文字规定足以说服某人采纳这个观点，即合同表明了排除承包商对指定供应商的担保的意图。本案的具体情况加强了这个观点。业主（或建筑师）雇用了一个熟练的工程师对有关构件提出建议。在没有与承包商进行协商的情况下，这个工程师准备了构件的详细设计，选择C作为指定供应商，并且根据他认为必需的构件配比向指定供应商发出指示。建筑师从C处获得了比其他任何公司都低，且低于最初成本的报价，但其报价中包含一项如果构件出现缺陷，限制买方行使追索权的限制性条款。大概建筑师对此满意，在没有与承包商讨论的情况下，指示承包商接受报价。

业主通过建筑师从只承担限制性责任的制造商处采购构件，使承包商承担了巨大的无限制责任，而制造商可以对构件质量毫无控制，这构成了当事人之间不合理的臆断。上诉人在辩解中建议，可以推断一项默示的意思表示，即承包商的责任仅限于指定供应商C报价中界定的限制性追索权。假若如此，对于每一个指定供应商而言，可以默示承包商的责任仅限于每一个供货分包合同中界定的有限责任追索权。但我认为，没有理由进行如此复杂的推论，即使存在这项默示，也应在第22条中以明示条款的方式具体化。我认为，对指定供应商的追索权的限制，以及供应构件的其他具体情况确定了双方当事人的在合同中指明的意图，即应将承包商对指定供应商的质量担保排除在外。"

## 附录 8.3　Viking Grain Storage Ltd. 诉 T. H. White Installations Ltd. 案

### 基本案情和判决

在 Viking Grain Storage Ltd. 诉 T. H. White Installations Ltd. 案[一]中，原告将一座大型谷物干燥和储存安装工程交由被告以设计和施工的一揽子方式实施。在前期地质调查中没有发现地下水，但在工程完成使用中地下水渗漏到谷物仓的地下结构物中，承包商被法院判定工程未满足使用功能，应承担责任。

### 法官陈词

法官 John Davies QC 在判决中写道：

"在合同中缺少任何相反指示时，我转而询问一个正面的问题：是否能默示合理的满足使用功能条款，或者，正如被告所主张的，有关工程的设计、规范和监理，被告的义务是否仅限于合理的技能和谨慎？值得注意的是，他们承认使用质量良好的材料的一项默示的义务，但因过失而造成不合格；他们也承认一项进一步的义务，即'根据合同条款的规定'，材料应满足使用功能。我开始就承认，我发现很难理解为什么会将一个安装的整个合同的责任分割为许多不同的责任标准。满足使用功能的优点在于，基于产成品应满足合理使用功能的要求，在不考虑过错以及工程或材料或质量是否满足的情况下，它规定了一个相对简单的和确定的责任标准。

根据我的观点，本案中应默示满足使用功能的条款。合同的目的太过明显，以致无需在此重述。同样明显的是，原告需要一座由一人操作的合理满足运作 10000 吨的谷仓。原告依赖被告的技能和判断来达到其目的吗？当然是的。他们不能依靠自己，他们没有这样做，被告也知道，他们也没有雇用任何其他人。雇用被告的整个事情就是依靠被告在设计和建造谷仓方面的专业知识和经验。我认为不可能将原告对被告在材料质量方面的依赖和他的设计区分开来，设计和安装的功能部分以及地面情况是一个整体。所有这些事项是一个统一的整体，构成了整体的一个独立部分。如果设计存在过错，材

---

  ㊀　Michael Furmston. Powell - Smith and Furmston's Buiding Contract Casebook [M]. 4th ed. Oxford: Blackwell Publishing Ltd., 2006: 90-92.

料的质量也对此无所帮助。地面以上建筑物的寿命依靠支撑该建筑物的地面支撑力。地面以下建筑物的设计和寿命依靠地下水的情况和相关控制措施。通过我阅读有关证据,原告在谷仓施工的所有方面都依赖被告。据我所知,这是事情的全部情况。

有些人提出了不能用高于合理的技能和谨慎的义务来对待设计的建议,但在 Independent Broadcasting Authority 诉 EMI Electronics Ltd. and BICC Construction Ltd., (the IBA case) (1978) 11 BLR 29 (1980) 14 BLR 1 HL 案中被拒绝,在这个案件中,上诉法院认为在与材料相关的设计中,没有理由引入不同的义务。在这个具体的案件中,原告在包括设计的所有方面明确地依赖被告的技能和判断,如果否认它,将破坏这项交易的基础。使设计的产品满足使用功能的义务已被只能合理地满足其要求的事实所证实。在我看来,增加未尽应有的谨慎义务证据的要求只能消弱,并且放大在商业交易中不能接受的且不现实的义务的不确定性。"

# 第9章 设计—施工、EPC 和交钥匙合同

## 9.1 概述

近些年来,随着现代科学技术的发展,建筑和土木工程项目功能的提高,越来越多的工程项目采用了设计—施工或者 EPC 和交钥匙合同方式进行施工,例如,在美国,20 世纪 80 年代中期的设计—施工合同方式承建工程项目只有 180 亿美元的规模,而到了 20 世纪 90 年代,快速增长到了 690 亿美元的工程规模,约占美国建筑市场 25%的份额[⊖]。

在国际承包工程项目中,设计—施工(design-build)、EPC(engineering, procurement, construction,简称 EPC)和交钥匙(turnkey)合同这几个词汇频繁出现,而 1999 年版 FIDIC 合同体系中,新黄皮书和银皮书也出现了设计—施工、EPC 和交钥匙合同这几个名词术语。对于上述几个专业术语,工程业界和法律业界并没有一个公认的定义,有时,设计—施工合同中使用"交钥匙"一词,是指在工程项目完工后,业主转动钥匙即可进行项目的运营。但"交钥匙"一词不是专业术语,没有确切的法律含义。在欧洲,设计—采购—施工具有与交钥匙同等的含义。与传统的"先设计,后施工(design-first-and-then-build)"承包方式相比,在设计—施工合同中,承包商除了承担传统承包模式下的施工责任外,应业主的要求,还承担了建筑师、工程师甚至勘测人员的责任,即承包商独自承担了工程项目的设计和施工义务。

设计—施工、EPC 或交钥匙承包方式的出现表明,一方面,业主愿意以支付比传统承包方式更高的价格获得工程项目,减少工程项目的管理环节,避免设计和施工脱节造成的各种麻烦,例如工期和费用索赔、无法控制最终成本等问题;另一方面,对承包商而言,将设计和施工相结合,可以控制设计和施工管理环节,降低成本,减少风险,获取比传统承包方式更多的利润,也不失为一种更好的选择。

---

⊖ M. L. McApline. Construction Law: Will Design-Build Contracting Really Solve All of the Problems? (1977) 76 MI Bar Jnl. 522, online: LEXIS at 533.

## 9.2 设计—施工标准合同格式

传统承包方式下的标准合同格式，如 FIDIC 红皮书、ICE 合同第 7 版、JCT 标准建筑合同格式等不适用于设计—建造合同，为此，FIDIC、ICE、JCT、NEC、AIA 等机构先后编制出版了设计—建造标准合同格式，如 FIDIC 新黄皮书、银皮书、ICE 设计—施工合同条款、JCT 设计—施工合同条款、NEC 设计—施工标准合同格式等。

### 9.2.1 FIDIC 合同体系中的设计—施工合同格式

（1）新黄皮书：《生产设备和设计—施工合同条件》。
（2）银皮书：《设计采购施工（EPC）/交钥匙工程合同条件》。

### 9.2.2 ICE 合同体系中的设计—施工合同格式

《ICE 设计—施工合同条件》。

### 9.2.3 JCT 合同体系中的设计—施工合同格式

（1）《设计—施工合同》。
（2）《设计—施工合同指南》。
（3）《设计—施工分包合同协议书》。
（4）《设计—施工分包合同条件》。
（5）《设计—施工分包合同指南》。

### 9.2.4 AGC400 合同体系中的设计—施工合同格式

（1）AGC 400，业主和设计—建造商的设计—建造初步协议书（Preliminary Design – Build Agreement Between Owner and Design – Builder）。
（2）AGC 401，业主和设计—建造商的设计—建造协议书标准格式和通用条件（以保证最高价格的成本加酬金为支付基础）（Standard Form of Design – Build Agreement and General Conditions Between Owner and Design – Builder (where the Basis of Payment is the Cost of the Work plus a Fee with Guaranteed Maximum Price)）。
（3）AGC 415，业主和设计—建造商的设计—建造协议书标准格式和通用条件（基于业主计划包括示意设计文件的总价合同）（Standard Form of Design – Build Agreement and General Conditions Between Owner and Design –

Builder (where the Basis of Payment is a Lump Sum Based on an Owner's Program including Schematic Design Documents)。

(4) AGC 420，设计—建造商和建筑师/工程师的设计—建造项目协议书标准格式（Standard Form of Agreement Between Design – Builder and Architect/Engineer for Design – Build Projects）。

(5) AGC 421，特殊项目设计—建造商资格说明（Design – Builder Statement of Qualifications for a Specific Project）。

(6) AGC 450，设计—建造商和分包商的设计—建造协议书标准格式（设计—建造商承担业主支付风险）（Standard Form of Agreement Between Design – Builder and Subcontractors (where the Design–Builder assume the Risk of Owner Payment)）。

(7) AGC 455，设计—建造商和分包商的设计—建造协议书标准格式（设计—建造商和分包商共同分担业主支付风险）。

(8) AGC 460，设计—建造商和设计—建造分包商的设计—建造协议书标准格式（分包商保证最高价格和设计—建造商承担业主支付风险）（Standard Form of Agreement Between Design – Builder and Subcontractors (where Subcontractor provides a Guaranteed Maximum Price and Where the Design – Builder assums the Risk of Owner Payment)）。

(9) AGC 465，设计—建造商和设计—建造分包商的设计—建造协议书标准格式（分包商保证最高价格，并且设计—建造商和分包商共同分担业主支付风险）（Standard Form of Agreement Between Design – Builder and Design–Build Subcontractor (where Subcontractor provides a Guaranteed Maximum Price and where the Design–Builder and Subcontractor share the Risk of Owner Payment)）。

(10) AGC 470，设计—建造履约保函（保证人负责工程设计成本）（Design – Build Performance Bond (where the surety is liable for Design Cost of the Work)）。

(11) AGC 471，设计—建造履约保函（保证人不负责设计服务）（Design–Build Performance Bond (where the surety is not liable for Design Services)）。

(12) AGC 472，设计—建造支付保函（保证人负责工程设计成本）（Design–Build Payment Bond (where the surety is liable for Design Cost of the Work)）。

(13) AGC 473，设计—建造支付保函（保证人不负责设计服务）（Design–Build Payment Bond (where the surety is not liable for Design Services)）。

(14) AGC 480，AIA/AGC 公共部门设计—建造项目采购推荐指南

(AIA/AGC Recommended Guidelines for Procurement of Design – Build Projects in the Public Sector)。

(15) AGC 491，设计—建造商的付款申请书（以设计—建造协议中工程成本和已定的保证最高价格为支付基础）(Design – Builder's Application of Payment (where the Basis of Payment of the Design – Build Agreement is the Cost of Work and a GMP has been established)。

(16) AGC 492，设计—建造商的付款申请书（设计—建造协议的付款基础为总价）(Design – Builder's Application of Payment (where the Basis of Payment of the Design – Build Agreement is a Lump Sum)。

(17) AGC 495，成本加保证最高价格设计—建造合同变更令 (Change Order for Cost plus with GMP Design – Build Contract)。

(18) AGC 496，设计—建造总价合同变更令 (Change Order for Lump Sum Design – Build Contract)。

(19) AGC 499，设计—建造团队协议书 (Design – Build Teaming Agreement)。

## 9.2.5 NEC 合同体系中的设计—施工合同格式

**1. 核心合同**

设计和施工合同（2005 年 6 月）(Engineering and Construction Contract)。

**2. 主要选项**

(1) 设计和施工合同选项 A：带活动一览表的定价合同 (Engineering and Construction Contract Option A：Priced Contract with activity schedule)。

(2) 设计和施工合同选项 B：带工程数量清单的定价合同 (Engineering and Construction Contract Option B：Price Contract with Bill of Quantities)。

(3) 设计和施工合同选项 C：带活动一览表的目标成本合同 (Engineering and Construction Contract Option C：Target Contract with activity schedule)。

(4) 设计和施工合同选项 D：带工程数量清单的目标成本合同 (Engineering and Construction Contract Option D：Target Contract with Bill of Quantities)。

(5) 设计和施工合同选项 E：成本补偿合同 (Engineering and Construction Option E：Cost Reimbursable Contract)。

(6) 设计和施工合同选项 F：管理合同 (Engineering and Construction Contract Option E：Management Contract)。

**3. 次要选项**

(1) 选项 G：履约保函 (Performance Bond)。

(2) 选项 H：母公司担保（Parent Company Guarantee）。
(3) 选项 J：承包商预付款（Advance Payment to the Contractor）。
(4) 选项 K：多种结算货币（Mutiple Currencies）。
(5) 选项 L：区段完工（Sectional Completion）。
(6) 选项 M：对承包商合理的设计技能和谨慎的限制（Limitation of Contractor's liability for his design to reasonable skill and care）。
(7) 选项 N：通货膨胀的价格调整（Price Adjustment for inflation）。
(8) 选项 P：保留金（Retention）。
(9) 选项 Q：提前完工奖励（Bonus for early Completion）。
(10) 选项 R：延误赔偿（Delay Damages）。
(11) 选项 S：工程质量问题赔偿（Low Performance Damages）。
(12) 选项 T：法律变更（Changes in the law）。
(13) 选项 U：1994年建设（设计和管理）规定（The Construction (Design and Management) Regulations 1994）。
(14) 选项 V：信托基金（Trust Fund）。
(15) 选项 Z：附加合同条件（Additional Conditions of Contract）。

**4. 其他合同**

(1) 设计和施工分包合同（Engineering and Construction Subcontract）。
(2) 设计和施工简明分包合同（Engineering and Construction Short Subcontract）。

## 9.3 合同模式

与传统的施工模式相比，设计—施工合同项下的合同关系发生了变化，见图9-1和图9-2。

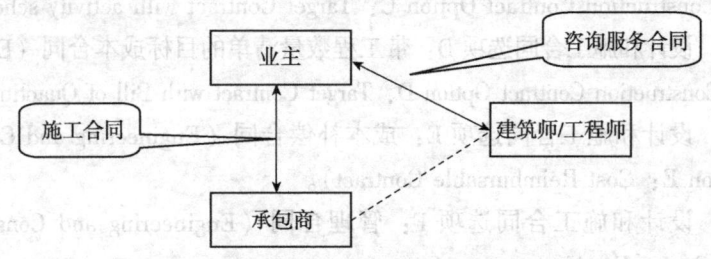

图9-1 传统承包方式项下的典型合同关系
注：实线表示合同关系，虚线表示管理关系。

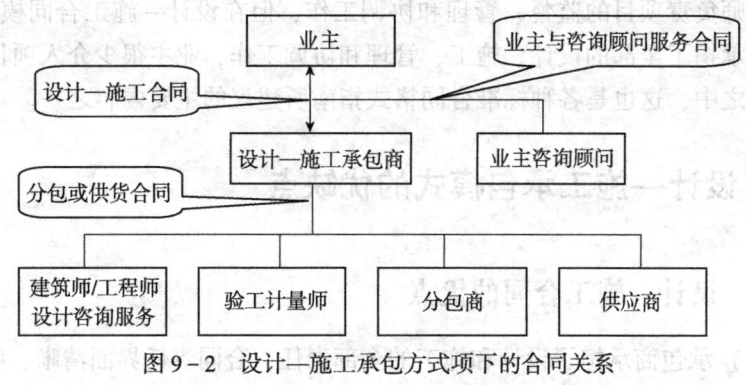

图 9-2 设计—施工承包方式项下的合同关系

## 9.4 设计—施工合同的主要特征

与传统的承包方式相比，设计—施工合同具有自己独有的特征，如下：

(1) 在以 FIDIC 红皮书为代表的传统的承包方式中，业主与承包商签订施工合同，工程师负责独立地监督管理工程的实施，负责计量、签认和解决承包商在施工过程中产生的争议，但在设计—施工合同中，缺少了建筑师或工程师这个独立行使权力的中间角色。这个变化不可避免地会给设计—施工合同的实施带来正面或负面的影响。

(2) 在设计—施工合同中，业主提出被称为"业主要求"的文件，而承包商提出被称为"承包商建议"的文件，承包商建议文件应包括设计和施工两个方面的内容，以满足业主的要求。在业主要求和承包商的建议相互吻合后，承包商可以开始施工。

在设计方面，如果承包商自己不具备设计能力，承包商就需要聘用设计咨询公司负责工程项目的设计工作。在分业经营的体制下，承包商需要单独聘用设计咨询公司进行设计，或与设计咨询公司组成联合体承担设计—施工合同。

(3) 在传统承包方式下，合同价格可以是单价、总价或成本加酬金合同，但在设计—施工合同中，合同价格通常是固定价格的总价合同或保证最高价格（guaranteed maximum price）合同。这将保证业主能够以某个固定价格获得工程项目，而不会因通货膨胀、市场变化、汇率波动、地质条件等改变最终合同价格。

(4) 在传统承包方式下，业主承担了诸如物价上涨等大部分合同风险，但在设计—施工承包方式中，承包商承担了几乎全部的合同风险。

(5) 在传统承包方式下，业主负责项目的组织管理工作，业主通常聘用工程师负责项目的监督、管理和协调工作,但在设计—施工合同模式中,承包商承担了全部的设计、施工、管理和协调工作,业主很少介入项目的管理工作之中,这也是各种标准合同格式指南所建议的主要内容之一。

## 9.5 设计—施工承包模式的优缺点

### 9.5.1 设计—施工合同的优点

(1) 承包商承担了设计和施工的全部责任,合同责任界面清晰、明确

在传统的设计—招标—施工的承包方式中,工程项目的设计和施工义务往往由不同的参与者承担,业主通常通过签署单独的合同来实施和完成工程项目。在此类项目中,往往会产生不同的工作界面,例如设计和施工界面,不同承包商之间的工作界面以及主包商和指定分包商之间的工作界面等。

在传统的设计—招标—施工承包方式中,业主承担协调不同参与者和工作界面的责任。在存在不同工作界面的情况下,承包商往往会就设计、延迟提供设计施工图纸以及糟糕的协调工作提出索赔。承包商的施工进度也往往会被在现场施工的其他承包商延误。在出现了工程缺陷时,很难确定设计咨询公司和承包商的责任及其比例,无法分清到底谁应对工程缺陷承担责任。

与传统承包方式不同,在设计—施工、EPC 或者交钥匙合同中,承包商承担了设计和施工的全部责任。业主只是根据合同和技术规范接收承包商完成施工的工程项目,而无需协调设计和施工界面,参与工程项目的日常管理工作,这意味着业主无需担心如何有效地协调项目的问题。在出现了工程缺陷时,业主只需找到设计—施工承包商就可以了,没有必要为设计咨询公司还是承包商应对工程缺陷负责而大伤脑筋。

另一方面,在承包商承担设计和施工全部责任的合同模式中,可以大大降低承包商提出索赔的机会。

(2) 总价合同

在设计—施工、EPC 和交钥匙合同中,通常使用总价合同模式,这就保证业主能够知道整个项目的最终成本、支付时间和金额。总价合同模式可以降低承包商的前期流动资金的投入,鼓励承包商尽快完成工程项目。另一方面,在总价合同模式中,业主易于融资,而贷款银行也可确定项目的最终成本,预先知道承包商的提款时间。

但是,除非是固定总价合同,否则,在合同规定的某些特定情况下,承包商仍有权索赔合同金额的增加。

(3) 对项目融资的影响

许多工程项目的贷款银行相信，在设计—施工、EPC 和交钥匙合同中，单一合同责任和总价合同模式将能保障项目的最终成本和按时完成，降低项目成本超支的风险和完工风险，为贷款银行或机构提供更为安全的保障。在 BOT 项目和类似的项目中，贷款银行会坚持使用设计—施工、EPC 或交钥匙合同模式。

(4) 提高项目采购速度

在传统承包模式中，业主需要完成设计招标和施工两个阶段的工作，才能进入项目实施阶段。而在设计—施工合同模式中，业主将设计和施工招标合二为一，减少了项目采购的时间，提高了效率。

(5) 提高了项目实施的效率

由于承包商负责设计和施工工作，承包商没有必要花费更多的时间去理解业主或业主聘任咨询工程师进行的设计。承包商可以在项目投标阶段，即进行项目概念设计和初步设计阶段消化业主的要求，理解设计和施工的衔接问题，制定合理的施工方案和进度计划。

## 9.5.2 设计—施工合同的缺点

(1) 对项目监管失控

由于承包商一手包办了设计和施工任务，并且，在设计—施工、EPC 或交钥匙合同中没有工程师这一角色负责项目的协调和监督工作，因此，业主容易失去对项目的控制权。在 FIDIC 银皮书中，业主对项目的管理职责具有很大的灵活性，且 FIDIC 建议业主不要介入项目的日常管理之中。

(2) 承包商投标成本较高

在设计—施工合同模式中，为了投标的需要，承包商需要在投标阶段完成工程项目的概念设计和初步设计，有时，为了更加准确地计算投标价格，还需要承包商完成比初步设计更深的设计工作，而大多数承包商不具有设计能力，需外聘设计咨询公司负责投标阶段的设计工作，这无疑增加了承包商投标报价的成本和开支。在实践中，承包商投标设计—施工、EPC 或交钥匙项目的费用非常高，承包商需要支付设计咨询公司的费用，而业主往往不负责这笔设计费用的开支。为此，有些融资机构，例如世界银行，建议限制设计—施工项目参与投标承包商的数量，最多不能超过 6 家承包商。

对于业主而言，业主审查承包商设计方案的费用也十分高昂，也需花费很长的时间。另外，业主还需要在投标阶段比较不同承包商递交的不同的设计方案，这本身就需要业主付出更多的精力、时间和金钱。

为避免发生不必要的费用，世界银行等融资机构建议业主采用两阶段投标策略，即第一阶段进行技术方案投标，业主从中选取3家承包商。在第二阶段，进行价格标的投标工作，然后业主可综合技术方案和承包商的报价，从中选取中标的承包商。

(3) 增加了风险的成本

按照理论和实践中一致公认的风险分担理论，风险分担的原则是：

1) 由对风险最有控制力的那方承担相应的风险；

2) 由管理/控制风险成本最低的那方承担；

3) 承担的风险与所得回报相适应。

但在设计—施工、EPC 和交钥匙合同中，承包商并不是对风险最有控制力的一方当事人，为了规避这种合同模式所带来的高风险，在承包商承担了几乎全部的风险时，承包商往往会大幅度增加合同的价格，以"金钱买风险"，承包商的报价往往大幅度高于传统承包模式下的合同价格。

总之，设计—施工、EPC 或交钥匙的优点大于其自身产生的缺点，业主或咨询工程师应针对具体的项目判断和选择工程项目的承包模式。

## 9.6 与设计—施工、EPC 和交钥匙合同有关的主要问题

在选择传统和设计—施工合同模式时，业主应重点考虑如下问题：

(1) 从事设计—施工合同模式的经验。

(2) 是否聘请独立的咨询顾问。

(3) 应向承包商提供资料的内容。

(4) 使用哪种设计—施工合同。

(5) 如何评估设计—施工技术方案和报价。

(6) 由谁来监督设计—施工项目。

(7) 是否需要两阶段投标。

(8) 是否应向未中标的承包商支付某些费用。

在业主或其聘请的咨询工程师起草设计—施工、EPC 或交钥匙合同时，业主应仔细考虑如下问题：

(1) 工程范围。应明确界定工程范围，提出明确的业主要求，明示界定承包商的设计、施工和履约责任。

(2) 聘用工程师或使用业主代表。在施工过程中，业主应明确是使用自己派出的代表还是外聘咨询工程师，监督项目的实施。在 FIDIC 银皮书中，如业主聘用工程师，则工程师应视为是业主的代表。

(3) 合同价格的增加。除非合同明示规定某些情况下可变更合同价格，

否则，设计—施工、EPC 或交钥匙合同的价格是固定价格。

（4）竣工时间的延长。除非合同明示规定了固定合同工期，否则，合同应明示规定在某些情况下工期延长的问题。

（5）业主提供设计的责任。合同应明示规定业主提供设计时的责任和风险分担问题。

（6）业主风险的定义和范围。合同应明示列出业主的风险，并应就风险分担问题作出明示约定。

（7）履约担保。合同应明示规定履约担保的格式、金额、期限和担保行的资格。

（8）竣工。合同应明示界定竣工的定义和边界条件，明确竣工验收和竣工后验收的时间、方式和要求。

（9）缺陷责任。合同应明示缺陷责任期限和要求。

（10）人员培训。合同应明示规定人员培训的时间、人数和培训要求等。

（11）是否允许承包商组成联合体投标和实施工程项目。

（12）现场劳务人员的法律限制。

（13）现场的组织，包括承包商对安全和保护工程的责任等。

（14）当地法律的规定。

（15）专利权等知识产权。

## 9.7 FIDIC 新黄皮书

### 9.7.1 FIDIC 新黄皮书的适用范围

按照 FIDIC 新黄皮书前言的有关规定，FIDIC 新黄皮书主要用于承包商设计的电气和机械设备以及建筑和工程项目，使用新黄皮书通常的情况是，"由承包商按照业主要求，设计和提供生产设备和（或）其他工程，可以包括土木、机械、电气和（或）构造物的任何组合⊖。"

FIDIC 根据下列原则编写了新黄皮书的通用条款⊖，即：

（1）关于总价合同价格的期中付款，将随工程进展，按照规定的分期付

---

⊖ 国际咨询工程师联合会. 生产设备和设计—施工合同条件 [M]. 中国工程咨询协会编译. 北京：机械工业出版社，2007：XI.

⊖ 国际咨询工程师联合会. 生产设备和设计—施工合同条件 [M]. 中国工程咨询协会编译. 北京：机械工业出版社，2007：XII.

款计划支付。

（2）如果通用条款中的措辞需要进一步的资料予以说明（除非这些资料进行了详细的叙述，否则，应在业主要求予以详细说明），此时，条款指明该资料将包含在投标附录中，这些资料或由业主作出规定，或由投标人填写。

（3）在通用条款中处理某一事项的条款，可能与合同对该事项采用的合同条款不同时，编写此类条款的原则是：

1）能够使用户简单地删除或不使用任何他们不想采用的规定，而无需另外编制通用条款中没有包含的附加条款。

2）如认为采用1）办法不适宜时，应使该条款包含其他大多数合同条款均予采用的规定。

### 9.7.2 FIDIC新黄皮书主要事件的典型顺序

FIDIC新黄皮书在前言中对主要事件的典型顺序进行了规定，其中新黄皮书涉及的主要事件的典型顺序见图9-3。

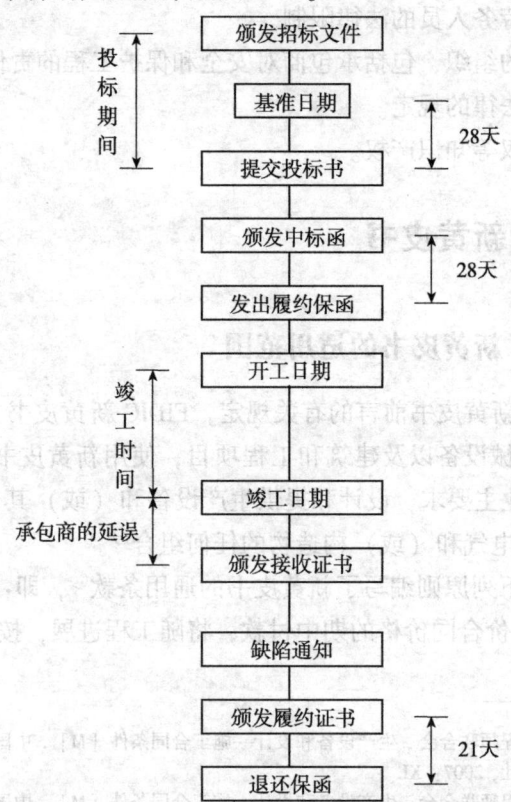

图9-3 FIDIC新黄皮书中主要事件的典型顺序

第14条设想的付款事项中临时付款的典型顺序见图9-4。

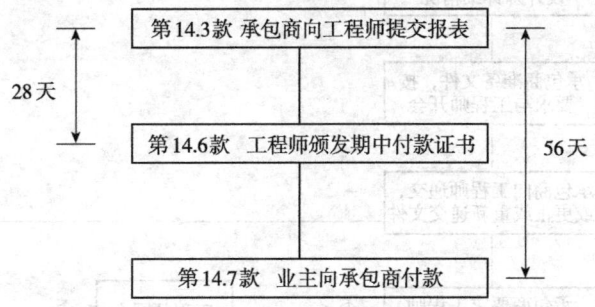

图9-4 FIDIC新黄皮书中临时付款的典型顺序

第14条设想的最终付款事项的典型顺序见图9-5。

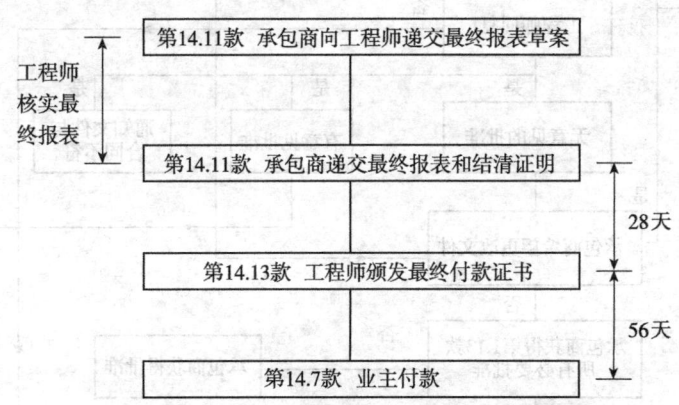

图9-5 FIDIC新黄皮书最终付款事项的典型顺序

第5条规定的设计程序，见图9-6○○。

第20条设想的解决争议事项的典型顺序见图9-7。

### 9.7.3 FIDIC新黄皮书文件的构成和优先次序

FIDIC新黄皮书由下列文件组成：
(1) 通用条款。
(2) 专用条款编写指南。
(3) 担保函格式，包括：
① 母公司保函范例格式。
② 投标保函范例格式。

---

○ 布赖恩·W. 托特蒂尔. FIDIC用户指南 [M]. 崔军, 译. 北京: 机械工业出版社, 2009: 37.

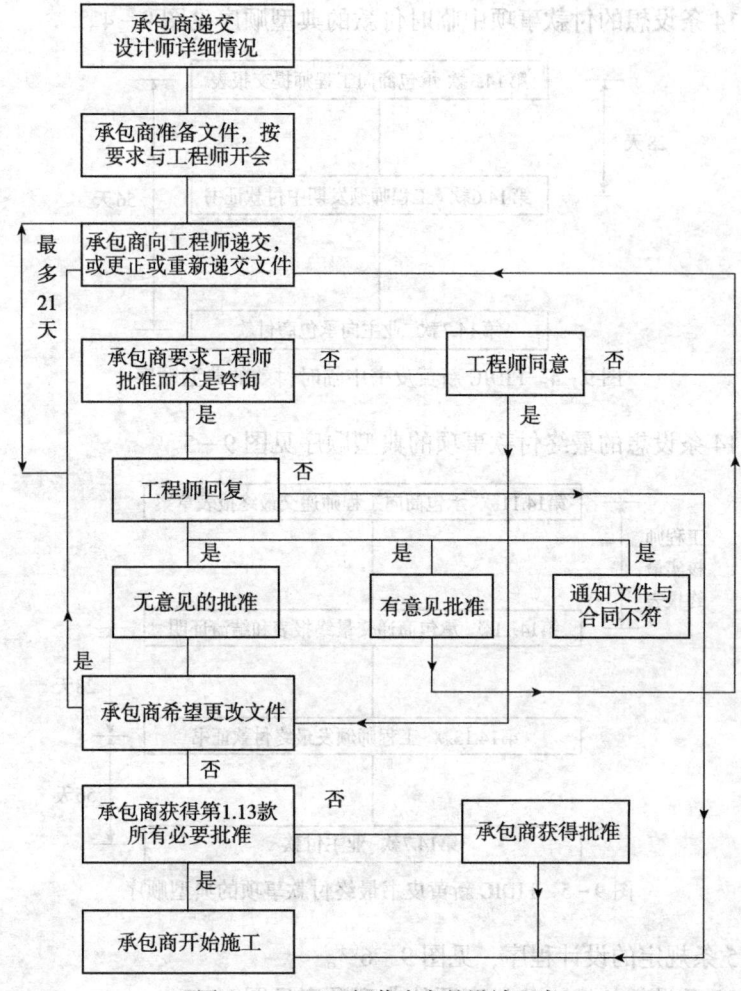

图 9-6 FIDIC 新黄皮书的设计程序

③ 履约保函——即付保函范例格式。
④ 履约担保函——担保保证范例格式。
⑤ 预付款保函范例格式。
⑥ 保留金保函范例格式。
⑦ 业主支付保函范例格式。
（4）投标函。
（5）合同协议书。
（6）争议裁决协议书格式。
（7）争议裁决委员会协议书。
根据 FIDIC 黄皮书第 1.5 款的规定，文件的优先次序为：

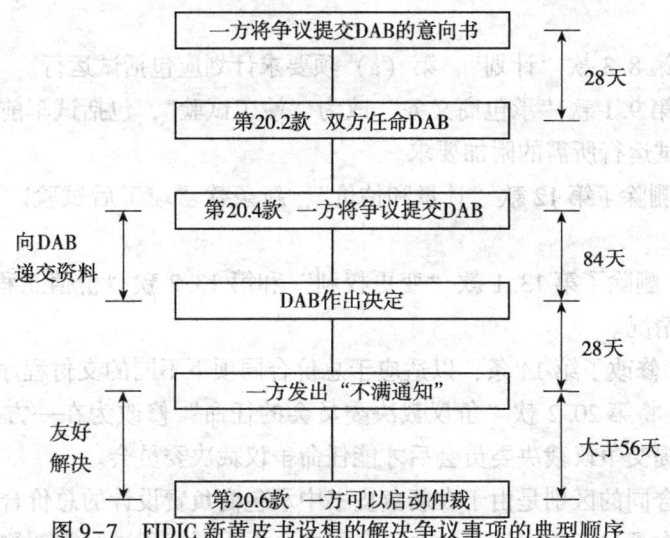

图 9-7 FIDIC 新黄皮书设想的解决争议事项的典型顺序

(1) 合同协议书。
(2) 中标函。
(3) 投标函。
(4) 专用条款。
(5) 通用条款。
(6) 业主要求。
(7) 资料表。
(8) 承包商建议书和构成合同部分的任何其他文件。

### 9.7.4　FIDIC 新黄皮书与新红皮书的主要区别

与 FIDIC 新红皮书相比，新黄皮书的大部分条款与新红皮书是一致的，其主要区别是：

(1) 第 1.1 款定义中用"业主的要求"和"承包商的建议"替代了"规范"和"图纸"。"担保计划"和"付款计划"代替了"数量清单"和"日工计划表"，第 13.6 款仍提到日工计划表。

(2) 为适应第 1.1 条定义的不同合同文件，第 1.5 款修改了文件的优先性。

(3) 第 1.9 款"延误的图纸或指示"被"业主要求的错误"所替代。

(4) 为适应不同情况，第 4.1 款对承包商的义务进行了修改。

(5) 第 4.5 款删除了"分包利益的转让"，取代为"指定分包商"。

(6) 取消了第 5 条的"指定分包商"。"设计"条款占用了原来的条款序号。

（7）第 8.3 款"计划"，第（a）项要求计划应包括试运行。

（8）第 9.1 款"承包商义务"改为"竣工试验"，包括试车前测试、试车测试和试运行所需的附加要求。

（9）删除了第 12 款"计量和估价"，新条款"竣工后试验"占用了该款编号。

（10）删除了第 13.1 款"变更权利"和第 13.2 款"价值工程"，以便适用不同情况。

（11）修改了第 14 条，以适应于总价合同项下不同的支付程序。

（12）将第 20.2 款"争议裁决委员会的任命"修改为在一方通知另一方将争议提交争议裁决委员会后才能任命争议裁决委员会。

上述合同的区别是由于在新黄皮书中承包商负责设计的总价合同的性质造成的。在承包商负责设计的总价合同中，无需对工程进行重新测量，计量实际工程量，业主仅根据付款计划规定的里程碑向承包商支付合同价款。

1999 年版 FIDIC 新黄皮书将取代 1988 年版黄皮书。

## 9.8　FIDIC 银皮书

### 9.8.1　FIDIC 银皮书的适用范围

根据 FIDIC 银皮书前言规定，银皮书可适用于以交钥匙方式提供加工或动力设备、工厂或类似设施以及基础设施工程或其他类型开发项目。这种方式包括，①项目的最终价格和要求的工期具有更大程度的确定性；②由承包商承担项目的设计和实施的全部职责，业主介入很少。交钥匙工程的通常情况是，由承包商进行全部设计、采购和施工（EPC），提供一个配备完善的设施，（"转动钥匙"时）即可运行。FIDIC 声明该合同适用于业主希望在价格和时间上获得更大程度的保证，且准备为获得这种保证愿意支付更高价格的项目。FIDIC 警告，当项目存有不可预见的高风险时，建议不要使用 EPC/交钥匙合同。

业主或工程师在选择使用银皮书时，应确定合同价格和工期具有较大程度的确定性，不能期望承包商可以或有能力承担全部风险，否则，就会出现投标价格相差甚远的情况，造成业主或工程师在决定授标时无所适从的局面。

FIDIC 根据下列原则编写了新黄皮书的通用条款，即：

（1）关于总价合同价格的期中付款，将随工程进展，按照规定的分期付款计划支付。

（2）如果通用条款中的措辞需要进一步的资料予以说明（除非这些资料进行了详细的叙述，否则，应在业主要求予以详细说明），此时，条款指明该资料将包含在投标附录中，这些资料或由业主作出规定，或由投标人填写。

（3）在通用条款中处理某一事项的条款，可能与合同对该事项采用的合同条款不同时，编写此类条款的原则是：

① 能够使用户简单地删除或不使用任何他们不想采用的规定，而无需另外编制通用条款中没有包含的附加条款。

② 如认为采用上述①办法不适宜时，应使该条款包含其他大多数合同条款均予采用的规定。

### 9.8.2 FIDIC 银皮书主要事件的典型顺序

FIDIC 银皮书在前言中对主要事件的典型顺序进行了规定，其中银皮书涉及的主要事件的典型顺序见图 9-8。

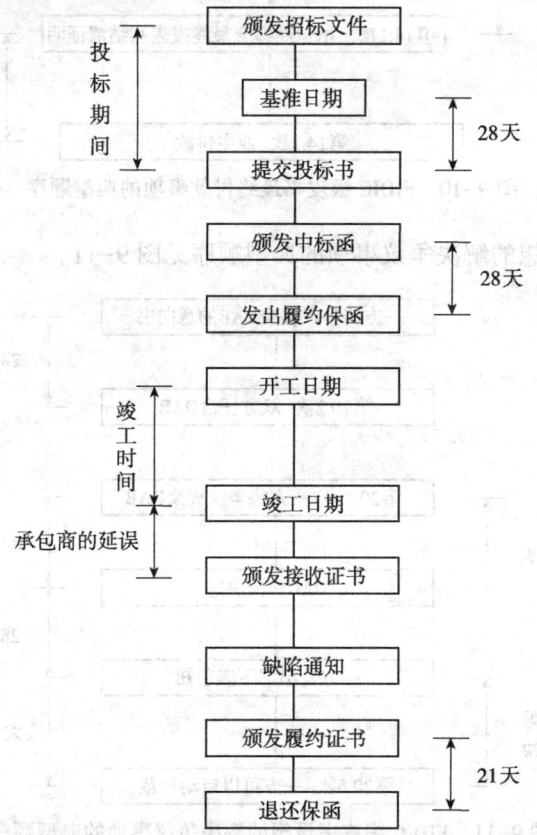

图 9-8　FIDIC 银皮书中主要事项的典型顺序

第14条设想的付款事项中临时付款的典型顺序见图9-9。

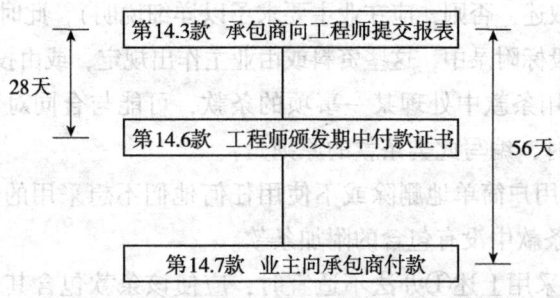

图9-9 FIDIC银皮书中临时付款的典型顺序

第14条设想的最终付款事项的典型顺序见图9-10。

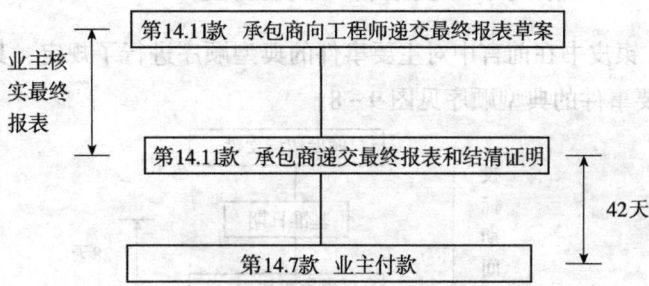

图9-10 FIDIC银皮书最终付款事项的典型顺序

第20条设想的解决争议事项的典型顺序见图9-11。

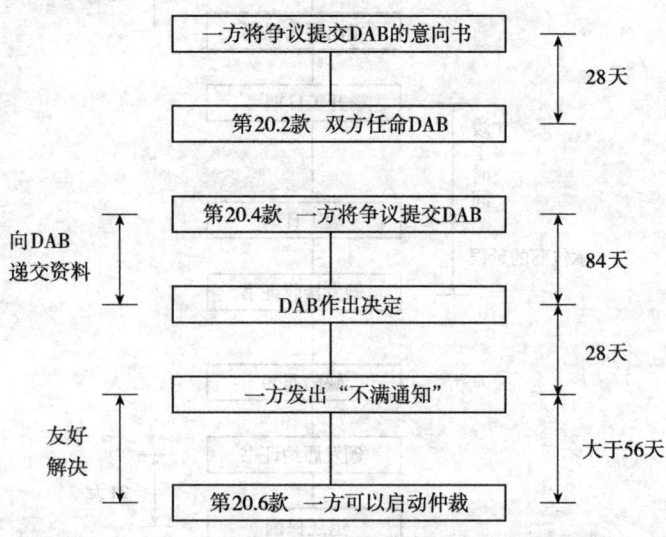

图9-11 FIDIC银皮书设想的解决争议事项的典型顺序

## 9.8.3　FIDIC 银皮书文件的构成和优先次序

FIDIC 银皮书由下列文件组成：
（1）通用条款。
（2）专用条款编写指南。
（3）担保函格式，包括。
① 母公司保函范例格式。
② 投标保函范例格式。
③ 履约保函——即付保函范例格式。
④ 履约担保函——担保保证范例格式。
⑤ 预付款保函范例格式。
⑥ 保留金保函范例格式。
⑦ 业主支付保函范例格式。
（4）投标函。
（5）合同协议书。
（6）争议裁决协议书格式。
（7）争议裁决委员会协议书。

根据 FIDIC 银皮书第 1.5 款的规定，文件的优先次序为：
（1）合同协议书。
（2）专用条款。
（3）通用条款。
（4）业主要求。
（5）投标书和构成合同部分的任何其他文件。

## 9.8.4　FIDIC 银皮书与新黄皮书的主要区别

银皮书的条、款内容和体例与新黄皮书《生产设备和设计——施工合同条款》相似，其主要区别如下：

（1）没有使用投标附录和中标通知书。投标附录中的信息已经包含在业主要求之中。中标通知书放进了第 1.1.1.2 款规定的包括附属备忘录在内的合同协议中。

（2）修改了第 1.1 款"定义"。

（3）由于合同中没有"中标通知书"，因此修改了第 1.5 款的"文件优先性"和第 1.6 款的"合同协议书"的有关内容。

（4）删除了第 1.12 款"业主要求的错误"。

(5) 第 1.12 款 "保密细节" 减少了承包商有义务透露信息的内容。

(6) "业主管理" 代替了第 3 条的 "工程师"。在银皮书中，业主行使了其他合同中赋予工程师的职责。

(7) 为反映不同的风险分担和排除承包商索赔的权利，第 4.7 款 "放线"、第 4.10 款 "现场数据"、第 4.11 款 "合同价格的充分性"、第 4.12 款 "不可预见的困难"、第 7.2 款 "样品"、第 7.3 款 "检查" 和第 8.1 款 "工程的开工" 条款的长度均有所减少或修改。

(8) 为排除发生意外恶劣天气或不可预见的短缺时承包商要求延长工期的权利，修改了第 8.4 款 "竣工延期" 条款。其他有关延期条款仍然保留，暗示了承包商有权对不是承包商自身应负责的原因造成的工期延长提出索赔。

(9) 最大程度删减了第 10.2 款 "部分工程移交" 条款内容，其部分工程的移交只能经双方同意才能进行。

(10) 删除了第 10.4 款 "需要复原的地面"。

(11) 修改了第 12.2 款 "竣工后的延误试验"。

(12) 删除了第 13.8 款 "费用变化的调整"，在专用条款中作了另行规定。

(13) 为适应承包商承担了大部分风险和额外担保的情况，修改了第 14 条 "合同价格和支付" 条款。

(14) 缩短了第 17.3 款 "业主的风险" 条款的内容。

在银皮书中，由于承包商承担了更多的风险，这些风险将反映在承包商的投标价格中，与黄皮书相比，银皮书项下承包商的价格要明显高于黄皮书合同。

## 附录 9.1　EPC 合同控制的关键——设计工作

在设计采购施工（EPC）合同中，由于承包商控制工程项目的设计工作，因此，设计工作是 EPC 项目能否成功、承包商能否盈利的前提条件和最为关键的因素之一。可以说，有能力掌控设计的承包商将是 EPC 项目的赢家，而对设计失去控制的承包商注定是 EPC 项目的失败者。

在 EPC 合同中，在设计—采购—施工的三个环节中，在满足业主要求或合同要求的前提下，承包商拥有一定的空间，策划设计工作的具体目标，使得工程项目既能满足业主的要求，便于施工，更要符合承包商投标报价的成本控制要求。在实践中，特别是在建筑和土木工程项目中，EPC 合同实际可分为设计阶段和采购及施工两个阶段,见图9-12。

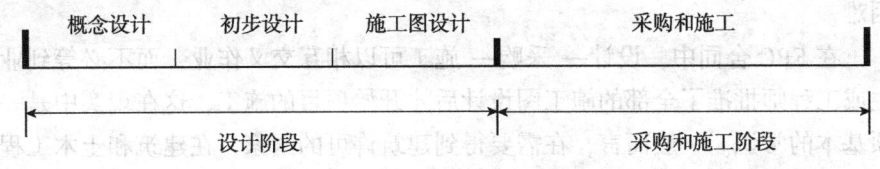

图 9-12　EPC 项目阶段工作任务

在 EPC 项目中,由于承包商承担了绝大部分的风险,业主为了避免更多地介入承包商的设计和施工过程,减少承包商索赔的机会,利用承包商在工程项目方面的经验和优势,业主在对 EPC 合同招标时,通常采用只提出业主要求或者只提供概念设计的方式,由承包商提出技术方案或再行对概念设计进行设计深化,承包商根据自己作出的技术方案和设计深化方案进行报价。

在承包商获得合同后,承包商应在设计阶段进行初步设计和施工图设计,贯彻投标报价时拟定的技术和施工方案,控制设计流程,及时将设计图纸报送业主或工程师批准,以便承包商根据业主和工程师批准的图纸进行施工。承包商对设计的控制主要体现在初步设计和施工图设计阶段。

在采购和施工阶段,如果发现或出现设计错误、设计不便于承包商施工或者设计导致承包商的成本超支的情况,承包商应及时调整设计方案,在满足业主要求或者规范要求的情况下,优化设计方案,避免承包商大幅度成本超支情况的发生。

由于大多数承包商不具有设计能力,因此,在实践中,承包商更多是采用设计分包的方式,由专业的设计咨询公司承担设计工作。在 EPC 合同中,如果承包商疏于对设计分包商的管理,放任设计分包商的设计,将会给承包商带来灾难性的后果。

在一家中国公司承建的中东某国 EPC 轻轨项目中,由于承包商无力控制当地的设计分包,加上对业主要求中的主要技术参数理解不透,如"每小时运输 7.2 人,追踪间距为 80 秒"等,造成实际工程数量比投标报价时的数量增加了一倍以上,再加上业主增加了工程的部分功能,造成承包商巨额亏损,形成了国际工程项目中单体工程亏损金额最大的项目之一。

在某公司承建的高速公路项目中,由于中方企业不知道当地的规范,无法聘用中国的设计单位进行全部设计工作,只能委托当地公司进行设计。由于承包商对设计不管不问,听之任之,结果造成实际施工工程量大幅上升，再加上分包商报价大大高于承包商的报价价格，造成项目履约困难。

在 EPC 合同中，设计—采购—施工可以相互交叉作业，而不必等到业主或工程师批准了全部的施工图设计后才开始项目的施工，这在现实中是一项基本的常识。一般而言，在需要得到建筑许可的国家，在建筑和土木工程施工项目中，承包商可以分步取得建筑许可，从而承包商可以展开施工工作。

经验表明，在 EPC 项目中，谁掌握了设计，控制了设计流程和内容，谁就掌握了主动，只有这样，承包商才能在 EPC 项目中占据先机，赢取利润。谁失去了对设计工作的控制和管理，谁就为施工埋下了可怕的风险，谁就是 EPC 的失败者。

## 附录 9.2　EPC 项目的进度计划

在 EPC 合同中，对业主而言，业主获得了一个固定金额和固定工期的合同，将传统承包模式下的成本超支和工期风险完全转移给了承包商，规避了成本超支和不能按时完工的风险。业主还将传统承包模式下的设计责任转移给了承包商，由承包商负责设计，承包商承担了与设计相关的全部风险，且设计需满足工程项目的预期使用功能。除此之外，承包商还承担了地质、水文等无法预见的物质条件的风险，承包商需对业主提供的地质、水文等资料的正确性负责。

对承包商而言，风险应与收益相互平衡。承包商可以承担原本应由业主承担的风险，但承包商应该获得价格上的补偿，获取更高的收益或利润，也就是说，EPC 合同的价格应该比传统承包模式以及设计—施工合同的价格要高出许多。

在 EPC 合同中，业主还获得了固定工期的好处。对承包商而言，这就要求承包商提高管理水平，在项目投标阶段或中标后统筹规划项目的工期，将设计、采购和施工这三个主要环节进行统一安排，编制和制定项目的进度计划，建立项目的 CPM 关键线路网络进度计划，分析项目的关键线路和节点工期要求，将能够获得的资源，包括人力、材料、设备和资金等资源进行合理配置，比较不同进度计划所需资源的多寡和对成本的影响，制定最佳的工期、资源和成本配置方案。为了提高管理效率和水平，无论合同是否要求承包商使用何种项目管理软件，承包商应使用现代项目管理软件，如 P3 或 P6 或者微软公司的项目管理软件进行 EPC 项目的进度计划管理，特别是在欧洲、北美等发达国家或地区的土木工程施工项目上。

在 EPC 项目中，承包商应查阅合同的具体规定和要求，并根据工程所在国建筑业的习惯做法，按照合同对工期的要求，制定合理的设计、采购和施工进度计划，安排好这三者的关系。对于工期十分紧张的工程项目，应采取边设计边施工的进度安排，分阶段向业主提供施工图设计，供业主批准。例如，在桥梁工程项目中，承包商可先提供桩基施工的设计图纸，报业主批准后进行施工，以便控制整个项目的进度，合理分配资源，争取利润的最大化。对于合同明确要求需要批准施工图后承包商才能施工的项目，承包商应在投标阶段认真分析工期和进度要求，合理安排设计、采购和施工进度计划，做到有条不紊。对承包商而言，最可怕的是错误地理解了设计、采购和施工的次序，以为只有等待全部施工图批准后才能开始施工，而实际上承包商可以在设计阶段就可以开始部分工程的施工工作，以至贻误战机，浪费了最佳施工时间，造成工期紧张。

为了避免上述事情的发生，承包商应在投标阶段弄清设计、采购和施工的次序，了解工程所在国建筑业的习惯做法，掌握是否可以边设计边施工，以便合理安排资源。EPC 项目设计、采购和施工的进度计划见图 9－13～图 9－19。

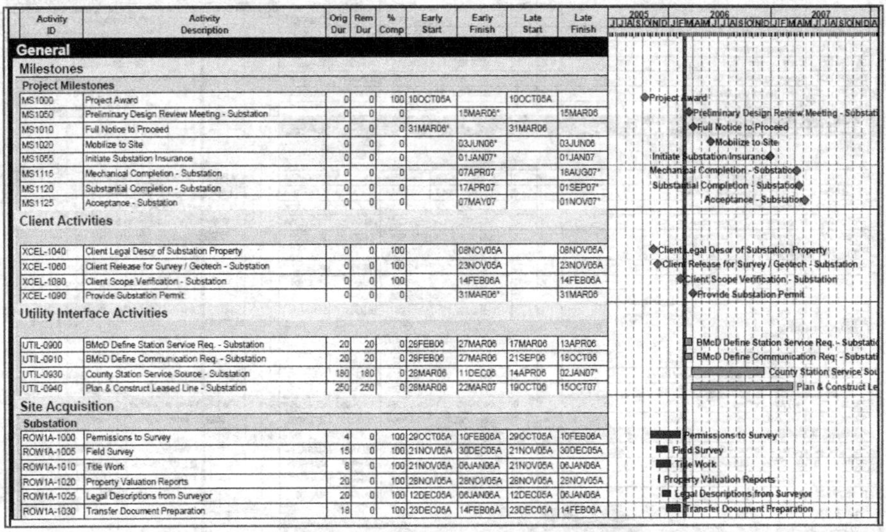

| Activity ID | Activity Description | Orig Dur | Rem Dur | % Comp | Early Start | Early Finish | Late Start | Late Finish |
|---|---|---|---|---|---|---|---|---|
| **General** | | | | | | | | |
| **Milestones** | | | | | | | | |
| **Project Milestones** | | | | | | | | |
| MS1000 | Project Award | 0 | 0 | 100 | 10OCT05A | | 10OCT05A | |
| MS1050 | Preliminary Design Review Meeting - Substation | 0 | 0 | 0 | | 15MAR06* | | 15MAR06 |
| MS1010 | Full Notice to Proceed | 0 | 0 | 0 | 31MAR06* | | 31MAR06 | |
| MS1020 | Mobilize to Site | 0 | 0 | 0 | | 03JUN06* | | 03JUN06 |
| MS1055 | Initiate Substation Insurance | 0 | 0 | 0 | | 01JAN07* | | 01JAN07 |
| MS1115 | Mechanical Completion - Substation | 0 | 0 | 0 | | 07APR07 | | 18AUG07* |
| MS1120 | Substantial Completion - Substation | 0 | 0 | 0 | | 17APR07 | | 01SEP07* |
| MS1125 | Acceptance - Substation | 0 | 0 | 0 | | 07MAY07 | | 01NOV07* |
| **Client Activities** | | | | | | | | |
| XCEL-1040 | Client Legal Descr of Substation Property | 0 | 0 | 100 | | 08NOV05A | | 08NOV05A |
| XCEL-1060 | Client Release for Survey / Geotech - Substation | 0 | 0 | 100 | | 23NOV05A | | 23NOV05A |
| XCEL-1080 | Client Scope Verification - Substation | 0 | 0 | 100 | | 14FEB06A | | 14FEB06A |
| XCEL-1090 | Provide Substation Permit | 0 | 0 | 0 | | 31MAR06* | | 31MAR06 |
| **Utility Interface Activities** | | | | | | | | |
| UTIL-0900 | BMcD Define Station Service Req. - Substation | 20 | 20 | 0 | 28FEB06 | 27MAR06 | 17MAR06 | 13APR06 |
| UTIL-0910 | BMcD Define Communication Req. - Substation | 20 | 20 | 0 | 28FEB06 | 27MAR06 | 21SEP06 | 18OCT06 |
| UTIL-0930 | County Station Service Source - Substation | 180 | 180 | 0 | 28MAR06 | 11DEC06 | 14APR06 | 02JAN07* |
| UTIL-0940 | Plan & Construct Leased Line - Substation | 250 | 250 | 0 | 28MAR06 | 22MAR07 | 19OCT06 | 15OCT07 |
| **Site Acquisition** | | | | | | | | |
| **Substation** | | | | | | | | |
| ROW1A-1000 | Permissions to Survey | 4 | 0 | 100 | 29OCT05A | 10FEB06A | 29OCT05A | 10FEB06A |
| ROW1A-1005 | Field Survey | 15 | 0 | 100 | 21NOV05A | 30DEC05A | 21NOV05A | 30DEC05A |
| ROW1A-1010 | Title Work | 8 | 0 | 100 | 21NOV05A | 06JAN06A | 21NOV05A | 06JAN06A |
| ROW1A-1020 | Property Valuation Reports | 20 | 0 | 100 | 28NOV05A | 28NOV05A | 28NOV05A | 28NOV05A |
| ROW1A-1025 | Legal Descriptions from Surveyor | 20 | 0 | 100 | 12DEC05A | 06JAN06A | 12DEC05A | 06JAN06A |
| ROW1A-1030 | Transfer Document Preparation | 18 | 0 | 100 | 23DEC05A | 14FEB06A | 23DEC05A | 14FEB06A |

图 9－13　某 EPC 项目进度计划 1

| Activity ID | Activity Description | Orig Dur | Rem Dur | % Comp | Early Start | Early Finish | Late Start | Late Finish |
|---|---|---|---|---|---|---|---|---|
| ROW1A-1040 | Site Acquisition / Negotiations | 40* | 4* | 90 | 07JAN06A | 03MAR06 | 07JAN06A | 31JAN08 |
| **Permitting** | | | | | | | | |
| **Substation** | | | | | | | | |
| ENPER-1080 | Permit Determination | 24 | 0 | 100 | 14NOV05A | 28FEB06A | 14NOV05A | 28FEB06A |
| ENPER-1090 | Meet w/ County & Township | 25 | 0 | 100 | 16DEC05A | 18JAN06A | 16DEC05A | 18JAN06A |
| ENPER-1170 | County Road Crossing Permits | 10 | 10 | 0 | 28FEB06 | 09MAR06 | 22JAN08 | 31JAN08 |
| ENPER-1110 | Public Waters License | 30 | 30 | 0 | 28FEB06 | 29MAR06 | 01JAN08 | 31JAN08 |
| ENPER-1150 | Storm Water Permit | 30 | 30 | 0 | 28FEB06 | 29MAR06 | 01JAN08 | 31JAN08 |
| ENPER-1160 | Protected Species | 30 | 30 | 0 | 28FEB06 | 29MAR06 | 01JAN08 | 31JAN08 |
| ENPER-1060 | Wetland Permits | 45 | 45 | 0 | 28FEB06 | 13APR06 | 16MAY06 | 30JUN06* |
| ENPER-1120 | Utility Permit | 60 | 60 | 0 | 28FEB06 | 28APR06 | 01DEC07 | 31JAN08 |
| ENPER-1180 | Utility Notifications | 30 | 30 | 0 | 05MAR06 | 03APR06 | 27DEC07 | 26JAN08 |
| ENPER-1210 | Construction Dewatering Permit | 30 | 30 | 0 | 06MAR06 | 06APR06 | 27DEC07 | 31JAN08 |
| ENPER-1100 | Public Lands License | 60 | 60 | 0 | 01AUG06* | 30SEP06 | 04SEP06 | 03NOV06* |
| **Engineering** | | | | | | | | |
| **Substation** | | | | | | | | |
| **Survey / Geotechnical** | | | | | | | | |
| ENSFE-0900 | Surveying | 20 | 0 | 100 | 20JAN06A | 20FEB06A | 20JAN06A | 20FEB06A |
| ENSNO-1060 | Geotech Investigation | 30 | 30 | 0 | 28FEB06 | 10APR06 | 19DEC07 | 31JAN08 |
| **Engineering** | | | | | | | | |
| ENSSR-1010 | Foundation Design | 30 | 30 | 0 | 28FEB06 | 10APR06 | 28DEC06 | 08FEB07 |
| ENSSR-1090 | Circuit Studies | 15 | 15 | 0 | 28MAR06 | 13APR06 | 09DEC06 | 29DEC06 |
| ENSSR-1040 | Equipment Layout | 15 | 15 | 0 | 28APR06 | 18MAY06 | 11AUG06 | 31AUG06 |
| ENSSR-1080 | One Line Diagrams | 20 | 20 | 0 | 28APR06 | 25MAY06 | 11AUG06 | 08SEP06 |
| ENSSR-1005 | Site Work Design | 30 | 30 | 0 | 28APR06* | 09JUN06 | 11AUG06 | 22SEP06 |
| ENSSR-1000 | Fence Plan | 10 | 10 | 0 | 19MAY06 | 02JUN06 | 26JAN07 | 08FEB07 |
| ENSSR-1070 | Verify Steel Loading Dwgs | 25 | 25 | 0 | 19MAY06 | 23JUN06 | 27DEC07 | 31JAN08 |
| ENSSR-1065 | Plan/Elevation Drawings | 30 | 30 | 0 | 19MAY06 | 30JUN06 | 28NOV06 | 11JAN07 |
| ENSSR-1085 | Schematic Diagrams | 40 | 40 | 0 | 26MAY06 | 24JUL06 | 11SEP06 | 03NOV06 |
| ENSSR-1030 | Control Building Layout | 40 | 40 | 0 | 26MAY06 | 24JUL06 | 05DEC07 | 31JAN08 |
| ENSSR-1230 | Client Review A/G Elec Pkg | 15 | 15 | 0 | 03JUL06 | 24JUL06 | 26FEB07 | 16MAR07 |
| ENSSR-1015 | Foundation Plan | 20 | 20 | 0 | 03JUL06 | 31JUL06 | 12JAN07 | 08FEB07 |
| ENSSR-1130 | IFC A/G Elec Pkg | 0 | 0 | 0 | | 24JUL06 | | 16MAR07* |
| ENSSR-1050 | Field Wiring Diagrams | 25 | 25 | 0 | 25JUL06 | 28AUG06 | 06NOV06 | 12DEC06 |
| ENSSR-2040 | Relay Settings | 40 | 40 | 0 | 25JUL06 | 19SEP06 | 05DEC07 | 31JAN08 |
| ENSSR-1210 | Client Review Grading/Fdns Pkg | 15 | 15 | 0 | 01AUG06 | 21AUG06 | 09FEB07 | 01MAR07 |
| ENSSR-1054 | Cable Schedule | 30 | 30 | 0 | 15AUG06 | 26SEP06 | 29NOV06 | 12JAN07 |

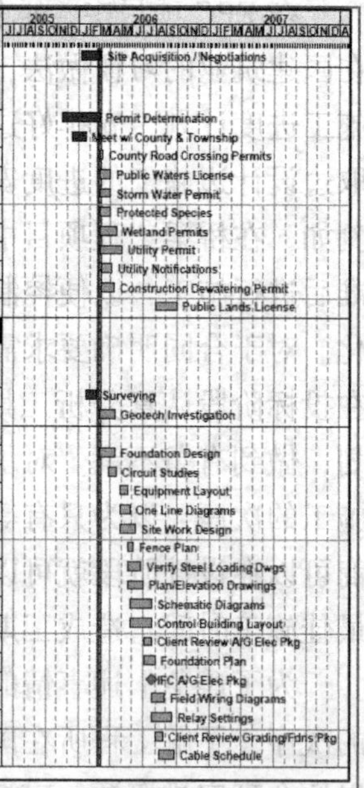


图 9－14　某 EPC 项目进度计划 2

| Activity ID | Activity Description | Orig Dur | Rem Dur | % Comp | Early Start | Early Finish | Late Start | Late Finish |
|---|---|---|---|---|---|---|---|---|
| ENSSR-1110 | IFC Grading/Fdns Pkg | 0 | 0 | 0 | | 21AUG06 | | 01MAR07* |
| ENSSR-1240 | Client Review Relay/Controls Pkg | 15 | 15 | 0 | 29AUG06 | 19SEP06 | 26FEB07 | 16MAR07 |
| ENSSR-1140 | IFC Relay/Controls Pkg | 0 | 0 | 0 | | 19SEP06 | | 16MAR07* |
| ENSSR-1056 | Cable Lengths | 20 | 20 | 0 | 27SEP06 | 24OCT06 | 04JAN08 | 31JAN08 |
| ENSSR-1020 | Grounding/Raceway Design | 30 | 30 | 0 | 27SEP06 | 07NOV06 | 15JAN07 | 23FEB07 |
| ENSSR-1220 | Client Review U/G Elec Pkg | 15 | 15 | 0 | 08NOV06 | 30NOV06 | 26FEB07 | 16MAR07 |
| ENSSR-1120 | IFC U/G Elec Pkg | 0 | 0 | 0 | | 30NOV06 | | 16MAR07* |
| **Material / Equipment Procurement** | | | | | | | | |
| **Breakers** | | | | | | | | |
| **Bid Package** | | | | | | | | |
| PR120-1000 | Prepare Draft Spec - Breakers | 10 | 0 | 100 | 07NOV05A | 11NOV05A | 07NOV05A | 11NOV05A |
| PR120-1010 | In House Spec Review - Breakers | 5 | 0 | 100 | 14NOV05A | 18NOV05A | 14NOV05A | 18NOV05A |
| PR120-1020 | Prepare Final Spec - Breakers | 5 | 0 | 100 | 18NOV05A | 23NOV05A | 18NOV05A | 23NOV05A |
| PR120-1030 | Neg & Award Contract - Breakers | 5 | 0 | 100 | 28NOV05A | 15DEC05A | 28NOV05A | 15DEC05A |
| PR120-1040 | Conform Contract - Breakers | 40 | 14 | 65 | 16DEC05A | 17MAR06 | 16DEC05A | 20AUG07 |
| **Submittal & Delivery** | | | | | | | | |
| PR120CH100 | Vendor Submittals - Breakers | 20 | 20 | 0 | 20MAR06 | 14APR06 | 21AUG07 | 18SEP07 |
| PR120CH110 | BMcD Review Submittals - Breakers | 10 | 10 | 0 | 17APR06 | 28APR06 | 19SEP07 | 02OCT07 |
| PR120CH300 | Fabricate - Breakers | 80 | 80 | 0 | 01MAY06 | 22AUG06 | 03OCT07 | 25JAN08 |
| PR120CH400 | Deliver - Breakers | 5 | 5 | 0 | 02JUL07* | 07JUL07 | 26JAN08 | 31JAN08 |
| **Capacitor Bank** | | | | | | | | |
| **Bid Package** | | | | | | | | |
| PR150-1000 | Prepare Draft Spec - Capacitor Banks | 10 | 0 | 100 | 10NOV05A | 15NOV05A | 10NOV05A | 15NOV05A |
| PR150-1010 | In House Spec Review - Capacitor Banks | 5 | 0 | 100 | 16NOV05A | 18NOV05A | 16NOV05A | 18NOV05A |
| PR150-1020 | Prepare Final Spec - Capacitor Banks | 5 | 0 | 100 | 18NOV05A | 23NOV05A | 18NOV05A | 23NOV05A |
| PR150-1030 | Neg & Award Contract - Capacitor Banks | 5 | 0 | 100 | 28NOV05A | 15DEC05A | 28NOV05A | 15DEC05A |
| PR150-1040 | Conform Contract - Capacitor Banks | 40 | 0 | 100 | 16DEC05A | 17FEB06A | 16DEC05A | 17FEB06A |
| **Submittal & Delivery** | | | | | | | | |
| PR150NO100 | Vendor Submittals - Capacitor Bank | 20 | 20 | 0 | 28FEB06 | 27MAR06 | 08MAR07 | 04APR07 |
| PR150NO110 | BMcD Review Submittals - Capacitor Bank | 10 | 10 | 0 | 28MAR06 | 10APR06 | 05APR07 | 18APR07 |
| PR150NO300 | Fabricate - Capacitor Banks | 90 | 90 | 0 | 11APR06 | 16AUG06 | 19APR07 | 24AUG07 |
| PR150NO400 | Deliver - Capacitor Banks | 5 | 5 | 0 | 01MAR07* | 06MAR07 | 27AUG07 | 31AUG07 |
| **Reactors** | | | | | | | | |
| **Bid Package** | | | | | | | | |
| PR180-1000 | Prepare Draft Spec - Reactors | 10 | 0 | 100 | 10NOV05A | 15NOV05A | 10NOV05A | 15NOV05A |
| PR180-1010 | In House Spec Review - Reactors | 5 | 0 | 100 | 16NOV05A | 18NOV05A | 16NOV05A | 18NOV05A |
| PR180-1020 | Prepare Final Spec - Reactors | 5 | 0 | 100 | 18NOV05A | 23NOV05A | 18NOV05A | 23NOV05A |

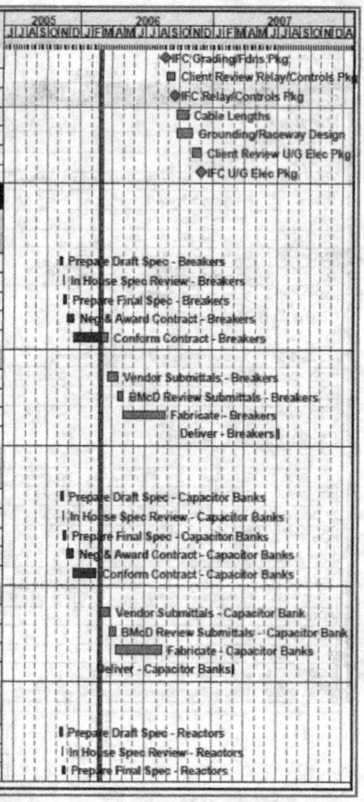


图 9－15　某 EPC 项目进度计划 3

| Activity ID | Activity Description | Orig Dur | Rem Dur | % Comp | Early Start | Early Finish | Late Start | Late Finish |
|---|---|---|---|---|---|---|---|---|
| PR180-1030 | Neg & Award Contract - Reactors | 5 | 0 | 100 | 28NOV05A | 15DEC05A | 28NOV05A | 15DEC05A |
| PR180-1040 | Conform Contract - Reactors | 40 | 14 | 65 | 16DEC05A | 17MAR06 | 16DEC05A | 28FEB07 |
| **Submittal & Delivery** | | | | | | | | |
| PR180NO100 | Vendor Submittals - Reactors | 15 | 15 | 0 | 20MAR06 | 07APR06 | 01MAR07 | 21MAR07 |
| PR180NO110 | BMcD Review Submittals - Reactors | 10 | 10 | 0 | 10APR06 | 21APR06 | 22MAR07 | 04APR07 |
| PR180NO300 | Fabricate - Reactors | 100 | 100 | 0 | 24APR06 | 13SEP06 | 05APR07 | 24AUG07 |
| PR180NO400 | Deliver - Reactors | 5 | 5 | 0 | 01MAR07* | 06MAR07 | 27AUG07 | 31AUG07 |
| **Transformers** | | | | | | | | |
| **Bid Package** | | | | | | | | |
| PR190-1000 | Prepare Draft Spec - Transformers | 10 | 0 | 100 | 07NOV05A | 15NOV05A | 07NOV05A | 15NOV05A |
| PR190-1010 | In House Spec Review - Transformers | 10 | 0 | 100 | 16NOV05A | 22NOV05A | 16NOV05A | 22NOV05A |
| PR190-1020 | Prepare Final Spec - Transformers | 5 | 0 | 100 | 23NOV05A | 28NOV05A | 23NOV05A | 28NOV05A |
| PR190-1030 | Neg & Award Contract - Transformers | 20 | 0 | 100 | 30NOV05A | 03FEB06A | 30NOV05A | 03FEB06A |
| PR190-1040 | Conform Contract - Transformers | 20 | 0 | 100 | 06FEB06A | 27FEB06A | 06FEB06A | 27FEB06A |
| **Submittal & Delivery** | | | | | | | | |
| PR190FE100 | Vendor Submittals - Transformers | 20 | 20 | 0 | 28FEB06 | 27MAR06 | 23MAR07 | 19APR07 |
| PR190FE110 | BMcD Review Submittals - Transformers | 10 | 10 | 0 | 28MAR06 | 10APR06 | 20APR07 | 03MAY07 |
| PR190FE300 | Fabricate - Transformers | 180 | 180 | 0 | 11APR06 | 27DEC06 | 04MAY07 | 18JAN08 |
| PR190FE400 | Deliver - Transformers | 10 | 10 | 0 | 19FEB07* | 01MAR07 | 21JAN08 | 31JAN08 |
| **Control Cable** | | | | | | | | |
| **Bid Package** | | | | | | | | |
| PR330-1000 | Prepare Draft Spec - Control Cable | 10 | 0 | 100 | 14NOV05A | 18NOV05A | 14NOV05A | 18NOV05A |
| PR330-1010 | In House Spec Review - Control Cable | 10 | 0 | 100 | 21NOV05A | 30NOV05A | 21NOV05A | 30NOV05A |
| PR330-1020 | Prepare Final Spec - Control Cable | 10 | 10 | 0 | 28FEB06 | 13MAR06 | 31JUL07 | 13AUG07 |
| PR330-1030 | Neg & Award Contract - Control Cable | 10 | 10 | 0 | 14MAR06 | 27MAR06 | 14AUG07 | 27AUG07 |
| PR330-1040 | Conform Contract - Control Cable | 15 | 15 | 0 | 28MAR06 | 17APR06 | 28AUG07 | 18SEP07 |
| **Submittal & Delivery** | | | | | | | | |
| PR330CH100 | Vendor Submittals Control Cable | 15 | 15 | 0 | 18APR06 | 08MAY06 | 19SEP07 | 09OCT07 |
| PR330CH110 | BMcD Review Submittals Control Cable | 10 | 10 | 0 | 09MAY06 | 22MAY06 | 10OCT07 | 23OCT07 |
| PR330CH300 | Fabricate Control Cable | 60 | 60 | 0 | 23MAY06 | 16AUG06 | 24OCT07 | 18JAN08 |
| PR330CH400 | Deliver Control Cable | 10 | 10 | 0 | 02JUL07* | 13JUL07 | 21JAN08 | 31JAN08 |
| **Relay Panels** | | | | | | | | |
| **Bid Package** | | | | | | | | |
| PR200-1000 | Prepare Draft Spec - Relay Panels | 10 | 0 | 100 | 11NOV05A | 18NOV05A | 11NOV05A | 18NOV05A |
| PR200-1010 | In House Spec Review - Relay Panels | 5 | 0 | 100 | 21NOV05A | 25NOV05A | 21NOV05A | 25NOV05A |
| PR200-1020 | Prepare Final Spec - Relay Panels | 5 | 0 | 100 | 28NOV05A | 06JAN06A | 28NOV05A | 06JAN06A |
| PR200-1030 | Neg & Award Contract - Relay Panels | 10 | 0 | 100 | 09JAN06A | 20JAN06A | 09JAN06A | 20JAN06A |

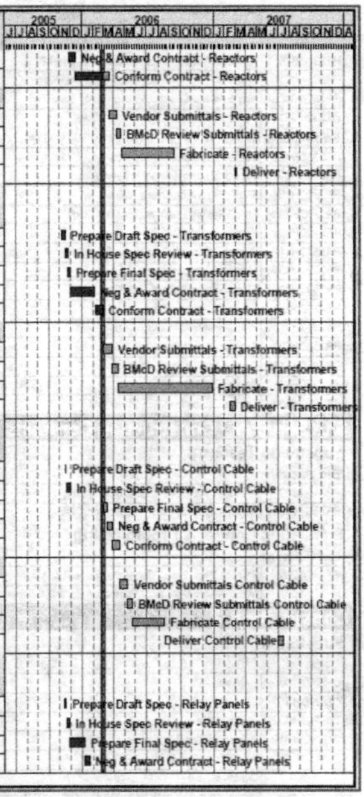

图 9－16　某 EPC 项目进度计划 4

| Activity ID | Activity Description | Orig Dur | Rem Dur | % Comp | Early Start | Early Finish | Late Start | Late Finish |
|---|---|---|---|---|---|---|---|---|
| PR200-1040 | Conform Contract - Relay Panels | 20 | 16 | 20 | 23JAN06A | 21MAR06 | 23JAN06A | 13AUG07 |
| **Submittal & Delivery** | | | | | | | | |
| PR200CH100 | Vendor Panel Layout Drawings | 20 | 20 | 0 | 22MAR06 | 18APR06 | 14AUG07 | 11SEP07 |
| PR200CH120 | Vendor Wiring Diagrams | 15 | 15 | 0 | 19APR06 | 09MAY06 | 12SEP07 | 02OCT07 |
| PR200CH300 | Fabricate - Relay Panels | 80 | 80 | 0 | 10MAY06 | 31AUG06 | 03OCT07 | 25JAN08 |
| PR200CH400 | Deliver - Relay Panels | 5 | 5 | 0 | 02JUL07* | 07JUL07 | 26JAN08 | 31JAN08 |
| **Control Building** | | | | | | | | |
| **Bid Package** | | | | | | | | |
| PR210-1000 | Prepare Draft Spec - Control Building Eqpt | 10 | 0 | 100 | 11NOV05A | 18NOV05A | 11NOV05A | 18NOV05A |
| PR210-1010 | In House Spec Review - Control Building Eqpt | 5 | 0 | 100 | 21NOV05A | 25NOV05A | 21NOV05A | 25NOV05A |
| PR210-1020 | Prepare Final Spec - Control Building Eqpt | 5 | 0 | 100 | 28NOV05A | 12JAN06A | 28NOV05A | 12JAN06A |
| PR210-1030 | Neg & Award Contract - Control Building Eqpt | 10 | 0 | 100 | 13JAN06A | 20JAN06A | 13JAN06A | 20JAN06A |
| PR210-1040 | Conform Contract - Control Building Eqpt | 20 | 3 | 85 | 13FEB06A | 02MAR06 | 13FEB06A | 24MAR06 |
| **Submittal & Delivery** | | | | | | | | |
| PR210FE102 | Develop Layouts | 97 | 97 | 0 | 03MAR06 | 19JUL06 | 12JAN07 | 28MAY07 |
| PR210FE100 | Develop AC/DC Schematics | 140 | 140 | 0 | 03MAR06 | 19SEP06 | 27MAR06 | 11OCT06 |
| PR210FE135 | Order Building | 0 | 0 | 0 | 10MAR06 | | 19JAN07 | |
| PR210FE141 | BMcD Recv Prelim Fdn Interface Dwgs | 0 | 0 | 0 | 28APR06 | | 28JAN08 | |
| PR210FE143 | BMcD Recv Prelim Steel Framing Dwgs | 0 | 0 | 0 | 28APR06 | | 28JAN08 | |
| PR210FE106 | BMcD Recv & Approve Material List | 20 | 20 | 0 | 20JUL06 | 16AUG06 | 04JAN08 | 31JAN08 |
| PR210FE115 | BMcD Recv & Approve Panel Layouts | 20 | 20 | 0 | 20JUL06 | 16AUG06 | 04JAN08 | 31JAN08 |
| PR210FE110 | BMcD Recv & Approve Structural | 20 | 20 | 0 | 08AUG06 | 04SEP06 | 04JAN08 | 31JAN08 |
| PR210FE149 | BMcD Recv & Approve Building Dwgs | 4 | 4 | 0 | 04SEP06* | 08SEP06 | 28JAN08 | 31JAN08 |
| PR210FE130 | BMcD Recv & Approve AC/DC Schematics | 10 | 10 | 0 | 07SEP06 | 20SEP06 | 29SEP06 | 12OCT06 |
| PR210FE145 | Assemble / Paint Steel | 26 | 26 | 0 | 28FEB06 | 04APR06 | 06OCT06 | 10NOV06 |
| PR210FE150 | Develop Wiring Diagrams | 20 | 20 | 0 | 21SEP06 | 18OCT06 | 13OCT06 | 09NOV06 |
| PR210FE160 | Develop Connection Diagrams | 22 | 22 | 0 | 19OCT06 | 17NOV06 | 10NOV06 | 13DEC06 |
| PR210FE155 | Equipment Mounting | 20 | 20 | 0 | 05APR06 | 02MAY06 | 13NOV06 | 12DEC06 |
| PR210FE165 | BMcD Recv & Appr Conn / Wiring Diagrams | 10 | 10 | 0 | 26OCT06 | 08NOV06 | 17NOV06 | 04DEC06 |
| PR210FE170 | BMcD Recv & Approve Cable Schedule | 15 | 15 | 0 | 02NOV06 | 22NOV06 | 28NOV06 | 18DEC06 |
| PR210FE175 | Panel Wiring | 30 | 30 | 0 | 09NOV06 | 22DEC06 | 05DEC06 | 18JAN07 |
| PR210FE180 | Receive Building | 0 | 0 | 0 | | 02JAN07* | | 18JAN07 |
| PR210FE185 | Building Wiring | 20 | 20 | 0 | 03JAN07 | 30JAN07 | 19JAN07 | 15FEB07 |
| PR210FE190 | Building Testing & QA | 10 | 10 | 0 | 31JAN07 | 13FEB07 | 16FEB07 | 01MAR07 |
| PR210FE200 | Deliver Control Building | 3 | 3 | 0 | 13FEB07 | 15FEB07 | 02MAR07 | 05MAR07* |
| **Substation Package** | | | | | | | | |
| **Bid Package** | | | | | | | | |
| PR230-1000 | Prepare Draft Spec - Equipment / Steel Pkg | 10 | 0 | 100 | 10NOV05A | 15NOV05A | 10NOV05A | 15NOV05A |

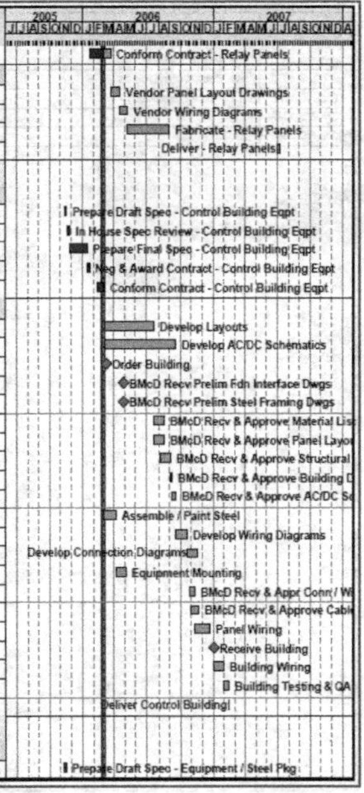

图 9－17　某 EPC 项目进度计划 5

| Activity ID | Activity Description | Orig Dur | Rem Dur | % Comp | Early Start | Early Finish | Late Start | Late Finish |
|---|---|---|---|---|---|---|---|---|
| PR230-1010 | In House Spec Review - Equipment / Steel Pkg | 5 | 0 | 100 | 16NOV05A | 18NOV05A | 16NOV05A | 18NOV05A |
| PR230-1020 | Prepare Final Spec - Equipment / Steel Pkg | 5 | 0 | 100 | 18NOV05A | 23NOV05A | 18NOV05A | 23NOV05A |
| PR230-1030 | Neg & Award Contract - Equipment / Steel Pkg | 5 | 0 | 100 | 28NOV05A | 31DEC05A | 28NOV05A | 31DEC05A |
| PR230-1040 | Conform Contract - Equipment / Steel Pkg | 30 | 17 | 45 | 03JAN06A | 22MAR06 | 03JAN06A | 17MAY07 |
| **Submittal & Delivery** | | | | | | | | |
| PR230CH102 | Vendor Structural Calculations | 20 | 20 | 0 | 28FEB06 | 27MAR06 | 11MAY07 | 08JUN07 |
| PR230CH104 | Vendor Electrical Arrangement Dwgs | 10 | 10 | 0 | 23MAR06 | 05APR06 | 18MAY07 | 01JUN07 |
| PR230CH106 | BMoD Review Structural Calcs | 10 | 10 | 0 | 28MAR06 | 10APR06 | 11JUN07 | 22JUN07 |
| PR230CH110 | BMoD Review Elec Arrangement Dwgs | 10 | 10 | 0 | 06APR06 | 19APR06 | 04JUN07 | 15JUN07 |
| PR230CH100 | Vendor Anchor Bolt Plan | 15 | 15 | 0 | 11APR06 | 01MAY06 | 07NOV07 | 28NOV07 |
| PR230CH114 | Vendor Structural Details | 40 | 40 | 0 | 11APR06 | 05JUN06 | 25JUN07 | 20AUG07 |
| PR230CH220 | Fabricate Equipment | 150 | 150 | 0 | 20APR06 | 20NOV06 | 15JUN07 | 16JAN08 |
| PR230CH112 | BMoD Review Anchor Bolt Plan | 10 | 10 | 0 | 02MAY06 | 15MAY06 | 29NOV07 | 12DEC07 |
| PR230CH310 | Fabricate Anchor Bolts | 30 | 30 | 0 | 16MAY06 | 27JUN06 | 13DEC07 | 25JAN08 |
| PR230CH116 | BMoD Review Structural Details | 10 | 10 | 0 | 07JUN06 | 20JUN06 | 21AUG07 | 03SEP07 |
| PR230CH300 | Fabricate Steel Pkg | 100 | 100 | 0 | 21JUN06 | 09NOV06 | 04SEP07 | 25JAN08 |
| PR230CH410 | Deliver Anchor Bolts | 5 | 5 | 0 | 25JUN07 | 29JUN07 | 26JAN08 | 31JAN08 |
| PR230CH420 | Deliver Steel Pkg | 5 | 5 | 0 | 02JUL07 | 07JUL07 | 26JAN08 | 31JAN08 |
| PR230CH400 | Deliver Equipment | 10 | 10 | 0 | 02JUL07 | 13JUL07 | 21JAN08 | 31JAN08 |
| **Site Services / Construction Contracts** | | | | | | | | |
| **Substation Testing** | | | | | | | | |
| **Bid Package** | | | | | | | | |
| PR340-1000 | Prepare Final Spec - Substation Testing | 5 | 5 | 0 | 03APR06 | 07APR06 | 18OCT07 | 24OCT07 |
| PR340-1030 | Neg & Award Contract - Substation Testing | 5 | 5 | 0 | 10APR06 | 14APR06 | 25OCT07 | 31OCT07 |
| **Substation Control & Programming** | | | | | | | | |
| **Bid Package** | | | | | | | | |
| PR345-1000 | Prepare Final Spec - Substation Control & Prog | 5 | 5 | 0 | 28FEB06 | 06MAR06 | 09NOV06 | 15NOV06 |
| PR345-1030 | Neg & Award Contract - Substation Control & Prog | 5 | 5 | 0 | 07MAR06 | 13MAR06 | 16NOV06 | 22NOV06 |
| **Construction** | | | | | | | | |
| **Substation** | | | | | | | | |
| CNSNO-1000 | Mobilization | 6 | 6 | 0 | 26JUN06 | 01JUL06 | 21FEB07 | 27FEB07 |
| CNSNO-1010 | Site Work | 39 | 39 | 0 | 03JUL06 | 17AUG06 | 28FEB07 | 13APR07 |
| CNSNO-1020 | Foundations | 55 | 55 | 0 | 18AUG06 | 21OCT06 | 14APR07 | 15JUN07 |
| CNSNO-1040 | Grounding/Conduit /Trench | 63 | 63 | 0 | 02JAN07 | 15MAR07 | 19JUN07 | 31AUG07 |
| CNSNO-1100 | Install Transformer | 20 | 20 | 0 | 26FEB06 | 22MAR06 | 19OCT07 | 10NOV07 |
| CNSNO-1030 | Control House | 22 | 22 | 0 | 16MAR07 | 10APR07 | 20SEP07 | 15OCT07 |

图 9-18 某 EPC 项目进度计划 6

| Activity ID | Activity Description | Orig Dur | Rem Dur | % Comp | Early Start | Early Finish | Late Start | Late Finish |
|---|---|---|---|---|---|---|---|---|
| CNSNO-1050 | Struct Steel & Yard Eqpt | 60 | 60 | 0 | 16MAR07 | 24MAY07 | 01SEP07 | 10NOV07 |
| CNSNO-1070 | Power Cable/Control Panels | 50 | 50 | 0 | 11APR07 | 08JUN07 | 16OCT07 | 13DEC07 |
| CNSNO-1060 | Bus/Conductor Installation | 61 | 61 | 0 | 25MAY07 | 05AUG07 | 12NOV07 | 24JAN08 |
| CNSNO-1090 | Testing | 40 | 40 | 0 | 27JUN07 | 13AUG07 | 14DEC07 | 31JAN08 |
| CNSNO-1080 | Rock Yard | 6 | 6 | 0 | 07AUG07 | 13AUG07 | 25JAN08 | 31JAN08 |

图 9-19 某 EPC 项目进度计划 7

# 第 10 章  工程分包合同

> 今天的建筑施工领域,分包是一种生活方式。
> ——迈克尔·罗林索:《分包的法律问题》

## 10.1  工程分包的性质和特征

在国际工程项目中,分包作为建筑工程业的普遍现象,在分包商选择、分包合同谈判、开工、索赔、竣工等分包管理过程中形成了自身特有的一套规则、技巧。在国际工程实施过程中,最复杂和棘手的问题之一就是工程分包。而在学术、司法和工程业界,对分包的性质和特征存在认识分歧,而恰恰正是这个基本理论,形成了分包特有的合同关系、法律责任、规则和技巧。

### 10.1.1  分包的定义

分包(subcontracting)是指(主)承包商(以下称"主包商")将部分工程交由他人实施和完成的行为。

在分包合同关系中,分包商只是承揽、实施和完成主包商交给他的部分工程,而主合同中对业主的全部责任和义务仍由主包商承担。

分包合同成立的前提是以业主与主包商签订的主合同为前提条件。没有业主和主包商签订的主合同为前提,分包就不能成立,即使分包商已经向主包商报价或主包商已将其列入分包商的名单中。

各国法律均对分包法律行为进行了不同程度的规定,大陆法系国家多在民法典中,如德国、法国、日本等国的民法典或合同法中做了规定。以英美为代表的普通法系国家,多在成文的合同法或判例中予以规定。另外,业主还会在招标文件中明确分包的原则,主包商在投标和实施中应遵守这些原则和合同规定。

### 10.1.2  工程分包的法律性质

如前所述,分包是债权人——业主和债务人——主包商之间主合同法律关系之外的他人履行本属于主合同法律关系之中主包商应履行的债务。这种分包法律行为，是"第三人代为履行"或一种"受托履约"的法律性质。

根据各国民事法律中债法原则，债务理应由债务人履行。但在一定情形下，各国法律又承认可由债务人之外的第三人代债务人履行债务和清偿，从而使债权人的权利得以实现。这种法律现象在不同国家的法律有着不同的称谓，如英国法称为受托履约、替代履行（vicarious performance），美国法称为义务履行、代位履行（delegation of duties），日本称为代位清偿，我国合同法第65条称为第三人代为履行。

所谓第三人代为履行，是指合同之外的第三人依照合同当事人约定由其向债权人履行债务。第三人不履行债务或者履行债务不符合约定的，债务人应当向债权人承担违约责任。

各国法律对代为履行均作了有关规定。《美国统一合同法》第2-210条规定："1. 当事人方可以委托他人代为履行，除非另有协议，或除非为保证另一方的根本利益，需要原始许诺人亲自履行或控制合同所规定的行为。当事人即便委托他人代为履行，也不能解除自己的履行义务或违约责任。"我国《合同法》第65条规定："当事人约定由第三人向债权人履行债务的，第三人不履行债务或者履行债务不符合约定，债务人应当向债权人承担违约责任。"此外，法国民法典第1236条、德国民法典267条、日本民法典267条、我国台湾省民法典第268条、意大利民法典第1268条对该项法律制度均作了类似的规定。

第三人代为履行的法律特征如下：

（1）债权人和债务人之间存在合同关系，该合同关系是第三人代为履行合同关系的前提。

（2）第三人只是合同的履行主体，而非合同的当事人。

（3）合同中当事人的约定对第三人具有约束力，当第三人拒绝履行或履行不符合约定时，由债务人承担履行或违约法律责任。

（4）第三人一旦同意履行，应视为债务人履行债务。

（5）债务人不能以第三人履行对抗债权人，免除债务人自己的合同义务。

（6）债权人不能直接要求第三人承担合同责任，把第三人作为原合同主体。

分包合同的特征符合代为履行的所有情形：

(1) 债权人——业主和债务人——主包商之间存在合同关系，该合同关系是第三人——分包商代为履行合同关系存续的前提。

(2) 分包商不是业主和主包商之间合同关系的当事人，只是合同履行的主体，其作用只是债务履行的辅助人。

(3) 在债务清偿上，分包商只是代替主包商承揽一部分工程，债务人——主包商仍需要向债权人——业主承担全部的责任和义务。主包商也不能以分包商不履行、不完全履行或履行不符合约定为由向业主进行抗辩，推托其履约责任，逃避合同义务。

关于分包的法律性质，英国约翰·尤夫教授在《建筑法律》一书中也明确指出："分包商的履约属于分包商代表承包商的受托履约，除非主合同另有约定，承包商仍要对工程承担全部责任。"[一]《牛津法律词典》在解释合同履行这一条目时认为："受托履约（例如，由分包商履约）是有效的履约，除非合同另行要求个人履行。"[二]斯蒂芬·福斯特在《基廷论施工合同》中指出："由于承包商仅是行使受托履行义务，在通常情况下且并无任何相反的规定时，承包商应对履行主合同过程中分包商的违约承担责任。"[三]

## 10.1.3　分包不是"并存债务转移"

分包常常被认为是"并存债务转移"的法律性质，从民法有关债务转移的理论和法律规定看，分包不是"并存债务转移"的法律性质。

民法中广义的债务承担，或称债务转移，是指基于债权人、债务人与第三人之间达成的协议将债务转移给第三人承担。由第三人取代债务人的地位成为合同当事人，而向债权人履行债务。

债务转移包括免责的债务承担与并存的债务承担两种方式。免责的债务承担，是合同义务全部移转于第三人，债务人脱离原债务关系，由第三人替代债务人负担其债务。而并存的债务承担，即债务人将部分债务转移给第三人，第三人加入既存的债务关系，与债务人共同承担债务。债务人不脱离债务关系，仍为债务人，只是减少了承担的份额。

并存的债务转移与第三人代为履行的区别如下：

---

[一] John Uff. Construction Law [M]. 9th ed. London: Sweet & Maxwell, 2005: 309.

[二] Elizabeth A. Martin. Oxford Dictionary of Law [M]. 4th ed. Oxford: Oxford University Press, 1997: 337.

[三] Stephen Furst, Vivian Ramsey. Keating on Construction Contracts [M]. 8th ed. London: Sweet & Maxwell, 2006: 389.

(1) 目的不同

设定并存债务转移的主要目的在于承担人加入到原债务关系中，与债务人共同承担债务。而第三人代为履行主要是辅助债务人履行和清偿债务，第三人并没有当债务不能履行时自己承担违约责任的意思表示。

(2) 合同关系不同

在并存债务转移时，承担人与债权人依据承担契约建立了直接的合同法律关系。而第三人代为履行的情形下，第三人与债权人没有合同关系，英美法中称为 no – privity of contract。

(3) 主体地位不同

在并存债务转移时，承担人加入原债务关系成为合同关系的当事人。而第三人代为履行时，第三人没有成为合同关系的当事人。

(4) 法律后果不同

在并存债务转移时，债务承担契约一经生效，债权人可直接要求承担人在契约约定的范围内履行义务。而第三人代为履行，履行协议仅在债务人与第三人之间产生效力，债务在法律上没有发生转移，债权人不得直接要求第三人履行债务。

(5) 承担违约责任的主体不同

在并存债务转移时，承担人取得了与债务人同等的法律地位，因此，债权人可以直接要求承担人履行债务，承担人不履行或履行不符合约定的，承担人自己承担违约责任。而在第三人代为履行时，第三人不是债权人与债务人之间的合同当事人，根据合同相对关系原则，债务人仍然承担第三人不履行或履行不符合约定的法律责任。

分包不是并存债务转移的理由如下：

1) 在并存债务转移的情况下，承担人取得了与债务人同等的法律地位，是合同的一方当事人。而在分包合同中，分包商并没有取得主包商的相同的法律地位，分包商不是业主和主包商之间主合同的一方当事人，分包商与业主没有任何合同关系。

2) 在并存的债务转移的情况下，债务承担协议生效，债权人可以直接请求承担人按契约规定履行债务。而分包法律关系中，业主不能直接要求分包商代替主包商履行义务。

3) 在并存债务转移的情况下，承担人加入到原债务关系中与债务人共同承担债务。而在分包合同中，分包商不是业主和主包商主合同的一方当事人，主包商独自承担主合同项下的全部义务，而不是分包商与主包商共同承担债务。

### 10.1.4 分包的法律特征

(1) 分包是主包商雇用的,并与之签订分包合同的行为。

在国际承包工程合同关系中的当事人包括业主、工程师、主包商、分包商、施工经理、供应商、设计咨询公司、专业设计咨询公司等,这些当事人之间的关系以不同的合同相联系,形成了不同当事人之间的权利义务关系,构成了国际承包工程的合同关系和合同链。在分包合同链中,业主雇用承包商、雇用工程师或建筑师,而主包商雇用分包商,并与分包商签订分包合同。

(2) 分包是分包商承揽一部分工程,而不是全部工程的行为。

在实务中,无论是土木工程中的机电设备分包,还是机电工程中的土木工程分包,或者是土木工程中的其他分包,均是分包一部分工程项目,而不是全部工程,这也是分包与转包的根本区别。

(3) 分包并没有改变主包商对业主负责,分包商向主包商负责的权利义务关系,主包商对业主的权利和义务没有转移给分包商。体现在如下五个方面:

1) 分包合同存续于主包商和分包商之间,而业主和分包商之间没有合同关系。

2) 分包并没有使主合同项下主包商的权利和义务转移或分割给分包商,分包行为并没有改变主包商对业主负责,分包商对主包商负责的合同关系。

3) 主包商不能以分包为由,向业主主张合同项下的权利和义务转移给分包商。

4) 主包商不能以分包商延误、所做的工程缺陷等为由抗辩、推托他对业主的合同责任。

5) 分包合同附属于主合同,以主合同的成立为成立前提,随主合同的消灭而消灭。

## 10.2 分包合同关系

### 10.2.1 一般原理

国际工程分包涉及了业主、工程师/建筑师、主包商和分包商等各方当事人,以合同为法律关系和权利义务的纽带,各方参与者形成了国际工程分包合同关系。为清晰表达分包合同关系,如图10-1所示:

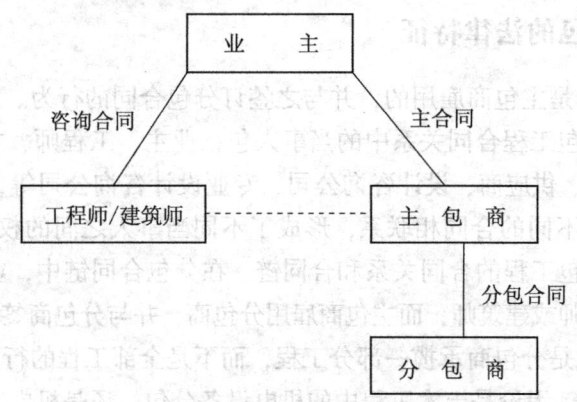

图 10-1　业主、主包商和分包商的合同关系
注：实线表示合同关系；虚线表示管理关系，无合同关系。

根据分包的法律性质和法律特征，图 10-1 表明了业主、主包商和分包商之间的合同关系和责任链，即主包商对业主负责，分包商对主包商负责的合同责任关系。

### 10.2.2　主包商与分包商的合同关系

在主包商与分包商之间签订了分包合同后，两者之间形成了法律意义上的合同责任和义务。分包商应对主包商负担全部合同责任和义务，反之，主包商也应对分包商的违约行为向业主负责。

分包合同只存在于主包商和分包商之间，如果业主将工程进行分割，将一部分工程与其他承包商签订合同，则构成另外的合同关系。

主包商进行分包，只是将一部分工程分包出去，而不能将合同责任和义务分包出去，主包商仍将对业主承担整个主合同项下合同义务。FIDIC 合同 1987 年第 4 版第 4.1 条规定，"任何有关的同意，不应免除承包商根据合同应承担的责任或应尽的义务，并应像对待承包商自己、其代理人、其服务人员及其工作人员的行为、违约及疏忽一样，对任何分包商、分包商代理人、分包商的服务人员及工作人员的行为、违约及疏忽负责。"

FIDIC 合同 1999 年第 1 版第 4.4 条亦作了类似的规定："承包商应像对待承包商自己的行为和违约一样，对任何分包商、其代理人或工作人员的行为或违约负责。"

这些类似的规定，在英国 ICE 合同、JCT 合同、NEC 合同、美国 AIA 和 AGC 合同以及其他合同范本中均有出现，其目的是明确主包商与业主之间的合同关系的性质，约束主包商对业主的权利和义务关系。

## 10.2.3 业主与分包商的关系

由于分包合同仅仅是主包商和分包商之间签订的合同，因此，业主与分包商之间没有合同关系（no privity of contract），也没有合同责任和义务。这就意味着分包商不能对其分包项下的额外的费用或损失直接向业主索赔或起诉业主，也不能以业主有过错违约为由起诉业主；反之，业主也不能向违约的分包商直接行使合同的权力，要求分包商赔偿因其过错或延误所造成的任何损失或损害。一般而言，业主向主包商支付工程款项，分包商从主包商那里得到分包合同款，这是国际承包工程的一般原则和惯例。

分包商对业主的不满、索赔、起诉或仲裁，应通过主包商进行，因为分包商与业主没有合同法律关系，法院或仲裁庭不会受理分包商的诉讼或仲裁行为。但在实务中经常会出现业主与分包商私下发生合同关系的情况，但这种情况一般不为法院或仲裁庭所接受。

【案例】在 Environmental Energy Partners Inc. 诉 Siemens Building Technologies Inc. et al. Nos. 26521 & 26702, 2005 Mo. App. LEXIS 1568 (Mo. Ct. App., Oct. 25, 2005) 案中，主包商和分包商就一项医院装修工程的付款问题发生纠纷。主包商以分包商未完成工程为由拒绝支付分包商余款 201178.75 美元，于是分包商向法院申请了对其装修医院财产的留置权。随后分包商以主包商和业主为被告向法院递交了起诉状，要求执行留置权。由于分包商申请了对医院财产的留置权，业主便扣留了应付给承包商的最后一笔工程款项 148475 美元。在主包商毫不知情的情况下，分包商和业主签署了秘密的《和解及解除协议》，在协议中业主同意将从主包商处扣留的 147475 美元直接支付给分包商，作为交换，分包商解除诉讼中要求执行的留置权。

主包商随即对分包商提起诉讼，主张分包商与业主签订的《和解及解除协议》具有侵权性质，干涉了主包商与业主的合同关系。在庭审中，陪审团作出了对主包商有利的判决，判决赔偿 26100 美元的实际损失和 50 万美元的惩罚性的损失赔偿。

在密苏里州上诉法院上诉审理中，分包商辩称根据法律他要求从业主处得到付款是正当的，主包商不能将其要求提交给陪审团。分包商引述了密苏里州有关侵权性干涉要求中的公正原则，主张为保护自己的有效经济利益，具有干涉主包商和业主合同关系的优先权。

密苏里州上诉法院不同意分包商的上述辩解，主张按照密苏里州法律，以有效经济利益介入另一合同关系的正当性需要"不附带任何条件的决定的法律权利。"法庭还进一步考证了"合同规定可以决定侵权性干涉要求的正当性存在，或缺乏正当性存在"原则，依据这些原则，法庭发现由于有关当事人之间协议的例外规定，介入合同所必需的不附带任何条件的法律权利是不存在的。例如，根据分包合同的规定，作为支付的前提条件，要求分包提交书面的支付请求和竣工证书，而且，也要求分包商与主包商合作处理与业主的付款问题。更重要的是，分包合同中写入了"支付才预支付"（pay-when-paid）条款，即"除非主包商得到业主的付款，否则不能支付分包商"。

基于这些合同规定以及分包商未能完全履行这些规定的证据，法庭支持了陪审团作出的侵权性干涉的裁决。法庭的结论是："按照与主包商签订的合同规定，分包商没有法律权利要求业主将应付给主包商的款项转付给分包商。"法庭支持陪审团的裁定，包括50万美元的惩罚性的损失赔偿。

业主与分包商之间的关系也有例外情形，即在指定分包的情况下，如果在分包合同中明示或默示的表明业主与指定分包商存在合同关系，或在工程实施过程中，业主或明确代表业主并且经业主授权的工程师直接与分包商谈判或者指令指定分包商，则在业主和分包商之间形成了直接的合同关系，上述规则就不能适用。例如：

"代表业主的建筑师要求分包商按照比原定施工方案费用高的方案进行施工，并且告之分包商，他可以就此得到额外付款。"在这种情形下，业主和分包商之间的合同关系成立，分包商可以直接从业主那里得到额外付款。

业主和分包商关系的第二种例外情形是，业主可根据 FIDIC 合同 1987 年第 4 版第 59.5 款，或 1999 年第 1 版第 5.3 款直接向指定分包商付款。

在某些国家，如英国，在分包商根据要求向业主提供了从担保（collateral warranty）的情况下，与业主签署了从担保契据（Collateral Warranty Deed）时，业主与分包商之间就存在了因从担保合同而产生的直接法律关系，业主或建筑物买受人、承租人、贷款人可依从担保契据的规定，通常是在缺陷责任期之后的一定年限内，对分包工程缺陷造成他人的损失或损害直接起诉分包商，而不必以侵权为由起诉分包商。

根据侵权法，业主和分包商可以侵权责任（tort）为由起诉对方，如以侵权责任为由起诉，则业主和分包商之间不受合同相对性原则的限制。

### 10.2.4 工程师与分包商之间的关系

工程师是业主聘任的，负责向业主提供工程监理服务的人员，他与分包商之间没有合同关系。工程师与分包商之间的业务关系在于，如果合同规定分包应事先得到工程师的同意，则主包商应在签订分包合同之前取得工程师的书面同意。工程师在同意分包之前，应对分包商的经验、能力、财务状况感到满意。在工程实施过程中，除合同规定工程师可以与指定分包商联系的特例外，工程师应通过主包商对分包工程下达指令，而不能绕过主包商。

在实施工程过程中，为了加快沟通过程，在征得主包商同意的情形下，工程师可以与分包商直接就技术问题和施工细节进行交流，但工程师和分包商应将有关函件抄送给主包商，并及时通报有关情况。

根据合同关系相对性原则，由于工程师和分包商之间没有合同关系，工程师无权以分包商违约为由起诉分包商，分包商也不能以工程师违约为由起诉工程师，但侵权责任除外。

### 10.2.5 小结

在业主、主包商和分包商之间形成的合同责任链中，业主的风险在于业主与分包商之间没有合同关系，业主不能就分包商的延误、不当行为、疏忽、缺陷工程或不良设计直接要求分包商赔偿所受损失，业主只能依靠三者之间形成的合同责任链，即业主向主包商索偿，主包商再向分包商索偿来实现。

主合同和分包合同责任链的衔接问题，看似理所当然，表面上不存在什么问题，但实际上却存在诸多疑问，值得合同关系当事人密切关注。如果分包合同关系和责任链出现断裂、主合同与分包合同衔接不好，因分包合同而产生的合同责任链就会出现问题。

在业主、主包商和分包商之间因分包合同而产生的分包合同关系链中，三者之间的合同关系应清晰明了，才能形成法律关系和权利义务明确的合同责任关系和责任链。如果三者之间出现其他性质的合同，就破坏了分包合同法律关系和责任链，对合同关系当事人造成损害或损失，在国际工程项目实施过程中，业主、主包商和分包商应尽量避免这种情况的发生。

## 10.3 FIDIC 分包合同的一般原则

在多年的工程建筑施工分包实践中，国际工程分包形成了一套特有的分包原则、规则和技巧，在各国有关建筑法律、判例以及国际工程的合同范本中均有所体现。关于分包，FIDIC 合同 1987 年第 4 版第 4 条和第 59 条，1999 年版第 4.4 款、第 4.5 款和第 5 条，以及英国土木工程师学会 ICE 合同第 7 版第 4 条和第 59 条做了原则规定，但这些处理业主和主包商之间权利义务关系的主合同范本文件中涉及分包的内容偏少。在 FIDIC 合同 1994 年第 1 版《土木工程施工分包合同条件》，以及英国联合合同裁判所 JCT、美国建筑师学会 AIA 等各种分包合同范本中，对分包原则做了进一步详细的规定，补充了主合同内容，这些内容反映和体现了法律、判例、工程建筑业界、律师等公认的一般原则。

**1. 分包商和业主没有合同关系**

这个问题已在分包合同法律关系中述及，需要补充的是，FIDIC 分包合同 1994 年第 1 版版第 4.3 条规定："此处规定不应被理解为在分包商与业主之间可以产生任何合同关系。"为分包商与业主之间没有合同关系提供了明示规定。

无论主合同或分包合同中是否有这样的明示条款，分包商与业主没有合同关系都是不可改变的，这在一些英国法院的判例中有所体现。

【案例】在英国 George E. Taylor & Co. Ltd. 诉 G. Percy Trentham Ltd., Queen's Bench Division (1980) 16 BLR 15 案中，原告 Taylor 公司是被告 Trentham 公司的指定分包商，而且原告还与业主签订了合同，担保分包工程的适当实施。在某期付款证书中，业主对一笔金额为 22101 英镑的付款证书，在预扣了因指定分包商延误被告提出的索赔金额 14574.13 英镑后，只支付了 7526.87 英镑给被告。

法庭判决业主无权预扣上述款项，业主和指定分包商的合同是与本案无关的第三者行为（拉丁文 res inter alios acta）。

法官 William Stabb 在判决中解释道："建筑师已经签发了金额为 22101 英镑，应由业主向主包商支付的付款证书，而且，按合同第 30 条的规定并根据业主在普通法和衡平法中的抵消权（见 Gilbert Ash (Northern) Ltd. 诉 Modern Engineering (Bristol) Ltd. (1973)），承包商有权得到上述款项。在此，业主不能对已签发的、应付给主包商的付款的任何部分行使抵消权。业主所主张的主合同第 27 (b) 条应由主包商支付给指定分包商的那部分款项，是根据业主与指定分包商之间另外所谓的'直接'合同中的如对分包商发生索赔和反索赔时，允许业主从与主包商签订的主合同预扣应付给指定分包商的款额的条款行使抵消权的，以便全部或部分地解决业主、主包商和分包商之间发生的索赔和反索赔。

就分包商和主包商而言，主包商与业主之间的合同也是与本案无关的第三者行为。我认为，更公平地说，就业主与主包商而言，业主与指定分包商之间的直接合同也是与本案无关的第三者的行为。"

## 2. 承包商不能将整个工程分包出去

在国际承包工程项目中，业主选择承包商经历了资格预审、招标、承包商交标、评标等一系列的程序，目的是保证业主能够选择合格的、胜任的和价格适宜的承包商实施和完成工程项目，如果承包商在中标签约后将整个工程分包出去，由他人负责实施，就根本改变了工程项目的具体实施人，违背了选择承包商程序的初衷。而由他人负责实施，对业主形成了工程实施主体的变更、形成了各国债法或合同法上的债务转移，构成了业主的风险，这对业主而言是不公平的。

承包商将整个工程分包出去，构成了转包行为，这不仅为各类工程标准合同格式，如FIDIC、ICE、AIA、AGC、JCT、NEC等所明文禁止，也为有些国家法律明文禁止。

关于禁止承包商将整个工程分包出去的合同规定，FIDIC合同1987年第4版第4.1条明确规定："承包商不得将整个合同分包出去。"FIDIC合同1999年版第4.4条也明确规定了此项内容。

如果承包商将整个工程分包出去，则构成了承包商的违约，业主有权根据FIDIC合同1987年第4版第63.1.（e）条，或根据1999年第1版第15.2.（d）条终止合同，追偿其所受的损失。

## 3. 未经业主或工程师的同意，承包商不得将工程的任何部分分包出去

此类规定在FIDIC合同1987年第4版第4.1条、1999年第1版第4.4条有明确的规定，这类规定的动机出发点是保证工程的完好实施。

分包是当今社会建筑工程施工领域不可避免的事情，但为了控制分包工程的质量，合同规定分包应事先得到业主或工程师的同意。但提供材料、提供劳务和指定分包无需得到业主或工程师的同意。

为了更好控制承包商对分包商的选择，保护业主的利益，业主在准备招标文件中均明确要求承包商提供他意欲分包工程的内容，分包商名单，并要求承包商在投标文件中提交分包商的类似工程经验、财务能力和人员等资料，供业主评标时使用和选择。

如未经业主或工程师同意，承包商将工程的任何部分进行分包，则构成承包商的违约，业主或工程师有权要求承包商更正，或将分包商逐出现场等。

## 4. 主包商对业主承担合同责任，分包商对主包商承担合同责任

为明确业主、主包商和分包商在合同中的法律责任，FIDIC合同1987年第4版第4.1条规定："任何这类同意均不能解除合同规定的承包商的任何责任和义务，承包商应将任何分包商、分包商的代理人、雇员或工人的行

为、违约或疏忽，完全视为承包商自己及其代理人、雇员或工人的行为、违约或疏忽一样，并为之负完全责任。"也就是说，承包商对业主完全承担分包商的任何行为和责任，不能以分包为由推托责任和免责。

在 FIDIC 合同 1999 年版第 4.4 条也规定了类似规定，在其他合同中，如 ICE、JCT 合同均规定了类似条款，其目的是约束业主、主包商和分包商之间的法律关系和合同责任。

国际工程分包中的合同责任链是由分包合同关系决定的，并受合同相对性法律原则的约束。

**5. 分包商对主合同应全部知晓**

FIDIC 合同分包合同格式第 4.1 条规定："承包商应提供主合同（工程量表或费率价格表中所列的承包商的价格细节除外，视情况而定）供分包商查阅，并且，当分包商要求时，承包商应向分包商提供一份主合同（上述承包商的价格细节除外）的真实副本，其费用由分包商承担。在任何情况下，承包商应向分包商提供一份主合同的投标书附录和主合同条件第二部分的副本，以及适用于主合同但不同于主合同条件第一部分的任何其他合同条件的细节。应认为分包商已经全面了解主合同的各项规定（上述承包商价格细节除外）。"

该项原则对于承包商和分包商具有实质的意义。对于承包商而言，他需要分包商在报价时知道和了解分包商要承揽的工程或服务的内容、范围和规范要求，这样承包商得到的才是符合主合同要求的分包报价，而不会发生在与分包商签订分包合同后分包商提出其报价与其实际所做的工程或服务不符，发生争议。对于分包商而言，也需要知道和了解分包工程的全部内容，这样才能准确报价，实施和完成分包工程。

这些原则是合同关系延续的结果之一。根据业主和主包商之间的合同规定，如 FIDIC、ICE 合同等，均规定承包商已全部了解并知晓了投标文件和合同的全部内容，相关的，在主包商与分包商的分包合同中，承包商也需要分包商全部了解并知晓他与业主签订主合同的内容。

**6. 分包商应对其分包工程承担主包商在主合同项下所有的责任和义务**

FIDIC 分包合同条件 1994 年第 1 版第 4.2 条规定："除非分包合同条款另有要求，分包商在对分包工程进行设计（在分包合同规定的范围内）、实施和竣工以及修补其中任何缺陷时，应避免其任何行为或疏漏构成、引起或促成承包商违反主合同规定的承包商的任何义务。除上述之外，分包商应承担并履行与分包工程有关的主合同规定的承包商的所有义务和责任。"

这条规定了分包商承担与承包商对业主的相同义务原则，即承包商在主合同项下对业主承担了什么责任和义务，分包商就应对承包商承担同样的责任和义务，也就是"背靠背"（back-to-back）的责任和义务。

相同义务原则或"背靠背"责任原则是分包合同法律关系的一个核心问题，但分包商承担与主包商相同义务原则并不是必然的、与生俱有的，不需要主包商和分包商之间的任何合同约定就必然产生的，或可以默示地推定出来的，而是需要主包商通过分包合同的具体规定来实现的。因为第三人代为履行的法律行为特征是，合同当事人的约定对第三人不具有约束力，第三人可以同意履行，也可以拒绝履行。当第三人拒绝履行或履行不符合约定时，由债务人承担履行或违约责任。另外，主合同是业主和主包商之间签订的，分包商不是主合同法律关系的一方当事人，因此，分包商不受主合同中业主和主包商之间约定的限制，也没有履行主合同的义务，分包商只受他与主包商之间分包合同的制约。

如何实现责任和义务的"背靠背"，主要依赖分包合同的明示条款加以规定，如 FIDIC 分包合同中的类似规定，或通过"传导条款"来实现。有人主张直接将主合同规定成为分包合同文件，但多数学者和专家对此持反对意见，因为会出现不同文件中的解释矛盾。

**7. 业主不能直接起诉或对分包商直接申请仲裁，分包商也不能对业主直接起诉或提起仲裁，但侵权责任除外**

这个原则在分包合同法律关系中述及，但根据不同国家的法律，该项原则存在如下例外情形，如法国等，无论分包合同如何规定，分包商可以有权直接起诉业主要求业主直接付款或直接对业主采取法律行动。FIDIC 在《FIDIC 土木工程施工分包合同应用指南》中解释道："例如，法国法，见 1975 年 12 月 31 日第 75-1334 法令。根据某些阿拉伯国家法典，分包商也有权直接对业主采取法律行动，例如，阿尔及利亚法典第 565 条、埃及法典第 662 条、伊拉克法典第 882 条、科威特法典第 682 条、利比亚法典第 661 条、叙利亚法典第 628 条。根据这些法典规定，分包商的权利可能是强制性的，并因此可以优于与之相反的合同规定。"

该项原则是分包的一般原则，如在具体适用某个国家法律时，应遵守该国具体的法律规定。

## 10.4 FIDIC 分包合同的特殊规则

国际工程建筑业经过多年的发展，在投标、施工和讼诉或仲裁方面形成了一套自有的规则，这套规则以业主、主包商、工程师或建筑师、分包商为主要角色，具有自身的特点和技巧。

**1. 承包商将分包商列入标书中分包商名单或分包商的报价行为不能在主包商和分包商之间形成合同关系**

主包商根据合同规定列出分包商名单并递交给业主的行为，并没有在主包商与分包商之间形成合同关系。根据一般合同法原理，在投标过程中，分包商的报价只是一种要约行为，在没有得到主包商的承诺之前，双方没有合同关系。如果主包商在中标后选择了其他分包商，分包商没有法律的理由要求主包商赔偿；反之，如果由于分包商以价格错误、原报价太低或者要求提高价格为由拒绝接受分包，迫使主包商在中标后不得不另找他人，主包商也没有法律的理由要求分包商赔偿或承担原提供报价的分包商与其他替代分包商之间价格的价差。

【案例】在 McCandlish Electric, Inc. 诉 Will Construction Co. No. 18935-00-III, 2001 Wash. App. LEXIS 1364 (June 28, 2001) 案中，Will 公司在向 Leaveworth 市政府投标污水处理厂项目时，使用了原告 McCandlish 公司的电气设施的报价，并根据标书的规定将原告作为电器分包商列入了投标文件。开标后，Will 公司发现自己的报价远远低于第二标的报价，于是对是否与市政府签署合同犹豫不决，同时要求原告 McCandlish 公司降低报价，原告回应同意对价格给予调整。

Will 公司接受了市政府的合同，在授标后 Will 公司要求市政府准许使用其他替代的分包商。在 Will 公司的强烈要求下，市政府同意 Will 公司使用另外替代的分包商实施电气工程。

McCandlish 公司随即将 Will 公司告上法庭，称根据华盛顿州分包商名单法案的规定要求被告赔偿损失。该法案规定："每项招标……应要求每一投标人递交作为投标一部分的或者在公布的递交标书时间之后的一小时内递交分包商名单……如中标，投标人可以将工程分包给名单上列明的分包商。"一审法院认定 Will 公司的行为不违背法律规定，于是原告上诉。

尽管上诉法院批评了被告 Will 公司的不道德竞标行为，但上诉法院肯定了原法院的判决。上诉法院承认法令默示主包商可以根据法令的规定将分包合同授予名单上列明的分包商，然而，法律并没有"明确规定主包商在任何情况下不可以使用其他分包商替代名单上的分包商"，而且法令也没有规定分包商可以将此作为诉讼理由。较合理的解释是，分包商名单法令的实施是用来规范和调整投标过程的。因此，法院判定原告败诉。

有关这方面的案例，还可参见 Pavel Enterprises, Inc. 诉 A. S. Johnson Company, Inc. 342 Md. 143; 674 A. 2d 521; (1996) 案，James Baird Co. 诉

Gimbel Bros., Inc., 64 F. 2d 344 (2d Cir. 1933) 案和 Drennan 诉 Star Paving, 51 Cal. 2d 409, 333 P. 2d 757 (1958) 案。

**2. 分包合同的形式可与主合同的形式不同**

国际承包工程项目的主合同可以分为总价合同、单价合同和成本补偿合同三类，无论主包商与业主签订是何种合同，分包合同的形式可以采取与主合同不同的形式，主包商可以不受主合同类型的限制选择分包合同的类型，只要主包商和分包商合意一致即可。

对于分包合同采用何种类型，FIDIC 合同各种版本、ICE 合同和 JCT 合同中均没有明确规定和限制，主包商可以根据工程的性质、种类、范围和规范要求自行决定。在大型工程项目中，如果招标文件中业主提供了分包合同格式，而且规定承包商必须遵守，则承包商应遵守业主提供的分包合同的类型和分包合同条款，在这种限制性规定情况下，承包商没有选择分包合同的自由。

在国际工程项目实务中，在选择分包合同类型时应注意如下事项：

(1) 主合同是单价合同，分包合同可以是单价合同、总价合同或成本补偿合同。在这种情况下主包商和分包商应注意合同中的工程数量清单中工程量的准确性。

(2) 主合同是总价合同，分包合同不宜选择单价合同形式，而应同样选择总价合同或成本补偿合同。

(3) 如果主合同是成本补偿合同，分包合同可以选择总价合同，而不宜选择单价合同。

**3. 如没有明示的约定，主合同的规定不能被解读为已包括在分包合同之中**

为了避免在分包商履行其义务中引起额外的风险，主包商应十分注意保证分包合同条件与主合同条件相一致。主包商也需保证主合同的有关条款包括在分包合同中，而且应保证主合同和分包合同管理的相互一致性。

如果没有明示的约定，即将主合同规定在分包合同中，主合同的规定不能被解读为已包括在分包合同之中。而且以参考的方式 (refer to) 将主合同的某些条款包含在分包合同中可能会给主包商带来实质的风险。

【案例】在 Smith and Montgomery 诉 Johnson Bros Co. Ltd. Ontario High Court (1954) 1 DLR 392 案中，被告是为业主汉密尔顿市修建穿越汉密尔顿的下水隧道的主包商，原告作为分包商负责"按照汉密尔顿市和被告签订合同规定的规范和尺寸"承建隧道工程部分。

在施工中，工程师根据主合同规定要求主包商停工。虽然主包商可以就此提出工期索赔要求，但根据主合同的有关特殊条款，主包商无权就此产生的额外费用进行索赔。然而，由于分包合同没有包含要求停工的特别权力，并不能产生的额外费用的规定，分包商有权就此要求费用索赔。

法官 Schroeder J 主张"按照汉密尔顿市和被告签订合同规定的规范和尺寸"的文字表述并不能表示主合同的条款已包括在分包合同中。

如果主合同的某些条款放入了分包合同而工程师有权指令主包商驱除分包商的特别规定没有放入分包合同，而且分包合同规定分包商同意按照主合同的条款实施工程，在这种情况下，主合同中工程师的权力并没有包含在分包合同中，如果主包商按照工程师的指令驱除分包商，主包商就违反了分包合同。

即使分包商同意按照主合同的条款实施工程，这也并没有赋予主包商对分包商享有与业主在主合同项下相同的权力。在 Chandler Bros Ltd. 诉 Boswell（1936）案中，主合同规定业主有权指令承包商解除分包商，但该条款并没有包含在分包合同，法院不能默示该条款，即使分包合同终止。

如果不能充分地确认主合同包含在分包合同中，如果无法证明将主合同包括在分包合同中的目的，如果很难确定或不可能确定主合同的规定是否包含在分包合同中，这样就会引起争议。关于这个问题，请看如下的一个典型案例。

【案例】在美国高等法院受理的 Guerini Stone Co. 诉 P. J. Carlin Construction Co., 240 U. S. 264（1916）案中，分包合同规定主合同中"按照图纸和规范"进行施工。在施工过程中，业主按照主合同规定的权利对工程进行了变更并暂停了施工。由于业主造成的延误，分包商终止了分包合同并要求主包商赔偿。高等法院判决分包合同提及的"图纸和规范"只是指分包商应做什么工程、以什么方式做，下一级法院作出的分包商应受主合同的约束（不仅仅是图纸和规范），并且有义务要忍受业主造成的延误的判决是错误的。

分包商知晓主合同的规定也不足以默示分包商应受主合同的约束。因此，要明确分包商受主合同的约束，应在分包合同中明示地、清晰地写明。

### 4. 主包商和指定分包商的合同地位应在分包合同中明确

指定分包商是国际工程项目中的一个普遍现象，由于指定分包商主要是从业主那里得到工程，而不是从主包商手中得到项目，因此主包商的管理积极性就存在一定差异，至于风险，主包商也想全部都推给业主，不想承担责任，律师也会首先从指定分包商的合同地位入手看风险的负担问题。因此，指定分包商的合同地位应在分包合同中明确。

**【案例】** 在 A. Davies & Co (Shopfitters) Ltd. 诉 William Old Ltd. Queen Bench Division (1969) 67 LGR 395 案中，被告是一商店安装工程的主包商，合同条款为 JCT 63 年版本，建筑师指定由指定分包商承建部分工程。分包合同版本是标准范本，但主包商将付款条款修改为"业主支付后主包商才付款"(pay when paid)，指定分包商也接受了修改后的合同版本，并开始施工。在业主支付所有工程款之前，业主宣布破产。

法院判决原被告之间签订的合同是被告提供的印刷范本合同，而原告亦接受。被告只对业主已支付给他的工程部分承担付款义务。

### 5. 业主或工程师不能直接向分包商发出指令，而应通过主包商

该项规则是由业主、工程师、主包商和分包商的相互合同关系决定的。根据分包合同法律关系，分包商只是主包商雇用的用来实施部分工程的人，分包商与业主和工程师没有合同关系，通俗地说，业主和工程师只认主包商，并把分包商当做是主包商的一部分看待，因此，业主或工程师在工程实施过程中不能越过主包商直接向分包商发指令，而应向主包商发出指令进行。

### 6. 分包商不能与工程师和业主联系，而应通过主包商进行

在国际承包工程实务中，分包商会经常向主包商抱怨他们无法和工程师联系，也无法通过工程师与业主联系。FIDIC 合同 1987 年第 4 版应用指南中的有关解释提出："在与规范和设计的细节有关的技术问题上，如果承包商同意分包商与工程师直接联系，这一矛盾就会缓解，但应把联系情况详细告知承包商，并且在适当时候安排承包商参加。"

但在 FIDIC 合同 1987 年第 4 版中的合同条款并没有规定在何种情况下分包商可以与工程师和业主直接联系。因此，在 FIDIC 合同项下，分包商并没有合同上的权利与工程师或业主直接联系。但在实际操作过程中，在征得主包商同意后，分包商可以就某些事项与业主直接联系。

### 7. 如分包商承担的缺陷责任期超过承包商应向业主负责的期限，承包商必须将该权利转让给业主，并保证分包商同意这种转让

FIDIC 合同 1987 年第 4 版第 4.2 条规定："当分包商在所进行的工作，或其提供的货物、材料、工程设备或服务方面，为承包商承担了合同规定的缺陷责任期限结束后，在其任何延长期间须继续承担任何连续义务时，承包商应根据业主的要求和由业主承担费用的情况下，在缺陷责任期届满之后的任何时间，将上述未终止的此类义务的权益转让给业主。"

FIDIC 合同 1999 年第 1 版第 4.5 条也进行了类似的规定。

这项原则是基于承包商对业主的责任期和分包工程的责任期不同而规定

的，如果两者不一致，承包商应将该权利转让给业主，并应保证分包商同意这种转让。

**8. 如果分包商负有设计义务，而其设计出现错误，分包商应对此负责**

在某些情况下主包商没有设计责任，而是由指定分包商负责设计。在 Norta Wallpapers (Ireland) 诉 John Sisk and Sons (Dublin) Ltd. (1977) 案中，指定分包商被业主指定负责提供和安装生产墙纸工厂厂房的上部结构，但设计出现了错误。法院判决在主合同缺少明示规定的情况下，承包商不能承担设计责任，而且默示推定主包商应为设计错误承担责任也是不合理的。分包商是业主指定的，合同没有要求主包商审查设计，因为业主已为此雇用工程师做这项工作。

**9. 分包合同争议解决的方式和仲裁地点可与主合同不同**

无论主合同的争议解决方式如何规定，如 FIDIC 合同 1987 年版规定的仲裁，还是主合同规定的其他解决仲裁的方式，分包合同可以不受这些条款的限制，主包商和分包商可以就解决争议的方式有选择权，只要双方能够达成一致。分包合同可以选择仲裁，也可以选择法院，依主包商和分包商的意思表示一致决定。

在仲裁地点、法院的选择问题上，分包合同也可不受主合同的限制，主包商和分包商可以另行选定仲裁地点或法院地，只要双方达成合意。

## 10.5 分包合同的编制

### 10.5.1 编制分包合同的原则

（1）与主合同相一致的原则。也称为"背靠背"原则或相同义务原则，它是编制分包合同的最基本的原则。一致性原则可通过传导条款实现，如 FIDIC 分包合同 1994 年第 1 版的规定，"分包商应承担并履行与分包工程有关的主合同规定的承包商的所有义务和责任。"承包商应分清主合同和分包合同界面（见表 10-1），使合同界面统一和一致。

（2）分包商知晓原则。应在分包合同中明确写明"应视为分包商已阅读、全面知晓和了解了主合同规定的合同条件、图纸、规范、数量、现场情况等"条款规定，以利于在出现不利情况时使用。

（3）完整性原则。应在分包合同条件中进行全面的规定，形成完整的合同条款。不仅需要进行正面肯定的规定，还需要从反面进行描述，即如果出现相反情况时如何处理和责任的规定，以避免出现纠纷时合同条款出现疏漏，形成合同条款的完整规定。

表 10-1 分包合同与主合同的界面

| 序号 | 交叉界面主题 | 详细内容 |
| --- | --- | --- |
| 1 | 分包方式 | 工程分包（部分、工序分包） |
| | | 专业工程分包 |
| | | 劳务分包（清工分包） |
| 2 | 合同模式 | 合同格式和文本选择 |
| | | 合同方式：单价、总价、成本加酬金 |
| 3 | 工程 | 工程内容 |
| | | 工程范围 |
| 4 | 工期 | 分包工程的工期，包括开工时间、进场时间、竣工时间 |
| 5 | 价格 | 分包工程价格 |
| 6 | 支付 | 支付方式 |
| | | 支付货币 |
| 7 | 保函 | 履约保函 |
| | | 预付款保函 |
| 8 | 保险 | 保险，由谁承保，保费负担原则 |
| 9 | 材料供应和检验 | 材料供应 |
| | | 材料检测 |
| 10 | 临时工程和设施的使用 | 临时工程和设施的使用 |
| 11 | 施工现场、通道和便道的使用和维护 | 施工现场、通道和便道的使用和维护 |
| 12 | 工程变更 | 工程变更 |
| 13 | 保留金 | 保留金金额、扣留方式和释放 |
| 14 | 缺陷责任期 | 缺陷责任期 |
| 15 | 税务 | 税务 |
| 16 | 主包商接管的权力 | 主包商接管分包商的预期情形，接管后的后果和责任 |
| 17 | 争议的解决 | 友好协商方式和时间限制 |
| | | 仲裁地点 |
| | | 仲裁规则 |
| 18 | 法律适用 | 法律适用的国家（与主合同一致） |

## 10.5.2 解决方案

**1. 合同格式**

国际工程分包合同文本主要来源于大型工程项目中招标文件规定的分包合同文本、主包商自己编制的并与分包商谈判签订的文本、有关国际咨询机构或专业协会编制的标准分包合同格式，如 FIDIC 分包合同 1994 年第 1 版、CECA 分包合同格式、JCT 各类分包合同、美国 AIA 和 AGC 编制的分包合同格式。

主包商可以采用如下方式编制分包合同：

（1）对于分包工程占到主包工程一定比例的大分包工程，可以采用国际咨询机构编制的分包合同格式。

（2）对于单项分包工程或小包工程，主包商可以根据以往经验自己拟定分包合同，或者主包商和分包商共同聘请专业律师拟定合同文本后由双方谈判确定最终文本。

**2. 合同形式**

根据主包合同的不同，分包合同形式可以采取不同的方式，如单价合同、总价合同或者成本加酬金方式等。当主包合同采用 FIDIC 合同等单价合同时，分包合同宜采用单价合同；如主合同为总价合同，分包合同应也采用总价合同的方式；在单项工程或小包项目时，可采用总价合同的方式，以利于主包商控制成本。

**3. 支付货币**

解决支付货币问题有如下方法：

（1）业主支付什么种类货币，主包商原封不动支付给分包商。

（2）无论当地币汇率如何变化，主包商按主合同规定的比价支付。

（3）主包商用美元兑换支付，如必要可以做掉期安排。

在单项分包或小额分包给当地分包商时，可以使用当地币全额支付分包合同款项。

**4. 保函**

（1）采用"背靠背"方式，即使用主包合同中的履约保函和预付款保函格式，由分包商向主包商开具。

（2）主包商选用已使用过的、或一些标准合同格式所附的无条件履约和预付款保函格式。

（3）分包商开具保函的银行应当是经主包商同意的卓有信誉的银行。

（4）在要求分包商转开或转递保函时，应在分包合同价款中考虑有关费用。

**5. 保险**

（1）由主包商按主合同规定进行保险，分包商不用就其分包工程再进行保险，但分包商应承担其分包工程发生的保险费用。

（2）由分包商对其分包工程进行单独保险，保险费用由分包商承担。

**6. 材料供应和检测**

在分包合同中，应明确材料的供应责任，即由主包商供货还是分包商自己负责。另外，主包商应严格控制和管理分包商使用的材料，要求分包商提供材料规格、生产厂家、质量证明等文件，如需要，主包商应对分包商提供的材料进行单独检测，以确保工程质量。

**7. 工程范围**

主包商在要求分包商报价中应明确界定分包商的工作范围，如利用工程图纸标注、工程数量清单和文字说明等方式明确分包工程范围，切忌使用含糊不清的语言描述，避免实施中相互扯皮。

**8. 临时工程和设施的使用**

应在分包合同中明确共用的临时工程和设施的建设费用、如何使用等。在使用对方的临时工程和设施时，也应明确使用规则，如事先通知、使用时间等。

**9. 施工现场、通道或便道的使用**

应在分包合同谈判和分包合同中明确施工现场、通道或便道的使用方式、建设和维修便道的费用承担、主包商和分包商的相互提前通知和安排使用等问题。

**10. 工程变更**

如业主通过工程师进行工程变更，根据主合同的规定，主包商可以通过变更令得到变更工程的补偿，分包商也可相应地从主包商处得到业主支付的款项。但如果是主包商进行工程变更，主包商将无法从业主处得到补偿，如涉及分包工程，合理的规定是分包商有权从主包商处得到工程变更的补偿。

**11. 保留金和维修期限**

（1）对较早完工的分包工程，其工程经过业主验收认可的，可以尽早支付。

（2）对大分包工程，主包商可以在业主退还保留金后才向分包商支付。

**12. 税务**

无论是主包商还是分包商，应对税务问题给予极大的关注，并应在分包合同中明确包括的税种、缴纳义务税率。在一些需要缴纳增值税、预提税的国家，应明确纳税原则。

### 13. 主包商接管权力的行使

主包商的接管是指分包商在无力履行分包合同时主包商接手分包工程，由主包商实施分包合同的行为。这种情况主要出现在分包商无力履行、破产、可能的延误工期以至造成整个工期延误等情形。在终止分包合同时，主包商应注意按照合同的规定保护自己的权力，在法律上不要形成漏洞，造成分包商提交仲裁，避免进一步争议。FIDIC 分包合同文本中规定主包商行使接管的权力的规定是概括性的，如可能，主包商应将该部分内容细化，明确规定发生何种事件时或工期延误达到多长时间，或潜在的、可能的工期延误将导致整个工期延误到何种程度时主包商可以行使接管的权力。

### 14. 争议的解决

主包商可以选择在工程所在国的仲裁机构，也可以选择境外的仲裁机构进行仲裁。如果担心工程所在国的法律不健全、司法不公以及司法腐败，主包商应选择境外的，如中国香港、瑞典、英国、法国等仲裁机构进行仲裁。如分包合同规定了仲裁地点或机构，则应适用该机构的仲裁规则。

### 15. 法律适用

法律的适用是指分包合同适用的法律，主要是适用工程所在国的法律还是外国法的问题。一般而言，分包合同应选择与主合同相一致的法律，尽量避免法律冲突和解释上的矛盾。

## 10.6 分包合同的几个问题

### 10.6.1 责任传递条款

责任传递条款（Conduit Clause）是指主合同中有关分包合同工程的规定适用于分包合同，分包商就分包合同工程承担与主包商在主合同中向业主承担的同样的责任和义务。

从主包商的立场而言，他会自然地考虑像业主对待主包商一样对待分包商，也希望他对业主有什么样的权利、义务、赔偿和补救措施，分包商也要对主包商有同样的权利、义务、补偿和补救措施。

由于将主合同文件放入分包合同文件中容易造成解释上的冲突，因此，多数学者和机构主张采用责任传递条款，这在很多分包合同标准格式中有所体现，如在美国 AIA 分包合同 A401 格式第 11.1 条、美国 AGC 分包合同格式以及 FIDIC 分包合同格式 1994 年第 1 版第 4.2 条中均包含了这种责任传递条款的规定。

FIDIC 分包合同第 4.2 条规定:"除上述规定外,分包商应就其分包工程承担和履行主合同项下承包商的所有的义务和责任。"

主包商在起草分包合同时经常会写入责任传递条款,以便使分包商的责任与承包商对业主的责任挂钩。

在分包合同中规定责任传递条款是主包商的惯常做法,其主要问题是责任传递条款的规定和文字过于空泛和广义,如规定"所有的权利、补偿和补救",形成了含糊不清和解释不一致的风险,容易造成主包商和分包商之间的争议和诉讼。

如分包合同中缺少责任传递条款,可能会造成主包商与业主、主包商与分包商之间的权利和义务的不一致。

### 10.6.2 附条件支付条款

附条件支付条款是指分包合同的支付条款写明在主包商从业主那里收到分包款后,主包商才向分包商支付的规定。

典型的附条件支付条款(Pay-When-Paid)内容如下:

"承包商同意在分包商完成其工程、经工程师确认并在业主向承包商支付分包工程款后的第 30 天内向分包商支付其分包工程款项。"

在分包实务中,又出现了新的附条件支付条款,形成了一种如果业主支付后承包商才能支付分包商的条款,称为"Pay-if-Paid Clause",内容如下:

"在业主或业主代表预付或支付了主包商时,主包商负有责任和义务向分包商支付除保留金之外的、业主代表承认和批准的款项和比例。只有业主或业主代表向主包商预付或支付工程款项,主包商才有责任或被要求向分包商预付和支付工程款项。"

另外一种附条件支付条款称为签认后付款(Pay-if-Certified Clause),如美国 AGC 分包合同格式。虽然 AGC 分包合同中没有将业主向主包商支付作为主包商向分包商支付分包款项的前提条件,但它将业主或建筑师签认分包工程作为主包商向分包商支付的前提条件。

目前,美国各州法院对这种附条件支付条款存在三种不同的看法和判决:

(1) 认定这种条款有效。如阿拉斯加州、康涅狄格州、乔治亚州等。
(2) 认定这种条款无效。如阿拉巴马州、亚利桑那州、阿肯萨斯州等。
(3) 认定这种支付条款只能被视为是主包商在"一段合理时间内"延

迟向分包商付款的理由，如超过了"合理时间"，分包商有权向主包商索要分包款项，这是美国大多数州法院的态度。

英国在 1996 年《住宅许可、建造和重建法》第 113 条明确禁止这种附条件的分包支付条款，但业主破产的情形除外。该法适用于 1998 年 5 月 1 日以后签署的合同。

从分包商的立场出发，在谈判分包合同时，应特别注意附条件支付条款中的用语，如严格避免使用"if"、"provided that"、"on condition that"、"as a condition precedent"等传统的表示前提条件的用语。如不得已接受附条件支付条款，只能使用"when"、"after"等词语表示。如遇到这种附条件支付条款，分包商在别无选择时，应采取补救措施，如补充如下内容："如果承包商未能收到业主的付款，或者监理工程师不签发证书，并不是分包商违约所造成的，那么，承包商应向其支付实际完成工程款以及最终结算款。"

我国对外承包企业承揽的国际工程项目，除少数发达国家和地区外，绝大部分工程项目处于落后的、法律不健全的发展中国家，由于无法知晓各国相关法律规定以及各国司法界或仲裁机构对附条件支付条款的看法，因此，应慎重对待附条件支付条款，完善支付条款的相关规定和文字描述，以免陷入被动。

### 10.6.3 留置权

美式合同中均有留置权的规定，英式合同中没有此项规定，FIDIC 合同中也没有此项规定。

留置权是指债权人按照合同约定占有债务人财产，在与该物有牵连关系的债权未受清偿前，有留置该财产，并就该财产优先受偿的权利。

各国法律对留置权的规定不尽相同，形成了对留置标的物、行使留置权时间、程序等不同内容的繁琐复杂的法律制度。在工程建筑领域，为规范建筑业、平衡业主、承包商、分包商、供货商以及工人等各参与主体之间的利益，杜绝相互拖欠工程款现象的发生，某些国家就施工留置权（Mechanic Lien）进行法律规定，如美国各州均对施工留置权，包括业主和承包商之间、承包商与分包商之间如何实现留置权等作了繁复的法律规定，形成了约束建筑业的法律机制和体系，有效地保护了业主、承包商、分包商、工人等主体的利益。中国在此方面也作了立法的尝试，但有待完善留置权或优先受偿权方面立法结构和机制，落实如何具体施行和操作这些法律法规。

根据美国法律，如果业主在工程竣工后不能向承包商支付工程价款，承包商可以采取法律行动，行使不动产留置权，从折价、出售或拍卖的款项中优先受偿。为保护分包商的利益，美国联邦和州政府均要求主包商提供授权的信托公司或保险公司出具支付保函（Payment Bond）。根据联邦法律，通常称为"米勒法案"（Miller Act），如果分包商未能在应付日期后的90天内获得工程价款，只要分包商在他提供劳务和材料后的一年内提出付款要求，他就可以向联邦地区法院提出申请，要求兑现支付保函取得分包工程价款。

因此，分包商在签订分包合同时，不能签订含有自动放弃分包商留置权条款的分包合同。根据美国许多州的法律规定，如果分包商签署了放弃了留置权的分包合同，他就不再享有或者丧失了行使留置权的权利。

如果分包合同中出现了要求分包商放弃留置权的条款，分包商应删去这种条款。一般而言，主包商会接受这种建议。

如果发生了承包商不能付款的情形，分包商应该在法律规定的期限内向法院提出申请，行使留置权，如果没有在法律规定的时间内，如2个月或1年内提出，分包商将丧失留置权。

除了分包商签订放弃留置权的分包合同会丧失留置权外，如果分包商签署了表明他已经收到分包价款的宣誓书（affidavit），但实际上是他没有收到价款，分包商也会丧失留置权。

由于各国法律规定存有差异，我国对外承包企业在分包合同谈判或签署分包合同时可能不了解当地法律中如何规定留置权，但不应放弃留置权，为将来出现纠纷时采取有效的措施保护自己。

### 10.6.4 保障和保证不受损害条款

保障和保证不受损害条款（Indemnity and Hold Harmless Clause）或称免责条款，是指当事人双方在合同中事先约定的，旨在限制或者免除其未来责任的条款。

免责条款广泛应用于各类合同文本中，如贷款协议、施工合同、分包合同、保险合同以及各种格式合同中。为避免合同一方滥用免责条款逃避合同责任，各国法律对免责条款均有一定的限制性规定。

在国际承包工程实务中，承包商或分包商也会经常遇到保障和保证不受损害条款，如FIDIC合同1987年第4版第22条、FIDIC分包合同1994年第1版第13条、ICE合同第22条、AIA分包合同格式以及AGC分包合同格式等。

在涉及分包合同中的保障和保证不受损害条款中，存在狭义规定、广义规定和中性规定三种条款内容。

典型的狭义规定条款内容如下：

"分包商应保障并保证主包商免于承受因分包工程、或因分包商、其代理人和其雇员的任何行为或疏忽引起的索赔、损害、身体损害或财产损失。"

广义的保障和保证不受损害条款是指分包商不仅要对自己、自己的代理人和雇员的行为和疏忽负责，还要保障并保证主包商、业主和监理工程师（如建筑师）免于承受因主包商、业主和监理工程师疏忽引起的任何索赔。一个严格的保障和保证不受损害条款的内容如下：

"分包商应保障和保证主包商、所有的主包商代理人及其雇员免于承受因实施分包工程，无论是提供保障的当事人的一部分或全部工程所引起的或造成的任何索赔、损害、损失和包括律师费的费用。由分包商雇员、分包商直接或间接雇佣的任何人或者分包商应负有责任的任何人引起的对主包商、或其代理人和雇员的任何和所有索赔，本条款项下的保障责任，无论如何，不应仅限于分包商应付的在工人抚恤金、残疾救济金或其他雇员救济金条例中规定的损害、赔偿或救济类型和金额。"

中性的保障和保证不受损害条款，要求分包商需保障和保证承包商免于承受因工程引起的以及因分包商疏忽，或者与被保障人共同疏忽造成的所有损失。这种中性条款在 AIA 分包合同格式第 11.20 条中有具体体现。

分包合同中的保障和保证不受损害条款应严格限于因分包工程以及分包商、其代理人和其雇员引起的伤害和损失。如果分包商签订了广义条款内容，就等于他承担了应由主包商或者业主承担的责任，承担了他不应承担的义务。

对于广义的保障和保证不受损害条款，美国的 26 个州通过了法案，禁止并宣布这种因被保障人，如业主、主包商或工程师过错或疏忽造成的损害而由分包商承担责任的条款无效。应当指出，上述法案宣布了广义条款无效，但并没有宣布中性条款，即如果分包商与被保障人存在共同过错或疏忽时应承担责任规定。如果分包商与被保障人存在共同过错或疏忽，即使是在广义条款下，分包商也可能要承担所有损失。

在实际运用保障和保证不受损害条款时，应把握以下原则：
（1）须是明示的，不能以默示形式存在。
（2）法院在引用和解释时会严格限制。
（3）当事人不能过分依赖这种条款。

保障和保证不受损害条款构成了主包商和分包商之间对明示的约定风险的分担和转移。对于主包商和分包商而言，应尽量采用普遍使用的分包合同中的保障和保证不受损害条款的内容，理解这种条款的实质含义和法律意义，尽量避免在工程过程中的争议和诉讼。

## 10.7 分包工程的控制和管理

### 10.7.1 国际工程分包市场和分包商的选择

在国际工程承包领域，按照国家富裕程度、建筑业发展水平、建筑业运作模式可将国际分包市场分为：

第一类地区：北美、西欧、澳大利亚、日本、中国香港和新加坡。在这些国家和地区，建筑业发达、专业化市场发育程度高，承包商大多采用管理型模式，在中标后进行分包，由专业公司负责实施。

第二类地区：东南亚中的马来西亚、印度尼西亚、菲律宾、泰国、越南、南亚、拉丁美洲、中东欧地区。在这些国家，建筑业具有一定的发展水平，承包商需要根据当地分包商的实力，有选择地将某些工程分包，而不能像第一类国家那样，采用单个工序分包或纯粹管理型承包公司模式。

第三类地区：非洲、中亚、东南亚的缅甸、老挝和柬埔寨。在这些国家，建筑业发展水平低，当地基本不具备有实力的分包力量，需要承包商自备设备、人员，自己实施。如分包，只能将一些单项工程进行分包。

承包商在国际工程项目中使用分包商，一方面可以承担他不能从事的专业工作，另一方面可以减少投入，分担项目风险。承包商选择分包商的标准如下：

（1）分包商过去的履约率和诚信程度。
（2）具有类似工程的业绩和经验。
（3）具有一定的财务和施工机械设备能力。
（4）具有分包商自己的技术和施工人员力量。
（5）分包商的报价合理和低廉。

承包商选择分包商的方式主要有以下三种方式：

（1）标前选择。
（2）指定分包。
（3）标后分包。

有经验的国际工程承包商，大多采用标前进行分包的方式，特别是大型综合性的工程项目，分包商与承包商共同分析标书和规范，进行报价，将有利于项目的具体执行和实施。

### 10.7.2 转让和再分包

与主合同中业主禁止承包商将工程转让一样，主包商也应按照分包合同的规定禁止分包商将分包合同及其权益、利益转让给他人。

主包商在进行分包时，应将工程细化并分包给那些直接从事分包工程的分包商，避免分包商将分包工程再行分包，形成"三包"或"四包"情形，否则，主包商将无法控制和管理分包工程，最终使自己受害。

在分包商需再行分包时，主包商应行使分包合同上的权力，同意或批准是否能够再分包。主包商应避免对分包商的再分包行为采取放任或置之不理的态度。

### 10.7.3 指定分包商及其管理

FIDIC 合同 1987 年第 4 版第 59.1 条对指定分包商定义如下：

"可能已由或将由业主或工程师所指定、选定或批准的进行合同中所列暂定金额的工程的施工或供应货物、材料、设备或服务的所有专家、货商、商人以及其他人员，以及按合同条款规定，要求承包人将工程分包给他们的一切人员，在从事这些工程的施工或供应货物、材料、设备或服务的过程中，均应视为承包人雇佣的分包人，并在合同中称为"指定分包商"。

对于业主或工程师指定的分包商，主包商是否可以拒绝接受或有所限制，FIDIC 合同和英国 ICE 合同对此进行了限制性规定。FIDIC 合同第 4 版第 59.2 条对业主或工程师指定分包商作出了如下限制，即：如果主包商有充分的理由认为该指定分包商在财务、经验、能力等方面不能满足要求，或指定分包商就分包的工作拒绝向主包商承担其按主合同应向业主承担的责任和义务时，主包商就没有义务雇用该指定分包商。

在指定分包的情形下，业主、主包商和指定分包商之间也形成了相互制约的合同链。根据一般法律原则，除非指定分包合同有除外规定或业主直接负责的情形外，主包商应对指定分包商所做的工程、材料和提供的服务对业主承担责任。

英国 ICE 合同第 7 版第 59（3）条有关主包商对指定分包的责任明确规定："除非本条款和第 58（3）条另有规定，主包商应对他雇用的指定分包商所做的工程、提供的货物材料或服务负责，如同主包商自己实施这些工程、提供这些货物材料、服务一样。"

FIDIC 合同 1987 年第 4 版和 1999 年第 1 版中没有对此进行明文规定，但承包商可根据一般法律原则和具体的分包合同的规定界定主包商和指定分包商之间的合同关系和责任。

在主包商选择的分包商和业主或工程师指定分包商的管理上，由于合同关系和责任义务不尽相同，主包商应采取不同的管理方式。由于自雇分包商相应承担了主合同项下的义务，主包商应对其进行全面的进度、质量、安全和合同等管理工作。对于指定分包商，除非分包合同中明确承包商的全面管理责任，否则，他只能根据分包合同规定的义务进行相应的管理工作。如果合同中没有明确规定，主包商对指定分包商应像自雇分包商一样进行工程管理。

在对指定分包商的管理过程中，应注意如下事项：

（1）延误。如果由于主合同规定的事项造成的工程延期，如恶劣的气候条件等，主包商可以有权给予工程延期。但如果由于指定分包商违约、疏忽造成了工期的延误，主包商不应延长指定分包商的工期。

（2）设计。主包商应特别注意指定分包商的设计与其他工程的衔接、指定分包商设计的延误等相关问题。在设计沟通方面，特别是在规范和设计的细节有关技术问题上，主包商可以同意分包商与工程师直接联系，但分包商应事先通知主包商，以便主包商在适当时候参加有关会议。

（3）解除指定分包合同。如果指定分包商违约、破产或其错误行为导致主包商根据分包合同中的终止条款、或者一般法律原则解除与指定分包商的合同关系，主包商可以要求业主或工程师指定另一分包商，变更工程或者安排主包商完成有关的工程。

（4）指定分包商的清算和破产。由于是业主选择和指定的分包商，因此，业主应承担指定分包商的破产风险，主包商对此不承担责任。从已有的判例和实践看，对指定分包商破产的处理，主要措施是业主或工程师重新指定，变更工程或由主包商完成相关工作。

### 10.7.4 分包商的日常管理

与主包合同和主包合同和工程管理一样，分包合同和工程的日常管理主要应落实进度和质量管理等几个主要环节上，包括：

（1）有条件和经验的企业编制《分包工程项目管理手册》，作为管理分包项目的指导性文件，制定分包市场调查、分包策略、分包商选择、分包合同的准备和谈判、分包商施工管理等有关规定和制度，避免因人而异的管理水平和作风，从制度上提高总体施工管理水平。

（2）往来文件。按照 FIDIC 分包合同的规定，承包商与分包商之间所有的通知、同意、批准、证书、确认和决定应为书面形式，即使是口头方式，也应在7天之内以书面形式确认。

（3）分包商与工程师的关系。由于分包合同仅仅是主包商与分包商之间的协议，因此，分包商与业主，以及业主聘用的工程师之间没有直接的合同关系。如为加速某项工程的进度，在征得主包商同意后，分包商可以与工程师联系，但应提前或及时会知主包商。

（4）进度控制。主包商应根据分包合同的规定，要求分包商在开工前提供工程进度安排以及资金计划。在遇到一个以上的分包商时，应协调好主包商与各个分包商之间的进度安排，避免相互干扰，延缓工程进度。

（5）质量控制。主包商应根据合同、技术规范的要求，控制施工工艺和施工质量，监督分包商按照规范的要求进行施工。

（6）材料管理。主包商应严格监督和控制分包商材料的质量，了解材料供应厂商的基本情况和信誉，制定检验和验收的标准，批准使用制度和规程，在报送工程师批准前把握好材料质量关口。

（7）遵守合同规定。主包商应首先遵守分包合同中的各项规定，履行自己的合同义务，避免主包商管理混乱、脱节的情况发生。

（8）打消以包代管思想，像业主和工程师管理主包商一样，对分包商进行全方位的管理工作。

### 10.7.5 分包商的索赔

根据FIDIC合同1987年第4版第44条的规定，主包商在合同规定的某些情形下，在满足了合同确定的通知规定后有权就工期进行索赔。与此相对应，FIDIC分包合同1994年版第7.2条也规定了分包商在下述情形下有权就工期提出索赔：

（1）在主包商得到业主就主合同项下主包工程竣工延期的情形。
（2）除第8.2款第（a）项外的根据第8.2款作出的任何指令。
（3）由主包商或他应负有责任的对分包合同的违约。

需要指出，分包商在分包合同项下的延期权利不能超过主合同中主包商享有的工期延长的权利和范围。

分包商对主包商提出工期延长索赔，应严格遵守分包合同中关于索赔通知的具体时间规定和程序规定，以便主包商能够根据主合同的有关规定及时通知工程师。

除分包合同中的正常支付和支付其他一般性付款外，如何处理主包商在主合同中可以提出费用索赔情形下分包商的索赔权利是分包合同和工程管理中的一个难题。主包商可以提出索赔的情形如下：

(1) 不可预见的现场自然障碍或条件。

(2) 因第 20 条（FIDIC1987 年第 4 版）项下业主的风险造成的对工程的损害。

(3) 业主未能充分移交现场。

(4) 工程师延迟批准图纸或指示。

根据 FIDIC 分包合同格式第 11.2 条的规定，如果主包商在采取了所有合理的步骤之后仍没有得到业主就不可预见的自然障碍或自然条件支付的款项，主包商对分包商在实施分包工程过程中遇到的不可预见的自然障碍或条件不承担任何责任。

在其余的三种情形中，如果业主没有向主包商支付索赔款项，主包商对分包商也不承担相应的索赔付款责任。

在费用索赔中，应掌握如下原则，处理好分包商的索赔：

(1) 主包商在主合同中享有的索赔权利，分包商也享有这些权利。

(2) 分包商有权对主包商在分包合同中的违约行为进行索赔。反之，主包商也有权对分包商的违约行为进行索赔。

(3) 除主包商自身违约行为外，如业主没有对主包商的索赔进行支付，主包商没有责任向分包商支付有关索赔款项。

(4) 除主包商自身违反分包合同外，主包商应将分包商的索赔递交工程师和业主审查批准。工程师批准的分包商索赔是成立的，未批准的分包索赔是不成立的，主包商对此不应承担支付责任。

(5) 分包商的索赔权利和索赔范围不能超越主合同中规定的主包商的索赔权利和范围。

分包商递交费用索赔的时间限制和程序应严格按照分包合同的规定，在规定的时间，按照规定的程序进行，否则分包商就失去了索赔的权利。

## 10.8 2009 年新版 FIDIC《施工分包合同条件》的主要内容和特点

### 10.8.1 编制新版施工分包合同条件的原因和遵循的原则

2009 年 12 月 2~3 日，FIDIC 在伦敦召开的研讨会上正式对外公布了用于由业主设计的建筑和工程的新版《施工分包合同条件（测试版）》（Conditions of Subcontract for Construction, test edition），该版分包合同将与 1999 年第 1 版《施工合同条件》（新红皮书）和 2005 年版多边发展银行《协调版施工合同条件》配套使用。2009年新版FIDIC分包合同条件将取代与1987年第4版红皮书配套使用的1994年第1版FIDIC《土木工程施工分包合同条件》。新版FIDIC分包合同条件预计将于2010年下半年正式出版发行。

FIDIC指出，起草和编制与1999年版新红皮书和2005年《协调版施工合同条件》配套使用的《施工分包合同条件》的原因是多样的，一方面，随着1999年版FIDIC合同的逐渐普及，广大用户迫切需要使用与之相配套的分包合同格式，另一方面，多边发展银行坚持在其融资的EPC项目中，需要使用国际公认的分包合同格式。

FIDIC合同委员会下设的分包合同起草小组在编制新版分包合同格式时，采用了与1994年第1版FIDIC分包合同格式相同的基础和原则，即：

（1）对于分包工程，分包商承担了与主合同项下主包商相同的义务和责任的原则。其他原则还有：

① 分包商与业主没有合同关系。

② 主包商不能将整个工程分包出去。

③ 未经业主或工程师的同意，承包商不能将工程的任何部分分包出去。

④ 主包商对业主承担合同责任，分包商对主包商承担合同责任。

⑤ 分包商对主合同全部知晓。

⑥ 业主不能直接起诉或对分包商直接申请仲裁，同时分包商业不能对业主直接起诉或提起仲裁，但侵权责任除外。

⑦ 业主或工程师不能直接向分包商发出指示，而应通过主包商。

（2）沿用了1994年版分包合同格式中的附条件支付条款的原则，即Pay-when-Paid（在业主支付后承包商才向分包商付款）条款。但FIDIC分包合同起草小组提醒这种附条件支付条款在某些国家和司法管辖区是无效的。在英国，根据1996年《住宅许可、建造和重建法》第113条的规定，明文禁止附条件的支付条款，但业主破产的情形除外。美国的纽约州、亚利桑那州等以违反公共秩序为由认定这种附条件支付条款无效。

## 10.8.2 新版施工分包合同条件的体例和主要内容

FIDIC新版施工分包合同条件由以下几部分组成：

（1）一般条件（General Conditions）。

（2）分包合同专用条件编制指南（Guidance for the Preparation of Particular Conditions of Subcontract）；其附录有：

① 附录A：主合同主要条件（Particulars of the Main Contract）。

② 附录 B：分包合同工程范围和分包文件清单（Scope of Subcontract Work and Schedule of Subcontract Documents）。

③ 附录 C：提前完工奖励、承包商的接管和分包合同工程量表（Incentive(s) for Early Completion, Taking-over by the Contractor and Subcontract Bill of Quantities）。

④ 附录 D：承包商提供的设备、临时工程、设施和免费材料（Equipment, Temporary Works, Facilities, and Free-issue Materials to be Provided by the Contractor）。

⑤ 附录 E：保险（Insurances）。

⑥ 附录 F：分包合同进度计划（Subcontract Programme）。

⑦ 附录 G：其他内容（Other Items）。

(3) 范例格式。

① 分包商投标函（Forms of Letter of Subcontractor's Offer）。

② 承包商的中标函（Contractor's Letter of Acceptance）。

③ 分包合同协议书格式（Subcontract Agreement）。

与1999年版新红皮书相同，在一般条件之前，新版施工合同条件列出了分包合同的流程时间表，包括：

(1) 施工分包合同中的主要事项的典型顺序。

(2) 第14条规定的付款事项的典型顺序。

(3) 第20条规定的分包商索赔和争议事项的典型顺序。

(4)《施工分包合同编制指南》第20条第一项替代条款中的分包商索赔和争议事项的典型顺序。

(5)《施工分包合同编制指南》第20条第二项替代条款中的分包商索赔的典型顺序。

(6)《施工分包合同编制指南》第20条第二项替代条款中的分包争议事项的典型顺序。

2009年新版施工分包合同条件采用了与1999年版新红皮书相同的体例和条款安排，共20条，94款，见表10-2：

表10-2 2009年新版 FIDIC《施工分包合同条件》条款目录

| 条款序号 | 标题内容 |
| --- | --- |
| 1 | 定义和解释（Definitions and Interpretations） |
| 2 | 主合同（The Main Contract） |
| 3 | 承包商（The Contractor） |

(续)

| 条款序号 | 标题内容 |
|---|---|
| 4 | 分包商（The Subcontractor） |
| 5 | 分包合同的转让和分包（Assignment of the Subcontract and Subcontracting） |
| 6 | 合作、职员和劳务（Co-operation, Staff and Labor） |
| 7 | 设备、临时工程、其他设施、生产设备和材料（Equipment, Temporary Works, Other Facilities, Plant, and Materials） |
| 8 | 开工和竣工（Commencement and Completion） |
| 9 | 竣工试验（Tests on Completion） |
| 10 | 分包工程的竣工和接管（Completion and Taking-Over the Subcontract Works） |
| 11 | 缺陷责任（Defects Liability） |
| 12 | 测量和估价（Measurement and Evaluation） |
| 13 | 分包合同的变更和调整（Subcontract Variations and Adjustments） |
| 14 | 分包合同的价格和付款（Subcontract Price and Payment） |
| 15 | 主合同的终止和承包商终止分包合同（Termination of the Main Contract and Termination of the Subcontract by the Contractor） |
| 16 | 分包商暂停和终止（Suspension and Termination by the Subcontractor） |
| 17 | 风险和保障（Risk and Indemnities） |
| 18 | 分包合同保险（Subcontract Insurances） |
| 19 | 分包合同的不可抗力（Subcontract Force Majeure） |
| 20 | 通知、分包商的索赔和争议（Notices, Subcontractor's Claims and Disputes） |

## 10.8.3　2009年新版FIDIC分包合同的主要特点

与1994年版FIDIC分包合同相比，2009年新版FIDIC分包合同的主要特点是：

（1）合同体例、条款安排和措辞不同

由于1994年版FIDIC分包合同是与1987年版红皮书配套使用的分包合同格式，因此，1994年版分包合同格式与1987年版红皮书相匹配，共有22条，70款。而2009年新版分包合同格式与1999年版新红皮书配套使用，在体例和条款安排上与1999年版红皮书一致，除2009年新版分包合同第2、3、4条与新红皮书的内容不同外，其他条款均与新红皮书的条款顺序和内容相一致。另外，2009年新版分包合同在措辞方面力求与1999年新红皮书相一致。

(2) 增加了分包合同的定义

1994年版分包合同格式在第1.1款中对21个名词进行了定义，而在2009年新版分包合同中，对39个名词进行了定义。2009年新版分包合同中新增加的定义有：

第1.1.1项：接受的分包合同金额（Accepted Subcontract Amount）。

第1.1.2项：附录（Annex）。

第1.1.5项：承包商的指示（contractor Instruction）。

第1.1.7项：承包商的分包合同代表（Contractor's Subcontract Representative）。

第1.1.10项：分包商的投标函（Letter of Subcontractor's Offer）。

第1.1.12项：主合同的争议裁决委员会（Main Contract DAB）。

第1.1.13项：主合同的竣工试验（Main Contract Tests on Completion）。

第1.1.15项：当事人（Party）。

第1.1.20项：分包合同的争议裁决委员会（Subcontract DAB）。

第1.1.21项：分包合同缺陷责任通知期限（Subcontract Defects Notification Period）。

第1.1.23项：分包合同的货物（Subcontract Goods）。

第1.1.24项：分包合同履约担保（Subcontract Performance Guarantee）。

第1.1.25项：分包合同的生产设备（Subcontract Plant）。

第1.1.27项：分包合同进度计划（Subcontract Programme）。

第1.1.28项：分包合同区段工程（Subcontract Section）。

第1.1.30项：分包合同竣工试验（Subcontract Tests on Completion）。

第1.1.32项：分包合同变更（Subcontract Variation）。

第1.1.35项：分包商的文件（Subcontract or Documents）。

第1.1.38项：分包商的人员（Subcontract or Personnel）。

第1.1.39项：分包商的代表（Subcontractor's Representative）。

(3) 建立了解决分包合同争议的争议裁决委员会的机制

根据1994年版分包合同的有关规定，由于工程师无权介入主包商与分包商之间发生的分歧或争议，也不能作出决定，因此，在主包商和分包商发生分歧或争议时，虽然第19.1款规定了友好协商和仲裁的规定，但主包商和分包商往往不能就争议达成一致，这时只有诉诸仲裁解决，加大了主包商和分包商解决问题的成本。2009年新版分包合同引入了1999年版新红皮书中的争议裁决委员会（Subcontract DAB）机制，采用了分包合同争议裁决委员会的制度。在发生争议时，主包商和分包商可以根据分包合同的规定任命特别争议裁决委员会（ad hoc DAB）将争议递交争议裁决委员会作出决定，这样，减少了直接诉诸仲裁的机会，在友好协商解决争议和仲裁之间建立了一道防火墙，起到了缓冲器的作用。

(4) 分包商对分包工程设计承担满足使用功能的设计责任

1994年版分包合同没有明示规定分包商进行分包工程的设计责任，但根据第4.1款规定的"应有的谨慎和努力"和设计咨询人员应承担"谨慎义务"（duty of care）的标准设计责任，可以推断在1994年版分包合同中，分包商对其设计承担谨慎义务。但根据2009年新版分包合同第4.1款的规定，分包商要对其设计承担满足使用功能（fitness for purpose）的义务，即承担了比谨慎义务更严格的设计责任。因此，在分包商承担了满足使用功能的设计责任时，分包商应投保与满足使用功能相适应的职业责任保险。

在1999年版新红皮书中，承包商对其设计承担了满足使用功能的义务，根据分包商承担与主合同项下主包商相同义务的原则，分包商在分包合同中也应承担相同的设计义务。

(5) 引入了与主合同的"相关索赔"和"无关索赔"的制度

2009年新版分包合同第二部分专用条款编制指南第20.2、20.3、20.4款引入了与主合同的"相关索赔"和"无关索赔"的概念。按照第20.2款的规定，"相关索赔"（Related Claim）是指分包商的索赔涉及了主合同项下承包商和业主之间争议的索赔。虽然新版分包合同没有对"无关索赔"（Unrelated Claim）的定义作出明示规定，但显然"无关索赔"是指主包商和分包商之间的索赔事项。

第20.3款"无关索赔"规定了处理无关索赔的程序和时间要求。第20.4款"有关索赔"还规定了处理相关索赔的程序和时间要求。

(6) 引入了"相关争议"和"无关争议"的解决机制

2009年新版分包合同第二部分专用条款编制指南第20.6、20.7、20.8款引入了与主合同的"相关争议"和"无关争议"的概念。根据第20.6款的规定，"无关争议"是指因无关索赔而产生的争议，而"相关争议"是指因有关索赔而产生的争议。按照第20.7、20.8款的规定，在发生了与主合同的"相关争议"时，可以将分包合同的争议提交主合同的争议裁决委员会作出决定。如果发生了与主合同的"无关争议"时，即只是主包商和分包商之间的争议，不涉及主合同的情况下，当事人只能将争议提交分包合同的争议裁决委员会作出决定。

第20.7款"无关争议"规定了处理无关争议的程序和分包商的义务。第20.8款"相关争议"规定了处理相关争议的程序和分包商的义务。

(7) 引入了"承包商的指示"的概念

1994年版分包合同格式第7.1款虽然规定了分包商可根据工程师和承包商的指示对分包工程作出变更，但没有明示规定"承包商的指示"的概念，参照2005年版JCT标准建筑分包合同，2009年新版分包合同引入了"承包商的指示"的概念，分包商不仅应按照分包合同的规定实施、完成分包工程，还需要按照承包商的指示实施和完成分包工程项目。

(8) 强化了时间的限制

与1999年新红皮书的有关规定相适应，2009年新版分包合同强化了时间限制。以第20.2款的规定为例，分包商应在得知或应当知道发生了索赔的事件或情况后的21天内向主包商发出索赔通知，并应在不迟于35天内递交索赔详情。第20.2款第d项规定，承包商应在收到索赔详情后的42天内对分包商提出的索赔作出公正的决定。在发生争议时，按照第20.4款的规定，承包商应当在收到争议通知后的14天内通知分包商有关意见。

(9) 注重平衡主包商和分包商之间的权利和义务

1994年版分包合同在第17条"主合同的终止"和第18条"分包商的违约"规定了如何处理分包商违约的问题，但没有规定主包商违约时分包商的权利。2009年新版分包合同对此作了大幅修改，除第15条"主合同的终止和承包商终止分包合同"的规定与1994年版第17条和第18条相似外，2009年新版分包合同第16条"暂停和分包商终止分包合同"的程序和要求，赋予了分包商暂停和终止分包合同的权利，从而平衡了主包商和分包商的权利和义务。

与1994年版FIDIC分包合同相比，2009年新版分包合同采用了与1999年新红皮书相适应的全新的体例、格式、文字和措辞，引入了新的概念，建立了新的机制。虽然FIDIC告知正式版分包合同与测试版没有太大的差别，但FIDIC新版分包合同还需实践的检验。

## 10.8.4 分包合同争议裁决委员会

根据2009年新版分包合同第20.5款的规定，分包合同争议应由分包合同当事人，即主包商和分包商双方任命的争议裁决委员作（DAB）出决定。当事人可在发出争议通知后的42天内，或在根据第20.4款规定的或双方同意的期限届满后的42天内任命临时性的DAB。

DAB应由根据分包商投标附录规定的一名或三名具有适当资格的成员组成。如果当事人未能在发出争议通知的42天内就任命一名或三名裁决员达成一致，主合同投标书附录中的任命机构或官方制定的机构可根据分包合同当事人的请求，任命分包合同 DAB 的成员，任命将是最终的和结论性的。

分包合同当事人应各自支付一半的 DAB 成员的费用。

分包合同当事人可以在协商一致的基础上终止 DAB 成员的任命，但承包商或分包商不能单独行使终止任命的权利。在分包合同 DAB 根据第 20.5 款作出决定后，分包合同 DAB 的任命即告终止。

关于分包合同 DAB 的其他方面，应遵守主合同第 20.2 款，即 1999 年新红皮书和 2005 协调版施工合同条件的规定，除非《程序规则》第 1 至 4 项的规定不予适用。也就是说，可根据新红皮书和协调版合同的规定，如《程序规则》、《争议裁决协议书的一般条件》等文件，办理分包合同 DAB 的相关事宜。

任何一方当事人都可以根据第 20.4 款的规定，向分包合同 DAB 发出书面通知，将争议提交分包合同 DAB 作出决定。除另有规定外，主合同第 20.4 款的有关规定应适用分包合同争议的决议。但主合同第 20.8 款的规定不予适用。

除非通过友好协商，或按照第 20.7 款的规定仲裁裁决对 DAB 的决定作出了修改，否则，分包合同 DAB 的决定对双方当事人具有约束力。

如果任何一方当事人在 DAB 作出决定后的 28 天发出了不满通知，双方当事人应在开始仲裁之前通过友好协商的方式解决争议。但是，除非双方当事人另有约定，应在发出不满通知的第 28 天开始仲裁，即使双方当事人没有进行友好协商。

如果一方当事人未能遵守分包合同 DAB 作出的决定，另一方可根据第 27 条的规定将争议诉诸仲裁。

## 10.8.5　2009 年 FIDIC《施工分包合同条件》中索赔处理机制

与 1994 年版 FIDIC 分包合同格式的规定不同，在 2009 年版 FIDIC《施工分包合同条件》中，FIDIC 分别规定了承包商的索赔、业主的索赔和分包商索赔三个条款。另外，为了更好地解决分包合同索赔的问题，在《专用条款编制指南》中将索赔区分为"相关索赔"和"无关索赔"，规定了两种索赔模式下主包商和分包商的权利和义务、处理索赔的程序和时间要求，提出了处理分包合同索赔的替代方案。这种二元制索赔处理机制较好地处理了主包商和分包商索赔工作界面的衔接，便于有效管理分包合同。

**1. 通用条款规定的处理分包合同索赔的一般原则**

2009 年版《施工分包合同条件》第 3.3 款 "与分包合同有关的承包商的索赔"，第 3.4 款 "与主合同有关的业主索赔" 和第 20.2 款 "分包商的索赔"规定了分包合同项下主包商索赔和分包商索赔的一般原则及其权利和义务。

根据第 3.3 款的规定，如果承包商认为有权就本分包合同条件或者与分包有关的条款要求付款时，承包商应向分包商发出通知，提供导致索赔的事件或情况说明。在承包商知道导致索赔的事件或情况后，承包商应尽快发出通知，并明确索赔的依据。

在发出通知后，承包商应尽快向分包商提交索赔的详情，包括承包商认为其有权索赔金额的证明。承包商应与分包商协商，努力就索赔金额达成一致。如果双方未能达成一致，承包商应就适当的和适合的金额作出公平的决定，适当考虑分包商的看法以及合理证明索赔的范围及其他一切有关情况。承包商应通知分包商有关决定，并提供原因和支持详情。

可从应付给分包商的款项中扣除上述索赔金额。承包商仅有权根据分包合同的规定，扣除上述款项或针对分包商提出的其他索赔。

根据第 3.4 款的规定，如果承包商从业主或工程师处收到了业主向分包商提出的索赔通知和详情，承包商应立即向分包商提交副本。随后，分包商应向承包商提供与业主索赔有关的一切合理的协助。如果承包商认为他有权将索赔传递给分包商，则应适用第 3.3 款的规定。

根据第 20.2 款的规定，如果分包商认为他有权根据本分包合同条件或与分包合同有关的其他条款要求延长分包合同竣工时间和（或）任何额外付款，主合同第 20.1 款 [承包商的索赔] 应适用于分包商的索赔。除非：

（1）在分包商知道（或应当知道）导致索赔的事件或情况后，分包商提交索赔通知的期限没有超过 21 天。

（2）在分包商知道（或应当知道）导致索赔的事件或情况后，分包商提交全部索赔细节的期限没有超过 35 天，或者在分包商提议的并经承包商批准的任何其他期限内。

（3）第 14.6 款项下的向分包商支付的"临时付款证书"应替代"付款证书"。

（4）下列内容将替代主合同第 20.1 款倒数第二段的内容。

承包商应与分包商协商，努力就延长分包合同竣工时间和（或）分包商认为有权索赔的任何额外付款达成一致。如果双方未能达成一致，承包商应在收到分包商的全部索赔细节或者承包商要求的任何进一步的详情后的 42 天内，或者在双方当事人同意的任何其他期限内：

① 在适当考虑分包商递交的索赔、额外付款索赔和（或）工期延长索赔和其他所有情况后，作出公平的决定；

② 通知分包商，给出适当的和适用的额外付款和（或）分包合同竣工时间延长（如有）的理由和所依据的条款；

③ 向分包商支付额外付款，批准分包合同竣工时间延长（如有）。

将《施工分包合同条件》第3.3款、第3.4款和第20.2款归纳见表10-3：

表10-3 《施工分包合同条件》索赔要求

| | 承包商的索赔 | 业主的索赔 | 分包商的索赔 |
|---|---|---|---|
| 是否发出索赔通知 | 是 | 是 | 是 |
| 提供索赔的事件和详情 | 是 | 是 | 是 |
| 明确索赔依据 | 是 | 是 | 是 |
| 通知的时间要求 | 尽快 | 立即转交 | 21天 |
| 是否要求先行协商解决 | 是 | 无 | 是 |
| 提交索赔详情的时间要求 | 尽快 | 无 | 35天 |
| 作出决定的时间要求 | 尽快 | 无 | 42天 |
| 将决定通知分包商的要求 | 是 | 无 | 是 |
| 承包商能否行使抵消权 | 是 | 是 | 不适用 |

**2.《专用条款编制指南》中的"相关索赔"和"无关索赔"**

在国际承包工程项目中，从索赔对象的角度划分，分包合同的索赔可分为与主合同有关的索赔和主包商与分包商之间的索赔两种类型。按照这种分类，FIDIC《施工分包合同条件》将索赔分为"相关索赔"和"无关索赔"，并分别对这两种索赔作了详细规定。

2009年新版分包合同第二部分专用条款编制指南第20.2款规定，在承包商收到分包商的索赔通知后的7天内，承包商应通知分包商的索赔是：

（1）根据主合同规定，导致发生的主合同项下的额外费用和（或）工期延长的事件。

（2）根据主合同第20.1款［承包商的索赔］的规定，涉及承包商索赔的事项。

（3）涉及了主合同项下承包商和业主之间争议的索赔［相关索赔］。

除非承包商通知分包商，分包商的索赔属于相关索赔，否则，分包商的索赔应属于第20.3款规定的无关索赔。如果承包商通知分包商，分包商的索赔属于相关索赔，则分包商的索赔应属于相关索赔。

在收到承包商的通知后，除非在7天内分包商提出了书面反对意见，否则，应视为分包商接受了承包商的意见。如果分包商提出了反对意见，承包商应在收到反对意见的7天内书面答复分包商。

如果分包商不满承包商的答复，分包商可以将相关索赔或无关索赔提交预仲裁裁决员作出决定。除非分包合同另有规定，否则，应适用国际商会ICC的预仲裁规则。

根据国际商会预仲裁程序规则，应由主合同投标附录中规定的任命机构和指定官员任命裁决员，裁决员有权对分包商提出的索赔是否属于相关索赔，还是属于无关索赔作出指示。裁决员应在任命后的21天内作出指示：

① 当事人应分担因预仲裁程序而产生的费用。
② 裁决员的指示将是最终的，对双方当事人具有约束力。

无论分包商的索赔是相关索赔还是无关索赔，分包商应保留证明其索赔所必需的同期记录，遵照承包商的指示保留进一步的同期记录，并应允许承包商检查这些记录，将记录的副本递交给向承包商。除非分包合同已被放弃、拒绝履行或终止，否则，分包商应按照分包合同的规定继续进行分包合同工程的施工。

**3. 处理"无关索赔"的程序和时间要求**

第20.3款"无关索赔"规定了处理无关索赔的程序和时间要求，如下：

如果分包合同索赔是无关索赔：

（1）分包商应在知道发生无关索赔事件或情况后的42天内，或在分包商建议的并经承包商批准的其他期限内向承包商递交索赔细节。

（2）如果导致无关索赔的事件或情况造成了持续影响，则应视为分包商的索赔是临时性的，分包商应按月递交进一步的索赔详情，并在无关索赔事件或情况结束后的28天内递交最终索赔报告。

（3）在收到分包商递交的索赔详情后的42天内，或在分包商建议的并经承包商批准的其他期限内，承包商应对分包商提出的无关索赔作出答复，作出同意或不批准的决定，并给出理由。

（4）承包商还应与分包商协商分包商提出的额外付款和延期索赔。如果双方未能达成一致，则承包商可作出公正和合理的决定。

（5）如承包商同意分包商提出的无关索赔，则承包商应向分包商支付额外付款或给予工期延长。

**4. 处理"相关索赔"的程序和时间要求**

第20.4款规定了处理相关索赔的程序和时间要求，如下：

如果分包商的索赔属于有关索赔：

（1）承包商应根据主合同第20.1款［承包商的索赔］的规定，向工程师递交索赔通知，包括承包商认为是有关索赔的内容，并应及时地保证遵守上述规定，无论分包商是否根据第 20.2 款 [分包商的索赔] 提出反对意见或提交预仲裁作出指示。

（2）承包商应尽一切合理的努力，从承包商和分包商的利益出发，努力从业主和（工程师）处获得主合同规定的分包合同工程可以索赔的额外付款和或工期延长，并应通知分包商有关进展情况。

（3）分包商应遵守承包商的保留与相关索赔事件或情况有关的同期记录的指示。分包商应允许承包商和工程师检查所有的此类记录。

（4）分包商应向承包商递交支持相关索赔的全部支持性文件的细节：
① 索赔的合同或其他依据；
② 索赔的额外付款；和（或）
③ 工期延长。

以及根据主合同第 20.1 款所提出的任何期中索赔，并应及时地使承包商遵守此类条款。

（5）承包商应根据主合同第 20.1 款 [承包商的索赔] 的规定，向工程师递交索赔，包括分包商递交的有关的索赔详情和任何期中索赔，并应及时地保证遵守此类规定，无论分包商是否根据第 20.2 款 [分包商的索赔] 提出了反对意见或提交预仲裁作出指示。

（6）承包商应向分包商提供一切合理的机会，使分包商能够参加与相关索赔有关的工程师进行的协商或举行的任何会议。除非工程师允许分包商参与协商和参加会议，但分包商拒绝或未能出席，否则，在未事先咨询分包商的情况下，承包商不能与工程师就相关索赔达成任何协议。

（7）如果双方同意，根据主合同的规定或者工程师按照主合同的规定作出承包商有权获得额外付款和延期的决定，在从业主处收到合同收益后的 28 天内，承包商应按照相关索赔应获得的份额将此收益转交给分包商。

（8）如果分包商在收到承包商通知后的 28 天内向承包商发出不满通知，承包商应考虑分包商提出的不满通知，并应在 7 天内予以答复。如果承包商未能在 7 天内答复分包商的不满通知，分包商有权视承包商未能作出答复的行为是承包商依旧坚持其所决定的份额是适当的和适用的态度。

### 10.8.6　2009 年 FIDIC《施工分包合同条件》的争议解决机制

与 1999 年版《施工合同条件》相适应，2009 年版 FIDIC《施工分包合同条件》（测试版）规定了分包合同争议的解决机制、程序和时间要求，在一定程度上改进了 1994 年 FIDIC 第 1 版分包合同条件中有关分包合同争议处理机制、程序和时间要求的不足。同时，为了便于合同当事人的选择，除了通用条款规定了处理分包合同争议的一般程序外，FIDIC 还在《专用条款编制指南》中提出了"相关争议"和"无关争议"的概念，并规定了相应的解决争议程序和时间要求。FIDIC 分包合同的这种安排为合同当事人提供了可选择的二元制的争议解决方案，有利于及时和有效地处理承包商和分包商之间发生的因分包合同而产生的争议。

**1. 通用条款规定的分包合同争议解决机制**

2009 年版 FIDIC《施工分包合同条件》第 20.4 款、第 20.5 款、第 20.6 款和第 20.7 款规定了解决分包合同争议的程序和时间要求。根据上述条款的规定，在承包商与分包商之间发生了争议时，任何一方均可向对方发出"争议通知"。在收到"争议通知"的 14 天内，承包商可通知分包商，告知承包商对争议的看法，并给出理由。在承包商通知了分包商的情况下，在发出通知后的不迟于 112 天或双方当事人同意的其他期限内，当事人可将争议交由分包合同争议裁决委员会（Subcontract DAB）处理。如果分包合同争议尚未交由主合同争议裁决委员会（Main Contract DAB）处理，承包商可将分包合同争议交给主合同 DAB 处理。如果分包合同争议没有交给主合同 DAB 处理，任何一方当事人均有权将分包合同争议交由分包合同 DAB 处理。

根据 20.5 款"任命分包合同 DAB"的规定，分包合同 DAB 是临时性的机构，即在发生分包合同争议时，在发出"争议通知"后的 42 天内由承包商和分包商任命。分包合同 DAB 可由一名裁决员或三名裁决员组成，并应按照分包合同规定的程序处理分包合同争议。按照第 20.6 款的规定，当事人应遵守分包合同 DAB 作出的裁决决定。如任何一方当事人未能遵守分包合同 DAB 的决定，当事人可将争议提交仲裁。第 20.7 款规定，分包合同当事人可将争议提交仲裁解决，按照国际商会仲裁规则进行仲裁程序。

在 FIDIC 新版分包合同规定的分包合同争议解决程序中，引入了分包合同 DAB 机制。由于工程师无法介入承包商与分包商之间的争议，因此，DAB 机制起到了及时和有效解决分包合同争议的作用，减少了承包商与分包商之间将争议诉诸仲裁和诉讼的概率，起到了防火墙的功能。FIDIC 新版分包合同设立的解决争议的程序，即友好协商——主合同 DAB——分包合同 DAB——仲裁的顺序有利于分包合同争议的解决。

**2.《专用条款编制指南》规定的争议解决程序**

为了更为有效地解决承包商和分包商之间因分包合同而产生的争议，2009 年新版分包合同第二部分《专用条款编制指南》第 20.6 款规定了处理

"相关争议"和"无关争议"的程序和时间要求，提出了"相关争议"，即与主合同有关的争议解决程序以及"无关争议"，即承包商与分包商之间发生的、不涉及主合同的争议的解决程序和时间要求。将分包合同争议按性质进行分类，在一定程度上解决了分包合同争议中纠缠不清、相互推诿的问题。同时，《专用条款编制指南》还对既不属于"相关争议"，也不属于"无关争议"的内容作了具体规定，明确了承包商和分包商的权利、义务、程序和时间要求。

**3. 非"无关争议"和非"相关争议"的解决程序和时间要求**

如果当事人之间因分包合同或者分包工程的施工产生争议，任何一方当事人可以向另一方发出争议通知（"争议通知"）。

如果分包合同争议既不是因无关索赔也不是因相关索赔产生的：

（1）在收到争议通知后的 14 天内，承包商可以向分包商发出通知，提出他对分包合同争议涉及了主合同项下承包商和业主之间争议的意见，并给出理由。如果承包商在 14 天内通知了分包商，根据本款第（b）和（c）项的规定，应视为分包合同争议是"相关争议"，此时，应适用第 20.8 款［相关争议］的规定。如果承包商未能在 14 天内通知分包商，则应视为分包合同争议是"无关争议"，此时，应适用第 20.7 款［无关争议］的规定。

（2）在收到承包商的通知后，除非分包商在 7 天内对承包商认为分包合同争议属于相关索赔的看法提出书面反对意见，否则，应视为分包商接受了承包商的意见。如果分包商提出反对意见，承包商应充分考虑分包商提出的反对意见，并应在收到反对意见后的 7 天内作出答复，给出理由。

（3）如果分包商不满承包商作出的答复，分包商应以书面通知的形式，将分包合同争议是否是相关争议或无关争议的问题提交给预仲裁裁决员，由裁决员根据国际商会的预仲裁裁决程序和第 20.2 款［分包商索赔］的有关规定作出指示。

无论分包合同争议是无关索赔还是相关索赔，除非分包合同已被放弃、拒绝履行或被终止，否则，分包商应根据分包合同的规定继续进行分包工程的施工。

**4. "无关争议"的程序和时间要求**

第 20.7 款"无关争议"规定了处理无关争议的程序和时间要求，如下：

如果分包合同争议是无关争议：

（1）应由双方当事人共同任命的分包合同 DAB 在收到争议通知的 42 天内或在双方当事人书面同意的任何其他时间作出决定。分包合同 DAB 应由分包合同投标附录中列明的一名或三名具有适当资格的人员组成。除本项另有规定外，主合同第20.2款［争议裁决委员会的任命］的所有规定均应适用分包合同DAB的任命，但争议裁决协议书一般条件附录程序规则第1至4项规则不予适用。

（2）如果双方当事人未能就分包合同DAB的一名或三名成员中的任何其他成员的任命达成一致，则主合同规定的任命机构或投标附录中提名的任命官员应根据双方当事人的请求，在与双方当事人充分协商后，任命分包合同DAB的成员。此项任命应是最终的和结论性的。每一方当事人应承担任命机构或官员任命的成员的一半的报酬。

（3）任何一方当事人都可以将无关争议书面提交分包合同DAB作出决定，并抄送给另一方。提交通知中应声明是根据本款的规定将无关争议给分包合同DAB。除非本款另有规定，主合同第20.4款［取得争议裁决委员会的决定］的所有规定均适用于无关索赔的决定，但主合同第20.8款［争议裁决委员会任命期满］不予适用。

（4）除非或直到友好协商或仲裁裁决作出了修改，否则，分包合同DAB的决定对双方当事人均具有约束力。

（5）在收到分包合同DAB决定后的28天内，如果任何一方当事人发出了不满通知，双方当事人应试图通过友好协商的方式在仲裁开始前解决无关索赔的问题。但是，除非双方当事人另有约定，否则，可在发出不满通知之后的28天内开始仲裁，即使双方当事人没有进行过任何友好协商。

（6）除非通过友好协商方式解决了无关争议，否则，根据主合同第20.4款［获得争议裁决委员会的决定］的规定，分包合同DAB所作出的没有成为最终的或有约束力决定有关的无关争议都应最终通过仲裁解决，仲裁应按照国际商会仲裁规则进行，主合同第20.6款［仲裁］的规定应予适用。

（7）如果一方当事人未能遵守分包合同DAB的决定，无论是有约束力的或者最终的还是根据主合同第20.4款［取得争议裁决委员会的决定］具有约束力的决定，则另一方当事人根据国际商会仲裁规则将一方当事人未能遵守决定的事项提交仲裁。

5."相关争议"的程序和时间要求

第20.8款"相关争议"规定了处理相关争议的程序和时间要求，如下：

如果分包合同争议是相关争议：

（1）承包商应在发出争议通知后的28天内，根据主合同第20.4款

[取得争议裁决委员会决定] 的规定，将相关争议提交主合同 DAB 作出决定。在发出争议通知之日，如果尚未成立主合同 DAB，承包商应在发出争议通知后的 56 天之内，根据主合同第 20.4 款 [取得争议裁决委员会决定] 的规定，将相关争议提交主合同 DAB。如果承包商未能在 28 天内或在 56 天内将相关争议提交主合同 DAB，分包合同争议将被视为是无关争议，第 20.7 [无关索赔] 款应予适用。

（2）在相关索赔提交给主合同 DAB 时，承包商应代表承包商和分包商，从承包商和分包商共同利益考虑，尽一切合理的努力解决争议，并应定期通知分包商有关进展情况。

（3）分包商应及时向承包商提供所有信息和帮助，以使承包商能够代表承包商和分包商的共同利益，解决相关争议。

（4）根据主合同第 20.4 款 [取得争议裁决委员会决定] 的规定，如果主合同 DAB 提出了在 84 天之外作出相关争议决定的建议，则承包商在未能事先与分包商协商的情况下，不能同意这项建议。

（5）对于主合同项下任何有关相关争议的裁决，除非业主或主合同 DAB 拒绝，否则，承包商应给予承包商合理的机会：

① 参与任何书面报告的准备工作。

② 参加现场视察或者列席会议。

③ 进行口头报告。

如果业主或主合同 DAB 不允许分包商利用这些机会，在未事先与分包商进行协商的情况下，承包商不能与业主就相关争议达成任何解决协议。

（6）在主合同 DAB 作出了相关争议的决定时，承包商应尽快，但在不迟于收到主合同 DAB 决定后的 7 天内通知分包商有关决定内容。

（7）除非分包商在收到决定后的 7 天内发出不满主合同 DAB 决定的通知，否则，应视为分包商接受了此项相关争议的决定；除非并直到友好协商或者仲裁裁决作出了修改，否则，主合同 DAB 的决定对双方当事人具有约束力。

（8）如果分包商向承包商发出了不满通知，且承包商也对决定作出了不满的答复，承包商应根据主合同第 20.4 款 [取得争议裁决委员会决定] 的规定，及时向业主发出不满主合同 DAB 决定的通知。

（9）如果分包商向承包商发出了不满通知，但承包商没有对决定作出不满的答复，或未能在收到决定后的 7 天内答复不满通知，应视为分包合同争议是无关争议，应适用第 20.7 款 [无关争议]。

（10）如果主合同 DAB 的决定使得承包商有权获得任何合同利益，承包商应尽一切合理的努力，代表承包商和分包商获得此项合同利益，并应定期通知有关进展情况。在从业主处收到合同利益后的 14 天内，承包商应将分包商应得的适当的和适宜的份额转交给分包商。在相关争议涉及额外付款时，承包商从业主处获得额外付款的收据应作为承包商向分包商支付其应得份额的先决条件。承包商应与分包商协商，就其应得的份额达成一致。如果未能达成一致，承包商应尽其努力作出公平的决定，适当考虑分包商递交的相关争议和其他有关情况。承包商应根据本项的规定，通知分包商他作出的决定，并给出理由和支持详情。除非分包商在收到承包商通知后的 28 天内发出不满通知，否则，应视为分包商全部和最终接受了承包商决定的份额。

（11）如果分包商在收到承包商通知后的 28 天内向承包商发出了不满通知，承包商应充分考虑分包商提出的不满意见，并应在收到不满通知后的 7 天内作出答复。如果承包商未能 7 天内对分包商的不满通知作出答复，分包商有权将承包商的不答复视为是承包商仍然坚持认为其份额是适当的和适合的。任何有关份额的争议应被视为是无关争议，承包商和分包商可根据国际商会仲裁规则的规定通过仲裁最终解决，主合同第 20.6 款［仲裁］应予适用。

（12）如果根据主合同的规定主合同 DAB 的决定不是最终的和具有约束力的，承包商或业主的任何一方均可发出不满通知，除非业主反对，否则，承包商应向分包商提供一切合理的机会，如有，在仲裁之前通过友好协商的方式解决相关争议。如果业主不给予分包商这个机会，在未与分包商事先协商之前，承包商不能与业主达成任何协议。

（13）如果承包商和业主未能根据主合同的规定，通过友好协商的方式解决相关争议，承包商应根据主合同第 20.6 款［仲裁］的规定将相关争议提交仲裁。如果承包商未能在承包商或业主发出不满通知后的 63 天内或任何同意的其他时间内提交仲裁，应视为争议是无关争议，承包商和分包商应根据国际商会仲裁规则通过仲裁最终解决争议，主合同第 20.6 款［仲裁］应予适用。

（14）在涉及相关争议的仲裁时，承包商应代表承包商和分包商以及承包商和分包商的利益，尽一切合理的努力解决争议，并应定期将有关进展情况通知分包商。除非业主或仲裁庭拒绝，否则，承包商应向分包商提供一起合理的机会：

① 参与任何书面报告的准备工作。

② 参加现场视察或者列席会议。

③ 进行口头报告。

如果业主或仲裁庭不给予分包商机会，在未事先与分包商协商的情况下，承包商不能与业主达成任何协议。

（15）在仲裁作出了相关争议的裁决时，承包商应尽快，但不能迟于收到裁决后的 7 天内，通知分包商有关裁决。只要与相关争议有关，与承包商一样，对分包商而言，仲裁裁决应是最终的和有约束力的。

（16）如果仲裁裁决使承包商获得合同利益，承包商应代表承包商和分包商，从承包商和分包商利益出发，尽一切合理的努力获得合同利益，并应定期通知分包商有关进展情况。在从业主处收到合同利益的 14 天内，承包商应向分包商转交其应得的适当的和适合的份额。如果相关争议涉及了额外付款，承包商从业主处收到合同利益的收据应是承包商向分包商支付其份额的前提条件。承包商应与分包商协商，就其应得的份额达成一致。如果未能达成一致，承包商应尽其努力作出公平的决定，适当考虑分包商递交的相关争议和其他有关情况。承包商应根据本项的规定，通知分包商他作出的决定，并给出理由和支持详情。除非分包商在收到承包商通知后的 28 天内发出不满通知，否则，应视为分包商全部和最终接受了承包商决定的份额。

（17）如果分包商在收到承包商通知后的 28 天内向承包商发出了不满通知，承包商应充分考虑分包商提出的不满意见，并应在收到不满通知后的 7 天内作出答复。如果承包商未能 7 天内对分包商的不满通知作出答复，分包商有权将承包商的不答复视为是承包商仍然坚持认为其份额是适当的和适合的。任何有关份额的争议应被视为是无关争议，承包商和分包商可根据国际商会仲裁规则的规定通过仲裁最终解决，主合同第 20.6 款［仲裁］应予适用。

## 附录 10.1  受托履行的法律限制

### 基本案情

在英国 Southway Group Ltd. 诉 Wolff, Court of Appeal (Civil Division) (1991) 28 Con LR 109 案[一]中，原告是成套厨具的生产商。1989 年原告购买了位于 Hendon 的一处仓库和相邻的一块土地。1989 年 1 月，原告与 Brandgrange Ltd. 公司签订合同，将位于 Hendon 的仓库和土地出售给 Brandgrange Ltd. 公司。Brandgrange Ltd. 公司是一家由 Initiative Co‑Partnership Ltd. 所有的一

---

㊀ Michael Furmston. Powell‑Smith and Furmston's Building Contract Casebook [M]. 4th ed. Oxford: Blackwell Publishing, 2006: 470‑472.

家壳公司，其中奥蒙德先生拥有 49% 的股份，身为建筑师的奥贝美斯特夫妇所有的 Initiative Co-Partnership Ltd. 公司占有 51% 的股份。作为一位房地产开发商，奥蒙德先生在计划和融资方面拥有特别丰富的经验，购买这块土地的目的是用来发展项目并获得规划许可。

根据销售合同的规定，再开发工作应在 1990 年 4 月 30 日完成，或在 1989 年 12 月 5 日之前发出的书面通知后的 28 天内完成。1989 年 11 月 17 日，原告发出通知，通知对方再开发工作将于 1990 年 3 月 5 日完成。

根据 1989 年 12 月 21 日双方签订的合同，Brandgrange Ltd. 公司同意将这块土地以 290 万英镑出售给被告（托管人），即被告的母亲和儿子以及 Wolff Charity Trust 的托管人。这份转售协议包括一项由 Brandgrange Ltd. 公司从事地产再开发的承诺。合同附件的规范中特别规定了再开发的内容。

Brandgrange Ltd. 公司未能在合同规定的 3 月 5 日完成再开发工作，原告发出通知，要求对方根据销售条件第 22 条的规定完成相关工作。3 月 21 日，Southway 和 Brandgrange Ltd. 公司转让契据，在契据中规定 4 月 17 日为再开发工作完成日期，并且 Brandgrange Ltd. 公司将转售合同的利益转让给 Southway 公司。Southway 公司向托管人发出转让通知。

4 月 17 日，Brandgrange 未能完成再开发工作。4 月 19 日，Southway 公司将再开发工作未能完成视为对方拒绝清偿债务，并终止了合同。

Southway 随后决定根据转售合同继续再开发工作。托管人认为 Southway 的这种做法无法接受，但 Southway 发表声明，表示如果他们在转售合同规定的时间内按照规范要求完成了再开发工作，则他们有权根据 Brandgrange Ltd. 公司和托管人订立的合同价格收购该处地产。

## 法院判决

Brandgrange Ltd. 和托管人之间的合同是应由 Brandgrange Ltd. 公司个人履约性质的合同，不允许 Southway 公司或其雇用承包商受托履约，即委托他人履行合同义务。

## 法官陈述

法官 Bingham LJ 在判决中写道：

"甲与乙签订合同，然后将合同权益（benefit of contract）转让给丙，一般而言，这是法律所允许的。由于在一般情形下甲的合同权益是否由甲享有还是甲选择的第三方（如丙）与乙没有关联，因此，不需要乙的同意。但是，由于乙与甲签订了履约合同，乙不能违反其意愿接受丙或任何其他人履行合同，因此，法律的基本原则是：未能得到乙的同意，甲不能将履约义务（burden of contract）转让给丙。如果甲希望将履约义务转让给丙，甲必须得到乙的同意，从而丙替代甲作为合同的一方当事人。

然而，在没有替换合同（novation）的情形下，也不必然是甲必须由其个人履行其与乙签订的合同项下的所有义务。在某些类型的合同中，如乙与甲达成协议，由甲负责写一本书、或画一幅画或教授小提琴时，显然，甲必须由其个人履行义务。但在其他一些情形下，如甲承诺为乙修理鞋子，或者修理乙的钟表或开车送乙到机场等，甲就可以雇用丙代为履行其义务。在这种情形下，由于甲依旧向乙承担履行合同的责任，因此，合同关系并没有发生改变，乙和丙之间没有产生任何合同关系。

是否应有甲个人履行合同义务，或是否甲可以托付他人履行其合同义务（如是，在何种程度上），本人认为这是一个如何进行合同解释的问题。这并不意味着法院仅限于对合同的书面记录作出语义上的分析，这也不是对商务合同作出解释的现代手法。这意味着法院必须尽其最大努力，利用一切可以可接纳的信息，对甲和乙之间的意图作出客观的判断。如果甲和乙签订合同时聘用了法律顾问，并以书面的形式达成了一项长期的合同，法院从合同条款中就可以得出结论，或者几乎可以得出结论。如果书面合同是一个简短的或概括性的文件，或者是口头合同，则有关情况对如何解释合同具有非常重要的意义：在对合同当事人意图的可靠的客观判断时需要考虑合同的类型、市场状况、有关合同当事人的商业地位、合同主要参与方的个人关系等。当然，也要考虑合同当事人之间达成的共同意图，但不应考虑可能影响一方当事人的想法而另一方当事人还不知道的任何一方当事人的秘密意图。

本案的问题与转让无关，但涉及受托履行。问题是根据与 Wolffs 的合同，Brandgrange Ltd. 公司是否可以委托中间人 Southway 公司履行其全部合同义务……"

## 小结

根据英国法，受托履行的基本法律原则是：

（1）合同权益的转让无须征得合同另一方当事人的同意。

（2）未经合同另一方的同意，合同一方当事人不能将合同履约义务转让给他人。如果需要将履约义务转让给他人，需经合同另一方当事人同意。

（3）一般而言，履行义务是可以委托的，但例外情形是：①当受托人的履行与原债务人的履行相比有极大的实质性变化时，义务是不可委托的。②个人性质服务契约（a personal service contract）。

(4) 某些类别的履行通常被认为是可以委托的，如建筑和土木工程项目、给付金钱履行义务、公司运作义务等。

## 附录 10.2　主合同和分包合同的契合

### 基本案情

在 Smith and Montgomery 诉 Johnson Bros Co. Ltd., Ontario High Court (1954) 1 DLR 392 案㊀中，主包商（被告）为汉密尔顿市政府承建排水隧道工程，分包商（原告）与被告签订分包合同，"根据汉密尔顿市政府与主包商签订合同规定的尺寸和规范"分包承建排水隧道工程。

### 法院判决

主合同规定的"根据汉密尔顿市政府与主包商签订合同规定的尺寸和规范"的用语没有体现在分包合同中。

### 法官陈述

法官 Schroder J 在判决中写道：

"当然，法律确定的原则是：如果计划和规范没有规定在合同之中，而只是作为合同的参考或附件，在辨别合同时，必须与计划和规范一起进行解释。无论在什么情况下，当出于特殊目的将计划和规范作为合同参考文件时，则为此特殊目的，计划和规范应构成合同的一个组成部分，但与任何其他目的无关。毫无疑问，原告立约'根据汉密尔顿市政府与主包商签订合同规定的尺寸和规范'挖掘隧道的行为，必然要求他挖掘一个 10 英尺 6 英寸乘以 12 英尺 6 英寸的一条隧道，任何影响隧道物理特性的任何其他规定也适用于原告并对原告产生约束力。但我并不认为在合同上下文中明示规定作为参考文件的规范包含在原告与被告签订的合同中，并对作为分包商的原告产生约束力。只有一般规范才能解读为包含在有关的与特殊目的相关联的合同之中。市政府也没能向我出示任何证据，表明规范的一般性规定包含在分包合同一部分的主合同之中，除非分包合同条款明示表明当事人的意图，即主合同的条款构成主包商和分包商签订分包合同的一个组成部分……"

---

㊀　Michael Furmston. Powell - Smith and Furmston's Building Contract Casebook [M]. 4th ed. Oxford: Blackwell Publishing, 2006: 475-476.

## 小结

(1) 主合同的内容和规定并不能必然地成为分包合同的内容，分包商也并不是必然地负有义务遵守主合同的规定，受主合同的约束。

(2) 只有分包合同以明示条款的方式约定主合同的内容包含在分包合同之中，主合同的内容才能成为分包合同的一个组成部分。

(3) 主合同义务在分包合同中的延续，需要使用责任传递条款进行衔接。

## 附录10.3 重新任命指定分包商的有关问题

### 基本案情

在 Fairclough Building Ltd. 诉 Rhuddlan Borough Council，Court of Appeal (1985) 3 Con LR38 案[⊖]中，原告 Fairclough 与被告签订合同，为被告修建一座包括游泳池、剧场及其他娱乐实施在内的综合建筑，采用 JCT63 标准建筑合同。1976 年 1 月 5 日，原告进入现场施工，竣工日期是 1977 年 5 月 2 日，合同价格为 300 万英镑。业主指定 Gunite（Swimpool）Ltd. 公司为游泳池混凝土工程的指定专业分包商，价格为 96700 英镑。1977 年 9 月 29 日，原告 Fairclough 确定指定分包商造成了工期延误，写信要求建筑师重新指定其他分包商，以便"完成 Gunite 公司的混凝土工程，包括修复其中的任何缺陷"。

在随后的几个月内，建筑师没有重新指定其他分包商。1978 年 1 月 20 日，建筑师发出指示，要求原告 Fairclough 公司与 M 公司签署分包合同，完成游泳池混凝土工程，但合同当事人同意这项指定并不能构成一项有效的重新指定。根据 1978 年 2 月 13 日的指示，建筑师要求原告"调查和修复（Gunite 公司）有缺陷的工艺"。但原告对该项指示的有效性提出异议。

1978 年 2 月 24 日，建筑师要求原告与 M 公司签署完成和修复游泳池混凝土工程的分包合同。考虑到①原告有权根据 M 公司提出的计划要求工期延长；②业主的责任是"重新指定一个分包商实施和完成以前分包商所从事的所有必须的工程（无论是否是修复工程），原告 Fairclough 拒绝重新指定其他分包商。1978 年 5 月 23 日，建筑师任命了另外一个公司完成 Gunite

---

⊖ Michael Furmston. Powell-Smith and Furmston's Building Contract Casebook [M]. 4th ed. Oxford: Blackwell Publishing, 2006: 493-502.

公司的工作。原分包商 Gunite 公司宣布破产。

## 法院判决

（1）建筑师有权考虑业主的利益，从三种可能的替代方案中寻求合理的固定价格的投标，建筑师也可以对其过程作出判断，直到能够找到合理的令人满意的固定价格的投标。建筑师未能在 1978 年 2 月 24 日之前作出重新指定的做法没有错误。

（2）基于重新指定分包商的进度计划超过了原告的既定工期，在建筑师没有理解主合同的工期与分包合同的工期无法匹配的情况下，原告有权拒绝重新指定分包商。由于建筑师没有要求 M 公司修复和完成工程，因此，原告也有权拒绝重新指定。

（3）在工程竣工之前，原告不能对原指定分包商 Gunite 公司的缺陷工程承担责任，无论这些缺陷是由于错误设计、不良工艺还是其他原因造成的。

（4）对于业主未能在 1978 年 2 月 24 日有效重新任命指定分包商，原告有权要求对其所遇到的任何延误的损失。

## 法官陈述

法官 Parker LJ 在判决中写道：

"（a）承包商能够以指定分包商的工期不符合承包商的进度要求为由拒绝指定分包商？

根据承包商与工程师和指定分包商之间往来函件，应法庭的要求，基廷先生以书面方式作了如下陈述：

'如果承包商根据第 23 条对指定分包商的工程提出工期延长，建筑师明确如果根据第 23 条的规定因指定造成延误，建筑师将给予工期延长时，承包商不能以指定分包商的工期超过了承包商的总工期计划而拒绝接受指定分包商'。

但本法庭无法接受上述陈述。承包商非常清楚地表明，除非他能够首先获得指定分包商先前延误的工期延长，否则，由于指定分包商的工期与第 27（a）（2）款规定的工期不符，承包商不能接受指定。

（b）承包商是否有权对指定分包商撤出之前造成的 8 周的延误提出工期延长索赔？

合同第 23（g）款规定：'承包商应采取一切有效措施避免和降低因指定分包商造成的延误，只有承包商根据合同规定有权获得工期延长的原因造成的此类延误，才能予以考虑'。

我认为，上述规定的含义是显而易见的，如果仅仅是由于分包商的原因造成了延误，承包商无权获得工期延长；但如果分包商的延误是由于合同第23条项下的某个或其他原因造成的，则承包商有权获得工期延长。

指定分包商 Gunite 公司的延误不是由于第23条项下的原因造成的，因此，我们认为承包商无权获得工期延长。"

**小结**

（1）大多数标准合同格式均规定承包商有权拒绝业主和建筑师/工程师任命的指定分包商。在承包商拒绝任命时，其拒绝理由应符合合同规定的原因，遵守合同规定的程序。

（2）拒绝指定分包商的理由是很多的，但如以指定分包商的工期不符合承包商的总体工期计划和要求为由拒绝指定时，承包商应首先检查合同条款规定的拒绝理由。本案表明，尽管本案法官认可承包商可以指定分包商的工期安排不符合承包商工期安排为由拒绝指定，但似乎学术界和不同的法官对此仍持有不同看法。

（3）承包商是否对指定分包商负责，应视合同条款的具体规定而定。如合同规定承包商对指定分包商的履约承担责任，则承包商应像自雇分包商一样管理指定分包商，但承包商可从业主处获得保障。如果合同规定承包商不对指定分包商的履约负责，则问题变得十分简单，承包商可以对指定分包商造成的任何延误要求工期延长、也可对其造成的损害要求赔偿。

（4）本案表明，在工程竣工之前，承包商对指定分包商的缺陷工程不承担责任。

# 附录 10.4　1994 年版 FIDIC 分包合同与 2009 年新版 FIDIC 分包合同条款对照表

| 1994 年版 FIDIC 分包合同条款 | | 2009 年新版 FIDIC 分包合同条款 | |
|---|---|---|---|
| 定义和解释 | | | |
| 1.1 | 定义 | 1.1 | 定义 |
| 1.2 | 标题和旁注 | 1.2 | 标题和旁注 |
| 1.3 | 解释 | 1.3 | 分包合同的解释 |
| 1.4 | 单数和复数 | 1.3 | 分包合同的解释 |

(续)

| | 1994 年版 FIDIC 分包合同条款 | | 2009 年新版 FIDIC 分包合同条款 |
|---|---|---|---|
| 1.5 | 通知、同意、批准、证书、确认和决定 | 1.6 | 通知、同意、批准、证书、确认、决定和确定 |
| 1.6 | 书面指示 | 1.5 | 通知、同意、批准、证书、确认、决定和确定 |
| 一般义务 | | | |
| 2.1 | 分包商的一般责任 | 4.1 | 分包商的一般义务 |
| 2.2 | 履约保证 | 4.2 | 分包合同的履约担保 |
| 2.3 | 分包商应提交的进度计划 | 8.4 | 分包合同的进度计划 |
| | | 8.5 | 分包合同的进度报告 |
| 2.4 | 分包合同的转让 | 5.1 | 分包合同的转让 |
| 2.5 | 再次分包 | 5.2 | 再次分包 |
| 分包合同文件 | | | |
| 3.1 | 语言 | 1.8 | 分包合同的法律和语言 |
| 3.2 | 适用的法律 | 1.8 | 分包合同的法律和语言 |
| 3.3 | 分包合同协议书 | 1.9 | 分包合同协议书 |
| 3.4 | 分包合同文件的优先次序 | 1.5 | 分包合同文件的优先次序 |
| 主合同 | | | |
| 4.1 | 分包商对主合同的了解 | 2.1 | 分包商对主合同的了解 |
| 4.2 | 分包商对有关分包工程应负的责任 | 2.2 | 遵守主合同 |
| 4.3 | 与业主没有合同关系 | 1.10 | 与业主没有合同关系 |
| 4.4 | 分包商违反分包合同可能产生的后果 | 17.1 | 分包合同的风险和保障 |
| 临时工程、承包商的设备和（或）其他设施（如有） | | | |
| 5.1 | 分包商使用临时工程 | 7.1 | 分包商使用设备、临时工程和其他设施 |
| 5.2 | 分包商与其他分包商共同使用承包商的设备和（或）其他设施（如有） | 7.1 | 分包商使用设备、临时工程和其他设施 |
| 5.3 | 分包商享有承包商的设备和（或）其他设施（如有）的专用权 | | |
| 5.4 | 对误用临时工程、承包商的设备和设施（如有）的保障 | 7.3 | 误用的保障 |
| 现场工作和通道 | | | |
| 6.1 | 在现场的工作时间；分包商遵守规章制度 | | |

（续）

| 1994 年版 FIDIC 分包合同条款 | | 2009 年新版 FIDIC 分包合同条款 | |
|---|---|---|---|
| 6.2 | 为分包商提供现场和现场通道 | 4.3 | 分包工程的通道 |
| 6.3 | 分包商允许进入分包工程的义务 | 6.1 | 分包合同项下的合作 |
| 开工和竣工 | | | |
| 7.1 | 分包工程的开工：分包商的竣工时间 | 8.1 | 分包工程的开工 |
| | | 8.2 | 分包工程的竣工 |
| 7.2 | 分包商竣工时间的延长 | 8.3 | 延长分包工程的竣工时间 |
| 7.3 | 承包商有义务通知 | 20.1 | 通知 |
| 指示和决定 | | | |
| 8.1 | 根据主合同所做的指示和决定 | 2.3 | 主合同项下的指示和决定 |
| 8.2 | 根据分包合同所做的指示 | 2.3 | 主合同项下的指示和决定 |
| 变更 | | | |
| 9.1 | 分包工程的变更 | 13.1 | 分包工程的变更 |
| 9.2 | 变更指示 | 13.1 | 分包工程的变更 |
| 变更的估价 | | | |
| 10.1 | 估价的方式 | 12.3 | 分包合同项下的估价 |
| 10.2 | 变更价值的估算 | 12.3 | 分包合同项下的估价 |
| 10.3 | 参照主合同的测量进行估价 | 12.3 | 分包合同项下的估价 |
| 10.4 | 估算的工程量与实施的工程量 | 12.2 | 估算的工程量和实际的工程量 |
| 10.5 | 计日工 | 13.6 | 分包合同的计日工 |
| 通知和索赔 | | | |
| 11.1 | 通知 | 20.1 | 通知 |
| 11.2 | 索赔 | 20.2 | 分包商的索赔 |
| 11.3 | 未发出通知的影响 | 20.1 | 通知 |
| 分包商的设备、临时工程和材料 | | | |
| 12.1 | 以附录形式编入 | 7.4 | 分包合同设备和材料的所有权 |
| | | 7.5 | 分包商的设备和分包合同的设备 |
| 保障 | | | |
| 13.1 | 分包商的保障义务 | 17.1 | 分包商的风险和保障 |
| 13.2 | 承包商的保障义务 | 17.2 | 承包商的保障 |
| 未完成的工作和缺陷 | | | |
| 14.1 | 移交前分包商的义务 | | |
| 14.2 | 移交后分包商的义务 | 11.1 | 移交后分包商的义务 |
| 14.3 | 由承包商的行为或违约造成的缺陷 | 11.2 | 分包合同的缺陷责任通知期 |

(续)

| 1994年版 FIDIC 分包合同条款 | | 2009年新版 FIDIC 分包合同条款 | |
|---|---|---|---|
| 保险 | | | |
| 15.1 | 分包商办理保险的义务 | 18.1 | 分包商保险的义务 |
| 15.2 | 承包商办理保险的义务 | 18.2 | 承包商和（或）业主安排的保险 |
| 15.3 | 保险的证据；未办理保险的补救方法 | 18.3 | 保险的证据和未能办理保险 |
| 支付 | | | |
| 16.1 | 分包商的月报表 | 14.3 | 分包商的月报表 |
| 16.2 | 承包商的月报表 | 14.5 | 承包商申请临时付款证书 |
| 16.3 | 到期应付的款项；扣发或缓发的款项；利息 | 14.6 | 临时分包合同付款 |
| 16.4 | 保留金的支付 | 14.7 | 分包合同项下保留金的支付 |
| 16.5 | 分包合同价格及其他应付款额的支付 | 14.4 | 分包商的竣工报表 |
| | | 14.8 | 分包合同的最终付款 |
| 16.6 | 承包商责任的终止 | 14.10 | 承包商责任的终止 |
| 主合同的终止 | | | |
| 17.1 | 对分包商雇用的终止 | 15.6 | 主包商终止分包合同 |
| 17.2 | 终止后的付款 | 15.3 | 主合同终止时的付款 |
| 17.3 | 由于违反分包合同而导致的主合同的终止 | 15.4 | 因分包商违约而导致的主合同的终止 |
| 分包商的违约 | | | |
| 18.1 | 分包合同的终止 | 15.6 | 承包商终止分包合同 |
| 18.2 | 终止时承包商和分包商的权利与责任 | 15.6 | 承包商终止分包合同 |
| 18.3 | 承包商的权力 | 15.6 | 承包商终止分包合同 |
| 争端的解决 | | | |
| 19.1 | 友好解决和仲裁 | 20.7 | 分包合同的仲裁 |
| 19.2 | 与主合同有关的或由主合同引起的涉及或关于分包工程的争议 | 20.4 | 分包合同的争议 |
| 通知和指示 | | | |
| 20.1 | 发出通知和指示 | 20.1 | 通知 |
| 20.2 | 地址的更改 | 1.4 | 分包合同的通信交流 |
| 费用和法律的变更 | | | |
| 21.1 | 费用的增加或减少 | 13.5 | 分包合同因成本变化的调整 |
| 21.2 | 后续的法规 | 13.4 | 分包合同因法律变化的调整 |

(续)

| 1994 年版 FIDIC 分包合同条款 | | 2009 年新版 FIDIC 分包合同条款 | |
|---|---|---|---|
| 货币和汇率 | | | |
| 22.1 | 货币限制 | 14.11 | 分包合同的支付货币 |
| 22.2 | 汇率 | 14.11 | 分包合同的支付货币 |

## 附录 10.5　2009 年新版 FIDIC 分包合同与 1994 年版 FIDIC 分包合同条款对照表

| 2009 年新版 FIDIC 分包合同条款 | | 1994 年版 FIDIC 分包合同条款 | |
|---|---|---|---|
| 定义和解释 | | | |
| 1.1 | 定义 | 1.1 | 定义 |
| 1.2 | 标题和旁注 | 1.2 | 标题和旁注 |
| 1.3 | 分包合同的解释 | 1.3 | 解释 |
| 1.4 | 分包合同的通信交流 | 1.3 | 解释 |
| 1.5 | 分包合同文件的优先次序 | 3.4 | 分包合同文件的优先次序 |
| 1.6 | 通知、同意、批准、证书、确认、决定和确定 | 1.5 | 通知、同意、批准、证书、确认和决定 |
| | | 1.6 | 书面指示 |
| 1.7 | 分包合同项下的连带责任 | | |
| 1.8 | 分包合同的法律和语言 | 3.1 | 语言 |
| | | 3.2 | 适用法律 |
| 1.9 | 分包合同协议书 | 3.3 | 分包合同协议书 |
| 1.10 | 与业主没有合同关系 | 4.3 | 与业主没有合同关系 |
| 1.11 | 分包合同的区段工程 | | |
| 主合同 | | | |
| 2.1 | 分包商对主合同的了解 | 4.1 | 分包商对主合同的了解 |
| 2.2 | 遵守主合同 | 4.2 | 分包商对有关分包工程应负的责任 |
| 2.3 | 主合同项下的指示和决定 | 8.1 | 根据主合同所做的指示和决定 |
| | | 8.2 | 根据分包合同所做的指示 |
| 2.4 | 主合同项下的权利、义务和补救 | | |
| 2.5 | 主合同文件 | | |
| 承包商 | | | |
| 3.1 | 承包商的指示 | 8.1 | 根据主合同所做的指示和决定 |
| | | 8.2 | 根据分包合同所做的指示 |

(续)

| | 2009年新版FIDIC分包合同条款 | | 1994年版FIDIC分包合同条款 |
|---|---|---|---|
| 3.2 | 现场通道 | 6.2 | 为分包商提供现场和现场通道 |
| 3.3 | 与分包合同有关的承包商索赔 | | |
| 3.4 | 与主合同有关的业主的索赔 | | |
| 3.5 | 主合同工程的协调 | | |
| | 分包商 | | |
| 4.1 | 分包商的一般义务 | 2.1 | 分包商的一般责任 |
| 4.2 | 分包合同的履约担保 | 2.2 | 履约保证 |
| 4.3 | 分包工程的通道 | 6.3 | 分包商允许进入分包工程的义务 |
| 4.4 | 分包商的文件 | | |
| | 分包合同的转让和分包 | | |
| 5.1 | 分包合同的转让 | 2.4 | 分包合同的转让 |
| 5.2 | 再次分包 | 2.5 | 再次分包 |
| | 合作、职员和劳务 | | |
| 6.1 | 分包合同项下的合作 | 6.3 | 分包商允许进入分包工程的义务 |
| 6.2 | 其他人的服务人员 | 6.3 | 分包商允许进入分包工程的义务 |
| 6.3 | 承包商的分包合同代表 | | |
| 6.4 | 分包商的代表 | | |
| | 设备、临时工程、其他设施、生产设备和材料 | | |
| 7.1 | 分包商使用设备、临时工程和其他设施 | 5.1 | 分包商使用临时工程 |
| 7.2 | 免费材料 | | |
| 7.3 | 误用的保障 | 5.4 | 对误用临时工程、承包商的设备和设施（如有）的保障 |
| 7.4 | 分包商生产设备和材料的所有权 | 12.1 | 以附录形式编入 |
| 7.5 | 分包商的设备和分包合同的生产设备 | 12.1 | 以附录形式编入 |
| | 开工和竣工 | | |
| 8.1 | 分包工程的开工 | 7.1 | 分包工程的开工；分包商的竣工时间 |
| 8.2 | 分包工程的竣工 | 7.1 | 分包工程的开工；分包商的竣工时间 |
| 8.3 | 延长分包工程的竣工时间 | 7.2 | 分包商竣工时间的延长 |
| 8.4 | 分包合同的进度计划 | 2.3 | 分包商应提交的进度计划 |
| 8.5 | 分包合同的进度报告 | 2.3 | 分包商应提交的进度计划 |
| 8.6 | 承包商暂停分包工程 | | |
| 8.7 | 分包合同的延误损失 | | |

(续)

| 2009年新版FIDIC分包合同条款 | | 1994年版FIDIC分包合同条款 | |
|---|---|---|---|
| 竣工试验 | | | |
| 9.1 | 分包合同的竣工试验 | | |
| 9.2 | 主合同的竣工试验 | | |
| 分包合同工程的竣工和接收 | | | |
| 10.1 | 分包合同的竣工 | 7.1 | 分包工程的开工；分包合同的竣工时间 |
| 10.2 | 分包工程的接收 | | |
| 10.3 | 承包商的接收 | | |
| 缺陷责任 | | | |
| 11.1 | 移交后分包商的义务 | 14.2 | 移交后分包商的义务 |
| 11.2 | 分包合同的缺陷责任通知期 | 14.3 | 由承包商的行为或违约造成的缺陷 |
| 11.3 | 履约证书 | | |
| 测量和估价 | | | |
| 12.1 | 分包合同工程的测量 | | |
| 12.2 | 估算的工程量和实际的工程量 | 10.4 | 估算的工程量与实施的工程量 |
| 12.3 | 分包合同项下的估价 | 10.1 | 估价的方式 |
| | | 10.2 | 变更价值的估算 |
| | | 10.3 | 参照主合同的测量进行估价 |
| 分包合同的变更和调整 | | | |
| 13.1 | 分包工程的变更 | 9.1 | 分包工程的变更 |
| | | 9.2 | 变更指示 |
| 13.2 | 分包合同变更的估计 | 10.2 | 变更价值的估算 |
| 13.3 | 要求提供分包合同变更的建议书 | | |
| 13.4 | 分包合同因法律变更进行的调整 | 21.2 | 后续的法规 |
| 13.5 | 分包合同因成本变化进行的调整 | 21.1 | 费用的增加或减少 |
| 13.6 | 分包合同的计日工 | 10.5 | 计日工 |
| 分包合同的价格和付款 | | | |
| 14.1 | 分包合同的价格 | | |
| 14.2 | 分包合同的预付款 | | |
| 14.3 | 分包商的月报表 | 16.1 | 分包商的月报表 |
| 14.4 | 分包商的竣工报表 | 16.5 | 分包合同价格及其他应付款额的支付 |
| 14.5 | 承包商申请临时付款证书 | 16.2 | 承包商的月报表 |
| 14.6 | 临时分包合同付款 | 16.3 | 到期应付的款项；扣发或缓发的款项；利息 |

(续)

| 2009年新版FIDIC分包合同条款 | | 1994年版FIDIC分包合同条款 | |
|---|---|---|---|
| 14.7 | 分包合同项下保留金的支付 | 16.4 | 保留金的支付 |
| 14.8 | 分包合同的最终付款 | 16.5 | 分包合同价格及其他应付款额的支付 |
| 14.9 | 分包合同项下的延误付款 | | |
| 14.10 | 承包商责任的终止 | 16.6 | 承包商责任的终止 |
| 主合同的终止和承包商终止分包合同 | | | |
| 15.1 | 主合同的终止 | 17.1 | 对分包商雇用的终止 |
| 15.2 | 分包合同终止日期的估价 | 17.2 | 终止后的付款 |
| 15.3 | 主合同终止时的付款 | 17.2 | 终止后的付款 |
| 15.4 | 因分包商违约而导致的主合同的终止 | 17.3 | 由于违反分包合同而导致的主合同的终止 |
| 15.5 | 分包合同项下的改正通知 | | |
| 15.6 | 主包商终止分包合同 | 17.1 | 对分包商雇用的终止 |
| | | 18.1 | 分包合同的终止 |
| | | 18.3 | 承包商的权力 |
| 分包商的暂停和终止 | | | |
| 16.1 | 分包商有权终止分包合同 | | |
| 16.2 | 分包商的终止 | | |
| 16.3 | 分包商终止后的付款 | | |
| 风险和保障 | | | |
| 17.1 | 分包商的风险和保障 | 13.1 | 分包商的保障义务 |
| 17.2 | 承包商的保障 | 13.2 | 承包商的保障义务 |
| 17.3 | 分包合同的责任限制 | | |
| 分包合同的保险 | | | |
| 18.1 | 分包商保险的义务 | 15.1 | 分包商办理保险的义务 |
| 18.2 | 承包商和（或）业主安排的保险 | 15.2 | 承包商办理保险的义务 |
| 18.3 | 保险的证据和未能办理保险 | 15.3 | 保险的证据；未办理保险的补救方法 |
| 分包合同的不可抗力 | | | |
| 19.1 | 分包合同的不可抗力 | | |
| 通知、分包商的索赔和争议 | | | |
| 20.1 | 通知 | 11.3 | 未发出通知的影响 |
| 20.2 | 分包商的索赔 | 11.2 | 索赔 |
| 20.3 | 未能遵守 | | |

(续)

| 2009 年新版 FIDIC 分包合同条款 | | 1994 年版 FIDIC 分包合同条款 | |
|---|---|---|---|
| 20.4 | 分包合同的争议 | 19.2 | 与主合同有关的或由主合同引起的涉及或关于分包工程的争议 |
| 20.5 | 分包合同争议裁决委员会的任命 | | |
| 20.6 | 遵守分包合同争议裁决委员会的决定 | | |
| 20.7 | 分包合同的仲裁 | 19.1 | 友好解决和仲裁 |

# 第11章 工 期

失败的计划只能意味着你打算失败。

——罗杰·吉布森：《工期索赔》

## 11.1 明示和默示工期

在英国法中，由于履约时间不是合同成立的一个要件，因此，如果合同当事人希望在某个特定日期完成履约行为，则合同当事人通常应在合同中明示规定履约时间[一]。如果合同明示规定了履约时间或工期，则合同当事人应在合同明示规定的时间内完成履约。如果合同没有明示规定履约时间，根据英国法和有关判例，则应默示合同当事人应在合理的时间内（within the reasonable time）完成履约。

根据英国法，在下述情况下，时间将构成合同的要件：

（1）当事人在合同中明示规定时间是合同的一个要件。参见 Peak Construction (Liverpool) Ltd. 诉 McKinney Foundation Ltd. (1970) 1 BLR 111 案。

（2）无辜的一方当事人向违约一方当事人发出通知，除非违约一方当事人在合理的时间内履约，否则，违约将导致合同终止。参见 Charles Rickard Ltd. 诉 Openheim [1950] 1 KB 616 案。

（3）履约的有关情形表明，当事人应遵守合同规定的时间。

在所有的施工合同，例如 FIDIC、ICE、JCT、NEC、AIA 等标准合同格式中，合同均规定了承包商完成工程项目的具体时间要求，这些标准合同格式的明示规定，表明时间，或称工期构成了施工合同的要件。按照合同明示规定的时间要求，承包商负有义务，在规定的工期内实施、完成和修复工程中的缺陷。在工程施工过程中，如果承包商遇到了可原谅的延误事件，承包商有权提出工期延长索赔，并应在工程师或建筑师批复的工期延长的期限内竣工。

除明示规定工期和承包商要求工期延长的权利外，FIDIC、ICE 等标准

---

㊀ John Adriaanse. Construction Contract Law [M]. 2nd ed. Hampshire: Palgrave Macmillan, 2007: 158.

合同格式还明确规定了进度计划、进度报告和控制、承包商的勤奋义务、发生进度滞后应采取的措施、工程暂停、误期损害赔偿费以及业主终止合同权利等内容，这些内容构成了现代施工合同中与时间有关的合同机制。

在施工合同没有明示规定工期时，承包商应在合理的时间内完成工程项目。但如何界定合理时间却是一个令人头痛的问题。史蒂芬·福斯特在著名的《基廷论施工合同》中写道：

"什么是合理时间是一项需要考虑履约当时发生的有关情况的问题，但应剔除履约当事人能够控制的情形。'尽管发生了延误，但只要延误是他无法控制的原因造成的，一个人就应在合理的时间内履约其义务，并且不应疏忽地或不合理地履行义务'。

法院需要考虑的竣工要求包括下述合同用语，如'尽快'、'在合理的时间内'、'尽其可能'、'马上'、'立即'等，在使用这些词汇时，人们无法保证交货日期的实现，也'无法保证在竣工日期当日或之前完成（工程）项目'。

因此，在合同没有明示规定进度的情况下，根据商业效率原则，应默示承包商应以合理的努力，以合理的进度进行施工。在有些情况下，可将此类术语看做是必须考虑每一个合同及其有关情况后才能作出决定，没有一项通用的规则适用于所有的情况⊖。"

从上述解释可以看出，虽然可以判定在缺少明示合同工期时承包商可以在合理时间内完成工程项目，且判断什么是合理的时间时需要考虑每个合同的具体情况，即具体问题具体分析，但此类观点仍没有解决判读标准的具体事宜。有关判例表明，在施工合同中，确定合理时间的长短取决于：

(1) 承包商是否在施工作业中使用了充分的或者合理的人力、设备或材料等资源。

(2) 承包商是否以应有的勤奋和努力，以应有的速度和毫不耽搁地施工工程项目。

关于承包商实施工程所需的资源，承包商应当提供充分的资源，或退一步讲，应提供合理的资源，而'充分的'和'合理的'用语并没有什么明显的界限，需根据具体项目的情况作出判断。例如，在房屋建筑项目中，承包商应配备两部塔吊，4个施工班组和6台混凝土运输车，才能保证工程的正常进度。如果承包商配备了这些资源，且承包商没有拖延施工，此时，可判断承包商以正当的速度和应有的勤奋进行施工。在配备了这些资源的情况

---

⊖ Stephen Furst. Vivian Ramsey. Keating on Construction Contracts [M]. 8th ed. London: Sweet & Maxwell, 2006: 303-304.

下,如合同没有规定工期,则承包商按照正常速度施工时,承包商完成工程的时间就是合理的时间。如承包商仅配备了一部塔吊,2个施工班组和3台混凝土运输车时,则可判断承包商没有配备充分的或合理的资源,在这种资源配置下实施工程所花费的时间就不是承包商应当完成工程的合理的时间。

有关"正常和勤勉"和"应有的速度和毫不耽搁地"的含义,参见本书第7.5节的有关内容。

## 11.2 FIDIC 合同的工期要求

### 11.2.1 1987 年第 4 版红皮书中有关工期的条款

1987 年第 4 版红皮书中与工期要求有关的条款有:

(1) 第 1.(c)(i) 项:开工日期。

(2) 第 1.(c)(ii) 项:竣工日期。

(3) 第 1.(d)(i) 项:竣工检验。

(4) 第 1.(d)(ii) 项:移交证书。

(5) 第 1.(g)(ii) 项:日。

(6) 第 6.3 款:工程进展中断。

(7) 第 6.4 款:图纸误期和误期费用。

(8) 第 6.5 款:承包商未能提交图纸。

(9) 第 8.1 款:承包商的一般责任。

(10) 第 14.1 款:应提交的进度计划。

(11) 第 14.2 款:修订的进度计划。

(12) 第 40.1 款:暂时停工。

(13) 第 40.2 款:暂时停工后工程师的决定。

(14) 第 40.3 款:暂时停工持续 84 天以上。

(15) 第 41.1 款:工程的开工。

(16) 第 43.1 款:竣工时间。

(17) 第 44.1 款:竣工期限的延长。

(18) 第 46.1 款:施工进度。

(19) 第 49.1 款:缺陷责任期。

(20) 第 63.1 款:承包商的违约。

(21) 第 69.1 款:业主的违约。

(22) 第 69.5 款:复工。

## 11.2.2 1999年版新红皮书、新黄皮书和银皮书中有关工期的条款

1999年版新红皮书、新黄皮书和银皮书中有关工期的条款包括：

(1) 第1.1.3.1项：基准日期。
(2) 第1.1.3.2项：开工日期。
(3) 第1.1.3.3项：竣工日期。
(4) 第1.1.3.4项：竣工试验。
(5) 第1.1.3.5项：接收证书。
(6) 第1.1.3.6项：竣工后试验。
(7) 第1.1.3.7项：缺陷通知期限。
(8) 第1.1.3.8项：履约证书。
(9) 第1.1.3.9项：日。
(10) 第2.1款：现场进入权。
(11) 第4.1款：承包商的一般义务。
(12) 第4.21款：进度报告。
(13) 第8条第8.1款至第8.12款：开工、延误和暂停。
(14) 第9条：竣工试验。
(15) 第11条：缺陷责任。
(16) 第15.2款：业主终止。
(17) 第16.2款：承包商的终止。

根据FIDIC标准合同格式有关工期要求的规定可以得出，在建筑和土木工程施工合同中，与工期相关的主要问题涉及了开工、进度计划、进度控制、暂停施工、试验、竣工、工期延长以及缺陷通知期限。在1999年版FIDIC合同中，以第8条为工期的核心条款，以第2.1款、第4条、第9条、第11条、第15.2款、第16.2款、第20.1款为辅的合同体系，见图11-1。

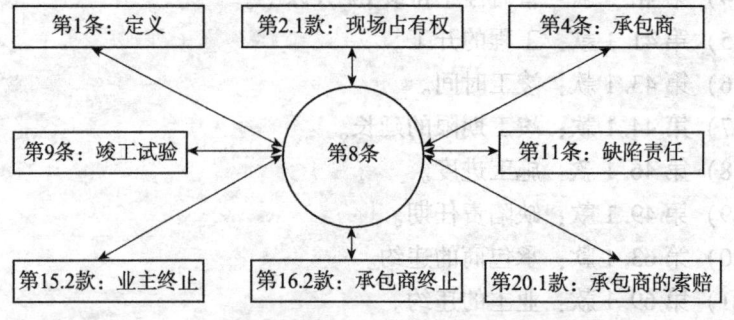

图11-1 1999年版FIDIC合同与工期有关条款

## 11.3 开工

1999 年版 FIDIC 合同新红皮书第 1 条对有关"日期"进行了定义，包括：

(1) 第 1.1.3.1 项：基准日期，系指递交投标书截止日期前 28 天的日期。

(2) 第 1.1.3.2 项：开工日期，系指根据第 8.1 款 [工程的开工] 的规定通知的日期。

(3) 第 1.1.3.3 项：竣工日期，系指投标附录中写明的，自开工日期起算至工程或某区段工程（视情况而定）根据第 8.2 款 [竣工时间] 规定的要求竣工（连同根据第 8.4 款 [竣工时间的延长] 的规定提出的任何延长期）的全部时间。

(4) 第 1.1.3.9 项：日，系指一个日历日，"年"系指 365 天。

在上述日期中，基准日期与承包商的投标日期相关联，与开工日期无关。根据 FIDIC 新红皮书第 8.1 款的规定，"工程师应在不少于 7 天前向承包商发出开工日期的通知。除非专用条款中另有说明，开工日期应在承包商收到中标函后 42 天内。"这项规定表明，开工日期与业主颁发中标函以及承包商收到中标函的日期相互关联，如果专用条款没有对开工日期另行作出规定，则开工日期应在承包商收到中标函后的 42 天之内。

开工令或开工通知（notice to proceed）是工程师通知承包商开始施工的一份重要的法律文件。在工程师在发出开工令后，应自开工令规定的开工日期起计算承包商的施工时间。如果在施工过程中承包商没有遭受可原谅的延误，则承包商应在合同规定的工期内完成工程项目。根据 FIDIC 合同第 1.1.3.9 项的规定，工期以"日"计算，而"日"是指一个日历日，包括节假日和周末。

FIDIC 新红皮书第 8.1 款只是规定了开工日期的时间要求，但并未涉及承包商开工须具备的前提条件，例如业主应向承包商提供现场占有权、业主应向承包商支付预付款（如有）等。在业主不能交付现场占有权时，承包商将无法遵守工程师发出的开工指示，更无法开始施工。如果开工需具备一定的物质条件，业主应在专用条款中予以明确规定，或者，在工程师签发开工令之前，承包商应与业主和工程师协商，确定开工须具备的前提条件，并声明只有在开工的前提条件具备的情况下才能开始施工，起算工期。

有关业主提供现场占有权的义务，参见本书第 5.2 节的有关内容。

## 11.4 进度计划

### 11.4.1 FIDIC 合同对进度计划的要求

1999 年版 FIDIC 新红皮书第 8.3 款进度计划规定：

"承包商应在收到根据第 8.1 款［工程的开工］规定发出的通知后 28 天内，向工程师提交一份详细的进度计划。当原定进度计划与实际进度或承包商义务不相符时，承包商还应提交一份修订的进度计划。每份进度计划应包括：

（a）承包商计划实施工程的工作顺序，包括设计（如有）、承包商文件、采购、生产设备的制造、运到现场、施工、安装和试验各个阶段的预期时间安排；

（b）由各指定分包商（按第 5 条［指定分包商］定义）从事的以上各个阶段；

（c）合同中规定的各项检验和试验的顺序和时间安排；以及

（d）一份支持报告，内容包括：

（i）在工程实施中各主要阶段和承包商拟采用的方法和各主要阶段一般描述；以及

（ii）承包商对工程各主要阶段现场所需各级承包商人员和各类承包商设备合理估计数量的详细情况。

除非工程师在收到进度计划后 21 天内向承包商发出通知，指出其中不符合合同要求的部分，承包商即应按照该进度计划，并遵守合同规定的其他义务，进行工作。业主人员应有权依照该进度计划安排他们的活动。

承包商应及时将未来可能对工作造成不利影响、增加合同价格、或延误工程施工的事件或情况，向工程师发出通知。工程师可要求承包商提交此类未来事件或情况预期影响的估计，和/或根据第 13.3 款［变更程序］的规定提出建议。

如果任何时候工程师向承包商发出通知，指出进度计划（在指明的范围）不符合合同要求，或与实际进度和承包商提出的意见不一致时，承包商应按照本款向工程师提交一份修订进度计划。"

1999 年版新黄皮书第 8.3 款对新红皮书第（a）和（b）项修改如下：

"（a）承包商计划实施工程的工作顺序，包括每一设计阶段的预计时间、承包商文件、采购、制造、检查、运到现场、施工、安装、试验、试车和试运行。

(b) 第 5.2 款 [承包商文件] 规定的审核期限，以及业主要求规定的任何其他递交、批准和同意。"

根据 1999 年 FIDIC 新红皮书第 8.3 款的规定，承包商提交和修改进度计划的程序和时间要求如下，见图 11-2。

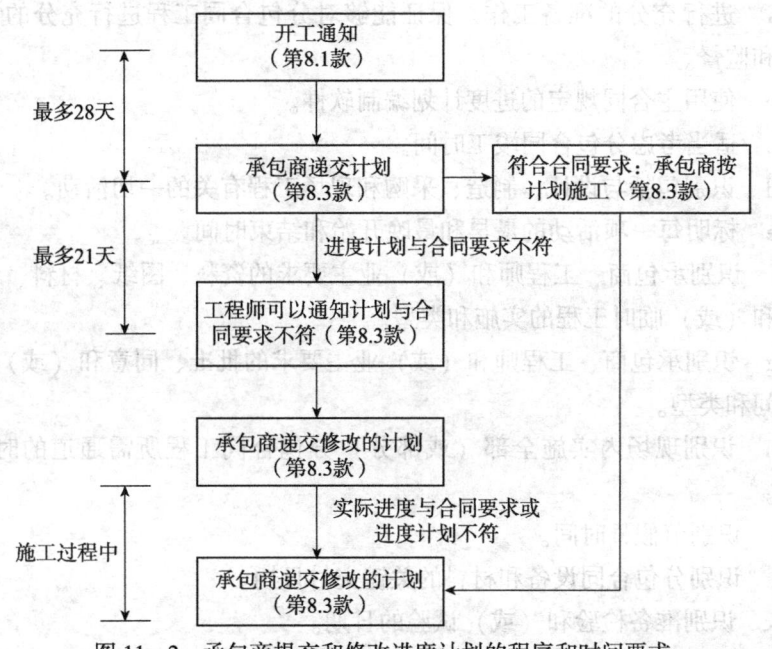

图 11-2　承包商提交和修改进度计划的程序和时间要求

1999 年版 FIDIC 新红皮书、新黄皮书和银皮书第 8.3 款仅对进度计划的内容作了具体规定，但没有对进度计划的形式，即横道图计划、CPM 网络计划、PERT 图示法等作出明示的规定。承包商在编制进度计划之前，应检查专用条款部分的具体要求，查看承包商应递交进度计划的格式。在专用条款没有明示规定的情况下，承包商应致函工程师，询问进度计划的格式，并按照工程师的指示，准备工程师要求的编制进度计划的软件程序，如微软的项目管理软件或 Primavera 的项目管理软件等。在工程师确定编制计划的项目管理软件程序后，承包商应使用这个项目管理平台，编制进度计划，监督项目进度，并按照合同的明示要求，按月向工程师递交进度计划的纸质文件和电子版文件。

## 11.4.2　FIDIC 分包合同对进度计划的要求

与 1999 年版 FIDIC 合同不同，2009 年版 FIDIC 施工分包合同条件（测试版）附录 F（Annex F）对分包商应递交的进度计划形式作了明确规定，如下：

"A  分包合同的初始进度计划

分包合同进度计划的格式和细节应与编制主合同的进度计划和报告的要求相一致，并且，无论如何，分包商应：

a  进行充分的准备工作，保证能够对分包合同工程进行充分的计划、实施和监督。

b  使用主合同规定的进度计划编制软件。

c  适当考虑分包合同竣工时间。

d  识别包括与设计、制造、采购和现场工程有关的一切活动。

e  标明每一项活动的最早和最晚开始和结束时间。

f  识别承包商、工程师和（或）业主要求的资料、图纸、材料、设备、设施和（或）临时工程的实施和类型。

g  识别承包商、工程师和（或）业主要求的批准、同意和（或）签认的时间和类型。

h  识别现场内实施全部（或部分）分包合同工程所需通道的时间和地点。

i  识别节假日时间。

j  识别分包合同设备和材料的关键交付日期。

k  识别准备检验和（或）试验的日期。

l  将所有的活动进行逻辑链接。

m  识别关键线路。

n  识别所有的时差。

o  为了使分包商的活动与承包商和其他承包商的现场工程相衔接，应使进度计划保持充分的灵活性。

p  应为属于分包商（如有）和其他分包商时间风险的气候条件留出时间。

q  为评估进度计划中的活动时间，应提供分包商每一项活动的人力、工作进度、设备、机械的资源要求。

......

B  分包合同进度计划的更新

自分包合同初始进度计划成为分包合同进度计划之日起的 28 天内，分包商应更新进度计划并向承包商递交更新的进度计划。并且，在发生下述情况时，无论如何，应：

a  分包商改变其施工方法和（或）施工次序和（或）活动期限和

（或）资源的分配。

　　b 在实施分包合同过程中，分包商遭受的影响关键线路或多个关键线路延误事件。

　　c 承包商通知的，可能会对分包合同工程造成负面影响，或增加分包合同价格或延误分包工程施工的已经发生的延误，或者特定未来事件或者情况。

　　d 承包商批准的分包合同竣工时间。

　　e 收到承包商有关进度计划和（或）分包工程施工次序的指示。

　　f 从承包商处收到的关于分包合同工程太过缓慢，无法在分包合同竣工时间内完成和（或）与当前分包合同进度计划不符的通知。

更新的进度计划应反映分包合同进度计划的变更情况，保证在分包合同竣工日期内完成分包合同工程。

……"

根据附录F的规定，分包商应履行如下义务：

（1）递交与主合同要求相一致的分包合同的进度计划。

（2）递交具有逻辑链接特性的 CPM 网络进度计划。

（3）在情况发生变化时，更新进度计划。

因此，在使用 FIDIC 分包合同的情况下，分包商应向承包商递交与主合同一致的 CPM 网络进度计划。

## 11.4.3　承包商编制和递交进度计划的义务

　　在合同明示要求承包商递交进度计划时，如果承包商未能递交这份进度计划，则承包商的行为构成了违约。如果业主能够证明因此遭受了实质的损害（substantial damages），承包商应为此承担赔偿责任。在这种情况下，业主应证明：

（1）承包商负有义务，根据进度计划的要求进行施工。

（2）在缺少进度计划时，业主无法管理合同及其相关工程。

（3）如果承包商递交了进度计划，则业主可以避免遭受上述延误以及损害。

业主想要证明其遭受了实质的损害可能是一件非常困难的事情，特别是在承包商递交了进度计划，但业主想要确定进度计划没有完全符合合同规定的情况。

如果承包商递交进度计划是一项非常重要的义务，则在起草合同时，人们完全可以将承包商递交进度计划的义务与付款相联系，即将递交进度计划作为付款的前提条件。虽然英国《工程施工合同》（the Engineering Construction Contract）第 2 版第 50.3 款将递交进度计划和付款相互挂钩，但在绝大多数建筑和土木工程合同格式中，均没有将递交进度计划与付款相互联系。有些施工合同要求承包商按照业主接受的进度计划（the accepted programme）进行施工，但在实践中并没有形成一个统一的做法。在 GLC 诉 Cleveland Bridge Engineering Company Limited [1984] 34 BLR 50 案中，法院判决根据合同条款的规定，不能默示合同要求承包商按照接受的进度计划进行施工。实际上，那些要求承包商递交进度计划的标准合同格式希望承包商能够根据施工的需要，能够有权对施工方法和施工次序进行更改，而不是一味地按照进度计划进行施工。

如果业主要求承包商按照进度计划进行施工，则业主也应遵守这份进度计划，以便允许承包商履行其义务。在项目的实施过程中，如果进度计划是一份准确反映承包商履行其义务的计划，则意味着业主也应该遵守这份进度计划，以便使承包商能够履行其进一步的施工义务。但在业主是否受接受的进度计划的制约的这个问题上，有关判例却出现了截然相反的结论。在 Glension Construction Limited 诉 the Guinness Trust [1987] 案中，法院判决根据合同规定的承包商可以"在竣工日期或之前"完成工程项目的条款，承包商有权在合同规定的竣工日期之前竣工。但是，合同条款没有默示业主必须履行义务，允许承包商在竣工日期之前完成工程项目。

在建筑和土木工程项目中，常用的进度计划类型包括：
（1）横道图计划（bar chart programme）；
（2）CPM 网络进度计划（CPM network programme）；
（3）平衡线法（line of balance）；
（4）时间链网法（time chainage）。

在 FIDIC 合同或其他施工合同中，承包商应根据合同的具体规定和工程师的要求，选用上述任何一种进度计划形式编制、更新进度计划。

近些年来，随着基于计算机的项目管理软件的发展、成熟和完善，使用 CPM 时标网络进度计划制订施工项目的进度计划，跟踪项目的进展，利用 CPM 网络计划进行工期索赔已成为建筑和土木工程领域的一项令人瞩目的趋势。更为重要的是，在大量的英美判例中，使用 CPM 网络计划证明承包商索赔工期的合理性和延期时间成为法官判断是否给予承包商工期延长的一种有效的举证手段。

图 11-3 ~ 图 11-7 是某商业建筑的 CPM 网络进度计划。

第11章 工　期　375

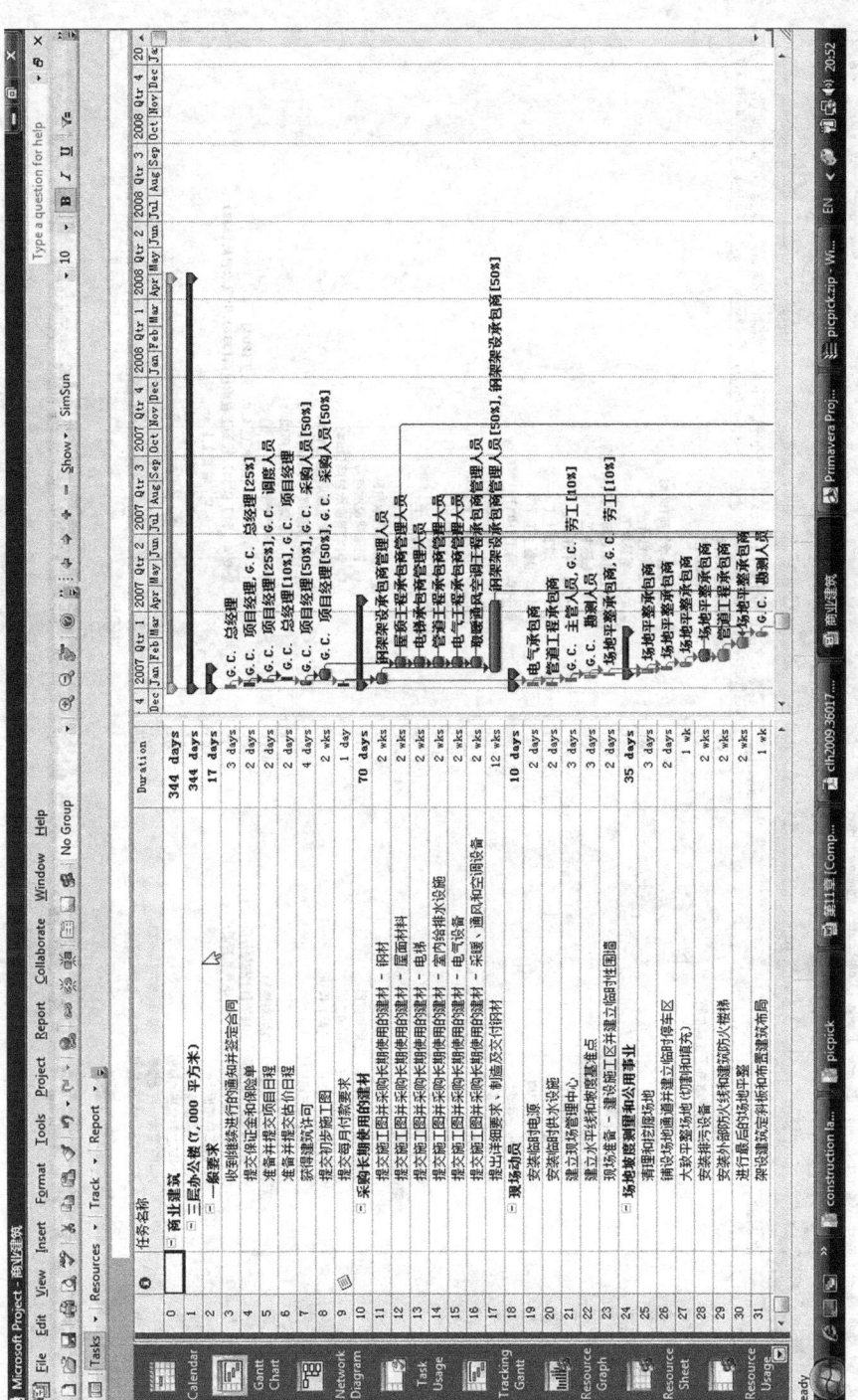

图11-3　某商业建筑的CPM网络进度计划1

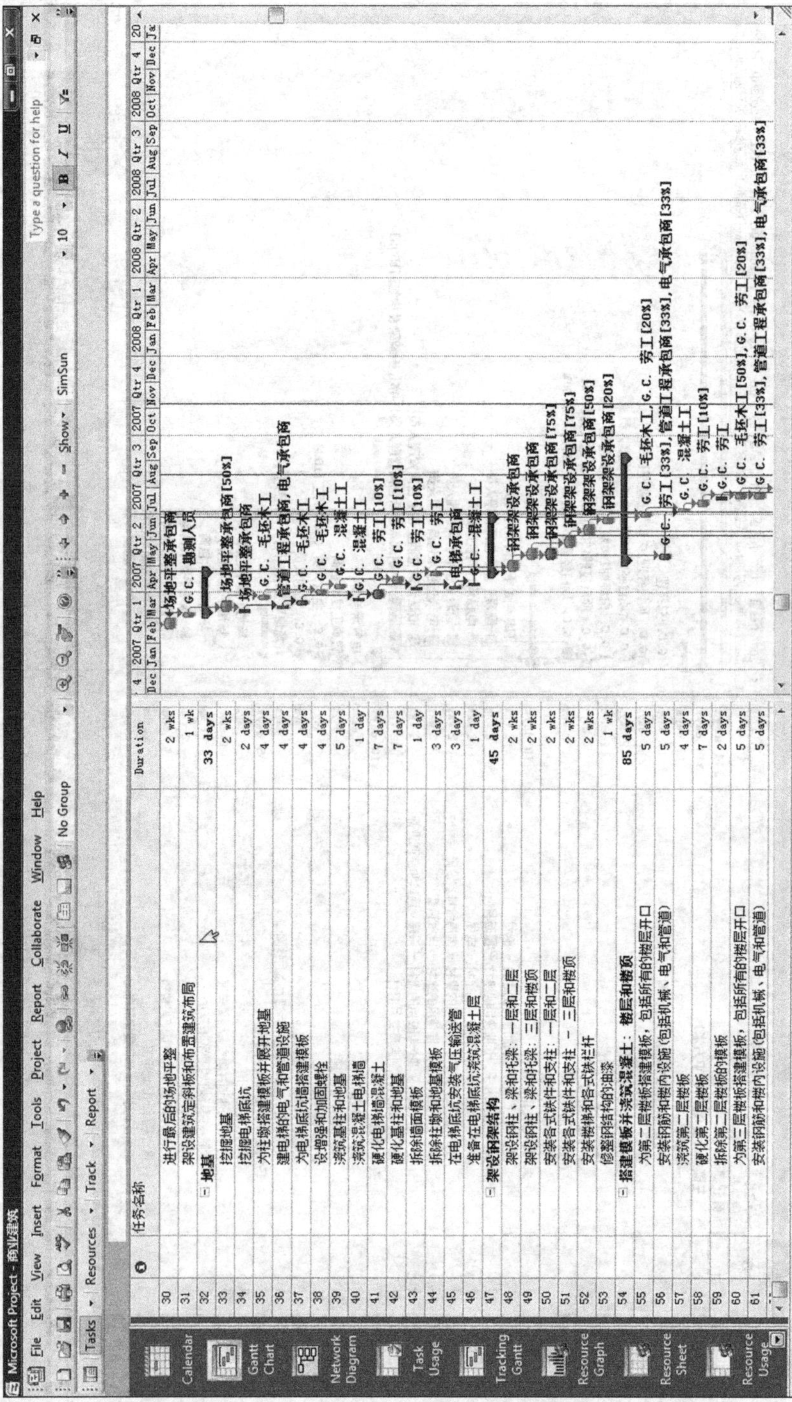

图11-4 某商业建筑的CPM网络进度计划2

第11章 工 期 377

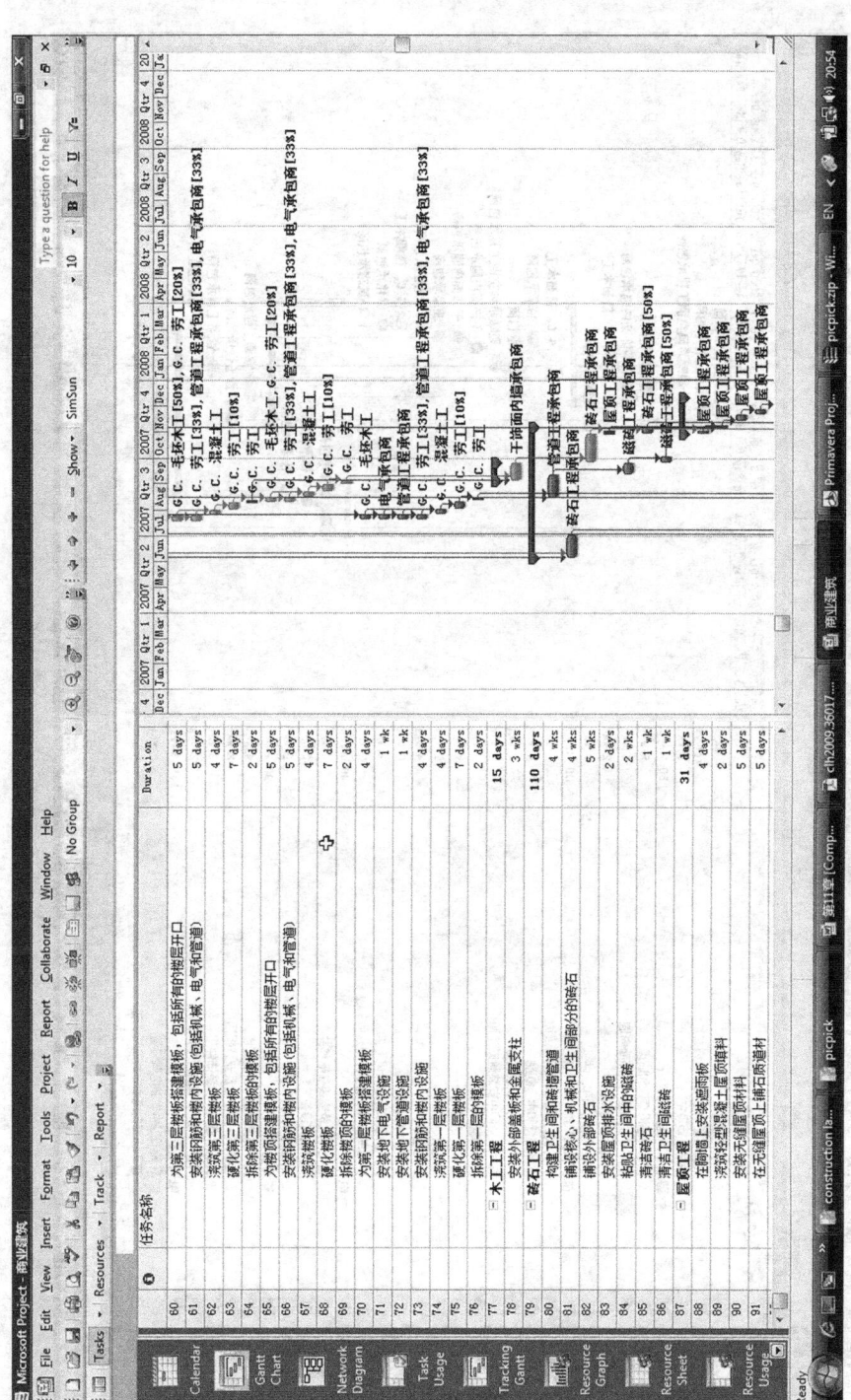

图11-5 某商业建筑的CPM网络进度计划3

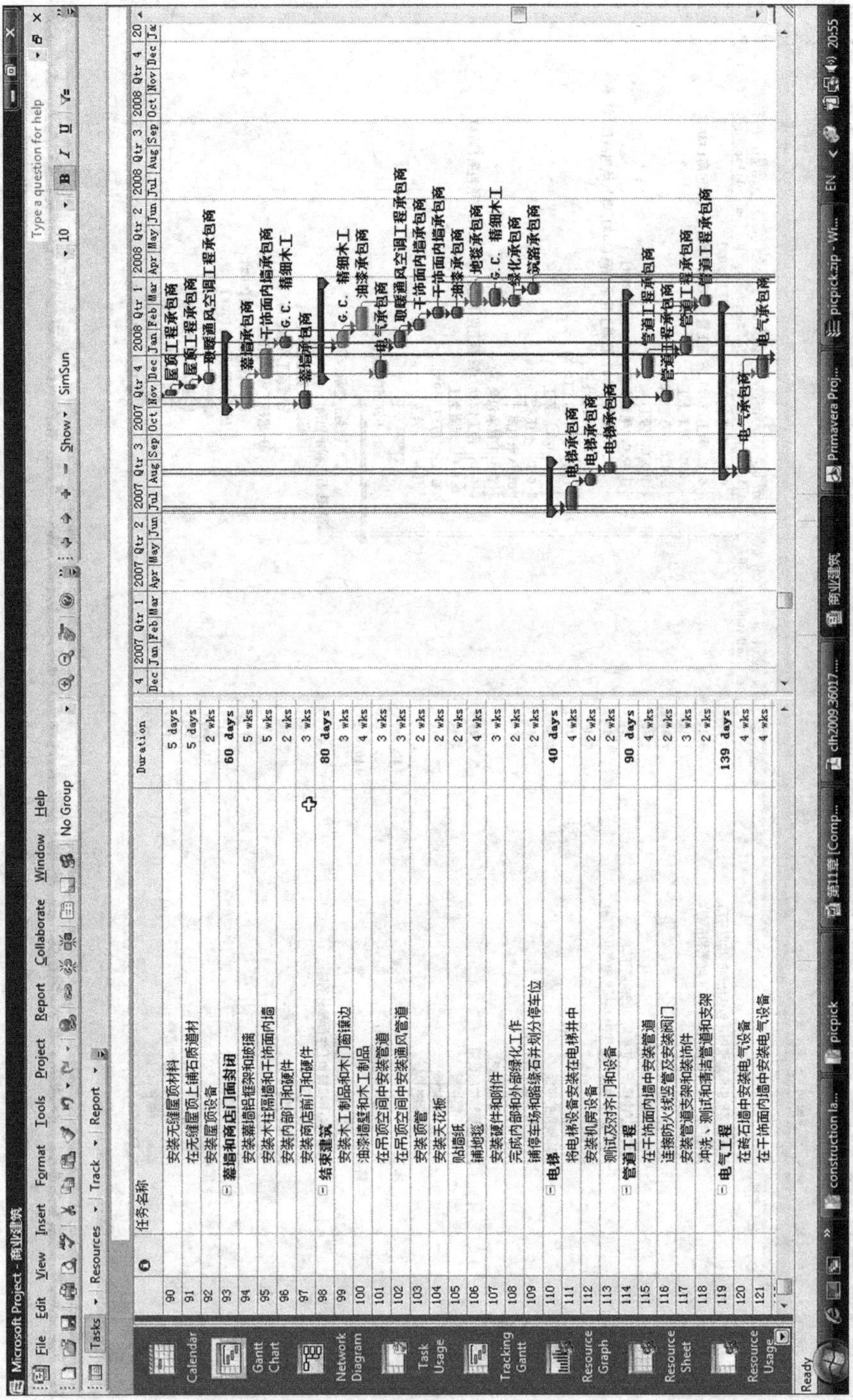

图11-6 某商业建筑的CPM网络进度计划4

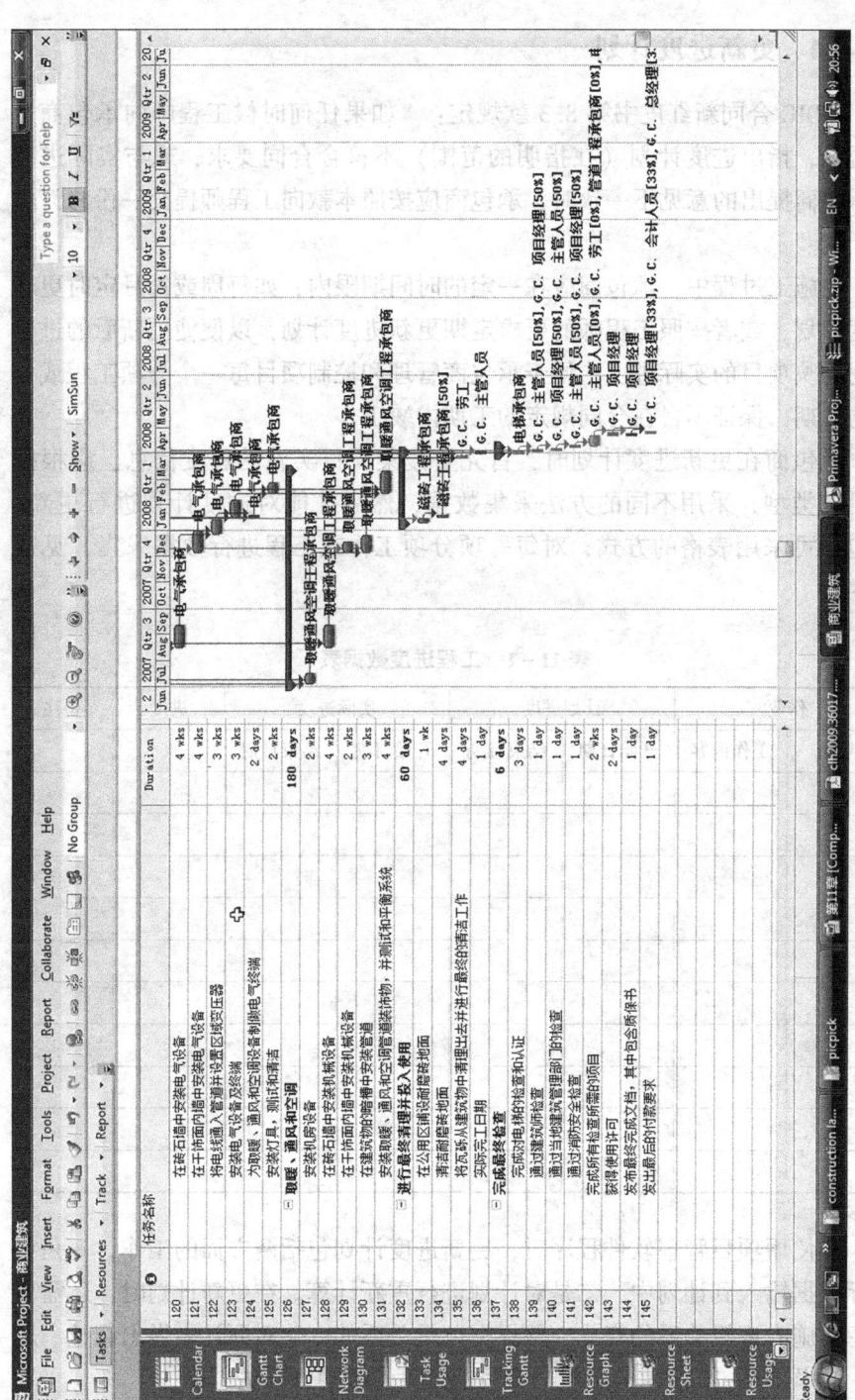

图11-7 某商业建筑的CPM网络进度计划5

### 11.4.4 更新进度计划

FIDIC 合同新红皮书第 8.3 款规定:"如果任何时候工程师向承包商发出通知,指出进度计划(在指明的范围)不符合合同要求,或与实际进度和承包商提出的意见不一致时,承包商应按照本款向工程师提交一份修订进度计划。"

在施工过程中,承包商应在一定的时间期限内,如每周或每月定时更新进度计划,或者按照工程师的要求定期更新进度计划,以便使更新后的进度计划反映项目的实际进度,便于承包商管理和控制项目每一个分项工程或作业的工期,保证项目在合同规定的工期内竣工。

承包商在更新进度计划时,首先要搜集项目实施的进度信息,应根据项目的类型,采用不同的方法采集数据,然后才能对进度计划进行更新。承包商可采用表格的方式,对每一项分项工作或工程进行数据采集,见表 11-1。

表 11-1 工程进度数据表

| 作业 | | 计划进度 | | 实际进度 | | 进度 | 备注 |
| --- | --- | --- | --- | --- | --- | --- | --- |
| 代码 | 工作内容 | 开始日期 | 结束日期 | 开始日期 | 结束日期 | % | |
| | | | | | | | |
| | | | | | | | |
| | | | | | | | |
| | | | | | | | |
| | | | | | | | |
| | | | | | | | |
| | | | | | | | |
| | | | | | | | |
| | | | | | | | |

在使用项目管理软件程序时,更新进度计划包括两方面的工作,一是将实际数据输入到计划中,二是对计划进行重新计算。在更新计划时,还需要考虑实施时逻辑关系的变化,并根据逻辑关系的变化对原计划做出调整。图 11-8~图 11-10 表示的是对某项目的进度计划更新后的结果。

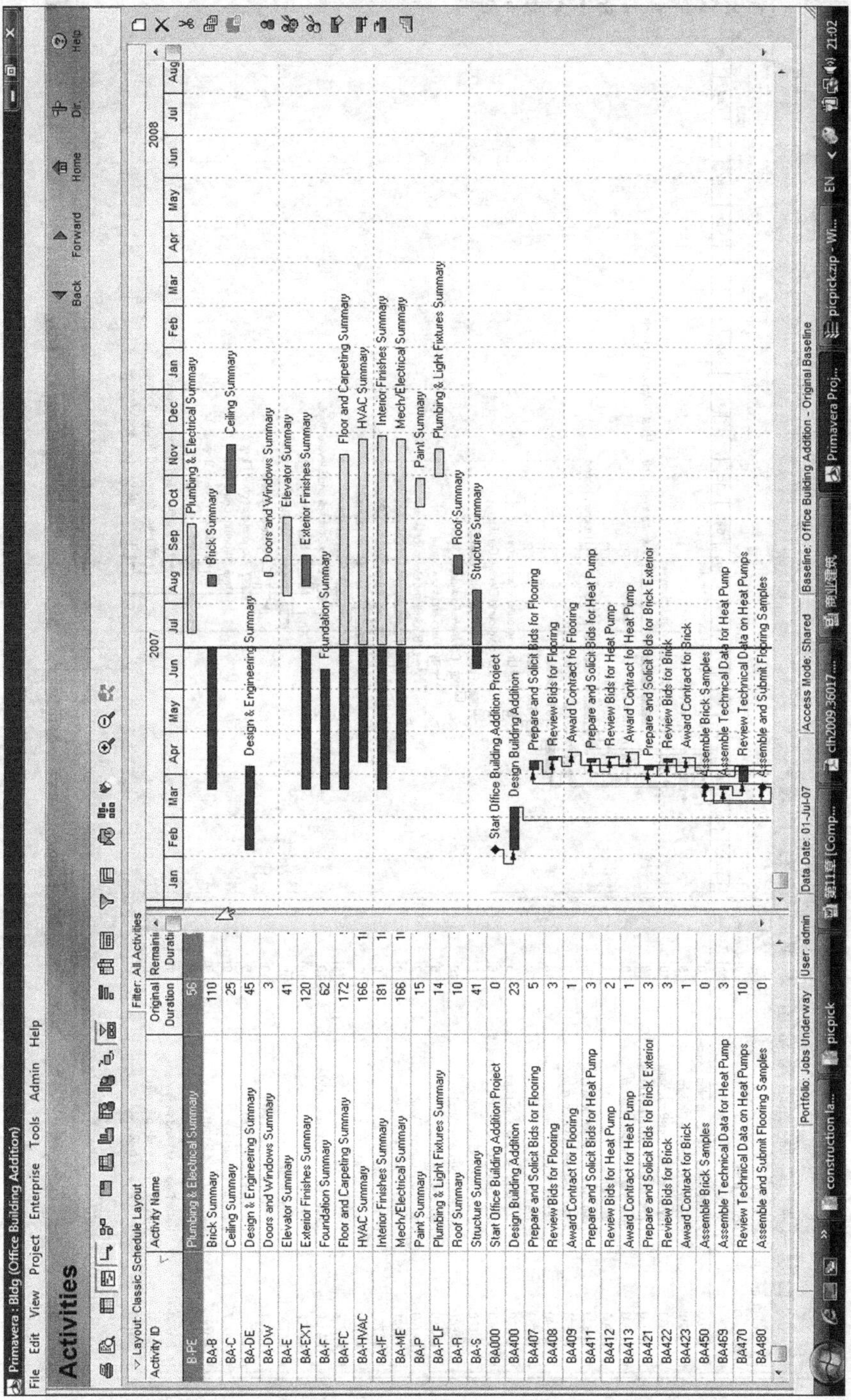

图11-8 项目更新后的进度计划1

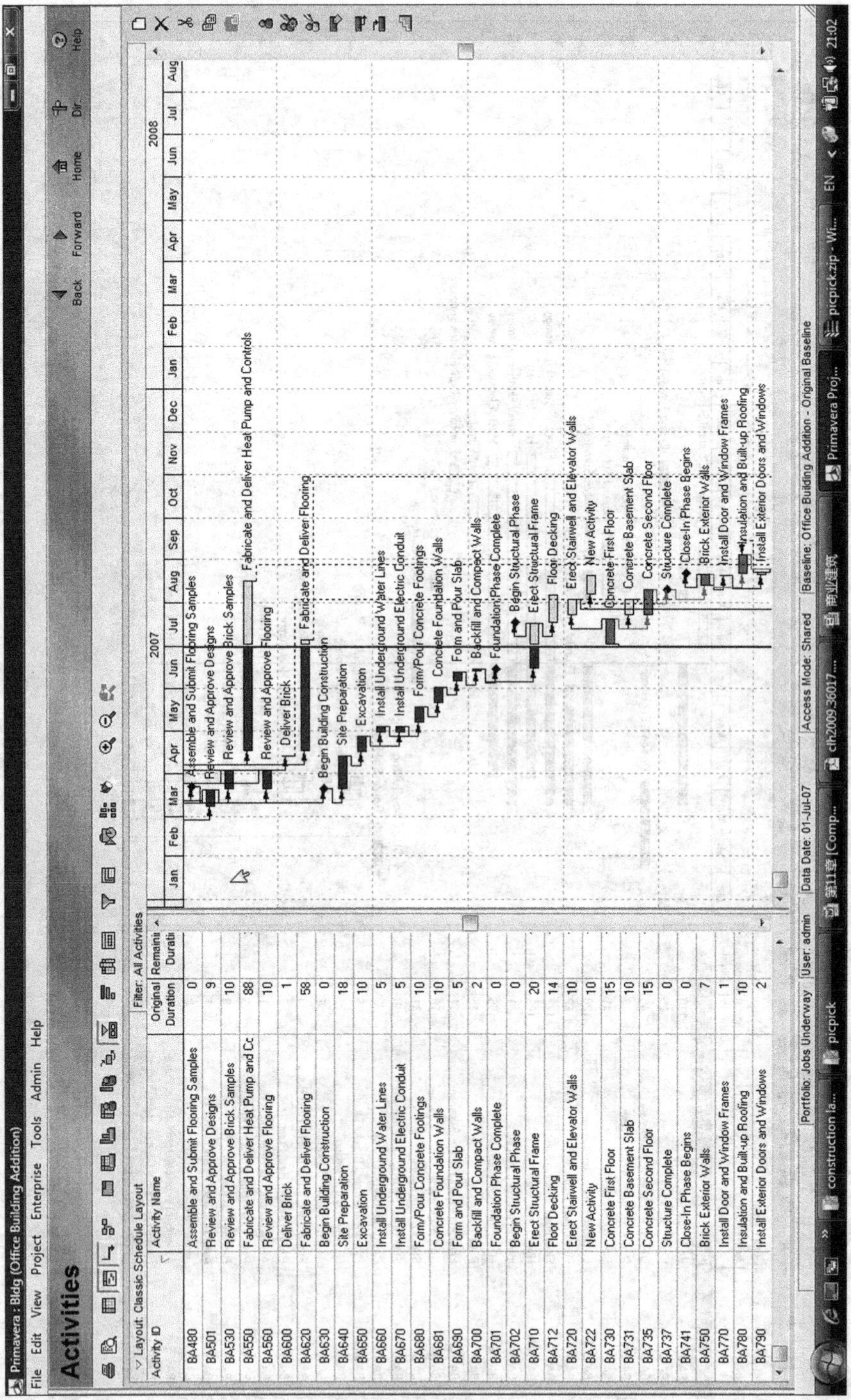

图11-9 项目更新后的进度计划2

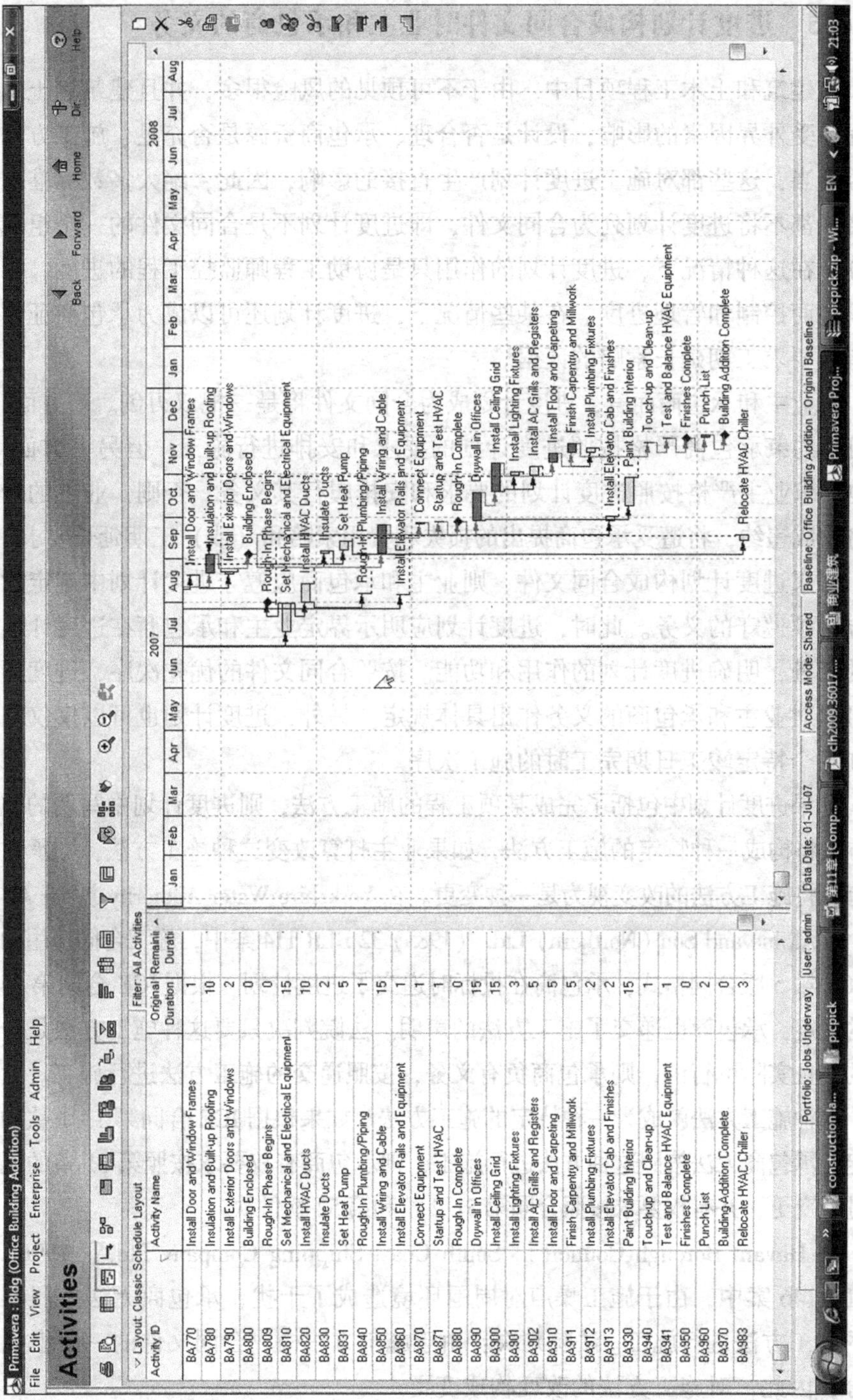

图 11-10 项目更新后的进度计划 3

## 11.4.5　进度计划构成合同文件时业主和承包商的义务

在建筑和土木工程项目中，由于不可预见的风险很多，并且建筑和土木工程易受外界因素的影响，设计是否合理、承包商资源是否充足、施工方法是否恰当，这些都对施工进度计划产生直接的影响，因此，绝大多数标准合同格式都不将进度计划列为合同文件，即进度计划不是合同文件的一个组成部分。在这种情况下，进度计划的作用只是协助工程师监控工程的进度，帮助承包商控制和管理进度。在某些情况下，进度计划还可以成为承包商证明其有权要求工期延长索赔的证据。

对业主和承包商而言，进度计划成为合同文件将是一把双刃剑。一方面，它可以约束承包商严格按照进度计划的要求和安排进行施工，但另一方面，它也要求业主严格按照进度计划的要求和安排履行其义务，否则，业主的行为将构成违约，将遭受承包商提出的损失和费用索赔和（或）工期延长要求。

如果进度计划构成合同文件，则业主和承包商应遵守进度计划中规定的双方必须遵守的义务。此时，进度计划应明示界定业主和承包商在进度计划中的义务，明确进度计划的作用和功能。按照合同文件的优先次序，进度计划可以对业主和承包商的义务作出具体规定。另外，进度计划也可以仅仅表明在某个特定竣工日期完工时的施工次序。

如果进度计划中包括了完成某项工程的施工方法，则进度计划中写明的施工方法将构成一种特定的施工方法，如果业主打算改变这种施工方法，则承包商有权将施工方法的改变视为是一种变更。在 Yorkshire Water Authority 诉 Sir Alfred McAlpine and Son（Northern）Ltd.（1985）32 BLR 114 案中，施工合同使用的是 ICE 第 5 版合同格式，承包商在投标时递交了进度计划。根据 ICE 合同第 14 条的规定，承包商也递交了施工方法的声明。法院判决只要这种施工方法是合法的并且实际可行的，则承包商负有义务，按照递交的施工方法进行施工。此时，这种施工方法就成为一种特定的施工方法。如果根据 ICE 合同第 13.1 款的规定，承包商无法按照这种方法进行施工，则承包商有权要求按照第 51 条的规定进行变更，并有权要求按照合同第 51.2 款和第 52 款付款。

在 Havant Borough Council 诉 South Coast Shipping Company Ltd.［1996］CILL 1146 案中，由于施工噪声对周围环境造成了干扰，承包商无法按照原定的施工方法进行施工。法院判决：由于施工方法构成合同文件的一个组成部分，因此，对施工方法的改变构成变更。

在构成变更时，业主应按变更条款的有关规定进行变更估价和付款。

## 11.5 竣工

### 11.5.1 实际完工和实质完工

在建筑和土木工程项目中，竣工（completion）意味着风险的转移，即承包商施工风险和完工风险的消失，而取代承包商风险的是业主接受项目，业主将承担项目营运的风险。另一方面，竣工也意味着承包商履行施工合同义务的阶段性终结，在完成缺陷通知期间的维护义务后，在业主颁发履约证书后，承包商的履约义务将实现彻底的终结。

依据承包商履约义务的不同，竣工具有不同的含义。例如，区段工程的竣工只是意味着某个区段工程的完成，而整个工程的竣工则意味着整个工程项目的完成，业主可以接受整个工程，并开始项目的缺陷通知期限。

在施工合同中，存在实际完工（practical completion）和实质性完工（substantial completion）这两个概念。在 J. Jarvis and Sons 诉 Westminister Corporation（1978）7 BLR 64 HL 案中，法官将实际完工定义为为了业主占有和使用项目的目的，承包商完成了绝大部分的工程，但不是全部的工程内容，即不是彻底地完成所有工程项目。在实际完工时，承包商负有义务，在缺陷通知期限内修复任何性质的缺陷工程。在 JCT 合同体系中，存在实质性完工的概念，例如 JCT 合同 1998 年版第 17.2 款的规定，承包商有义务修复在缺陷责任期内出现的工程缺陷，但建筑师无权在实际完工证书颁发日期后出现的工程缺陷发出任何指示。也就是说，如果存在已知的或明显的工程缺陷，建筑师不能颁发任何证书。关于这一点，JCT 合同与 ICE 合同以及 FIDIC 合同存在明显的不同。

### 11.5.2 竣工程序

1999 年 FIDIC 新红皮书第 9 条竣工试验和第 10 条业主的接受规定了与竣工有关的程序性规定。按照第 9 条和第 10 条的规定，与竣工有关的程序见图 11-11。

根据 FIDIC 合同第 10.1 款的规定："除第 9.4 款［未能通过竣工验收］的规定外，当（i）除下面（a）项允许的情况外，工程已根据合同规定，包括第 8.2 款［竣工时间］中提出的事项竣工；（ii）已根据本款规定颁发工程接收证书，或被视为已颁发时，业主应接收工程。"

承包商应至少提前 14 天，在他认为工程将竣工并做好接收准备的日期

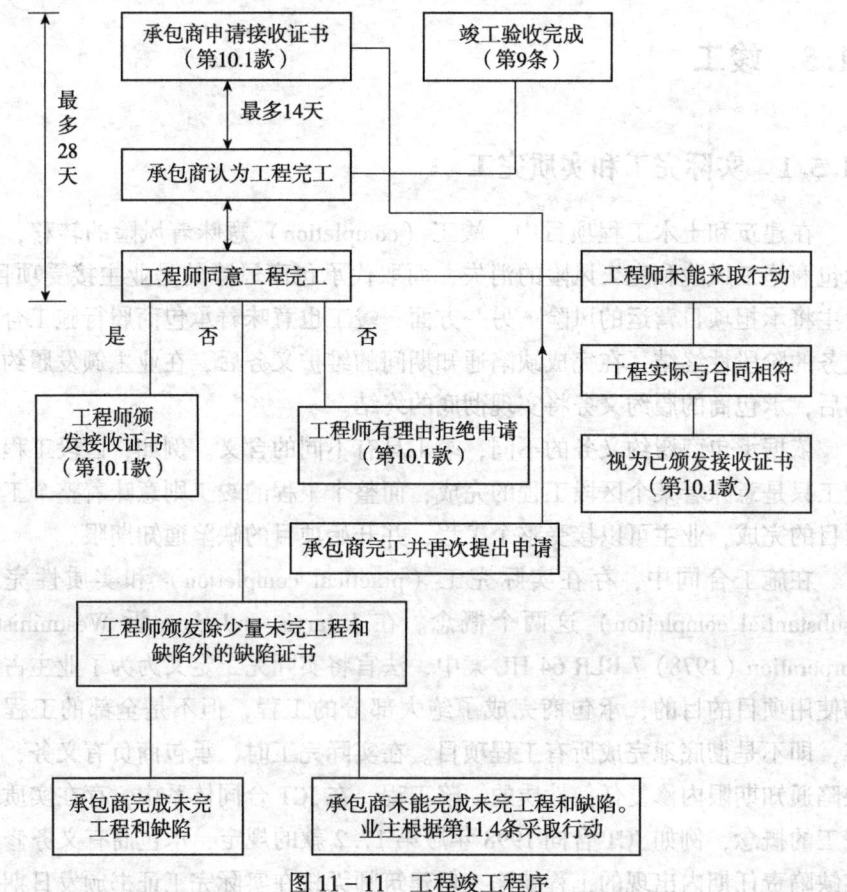

图 11-11 工程竣工程序

前,向工程师发出申请接收证书的通知。如工程分成若干区段工程,承包商可采取类似行为为每个区段工程申请接收证书。

工程师在收到承包商的申请通知后的 28 天内,应:

(1) 向承包商颁发接收证书,表明工程或区段工程根据合同要求竣工的日期,但任何对工程或区段工程预期使用功能没有实质影响的少量收尾工作和缺陷(直到或当收尾工作和缺陷修补完成时)除外;或

(2) 拒绝申请,说明理由,并规定在能颁发接收证书前承包商需做的工作。承包商应在再次根据本款发出申请通知前,完成此项工作。

如果工程师在 28 天期限内未能颁发接收证书,又未拒绝承包商的申请,而工程或区段工程(视情况而定)实质上符合合同要求,应视为接收证书已在上述规定期限的最后一日颁发。

根据 1999 年 FIDIC 新红皮书第 10.2 款的规定,只有业主才有权决定在

其他工程未完之前接收某部分工程。在业主希望在整个工程完工之前使用某部分工程时，业主可以行使这项自由裁量权。业主可以要求工程师颁发接收证书，业主将随后负责照管这部分工程。

如果业主使用部分工程只是一项临时措施，而合同中对此进行了规定或者双方当事人对此达成一致，就不需要颁发接收证书。如果业主在没有颁发接收证书的情况下使用了部分工程，第10.2款要求：

(1) 使用的部分应视为从开始使用的日期起已被接收；

(2) 承包商应从此日起不再承担该部分的照管责任，应转由业主负责；和

(3) 如果承包商提出要求，工程师应颁发该部分的接收证书。

合同中并不考虑接收部分工程，部分工程的接收也会引起竣工验收等问题的出现。应尽快进行此类试验，但应与工程其他部分的验收协调进行。

只有业主才有权决定在其他工程未完之前接收某部分工程。在业主希望在整个工程完工之前使用某部分工程时，业主可以行使这项自由裁量权。业主可以要求工程师颁发接收证书，业主将随后负责照管这部分工程。

如果业主使用部分工程只是一项临时措施，而合同中对此进行了规定或者双方当事人对此达成一致，就不需要颁发接收证书。如果业主在没有颁发接收证书的情况下使用了部分工程，第10.2款要求：

(1) 使用的部分应视为从开始使用的日期起已被接收；

(2) 承包商应从此日起不再承担该部分的照管责任，应转由业主负责；和

(3) 如果承包商提出要求，工程师应颁发该部分的接收证书。

合同中并不考虑接收部分工程，部分工程的接收也会引起竣工验收等问题的出现。应尽快进行此类试验，但应与工程其他部分的验收协调进行。

### 11.5.3 竣工试验

根据1999年FIDIC新红皮书第9条的规定，在竣工程序中，应对工程进行竣工试验，即在工程竣工后工程师颁发接受证书之前进行的试验。第9条规定了"竣工验收"的责任和程序，同时也要求承包商遵守第7.4款规定的验收程序以及第4.1 (d) 款项下的承包商文件的递交的有关规定。合同规范将规定所需验收的技术细节。

根据1987年FIDIC红皮书和1999年FIDIC新红皮书的规定，在施工过程中一般需要对材料和工程的其他方面进行试验，如果无法进行早期的试验，应在颁发接收证书之前进行进一步的试验。如果合同规定某项生产设备

或者实施规范中规定了承包商设计的其他工程，则将适用黄皮书规定的程序。

在进行竣工验收时，根据1999年FIDIC新红皮书第9.1款的规定，承包商的义务如下：

（1）根据第4.1款［承包商的一般义务］（d）项的规定，承包商应在提供各种文件后，根据本条和第7.4款［试验］的要求进行竣工验收。

（2）承包商应至少提前21天将其可以进行每项竣工验收的日期通知工程师。除非另有约定，竣工验收应在此项通知日期后的14天内，在工程师指示的某日或某几日内进行。

（3）工程师在考虑竣工验收结果时，应考虑到因业主对工程的任何使用性能或其他特性的要求。一旦工程或某区段工程通过了竣工验收，承包商应向工程师提供一份经证实的这些验收结果的报告。

如果竣工试验出现了延误，根据1999年FIDIC新红皮书第9.2款的规定，应遵照下述程序进行：

（1）如果业主不恰当地延误竣工验收，应适用第7.4款［试验］（第5段）和/或第10.3款［对竣工验收的干扰］的规定。

（2）如果承包商不恰当地延误了竣工验收，工程师可通知承包商，要求在接到通知后21天内进行竣工验收。承包商应在上述期限内他能确定的某日或某几日内进行竣工验收，并将该日期通知工程师。

（3）如果承包商未在规定的21天内进行竣工验收，业主人员可自行进行这些验收，承包商应承担验收的风险和费用。这些竣工验收应被视为是承包商在场时进行的，验收结果应认为是准确的，并应予以认可。

根据1999年FIDIC合同第9.3款的规定，如果工程或某区段工程未能通过竣工验收，应适用第7.5款［拒收］的规定，工程师或承包商可要求按相同的条款和条件，重新进行此项未通过的验收和相关工程的竣工验收。

如果工程或某区段工程未能通过第9.3款［重新验收］项下规定的重新进行的竣工验收，工程师应有权：

（a）根据第9.3款［重新验收］下令再次重复竣工验收；

（b）如此项验收未通过，使业主实质上丧失了工程或区段工程的整个利益时，拒收工程或区段工程（视情况而定），在此情况下，业主应采取与第11.4款［未能修补缺陷］（c）项规定的相同的补救措施；或

（c）如果业主要求，颁发接受证书。

在采用（c）项办法的情况下，承包商应继续履行合同规定的所有其他

义务，但合同价格应予扣减，扣减的金额应足以弥补此项验收未通过的后果给业主带来的价值损失。除非对此项验收未通过相应扣减的合同价格在合同中另有说明（或规定了计算方法），业主可以要求该扣减额要（i）经双方同意（仅限于满足此项试验未通过的要求），并在此项接收证书颁发前支付，或（ii）根据第2.5款［业主的索赔］和第3.5款［决定］的规定，作出决定并予以支付。

## 11.6 承包商竣工后的义务

### 11.6.1 缺陷责任

在工程师颁发接受证书后的一定期限内，承包商将负责完成扫尾工作、修复工程缺陷以及工程项目的维护等工作。在FIDIC合同中，承包商在缺陷通知期限内的履约义务被称为缺陷责任。

缺陷通知期限的时间取决于工程项目的规模和性质。一般而言，在使用FIDIC合同时，缺陷通知期限为一年。

投标附录中规定了缺陷通知期限的时间。FIDIC合同格式中的投标附录的许多内容是空白的，需要业主在招标之前填写，但365天的缺陷通知期限是已印刷好的。业主可以在招标文件中修改缺陷通知期限。同时，一年的缺陷通知期限是与土木工程项目相适应的，一年以上的缺陷通知期限可能更适合于电气、机械和建筑服务工程。例如，只能在炎热天气情况下才能对空调设备进行性能试验，因此，可将该项验收规定为竣工后验收，并可对设备进行调整。如果缺陷通知期限包括设备调整后的一个整个炎热的夏季，则缺陷通知期限应为两年或730天。

### 11.6.2 缺陷通知期限内承包商的义务

在缺陷责任期限内，承包商的主要义务是完成扫尾工作和修补缺陷。根据1999年FIDIC新红皮书第11.1款的规定，承包商应：

（1）在工程师指示的合理时间内，完成接收证书注明日期时尚未完成的任何工作；和

（2）在工程或区段工程（视情况而定）的缺陷通知期限届满日期或其以前，根据业主（或其代表）可能通知的要求，完成修补缺陷或损害所需的所有工作。

业主（或代表业主的人）应通知承包商缺陷工程内容，并应将通知抄

送工程师，以便工程师能够根据合同规定采取必要的行动。

在以前的 FIDIC 合同版本中，缺陷通知期限被称为"养护期"或"缺陷责任期限"。将该名称改为"缺陷通知期限"强调了承包商在该期限内修复已通知缺陷的责任。

1999 年 FIDIC 合同第 11.2 款规定了修复缺陷的费用责任问题。按照该款的规定，对于第 11.1 款 [完成扫尾工作和修补缺陷] (b) 项中提出的所有工作，如果归属于下述原因，则实施中的风险和费用应由承包商承担：

(1) 承包商负责的设计；

(2) 生产设备、材料或工艺不符合合同要求；或

(3) 承包商未能遵守任何其他义务。

如果此类工作是由于任何其他原因造成的，业主（或其代表）应迅速通知承包商，并应适用第 13.3 款 [变更程序] 的规定。

在黄皮书中，承包商需要自负费用修复缺陷的工程清单，扩大到了包括工程的设计和性能在内的附加责任。红皮书中的第 11.2 款中的 (a) 至 (c) 项被替代为：

(1) 工程的设计，由业主负责（如有）的部分除外；

(2) 生产设备、材料或工艺符合合同要求；

(3) 因承包商（根据第 5.5 款至第 5.7 款或其他规定）负责的事项产生的不当的操作或维修；或

(4) 承包商未能遵守任何其他义务。

如果承包商未能在合理的时间内修复任何缺陷或损害，业主（或其代表）可确定一个日期，要求到或不迟于该日期修复缺陷和损害。应将此日期向承包商发出合理的通知。

如果承包商到此通知的日期仍未修复缺陷或损害，并且根据第 11.2 款 [修补缺陷的费用] 的规定，此项修复工作应由承包商承担实施的费用，业主可以（自行选择）：

(1) 以合理的方式由他本人或他人进行此项工作，由承包商承担费用，但承包商对此项工作将不再承担责任；根据第 2.5 款 [业主的索赔] 的规定，承包商应向业主支付由业主修复缺陷或损害而发生的合理费用；

(2) 要求工程师根据第 3.5 款 [决定] 的规定，同意或决定合同价格的合理减少额；或

(3) 如果缺陷或损害使业主实质上丧失了工程或工程的任何主要部分的整个利益时，终止整个合同或不能按照预期使用功能使用的该项主要部分。业主还应有权在不损害按照合同或其他规定所具有的任何其他权利的情

况下，收回对工程或该部分工程（视情况而定）的全部支付总额，加上融资费用和拆除工程、清理现场，以及将生产设备和材料退回给承包商所支付的费用。

### 11.6.3 履约证书

在工程师满意承包商已履行了缺陷通知期限内的义务时，工程师应颁发履约证书。缺陷通知期限期满后的 28 天的时间足以使双方对工程进行联合检查，承包商也可利用这段时间完成未完的工程。

第 11.9 款的最后一段确认了承包商的要求，例如第 3.2 (a) 款，规定未对任何工作、生产设备或材料提出否定意见不应构成批准。

收到履约证书意味着承包商应提交包括所有未完工程的最终付款证书草稿的 56 天时间的开始。

在颁发履约证书后，业主和承包商的每一方当事人仍应负责完成当时尚未履行的任何义务。为了确定这些未完义务的性质和范围，应视为合同仍然有效。

在收到履约证书时，承包商应从现场撤走任何剩余的承包商设备、多余材料、残余物、垃圾和临时工程。

在业主收到履约证书副本后 28 天内，如果这些物品尚未被运走，业主可以出售或另行处理任何这些剩余物品。业主应有权收回有关或由于此项出售或处理、恢复现场所发生的费用。

此项出售的余额应付给承包商。如果出售收入少于业主支出的费用，承包商应将差额付给业主。

## 附录 11.1 Walter Lawrence & Sons Ltd. 诉 Commercial Union Properties Ltd. （1984）案

**事实**

1982 年，被告（业主）与原告（承包商）签署合同，为被告建设某项工程项目。项目采用的是 1963 年版 JCT 标准合同格式。

在施工过程中，遇到了恶劣的气候条件，工程为此受到了延误。合同第 23 条规定了工期延长内容，其中第 b 项规定如果天气"极端恶劣"，承包商有权要求工期延长。

## 争议

根据合同第23（b）款的规定，承包商申请工期延长。在收到承包商的索赔后，建筑师从当地气象局获取了相关的气象资料，协助他进行相关评估工作。

在评估过程中，建筑师将有关气象记录资料与承包商的进度计划进行了对比，得出承包商有权要求2周的延期。理由是他对计划当时的气候条件与实际施工时的气候条件进行了对比。

争议被诉至官方裁决法庭。

## 判决

在官方裁决法庭，法官刘易斯·赫泽作出了对承包商 Walter Lawrence 有利的判决。

在判决中，法官认为正确的检验标准应是"极端恶劣"的气候条件是否实际延误了当时正在施工的工程。

## 评述

在递交工期延长索赔报告中，最常见的是恶劣气候条件对工程进度的影响。这个判例为正确处理此类事情提供了正确的检验标准。

## 附录11.2 Balfour Beatty Building Ltd. 诉 Chestermount Properties Ltd. （1993）案

### 事实

被告 Chestermount（业主）雇用 Balfour 公司（承包商）在城里建造一座写字楼工程，工程内容主要有外形、核心工程和一些准备工作。当事人使用的合同是1980年版 JCT 合同。根据合同第2.2款的规定，业主可以在规定日期内仅确定外形和核心工程的范围。业主履行了第2.2款项下的义务，但通过变更令重新对准备工作范围作了说明。

合同规定的开工日期为1987年9月18日，竣工日期是1989年4月17日。1988年3月，业主确定了外形和核心工程的范围。1988年10月，建筑师批准了延期，将工期延长至1989年5月9日。但承包商未能在延期后的竣工日期完工，建筑师根据合同第24.1款的规定签发了未完工证明。1990年2月，在延期后的9个月之后，项目仍然没有竣工。

在 1990 年 2 月 12 日至 1990 年 7 月 12 日期间，建筑师向承包商发出合同的变更指示，要求承包商进行准备工作。该变更指示是在延期后的竣工日期之后，但在实际竣工日期之前签发的。

1990 年 10 月 12 日，在延期竣工日期之后的 22 周，承包商终于实际完成了大楼的外形和核心工程。1991 年 2 月 15 日，承包商在延迟了 19 周后才实际完成了准备工作。

## 争议

承包商主张，在合同规定竣工日期之后的归责于承包商的延误期间，建筑师签发的变更令已构成任期工期，意味着承包商可以在合理时间内完成工程，业主因此丧失追索误期损害赔偿费的权利。承包商的其他抗辩是：在这种情况下，建筑师可以在发出变更指示后，依据公平的和合理的预期竣工日期，确定一个新的竣工日期。承包商认为，建筑师可能忽略了以前规定的竣工日期，而只是对签发变更指示之后的竣工日期进行了评估，并随后计算了应予延长的工期。据此，虽然承包商对延误负有责任，但承包商可以就以前确定的竣工日期和变更之后的竣工日期之间的期限获得自动的工期延长。

业主主张，应在"纯粹"的基础上考虑准备工作的延期问题。也就是说，应在 1989 年 5 月 9 日修改的竣工日期中增加建筑师认为是公平的和合理的准备工作的工期，即 18 周的工期。

## 判决

商业法庭的克雷曼法官审理了此案。此案源于对克里斯多佛·威利斯所作的仲裁裁决的上诉。

法院面对的主要问题如下：

在批准可归责延误期间发生的有关事件导致的工期延长时，建筑师是否应该批准一项"大概的"延期（即对于变更指示所涉及的时间，应当重新确定一项合理预期的完工时间），还是应当批准一项"纯粹的"延期（即将当时确定的工期加上建筑师认为是公正和合理的工期，计算修改后的竣工日期）。

法院确认，对于履行变更指示所导致的延误，正确的方法是建筑师应将现有的竣工日期延展至他认为"公正和合理的"日期。法院确认"纯粹的"方法是适当的。

克雷曼法官基于下述理由作出了有利于业主的判决：

(1) 合同第 25.3.1 项规定，无论有关事件是否导致了竣工日期的延误，建筑师均应作出评估，如果导致了竣工延误，应确定具体的延误时间。建筑师应随后作出评估决定，确定修改后的竣工日期。

（2）关于建筑师根据第25.3.3.2项的规定在实际竣工后作出的延期评估，克雷曼法官说道：

根据第25.3.3项的规定，他（建筑师）在最新确定竣工日期之后，或者甚至在实际完工之后回顾了有关情况，并对将工期延展至完工应当给予的延期时间，也对因发生延误事件应减少的工期作了评估。

（3）克雷曼法官还给出了他对临界点和共同延误的判断标准：

他的评断标准是什么是公正和合理的。为此目的，他应当考虑在其他因素之中，有关事件对工程进度的影响。是否有关事件造成了停工？或者，是否只是延缓了工程进度？

客观而言，"评估有关事件是否延误了整个工程的进度，如果导致了延误，延误时间是多少"，应：

在不妨碍工程进度和不拖延实际竣工时间的情况下，如果可以合理地与原始工程一起同时实施变更工程，建筑师可以不给予任何工期延长。

克雷曼法官审查了竣工日期、工期延长以及规定误期损害赔偿费的目的，指出：

根据这项规则，承包商的义务就是在合同规定的期限内完成工程项目，如未能按时完成，则应支付实际竣工日期超出合同竣工日期以外期限的误期损害赔偿费。

如果发生了非承包商风险事件并导致了工程的延误，为了反映延误的事实，合同规定应调整竣工日期。

其实，建筑师关心的是如何在总工期之内完成合同工程，关注的是非承包商风险事件的发生，并计算超出合同竣工日期的程度。

显然，在适当的情况下，没有什么可以阻止建筑师重新确定竣工日期。建筑师不仅可以在他能够行使其权利时重新确定竣工日期，而且还可以在签发指示之前的任何一个时间重新确定竣工日期。

克雷曼法官继续说道：

因此，应用这项原则的显著后果是：在本案中，在承包商的进度滞后，超过了竣工日期，并且不可能在将来实际完成工程项目的情况下，如果建筑师随后签发了极其微不足道的变更指示，或许只是一天的额外工程，业主就因此丧失追索直至实际竣工为止的承包商负有责任的整个期限的误期损害赔偿费，或者，最多，按照答辩人递交的文件，业主只能对截至采取避免行动的期限要求误期损害赔偿费。至于延误的其他部分，业主可以追索一般性损害赔偿费。在这个争论中，一项微不足道的变更指示可能会推翻业主对整个延误期间要求误期损害赔偿费的权利。如此极端的后果……不能反映这种广为人知的意图。

调整工期的含义是提前或推迟竣工日期，建筑师可以在施工过程中进行调整，也可以在事后进行调整。如果因删除工程的指示而使工期提前，建筑师可以在签发调整工期的指示之前，通过删减工期而重新确定竣工日期……在变更增加工程量时，建筑师可以对竣工期限作出公平和合理的调整，将竣工日期延至签发变更指示之后的实施变更工程所需的时间。

因此，事后调整的竣工日期不是承包商应当获得的、或者在将来应当获得的实际竣工日期，而是自提供现场占有权日期之日起，承包商应当公平和合理地完成施工的全部工作天数的最后一天。

法官考虑了评估"大概的"工期延长的方法，指出：

如果建筑师打算对实施变更工程的时间进行评估，在变更指示日期开始的期限结束时重新确定竣工日期，将造成对业主来说不太公平的结果。

法官的结论是：

（建筑师）的最终目的在发生了主包商的风险事件时，得出应当完成所界定工程的总工期，如有，计算出承包商完成工程期限之外的超出时间。其实，建筑师关注的是得出完工的总计时间。

调整后的竣工日期不是承包商实际完工的日期，而是自提供现场占有权日期之日起，承包商应当公平和合理地完成施工的全部工作天数的最后一天。

## 评述

在本案中，涉及工期延长的两个主要问题是：

（1）在延长的竣工日期之后，但在实际竣工之前签发变更指示的情况下，是否可以批准工期延长，或者不能执行误期损害赔偿费，是否工期成为"任意工期"？

（2）如果批准了承包商工期延长申请，是给予"大概的"的延期，还是"纯粹的"工期延长？

简而言之，"纯粹的"工期延长是指将有关时间造成的延误时间增加到最后的修改竣工时间之中。这种方法通常被称为"dot-on"原则。

"大概的"工期延长方法是指有关事件导致的延误时间，但应自发出变更指示的日期起算。当然，由于承包商可以获得以前确定的竣工日期和签发变更指示日期之间的时间，因此，这是承包商所极力主张的解释，并且，在此期间，承包商通常对延误负有责任。

总之，在合同管理人、建筑师或工程师在合同竣工日期之后，但在实际完工日期之前签发变更指示，应批准此项延误而导致的工期延长，这是一种适当的做法。工期延长的起始点应从当时确定的竣工日期开始，并应将"纯粹的"延误时间加入延展的竣工日期之中。正如法官和仲裁员所主张的，"总的"工期延长方法"完全与风险的分配不一致"。

此外，如果在不干扰工程进度和不拖延实际完工日期的情况下，如果可以合理地与原始工程一起同时实施变更工程，建筑师可以不批准任何工期延长。

另外，现在十分清楚地是，在承包商负有延误责任的延误期内，并在当前竣工日期之后的期间签发变更指示不能使工期归于任意工期。目前，由于判例法的发展，承包商成功主张这项索赔的机会十分渺茫。

# 附录 11.3  Henry Boot Construction Ltd. 诉 Malmaision Hotel（Manchester）Ltd.（1999）案

## 事实

被告 Malmaision（业主）雇用原告 Henry Boot 公司（承包商）在曼彻斯特匹喀迪里区建造一栋新的饭店。竣工日期为 1997 年 11 月 21 日，但直到 1998 年 3 月 13 日承包商才完工。但是，建筑师批准了工期延长的申请，将工期延至 1998 年 1 月 6 日。业主 Malmaision 从应付给承包商的工程款中扣除了误期损害赔偿费。承包商提出了进一步的索赔，要求对其声称的有关事件给予延期。但建筑师没有批准进一步的延期。

## 争议

承包商仅就其中两项延误事件提出了仲裁，以便将工期延长至实际竣工日期。如果仲裁成功，业主将退还误期损害赔偿费，承包商还可以索赔超期所导致的与时间有关的费用。

业主否认了承包商提出的两项导致延误的有关事件，而且还提出了许多其他问题，以证明承包商应对超期延误承担责任。

承包商在仲裁庭辩称，由于这些事情不属于原仲裁通知的范围，仲裁庭不应准许业主将这些事情提交仲裁。仲裁庭驳回了承包商的主张。承包商提起上诉，戴森法官审理了此案并作出了判决。

## 判决

在判决中，戴森法官确认，在建筑师考虑有关事件的工期延长时，为了判断有关事件的相互影响，特别是处于关键线路上的特定时间的特定影响，他应考虑"其他有关事件"的影响。建筑师随后可以决定承包商是否有权对有关事件要求工期延长。戴森法官阐述了合同第25条项下的签认人的义务，如下：

但是，在这两个案件中，他的目的必须是相同的：评估有关事件是否对工程进度造成了延误，并且，如果造成了延误，延误时间是多长。随后，他必须根据对有关事件导致延误的评估结果，延长合同的竣工日期，推迟合同的竣工时间，延长期限应与评估的延期时间相一致。

本案还涉及了共同延误问题。在判决中，戴森法官认为应决定两项共同延误是如何造成延误的。对于承包商对一项有关事件有权要求延期，而对另一项无权要求延期的情况，法官给予了澄清，如下：

双方同意，如果存在两个共同延误事件，其中一个属于有关事件，而另一个不属于时，尽管另外一个延误事件也造成了共同影响，但承包商仅有权对有关事件导致的延误要求延期。举一个简单的例子来说，如果承包商不能在现场进行施工，时间达一周之久，造成延误的其中一个原因是极端恶劣的气候条件（有关事件），另外一个原因是承包商的劳务短缺（非有关事件），如果承包商无法在这一周进行施工可能导致延误了一周的竣工时间，如果建筑师认为是公平和合理的，他应批准一周的工期延长。

戴森法官接着指出，在决定有关事件是否可能对竣工时间造成了延误时，建筑师不能不考虑其他事件的影响。

## 评述

第25条的规定、解释和运用是本案的核心问题。法官认为第25条的关键词是：

建筑师认为，在收到通知后……如果工程竣工时间可能会被延误，并因此超过了合同竣工日期……建筑师应书面通知承包商，给予延期。

戴森法官认为，Balfour Beatty 诉 Chestermount 一案的判决有助于解决这个问题，Balfour 案涉及了第25条的追溯应用问题，而在本案中，建筑师应在实际竣工之前作出决定。

本案还涉及了批准延期的作用问题。是否调查仅限于承包商要求延期的"有关事件"的影响？或者，是否签认人还应考虑其他事件的影响？问题是，站在业主的立场来看，第 25 条将决定承包商应予支付误期损害赔偿费的范围。对承包商而言，存在是否有权要求补偿与时间有关的费用问题。

关于共同延误，本案也提出了十分重要的观点。在存在两个相同的共同延误的情况下，且业主和承包商都负有责任时，承包商仍然有权要求工期延长。

戴森法官举例说明了共同延误的问题，即在项目开始时，由于极端恶劣的气候条件，即"有关事件"导致了一周的延误，而同时承包商还遇到了劳务短缺问题，即"非有关事件"。实际上，两个事件都造成了延误，且延误属于共同延误。在这种情况下，戴森法官认为应给承包商延长一周的时间，并且，建筑师不应拒绝承包商以劳务短缺为由提出的工期延长要求。

戴森法官对共同延误的分析方法是公正和合理的，暗示了业主不能为此项延误而向承包商追索误期损害赔偿费，但也不应同意承包商为此提出的拖延费用索赔。

# 第 12 章 施工延误和干扰

除非对进度进行正常的更新，否则，即使一个"最为完美"的进度计划也会过时。

——罗杰·吉布森：《工期索赔》

## 12.1 施工延误和干扰的定义及其分类

英国建筑法学会 SCL 在《延误和干扰评估准则》中没有规定延误的定义，但 SCL 准则对延误事件、竣工延误和进度延误的定义作了规定。按照 SCL 准则，延误可分为竣工延误和进度延误，见图 12-1。

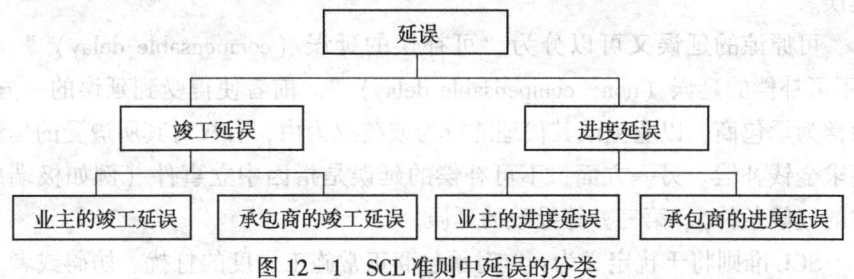

图 12-1  SCL 准则中延误的分类

根据 SCL 准则规定的定义，竣工延误（delay to completion）是指："在通常的用法中，该用语可指对承包商计划完成工程日期的延误，或指对合同规定竣工日期的延误。准则使用业主的竣工延误和承包商的竣工延误，两者均指对合同竣工日期的延误。"

进度延误是指："在准则中，进度延误是指在不影响合同竣工日期的前提下，仅对承包商进度造成的延误。可分为业主的进度延误和承包商的进度延误。"

按照延误的责任划分，延误通常可分为可原谅的延误、不可原谅的延误，而可原谅的延误又可分为可补偿的延误和不可补偿的延误，见图 12-2。

可原谅的延误（excusable delay）是指由于业主或其代理的行为或疏忽所导致的承包商可被原谅的延误。例如，工程师未能及时向承包商提供设计图纸、业主未能按照合同规定的时间提供现场占有权等。SCL《延误和干扰

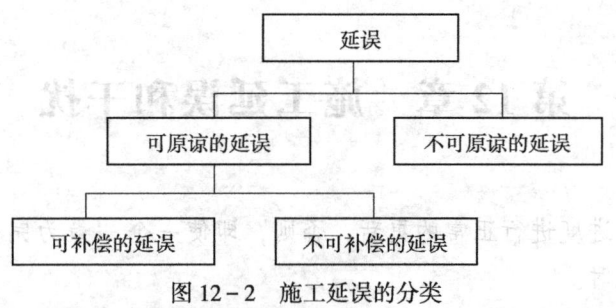

图 12-2 施工延误的分类

评估准则》中将其定义为:"在 SCL 准则中,有时该用语用来描述承包商有权要求工期延长的业主造成的延误。"

不可原谅的延误(non-excusable delay)是指由于承包商自身行为或不作为所导致的延误。例如,承包商未能提供使工程按期完工的足够的施工人员、承包商未能提供足够的施工设备、承包商因自身的原因拖延工期等。SCL 准则将其定义为:"在 SCL 准则中,有时该用语用来描述承包商造成的延误。"

可原谅的延误又可以分为"可补偿的延误(compensable delay)"和"不可补偿的延误(non-compensable delay)"。前者使得受到延误的一方,通常为承包商,以业主或其代理的行为或疏忽为由,有权对其所遭受的延误要求金钱补偿。另一方面,不可补偿的延误是指因中立事件(例如极端恶劣的气候条件)、第三方等导致的延误。

SCL 准则将干扰定义为:"对承包商正常施工进度的打扰、妨碍或者干涉,降低了承包商应当实现的工作效率和工效。干扰并不必然导致进度延误或者竣工延误。"

FIDIC 合同旧红皮书、新红皮书、新黄皮书和银皮书规定了在发生延误和干扰事件时,承包商有权要求工期延长和费用补偿条款,但这些合同没有规定延误和干扰的定义。

## 12.2 施工延误的成因

### 12.2.1 施工延误的主要成因

根据一项调查显示,承包商索赔施工延误的主要成因有工程变更、不可预见的事件、投标文件和程序、设计延误等因素,这些事件发生的概率,如图 12-3 所示:

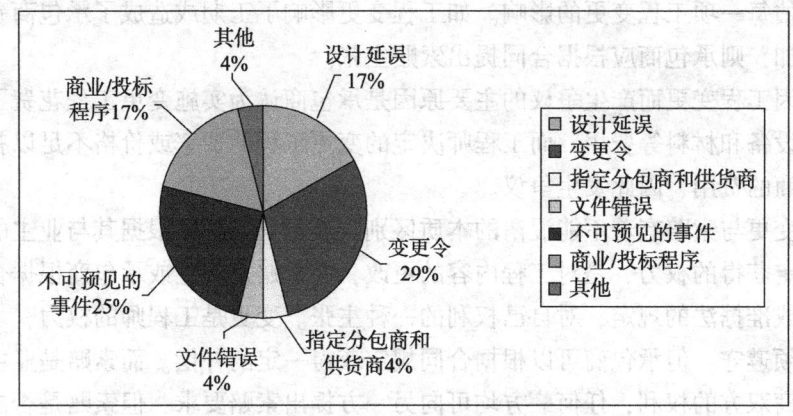

图 12-3 施工延误成因示意图

在上图中，造成施工延误的原因按发生概率高低排列如下：
(1) 工程变更。
(2) 不可预见事件。
(3) 设计延误、商业/投标程序。
(4) 指定分包商和供货商、文件错误及其他。

不同的工程项目性质不同、所在地点不同、技术要求不同、外部环境不同，因此，造成承包商进行工期延长索赔和费用索赔的原因、发生概率的高低也会不尽相同。

## 12.2.2 工程变更

由于建筑和土木工程项目的外部环境复杂、技术要求高、影响施工的因素较多，因此，建筑和土木施工合同均规定业主拥有工程变更的权利，而业主通过委托工程师行使这项权利。

FIDIC 合同 1999 年版第 13 条赋予工程师签发变更工程指示的权力，工程师也可以在签发指示前要求承包商递交建议书。如果工程师没有要求承包商递交建议书，承包商应根据第 8.3 款尽快发出通知。如果承包商认为变更可能延误竣工时间，他应当根据第 20.1 款在 21 天内提出索赔。如果工程数量发生实际变化，且根据 FIDIC 合同第 12 条可以计量，承包商也可就工期延长提出索赔。FIDIC 合同 1987 年第 4 版第 51 条、第 52 条规定了变更及其估价的内容。与 1987 年版红皮书不同的是，1999 年版增加了承包商主动建议工程变更以及提交建议书的规定。

工程变更的内容、性质和数量对工期和费用影响程度是不同的，承包商应评估每一项工程变更的影响。如工程变更影响了工期或造成了承包商费用的增加，则承包商应根据合同提出索赔主张。

因工程变更而产生争议的主要原因是承包商认为实施变更工程花费了人力、设备和材料等费用，而工程师决定的变更工程的费率或价格不足以补偿承包商的费用，因此发生争议。

变更与索赔有着不能混淆的本质区别。变更是工程师根据其与业主的合同规定获得的权力，是对工程内容的更改，而索赔是业主或承包商根据合同条款或准据法的规定，对自己权利的一种主张。变更是工程师的权力，承包商必须遵守，但承包商可以根据合同规定获得一定的补偿。而索赔是业主和承包商双方的权利，任何一方均可向另一方提出索赔要求，但索赔是否成立则是另外的问题。

承包商明智的做法是：应尽可能将变更消化在月进度付款证书中，不能将变更作为一项索赔单独提出。经常会听说承包商在"索赔"变更，而实际上是承包商在递交变更工程补偿的申请。只有当业主或工程师拒绝了承包商的补偿申请，或者承包商对工程师的变更工程的估价不满时，并打算以索赔方式要求补偿时，才能形成索赔。

如果承包商对工程师的变更指示或变更估价不满，提出索赔，应遵守索赔的有关合同规定。大多数标准格式合同都将索赔通知作为索赔的前提条件，即承包商在合同规定的时间内提出索赔意向通知，则承包商索赔的权利是成立的；如果承包商未能在合同规定的时间内提出索赔通知，则承包商丧失索赔的权利。不仅工程师在决定承包商索赔事项中引用此项前提条件，仲裁员或法官也会严格援引这项规定承认或否决承包商索赔的权利。

### 12.2.3 不可预见事件

FIDIC 合同 1999 年版第 4.12 款规定了不可预见的物质条件，与此对应的是 1987 年第 4 版第 12.2 款的规定。由于建筑和土木工程项目易受外界条件的影响和干扰，因此，不可预见的物质条件或事件成为承包商索赔的一项主要原因和最常见的理由。

FIDIC 合同 1999 版第 4.12 款将"物质条件"的定义规定为："指承包商在现场施工时遇到的自然物质条件、人为的及其他物质障碍和污染物，包括地下和水文条件，但气候条件除外。" 1987 年第 4 版没有规定不可预见的物质条件的定义。

承包商在施工过程中遇到的"物质条件"必须是不可预见的。根据 FIDIC 合同 1999 年版第 1.1.6.8 款，"不可预见"是指在递交投标书日期前一个有经验的承包商不能合理预见。根据 FIDIC 合同的定义，不可预见的物质条件的范围十分广泛，包括：
（1）自然物质条件，包括地下和水文条件。
（2）人为的物质障碍，包括罢工、业主行为等。
（3）其他的物质障碍和污染物，如不可抗力事件等。

在承包商施工过程中遇到其不可预见的物质条件时，承包商应根据 1999 年版第 4.12 款的规定及时通知工程师，并遵守该款的其他有关规定，同时承包商有权根据该款规定索赔工期和费用。一般而言，物质条件的改变会导致设计的变更以及改变施工方法。根据 FIDIC 红皮书的规定，承包商负有义务继续施工，但如果上述变更构成了工程变更，工程师应根据合同规定签发变更令。

## 12.2.4　设计延误和投标程序

根据 FIDIC 合同 1999 版第 1.9 款规定，如果工程师延迟签发施工图纸和指示，承包商有权索赔工期和费用。

在业主承担设计的工程项目中，造成设计延误并导致承包商无图施工的原因可能是某个分项工程设计延误的偶然原因引起的，也可能涉及业主前期准备工作，即可行性研究和设计工作不够充分造成的。但对于承包商而言，当遇到延误的图纸或工程师的指示时，他可以根据合同规定行使索赔权利。

因投标程序发生争议的案件不在少数。在实际工程项目招标过程中，发生争议的主要问题集中在招标文件的完备性。如招标文件不完备，承包商在施工索赔过程中会抓住文件的漏洞和矛盾，为其索赔寻找理由和依据。

## 12.2.5　业主原因

如果业主造成了延误，作为合同另一方的承包商可以有权要求补偿。FIDIC 合同 1999 版第 8.4 款第（e）项赋予了承包商就工期延长提出索赔的所有权利，并且第 17.3 款和第 17.4 款业主风险条款中也规定了承包商索赔的权利。

## 12.2.6　人员或货物的短缺

根据 FIDIC 合同 1999 年版第 1.1.6.8 款规定，短缺是一个有经验的承包商无法预见的，并且是由于流行病或政府行为造成的。在出现人员或货物的短缺时，承包商应及时通知工程师，提出人员或货物短缺的证据，并采取相应的措施克服短缺现象。

### 12.2.7 其他原因

根据 FIDIC 合同 1999 版的规定，承包商可以索赔工期的其他原因包括：第 2.1 款现场进入权、第 4.7 款放线、第 4.24 款化石、第 7.4 款试验、第 10.3 款对竣工验收的干扰、第 13.7 款因法律改变的调整、第 16.1 款承包商暂停工作的权利、第 17.4 款业主风险的后果以及第 19.4 款不可抗力的后果。

## 12.3 施工延误分析技术——计划影响分析法

### 12.3.1 概述

在使用关键线路法等时标网络技术处理承包商提出的工期延长索赔时，对于因干扰等因素导致的工期延误，一般可采用如下评估技术进行分析：

(1) 计划影响分析法（impacted as planned）。
(2) 时间影响分析法（time impact analysis）。
(3) 实际与计划工期对比法（as planned v. as built）。
(4) 影响事件剔除法（collapsed as built）。
(5) 里程碑分析法（milestone analysis）。
(6) 视窗分析法（windows analysis）。
(7) 滚动计划分析法（rolling programme analysis）。
(8) 净影响法（net impact analysis）。
(9) 其他分析技术。

在上述分析工期延误的方法中，最常用的是第 (1) ~ (4) 种方法，其中计划影响分析法和时间影响分析法是在施工过程中对发生的工期延误进行的事中分析，而实际与计划工期对比法和影响时间剔除法是在工程结束后的对工期延误的事后分析。

值得注意的是，应在充分考虑工程项目的具体情况和事实的基础上，根据工程项目所使用合同的具体规定、工程项目的复杂程度、文件的要求、合同适用的法律以及解决争议的方式等，选择适合的方法进行工期延误分析。

### 12.3.2 计划影响分析法

计划影响分析法是一项预测延误事件对工程项目竣工日期影响的分析技术。在使用这种分析技术时，应将已经确定的可原谅的延误事件，无论是单个的延误事件还是多个延误事件加入（插入）进度计划的相应活动中，考虑一个或多个可原谅的延误事件发生后对进度计划的影响程度，并重新修订进度计划，得出受到延误影响后的修正的进度计划。将进度计划与受到影响的修正的进度计划进行对比，两个进度计划之间的时间差就是承包商有权索赔的工期延长时间。

【示例】在承包商承建的某个小型建筑物施工合同中，承包商向业主递交了原始进度计划。根据该进度计划，承包商预计施工工期为 15 天，如图 12-4 所示：

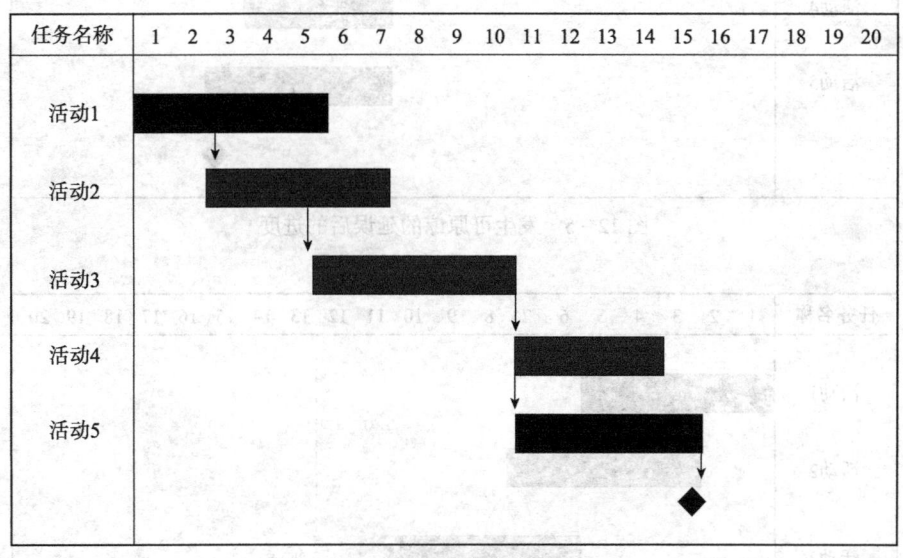

图 12-4　原始进度计划

在施工过程中，在活动 3 发生了可原谅的延误（如极端恶劣的天气、建筑师或工程师未能及时签发图纸、不可抗力等非归责于承包商的延误），如图 12-5 所示：

根据计划影响分析法，在活动 3 发生了可原谅的 2 天延误后，由于活动 3 处于关键线路上，且活动 3 和活动 4 的关系为结束—开始的施工次序，因此，在原进度计划中插入延误事件，修正后的进度计划如图 12-6 所示。

在图 12-6 中，右箭头表示的是受影响的竣工日期，即由于在活动 3 发生了 2 天的延误，导致了承包商在第 17 天才完工，因此，承包商有权要求 2 天的延期。

计划影响分析法的主要适用范围是：

(1) 简单的工程项目以及相对复杂的工程项目。

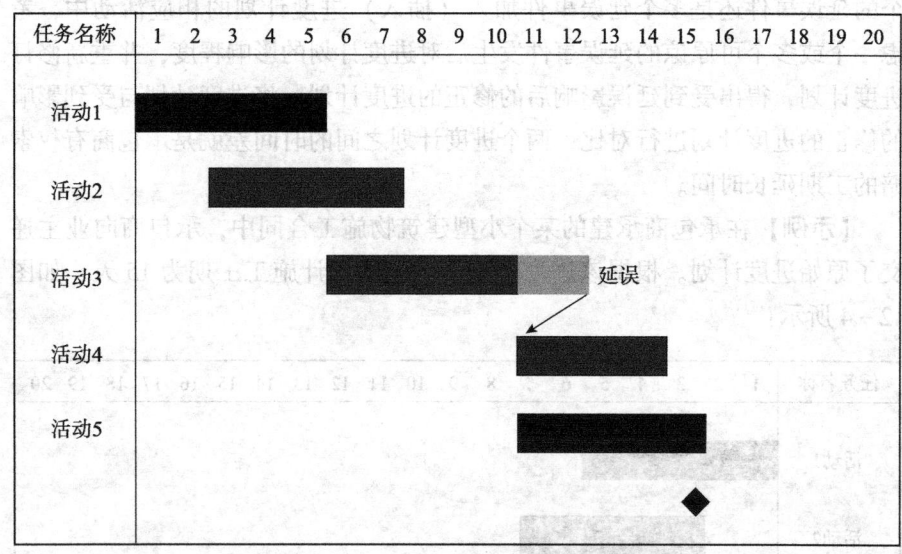

图 12-5 发生可原谅的延误后的进度

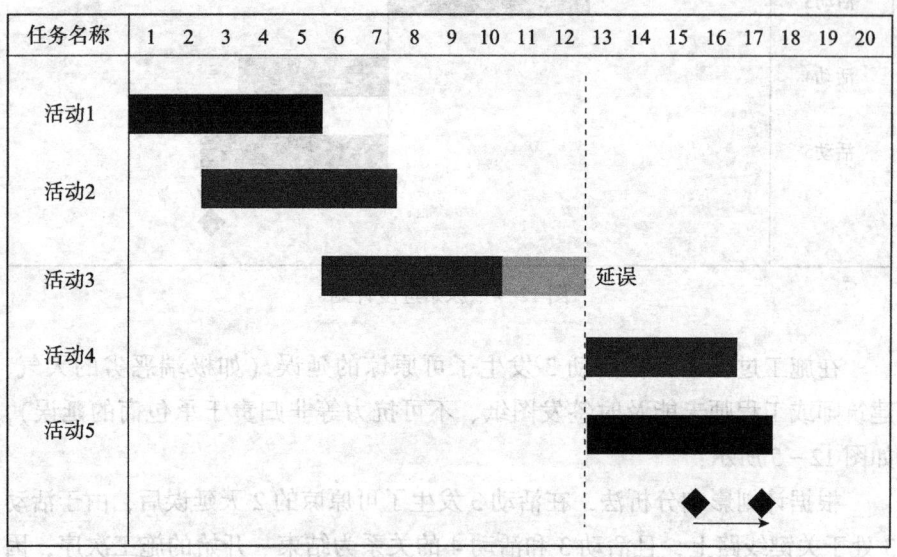

图 12-6 修正后的进度计划

(2) 发生延误事件的期限较短,或者只发生了一个或几个延误事件,并影响了进度计划。

(3) 制定的进度计划非常充分、详细,对所需资源进行了合理的分配,可以将可原谅的延误加入到受影响的活动中,并对影响事件作出判断。

英国建筑法学会(SCL)在《延误和干扰分析准则》中建议,计划影响分析法可能适用于承包商制定了充分的进度计划，但在施工过程中没有及时根据实际进度进行更新，并且没有保存实际施工进度记录或者保存不完整的情况。

计划影响分析法的主要优点是：

（1）不需要复杂的项目管理软件程序，凭借手工即可完成延误影响的评估。

（2）无需花费许多时间即可完成评估和分析。

（3）不需要考虑工程的实际进度，可以在缺少实际进度记录时对延误事件进行事中分析。

（4）表述简单，易于理解。

（5）结论简明，一目了然。

计划影响分析法的主要缺点是：

（1）由于无需考虑工程的实际进度，因此，与实际进度记录相比，延误时间可能只是理论数值。

（2）这种分析方法完全依赖一份充分的进度计划，可能会因输入延误事件的方式和活动之间的逻辑关系而得出不同的结论。如果进度计划是不合理的、不够充分或者活动之间的逻辑关系不正确，可能会出现误导性的结果。

（3）由于不需要考虑工程的实际进度，这种分析方法完全忽略了共同延误的问题，特别是归责于承包商的延误和业主（或分包商）负有责任的延误同时发生的情况。

鉴于上述缺点，计划影响分析法受到了工程业界和司法界的广泛批评。在 Great Eastern Hotel Company Ltd. 诉 John Laing Construction Ltd. and Another [2005] 案中，法官对计划影响分析法提出了强烈批评，认为这种方法没有考虑工程的实际进度，得出的结论只是一个理论值。

但是，尽管计划影响分析法过于主观，但是，如果没有在工程项目中使用项目管理软件，且无法重新追溯延误的影响时，计划影响分析法也是一种可以获得承认的分析方法。在 City Inn Ltd. 诉 Shepherd Construction Ltd. [2007] 案中，法官接受承包商提出的计划影响分析法，作为判决承包商要求延期的依据。

## 12.4 时间影响分析法

### 12.4.1 概述

时间影响分析法是在计划影响分析法基础上发展演变而成的一种处理更为复杂延误事件的分析方法。与计划影响分析法相同，它是一种分析延误事件对竣工日期影响的事中分析方法。这种方法是以进度计划为基准计划，将计划更新到当前进度，然后将延误事件插入或加入到相关活动之中，重新计算进度计划，确定新的竣工日期。新的竣工日期（如有）和原计划的竣工日期之差即为延误影响的时间。它与计划影响法的区别在于前者是在延误发生之前将计划更新到当前进度，而后者是对基准计划进行直接分析。

与计划影响分析法不同，时间影响分析法考虑了实际进度，表明了相关活动的关键线路。时间影响分析法可以预测延误事件对竣工日期的影响。虽然这种方法不能精确反映实际发生延误的影响，但承包商可以使用这种方法主张自己有权对延误事件提出延期索赔。目前，时间影响分析法是一种使用最为广泛的、可以接受的工期延误分析技术。

### 12.4.2 适用范围

时间影响分析法适用于进度计划准确、实际进度和竣工日期可靠和一致，并且对计划进行了正常更新的项目。如在插入延误事件之前所获得的进度数据不足以保证评估结果的准备性，则应考虑使用视窗分析技术或者分界分析法（watershed analysis）对延误事件的影响进行分析。

时间影响分析法主要适用于如下情形：

（1）冻结的工作计划。如果承包商没有收到采取补救措施的指示，也无法动用其他资源复工，则可将这种状态称为"冻结"。

（2）着眼于今后计划的情况。

（3）短期延误。一般而言，在使用时间影响分析法时，延误时间应少于1个月。如果延误时间超出1个月，则应按有关规则进行调整。

时间影响分析法不适用于下述情形：

（1）非线性工作计划。

（2）在延误期间，承包商采取了减轻延误的措施。

（3）延误时间超长，计划进度与受到延误之前的实际进度的条件发生了重大改变。

### 12.4.3 示例

以图12-4为基准计划，图12-7显示的是在活动1、2和3受到了延误之后，但在活动5受到延误之前工程进度的实际情况。

在活动1、2和3受到延误后，根据图12-7中活动3和4的结束—开始的逻辑关系，以及活动4和5之间的开始—开始的逻辑关系，对图12-7的进度计划进行了重新更新，竣工日期推迟到第16天，更新后的实际工程

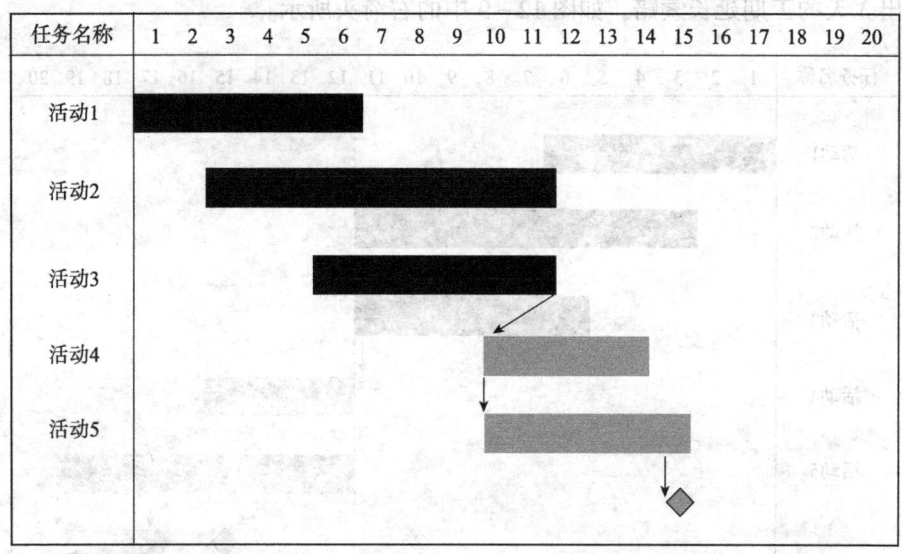

图 12-7 活动 1、2、3 受到延误后,活动 5 受到延误之前的进度情况

进度计划如下,见图 12-8:

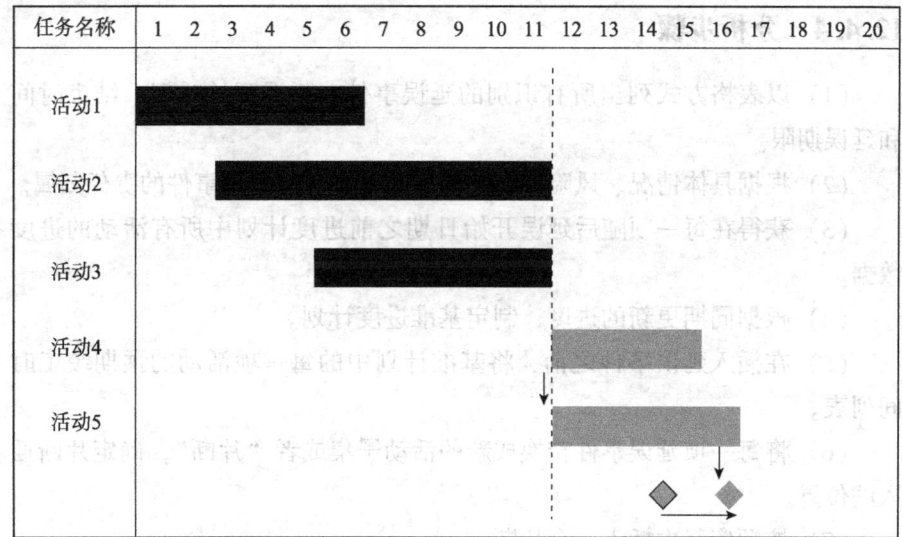

图 12-8 重新更新后的实际进度计划

在重新更新了图 12-8 的进度计划后,活动 5 受到了可原谅的延误事件的影响(图 12-7 活动 5 中的深色部分),使得活动 5 未能与活动 4 同时进行,重新安排后的进度计划显示了新的竣工日期,新的竣工日期为第 19 天。由于延误事件的性质是非归责承包商的可原谅的延误,因此,承包商有权提

出 3 天的工期延长索赔，如图 12-9 中的右箭头所示。

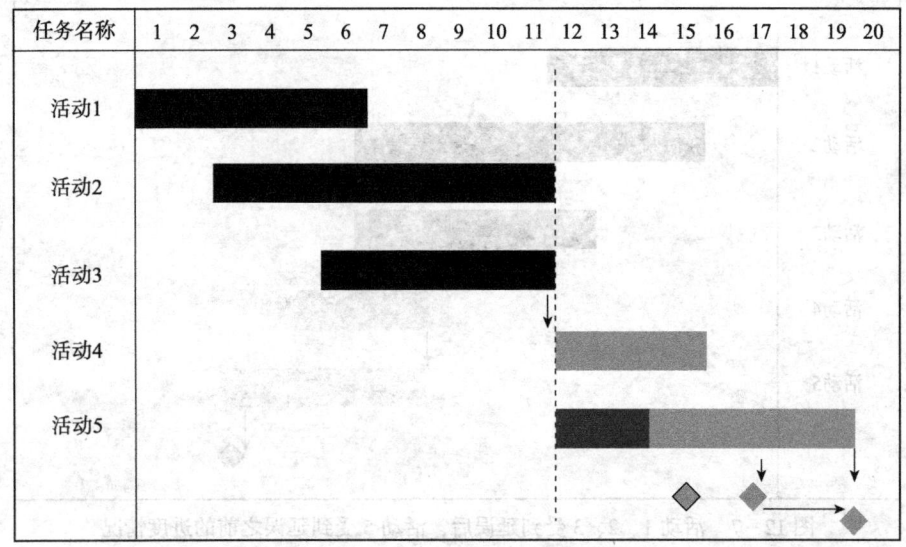

图 12-9　活动 5 受到延误后的影响结果

## 12.4.4　分析步骤

（1）以表格方式列出所有识别的延误事件、延误开始时间、结束时间和延误期限。

（2）根据具体情况、风险和合同规定评估每一项延误事件的责任归属。

（3）获得在每一项随后延误开始日期之前进度计划中所有活动的进度数据。

（4）根据同期更新的进度，制定基准进度计划。

（5）在插入延误事件之前，将基准计划中的每一项活动的预期竣工时间列表。

（6）将每一项延误事件转换成新的活动子集或者"片断"，确定片断插入的位置。

（7）按顺序每次插入一个片断。

（8）在同时发生两个或两个以上延误事件时，应选择插入片断的时间，并分析延误的性质。

（9）计算每一项随后延误事件所导致的竣工日期的变化情况。

（10）确定累积的工期损失和结果。

（11）评估、确定和修正反常的结果，如需要，重复进行上述步骤。

## 12.4.5 SCL 准则

英国建筑法学会在《延误和干扰分析准则》（SCL Protocol）中认为时间影响分析法是一种解决与延误有关的复杂争议以及解决延误补偿问题的更好的方法，建议使用这种方法进行延误工期的分析。英国建筑法学会在《延误和干扰分析准则》中写道：

"时间影响分析法是根据发生延误时的实际进度，通过分析延误事件对承包商未来活动影响的一种分析手段，这种方法有助于解决共同延误、赶工和干扰所涉及的复杂的延误情形。它也是一种在发生业主承担风险的事件时，确定应批准承包商工期延长时间的最好的方法。在这种情况下，工期延长时间可能无法准确地反映承包商所遭受的实际延误情况，但这并不意味着时间影响分析法得出的只是一种假设的结论，使用这种方法可以得出承包商有权要求延期的期限。"

## 12.4.6 主要优缺点

时间影响分析法的主要优点是：

（1）与计划影响分析法相比，时间影响分析法考虑了工程项目的实际进度，虽然还有可能在未来的活动计划中得出一些理论结果，但这种方法在最大程度上去除了得出理论值的因素。

（2）与计划影响分析法相比，时间影响分析法可以处理共同延误、赶工和干扰事件，不会得出极端的或投机性的结论。

时间影响分析法的缺点是：

（1）时间影响分析法是一种最为耗时、成本较高的分析手段。

（2）在制定受到延误后的未来进度计划时，可能还会存在得出理论结论的机会。

（3）严重依赖基准计划的质量和准确性，需要检查和核实实际进度，有时无法反映实际发生的情况。

（4）在每一次更新进度计划时，需要获得充分的和一致的进度数据。

在 Skanska Construction UK Ltd. 诉 Egger（Barony）Ltd. [2004] EWHC 1748（TCC）案中，威考斯法官对被告提供的使用时间影响法进行的极为复杂的分析提出了批评。被告向法院提交了200多页图表，法官认为这些图表太过复杂，使人无法轻易理解所得出的结论。虽然 Skanska 案件中法官对时间影响分析法的复杂性提出了质疑，但不可否认，时间影响分析法仍是目前使用最为普遍的一种可以接受的工期延误分析方法。

## 12.5 实际与计划工期对比法

### 12.5.1 概述

与影响事件剔除法相同,实际与计划工期对比法是一种事后延误分析方法,其基本原理是将基准进度计划或施工计划与实际计划或反映某一时刻的实际进度进行对比,得出的计划工期与实际工期之差即为承包商有权要求工期延长的时间。

与时间影响分析法和影响事件剔除法相比,实际与计划工期对比法相对简单易懂,不必使用 CPM 网络分析技术,但可使用现有的计划管理软件程序进行分析、陈述和递交索赔报告。对于相对复杂的项目而言,实际与计划工期对比法涉及了开始和结束日期、活动持续时间、活动的相关次序以及导致延误的根本原因等因素。事实上,实际与计划工期对比法的复杂与否取决于项目和评估事项的性质、复杂程度。需要注意的是,在没有使用 CPM 网络技术进行分析时,可能很难确定活动的关键线路,从而无法判断延误对竣工日期的影响。

### 12.5.2 适用范围

实际与计划工期对比法适用于相对简单的工程项目,例如公路、管道等线性工程项目。另外,为了比较计划工期和实际工期,这种方法要求具备充分的进度计划中活动的信息以及实际进度信息资料。虽然存在基准计划和实际计划,但没有进行同期计划更新,或者更新的计划无法满足进行延误分析的要求。

同时,实际与计划工期对比法适用于因变更或其他承包商有权要求工期延长导致的延误,但归责于承包商的延误原因除外。

### 12.5.3 示例

图 12-10 显示的是承包商的计划工期和实际工期的对比情况。在图 12-10 中,活动 1、2、3、4 发生了延误,实际工期推迟,活动 5 的实际工期与计划工期相一致,没有发生延误。

如图 12-11 所示,在活动 2、3、4 发生了延误后,应首先对活动的性质进行识别。非关键线路上的活动将不会影响工程的竣工日期,只用关键线路上的活动才能对某个活动的持续时间或整个工程的工期造成影响。在图

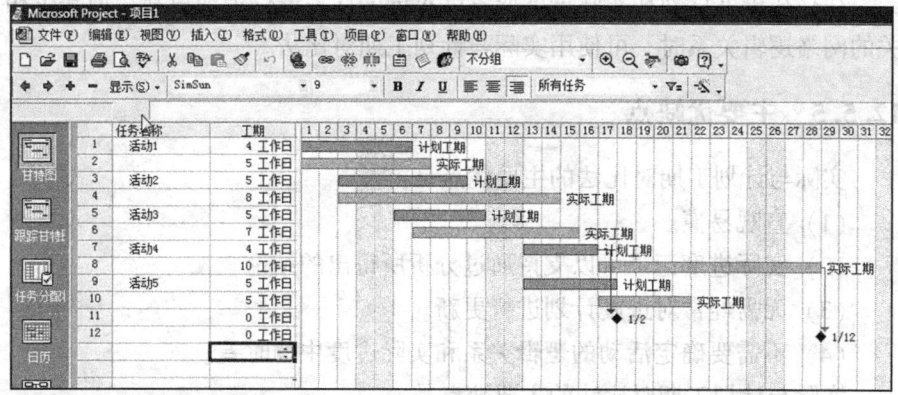

图 12-10 实际工期与计划工期的对比

12-11 中,假定活动 1、2、3 处于非关键线路上,因此,在发生了活动 2、3 的延误后,没有对竣工日期造成影响,因此,承包商不能要求工期延长。而活动 4 处于关键线路上,工程的延误将导致竣工日期的推迟,因此,承包商有权就处于关键线路上的活动 4 的延误要求工期延长,如图 12-11 所示的双箭线 EOT 部分。

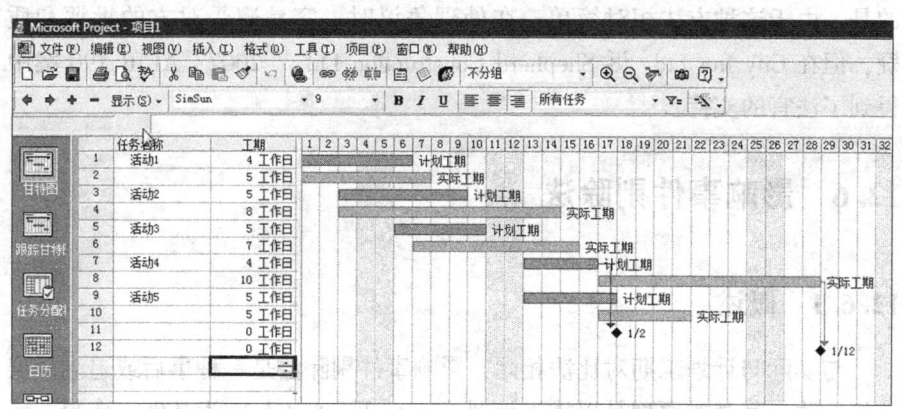

图 12-11 实际工期与计划工期对比图——识别延误后

### 12.5.4 SCL 准则

SCL 准则第 4.5 节和第 4.12 节认为,实际与计划工期对比法可用来识别进度的延误,但其局限在与无法识别共同延误、重新安排施工次序、采取减轻措施和赶工的影响。这种方法可用于施工更为复杂的分析方法之前的开始阶段。

在存在进度计划和实际进度或者已对进度计划进行定期更新，但缺少相关的网络逻辑关系时，可使用实际与计划工期对比法。

### 12.5.5 主要优缺点

实际与计划工期对比法的主要优点是：
（1）直观易懂。
（2）实际进度记录可以支持通过分析所得出的结论。
（3）无需经常对进度计划进行更新。
（4）不需要确定活动的逻辑关系和实际进度中的时差。

实际与计划工期对比法的主要缺点是：
（1）过于简单，容易使人对这种分析方法产生不信任感，怀疑是否能够使用这种方法进行延误分析，支持承包商索赔工期延长的主张。
（2）由于无需使用CPM网络技术，导致无法准确判断共同延误、随后延误、次生延误、赶工、重新安排施工次序以及采取减轻措施的影响。

如果适用实际与计划工期对比法可以准确反映实际进度的事实，且有同期记录支持时，可以使用这种方法进行延误分析和主张工期延长。不可否认的是，由于这种方法相对简单，在处理争议时，容易遭受对方的批评和质疑，但在City Inn Ltd. 诉 Shepherd Construction Ltd.［2007］ALJR 190案中得到了法官的支持。

## 12.6 影响事件剔除法

### 12.6.1 概述

与实际与计划工期对比法相同，影响事件剔除法是一种事后或追溯延误分析方法，其基本原理是以竣工计划（as built schedule）为基础，将竣工计划中非归责于承包商的延误剔除，通过重新计算得到新的竣工日期，竣工计划中的竣工日期与新的竣工日期之差即为延误事件对竣工时间造成的延误时间，也就是承包商有权要求工期延长的期限。

影响时间剔除法需使用CPM网络计划，根据可靠的竣工资料建立竣工计划，通过识别活动中的非归责于承包商的延误进行模拟分析。这种方法要求具有良好的竣工记录。

## 12.6.2 适用范围

一般而言，影响事件剔出法适用于存在可靠的竣工计划，但没有对基准计划或者同期计划进行更新，或者更新的计划不足以支持延误分析的情形。这种方法也可适用于没有定期针对进度计划报告实际进度，或者实际进度记录不可靠或不一致的情况。这种方法特别适合于在竣工之后承包商和业主发生争议，需要对进度计划和实际进度进行追溯分析的情况。影响事件剔除法是仅次于时间影响分析法的第二种使用最多的延误分析技术。

## 12.6.3 示例

图 12-12 显示的是某个简单工程的竣工计划。该竣工计划是根据现有的记录整理得出的竣工后的活动 1 至 5 完成的情况和持续时间。

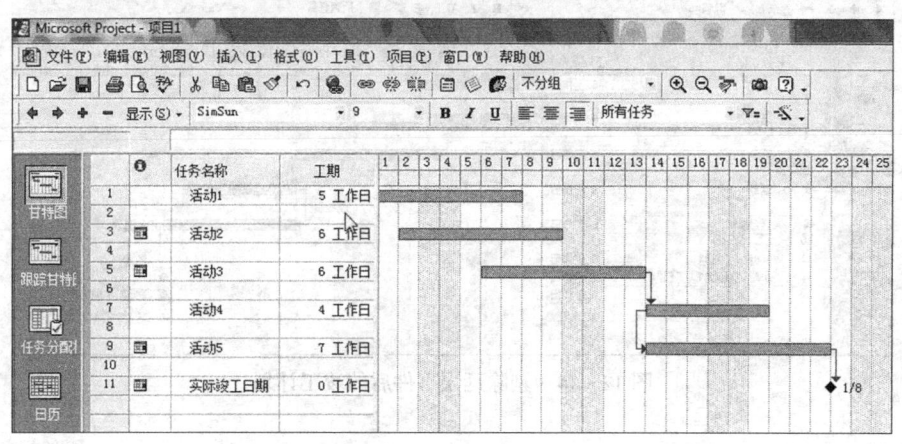

图 12-12 竣工计划

根据图 12-12 的竣工计划，在图 12-13 中，活动 5 发生了 2 天的延误，经过识别，确认处于关键线路上活动 5 上的 2 天延误是业主的原因造成的，如图 12-13 活动 5 的深色部分所示。

根据图 12-13 所示发生在活动 5 上的延误，重新计算竣工日期，得出未发生任何延误时的新的日期，即剔除延误后的竣工日期，新的竣工日期与实际竣工日期之差就是延误对竣工日期影响的时间，也是承包商有权要求工期延长的时间，如图 12-14 所示。

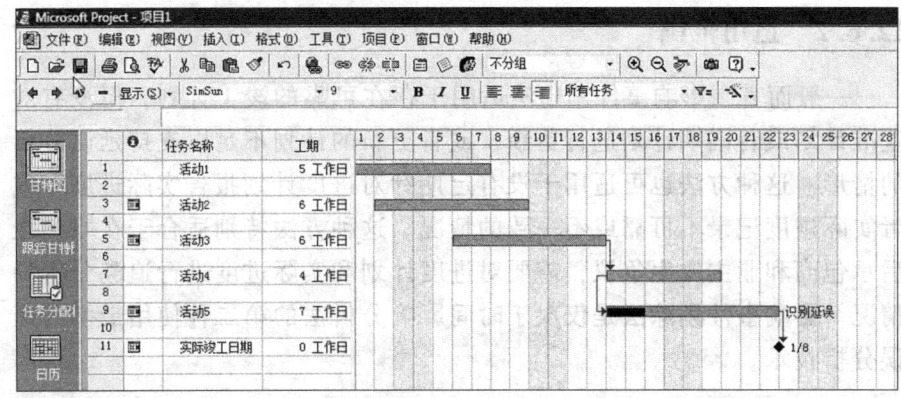

图 12-13 识别延误时的竣工计划

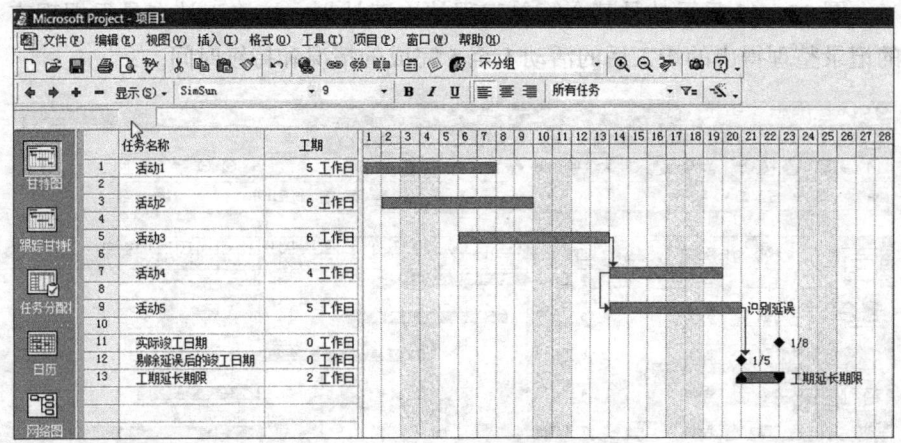

图 12-14 剔除延误事件后的竣工计划

### 12.6.4 SCL 准则

SCL 准则第 4.7 节认为，影响事件剔除法是一项对实际完成进度计划中业主风险事件影响进行分析的方法。与实际和计划工期对比法一样，这种方法无法识别共同延误、重新安排活动次序、重新分配资源和赶工的情况。特别是在竣工逻辑关系十分复杂时，需要对逻辑关系进行主观的界定。在施工过程中，如果为了克服业主风险事件的影响而发生了赶工、重新分配资源和重新安排活动次序，使用这种分析方法会产生不太可靠的结果。

SCL 准则第 4.15 节认为，由于从记录中创建准确的竣工逻辑关系是一件困难的事情，因此，影响事件剔除法是一种费时费力且带有一定主观性的分析方法，但这种方法仍不失为一种简单的分析工具。

## 12.6.5 主要优缺点

影响事件剔除法的主要优点是：
(1) 需根据可靠的竣工计划进行分析。
(2) 适用的基本原理简明易懂。
(3) 无需对进度计划进行更新。
(4) 无需基准计划。
(5) 仅仅根据竣工计划进行分析。
(6) 可以将业主延误事件从承包商延误事件中分离出来。

影响事件剔除法的主要缺点是：
(1) 重新创建模拟竣工计划费时费力。
(2) 模拟的竣工计划中的逻辑关系具有主观的特点。
(3) 无法识别竣工或同期关键线路。
(4) 在重建模拟竣工计划时需要对活动内容、活动详情、逻辑关系和活动持续时间进行许多主观假设。
(5) 无法从关键延误中区分出平行延误。
(6) 只能识别可补偿延误的竣工期限。
(7) 无法根据承包商在延误发生时递交的索赔意向计算延误。

## 12.6.6 使用哪种分析方法

SCL 准则认为，使用哪一种分析方法分析延误事件的影响，确定承包商有权索赔工期延长的期限，主要取决于已有事实材料的种类。SCL 准则建议如表 12-1 所示：

表 12-1 施工延误分析方法的要求

| 分析类型 | 无网络支持的竣工进度计划 | 基于网络的竣工进度计划 | 基于网络的更新的竣工进度计划 | 竣工记录 |
| --- | --- | --- | --- | --- |
| 实际与计划工期对比法 | X | 或 X | 和 X | 或 X |
| 计划影响法 |  | X |  |  |
| 影响事件剔除法 |  |  |  | X |
| 时间影响分析法 |  | X | 或 X | 和 X |

注："X" 表示需要。

需要指出，在合同明确要求使用网络技术编制进度计划和管理项目时，承包商应与建筑师或工程师事先确定所使用的项目计划管理程序，事先确定使用哪一种方法进行延误分析，做好延误事件的记录和填表工作，以月或周为单位定期更新进度计划。在发生延误事件后，仔细核对现场记录，及时分析每一个延误事件对竣工日期的影响，决定工程延误的时间和有权要求工期延长的时间。

另一方面，在使用这些延误分析技术时，应特别注意每一种分析方法的优缺点和局限性。可采取在谈判时使用简单的分析方法，而在发生争议、仲裁或诉讼时采用复杂的、更有说服力的分析方法。

## 12.7　CPM 网络进度计划中时差的归属

### 12.7.1　时差的定义和分类

在 CPM 网络进度计划中，时差（float，又译机动时间或浮动时间）是指在进度计划中，活动的最早开始日期和最晚开始日期，或者最早结束日期和最晚结束日期之间的时间量，或简明定义为工作或线路可以利用的机动时间。时差可分为总时差（total float，表示为 TF）和自由时差（free float，表示为 FF），总时差是指在不影响总工期的前提下，本工作可以利用的机动时间，它是网络时差参数体系中的核心时差参数。自由时差，也称局部时差、局部机动时间，是指在不影响其工作最早开始时间的前提下，本工作可以利用的机动时间。

时差还可分为相关时差（Interfering float，表示为 IF）、独立时差（independent float，表示为 DF）和终点时差（terminal float）。相关时差，又称干扰时差，是指在总时差中，除了自由时差以外，剩余的那部分时差。相关时差可以反映其对后续活动的影响程度。独立时差是指在不影响后续工作按照最早可能开始时间开工的前提下，允许该工作推迟其最迟必须开始时间或延长其持续时间的幅度。独立时差为本工作独有，它的使用对前导工作和后续工作均不会产生任何影响。国家标准《网络计划技术》（GB/T.1-13400.3-92）将时差分为总时差、自由时差、相关时差、独立时差、线路时差和间隔时间。有些学者还将时差分类为终点时差（terminal float）。

时差是每一个 CPM 进度计划中不可缺少和不可避免的内容，是 CPM 网络计划的产物或称为副产品。同时，时差也是一种优化方法和控制手段。在建筑和土木工程项目中，承包商除了可以使用它对人员和设备资源进行有效的管理外，还可以在承包商或分包商认为某个特定事件造成了延误，且他们有权对延误的影响要求工期延长和损失及费用索赔的情况下，使用时差量化工期延长的影响及其延误时间。

随着计算机项目管理软件的发展以及关键线路法（CPM）网络技术的成熟，越来越多的工程施工项目要求使用 CPM 网络技术计划和管理工程项目。

在使用 CPM 网络技术管理的工程项目中，项目参与人，包括业主、承包商或分包商都想利用 CPM 网络计划中的时差，免除归责于自身造成的施工进度延误的责任。时差归属及其使用已成为使用 CPM 网络计划项目中最有争议的一个议题，也成为业主和承包商之间发生争议的主要成因之一。

### 12.7.2 时差归属的重要意义

时差到底属于谁？是属于业主？承包商？还是项目？在建筑和土木工程项目实践中，时差所有权的问题具有现实和重要意义。

举例来说，假设某个工程项目分三个阶段施工，承包商计划每个阶段的工期为 1 周，计划工期为 3 周，而合同规定的竣工时间为 4 周，这样，在项目进度计划中，时差（TF）为 1 周，如图 12-15 所示。

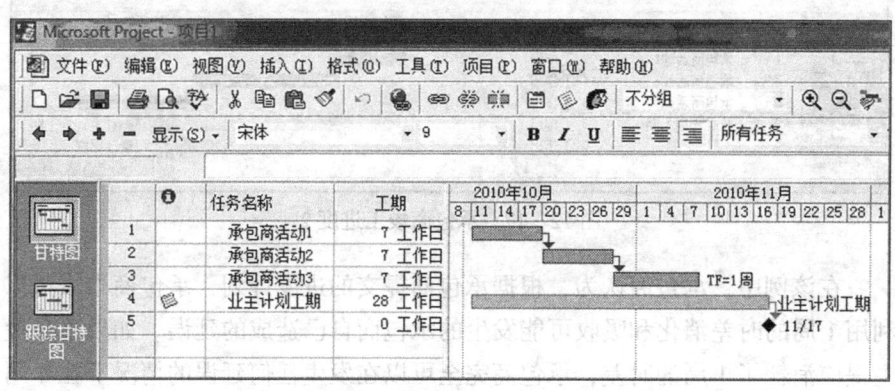

图 12-15　承包商原始进度计划

不幸的是，在开始施工不久，因业主的自身的原因造成了承包商的活动 2 的延误，延误时间为 1 周，这就意味着业主耗尽了整个的项目时差。为此，承包商提出了索赔，要求 1 周的工期延长。但业主认为，承包商无权索赔，承包商仍可以在 4 周之内完成工程项目。在发生了归责于业主的延误后，承包商仍然在 4 周内完成了工程项目，如图 12-16 所示。

然而，在发生了业主延误后不久，承包商因自己设备不能到场的原因造成了 1 周的延误，这 1 周的延误发生在承包商的活动 3 上，使得承包商最终在第 5 周才完成工程项目，如图 12-17 所示。但由于延误事件属于归责于

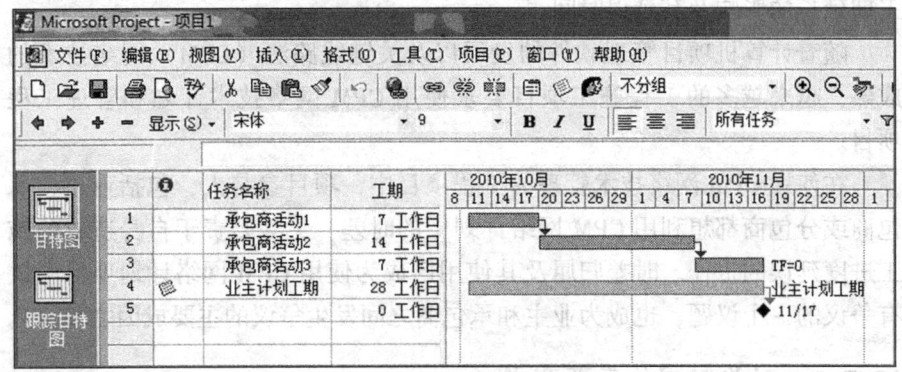

图 12-16　承包商竣工进度 1

承包商的不可原谅的延误，承包商无权提出任何索赔。

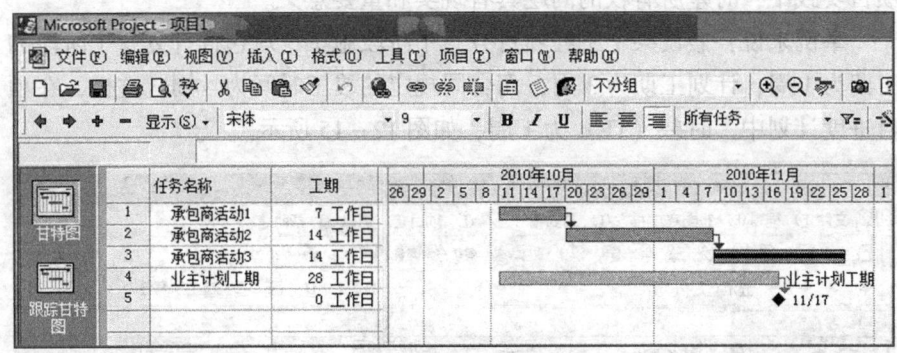

图 12-17　承包商竣工进度 2

在该例中，承包商认为，根据承包商提交的进度计划，承包商本来可以利用 1 周的时差消化和吸收可能发生的承包商自己造成的延误。如果不是业主提前消耗了 1 周的时差，承包商完全可以在发生任何延误的情况下在 4 周内按时完成工程项目。承包商是施工主体，且进度计划是承包商编制的，只有承包商才有权使用时差，1 周的时差属于承包商。因此，业主要求承包商支付 1 周的误期损害赔偿费是没有任何根据的。而业主认为，业主为承包商实施工程项目支付了工程价款，只有业主才有权使用时差。而且，业主也可以利用项目的时差，调整自己的工作安排，消化和吸收自身造成的延误，承包商不能剥夺业主在进度计划中的权利。

## 12.7.3　谁拥有时差

在使用 CPM 网络计划时，时差的归属成为一个最具争议的命题。在 20

世纪60、70年代，人们主张市场属于承包商，但到了80、90年代，人们更倾向于时差是一项承包商和业主共享的产品。在建筑和土木工程业界和理论界，关于时差的归属问题存在三种不同的观点：

(1) 时差属于承包商。主张承包商拥有时差的理由是：在承包商创建进度计划时，承包商有权使用时差，重新制定项目的进度计划。承包商进度计划中包含的时差是承包商的利益，它可以帮助承包商计划工程，允许承包商在发生不可预见的事件时作为紧急措施使用。

时差能使承包商按期完成工程项目，如果一切顺利，且没有发生延误事件，承包商可以提前完成施工任务。

承包商在进度计划中含有的时差并不包括业主造成延误的时间。在进度计划中，时差只是承包商的一种管理工具。因此，如果业主的延误影响了时差，则业主应给予承包商延期，使时差仍可作为应急手段，这种做法是公平合理的。

更具说服力的观点是，业主允许承包商在某个特定的时间内完成工程项目，承包商可以在规定的工期内可以使用他认为合适的施工方法，自由支配工期。如果业主使用了全部或部分"时差"，则意味着业主没有给予承包商充足的施工工期，因为业主占有了一部分工期时间。因此，没有必要过多地讨论人为的概念，引起不必要的矛盾。

(2) 时差属于业主。主张业主拥有时差的理由是：业主为承包商实施工程支付了工程价款，他也有权使用项目的时差。如果发生了延误事件，其唯一的影响是减少时差时，承包商无权要求工期延长。业主还认为，在这种情况下，延误事件完全没有延误项目的竣工日期。例如，如果延误事件耗尽了部分时差，并且承包商有权对延误事件要求工期延长，由于全部的时差尚未用尽，承包商仍然可以提前完工。

在施工合同规定时差属于业主的情况下，时差属于业主会导致承包商丧失工期索赔权利或影响他损害赔偿费权利的后果。

在 Construction Enterprise & Contractors, Inc. 诉 Orting School District No. 344 et. al., 121 App. 1012, 2004 WL 837912 案中，原告（承包商）向被告（业主）提出索赔，要求业主支付因设计缺陷所造成的干扰损失和工效损失费用（尽管承包商提前竣工）。设计公司以合同规定"时差"属于业主提出抗辩，拒绝承包商提出的干扰损失和工效损失索赔。

施工合同的规定："时差：承包商进度计划中列明的活动时差完全归属于业主。承包商无权要求调整任何合同工期、承包商的施工计划、合同价格，或者因时差使用或损失，包括承包商预期竣工时间和实际竣工时间之内导致的任何此类额外付款。"

设计公司认为，由于承包商在合同规定的竣工日期之前完成了工程项目，因此，上述合同规定禁止承包商对业主提出补偿索赔要求。设计公司认为这些补偿要求全部包含在"包括承包商预期竣工时间和实际竣工时间之内"，因此，承包商无权索赔。而承包商认为"设计缺陷所导致的干扰增加了承包商的施工成本。"承包商认为，他的索赔针对的是干扰所造成的施工成本的增加，而不是时差。并且，延误索赔和干扰索赔是两个不同的概念。法官认为延误索赔和干扰索赔是有所区别的，而且，设计公司没有从法律上说明合同中的时差规定禁止承包商提出索赔。最终该案以承包商和业主和解解决。

（3）项目拥有时差。主张时差属于项目的人认为，时差是承包商在编制进度计划中计划的一种应急时间，是在任何一方造成延误时提供的一种保险措施，它既不属于承包商，也不属于业主，而是属于项目。英国建筑法学会 SCL 在《延误和干扰评估准则》中主张项目拥有时差，且时差属于首先使用的一方当事人（first come–first served），包括承包商或者业主。也就是说，时差属于首先使用它的一方当事人，如果业主首先使用了时差，时差就属于业主；如果承包商首先使用了时差，时差就属于承包商。

SCL 在 21 项核心原则第 7 项和第 8 项原则还建议：

"7. 与时间有关的时差

除非合同有明示的相反的规定，在业主风险事件发生时，如果进度计划中还存有剩余的时差，则只能对受业主延误影响的活动线路上的总时差减少为零以下的业主风险事件给予工期延长。

8. 与补偿有关的时差

在因业主延误导致承包商无法按照计划的竣工日期完成工程的情况下（或合同竣工日期可能提前时），原则上，尽管没有发生竣工时间的延误（并因此没有批准工期延长时），或者在业主和承包商签订合同时，业主知道承包商打算在合同规定的竣工日期之前完成工程，且承包商的提前完工计划是现实的和可以实现时，承包商也有权要求支付因业主延误直接导致的费用。"

在 Ascon Contracting Ltd. 诉 Alfred McAlpine Construction（1999）⊖案中，被告 Alfred McAlpine 公司是一栋位于 5 层楼宇的主包商，该楼宇位于 Isle of Man 区道格拉斯滨海大道，楼宇名为韦拉尔斯大楼。原告 Ascon 公司是该楼

---

⊖ Roger Thomas. Construction Delays: Extension of Time and Prolongation Claims [M]. Oxon: Taylor & Francis, 2008: 96-99.

宇混凝土工程的指定分包商。分包合同工期为27周，工期自1996年8月28日起至1997年3月5日止。但直到1997年5月16日原告才完成了分包工程，工期延迟了10周。

原告递交了39天的工期延长索赔报告，要求对在安放水箱之前的楼宇基础渗水所导致的延误提出索赔，而事实是当时电梯竖井还没有施工。原告还对延误所导致的损失和费用以及赶工费用提出了索赔。

被告否决了原告提出的索赔，认为延误是原告Ascon公司的责任，是原告没有按照合同规定的进度计划进行施工造成的。被告McAlpine公司对原告提出了业主根据主合同所扣除的误期损害费用的反索赔，以及自身所遭受的损失和费用。

Ascon公司否认他有义务遵守主合同进度计划，也否决了他对被告提出的误期损害赔偿费的责任。被告McApline公司主张，所有的分包商都能按时开工和竣工，McAlpine公司也按时完成了施工任务，实际完工日期应该比合同规定的竣工日期提前5周。McAlpine认为为了消化其自身的延误，5周的时差是属于主包商的。由于Ascon公司和其他分包商使用了5周的时差，McAlpine公司有权要求补偿他因此遭受的损失。

由于当事人不能解决有关分歧，原告将争议诉至技术和建筑法院，法官赫克斯审理了此案。

法院判决：

Ascon公司索赔的第一部分是因在安放水箱之前楼宇基础渗水提出了22天的工期延长索赔。Ascon公司认为被告有责任不让水渗入基础。McAlpine公司认为Ascon公司未能提供充分的钢板固定支撑，而这才是延误的真正原因。

赫克斯法官接受了Ascon公司没有提供足够的钢板固定支撑的说法，但认为渗水造成了Ascon公司的延误。法官不接受渗水导致了22天延误的主张，而只给予6天的延期。

Ascon公司索赔的第二部分是因电梯竖井没有完成施工而要求的17天延期索赔。

对此，法官判决Ascon公司的施工进度可能会更快一些，因此，只给予了8天的延期。赫克斯法官认为Ascon公司没有采取足够的措施减轻延误的影响，应承担部分责任。

在本案中，为了支持其提出的反索赔，McAlpine公司辩称主合同进度计划中的时差属于被告。法官拒绝了这种辩解。法官认为这种意义上的有价值的时差是应在时差时间上与延误相一致。如时差与延误相互匹配，承包商就可以避免超期施工。在这种情况下，如果超期施工，承包商只承担向业主支付误期损害赔偿费的责任。法官认为在 McAlpine 公司接受了业主给予的时差利益时，不能向分包商提出索赔。判决书写道：

当然，在这种意义上，时差对主包商具有一定的价值，即如果发生了延误，在主包商无需向业主承担支付误期损害赔偿费责任的前提下，主包商可以使用时差，在总工期内调整施工进度，他只需计算合同竣工日期内的拖延费用，而无需考虑提前竣工所支出的费用。但是，主包商不能一方面享受业主拥有的时差带给他的好处，另一方面却视而不见，向分包商提出索赔。不言而喻，次进度计划中的全部延误没有超过时差。在承包商没有遭受任何劳务等损失时的情况下，当时差不存在时，主包商不能向分包商追溯他可能遭受的假设损失，无论是分包商违约造成的延误，还是主包商违约造成的延误，或者是几个分包商和主包商造成的延误。毋庸置疑的是，在某种意义上说，在时差的"利益"转移到违约当事人时，人们可以描述上述这些不同的情况，也可以假设主包商已经或可能有权改变这种结果，以便在不同当事人之间转让这种"利益"。针对分包商的索赔仍然是简单的违约、损失及其造成的原因问题。

法官对 Ascon 公司是否对主合同工程造成了延误作出了判决，如下：

实际完工日期决定了误期损害赔偿费的责任。分包合同没有规定误期损害赔偿费条款，Ascon 公司的工程也不是最后一道工序。延误是否造成了 McAlpine 公司索赔的损失向我们提出了一道如何理解实际竣工日期、如何界定实际完工日期、如何依据事实判断延误多长时间以及是否会对随后工序的进度和主合同竣工时间造成延误的问题。

有必要回顾造成延误原因的有关事实。首先，在缺乏其他证据的情况下，是否可以推断某个阶段的延误原因会产生持续的影响，以致对以后的施工造成了同样的延误。我认为原则上可以这样推断，但其可能发生和发生的概率会随着时间的消失和干扰事件的复杂程度而减少。我的第一个理由是，在这些条件具备时，在所有的延误索赔的谈判、仲裁和诉讼中，人们默许此类短时间的干扰，第二个理由是在某种意义上说，如果所有其他的活动均能按照进度计划进行，这种短时间的延误的性质是"不确定的"……这就是可能的结果。

在本案中，尽管法官没有明确予以说明，但法官似乎同意这种主张，即时差属于使用它的第一个人，包括业主、承包商或分包商，主包商没有权力分割时差这块蛋糕，转移对他产生实质影响的时差利益，自己独享时差带来的好处。该案判决中的主张与 SCL 第 7 项核心准则相一致，即采用共享比例分配原则处理业主、承包商和分包商之间共享时差利益的问题。

### 12.7.4 NEC 和 FIDIC 合同的观点

根据 NEC 合同第 63.3 款的规定，NEC 合同支持时差属于承包商。在 FIDIC 合同体系中，1987 年第 4 版红皮书、1999 年版新红皮书、新黄皮书和银皮书没有规定 CPM 网络进度计划的问题，也没有对时差做出明确规定，但在 2009 年测试版《施工分包合同》中规定了 CPM 网络进度计划事宜，但没有规定时差的归属。从 FIDIC 合同红皮书、新红皮书、新黄皮书和银皮书的规定看，承包商在遭受合同规定的事件时，承包商不仅有权提出工期延长索赔，还有权提出额外费用补偿索赔，因此，可以得出，FIDIC 主张时差属于承包商。

### 12.7.5 良好的习惯做法

大多数标准合同格式，例如 FIDIC、JCT、NEC、ICE 等都没有规定时差的问题，更没有规定时差归属的问题。英美法中现有的判例也极少涉及时差归属的问题。作者认为，在标准合同格式没有规定时差归属问题的情况下，在使用 CPM 网络进度计划管理工程项目过程中，业主和承包商应遵循如下原则：

（1）在使用 CPM 网络进度计划的工程项目中，业主和承包商以及工程师应尽可能协商确定时差的归属问题。SCL 准则建议当事人应在合同中予以明确。

（2）如果合同规定适用英国建筑法学会 SCL《延误和干扰评估准则》，则时差属于项目，适用谁先得到、谁拥有时差的原则。如合同没有规定适用 SCL 准则的明示条款，则当事人应予事先约定。

（3）在大多数标准格式合同中，承包商的进度计划不是合同文件。承包商的义务是在规定的工期内完成工程项目。

（4）相应地，除非对某项活动的延误造成了竣工日期的延误，否则，应视为进度计划仅仅是一项计划管理工具。

（5）在合同规定的工期内，承包商可以自由地编制进度计划。

（6）同样地，在业主的行为导致承包商消耗完毕部分或全部时差，但不影响竣工日期的情况下，如果承包商能够证明他需要使用额外资源时，则承包商可以索赔额外费用，然而，承包商无权要求工期延长。

（7）终点时差属于承包商。终点时差是指计划竣工日期和合同规定的竣工日期之间的时间差。例如，合同规定竣工时间为 36 个月，而承包商计划竣工时间为33个月，其中3个月的机动时间即为终点时差，如图12-18所示。

图 12-18 终点时差示意图

## 12.8 SCL 准则

2002年10月，英国建筑法学会（SCL）编制出版了《延误和干扰评估准则》。这项准则为那些在合同履行过程中和竣工之后处理递交工期延长索赔报告和延误索赔的人提供了指南。这项准则共计82页，系由来自施工行业的各个专业的专家小组起草的。SCL准则希望能为那些处理与时间有关问题的决策者提供有益的帮助。

SCL 准则确立了21项"核心原则[⊖]"，如下：

**1. 进度计划和记录**

为了减少有关延误争议的数量，承包商应适当准备一份表明施工方法和承包商计划施工次序的进度计划，合同管理人应接受这份进度计划。应对进度计划进行更新，以便记录实际的施工进度和批准的工期延长（EOT）。如果做到了这一点，则可以使用进度计划管理变更，决定工期延长，确定补偿的期限。合同当事人还应就应保存的记录类型达成一致。

**2. 工期延长的目的**

承包商工期延长索赔的好处只是为了免除承包商未能在延长的竣工日期之前完工而应承担的损害赔偿费（通常为误期损害赔偿费）。对业主而言，工期延长是为了确定一个新的竣工日期，避免竣工时间成为"任意工期"。

---

⊖ Society of Construction Law. Delay and Disruption Protocol.

### 3. 工期延长的权利

应尽可能及时处理延误时间导致的工期延长索赔。承包商有权提出的潜在的工期延长索赔只能是那些业主承担风险和负责的事情或者延误事件（在 SCL 准则中称为"业主风险事件"）。在施工过程中，当事人应尽一切可能处理"业主风险事件"的影响，包括工期延长和费用补偿。

### 4. 批准工期延长的程序

在合理地预见因业主风险事件导致无法按照原合同竣工日期完工时才能批准工期延长。工期延长程序的目的是确定承包商有权索赔工期延长的适当的合同权利；工期延长程序不应以是否有免除承包商支付误期损害赔偿费责任的需要为基础给予延期。

### 5. 延误的后果

是否给予工期延长，不应考虑业主风险事件是否已经开始影响承包商的工程进度，或者考虑业主风险事件的影响已经结束的因素。

### 6. 进一步考虑工期延长

在合同管理人进行初步评估后无法准确预见业主风险事件的全部影响时，合同管理人应随后对可预见的影响后果给予工期延长。在业主风险事件开始出现实际影响时和需要适当地增加工期延长时间时（除非合同条款允许，否则，不能扣减工期），合同管理人应给予工期延长。

### 7. 与时间有关的时差

除非合同有明示的相反的规定，在业主风险事件发生时，如果进度计划中还存有剩余的时差，则只能对受业主延误影响的活动线路上的总时差减少为零以下的业主风险事件给予工期延长。

### 8. 与补偿有关的时差

在因业主延误导致承包商无法按照计划的竣工日期完成工程的情况下（或合同竣工日期可能提前时），原则上，尽管没有发生竣工时间的延误（并因此没有批准工期延长时），或者在业主和承包商签订合同时，业主知道承包商打算在合同规定的竣工日期之前完成工程，且承包商的提前完工计划是现实的和可以实现时，承包商也有权要求支付因业主延误直接导致的费用。

### 9. 共同延误——对工期延长权利的影响

在承包商的延误导致无法按期完工时，或者承包商的延误与业主的延误同时发生时，承包商的共同延误不能减少应给予的工期延长时间。

### 10. 共同延误——对拖延费用补偿权利的影响

如果由于业主的延误和承包商的延误两方面的原因导致承包商发生了额

外费用，则承包商只能有权对能够单独从承包商延误导致的费用中区分出来的业主延误所导致的费用要求补偿。如果因承包商的延误导致发生了额外费用，承包商无权要求额外费用补偿。

### 11. 时差和共同延误的识别

只有在存在适合的进度计划并进行适当更新时，才能对时差和共同延误进行准确的识别。

### 12. 在分析延误事件之后

SCL 准则建议，在决定工期延长的权利时，裁决员、法官或仲裁员应尽可能地从业主风险事件发生时合同管理人的角度考虑问题。

### 13. 减轻延误和损失的措施

承包商负有减轻业主风险事件对工程影响的一般义务。根据合同文字的明示规定和相反的合同规定，减轻义务并不要求承包商必须增加资源或在计划的工作时间之外进行施工。承包商减轻损失的义务具有两方面的含义，首先，承包商必须采取合理的步骤减轻损失；其次，承包商不应采取不合理的措施增加其损失。

### 14. 工期延长和补偿之间的联系

工期延长的权利并不能使承包商自动地获得补偿的权利（反之亦然）。

### 15. 变更的估价

如可能，业主/合同管理人和承包商应预先就变更导致的全部可能的影响达成一致，并就变更的固定价格达成协议，包括直接成本（劳务、设备和材料）、与时间有关的成本、工期延长时间以及进度计划的必要修正等。

### 16. 拖延费用计算的基础

除非合同另有明示的规定（例如应基于合同价格进行估价），否则，除了实际完成的工程、实际花费的时间或者实际发生的损失和（或）费用外，不应对其他拖延补偿予以支付。换言之，除承包商遭受了实际额外成本损失的变更外，不应对其他拖延费用予以补偿，其目的是在没有发生业主风险事件时使承包商处于同等的地位。

### 17. 投标价格的关联性

投标价格与违约导致的、或需要进行额外费用估价的其他原因造成的拖延和干扰费用的估价与投标价格之间存在有限的联系。

### 18. 补偿估价的期限

一旦确定了应对拖延费用予以补偿时，则应以业主风险事件开始影响的期间，而不是以合同结束后的延长期间为参考进行应付补偿金额的估价。

**19. 一揽子索赔**

SCL 准则不鼓励在没有证实原因和结果的情况下采用综合的或者一揽子索赔的做法，这种做法也罕为法院所接受。

**20. 赶工**

在合同规定赶工时，应以合同规定为准支付赶工费用。在合同没有规定赶工规定，但承包商和业主同意采取赶工措施时，应以赶工开始前双方当事人同意的条件支付赶工费用。SCL 准则不推荐对所谓的推定赶工进行索赔的做法。相反地，在采取任何赶工措施之前，双方当事人应采取措施，根据合同规定的争议解决程序解决与工期延长权利有关的争议或分歧。

**21. 干扰**

干扰（与延误有所区别）是对承包商正常工作方法的打扰、妨碍或打断，从而导致工作效率的降低。如果业主造成了干扰，承包商有权根据合同规定或以违约为由要求予以补偿。

## 12.9 赶工

### 12.9.1 赶工的定义及其分类

SCL 在《延误和干扰评估准则》中将赶工（acceleration）定义为："在比预期更短的时间内实施计划的工程，或者在原计划工期内实施增加的工程内容。"

罗杰·托马斯在《工期索赔》一书中将赶工定义为："为了在进度计划规定的竣工日期之前完成工程和（或）弥补延误的影响而采取的和计划采取的积极的行动。此类行动通常会增加项目的成本。"

FIDIC 系列合同，例如旧红皮书、新红皮书、新黄皮书和银皮书没有对赶工一词进行定义。

赶工一词不是一个法律术语，没有公认的定义和范围，但赶工一词也并不是一个任人任意解释的建筑和土木施工领域的一个术语。正如赫克斯法官在 Ascon Contracting Ltd. 诉 Alfred McAlpine Construction (1999) 案所说的：

"'赶工'好像是一个随意令人摆布的精确的技术术语，但我却不这样认为。毫无疑问，这个词的基本概念是提高速度，因此，在施工合同中，是指提前完工。"

按照赶工发生的原因分类，赶工可分为如下三种，见图 12-19。

(1) 协议或指示赶工（acceleration by agreement or instruction，或 agreed

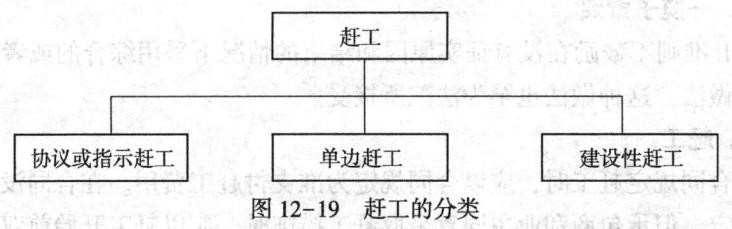

图 12-19 赶工的分类

acceleration or directed acceleration)。在合同明示规定的情况下,承包商可通过与业主的协议或根据工程师的指示进行赶工,加快施工进度。

(2) 单边赶工(unilateral acceleration)。承包商主动采取的赶工措施。一般可归纳为承包商的"减轻措施"或业主的采取的"尽最大努力"的行为。

(3) 建设性赶工(constructive acceleration),又称为推定赶工。建设性赶工是指承包商认为他无法获得业主批准工期延长,而承包商又面临无法按时完工,业主可能会追索高额的误期损害赔偿费时,承包商在别无选择时采取的赶工行动。

### 12.9.2 采取赶工措施的时间和赶工措施

承包商采取赶工的时间通常发生在下述两种情况下,一是业主急需使用项目,要求承包商加快施工,提前完工。在这种情况下,业主和承包商最好应通过协议,或由工程师发出指示,由承包商采取赶工措施。此时,产生的一个合同问题是,工程师发出的赶工指示是否构成变更。对于承包商而言,工程师的赶工指示应是一个明确的、毫不含糊的指示,工程师的指示不能构成将来可能会发生争议的"建设性赶工"的指示。二是承包商在可能发生竣工日期迟于合同规定工期,且承包商没有理由要求工期延长时,承包商采取的赶工行动。如果因承包商违约造成了无法按合同规定的竣工日期完工,则问题应归结为承包商是否负有义务采取赶工措施,减轻延误带来的影响。如果承包商无法确定是否有权要求工期延长,此时,在承包商获得业主批准的工期延长之前,承包商可能处于"暂时违约"状态,或处于可能违约的状态,为了避免可能发生的误期损害赔偿费,承包商需要确定是否采取赶工措施。

承包商的报价是以合同规定的条件为基础,按照合同规定的工期,根据承包商可以调配的资源和能力进行的。一般而言,承包商可采取下述方式进行赶工:

(1) 增加资源,减少关键线路活动的工期。

(2) 增加工作时间，例如加班、节假日施工等。

(3) 采取激励措施，提高劳动生产率。

(4) 改变施工方法。

(5) 重新安排施工次序。

## 12.9.3 赶工的义务

在大多数标准合同格式中，一般均以明示或默示的方式规定承包商负有赶工的义务，例如FIDIC、ICE、JCT合同等。

在1999年版FIDIC合同新红皮书、新黄皮书和银皮书中，与赶工有关的条款如下：

(1) 第3.1款：工程师的任务和权力（仅适用新红皮书和新黄皮书）。

(2) 第8.1款：工程的开工（适用于新红皮书、新黄皮书和银皮书）。

(3) 第8.3款：进度计划（仅适用新黄皮书和银皮书）。

(4) 第8.4款：竣工时间的延长（仅适用新红皮书）。

(5) 第8.6款：工程进度（适用新红皮书、新黄皮书和银皮书）。

(6) 第15.2 (c) (i) 项：业主终止（仅适用新红皮书和新黄皮书）。

(7) 第15.2 (c) 项：业主终止（仅适用银皮书）。

根据1999年版FIDIC新红皮书和新黄皮书第3.1款的规定："工程师无权修改合同。"按照此款规定，工程师无权代表业主与承包商商谈任何赶工协议。

1999年FIDIC新红皮书、新黄皮书和银皮书第8.1款规定："承包商应在开工日期后，在合理可能的情况下尽早开始工程的实施，随后应以正当的速度、毫不拖延地进行工程。"

根据第8.6款的规定："工程师可指示承包商根据第8.3款 [进度计划] 的规定提交一份修订的进度计划，以及说明承包商为加快进度在竣工时间内竣工，建议采用的修订方法的补充报告。"并且，承包商应采取这些修改方法，对可能增加的工时、承包商人员和货物的数量，承包商应自行承担风险和费用。如果这些修订方法致使业主增加费用，承包商应按照第2.5款的要求，连同第8.7款中提出的误期损害赔偿费，向业主支付这些费用。

第15.2 (c) (i) 项规定，承包商应按照第8条的规定进行工程施工，如未能按此施工，业主可提前14天向承包商发出通知，终止合同，要求承包商离开现场。银皮书第15.2 (c) 项作了同样的规定。

从上述规定可以看出，与其他大多数标准合同格式一样，FIDIC新红皮书、新黄皮书和银皮书不仅要求承包商按照合同规定的工期完成工程项目，而且要求承包商正常地、勤奋地、以正当的速度、毫不拖延地进行施工工作。

更为重要的是，FIDIC 合同第 8.6 款明示规定了承包商因自身原因造成工程进度延误时，工程师有权指示承包商递交修正的进度计划，并采取修改方法，其增加的费用属于承包商的风险，由承包商自负费用承担。此外，如果造成业主增加费用，还应向业主支付误期损害赔偿费和其他费用。

【案例】 在 John Barker Construction Ltd. 诉 London Portman Hotel Ltd. [1996] 83 BLR 35 案[1]中，原告 John Barker 工程公司作为承包商为业主，即本案的被告重新装修其所属的饭店项目，施工合同为附工程量表的 JCT80 标准格式合同。合同规定，承包商应于 1994 年 7 月 16 日完成饭店第 9 至 11 层的装修工作，1994 年 7 月 29 日完成第 5 至 8 层，1994 年 8 月 14 日完成第 2 至 4 层装修工作。合同第 24 条规定，如果承包商未能在规定日期完成每一区段工程，将向业主支付每周 3000 英镑的误期损害赔偿费。

在施工过程中，因业主的原因，发生了承包商有权索赔工期延长的延误事件。为此，承包商和业主进行了协商，确定承包商采取赶工措施，以便能使全部工程在 1994 年 8 月 14 日完成，承包商为此获得业主支付的额外付款。

在双方签署赶工协议后，又出现了进一步的延误，另外，建筑师还发出了进一步的变更指示。双方还为赶工协议涉及的区段工程误期损害赔偿费问题发生争议。承包商认为，双方签署的赶工协议已经完全抛弃了原合同规定的区段工程完工日期的规定，包括涉及的误期损害赔偿费条款。业主认为，在签署赶工协议时，任何一方当事人都没有提及误期损害赔偿费问题。

法院认为，任何一方当事人都没有表达放弃误期损害赔偿费的意愿，也不存在不适用误期损害赔偿费的逻辑关联，为此，法院判决原合同中规定的区段工程的误期损害赔偿费条款仍然有效。

【案例】 在 Motherwell Bridge Construction Limited 诉 Micafil Vakuumtechink [2002] TCC 81 ConLR 44 案[2]中，原告 Motherwell 作为被告 Micafil 的分包商，为业主建造加热器，合同为 FIDIC 合同修订本。在本案中，分包商 Motherwell 提出了大量的索赔。

---

[1] Vivian Ramsey etc. Construction Law Handbook [M]. London: Thomas Telford Publishing Ltd. 2009: 742.

[2] Vivian Ramsey etc. Construction Law Handbook [M]. London: Thomas Telford Publishing Ltd. 2009: 743.

分包商 Motherwell 提出的其中一项索赔是关于1998年10月8日至1999年3月间的赶工费用索赔，在此期间，分包商 Motherwell 的人员工作时间超出了每周46个小时的法定工作时间，为此，要求 Micafil 支付赶工加班费用。Macafil 公司认为，根据合同的规定，在发生了无法预期的延误和困难发生时，分包商 Motherwell 应自负费用增加工作人员，以便按时完工。

法院判决延误和困难属于合同规定的"无法预期的"延误和困难，Micafil 不断地要求分包商 Motherwell 增加资源，按期完工是正确的举措。同时，西摩法官也认为分包商 Motherwell 不能因此获得任何补偿。

## 12.9.4 协议赶工

有些标准合同格式规定了合同当事人可就赶工达成协议，然后由承包商采取赶工措施的规定。即使施工合同没有规定赶工条款，但业主和承包商也可在互利基础上就赶工进行协商，达成赶工协议。

工程师或建筑师是否有权指示承包商采取赶工措施，须依合同具体规定而定。如果合同规定了工程师或者建筑师有权指示承包商赶工，则承包商应遵守赶工指示进行赶工。在这种情况下，承包商不会遇到赶工付款的问题。但不幸的是，绝大多数标准合同格式都规定工程师或建筑师无权指示承包商采取赶工措施。

FIDIC 合同1987年版红皮书、1999年版新红皮书、新黄皮书和银皮书均未规定业主和承包商可就赶工达成协议的内容。在涉及赶工内容的条款中，FIDIC 合同1999年版系列第3.1款、第8.1款、第8.3款、第8.4款、第8.6款、第15.2（c）（i）项、第15.2（c）项实质上规定了承包商因自身原因导致进度滞后时应采取的措施，而不是业主和承包商可就赶工进行协商，由承包商按照赶工协议进行赶工的事宜。从 FIDIC 合同条款来看，FIDIC 合同就赶工内容确定了如下原则：

（1）合同条款没有明示规定业主和承包商可就赶工进行协商，达成赶工协议的内容。

（2）除非得到了业主的另行授权，否则，工程师无权代表业主与承包商商谈任何赶工协议的内容。

（3）如因承包商自身原因导致进度滞后，工程师可指示承包商采取措施，采取赶工措施。

（4）承包商应对自身造成的进度延误承担全部费用，包括赶工费用和误期损害赔偿费等。

（5）如由于承包商进度滞后的原因导致业主遭受了损失，承包商应赔偿业主所遭受的损失和损害。

在业主和承包商使用 FIDIC 合同进行施工时，虽然 FIDIC 合同没有规定赶工协议的条款，但业主和承包商是否能就赶工事宜进行协商、采用协议赶工措施呢？答案是肯定的，即在使用任何标准合同格式下，业主和承包商都可以就赶工内容进行协商，修改原合同的内容，通过赶工协议加快施工，满足合同当事人的利益需求。

SCL 第 20 项核心原则建议："在合同规定赶工时，应以合同规定为准支付赶工费用。在合同没有规定赶工规定，但承包商和业主同意采取赶工措施时，应以赶工开始前双方当事人同意的条件支付赶工费用。SCL 准则不推荐对所谓的推定赶工进行索赔的做法。相反地，在采取任何赶工措施之前，双方当事人应采取措施，根据合同规定的争议解决程序解决与工期延长权利有关的争议或分歧。"

赶工协议的性质是什么？是双方当事人对合同的修改，还是属于工程变更？在实践中，应根据合同条款的具体内容作出判断。

（1）在施工合同没有明示规定赶工内容的情况下，由于赶工协议改变了原施工合同规定的整个工程的工期或区段工程的竣工日期，业主和承包商之间的赶工协议属于对原合同的修改。在 FIDIC 合同中，业主和承包商之间的赶工协议属于对原合同的修改。

（2）在施工合同明示规定工程师或建筑师有权指示承包商赶工时，赶工协议或赶工指示属于工程的变更。

（3）在承包商因自身原因导致进度滞后的情况下，工程师指示承包商修改进度计划，采取措施加快施工时，工程师的指示不属于赶工指示。此时，工程师的这项指示只是工程师按照合同规定，要求承包商修改进度计划的指示，而不能理解为工程师发出了赶工指示，承包商可以按照工程师的这项指示采取赶工行动，并因此获得额外付款的权利或有权就赶工费用进行索赔。

赶工协议的本质是业主和承包商通过协商，改变原施工合同规定的整个工程或区段工程的竣工日期，确定新的竣工日期，实质上修改了原合同规定的时间要求。在施工合同明示规定修改工期可以作为一项工程变更时，赶工协议构成一项变更，否则，构成对原合同的修改。

在业主和承包商确定采取协议赶工方式加快施工进度时，如何起草和制定完备的赶工协议成为业主和承包商面临的另一个主要问题。业主和承包商应当牢记，既然双方同意采取协议方式进行赶工，则双方应就协议的全部内容达成一致，预防因赶工协议的不完备，或双方理解不一致而产生次生矛盾和争议，妨碍赶工协议的实施。例如，在 John Barker Construction Ltd. 诉 London Portman Hotel Ltd. ［1996］83 BLR 35案中，原被告已就赶工协议达成一致，但赶工协议没有涉及区段工程完工的误期损害赔偿费问题，法院判决双方当事人没有就误期损害赔偿费形成合意，原告仍需向被告支付区段工程的误期损害赔偿费。

赶工协议的核心条款应包括：

（1）赶工的工程范围。应明确是整个工程还是区段工程，应使用文字进行准确的描述，在图纸上进行准确的标示。

（2）赶工工程的竣工日期。应重新明确整个工程或区段工程的竣工日期。

（3）赶工所需的承包商的人力、设备、材料和资金等可以调配的资源，以及这些资源的进场时间、在场时间等。

（4）承包商应递交的修正的进度计划以及进度计划的更新。

（5）发生进一步延误时的处理方法和解决方案。在发生了因业主造成的延误时，承包商有权要求工期延长和费用补偿。在发生了因承包商自身原因导致进一步延误时，承包商应自费增加资源，采取进一步的赶工措施，在赶工合同确定的新的竣工日期完成整个工程或区段工程。

（6）赶工费用的具体价格，或者赶工费用的计算方法及估价标准。

（7）如何处理原合同规定的误期损害赔偿费，即是否仍然适用原合同规定的误期损害赔偿费规定和计费标准。

【案例】 在 Amec & Alfred McAlpine (Joint Venture) 诉 Cheshire County Council [1999] BLR 303案中，被告聘用原告为承包商负责承建位于曼彻斯特的一段绕城路，合同为ICE第5版标准格式。截至1994年底，因非承包商的原因发生了多次延误，为此，原被告签署赶工协议，承包商负责在1995年10月25日完成全部工程，被告为此向原告支付赶工费用。但在1995年初，由于非承包商的其他原因，又发生了进一步的延误，原被告为此又签署了非正式的赶工协议，被告同意如果原告能够在1995年10月25日，将向原告支付额外赶工措施公平和合理的补偿。最终，承包商按时完成了工程项目。

由于赶工协议没有明确规定估价方法，双方为此发生了争议。最终，法庭认为合理的赶工估价应是承包商实际赶工费用 (X)，减去应评估的赶工费用 (Y)，再减去承包商应负责的费用 (A)，再减去赶工期间变更费用 (B)，即 $X-Y-(A+B)$，再加上合理的管理费和利润，就是承包商应得的赶工费用。

## 12.9.5　单边赶工

在建筑和土木工程项目中，承包商主动采取赶工措施，实施单边赶工的原因主要有：

(1) 承包商因自身原因导致施工进度滞后，不得不增加资源，加快施工，以便在合同工期内完成工程项目，避免业主按照合同规定扣罚误期损害赔偿费。

(2) 承包商加快施工，以便将本项目的资源调往正在施工的其他项目，供其他项目使用。

单边赶工是承包商在没有赶工协议或接到工程师赶工指示时主动采取的赶工行为，此时，承包商可能没有受到业主拒绝工期延长的压力，并且承包商有信心可以获得业主批准的工期延长，承包商采取赶工措施完全出自自身原因。在发生单边赶工时，在绝大多数情况下，由于不存在赶工索赔的前提条件，即使工程师同情承包商，但承包商很难或根本无法主张赶工索赔的合理性，也无法找到相应的合同规定，或以"最大的努力（best endeavour）"为由要求业主给予补偿⊖。

在 FIDIC 合同中，在发生了新红皮书、新黄皮书和银皮书第 8.6 款规定的情形下，承包商应自负费用采取单边赶工措施，以便在合同规定的工期内完成工程项目。

### 12.9.6 建设性赶工

#### 1. 建设性赶工的定义

SCL 准则将建设性赶工定义为："在业主不承认承包商遭受了他有权要求工期延长的业主延误事件，且业主没有要求承包商为按期完工而加快施工进度情况下承包商实施的赶工行为。在发生了这种情况时，业主可能否认承包商要求工期延长的权利，或通过延迟批准工期延长的方式否认承包商的延期权利。在英国法中，（目前）建设性赶工不是一个公认的概念。"

建设性赶工的概念源于美国，在美国和加拿大法庭得到了承认和认可。在英国法中，尽管在英国的个别判例中法官认可了在某种情况下建设性赶工的做法，例如 Motherwell Bridge Construction Ltd. 诉 Micafil Vakuumtechnik (2002) 案，但在英国，建设性赶工不是一个公认的概念，承包商无法或很难以建设性赶工为由要求业主支付赶工费用。

---

⊖ David Chappell. Vincent Powell-Smith. John Sims. Building Contract Claims [M]. 4th ed. Oxford: Blackwell Publishing Ltd. 2006：32.

**【案例】** 在 Motherwell Bridge Construction Ltd. 诉 Micafil Vakuumtechnik（2002）案⊖中，原告 Motherwell Bridge 作为被告 Micafil（主包商）的分包商，负责高压锅炉的制造工作。在施工期间，分包商 Motherwell Bridge 公司提出了许多技术问题，Micafil 公司为此作了许多重大的设计更改。由于上述原因，分包商的工作受到了延误。为此，分包商不得不加班加点，完成高压锅炉的焊接工作。

在分包商工程受到延误的情况下，主包商 Micafil 未能批准分包商提出的延长工期的要求。为了能够在原合同规定的工期内完成整个工程，分包商增加资源，采取加班赶工措施，为此发生了大量费用。原被告双方为赶工费用发生争议，原告诉诸法院。

在法院审理过程中，多尔敏法官认为：①本案的延误是可原谅的延误；②主包商 Micafil 已经拒绝了分包商根据分包合同提出的他有权要求工期延长的请求；③分包商 Motherwell Bridge 已经采取赶工措施，以便按时完工，并且已经证明如果不采取赶工措施，分包工程将延迟竣工；④在采取必要的赶工措施当时和之前，分包商 Motherwell Bridge 已经书面通知主包商，告诉主包商将要发生的实际的和预期的赶工费用；⑤分包商 Motherwell Bridge 有权索赔他已经通知主包商的赶工费用。

根据上述理由，多尔敏法官作出了有利于分包商 Motherwell Bridge 的判决，法官认为分包商有权获得工期延长，分包商有权得到赶工费用的补偿。

**2. 建设性赶工成立的要件**

虽然美国和加拿大法院承认建设性赶工的概念，但根据美国和加拿大有关判例⊖确定的建设性赶工原则（the doctrine of constructive acceleration），建设性赶工的成立必须具备如下五项要件：

（1）承包商遇到了合同项下的可原谅的延误。

（2）承包商及时和充分地提出了延长合同工期的请求。

（3）业主否决了承包商延期的要求，或者未能在合理的时间内采取有关行动。

（4）业主要求承包商在原合同工期内竣工。

（5）承包商采取了实际的赶工措施，并因此发生了额外的费用。

---

⊖ Roger Gibson. Construction Delays Extensions of Time and Prolongation Claims [M]. Oxon: Taylor & Francis. 2008: 104-106.

⊖ 参见: Norair Eng'g Corp. v. United States, 666 F. 2d 546, 548 (Ct. Cl. 1981). Morrison-Knudsen Co. Inc. v. British Columbia Hydro and Power Authority (1978), D. L. R. (3d) 186 (B. C. C. A.).

在1981年的美国Norair Eng'g Corp. 诉United States, 666 F. 2d 546, 548 (Ct. Cl. 1981) 案中，法院判决承包商要想成功获得建设性赶工索赔，必须证明如下三个要件：

(1) 发生了可原谅的延误。

(2) 业主要求承包商采取赶工措施。

(3) 承包商采取了实际的赶工措施，并因此发生了额外费用。

尽管1981年Norair案中确定了建设性赶工的三个原则，但在随后的美国法院判例中，如果承包商要想成功地证明他有权以建设性赶工为由要求补偿，承包商应负有举证责任，逐一证明五项要件的存在，才能使其诉求成立。

【案例】在美国Mobile Chemical Co. 诉Blount Bros. Corp. 809 F2d 1175 (5th Cir. 1987) 案中，Mobile以固定价格合同的方式，将合同授予Blount，由Blount负责承建一座化工厂。

在本案中，Blount作为管理承包商，负责项目的计划和协调工作，但不负责具体的施工工作。合同要求Blount应在1983年1月完工。

在开始施工时，项目受到了延误，其中一部分原因是业主延迟交付设备造成的，另一部分是Blount未能很好地协调和计划造成的。Mobile告诉Blount，他可以接受延迟完工，但在处理分包商施工问题时，Mobile和Blount联合起来，坚持应仍按原合同竣工日期执行。分包商别无选择，只好增加人员，采取赶工措施，以便按时完工。在1983年4月工程竣工后，分包商将Mobile和Blount告上法庭，要求支付赶工费用。初审法院判决分包商胜诉。

在上诉过程中，Blount辩称，由于赶工决定是业主提出的，因此，他不能对赶工费用承担任何法律责任，而应由业主独自承担赶工费用。上诉法院认为，即使Blount不具体负责项目的施工工作，但事实上，按时完工减少了Blount的管理费用，并相应增加了Blount的利润，Blount是分包商赶工的受益者，而不是受害人。另外，法院认为Blount实际参与了赶工的决定过程，并随后执行了这项赶工决定。因此，Mobile和Blount均应对赶工费用承担法律责任。

**3. 业主和承包商的策略**

建设性赶工理论不仅为承包商索赔赶工费用提供了依据，而且，在承包商拒绝赶工的情况下，它也可以为承包商拒绝业主提出的误期损害赔偿费提供很好的抗辩理由，参见Department of Transportation 诉 Anjo Construction Co. (1995) 案。

对于业主而言，应当特别注意的是，如果业主未能及时对承包商提出的工期延长索赔作出回应，将可能导致承包商提出的高额的建设性赶工索赔。在评估承包商的工期延长索赔时，业主应避免其行为被承包商理解为是建设性赶工指示。根据美国法，承包商基于可原谅的延误要求工期延长，业主拒绝承包商的工期延长请求，将事实上或默示构成一项赶工指示。

对于业主来说，在承包商因可归责于业主的原因提出工期延长索赔时，由于建设性赶工索赔涉及的金额较大，业主应考虑其他变通解决方案，考虑是否仍要求承包商在原合同规定的工期内完成工程。如果业主仍要求承包商在原合同工期内完工，则业主应考虑通过协议赶工的方式，与承包商通过谈判确定赶工费用，签订赶工协议进行加速施工。

对于承包商而言，在缺少业主明示的赶工指示的情况下，如果承包商相信业主会要求他采取赶工措施，承包商应书面通知业主，告知他受到了业主要求赶工的压力。在承包商的通知中，承包商除了明确要求工期延长的具体时间外，承包商还应强调赶工不是承包商的自愿行为，并且，赶工还会导致成本的增加。根据美国法，一项及时的、明确的书面通知是建设性赶工成立的强制性条件，如果业主认为建设性赶工是承包商的自愿行为，那么，承包商将无法获得任何补偿。同时，承包商也必须了解，除非承包商及时递交了延误索赔通知，且提出工期延长要求，否则，对承包商而言，证明建设性赶工索赔的成立将是一件非常困难的事情。

根据美国法，如果业主对承包商的工期延长请求作了回复，并声明承包商仍需在原合同规定的工期内完成工程，或者业主威胁将扣留误期损害赔偿费的情况下，此时，承包商可将其解释为业主向承包商发出了赶工指令，承包商应向业主发出通知，说明承包商将遵守业主的指令，采取措施（如加班、增加人员、设备等）加速施工。另外，承包商还应向业主发出指示，要求业主支付赶工费用以及与赶工相关的损失。

需要注意的是，由于英国法不承认建设性赶工，因此，在英国法中，不能将承包商提出工期延长要求，业主拒绝给予延期且仍要求承包商按原合同工期竣工视为或者默示为业主向承包商发出了建设性赶工指令。在英国法中，承包商在需要赶工才能按原定工期完工时，承包商仍向业主书面提出要求，由于大多数英式标准合同，如 JCT、NEC 等没有授予工程师或建筑师发出赶工指示的权力，因此，承包商应与业主协商解决有关赶工事宜。

尽管有关判例对建设性赶工成立的要件作了明示的界定，且要求建设性赶工只有在发生了可原谅的延误的情况下才能成立，但在国际工程项目实践中，承包商进度滞后，无法在原合同规定的工期内完成工程项目的成因非常复杂，而经常发生的是，造成承包商进度滞后往往既有归责于业主的原因，也有客观原因，如气候，还有归责于承包商的原因（不可原谅的延误）。这种可原谅的延误和不可原谅的延误相互交叉，互相叠合，使得承包商无法确定到底是否有权要求竣工日期的延长，到底是否有权要求多少天的延期。对于业主和工程师而言，除非合同明示规定了工程师回复承包商提出的工期延长索赔的具体期限，否则，业主和工程师也无法在很短时间内确定工期延长的时间，明确延期天数。在这种情况下，承包商往往面临工期紧张的巨大压力，为了避免赔付巨额误期损害赔偿费，承包商往往采取单边赶工的措施，或者，更为常见的是，承包商一边提出工期延长索赔要求（无论工期延长索赔是否成立，或者工程师是否批准工期延长请求，或者工程师能够批准多长时间的延期），一边在没有工程师赶工指示或赶工协议的情况下增加资源，加班加点，提高工效，加速施工。同时，为了能够或期望业主补偿赶工费用，承包商又在编制赶工费用索赔，以期获得业主和工程师的认可，得到赶工索赔费用。但不得不承认，在这种情况下，尽管承包商索赔赶工费用的实例不胜枚举，且几乎每一个承包商都会编制赶工费用索赔报告，但事实上，承包商很难成功索赔赶工费用。

在实践中，更为常见的是，工程师或建筑师往往在工程竣工后或将要竣工时才批准承包商提出的工期延长索赔，这种做法对承包商决定是否采取赶工措施形成了压力。在施工过程中，当承包商无法确定能否获得工期延长时，承包商处于进退两难的境地，只能采取边赶工，边索赔的策略，但这往往使得承包商陷入无法获得赶工补偿的风险之中。

当承包商施工进度延误是由于可原谅的延误造成的时候，或者一部分是可原谅的延误，一部分是不可原谅的延误造成进度滞后时，承包商在无法及时获得业主批准的工期延长索赔时，最好的办法是将这种情况及时报告给业主或工程师，分析施工进度滞后的具体原因，指出如果不采取赶工措施，将导致无法按原合同竣工日期完工的后果。无论因何种原因而发生赶工（即使承包商对延误承担部分责任，并且已经对误期损害赔偿费承担责任的情况下），在与业主协商赶工协议时，承包商都处于有利的讨价还价的地位[⊖]。同时，应参考美国法院判定建设性赶工索赔成立的要件，逐一完备建设性赶工的必备条件，为将来通过仲裁和法院索赔赶工费用创造条件。

### 4. FIDIC 合同的有关规定

在使用 FIDIC 合同的工程项目中，是否存在建设性赶工的情况呢？由于

---

⊖ Reg Thomas. Construction Contract Claims [M]. 2nd ed. Hampshire：Palgrave, 2001：167.

在工程项目中存在发生可原谅延误的情形，而根据1987年第4版红皮书、1999年版新红皮书、新黄皮书和银皮书的规定，承包商有权就可原谅的延误索赔工期延长和要求费用补偿，这样，如果业主仍然希望承包商按照原合同工期竣工时，承包商可能就会面临是否赶工的两难选择。如果承包商选择了采取赶工措施按期竣工，则承包商有权就赶工费用要求补偿。

1999年版FIDIC新红皮书第8.6款规定了与进度和赶工有关的规定，如下：

"8.6 工程进度

如果在任何时候：

（a）实际工程进度对于在竣工时间内完工过于迟缓；和/或

（b）进度已（或将）落后于根据第8.3款［进度计划］的规定制订的现行进度计划；

除由于第8.4款［竣工时间的延长］中列举的某项原因造成的结果外，工程师可指示承包商根据第8.3款［进度计划］的规定提交一份修订的进度计划，以及说明承包商为加快进度在竣工时间内竣工，建议采用的修订方法的补充报告。

除非工程师另有通知，承包商应采取这些修订方法，对可能需要增加工时和/或承包商人员和/或货物的数量，承包商应自行承担风险和费用。如果这些修订方法使业主导致附加费用，承包商应按照第2.5款［业主的索赔］的要求，连同下述第8.7款提出的误期损害赔偿费（如有），向业主支付这些费用。"

虽然第8.6款规定的是发生了不可原谅的延误，即因承包商自身原因造成工程项目进度滞后时，工程师应采取的处理进度滞后及其相关责任的内容，但该款第2段的规定表明，在发生了第8.4款列举的可原谅的延误情形是例外情况，如需要承包商采取赶工措施才能按期完工，而此时工程师又没有批准工期延长时，则存在建设性赶工的可能性，也会发生建设性赶工索赔。

根据第8.4款的规定，可原谅的延误情形包括：

（a）变更（除非已根据第13.3款［变更程序］的规定，商定调整了竣工时间）或合同中某项工作量的显著变化；

（b）根据本条款，有权获得延长期的原因；

（c）异常不利的气候条件；

（d）由于流行病或政府行为造成可用的人员或货物的不可预见的短缺；或

(e) 由业主、业主人员、或在现场的业主的其他承包商造成或引起的任何延误、妨碍或阻碍。

其中，第 (b) 项下承包商有权获得延长工期的原因有：

1.9 延误的图纸和指示；
2.1 现场进入权；
4.7 放线；
4.12 不可预见的物质条件；
4.24 化石；
7.4 试验；
10.3 对竣工试验的干扰；
13.7 因法律改变的调整；
16.1 承包商暂停工作的权利；
17.4 业主风险的后果；
19.4 不可抗力的后果。

英国资深咨询工程师布赖恩·托特蒂尔在《FIDIC用户指南》一书中阐述道："第8.6款赋予工程师指示承包商提交一份修订的进度计划，以及加快施工以便按期完工的权利。如果加快进度的措施导致业主增加额外费用，业主可根据第2.5款提交索赔要求，工程师可根据第3.5款规定的程序作出决定。

第8.6款规定，该款的规定仅适用于第8.4款项下没有包括的原因所造成的延误。延误是否是因为第8.4款项下的事件造成的，将取决于工程师根据第3.5款所作出的决定或者由争议裁决委员会随后作出的决定。如果承包商决定按照第20.4款的规定将争议提交争议裁决委员会，那么，他应首先根据20.1款的规定发出通知，并根据其他条款规定对赶工费用、业主费用和误期损害赔偿费提出偿付索赔。

如果承包商发生了该款项下的赶工费用，并且争议裁决委员会随后决定承包商有权要求工期延长，那么就存在一项潜在的索赔情形[⊖]。"

因此，在FIDIC合同中，由于工程师无权签发赶工指示，如果发生了可原谅的延误，在承包商采取赶工措施之前，建议承包商应采取下述步骤：

(1) 在发生了第8.4款延误情形时，承包商应根据第20.1款的规定，在合同规定的期限内向工程师发出书面通知，避免丧失索赔权利。

---

⊖ 布赖恩·W·托特蒂尔.FIDIC用户指南[M].崔军译.北京：机械工业出版社，2009：135.

（2）由工程师按照第 3.5 款决定延误是否是可原谅的延误。

（3）如果工程师否决了承包商提出的延误是可原谅的延误，承包商可根据第 20.4 款规定提交争议裁决委员会作出决定。

（4）向工程师发出书面通知，通知工程师，承包商有权要求工期延长索赔，并且，承包商已经根据第 20.1 款的规定递交了索赔通知和详情。

（5）向工程师发出书面通知，通知工程师，工程师未能在合同规定的期限内作出回复，或者未能在合同规定的期限内批准延期。

（6）为了确保承包商能够获得赶工补偿，承包商应向工程师发出赶工通知，通知工程师有关赶工措施的范围、时间、需增加的资源、预期发生的费用等，与业主和工程师进行谈判，争取签订赶工协议，或者采取变更的方式，为获得赶工补偿提供条件。

（7）在无法获得工程师批准工期延长，或批准的工期延长时间不足以满足承包商按照原合同工期竣工，而承包商不得不采取赶工措施时，承包商应采取行动，满足建设性赶工成立的五项要件，为建设性赶工索赔创造条件。

## 附录 12.1　H. Fairweather & Co. Ltd. 诉 London Borough of Wandswoth（1987）案[一]

### 事实

原告与被告签订合同，为被告建设 478 栋住宅项目。当事人签订的合同是 1963 年版附工程数量的地方政府版 JCT 合同。合同规定的开工日期是 1975 年 12 月 15 日，竣工日期为 1979 年 8 月 5 日。

在施工过程中，发生了重大延误，包括 1978 至 1979 年发生的大罢工事件。结果，根据合同第 23（d）款的规定，建筑师以罢工和工人结盟为由批准了 81 周的延期。原告没有对工期延长的时间提出异议，但对第 23（d）款项下的延期分配比例提出了异议。双方当事人无法达成一致，只有将争议提交仲裁解决。

### 争议

在仲裁庭，原告 Fairweather 主张，81 周延期中的 18 周应属于第 23（e）

---

[一] Roger Gibson. Construction Delays Extensions of Time and Prolongation Claims [M]. Oxon：Taylor & Francies，2008：82-84.

或（f）款规定的工期延长内容。原告主张这个原因使他可以获得直接损失或费用补偿。

仲裁员拒绝了原告提出的理由，同意建筑师的意见。在临时仲裁裁决第6.11、第6.12和第6.14节中，仲裁员写道：

"在现场发生了导致竣工日期延误的事件，并在可归因于11种特定原因中的一个以上的原因时，如果没有处理不同原因所导致不同延期时间的分配机制，则必须按照主导原因给予延期，我们应正视这个问题。

我接受答辩人的主张，即在发生了合同规定的延误事件时，没有人可以说清楚是由于1978～1979年发生的大罢工还是1975～1979年建筑师签发的指示导致了工程延误。我认为延误的主导原因是罢工和工人的结盟，相应地，根据第23（d）款的规定，建筑师作出的工期延长决定是正确的。

为了澄清这个问题，我声明延期不能使承包商具有索赔直接损失和（或）费用的权利。"

仲裁员的裁决是原告Fairweather上诉的问题。法官福克斯·安德鲁斯在官方裁决法庭对此进行了审理。

## 判决

在本案中，法官不同意仲裁员提出的延期应由主导原因所决定的意见。法官在判决中写道：

"'主导'一词具有多种含义："控制、优先、更有影响力"等。合同第23条不仅涉及误期损害赔偿费的问题，而且涉及承包商是否有权要求补偿直接损失和费用的问题。根据第24条的规定，建筑师以及仲裁员应根据事实情况，对不同原因造成延期的时间进行分配。我认为主因法是不正确的。

法官福克斯·安德鲁斯认为，无论是明示或者默示，第23条"工期延长"和第24条"损失和费用"没有任何关联。在判决中，法官写道"第23（e）款规定的工期延长没有明示规定，我认为也不能默示它是有权要求付款的一项前提条件。"

# 附录 12.2　Glenlion Construction Ltd. 诉 The Guinness Trust (1987) 案[一]

## 事实

本案所涉及的项目是位于英国肯特郡 Bromley 的一个住宅开发项目。承包商 Glenlion 公司与业主 Guinness 签订了施工合同，合同文本为 1963 年版《附工程数量的标准建筑合同》。进入现场的日期为 1981 年 6 月 29 日，工期 114 周。

根据合同的规定，承包商的一项义务是递交"一份整个工程的进度计划或图表"，表明承包商能够在 114 周完成整个项目。Glension 公司充分履行了这项义务。但在递交的进度计划中，承包商表明将在进入现场后的 101 周内完成整个工程。

## 争议

项目受到了延误。承包商认为延误是由于业主的专业团队未能及时提供资料，导致他无法按照进度计划中规定的前竣工日期之前完成整个工程项目。承包商提起仲裁。

仲裁员作出了有利于业主 Guinness Trust 仲裁裁决。

于是，承包商将争议诉至官方裁决法庭。

## 判决

在官方裁决法庭，法官福克斯·安德鲁斯在庭审中问道：

上诉人（原审原告）和答辩人（原审被告）之间在合同中是否存在一项默示的条款，即如果和只要进度计划显示了在合同规定的竣工日期之前完工，业主本人、其职员或代理人就应履行上述协议，以便使承包商能够按照进度计划的要求进行施工，在上述提前竣工日期完成整个工程。

法官的结论是：

对这个问题的答复是"不"。Glension 公司没有建议他们有权利和有义务提前完工。如果合同存在一项默示条款，只能是默示业主 Guinness 负有这项义务，而不是承包商负有这项义务。

---

[一] Roger Gibson. Construction Delays Extensions of Time and Prolongation Claims [M]. Oxon：Taylor & Francies, 2008：84-85.

也没有确实明显的证据表明为什么赋予业主一项纯粹单边义务是合理和平等的。

法官福克斯·安德鲁斯还说道："（承包商）提出的提前完工的单边责任将会导致整个合同失衡。"

## 附录12.3 Great Eastern Hotel Company Ltd. 诉 John Liang Construction Ltd. & Anor（2005）案[⊖]

### 事实

原告 Great Eastern Hotel 聘用被告 John Liang 公司为施工经理，负责位于伦敦 Liverpool Street Station 旁边现有饭店的扩展工程和装修工作，包括重新装修和现有建筑的扩展工程，以便将饭店打造为一流的饭店。主要工程包括拆除和重建工程，新建一个中心大厅，并在饭店的新建双重斜坡屋顶内修建一个两层半的楼层。原告的预算为 3480 万英镑，根据施工管理协议（CMA）被告被聘用为施工经理。业主的指示性设计和施工计划中规定的工期为 113 周，但被告建议整个工期为 109 周，并为此编制了 109 周的进度计划。

1997 年 6 月 19 日，业主向被告签发了意向书，1997 年 6 月 30 日开工，计划竣工日期为 1999 年 8 月 2 日。在施工过程中，发生了延误，实际竣工日期为 2000 年 7 月 13 日，比计划竣工日期晚了 346 天。最终项目成本为 6100 万英镑，比业主的原始预算整整多了 2600 万英镑。

### 争议

业主 The Great Eastern Hotel Company 以被告 John Liang 违约为由要求被告支付 1700 万英镑的损失费用。技术和施工法院的威尔科克斯法官审理了本案。

### 判决

法庭需要决定的主要问题是谁来承担延误责任的问题。原被告都接受发生了重大延误的事实。被告否则对延误负有责任，而将矛头指向其他当事人和其他共同延误。

---

[⊖] Roger Gibson. Construction Delays Extensions of Time and Prolongation Claims [M]. Oxon：Taylor & Francies, 2008：111-115.

在 John Liang 的进度计划中，采购和安装临时屋顶是其中的第一项任务。判决对此进行了阐述，如下：

令人不快的是，临时屋顶的采购和安装工作都未能按时完成。屋顶的采购时间比 John Liang 的进度计划中的时间晚了 3 周。结构、脚手架和屋顶分包商 TRAD 于 1997 年 9 月 11 日才开始工作，比计划工期晚了 3 周，造成整个项目工期推迟了 3 周。屋顶安装工作进行了 35 周，而 John Liang 的计划工期只有 10 周。计划竣工日期为 1997 年 10 月下旬，而实际完成日期为 1998 年 5 月 1 日，超过预计工期整整 6 个月。本案证据对延误原因作了深入分析。

双方当事人同意临时屋顶是整个工程的关键线路，并同意采购和安装工程的延误造成了整个工程的实质性延误。原告 GEH 认为关键线路上的延误为 19 周，而 John Liang 的专家接受关键线路上的延误更为严重，为 26.9 周。但无论如何，两者都对项目造成了重大影响。第一次的延误对项目进度造成了影响，而其后的延误使得项目的进展愈加不顺。

威尔科克斯法官对此问题的结论是：

我认为，关于项目的采购和安装工作，被告明显违反了施工管理协议第 2.8、2.9、3.1、3.2（D）和 3.4 款，结果，在此期间，被告的上述行为和疏忽造成了项目的延误。

法官从专家那里寻求客观的评估结果。两位专家采用了两种不同的方式对项目的延误进行了分析。

两位专家对项目的主要部分采用不同的方法进行了分析。X 先生根据竣工进度计划对关键线路和延误期限作了追溯分析。Y 先生采用计划影响分析法，对延误事件对项目进展进行了逐月分析。两位专家确定的主要关键线路基本相同。两位专家计算的延误时间也基本一致。X 先生的评估结果只比 Y 先生的评估结果多了几个星期，但通过调整 X 先生没有考虑的公共假日，两个结果之间没有显著的区别。结果是 49.5 周。其主要差异是关键线路的路线和两个专家倾向的延误原因不同造成的。

但是，在将评估结果呈交法庭之前，两位专家达成了一些共识：

在两位专家的联合声明中确认法院同意 1999 年 4 月为施工活动的竣工日期。因此，由于缺乏相关资料，Y 先生无法确认 X 先生的竣工进度计划。两位专家都同意 MP/1 计划说明了 John Liang 在 1997 年 8 月的意图，也说明了当时给活动分配的时间是合理的。X 先生对 MP/1 计划作了某些改动和调整。X 先生对此不能完全认同，但双方都认为这些都是无关紧要的细节问题。

两位专家解决了特定时间期限内的延误问题。在评估证据时，我会阐述与此相关的每项延误。

关于施工期间的设计资料的流程问题，我接受 Y 先生的详细论证。Y 先生的论证是在研究和客观分析的基础上得出的。

此外，X 先生在他的报告中比较了实际设计时间和原始进度计划，原始进度计划被 John Liang 在提供信息日期以后提出的采购进度计划所代替。

在 Y 先生的报告中，Y 先生考虑了实际发生的事件，并在其报告中展示了他的研究成果，他的报告是完全客观的。

在案件审理过程中遇到的问题之一是进度的监控和报告问题。关于这个问题，威尔科克斯法官说道：

我认为，显然，John Liang 始终没有重视关键线路上的真正延误原因，而是坚称是其他原因造成了延误。他们自始至终误报了实际发生的延误，并且操纵了更新进度计划中的数据，掩盖了其在更新进度计划中的准确位置。

判决中涉及的另一个问题是进度计划逻辑关系的变更问题。判决对此阐述道：

在业主 GEH 和设计团队看来，删除拆除双重斜坡屋顶工程和拆除填实隔断工程的逻辑关系模糊了拆除隔断是处于关键线路上活动的事实。即使 John Liang 没有进行任何操纵进度计划，但每个人都很清楚填充隔断延误的关键作用。在发生了延误后，可能 John Liang 受到了饭店和设计团队的压力，不得不提前对导梁进行保护，采取措施开始填充隔断的拆除工作。误报进度还对随后的其他承包商造成了严重影响。由于误报进度，一些随后施工的承包商在工程准备妥当之前就进入现场开始施工，这导致了工期延长索赔和拖延及干扰费用索赔。如果 John Liang 如实报告了工程进展情况，John Liang 也许可能会与其他承包商重新进行谈判，推迟这些承包商的开工日期，重新谈判的成本会很少，但可以避免随后发生的工期延长及损失和费用索赔。

## 附录 12.4　运用时间影响分析技术（TIA）定量分析工期延长期限

时间影响分析法（Time Impact Analysis，TIA）是在计划影响分析法基础上发展演变而成的一种处理更为复杂延误事件的分析方法。与计划影响分析法相同，它是一种分析延误事件对竣工日期影响的事中分析方法。这种方法是以进度计划为基准计划，将计划更新到当前进度，然后将延误事件插入或加入到相关活动之中，重新计算进度计划，确定新的竣工日期。新的竣工日期（如有）和原计划的竣工日期之差即为延误影响的时间。目前，时间影响分析法是一种使用最为广泛的、可以接受的工期延误分析技术。英国建筑法学会（SCL）制定的《延误和干扰评估准则》推荐使用时间影响分析法评估延误和干扰对竣工时间的影响。

根据成本管理推广学会（The Associate of Advancement of Cost Engineering，AACE）于2006年制定的第52R-6号AACE国际推荐惯例《应用于施工行业的时间影响分析法》（Time Impacted Analysis—As Applied in Construction），运用时间影响分析法对工期延误的分析程序见图1。

根据AACE的建议，在应用时间影响分析法分析工期延误时，按照图1的所示步骤进行：

（1）模拟延误片段（Fragnet）。在将延误片段插入到计划之前，可先用一个片段模拟延误时间。这个片段应包括延误事件活动、延误事件前后的活动、延误事件活动和这些活动之间的逻辑关系。延误事件的模拟活动应尽可能简单，尽量减少活动数量，且应将延误片段的活动编号或代码另行编号，以便与原活动代码相区分。在延误事件是独立活动时，可将该延误事件作为一个独立活动。如果延误事件造成了原活动的工期延长，应将受到延误的活动分为两个部分，一部分代表原计划工期，另一部分代表延误事件造成的工期延长。

（2）选择用于分析的更新计划。用于分析的更新计划应该是业主最后一个接受的更新计划，应将计划更新到延误事件发生之前。或者，无论延误何时发生，都应将进度更新到延误发生之前。

（3）将第一步建立的延误活动片段插入到当前更新的计划中，并将延误活动的工期全部设置为零，重新计算，此时计划中的时间应该和更新计划相同。如出现差异，则应调整插入的延误活动片段。

（4）根据新情况修改逻辑关系和工期。如果承包商采取了弥补延误的措施，则应分析弥补措施对计划的影响，调整逻辑关系或缩短一些活动的工期。

（5）将插入的延误活动的工期设置为双方同意的延误工期，并重新计算计划。

（6）确定延误时间，比较更新的今后和原更新计划之间竣工日期的差别，两者之间的差别就是延误的工期。

（7）如出现当期的延误与以前的延误重叠、平行等情况，在之前已经给予工期延长时，应从现在延长的工期中将以前给予的工期延长扣除。

运用时间影响分析技术的实例见图2和图3。

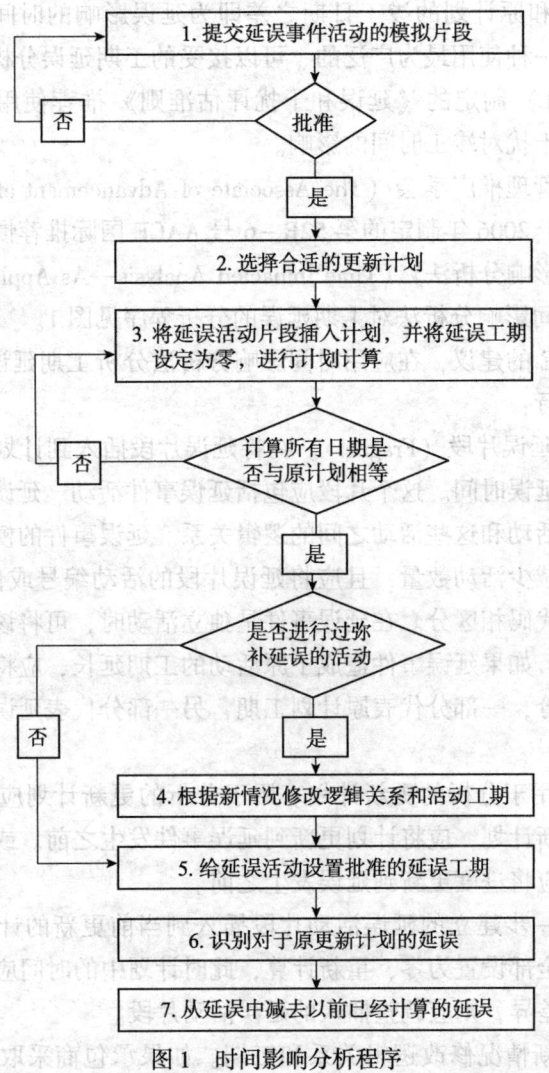

图 1　时间影响分析程序

按照承包商的施工进度，在承包商按时完成 A1 动员工作和 B1 清场和挖方后，将原始进度计划更新至 2010 年 10 月 29 日。由于工程师未能及时审批桩基施工图纸，自 11 月 1 日至 5 日，承包商无法进行处于关键线路上的桩基#1 施工。

为分析工程师未能及时审批图纸造成的延误，在甘特图中插入延误活动"D1-000：图纸审批"，重新建立紧前活动和后续活动的逻辑关系，进行工期计算后，得出"D1-000：图纸审批"对竣工时间造成了延误，共计延误 5 个工作日，见图 4 和图 5。

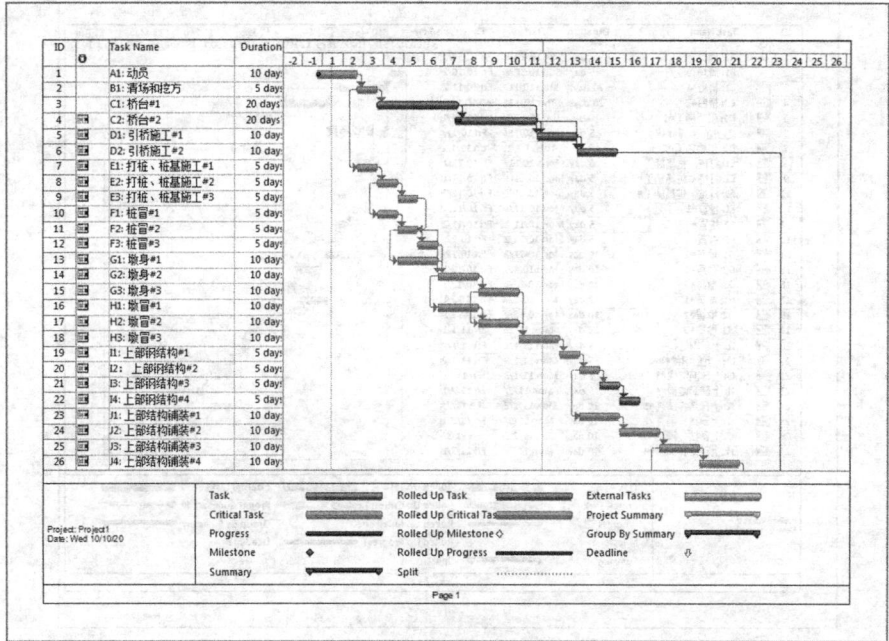

图 2　基准进度计划 1

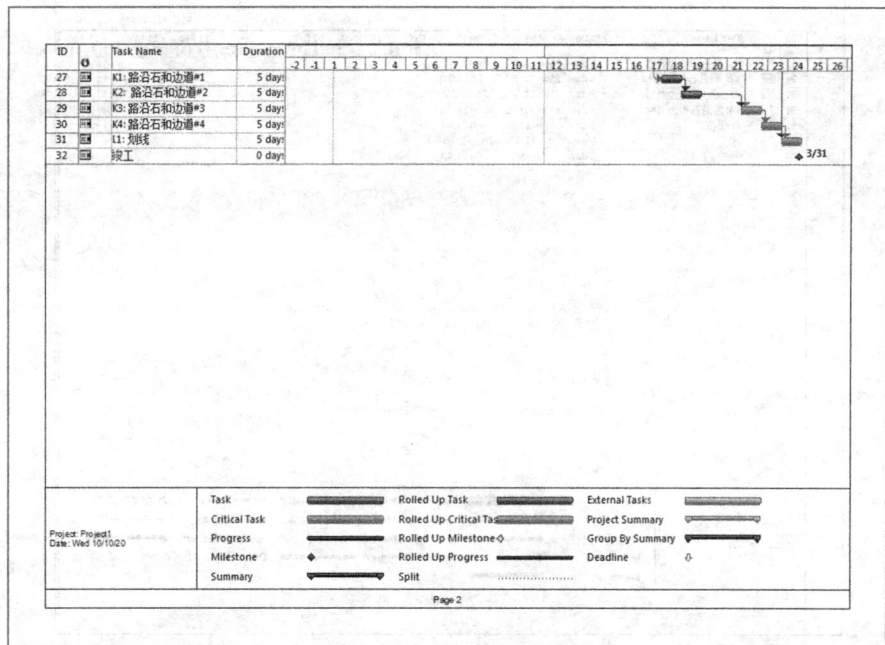

图 3　基准进度计划 2

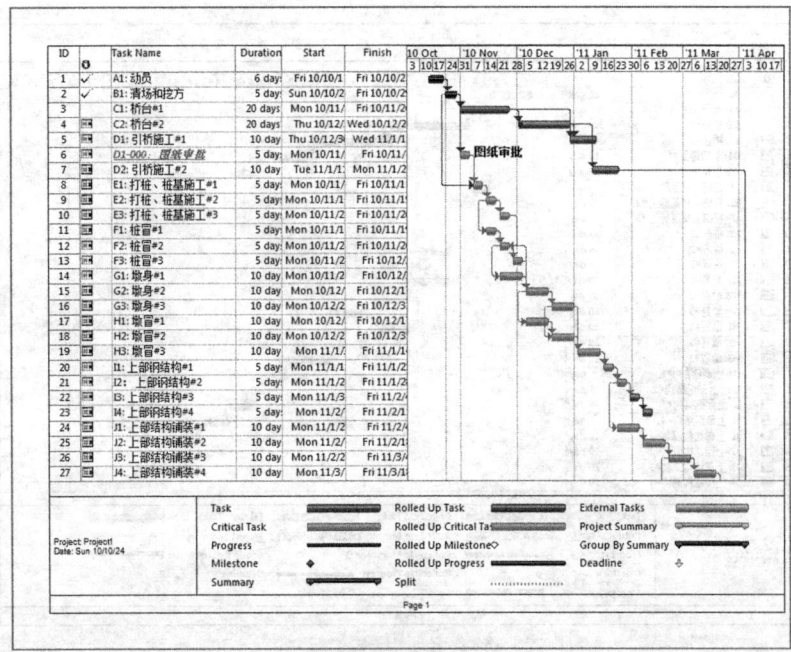

图 4　运用时间影响分析法分析后的实际进度 1

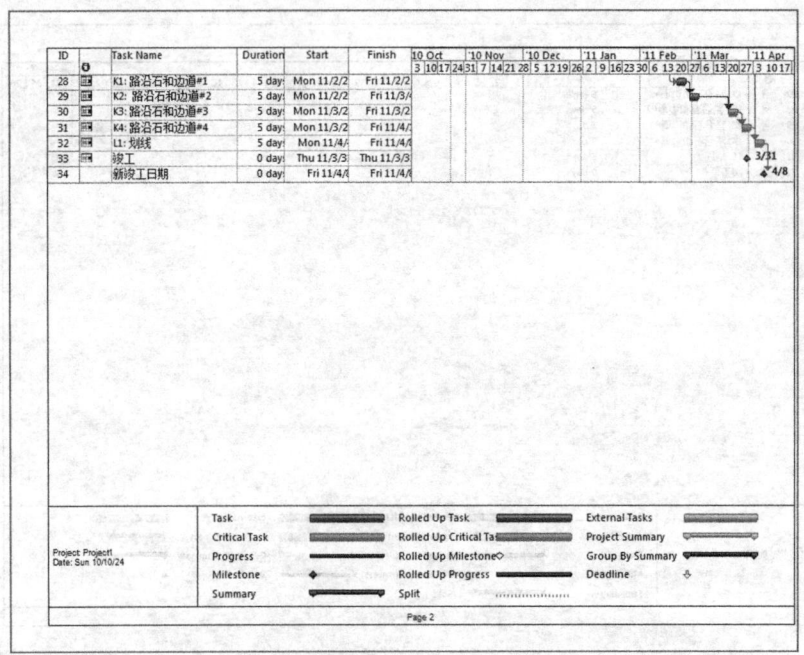

图 5　运用时间影响分析法分析后的实际进度 2

## 附录 12.5 时间影响分析法汇总表

### TIME IMPACT ANALYSIS SUMMARY SHEET
### (TIA)

Contract No: _____ Page _____ of _____

Contract Project Title: _____

Contractor Company Name: _____

Title of Event Delayed: _____

Event Reference Number: _____

**Event References** (drawings, **transmittals**, work orders, change orders, correspondence, etc.):

_____
_____
_____
_____

(continue on separate attachment if required)

Date of Approved Updated Schedule Used for Analysis: _____

Schedule File Name: _____

**Detailed Description of Cause of Delay:**

_____
_____
_____
_____
_____

(continue on separate attachment if required)

**Detailed Description of Work Delayed:**

_____
_____
_____
_____
_____

**TIME IMPACT ANALYSIS DETAIL SHEET**
**(TIA)**

Contract No: _____ Page _____ of _____

Title of Event Delayed: 
Event Reference Number:

| Activity No. | Description | Start | Finish | Duration |
|---|---|---|---|---|
| | | | | |
| | | | | |
| | | | | |
| | | | | |
| | | | | |
| | | | | |
| | | | | |
| | | | | |
| | | | | |
| | | | | |
| | | | | |
| | | | | |
| | | | | |
| | | | | |
| | | | | |
| | | | | |
| | | | | |
| | | | | |
| | | | | |
| | | | | |
| | | | | |

# 第13章 工程变更

在建筑和土木工程施工中，变更是一件无法避免的事情。
—— 雷吉·托马斯：《施工合同索赔》

## 13.1 变更的概念、性质和验证标准

### 13.1.1 标准格式合同中的定义

对于什么是变更（variation），工程建筑业界、司法和学术界并没有给出一个标准的定义。许多标准格式合同均对变更的概念做出了自己的解释。

FIDIC 合同 1987 年第 4 版红皮书第 51.1 条规定的变更如下：

"如果工程师认为有必要对工程或其中任何部分的形式、质量和数量作出任何变更，为此目的或出于任何其他理由，工程师认为上述变更适当时，他应有权指示承包商进行而承包商也应进行下述任何工作：

(a) 增加或减少合同中所包括的任何工作的数量；
(b) 省略任何这类工作（但省略的工作由业主或其他承包商实施者除外）；
(c) 改变任何这类工作的性质或质量或类型；
(d) 改变工程任何部分的标高、基线、位置和尺寸；
(e) 实施工程竣工所必需的任何种类的附加工作；
(f) 改变工程任何部分的任何规定的施工顺序或时间安排。"

FIDIC 合同 1999 年版新红皮书第 13.1 条规定的变更是：

"在颁发工程接收证书前的任何时间之内，工程师可通过发布指示或要求承包商递交建议书的方式，提出变更。

承包商应遵守并执行每项变更，除非承包商迅速向工程师发出通知，说明（附详细根据）承包商难以取得变更所需的货物。工程师接到此类通知后，应取消、确认或改变原指示。

每项变更包括：

(a) 合同中包括的任何工作内容的数量的改变（但此类改变不一定构成变更）；

(b) 任何工作内容的质量或其他特性的改变；

(c) 任何部分工程的标高、位置和/或尺寸的改变；

(d) 任何工作的删减，但要交他人实施的工作除外；

(e) 永久工程所需的任何附加工作、生产设备、材料或服务，包括任何有关的竣工试验、钻孔和其他试验和勘探工作；或

(f) 实施工程的顺序或时间的改变。

除非并直到工程师指示或批准了变更，承包商不得对永久工程作任何改变和/或修改"。

FIDIC 分包合同格式 1994 版第 9.1 条规定，分包商仅应根据以下指示，以更改、增补或省略的方式对分包工程进行变更。与 ICE 合同配套使用的 CECA《分包合同格式》第 8 条规定的变更的内容与 FIDIC 分包合同格式的内容相同。由于上述两个合同是与 FIDIC 合同 1987 版红皮书和 ICE 合同第 5 版配套使用的，因此，FIDIC 合同 1987 年第 4 版和 ICE 合同第 5 版中的有关变更的定义、范围和内容，应可通过承包商确认工程师指示或承包商发出指示的方式传递给分包合同和分包商。

美国分包合同格式 A401 第 5 条对分包合同工程的变更定义是：

"在不得使分包合同和下述规定的任何保证无效的情况下，承包商可以指示工程的增加、删除或更改，此类变更仅凭承包商的书面施工变更指示（CCD）有效。"

上述标准格式合同中对变更的定义给出了十分宽泛的定义，变更不仅包括工程自身，质量和材料，还包括施工方法和工期的变更，其目的是适应当代科学技术的发展以及工程自身的复杂性，为业主和工程师在施工过程中对工程做出适当调整，最大限度实现工程项目的目的提供合同上依据。

### 13.1.2　变更的原因和性质

工程师签发变更指示的原因有多种，如考虑不周、计划不周密、业主主动或被动地改变想法等，根据一项调查，变更的原因和所占比例，如图 13-1 所示。

从图 13-1 可以看出，发出变更的第一位的原因是业主主动或被动地改变想法，占 29%，考虑不周（指业主）占 17%，合计为 46%。设计方面，设计方的选择占 13%，设计团队不能确定问题占 4%，设计团队不能决定解决方案占 8%，三项合计 25%。如果设计是由业主负责，则因业主原因而进行工程变更的比例高达 71%。因此，如果在工程项目中减少变更，业主及其设计咨询工程师的规划和设计就显得异常重要。

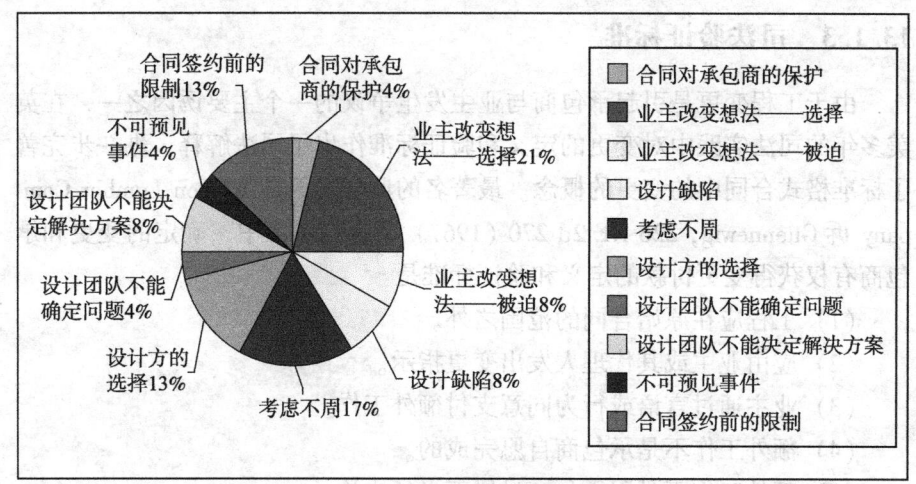

图 13-1 变更的原因

在实践中,合同的变更分为以下两种方式:

(1) 对合同的变更 (variations to the contract),包括对合同协议及其合同条款的变更,例如对付款方式的修改等。根据合同法一般原则,应由双方当事人以明示的方式协商一致,变更才得以成立。

(2) 合同项下的变更 (variations under the contract),包括对工程范围或施工条件的变更等,如 FIDIC、ICE、JCT 等工程标准格式合同中规定的变更事项。

FIDIC、ICE、JCT、NEC 等标准格式中的变更均属于第 (2) 类的分包合同项下的变更,而不属于第 (1) 类的对分包合同的变更。在这种情况下,变更无需双方当事人协商一致,而只需要工程师根据合同变更的规定,作出书面指示,承包商应遵守该项指示进行工程的施工,并得到相应的补偿。

如果合同中没有规定变更条款,那么,每一次的变更都会构成业主的违约,且需要双方当事人对额外工程达成一致,形成单独的合同。为此,所有的工程合同中均会规定变更条款。

有关变更的定义和性质的案例,参见 Williams 诉 Fitzmaurice (1858) 案、Sharpe 诉 San Paulo Railways (1873) 案、Bottoms 诉 York Corp (1892) 案、Leedsford 诉 City of Bradford (1956) 案、Neodox 诉 Swinton and Pendlebury BC (1958) 案和 Canterbury Pipe Lines Ltd. 诉 Christchurch Drainage Board (1979) 案等。

### 13.1.3 司法验证标准

由于工程变更是引起承包商与业主发生争议的一个主要诱因之一，在英美多年的司法实践中对变更的定义和验证标准作出了司法解释，进一步完善了标准格式合同中的变更的概念。最著名的典型案例是 Watson Lumber Company 诉 Guennewig, 226 NE 2d 270（1967）案，在本案中，确定的变更和承包商有权获得变更付款的定义和验证标准是：

(1) 工程应在原始合同的范围之外。
(2) 应由业主或其代理人发出变更指示。
(3) 业主通过言语或行为同意支付额外工作。
(4) 额外工作不是承包商自愿完成的。
(5) 额外工作不是因承包商过错而必须实施的。

在考虑是否应予支付变更的额外费用时，应满足上述五项标准。

上述五项验证标准在英联邦国家和美国的司法实践中得到了广泛的运用，英美法院在处理有关变更的案件时通常采用上述标准进行验证，以判断是否构成变更，承包商是否有权得到额外工程的付款。

在英美司法实践中，使用上述验证标准的案例有，Chicago College of Soteopathic Medicine 诉 George A. Fuller Co., 776 F. 2d 198（7th Cir. 1985）案、Berg & Asso., Inc. 诉 Nelsen Steel & Wire Co., 221 Ill. App. 3d 526 162 Ill. Dec. 779, 580 N. E. 2d 1198（1st Dist. 1991）案、Duncan 诉 Cannon, 204 Ill. App. 3d 160, 149 Ill Dec. 451, 452-453, 561 N. E. 2d 1147, 1148-1149（1990）案、Mayer Paving & Asphalt Co. 诉 Morse, Inc., 48 Ill. App. 3d 73, 8 Ill. Dec. 122, 365 N. E. 2d 360（1st Dist. 1972）案、Brant Construction Company & Dyer Construction Company 诉 Metropolitan Water Reclaimation District of Greater Chicago（1992）案等。

【案例】在美国 Brant Construction Company, Inco. and Dyer Construction Company Joint Venture 诉 Metropolitan Water Reclamation District of Greater, Chicago, 1992 案中，业主（被告）要求承包商（原告）提供所有的材料、劳务和设备，实施圣·麦克尔水库的 6000 英尺长的水坝及其附属工程。在投标过程中，业主向全体投标人提交了项目计划、规范以及钻孔资料和分析资料，同时，也向投标人提供了进一步检验这些数据的机会。

业主以 7596464.78 美元的价格与承包商签订了施工合同。在业主接受的承包商报价第 9 项：一般开挖——基础和永久性水池中，承包商的价格为每立方码 1.9 美元，开挖方式有推土机开挖和牵斗铲开挖两种方式。

在工程量表中，业主最初估计的数量约为518718立方码，在投标前将数量修订为596192立方码，其中需要以牵斗铲开挖的数量约为18006立方码。但在承包商施工过程中，业主总工程师发现开挖高程不足，于是指示承包商"超挖"。最终超挖数量为67804立方码，超过合同规定的数量7%左右，且主要采用牵斗铲挖掘方式。

双方对业主给予补偿没有异议，但对补偿的方式发生了争议。业主主张应按合同规定的每立方码1.9美元的价格对实际开挖数量，包括超挖数量予以补偿。但承包商认为应对超挖数量按照实际发生的费用，即应按每立方码4美元的单价，共计187270.02美元进行补偿。

根据伊利诺斯州的法律，如承包商对"额外工程"进行索偿，必须有充分的证据证明：

(1) 工程应在原始合同的范围之外。
(2) 应由业主或其代理人发出变更指示。
(3) 业主通过言语或行为同意支付额外工作。
(4) 额外工作不是承包商自愿完成的。
(5) 额外工作不是因承包商过错而必须实施的。

在本案中，双方当事人对后四项内容达成一致，但却对第一项内容，即工程是否在原始合同范围之外发生争议。

承包商主张其实施的开挖工程已经超出业主规定的基准线和参考水准面，超出了合同范围。合同中的某些内容似乎也支持了承包商的主张，例如，规范将"范围"定义为："工程应包括图纸和规范规定的开挖以及开挖废弃物的清除"。但合同支付条款明确规定了有关超挖情况发生时付款规定："无论开挖数量如何，除非根据工程师的指示，在基准线或水平面之外开挖的不适宜的材料包括在其中，且仅限于非承包商施工原因导致的不适宜的情况时，应根据合同规定的支付限额予以支付"。根据该条规定，"根据工程师指示清除的不适宜的材料"包括在合同范围以内。

法官认为，在当事人没有规定合同价格的情况下，额外工程原则为合同范围之外的工程提供了补偿机制。但是，如果合同规定了适宜的支付计量标准，那么，就应首先适用合同规定的补偿费率。即使合同价格很低并导致亏损，承包商也无权要求额外的补偿。因此，每立方码1.90美元的合同价格是双方当事人争议工程的适宜费率，因此，根据合同规定的对额外工程的支付计量标准，承包商无权对实际发生费用以及一定百分比的利润进行索赔。

为此，法院判决驳回承包商的上诉请求，维持原判。

## 13.2 变更的权力和效果

### 13.2.1 变更的权力

FIDIC 合同 1987 年第 4 版第 51.1 款规定："如果工程师认为有必要对工程或其中任何部分的形式、质量或数量作出任何变更，为此目的或出于任何其他理由，工程师认为上述变更适当时，他应有权指示承包商进行而承包商也应进行下述任何工作。"

根据上述规定，工程师是唯一有权对工程进行变更的人员。如果业主希望对工程进行变更，也需要通过工程师发出书面指示的方式进行。而且，业主不能直接向承包商发出任何变更的指示。对承包商而言，他有义务遵守工程师的指示进行施工，但承包商没有合同上的义务遵照业主的变更指示进行施工。另外，承包商也没有任何权力对永久性工程作出任何变更或修改，除非得到了工程师的指示或批准。

与 FIDIC 合同 1987 年第 4 版只有工程师有权进行变更不同，FIDIC 合同 1999 年版红皮书、黄皮书和银皮书第 13.1 款对此作出了重大修改，第 13.1 款规定如下：

"在对工程颁发接收证书前的任何时间，工程师可通过签发指示或要求承包商提交建议书的方式，作出变更。"

根据上述规定，变更可依如下两种方式进行：
(1) 工程师的指示。
(2) 要求承包商提交建议书的方式。

根据第 13.1 款的规定，第（1）项中工程师发出变更的指示与 1987 年第 4 版红皮书的规定是一致的，但第（2）项通过承包商递交建议书的方式进行变更是一项全新的规定和变更方式。根据合同第 13.1 款的要求，承包商递交的不仅是一项变更的价格清单，而且应包括详细的技术方案。承包商递交建议书本身只是向业主和工程师发出一项建议，这项发出的建议本身并不构成变更，只有在工程师批准承包商的建议书，并且在工程师发出书面变更指示后，承包商的建议书才应被视为构成一项变更，他才能根据工程师的指示对变更部分进行施工。

在大多数合同中，均允许工程师或建筑师在工程竣工之前进行随时可以变更并进行变更的估价，这是合同中赋予业主的一项"开口"的权力。工程师行使这项权力时，应注意"预防原则（prevention principle）"，即一旦承包商对延误负有不可推卸的责任时，就不能发出那些可以进一步延长竣工事件的变更指示，否则，将会使业主获得误期赔偿损害费的权利失效。

在分包合同中，根据 FIDIC 分包合同格式 1994 年第 1 版第 9.1 款规定：

"9.1 分包商仅应根据以下指示，通过更改、增加或省略的方式对分包工程进行变更：

（a）工程师根据主合同作出的指示，此类指示由承包商作为指示确认并通知给分包商；或

（b）承包商作出的指示。

由工程师根据主合同发出的，与分包工程有关的并根据主合同构成变更的任何指示，如果经承包商根据本款（a）项通知并确认后，应被认为构成分包工程的变更。

9.2 分包商不应执行从业主或工程师处直接收到的有关分包工程变更的且未经承包商确认的指示。如果分包商一旦直接收到了此类指示，他应立即将此类指示通知承包商并向承包商提供一份此类直接指示（如为书面）的副本。分包商仅应执行经承包商书面确认的指示，但承包商应立刻提出关于此类指示的处理意见。"

根据 FIDIC 分包合同格式的规定，有权对分包工程发出变更的包括工程师和承包商，这与 FIDIC 红皮书的规定的，只有工程师才有权作出变更的要求有所不同。但在分包合同中，工程师对分包工程发出的变更需要承包商以指示的方式进行确认，并书面通知分包商后，分包商才能执行变更指示。按照第 9.2 款的规定，分包商不应执行从业主或工程师处直接收到的有关分包工程的指示，如直接收到此类指示，应通知承包商，并由承包商进行书面确认后方可执行。

与 JCT 分包合同格式规定只有承包商才能向分包商发出指示不同，FIDIC 分包合同规定工程师和承包商均可向分包商发出变更指示，在工程师对分包工程发出变更指示并经承包商确认后，分包商可以没有任何疑虑地予以执行，因为第 9.1 款第 2 段明确规定，这类变更指示"应被认为构成分包工程的变更，"分包商可以获得变更的补偿和付款。但 FIDIC 分包合同第 9 条并没有明确规定承包商作出的变更指示构成一项变更，更重要的是，根据 FIDIC 红皮书的规定，只有工程师才有权作出变更的指示，而分包工程是主合同工程的一个有机组成部分，因此，承包商是否有权对分包工程作出变更指示实在令人怀疑。如果承包商对分包工程作出变更，无论是永久性工程还是临时工程或者施工方案，承包商应仔细考虑变更必然带来的两个后果，即工期的调整和费用的发生及其补偿。

因此，承包商对分包工程作出变更的指示受到了主合同的严格约束与制约，承包商在行使对分包工程变更的权力时，应慎重行事并考虑其给工期和费用带来的影响。谨慎的做法是，分包工程是主合同工程的一部分，遵从主合同的规定，应由工程师对分包工程作出变更指示，并经承包商确认后由分包商执行。

根据 JCT 分包合同 SBCSub/C 以及 SBCSub/D/C 第 3.4 款的规定，工程师发出的有关分包工程变更的，并经承包商确认的指示均视为是承包商的指示。

### 13.2.2 变更的效果

变更不仅给合同、工程、业主、承包商、合同价格等带来影响，而且还会给承包商带来索赔的机会，也会影响工程竣工的时间，因此，变更是一项非常重大的事件，会给业主、承包商和工程师带来非常重大的影响。

根据一项调查，按照变更对各项因素影响的权重指数，变更对下述事项影响如图 13-2 所示。

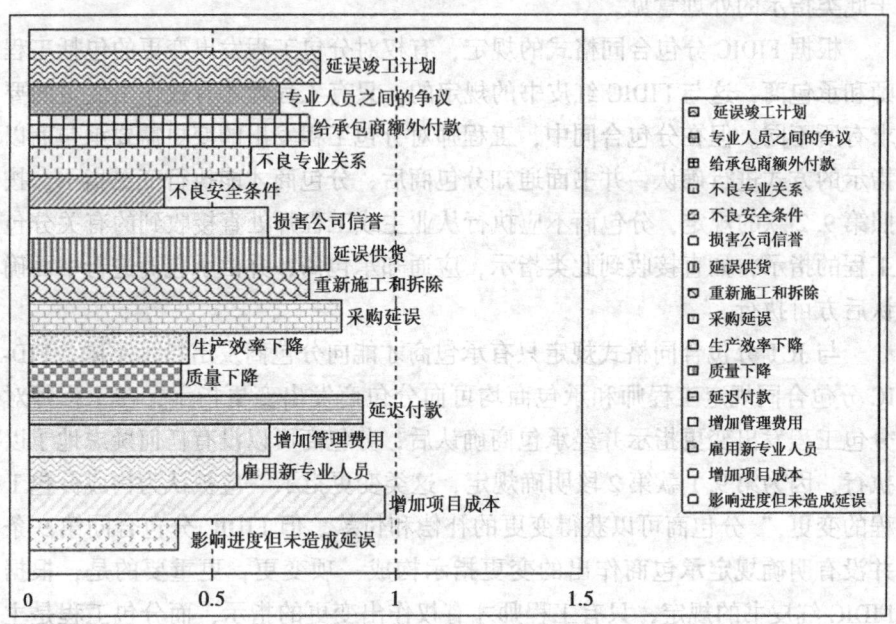

图 13-2　变更的影响和效果

从图 13-2 可以看出，变更影响前六位的因素是：（1）增加项目成本；（2）延迟付款；（3）采购延误；（4）延误供货；（5）延误竣工计划；（6）给承包商额外付款。

## 13.3 变更的指示

FIDIC 合同 1987 年第 4 版第 51.2 款规定："没有工程师的指示承包商不得作任何变更。当工程量的增加或减少不是因按本条发出的指示所造成的，而是由于工程量超出或少于工程量表中所规定者，则不必发出增加和减少工程量的指示。"

在 FIDIC 合同第 3 版第 51.2 款中，规定变更指示应为书面形式。由于在 FIDIC 合同第 4 版第 2.5 款中规定了所有指示必须是书面的，因此第 4 版合同第 51.2 款没有进行重复性规定。

FIDIC 合同红皮书 1999 年第 1 版合同第 13.1 款的规定也采取了 1987 年第 4 版类似的规定，即在第 13.1 款中没有重复规定变更必须是书面的，而是在第 1.3 款通信交流中规定必须采用书面形式。

变更必须采用书面形式，这是 FIDIC 合同与其他合同，如 JCT、ICE 等合同明示规定的内容。在实践中，如工程师发出口头变更指示时，承包商可向工程师要求书面形式的指示，执行工程师口头变更指示的风险在承包商，由承包商承担责任，在分包合同中也是如此，分包商要承担执行承包商口头指示的风险，即如果在执行口头指示后再出现变更，承包商或分包商无法获得费用的补偿。

根据合同规定，只有工程师有权发出变更的指示。但在实践中，由于工程师不在场等原因，需要授权或委托工程师的其他人员具有发出变更指示的权力，因此，工程师应在项目开始时向承包商书面通知哪一个工程师人员可以有权发出变更指示，承包商也应将这份通知抄送分包商，以便分包商知道谁可以发出变更的指示。对于承包商和分包商而言，承包商也应书面通知哪一个承包商人员可以有权对分包工程发出变更的指示。

书面指示是工程师进行工程变更的前提条件。在 Trimis 诉 Mina（1999）N.S.W. 140 CA；[2000] B.C.L. 288 案中，承包商以按劳计酬诉由起诉业主，要求业主补偿损失，法院判决，由于没有遵守有关书面变更指示的要求，承包商不能得到其主张的损失。在 1913 年的 Vandewater 诉 Marsh（1913）14 D.L.R. 737 案中，法院判决中有一条值得注意的原则，即"除非在工程实施之前已获得建筑师的书面批准，除了在图纸上注明的或在规范中规定的内容外，承包商无权对任何工程进行索赔[⊖]。"

---

⊖ I. N. Duncan Wallace. Hudson's Building and Engineering Contracts [M]. 11th. London: Sweet & Maxwell, 2004. 160.

对于不是采用书面形式发出的变更指示，JCT 标准建筑分包合同格式 SBCSub/C 第 3.7 款规定了确认、生效和执行程序，规定如下：

"3.7 如果承包商意欲以书面形式以外的方式向分包商或其授权代表发出指示，此项指示不应立即生效，但分包商应在 7 天内向承包商书面确认此项指示，而且，如果自收到分包商确认信的 7 天内没有向分包商书面发出不同意的意见，则此项指示应自最后一个 7 天期限的期满之日起开始生效。假若：

－1 如果在承包商发出书面形式以外的指示的 7 天内，承包商书面对此予以了确认，分包商没有义务确认此项指示，在承包商确认之日起此项指示应予生效。和

－2 如果承包商和分包商都没有按照上述规定的方式和时间确认此类指示，尽管分包商遵从了此项指示，但承包商可在最终付款之前的任何时间内，根据分包合同书面确认此项指示，并具有溯及既往的效力。"

JCT 分包合同格式规定了承包商发出指示后，分包商确认此项指示的程序。除非承包商在发出指示时已经书面确认，否则分包商应遵守确认程序，在 7 天内向承包商书面确认此项指示。第 3.7 款的规定可以避免承包商和分包商在书面形式以外发出指示的不知所措情况的发生，能够避免因是否执行书面以外指示而产生的争议。

根据各类 FIDIC 合同的规定，指示必须是书面的，因此，没有必要规定书面以外发出指示的确认程序和效力，承包商和分包商也没有执行书面以外的任何指示的义务。

## 13.4 变更的限制和拒绝

FIDIC 合同 1987 年第 4 版第 51.1 款、第 51.2 款没有规定对变更的限制和承包商拒绝变更的明示规定，但根据 1999 版 FIDIC 合同红皮书、黄皮书规定：

"13.1（红皮书） 变更权

在对工程颁发接收证书前的任何时间，工程师可通过签发指示或要求承包商提交建议书的方式，作出变更。

除非承包商迅速向工程师发出通知，说明（附详细根据）承包商难以获得变更所需的货物，否则承包商应遵守并执行每项变更。工程师接到此项通知后，应取消、确认或改变原指示。

每项变更包括：

(a) 合同中包括的任何工作内容的数量的改变（但此项改变不一定构成变更）；
(b) 任何工作内容的质量或其他特性的改变；
(c) 任何部分工程的标高、位置和（或）尺寸的改变；
(d) 任何工作的删减，但需要交由他人实施的工作除外；
(e) 永久工程所需的任何附加工作、生产设备、材料或服务，包括任何有关的竣工验收、钻孔和其他试验和勘探工作；或
(f) 实施工程的顺序或时间的改变。
除非并直到工程师指示或批准了变更，承包商不得对永久工程作任何改变和/或修改。

13.1（黄皮书） 变更权

在颁发工程接收证书前的任何时间，工程师可通过发布指示或要求承包商提交建议书的方式，作出变更。变更不应包括准备交由他人进行的任何工作的删减。

承包商应遵守并执行每项变更。除非承包商迅速向工程师发出通知，说明（附详细根据）(i) 承包商难以获得变更所需的货物；(ii) 变更将降低工程的安全性和适用性；或 (iii) 将对保证清单的完成产生不利的影响。工程师接到此通知后，应取消、确认或改变原指示。"

根据1999版红皮书和黄皮书第13.1款规定，对工程师变更的限制主要体现在工程师不能以将工程交由他人实施而作出变更。虽然1987年第4版FIDIC合同没有明示规定这项限制，即使合同中有关变更的范围很宽泛，但根据有关判例，法院默示工程师不能以将由他人实施工程的目的进行变更。

【案例】在澳大利亚 Carr 诉 J. A. Berriman Pty Ltd., High Court of Australia (1953) 27 ALJR 273 案[⊖]中，被告与原告签订安装工厂合同。合同规定由原告免费向被告提供钢材，并由被告根据建筑师的指示进行加工。但建筑师随后致函被告，声明原告已经将加工钢结构的合同交给了另外一家公司进行。

法院判决：即使可以将建筑师的信函看做是一项变更令，但它已经超出变更条款所赋予的权力范围，因此，构成了违约，被告有权终止合同。

法官 Fulagar J. 在判决中陈述道：

---

[⊖] Michael Furmston. Powell-Smith and Furmston's Building Contract Casebook [M]. 4th. Oxford: Blackwell Publishing Ltd., 2006. 260-261.

"合同条款第 1 条有关部分……包含这样的措词：'建筑师可以完全自主决定，并可随时就有关工程……的省略……签发……书面变更指示或书面指示，建造商应立即遵守所有建筑师的指示'"。第 1 条是一项印刷版标准合同条款，除'省略工程'外，还赋予了建筑师对许多事项签发变更指示的权力。这项条款是一项普通的并且经常使用的条款，就本案而言，其主要目的是使建筑师按照其意见，根据合同执行过程中的需要，对已经作出规划或实施的建筑做出增加、更换或省略的指示。这些用语是授权建筑师 [正如在 R. 诉 Peto（1826）一案中所讨论的，毫无疑问地应在某些限制的范围内] 对合同规划和规范规定的特定项目可以不予实施。但是，根据我的看法，该项条款并没有授权建筑师将已经与业主签订合同的项目交给其他的建造商或承包商实施。按照这些用语的本意，不能将这些用语的含义扩展到建筑师可以随意有权将合同的任何一部分交给他人实施的程度，如是这样，这种权力是一项不合理的权力，而根据这些表述清晰的用语，也不需要进行协商。"

【案例】在 Commissioner for Main Roads 诉 Reed & Stuart Pty Ltd.，High Court of Australia（1974）12 BLR 55 案[一]中，根据道路工程合同，承包商应清除并重新撒布表土层。规范规定，如果现场没有足够的表土，'工程师可以书面指示承包商从别处获取表土'，并根据现有费率予以支付。然而，在没有援用该项规定的情况下，工程师指示第三方向现场提供表土。

法院判决：业主违反合同。虽然合同授权业主可以从合同中省略工程内容，但合同没有授权业主拿走部分合同工程，并将这部分合同工程给予他人。

【案例】在 AMEC Building Ltd. 诉 Cadmus Investment Company（1996）13 Const. L. J. 50 案[一]中，根据原被告签订的合同，在暂定金额中规定了一些装备工程的价格。在施工过程中，建筑师指示从 AMEC 的合同中将装备工程删除，并将该项装备工程交由其他承包商实施。于是 AMEC 提出利润损失的索赔。在合同中有这样一条规定，即建筑师有权删除暂定金额中的部分工程，即使是由他人实施。虽然仲裁员否决了被告提出的种种理由，但被告仍坚持其作出决定的理由是正确的。在法院审理这起仲裁上诉案件时，法院判决认为，没有发现建筑师有权取消工程的权力，唯一的结论是，这项取消工程的决定是一项武断的决定，在这种情况下，原告 AMEC 有权要求补偿。

---

㊀ Michael Furmston. Powell–Smith and Furmston's Building Contract Casebook [M]. 4th. Oxford: Blackwell Publishing Ltd., 2006. 261–263.

㊀ Adam Constable. Construction Claim [M]. Covertry: Royal Institution of Chartered Surveyors, 2007. 51.

【案例】 在 Abbey Developments Ltd. 诉 PP Brickwork Ltd.（2003）案[一]中，被告雇用原告 Abbey 作为劳务分包商负责砌砖和砌砖墙的工程。分包合同第2条赋予原告有权增加或减少工程数量的权力。在本案中，争议的问题是业主是否有权决定整个分包合同。

法院认为，工程合同赋予承包商的义务不仅包括实施工程的义务，而且还包括使其能够完成其签约合同项下工程的相对应的权利。取消或变更工程应被视为是对权利的侵犯和违反，并构成了违约。因此，为了能够合法地取得应得到的结果，在不违反合同以及无需另行签订合同的情况下，合同都包括一项能使业主变更工程的权力条款。

但是，法院认为，为了不剥夺承包商完成工程的机会和实现利润的权利，应采取谨慎的态度解释业主有权变更工程的合同规定。尽管业主可能由于工期的原因还是对原合同的承包商失去信心，无论是业主嫌承包商承包的价格昂贵还是其他什么原因，为了能够使业主有权取消承包商的工程而交由他人实施，合同中必须要有合理的清晰的用语。

【案例】 在 Trustees of Stratfield Saye Estate 诉 AHL Construction Ltd.（2004）案[二]中，原被告签订了成本加酬金合同，由被告为原告承建一个建筑物的防雨装置。在 AHL 进入现场并已经开始施工的情况下，原告取消了合同。在经历了一系列的仲裁后，法院判决业主有权发出指示，对图纸上的工程细节或现场纪要规定的工程进行变更。但是，业主删除工程的权力应有一个明确的限制。在已经雇用 AHL 实施工程的情况下，业主无权发出这种减损或改变工程基本特征的省略工程的指示。

根据合同法的一般原理，将承包商与业主已经签约的工程的一部分交给他人实施，实质上是对合同标的的修改和变更，除非业主和承包商协商一致，否则业主就构成了违约。FIDIC 合同 1999 版红皮书明确规定需要交由他人实施的工作没有包含在变更范围内，而且黄皮书规定变更不应包括准备交由他人进行的任何工作的删减，这种明示的合同规定吸收了司法实践中的判例成果，避免了实践中工程师或建筑师变更范围不清和越权的行为，避免了业主和承包商之间可能因越权变更而可能发生的争议。

在成本加酬金的合同中，与单价合同相比，业主一般均会规定业主有权变更、省略或取消工程，而且这项权力非常宽泛。业主可能由于缺乏资金而

---

[一] Adam Constable. Construction Claim [M]. Covertry: Royal Institution of Chartered Surveyors, 2007. 51-52.

[二] Adam Constable. Construction Claim [M]. Covertry: Royal Institution of Chartered Surveyors, 2007. 52.

取消工程内容，而承包商会因此丧失可能因省略工程而产生的利润的机会。在 Sandbar Construction Ltd. 诉 Pacific Parkland Properties Inc.（1995）11 Const. L. J. 143 案中，英属哥伦比亚高等法院判决业主不能根据这项省略的权力以减轻其应承担的损害赔偿的责任。该项原则也适用于暂定金额中的工程项目内容，如上例 Amec Building Ltd. 诉 Cadmus Investment Co. Ltd.（1996）案。但业主是否有权省略那些列入"不可预见费"栏目中的工程内容，则很难判断业主是否拥有这项权力，而承包商是否有权索赔其可能获得利润的权利。

FIDIC 合同 1987 年第 4 版没有规定承包商可以拒绝工程师发出变更指示的明示规定，但根据 1999 版红皮书和黄皮书的规定，承包商可以有权拒绝工程师的变更指示。

在 1999 版红皮书中，承包商可以向工程师递交他难以获得变更所需货物的详尽通知，以致无法执行和实施工程师的变更指示。但承包商不得以无法提供管理人员和劳务为由拒绝执行变更指示。

在 1999 版黄皮书中，根据黄皮书合同的工程性质，承包商可以提出：

（i）承包商难以获得变更所需的货物；

（ii）变更将降低工程的安全性和适用性；或

（iii）将对保证清单的完成产生不利的影响。工程师接到此通知后，应取消、确认或改变原指示。

在承包商递交详细的支持资料后，承包商可以拒绝执行工程师的指示。但根据 FIDIC 合同规定，拒绝遵守工程师变更，应在递交有关无法执行的详尽资料后由工程师做出决定，即确认、修改或撤销变更指示，承包商无权根据其递交的上述详尽资料决定是否执行工程师的变更指示。

FIDIC 分包合同 1994 年版中没有规定对工程师变更指示的限制或拒绝方面的明示条款，但上述原则和规定应同样适用于分包合同。在 1999 版红皮书配套的分包合同格式中，FIDIC 会作出相应的规定。

如果工程师或承包商的变更指示超出了分包商的能力范围，无论是以明示的或默示的方式出现，分包商应采取一切步骤遵守变更的指示，并满足分包合同规定的标准。如果分包商没有执行变更指示方面的专家或熟练工人，分包商可以雇用这些专家或熟练工人执行变更指示，但仅限于有必要或可能认为有必要时。如果分包商认为工程师或承包商的变更将造成工程的缺陷时，分包商应履行警告义务，告诉承包商变更可能会给工程带来缺陷。

## 13.5 价值工程

价值工程（value engineering）是 FIDIC 合同 1999 版红皮书、黄皮书和银皮书中引入的一个全新的概念和合同条款，而 JCT、ICE、NEC、AIA、AGC 合同体系中没有这个概念，在 FIDIC 合同 1987 年第 4 版红皮书中没有作出类似规定，但在 FIDIC 桔皮书第 14.2 款有相同的规定。

FIDIC 合同 1999 版红皮书第 13.2 款规定：

"13.2 价值工程

承包商可随时向工程师递交书面建议，提出（他认为）采用后：(i) 加快竣工，(ii) 降低业主的工程施工、维护或运行的费用，(iii) 改善业主的竣工工程的效率或价值，或 (iv) 给业主带来其他利益。

此项建议应由承包商自费编制，并应包括第 13.3 款 [变更程序] 所列内容。

如经工程师批准的建议书中包括部分永久工程设计的改变，除非经双方同意：

(a) 承包商应设计这一部分；

(b) 应根据第 4.1 款 [承包商的一般义务] 中的 (a) 至 (d) 项办理；和

(c) 如此决定导致该部分合同价值减少，工程师应根据第 3.5 款 [决定] 的规定，同意或决定应包括在合同价格内的费用。此项费用应为以下两项金额之差的一半（50%）：

(i) 由此项改变引起的合同价值的减少，不包括按照第 13.7 款 [因法律改变的调整] 和第 13.8 款 [因成本改变的调整] 的规定做出的调整；和

(ii) 改变后的工程因任何质量、预期寿命或运行效率的降低，对业主的价值的减少（如有）。

但是，如 (i) 中金额小于 (ii) 中金额，则不应有此项费用。"

根据 1999 版红皮书第 13.2 款规定，可以看出，合同如此规定的出发点是利用承包商的经验使项目受益，如果承包商认为他的建议在采用后将：

(1) 加快竣工；

(2) 降低业主的工程施工、维护和运行的费用；

(3) 改善业主的竣工工程的效率或价值；

(4) 给业主带来其他利益。

承包商可以随时向工程师递交建议。根据第 13.2 款的规定，承包商的

价值工程是否被工程师所采纳，应取决于工程师，也就是说，承包商只有建议权，而决定是否采纳的权力在工程师。

按照第13.2款的规定，承包商应负责准备和递交建议书的全部费用，还应包括第13.3款变更程序中的内容。

第13.2款的规定是为了配合第13.1款中规定的承包商以提出建议的方式作出变更的情形，是承包商主动提出变更程序的实体内容，而第13.3款变更程序的规定是程序内容。

按照第13.2款的规定，本款将涉及永久性工程设计的内容与不涉及永久性工程的内容相区别。在涉及永久性工程的设计时，承包商应根据第4.1款有关设计的第（a）至（d）项规定进行永久性工程的设计，并承担相应的责任。如果该项变更导致合同价值的减少，工程师应根据第3.5款对设计费作出决定，该设计费为第13.2款第（c）项第（i）和（ii）目金额之差的一半，如第（i）目的金额小于第（ii）目中的金额，则没有设计费用。

第13.2款的价值工程的规定到底能在多大程度上鼓励承包商提出他认为使业主受益的建议，在实践中仍是一个未知数。在红皮书中，如果设计是业主委托工程师负责的，承包商提出的价值工程的建议必然会涉及工程师的设计内容，即承包商需要修改工程师的设计，才能达到降低造价、加快施工等效果，而工程师在何种程度上可以接受承包商修改的设计内容，在实际工程施工中很难判断。在这种情况下，工程师最大可能的反应是拒绝承包商的建议，因为工程师可能在短时间内无法判断承包商修改的设计对其整个工程的影响程度，采纳承包商的建议后是否会影响工程满足使用功能。此时，承包商已经耗费很大精力，可能还需要聘请有关专家才能完成设计、估价等工作，如果轻易地被工程师拒绝，对于承包商而言是一项损失。

## 13.6　变更的程序

FIDIC合同1999版中第13.3款规定的变更程序是该版合同引入的一项新的概念和规定，在FIDIC合同1987年第4版以及JCT、ICE、NEC、AIA合同中没有此项类似规定。在1999版合同中规定该款的目的是完善第13.1款、第13.2款的规定，规定承包商履行主动提出变更后的程序义务。

FIDIC合同1999版第13.3款规定：

"13.3　变更程序

如工程师在发出变更指示前要求承包商提交一份建议书，承包商应尽快作出书面回应，或提出他不能遵从的理由（如果情况如此），或提交：

(a) 对建议要完成的工作的说明，以及实施的进度计划；

(b) 按照第8.3款［进度计划］和竣工时间的规定，承包商对进度计划做出必要修改的建议书；和

(c) 承包商对变更估价的建议书。

工程师在收到此项（按照第13.2款［价值工程］的规定或其他规定提出的）建议书后，应尽快给予批准、不批准，或提出意见的答复。在等待答复期间，承包商不得延误任何工作。

应由工程师向承包商发出执行每项变更，并做好各项费用记录的任何要求的指示，承包商应确认收到该项指示。

除非工程师根据本条另有指示或批准，每项变更应根据第12条［测量和估价］的规定进行估价。"

按照第13.3款的规定，如承包商主动提出变更或工程师在作出变更之前要求承包商递交建议书时，承包商应：

（1）尽快回复工程师是否可以递交建议书。

（2）如可以递交建议书，则应对要完成的工作作出说明，制定实施的进度计划。

（3）如必要，对进度计划作出修改，并提出建议。

（4）提出变更估价的建议书。

（5）收到包含上述内容的建议书后，工程师尽快答复承包商是否批准、不批准或提出意见。

（6）工程师发出变更指示，承包商确认收到该项指示并予以执行。

（7）变更工程的估价和计量按照第12条的规定进行。

工程师和承包商应遵守第13.3款有关变更程序的规定。但在该款中，并没有规定承包商递交建议书或工程师回复建议书的具体时间限制，而只是使用了"尽快"一词。至于何为"尽快"，时间是1天还是1周、2周，将视项目的具体情况确定。在实践中，工程师和承包商可以协商递交建议书和答复建议书的时间安排，但从第13.3款规定的需要承包商递交的建议书内容来看，承包商不是1天或2天可以准备妥当的，可能需要1周或2周或更长的时间。对于工程师而言，审核和判断这些建议书也需要花费时间，但"尽快"一词表达了一种积极的态度，承包商或工程师不能拖延行事。

## 13.7 工程量表与变更

在使用工程量表的合同中，由于工程量表中的数量只是一个估计数，而

不是准确的实施后的工程数量,因此,如果实际施工后数量超过或少于工程量表的数量,这种数量的增加或减少不构成工程的变更。应当注意,这种情况仅指按照合同条款进行支付的工程部分。

然而,在总价合同中,为了更细致地描述所实施的工程,有时工程量表是以合同的一个组成部分出现的。如果工程量表构成了合同一部分,那么数量的增加就构成了一项变更。至于工程量表是否构成合同的一部分,或只是为投标目的而提供的一项简单的信息,应依对合同的解释而定。

【案例】 在 Patman and Fotheringham 诉 Piditch (1904) 案[一]中,原告为被告承建一座公寓住宅楼,合同规定"根据计划……和工程量表"进行施工,而计划和工程量表是由被告准备的。合同条款规定:"承包商应提供为适当和适合施工所需的所有事宜。"但在施工过程中发现工程数量存在错误,并影响了承包商的价格。法院判决工程量表是作为合同的一个部分,因此,为了完成工程,如果要求承包商实施了比工程量表中描述数量更多的工作,则承包商有权得到额外付款。

【案例】 在 Arcos Industries Pty Ltd. 诉 The Electricity Commission of New South Wales, New South Wales Court of Appeal (1973) 12 BLR 65 案[二]中,原告为被告的一座电站承建建筑工程,合同为单价合同。在完成工程后,发现实际施工的工程量少于工程量表中标明的工程数量,并超过了 10%。原告认为未经双方当事人的批准,不能将这部分工程省略。

法院判决:原告败诉。

【案例】 在 Grinaker Construction (Transvaal) Pty Ltd. 诉 Transvaal Provincial Administration, Superme Court of South Africa, (1981) 20 BLR 30 案[三]中,原告为被告修建一条公路项目,合同为单价合同。原告辩称工程量表中的数量的增减构成了一项变更。

法院判决:驳回原告的主张。

法官 Viljoen 在判决中写道:"数量清单的定义强调的是合同规定的数量仅是工程的大致数量的事实。这一点已经在合同中进行了反复强调。最终合同价格应按照承包商完成的实际计量数量进行计算。"

---

⊖ Adam Constable. Construction Claim [M]. Covertry: Royal Institution of Chartered Surveyors, 2007. 52.

⊖ Michael Furmston. Powell-Smith and Furmston's Building Contract Casebook [M]. 4th. Oxford: Blackwell Publishing Ltd., 2006. 265-266.

⊖ Michael Furmston. Powell-Smith and Furmston's Building Contract Casebook [M]. 4th. Oxford: Blackwell Publishing Ltd., 2006. 267.

FIDIC 合同 1987 年第 4 版第 51.2 款对工程量表作了明确的规定，即："当工程量的增加或减少不是因按本条发出的指示造成的，而是由于工程量超出或少于工程量表中所规定者，则不必发出增加或减少工程量的指示。" 1999 版 FIDIC 红皮书也规定工程量表只是一个估价的数量。因此，根据上述规定，工程量的增减不构成变更。

ICE 合同第 51.(5)款也对工程量表作了类似于 FIDIC 合同 1987 年第 4 版第 51.2 款同样的规定。

有关工程量表方面的案例，参见 Bowmer & Kirkland Ltd. 诉 Wlson Bowden Properties Ltd. (1996) 80 BLR 131 案、Hedley Byrne & Co. Ltd. 诉 Heller & Partners Ltd. [1964] AC 465 案、Bacal Construction (Midlands) Ltd. 诉 Northampton Development Corporation (1976) 8 BLR 88 案等。

## 13.8 变更的估价

### 13.8.1 标准格式合同中的规定

FIDIC 合同 1987 年第 4 版第 52.1 款对变更的估价作出了规定："第 51 条规定的所有变更以及根据第 52 条要求予以确定的合同价格的任何增加（本条称为变更的工作），如工程师认为适当，应以合同规定的费率和价格进行估价。如合同中未包括适用于该项变更工作的费率或价格，则应在合理的范围内使用合同中的费率和价格为基础。如无法做到，在工程师与业主和承包商适当协商之后，工程师和承包商应商定一合适的费率和价格。当双方意见不一致时，工程师应确定他认为合适的此类费率或价格，并相应通知承包商，同时将一份副本呈交业主。在费率或价格经同意或决定之前，工程师应确定暂定的费率或价格，以便有可能作为暂付款包含在按第 60 条签发的证书中。"

FIDIC 合同 1999 版红皮书没有在第 13 条变更条款中规定变更的估价，而是在第 12.3 款对估价作出如下规定：

"12.3 估价

除合同另有规定外，工程师应根据上述第 12.1 款和 12.2 款同意或决定测量方法和适宜的费率和价格，对各项工作内容进行估价，并按照第 3.5 款 [决定] 的规定，同意或决定合同价格。

各项工作内容的适宜费率或价格，应为合同中对此类工作内容规定的费率或价格，如合同中无此项内容，应采用类似工作的费率或价格。但是，在以下情况下，宜对有关工作内容采用新的费率或价格：

（a）（i）该项工作测量的数量变化超过工程量表或其他清单中所列数量10%以上；

（ii）此项数量变化与该项工作上述规定的费率的乘积，超过中标合同金额的0.01%；

（iii）此项数量变化直接改变该项工作的单位成本超过1%；

（iv）合同中没有规定该项工作为'固定费率项目'；和

（b）（i）按照第13条［变更和调整］的规定指示的工作；

（ii）合同没有规定该项工作的费率或价格；和

（iii）由于工作性质不同，或在与合同中任何工作不同的条件下实施，没有规定适宜的费率或价格。

每一项新的费率或价格应考虑（a）和（b）项中适用的相关费率或价格并进行合理调整后得出。如果不存在相关的费率或价格可供推算出新的费率或价格，应根据实施该工作的合理费用和合理利润，并考虑其他相关事项后得出。

在同意或决定适宜费率或价格前，工程师应决定用于临时付款证书的临时费率或价格。"

FIDIC 分包合同格式第10.2款、第10.3款规定了分包合同项下对分包工程变更估价的原则，如下：

"10.2 所有变更的价值应参考分包合同中规定的相同或类似工作的费率或价格（如有）进行核定，但如果分包合同中没有此类费率或价格，或如果它们不适当或不适用，则该变更估价应公正合理。

10.3 如果工程师按照主合同的规定对构成主合同变更的一项分包工程进行测量，那么，倘若根据测量数据将对分包合同中的费率和价格师进行变更估价，则承包商应允许分包商参加任何以工程师名义进行的测量。根据主合同进行的此类测量应构成为分包合同之目的对变更进行的测量，且应对此变更作相应估价。"

在JCT分包合同SBCSub/C第5.2款规定了两种确定变更估价的方式，第一种是适用调整基础（Adjustment Basis）时的估价，则对变更工程估价应按照调整基础进行。第二种是适用重新测量基础（Remeasurement Basis）时的估价，则应对变更工程根据重新测量基础进行估价。

### 13.8.2 变更估价的原则

FIDIC合同1987年第4版、1999年版红皮书、ICE合同第7版以及

FIDIC 分包合同和 ICE 合同对变更工程估价的规定各有所异、各有所长，但总体而言，这些规定都体现了变更估价的一般原则，即：

（1）如合同中规定了有关的费率和价格，应根据合同规定的费率和价格进行估价。也就是说，如果合同中有工程量表，则估价必须根据指导准备工程量表的相同原则进行估价。

（2）如与工程量表中标价的工程的性质类似并且在类似条件下工作，如适用，应根据工程量表中规定的费率或价格进行估价。

（3）如果工程的性质不同，或不是在类似条件下工作或变更指示是在缺陷更正期限内发出的，工程量表中的费率或价格应用作合理估价的基础，并应公正合理。

（4）如合同中没有包括适用于该变更的费率或价格，则应在合理的范围内使用合同中的费率或价格作为估价的基础。

（5）如第（1）至（4）项的内容不存在，则工程师和承包商应对变更的估价进行协商，由工程师和承包商对合适的费率或价格协商一致。

（6）如工程师和承包商不能就适当的费率或价格达成一致，可由工程师决定暂定的费率或价格，以便在临时付款证书中支付变更工程款项。

（7）如承包商不满工程师对变更估价的决定，可根据合同条款，如 FIDIC 合同 1999 版第 20 条提出索赔，进入 FIDIC 规定的索赔程序。

与 FIDIC 合同 1987 年第 4 版注重变更估价的原则相比，1999 版红皮书更加重视工程量表中没有包括的新的工程的估价，并作了详细的估价规定，特别是对下列工程建议采用新的费率或价格，如：

（a）（i）该项工作测量的数量变化超过工程量表或其他清单中所列数量 10% 以上；

（ii）此项数量变化与该项工作上述规定的费率的乘积，超过中标合同金额的 0.01%；

（iii）此项数量变化直接改变该项工作的单位成本超过 1%；

（iv）合同中没有规定该项工作为"固定费率项目"；和

（b）（i）按照第 13 条［变更和调整］的规定指示的工作；

（ii）合同没有规定该项工作的费率或价格；和

（iii）由于工作性质不同，或在与合同中任何工作不同的条件下实施，没有规定适宜的费率或价格。

这是 FIDIC 合同 1999 版中的一项新增加的内容，也是对 1987 年第 4 版的重大修改内容之一，与 ICE、JCT 合同相比，这项规定无疑界定了使用工程量表中的价格和采用新的费率或价格的界限，其标准就是第 12.3.（a）

和（b）款规定的界限。如果承包商按照工程师的变更指示实施的工程超过了这道界限，如工程数量的变化超过工程量表或其他清单所列数量10%等，承包商就有权对变更工程选用新的费率或价格。与 FIDIC 合同 1987 年第4版、JCT、ICE 合同中的定性规定变更估价不同，FIDIC 合同 1999 版红皮书对此进行了定量的规定，有利于工程师和承包商判断什么情况下可以适用工程量表中的费率或价格，什么情况下将采用新的费率和价格，减少了承包商与工程师之间可能发生的价格或费率的争议。

分包合同中分包工程变更估价的原则也应根据上述原则确定或作出决定。FIDIC 分包合同格式 1994 版中与 1987 年版红皮书相一致，在使用 FIDIC 合同 1999 版红皮书，应对相应的分包合同进行修改。

在建筑和土木工程施工合同中，影响变更估价的因素主要有：

（1）条件或情况的变化。与投标阶段的计划相比，由于变更使工程性质发生了根本性的改变，因此，承包商在完全不同的情况下实施了变更的工程项目。例如，在某个工程项目施工中，承包商原定使用铲土机进行开挖工程，并将废渣堆放到毗邻的临时废坑中，留待以后处理。但变更令要求承包商在临时废坑处开挖一条排水明渠，为遵守变更指示，承包商不得不将开挖后的废渣装上自卸车运到别处堆放。按照这种修改后的施工方法，承包商花费了很长时间才完成这项工程，由于需在雨季施工，还导致了承包商费用的增加，但没有对工程造成任何延误，也没有发生干扰事件。业主应根据合同规定的变更估价条款，对这项变更予以估价。

（2）数量变化。有时，即使工程的性质和施工方法没有发生任何改变，但有些工程数量的变化将会严重影响承包商的施工成本。例如，在浇注的混凝土数量大幅增加时，为了按时完成楼板的浇注工作，不影响随后的计划的关键工程，承包商不得不加班工作。再譬如，工程数量的增加还会推迟有些工程的施工时间。如果砌砖工程数量增加了20%，在施工使用的资源不变时，这将会造成施工时间的拖长（但其他活动或者整个合同期限没有拖长），并导致承包商支付劳务费用的增加，而劳务费用的增加又导致了额外成本的增加，所有这些都会在估价价值中有所反映（假定是固定价格合同）。

（3）时间变化。业主可能在不同的时间对合同规定的类似性质的工程作出变更，在这种情况下，与原合同相比，不同时间内的材料和劳动力成本是不同的。

（4）工程数量的少量变化。在变更涉及的工程数量很少时，承包商可能无法获得订货折扣，也会因此增加应付给分包商的工程价款。

(5) 与时间有关的成本变化。在可将延误期间从部分或全部工程分离出来并构成一项单独的变更时（或一组变更时），应在变更估价时考虑与时间有关的成本。例如，对第一层地板结构的变更可能会导致第二层楼板施工的延误，延误时间为1周。除在变更估价中考虑包括混凝土、钢结构、木工的成本外，还应考虑混凝土拌和、混凝土泵、自卸车、塔吊、管理和其他预备费成本。由于需要对工程量表以外的工程进行计量，因此，也需要额外时间进行有关测量工作。

因变更工程的估价发生争议，是业主和承包商发生争议的主要原因之一。在变更估价过程中，承包商与业主的争议主要体现在承包商和业主或工程师不能就价格或费率达成一致，承包商往往要的价格高，而业主或工程师往往压低价格或费率，这正是承包商和业主发生争议的主要原因。

【案例】在 Henry Boot Construction Ltd. 诉 Alstom Combined Cycles Ltd. , Court of Appeal, (2000) 69 Con LR 27 案⊖中，原告 Boot 与被告 Alstom 签订合同，为被告在 Connah's Quay 承建土建工程。合同为 ICE 合同第6版。合同规定了标后双方交换意见的有关内容。原告投标价格的计算是以冷却水管埋深4.45米AOD为基础，而被告Alstom决定埋深为3.35米AOD。通过交换传真文件，1994年3月原告递交了价格为额外的和临时工程250800英镑的报价，被告也接受了该报价。

在 Boot 的传真中，250800 英镑的报价是"仅仅是为了轮机房所需的额外和不同的临时工程"，如果将轮机房的工程包括在内，费用将达到每平方米89英镑，那么原告应得款项为2284128英镑。

仲裁员裁决双方交换的传真已经构成了一项合同。虽然仲裁员适用了一个公平的估价，但他在仲裁中裁决原告在计算中存在错误，原告无权进行更正。

法官 Humphrey Lloyd QC 准予当事人提出上诉，并判决应适用每平方米89英镑价格。

### 13.8.3 公平的估价

在大多数变更估价的合同规定中，可以经常看到的是工程师应"公平"

---

⊖ Michael Furmston. Powell-Smith and Furmston's Building Contract Casebook [M]. 4th. Oxford: Blackwell Publishing Ltd., 2006. 278-280.

地进行变更工程的估价。但何谓"公平的估价（fair valuation）"，每个案例中所体现的判断标准和原则不尽相同，这是一个主观的判断标准。根据有关判例，"公平"可依如下标准予以确定：

（1）合同的明示规定。

如 FIDIC 合同 1999 版第 12.3 款有关估价的规定，如果工程师按照合同的该项规定确定变更的费率和价格，则应认为工程师是公平的。

（2）根据变更估价的原则进行估价，见变更估价原则。

（3）在缺乏上述这些规定的情况下，由工程师作出"公平的"决定，或在仲裁和诉讼中由仲裁员或法官作出"公平的"的判断。

（4）在不同的工程项目中，公平的价格都有不同的标准。一般而言，法官会根据这个费率或价格在具体项目发生的和与价格有关的情况作出裁断。

（5）公平的费率和价格是否包括利润，应根据合同条款的具体规定进行判断。如合同条款明示规定包括费用和利润，则公平的费率和价格应将利润计算在内。如果合同条款只规定承包商有权索偿费用，不包括利润，则公平的费率和价格不包括利润。如果合同条款没有对利润做出明示的规定，根据相关判例和专家意见，则应包括利润在内。

在"公平的"决定变更的估价时，可参考同等行业的成本、承包商的实际成本等作出决定。

【案例】在 Weldon Plant Limited 诉 The Commission for New Towns [2000] BLR 496 案中，在合同实施过程中，出现了变更指示，原告不满被告确定的变更工程的费率或价格，要求对变更工程公平的进行估价。

法官 Humphrey Lloyd 在判决中引用了 Max Abrahamson 在《工程法与 ICE 合同》中对公平估价的观点，即："'公平的估价'一般是指成本加上一个合理百分比的利润（但不包括不可预见费用，如果工程在实施后按实际发生的成本而不是估计的成本进行估价），并应扣减承包商不能充分证明的费用，但是，如果有证据证明对可比工程存在一般市场费率或价格，则可予以考虑或完成适用。"

法官接受写道："……一般来说，公平的估价可以依据实施工程的合理成本，如果是合理地并适当地发生了……"

"显然，在实施工程的过程中，如果发生的成本和费用是在相同或类似情况下一个合理的有能力的承包商不应发生的，那么此项成本不应构成一项公平的估价。"

"……公平的估价应包括合同费率或价格中通常体现的所有因素；劳务

成本、设备成本、材料成本、管理费用和利润因素。"

**【案例】** 在 Crittall Windows 诉 T. J. Evers（1996）54 Con LR 66 案中，法官 Jumphrey Lloyd 认为："一般而言，公平估价是指不能给予比承包商合理和必须发生的实际成本更多费用，加上管理费和利润的类似费用。"

在英美有关的早期判例中，出现了比较复杂的、观点不同的对"公平估价"的理解和判决。但在近期的有关判例中，认为公平的估价应包括利润和管理费用，至于具体的费率或价格，则应根据每个项目的具体情况决定。在实践中，承包商可能存有利用工程变更，将原来合同中标价过低的工程的损失弥补回来的动机，而业主和工程师会出于控制项目成本的考虑，拒绝承包商乘机抬高合同价格或费率的行为，这也正是承包商与业主因工程变更而发生争议的主要诱因。建筑工程业界更为流行的观点是，公平的费率和价格与承包商的一般价格水平有关，因此，如果合同的价格低于实际价格或市场价格，那么低于实际价格的估价可能是公平的。

有关公平的含义，参见 Semco Salvage and Marine Pte 诉 Lancer Navigation Co. Ltd.（1997）案、Banque Paribas 诉 Venaglass Ltd.（1994）案、Laserbore Ltd. 诉 Morrison Biggs Wall Ltd.（1992）案、Tinghamgrange Ltd. 诉 Dew Group and North West Water（1996）案和 Henry Boot Construction Ltd. 诉 Alstom Combined Cycles [1999] BLR 123 案、Galliford (UK) Ltd. 诉 Aldi Stores 案、Crittall Windows 诉 T. J. Evers（1996）54 Con LR 66 案、Floods Queenferry Limited 诉 Shand Construction Limited [1999] BLR 315 案等。

## 13.9 变更与索赔

变更与索赔有着直接的关系，它是承包商索赔的一个主要原因。根据一项调查，承包商索赔的第一位原因是工程变更，第二位原因是不可预见的事件，第三位原因是设计延误。有关承包商索赔原因，见图 13-3：

变更与索赔有着明显的界限，不能混淆两者的本质区别。变更是工程师根据合同赋予的权力，对工程内容的更改，而索赔是业主或承包商根据合同条款或准据法的规定，对自己权利的一种主张。变更是工程师的权力，承包商必须遵守，但承包商可以根据合同规定获得一定的补偿。而索赔是业主和承包商双方的权利，任何一方均可向另一方提出索赔要求，但索赔是否成立则是另外的问题。变更与索赔的界限见表 13-1。

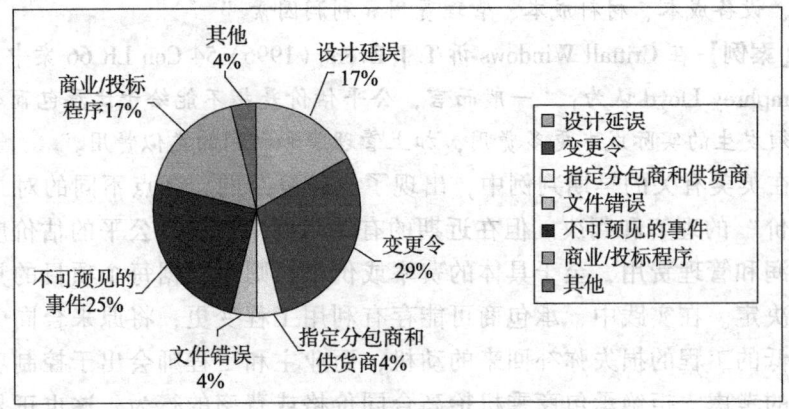

图 13-3 承包商索赔的原因

表 13-1 变更与索赔的界限

| 不构成索赔的变更 | 构成索赔的变更 |
| --- | --- |
| 1. 工程师作出变更，承包商同意对变更工程按照工程量表中的单价计价 | 1. 工程师作出变更，承包商要求重新估价。工程师不同意承包商重新估价要求，或拒绝接受承包商对变更工程的重新报价，形成合同规定额争议 |
| 2. 工程师作出变更，承包商要求重新报价，工程师同意按照承包商的报价对变更工程计价 | 2. 因变更而产生的工期延长 |
| 3. 工程师介绍承包商提出的价值工程的建议，并对价值工程发出变更指示，工程师同意对价值工程按照承包商的报价进行计价 | 3. 因变更而产生的损失和费用、工效损失费用 |
| | 4. 因变更而产生的与时间相关的费用（time-related costs） |

因工程变更而产生争议的主要原因是承包商认为实施变更工程花费了人力、设备和材料等费用，而工程师决定的变更工程的费率或价格不足以补偿承包商的费用，因此而发生争议。

明智的做法是，承包商应尽可能将变更消化在月进度付款证书中，不能将变更作为一项索赔单独提出。经常会听说承包商在"索赔"变更，而实际上是承包商在递交变更工程补偿的申请，只有当业主或工程师拒绝了承包商的补偿申请，或者承包商对工程师的变更工程的估价不满时，并打算以索赔方式要求补偿时，才能形成索赔。

毕竟，索赔是一项业主和承包商应慎重对待的问题，当任何事情以"索赔"的题目出现时，业主和承包商都会十分在意。对承包商而言，由于索赔能否成立、能否得到补偿或能够得到多少是业主的事情，因此，索赔并不是一件轻松实现的事情。经验表明，承包商索赔的成功率很低，因此，承包商应尽可能将工程变更的费用或价格在当月的临时付款证书中予以确定。

如果承包商对工程师的变更指示或变更估价不满，提出索赔，应遵守索赔的有关规定，最常见的规定是通知的规定，在大多数标准格式合同中都将其作为索赔的前提条件，即承包商在合同规定的时间内提出索赔意向通知，则承包商索赔的权利是成立的，如果承包商未能在合同规定的时间内提出索赔通知，则承包商丧失索赔的权利。不仅工程师在决定承包商索赔事项中引用此项前提条件，仲裁员或法官也会严格援引这项规定否决或承认承包商索赔的权利。

## 13.10 价格浮动

由于大多数土木工程或建筑工程项目的工期会超过一年，因此，施工期间的价格浮动，或称物价上涨成为业主和承包商关注的一个焦点。在FIDIC红皮书、ICE合同等这种单价合同中，物价上涨、价格浮动的风险是业主承担的，承包商有权根据合同条款规定的价格浮动条款进行调价，弥补承包商因物价上涨、通货膨胀造成的损失。在总价合同中，如果合同规定承包商无权因物价上涨而调价，则承包商承担了物价上涨和通货膨胀的风险，承包商应在投标报价过程中考虑物价上涨因素，根据通货膨胀率计算物价上涨因素，并将其计算在合同价格之中。

FIDIC合同1987年第4版在第70.1款的替代条款中规定了价格浮动的机制和公式，推荐使用基本价格调整和物价指数调整两种方式，但在FIDIC合同1999版红皮书第13.8款中，明确规定了物价指数调整的方式，如下：

因成本改变的调整：

在本款中，"调整数据表"是指投标附录中填好的调整数据表。如无此项调整数据表，应不适用本款规定。

如适用本款，可付给承包商的款项，应就工程所用的劳动力、货物和其他投入的成本的涨落，按本款规定的公式确定增减金额予以调整。在本条或其他条款规定对成本的任何涨落不能完全补偿的情况下，应视为中标合同金额已包括其他成本涨落的应急费用。

根据有关清单，应对付款证书中确认的、应付给承包商的其他应付款项，按合同价格应付每种货币的公式进行估价。对于按照成本或现行价格进行估价的工作，不应予以调整。所用公式应采用以下一般形式：

$$P_n = a + b\frac{L_n}{L_0} + c\frac{E_n}{E_0} + d\frac{M_n}{M_0} + \cdots$$

式中："$P_n$"系用于在"$n$"期间所完成的工作以相应货币的估计合同价值的调整乘数，除非投标附录另有规定，此项期间单位为一个月。

"$a$"系在相关调整数据表中规定的固定系数，表示合同付款中的不予调整的部分。

"$b$"、"$c$"、"$d$"系代表相关调整数据表中列出的，与工程施工有关各成本要素的估计比例系数；表列此项成本要素，可表示劳动力、设备和材料等资源。

"$L_n$"、"$E_n$"、"$M_n$"系适用于（与特定付款证书有关的）期间最后一天49天前的表列相关成本要素的，"$n$"期间现行成本指数或参考价格，用相应支付货币表示。

"$L_0$"、"$E_0$"、"$M_0$"系适用于基准日期时表列相关成本要素的基准成本指数或参考价格，用相应支付货币表示。

应使用调整数据表中列明的成本指数或参考价格。如对其来源存有疑问，应由工程师确定。为此之目的，应参考所述日期的指数值（分别在该表第4列和第5列），以澄清来源；尽管这些日期（因而还有这些数值）可能与基准成本指数不相对应。

在"指数对应的货币"（表中所列）不是相应支付货币时，每个指数应按工程所在国中央银行规定的相应支付货币，在上述需应用该指数的日期的卖出汇率，换算成相应支付货币。

在取得每种现行成本指数前，工程师应确定一个临时指数，用以签发临时付款证书。当取得现行成本指数时，应根据该指数重新计算调整。

如承包商未能在竣工时间内完成工程，其后应利用（i）适用于工程竣工时间期满前第49天的各项指数或价格，或（ii）现行指数或价格；取两者中对业主更有利的指数，对价格做出调整。

只有在因变更使调整数据表中所列的各项成本要素的权重（系数）变得不合理、不平衡或不适用时，才应对其进行调整。

【案例】某项目采用FIDIC合同1987年第4版情况下价格调整的计算方法和过程。

**1. 合同依据及计算公式**

根据合同条款第70.1款计算有关价格调整计算按照下列各项进行计算：

（1）当地币部分按照某国Badan Pusat Statistik发布的表1.15第3条目公路、桥梁、港口、公共建设工程材料价格综合指数。

（2）外币部分按照进口材料出口国承包商指定的合适的单项指数。

（3）每月完成产值减去不适合调价的进场，退场，承包商临时工程，暂定金，日工和技术科研费乘以权重再乘以（现行指数减去基础指数差与基础指数的比）进行调整，即：

价格调整金额 = $[(V-N) \times W] \times [(C-B) \div B]$，其中：

式中　$V$——当月完成产值；

　　　$N$——当月完成进场，退场，承包商临时工程，暂定金，日工和技术科研费；

　　　$W$——价格调整权重；

　　　$C$——现行指数（完成工程当月指数）；

　　　$B$——基本指数（投标书截止日期前28天价格指数）。

**2. 基础数据取得**

根据合同条款第70.3款中价格指数及权重来源于标书附件。
标书附件中规定如下：

| | 价格调整系数公式 | |
|---|---|---|
| 指数编号 | 指数描述 | 权重（%） |
| A | 表1.15第3条目公路桥梁港口（合同当地币部分） | 80 |
| B | 中国经济景气监测中心 | 80 |

表A.　当地币部分

| 指数编号 | 指数描述 | 指数来源 | 投标人建议权重（%） | 投标人相关货币金额 |
|---|---|---|---|---|
| A | 表1.15第3条目公路桥梁港口公共建设工程 | 某国 Badan Pusat Statistik 发布的材料价格综合指数 | 80 | 合同价当地币部分 |

表B.　外币部分　美元

| 指数编号 | 指数描述 | 指数来源 | 基础值及日期 | 投标人相关货币金额 | 转换为FCI | 投标人建议权重（%） |
|---|---|---|---|---|---|---|
| B | 人工输出 | 见上表 | 126.2（July 04） | | | 20 |
| | 机械设备 | | 102.8（July 04） | | | 20 |
| | 钢筋 | | 122.4（July 04） | | | 30 |
| | 钢板 | | 125.8（July 04） | | | 10 |

根据合同条款第70.4款：

基本价格（指数）指在递交投标书截止日期以前28天当日通行的价格（指数）。

由于递交投标书的截止为 2004 年 8 月 16 日，故基本价格（指数）采用 2004 年 7 月 14 日当天通行的价格（指数），即：当地币基本价格指数为 147.56，外币的基本价格指数为：人工工资 126.2，机械设备 102.8，钢筋 122.4，钢板 125.8。

现行价格（指数）指临时支付证书截止日期前 28 天当日通行的价格（指数）。

### 3. 计算过程

举例：某月临时付款证书，以及支付 2008 年 1 月 1 日到 2008 年 1 月 31 日完成工程支付情况，该月完成产值：美元 761132.88 + 当地币 2531395204.00。

该月完成产值中进场，退场，承包商临时工程，暂定金，日工和技术科研费产值为 0，基本价格指数采用 2004 年 7 月 14 日当天通行的价格（指数），即：当地币基本价格指数为 147.56，外币的基本价格指数为：人工工资 126.2，机械设备 102.8，钢筋 122.4，钢板 125.8；该月的现行调价指数应为 2008 年 1 月 3 日当日通行的价格指数即：采用 2004 年 7 月 14 日当天通行的价格（指数），即：当地币基本价格指数为 275.58，外币的基本价格指数为：人工工资 211.7，机械设备 105.6，钢筋 165.9，钢板 150.0。

将上面指数代入公式，价格调整额 = [$(V-N) \times W$] × [$(C-B) \div B$] 中，则

当地币部分价格调整额 = [（2531395204.00 − 0）× 80%] × [（275.58 − 147.56）÷ 147.56] = 1756948843（当地币）

外币部分价格调整额 = {[（761132.88 − 0）× 20%] × [（211.7 − 126.2）÷ 126.2]} + {[（761132.88 − 0）× 20%] × [（105.6 − 102.8）÷ 102.8]} + {[761132.88 − 0 × 30% × ((165.9 − 122.4) ÷ 122.4)]} + {[（761132.88 − 0）× 10%] × [（150 − 125.8）÷ 125.8]} = 203071.18（US$）

因此，在临时付款证书中，价格调整金额为：1756948843（Rp）+ 203071.18（US$）

FIDIC 分包合同 1994 年版沿用了 1987 年红皮书的内容，第 21.1 款规定：

"有关劳务费和/或材料费或影响分包工程实施任何其他事项的费用的涨落，应在分包合同价格中增加或扣除。此类增加或扣除款项的幅度应与按照主合同对合同价格进行增交或扣除款额的幅度相类似，但不能超出"。

由于分包工程是主合同工程的一个组成部分，因此，分包工程也应按照主合同规定的调价公式进行调整价格，分包商有权得到因物价上涨而增加的款项。

在 FIDIC 合同 1999 版第 13.8 款中，规定了按物价指数的调价公式，因此，承包商和分包商应按照合同规定的公式计算物价上涨的调整款项。

JCT 分包合同 SBCSub/C 合同引入了价格浮动的三个选项，即：

选项 A：贡献、征收额和税收浮动。

选项 B：劳务、材料成本和税收浮动。

选项 C：调整公式。

分包商选用哪一个调整方式，分包合同专用条款中第 10 项规定了各个选项适用的范围，分包商可根据专用条款的规定进行选择。

选项 C 中的调价公式如下：

$$\frac{[FIV - FIBM]}{[FIBM]} \times [100 - NA]\% \times [V] = [IC]$$

式中 $[V]$ ——当月付款证书金额；

$[FIV]$ ——付款证书当月的公式指数；

$[FIBM]$ ——基准月的公式指数；

$[NA]$ ——不可调整系数。

设 $[V]$ 为：10000 美元，设 $[FIV]$ 为：110，设 $[FIBM]$ 为：100，设 $[NA]$ 为：10%。

则应调整增加的费用 $[IC]$ 为：

$$\frac{110-100}{100} \times [100-10]\% \times \$10000 = \$900$$

无论是采用何种方式调整物价浮动，承包商和分包商都应按月搜集有关指数资料和基础数据，按月进行物价调整的计算工作，并将因物价调整应得的款项计入当月的临时付款证书之中。

如合同规定了价格浮动条款，则价格浮动是合同正常付款（routine payment）的一个组成部分，不是非正常付款（non-routine payment），承包商不能将价格调整看成是索赔，不能以索赔的名义提出价格浮动问题。承包商要做的是按月搜集有关价格指数数据，并根据合同规定的调价公式计算每月调价的金额，报送工程师批准，计入当月的临时付款证书之中，支付给承包商。

## 13.11　因法律改变的调整

FIDIC 合同 1987 年第 4 版第 70.2 款对法律变更作了如下规定：

"如在递交合同投标截止日期前的 28 天以后，在工程施工或预计施工的所在国家中，国家或州的任何法规、法令、政令或其他法律或规章，或任何地方或其他合法机构的细则发生了变更，或任何上述州的法规、法令、政令、法律、规章或细则等的采用，使得承包商在施工合同中发生了除第70.1款规定以外的费用的增加或减少，此类增加或减少的费用应由工程师与业主和承包商适当协商之后确定，并加入合同价格或从中扣除，工程师应相应地通知承包商，并将一份副本递交业主。"

FIDIC合同1999年版红皮书第13.7款对法律变更规定如下：

"对于基准日期后工程所在国的法律有所改变（包括适用新的法律、废除或修改现有法律）或对此项法律的司法或政府解释有所改变，影响承包商履行合同规定的义务的，在合同价格中，应考虑上述改变导致的任何费用增减予以调整。

如果因基准日期后作出的法律或此项解释的改变，使承包商已经（或将要）遭受延误和/或已经（或将要）招致增加费用，承包商应向工程师发出通知，并应有权根据第20.1款［承包商索赔］的规定要求：

（a）根据第8.4款［竣工时间的延长］的规定，如竣工已经或将要受到延误，对任何此类延误给予工期延长；以及

（b）支付计入合同价格的任何此类费用和合理利润。

工程师收到此项通知后，应根据第3.5款［决定］的要求，对这些事项表示同意或作出决定。"

对比FIDIC合同1987年版和1999年版，其主要区别是：

（1）1987年第4版仅规定了在工程所在国法律变更的情况下，承包商有权要求费用补偿，但没有明示规定承包商要求工期延长的权利。但1999版不仅规定了费用（包括合理利润）在内的费用补偿权利，也规定了承包商有权要求工期延长的权利。但在1987年第4版中，如果法律变更影响工期，则应默示承包商有权要求工期延长。

（2）1987年第4版中规定因法律变更造成费用的增减，应由工程师与业主和承包商适当协商后确定。但1999年版中仅规定承包商应向工程师发出通知，工程师应根据第3.5款的规定表示同意或作出决定。

（3）1987年第4版规定因法律变更而产生费用的增加和减少两种情形，工程师可以在与业主和承包商协商后减少费用。而1999年版仅规定费用增加的情形，没有列出费用减少如何处理的规定。

根据1987年第4版和1999年版红皮书的规定，因法律变更而调整费用或工期，只能是工程所在国发生法律改变，工程所在国以外发生法律变更不在本条管辖范围之内。

法律的改变包括了所有法律、法令、规章和规定等的改变。但对于承包商而言，并非所有法律的改变都会影响到承包商的工程活动。在实践中，对承包商影响最大的法律是：

(1) 劳动法、社会保险法。
(2) 健康、安全和福利法。
(3) 环境保护法。
(4) 海关法，特别是关税变更方面。
(5) 其他法律的改变。

承包商应关注法律的变化与影响。如劳动法或社会保险法的改变，承包商可能需要给当地工人补交社会保险费等，这笔费用将计入因法律改变的费用之中。在实践中，应按月从项目会计处取得缴付当地工人社保费的单据，整理计算出每月缴付的当地人员的社保费用，并递交给工程师批复，计入当月的临时付款证书中。

承包商在处理因法律改变而需要增加工期和费用时，是将其纳入正常支付范围还是索赔？这主要是依据有关合同条款的明示规定。在 FIDIC 合同 1999 年版中，应视为正常的合同行为，不能构成一项承包商的索赔。工程师应在收到承包商的此类通知后，作出是否同意的决定，如同意，应将其计入合同价格中支付给承包商，或考虑延长工期。如工程师作出不同意的决定，在 1987 年版中，承包商只能以索赔的方式递交给工程师进行费用和工期索赔，但在 1999 年版中，承包商可将争议提交给争议裁决委员会进行裁决。

## 13.12　暂定金额

FIDIC 合同 1987 年第 4 版第 58 条规定暂定金额的内容如下：

"58.1　"暂定金额"系指包括在合同中，并在工程量表中以该名称为标题，供工程任何部分的施工，或提供货物、材料、设备或服务，或供不可预料事件之费用的一项金额。这项金额根据工程师的指示可全部或部分使用，或不予动用。承包商仅有权使用本款规定由工程师决定的与上述暂定金额有关的工作、供应或不可预料事件的费用金额。工程师应将根据本款所作的任何决定通知承包商，同时将一份副本递交业主。

58.2　对于每一笔暂定金额，工程师有权指示下列人员实施工作或提供货物、材料、设备或服务：

(a) 承包商，因此，承包商有权使用根据第 52 条所确定的与上述工作相应价值的金额；

(b) 按下文定义中的指定分包商，因此，支付给承包商的金额应根据第59.4款决定和支付。

59.3 除了那些按投标文件中所列费率或价格进行估价的工程外，承包商应向工程师出示与暂定金额开支有关的所有报价单、发票、凭证和账单或收据。"

FIDIC合同1999年版将暂定金额的定义在第1条中进行了规定，而将暂定金额的具体规定纳入第13条变更和调整之中。

第1.1.4.10款规定暂定金额的定义是：

"1.1.4.10 '暂定金额'是根据第13.5款[暂定金额]的规定，为了实施工程某一部分或用于提供生产设备、材料或服务，在合同中规定的作为暂定金额的一笔款项（如有）。"

第13.5款规定：

"13.5 暂定金额

每笔暂定金额仅应根据工程师的指示全部或部分地使用，合同价格应相应进行调整。付给承包商的总金额仅应包括工程师已指示的、与暂定金额有关的工作、供货或服务的应付金额。对于每笔暂定金额，工程师可指示用于下列支付：

(a) 按照第13.3款[变更程序]的规定进行估价的、需要由承包商实施的工作（包括要提供的生产设备、材料或服务）；和/或

(b) 应包括在合同价格中的，需要由承包商从指定分包商（或根据第5条[指定分包商]的定义）或其他单位购买的生产设备、材料或服务，所需的下列费用：

(i) 承包商已付（或应付）的实际金额；和

(ii) 以相应清单规定的有关百分率（如有）计算的一个百分比，作为管理费和利润的金额。如无此项百分比，应采用投标附录中的百分比。

在工程师要求时，承包商应出示报价单、发票、凭证、账单或收据证明文件。"

暂定金额是业主的一笔"备用"性质的款项，在工程量表中以"暂定金额"为标题的形式出现，是一笔在招标文件中业主已经明确金额的款项，投标时无需承包商填写此栏内容。但承包商在计算投标和合同总额时应将其计算在内。

业主在招标文件中确定了此笔款项，可能是出于自身的考虑和需要，如将业主指定分包商的分包合同金额放入工程量表的该栏目中，或将未来要求

承包商或其他人提供的货物、材料、设备或服务的价格放入此栏。

承包商实施暂定金额栏目中的项目、供货、设备或服务时，应根据工程师的指示进行，这样才能对暂定金额中的款项进行结算，按照要求，承包商应向工程师提交有关单据、发票或凭证等证明承包商价格的文件，待工程师核算计量后予以结清。

暂定金额与不可预见费不同。不可预见费是业主在合同中放入的一笔用于紧急情况下才能使用的款项，不可预见费通常是合同总额的 5%，或业主通常在招标文件中规定一个具体的金额，业主在招标文件中对不可预见费的使用目的是不明确的，最大的用途是用于成本超支时用以支付承包商。而在暂定金额项下，业主在招标时可能已经进行了安排，如给付指定分包商的款项，或要求承包商提供货物、材料、设备或服务等。在实践中，承包商要想从不可预见费中结算工程款项，是一项不容易实现的事情。

根据《哈得逊论建筑和工程合同》第 11 版（Hudson's Building and Engineering Contract, 11th ed.）中的观点，工程师变更的权力在暂定金额中受到限制，即工程师不能随意取消暂定金额中的工程项目，见 Carr 诉 Berriman 案和 Amec Building Ltd. 诉 Cadmus Investment Co. Ltd.（1996）Const. L. J. 50, 65 – 66 案。

## 13.13　计日工

FIDIC 合同 1987 年第 4 版第 52.4 款对计日工规定如下：

"如果工程师认为有必要或可行时，可以发出指示，规定在计日工作的基础上实施任何变更工程。对这类变更工作应按合同中包括的计日工作表中所定项目和承包和在其投标书中所确定的费率和价格，向承包商付款。

承包商应向工程师提供可能需要的证实所付款项的收据或其他凭证，并且在订购材料之前，向工程师递交订货报价单供其批准。

对此类按计日工实施的工程，承包商应在该工程持续进行过程中，每天向工程师递交受雇从事该工作的所有工人的姓名、工种和工时的确切清单，一式两份，以及表明所有该项工程所用和所需材料和承包商设备的种类和数量的报表，一式两份，根据此类计日工作表中规定的附加百分比中包括的承包商的设备除外。如内容正确或经同意时，工程师将在每种清单和报表的一份上签字并退还给承包商。

在每月月末，承包商应向工程师送交一份除上述以外所用的劳务、材料和承包商设备的标价的报表。除非已完整按时地递交了此类清单报表，否则承包商无权获得任何款项。但如果工程师认为承包商由于任何原因而不可能按照上述规定送出此类清单和报表时，他仍然有权批准对此类工作的付款，或根据受雇实践，以及用于该工程的劳务、材料和承包商的设备作为计日工偿付，或按他认为公平合理的该工作的价值付款。"

FIDIC 合同 1999 年版红皮书在 13.6 款中规定计日工作：

"13.6 计日工作

对于一些小的或附带性的工作，工程师可指示按计日工作作出变更。工作应随后根据包括在合同中的日工表进行估价，并应采用下述程序。如果合同中未包括日工表，则本款不予适用。

在为工程订购货物前，承包商应向工程师递交报价单。当申请支付时，承包商应递交各种货物的发票、凭证、账单或收据。

除日工表中规定不应支付的任何项目外，承包商应向工程师递交每日的准确报表，一式两份，报表应包括前一日工作中使用的各项资源的详细资料：

（a）承包商人员的姓名、职业和使用时间；

（b）承包商设备和临时工程的标识、型号和使用时间；和

（c）所用的生产设备和材料的数量和型号。

（d）报表如正确或经同意，将由工程师签署并退回承包商一份。承包商应在将它们纳入其后根据第 14.3 款［临时付款证书的申请］的规定递交的报表前，先向工程师递交这些资源的估价报表。"

计日工通常处理的是一些零星的或小额的工程项目，在工程量表中以计日工作（daywork）的标题出现，承包商应根据招标文件的要求，填写计日工费率或价格。

由于计日工是一些零星的或小额的工程项目，因此通常情况下承包商填报的费率和价格会很高，但由于计日工作数量占整个合同的比重很小，因此其对合同总价不会产生什么影响。

计日工作应按照工程师的指示进行。承包商在实施计日工作中应按照合同要求或工程师的要求做好记录工作，并将记录递交给工程师，由工程师进行审核签认，计入当月的临时付款证书之中，支付给承包商。

计日工作是正常付款的一个组成部分，而不是非正常付款，计日工作不能构成索赔，承包商也不能将计日工作纳入索赔的范畴。

# 附录13　FIDIC 合同 1987 年第 4 版和 1999 年版《施工合同条件》合同条款对照表

| FIDIC 合同 1987 年第 4 版合同条款 | | FIDIC 合同 1999 年版合同条款 | |
|---|---|---|---|
| 第一部分：通用条件定义和解释 | | | |
| 1.1 | 定义 | 1.1 | 定义 |
| 1.2 | 标题和旁注 | 1.2 | 解释 |
| 1.3 | 解释 | 1.2 | 解释 |
| 1.4 | 单数和复数 | 1.2 | 解释 |
| 1.5 | 通知、同意、批准、证明和决定 | 1.3 | 通信交流 |
| 工程师和工程师代表 | | | |
| 2.1 | 工程师的职责和权力 | 3.1 | 工程师的任务和权力 |
| 2.2 | 工程师代表 | 3.2 | 工程师的委托 |
| 2.3 | 工程师的权力委托 | 3.2 | 工程师的委托 |
| 2.4 | 任命助理 | 3.2 | 工程师的委托 |
| 2.5 | 书面指示 | 3.3 | 工程师的指示 |
| 2.6 | 工程师要行为公正 | 3.1 | 工程师的任务和权力 |
| 转让与分包 | | | |
| 3.1 | 合同转让 | 1.7 | 权益转让 |
| 4.1 | 分包 | 4.4 | 分包商 |
| 4.2 | 分包商义务的转让 | 4.5 | 分包合同权益的转让 |
| 合同文件 | | | |
| 5.1 | 语言和法律 | 1.4 | 法律和语言 |
| 5.2 | 合同文件的优先次序 | 1.5 | 文件有限次序 |
| 6.1 | 图纸和文件的保管和提供 | 1.8 | 文件的照管和提供 |
| 6.2 | 现场要保留一套图纸 | 1.8 | 文件的照管和提供 |
| 6.3 | 工程进展中断 | 1.9 | 延误的图纸和指示 |
| 6.4 | 图纸误期和误期的费用 | 1.9 | 延误的图纸和指示 |
| 6.5 | 承包商未能提交图纸 | 1.9 | 延误的图纸和指示 |
| 7.1 | 补充图纸和指示 | 3.3 | 工程师的指示 |
| 7.2 | 由承包商设计的永久工程 | 4.1 | 承包商的一般义务 |
| 7.3 | 批准不影响责任 | 3.1 | 工程师的任务和权力 |

（续）

| FIDIC 合同 1987 年第 4 版合同条款 | | FIDIC 合同 1999 年版合同条款 | |
|---|---|---|---|
| 一般义务 | | | |
| 8.1 | 承包商的一般责任 | 4.1 | 承包商的一般义务 |
| 8.2 | 现场作业和施工方法 | 4.1 | 承包商的一般义务 |
| 9.1 | 合同协议书 | 1.6 | 合同协议书 |
| 10.1 | 履约担保 | 4.2 | 履约担保 |
| 10.2 | 履约担保的有效期 | 4.2 | 履约担保 |
| 10.3 | 根据履约担保的索赔 | 4.2 | 履约担保 |
| 11.1 | 现场视察 | 4.10 | 现场数据 |
| 12.1 | 投标书的完备性 | 4.11 | 中标合同金额的充分性 |
| 12.2 | 不利的外界障碍或条件 | 4.12 | 不可预见的物质条件 |
| 13.1 | 应遵照合同工作 | 3.3, 19.7 | 工程师指示<br>根据法律解除履约 |
| 14.1 | 应提交的进度计划 | 8.3 | 进度计划 |
| 14.2 | 修订的进度计划 | 8.3 | 进度计划 |
| 14.3 | 应提交的现金流量估算 | 14.4 | 付款计划表 |
| 14.4 | 不解除承包商的义务或责任 | 3.1 | 工程师的任务和权力 |
| 15.1 | 承包商的监督 | 4.3 | 承包商代表 |
| 16.1 | 承包商的雇员 | 6.9 | 承包商人员 |
| 16.2 | 工程师有权反对 | 6.9 | 承包商人员 |
| 17.1 | 放线 | 4.7 | 放线 |
| 18.1 | 钻孔和勘探开挖 | 13.1 | 变更权 |
| 19.1 | 安全、保卫和环境保护 | 4.8, 4.18, 4.22 | 安全程序、环境保护、现场保安 |
| 19.2 | 业主的责任 | 2.3 | 业主人员 |
| 责任的分担和保险义务 | | | |
| 20.1 | 工程的照管 | 17.2 | 承包商对工程的照管 |
| 20.2 | 弥补损失或损坏的责任 | 17.2 | 承包商对工程的照管 |
| 20.3 | 由于业主风险造成的损失或损坏 | 17.4 | 业主风险的后果 |
| 20.4 | 业主的风险 | 17.3 | 业主的风险 |
| 21.1 | 工程和承包商设备的保险 | 18.2 | 工程和承包商设备的保险 |
| 21.2 | 保险范围 | 18.2 | 工程和承包商设备的保险 |

(续)

| FIDIC 合同 1987 年第 4 版合同条款 | | FIDIC 合同 1999 年版合同条款 | |
|---|---|---|---|
| 21.3 | 对未能收回金额的责任 | 18.1 | 有关保险的一般要求 |
| 21.4 | 保险不包括的项目 | 18.2 | 工程和承包商设备的保险 |
| 22.1 | 人身或财产的损害 | 17.1 | 保障 |
| 22.2 | 例外 | 17.1 | 保障 |
| 22.3 | 业主提供的保障 | 17.1 | 保障 |
| 23.1 | 第三方保险（包括业主的财产） | 18.3 | 人身伤害和财产损害险 |
| 23.2 | 保险的最低数额 | 18.3 | 人身伤害和财产损害险 |
| 23.3 | 交叉责任 | 18.3 | 人身伤害和财产损害险 |
| 24.1 | 人员的事故或受伤 | 18.4 | 承包商人员的保险 |
| 24.2 | 人员的事故保险 | 18.4 | 承包商人员的保险 |
| 25.1 | 保险的证据和条款 | 18.1 | 有关保险的一般要求 |
| 25.2 | 保险的完备性 | 18.1 | 有关保险的一般要求 |
| 25.3 | 对承包商未办保险的补救方法 | 18.1 | 有关保险的一般要求 |
| 25.4 | 遵守保险单的条件 | 17.1 | 保障 |
| 承包商的其他义务 | | | |
| 26.1 | 遵守法令、规章 | 1.13 | 遵守法律 |
| 27.1 | 化石 | 4.24 | 化石 |
| 28.1 | 专利权 | 17.5 | 知识产权和工业产权 |
| 28.2 | 矿区使用费 | 7.5 | 拒收 |
| 29.1 | 对交通和毗邻财产的干扰 | 4.14 | 避免干扰 |
| 30.1 | 避免损坏道路 | 4.15 | 进场道路 |
| 30.2 | 承包商设备或临时工程的运输 | 4.13, 4.15 | 道路通行权和设施 进场道路 |
| 30.3 | 材料或工程设备的运输 | 4.16 | 货物运输 |
| 30.4 | 水运 | 4.15 | 进场道路 |
| 31.1 | 为其他承包商提供机会 | 4.6 | 合作 |
| 31.2 | 为其他承包商提供方便 | 4.6 | 合作 |
| 32.1 | 承包商保持现场清洁 | 4.23 | 承包商的现场作业 |
| 33.1 | 竣工时的现场清理 | 4.23 | 承包商的现场作业 |
| 劳务 | | | |
| 34.1 | 职员和劳务人员的雇用 | 6.1 | 职员和劳务的雇用 |
| 35.1 | 劳务人员和承包商设备情况的报告 | 6.10 | 承包商人员和设备的记录 |

（续）

| FIDIC 合同 1987 年第 4 版合同条款 | | FIDIC 合同 1999 年版合同条款 | |
|---|---|---|---|
| 材料、工程设备和工艺 | | | |
| 36.1 | 材料、工程设备和工艺的质量 | 7.1 | 实施方法 |
| 36.2 | 样品费用 | 7.2 | 样品 |
| 36.3 | 检验费用 | 7.4 | 试验 |
| 36.4 | 未规定检验费用 | 7.4 | 试验 |
| 36.5 | 工程师关于未规定检验的决定 | 7.4 | 试验 |
| 37.1 | 操作检查 | 7.3 | 检验 |
| 37.2 | 检查和检验 | 7.3 | 检验 |
| 37.3 | 检查和检验的日期 | 7.3 | 检验 |
| 37.4 | 拒收 | 7.5 | 拒收 |
| 37.5 | 独立检查 | 3.2 | 工程师的委托 |
| 38.1 | 工程覆盖前的检查 | 7.3 | 检验 |
| 38.2 | 剥露和开孔 | 7.3 | 检验 |
| 39.1 | 不合格的工程材料或工程设备的拆运 | 7.6 | 修补工作 |
| 39.2 | 承包商不遵守指示 | 7.6 | 修补工作 |
| 暂时停工 | | | |
| 40.1 | 暂时停工 | 8.8 | 暂时停工 |
| 40.2 | 暂时停工后工程师的决定 | 8.9 | 暂停的后果 |
| 40.3 | 暂时停工持续 84 天以上 | 8.11 | 拖长的暂停 |
| 开工和误期 | | | |
| 41.1 | 工程的开工 | 8.1 | 工程的开工 |
| 42.1 | 现场占有权及其通道 | 2.1 | 现场进入权 |
| 42.2 | 未能给出占有权 | 2.1 | 现场进入权 |
| 42.3 | 道路通行权和设施 | 4.13 | 道路通行权和设施 |
| 43.1 | 竣工时间 | 8.2 | 竣工时间 |
| 44.1 | 竣工时间的延长 | 8.4 | 竣工时间的延长 |
| 44.2 | 承包商应提供的通知书和详细申述 | 8.4 | 竣工时间的延长 |
| 44.3 | 临时的延期决定 | 8.4, 20.1 | 竣工时间的延长、承包商的索赔 |
| 45.1 | 工作时间的限制 | 6.5 | 工作时间 |
| 46.1 | 施工进度 | 8.6 | 工程进度 |

(续)

| FIDIC 合同 1987 年第 4 版合同条款 | | FIDIC 合同 1999 年版合同条款 | |
|---|---|---|---|
| 47.1 | 误期损害赔偿费 | 8.7 | 误期损害赔偿费 |
| 47.2 | 误期损害赔偿费的减少 | 10.2 | 部分工程的接收 |
| 48.1 | 移交证书 | 10.1 | 工程和区段工程的接收 |
| 48.2 | 区段或部分移交 | 10.2 | 部分工程的接收 |
| 48.3 | 部分工程基本竣工 | 10.2 | 部分工程的接收 |
| 48.4 | 地表需要恢复原状 | 10.4 | 需要复原的地面 |
| 缺陷责任 | | | |
| 49.1 | 缺陷责任期 | 11.1 | 完成扫尾工作和修补缺陷 |
| 49.2 | 完成剩余工作和修补缺陷 | 11.1 | 完成扫尾工作和修补缺陷 |
| 49.3 | 修补缺陷的费用 | 11.2 | 修补缺陷的费用 |
| 49.4 | 承包商未执行指示 | 11.4 | 未能修补缺陷 |
| 50.1 | 承包商进行调查 | 11.8 | 承包商调查 |
| 变更、增添和省略 | | | |
| 51.1 | 变更 | 13.1 | 变更权 |
| 51.2 | 变更的指示 | 13.1 | 变更权 |
| 52.1 | 变更的估价 | 12.3 | 估价 |
| 52.2 | 工程师确定费率的权力 | 12.3 | 估价 |
| 52.3 | 变更超过 15% | | |
| 52.4 | 计日工 | 13.6 | 计日工 |
| 索赔程序 | | | |
| 53.1 | 索赔通知 | 20.1 | 承包商的索赔 |
| 53.2 | 同期纪录 | 20.1 | 承包商的索赔 |
| 53.3 | 索赔的证明 | 20.1 | 承包商的索赔 |
| 53.4 | 未能遵守 | 20.1 | 承包商的索赔 |
| 53.5 | 索赔的支付 | 20.1 | 承包商的索赔 |
| 承包商的设备、临时工程和材料 | | | |
| 54.1 | 工程专用的承包商的设备、临时工程和材料 | 4.17 | 承包商的设备 |
| 54.2 | 业主对损坏不负责任 | 4.17, 17.2 | 承包商的设备 承包商对工程的照管 |
| 54.3 | 清关 | 2.2 | 许可、执照或批准 |
| 54.4 | 承包商的设备再出口 | 2.2 | 许可、执照或批准 |

(续)

| FIDIC 合同 1987 年第 4 版合同条款 | | FIDIC 合同 1999 年版合同条款 | |
|---|---|---|---|
| 54.5 | 承包商的设备租用条件 | 4.4, 15.2 | 分包商 业主的终止 |
| 54.6 | 用于第 63 条的费用 | 15.3 | 终止日期的估价 |
| 54.7 | 编入分包合同的条款 | 4.4 | 分包商 |
| 54.8 | 不意味着对材料的批准 | | |
| 计量 | | | |
| 55.1 | 工程量 | 14.1 | 合同价格 |
| 56.1 | 需测量工程 | 12.1 | 需测量的方法 |
| 57.1 | 测量方法 | 12.2 | 测量方法 |
| 57.2 | 包干项目的分项 | 14.1 | 合同价格 |
| 暂定金额 | | | |
| 58.1 | 暂定金额的定义 | 13.5 | 暂定金额 |
| 58.2 | 暂定金额的使用 | 13.5 | 暂定金额 |
| 58.3 | 凭证的出示 | 13.5 | 暂定金额 |
| 指定分包商 | | | |
| 59.1 | "指定分包商"的定义 | 5.1 | 指定分包商的定义 |
| 59.2 | 指定的分包商；对指定的反对 | 5.2 | 反对指定 |
| 59.3 | 设计要求应明确规定 | 5.2 | 反对指定 |
| 59.4 | 对指定的分包商的付款 | 5.3 | 对指定分包商的付款 |
| 59.5 | 对指定分包商的支付证书 | 5.4 | 付款证据 |
| 证书与支付 | | | |
| 60.1 | 月报表 | 14.3 | 临时付款证书的申请 |
| 60.2 | 每月的支付 | 14.6 | 临时付款证书的签发 |
| 60.3 | 保留金的支付 | 14.9 | 保留金的支付 |
| 60.4 | 证书的修改 | 14.6 | 临时付款证书的签发 |
| 60.5 | 竣工报表 | 14.10 | 竣工报表 |
| 60.6 | 最终报表 | 14.11 | 最终付款证书的申请 |
| 60.7 | 结清 | 14.12 | 结清证明 |
| 60.8 | 最终证书 | 14.13 | 最终付款证书的签发 |
| 60.9 | 业主责任的终止 | 14.14 | 业主责任的中止 |
| 60.10 | 支付时间 | 14.7 | 付款 |

(续)

| FIDIC 合同 1987 年第 4 版合同条款 | | FIDIC 合同 1999 年版合同条款 | |
|---|---|---|---|
| 61.1 | 仅凭缺陷责任证书的批准 | 11.9 | 履约证书 |
| 62.1 | 缺陷责任证书 | 11.9 | 履约证书 |
| 62.2 | 未履行的义务 | 11.10 | 未履行的义务 |
| 补救措施 | | | |
| 63.1 | 承包商的违约 | 15.2 | 业主终止 |
| 63.2 | 终止日的估价 | 15.3 | 终止日期的估价 |
| 63.3 | 终止后的付款 | 15.4 | 终止后的付款 |
| 63.4 | 协议利益的转让 | 4.4, 15.2 | 分包商 业主终止 |
| 64.1 | 紧急补救工作 | 7.6 | 修补工作 |
| 特殊风险 | | | |
| 65.1 | 对特殊风险不承担责任 | 17.4 | 业主风险的后果 |
| 65.2 | 特殊风险 | 17.3 | 业主的风险 |
| 65.3 | 特殊风险对工程的损害 | 17.4 | 业主风险的后果 |
| 65.4 | 炮弹、导弹 | 17.4 | 业主风险的后果 |
| 65.5 | 由特殊风险引起的费用增加 | 17.4 | 业主风险的后果 |
| 65.6 | 战争爆发 | 19.6 | 自主选择终止、付款和解除 |
| 65.7 | 合同终止时承包商设备的撤离 | 19.6 | 自主选择终止、付款和解除 |
| 65.8 | 合同终止后的付款 | 19.6 | 自主选择终止、付款和解除 |
| 解除履约 | | | |
| 66.1 | 解除履约时的付款 | 19.7 | 根据法律解除履约 |
| 争端的解决 | | | |
| 67.1 | 工程师的决定 | 20.1 | 承包商的索赔 |
| 67.2 | 友好解决 | 20.5 | 友好解决 |
| 67.3 | 仲裁 | 20.6 | 仲裁 |
| 67.4 | 未能遵从工程师的决定 | 20.7 | 未能遵守争议裁决委员会的决定 |
| 通知 | | | |
| 68.1 | 致承包商的通知 | 1.3 | 通信交流 |
| 68.2 | 致业主和工程师的通知 | 1.3 | 通信交流 |
| 68.3 | 地址的变更 | 1.3 | 通信交流 |
| 业主的违约 | | | |
| 69.1 | 业主的违约 | 16.2 | 承包商的终止 |

(续)

| FIDIC 合同 1987 年第 4 版合同条款 | | FIDIC 合同 1999 年版合同条款 | |
|---|---|---|---|
| 69.2 | 承包商设备的撤离 | 16.3 | 停止工作和承包商设备的撤离 |
| 69.3 | 终止时的付款 | 16.4 | 终止时的付款 |
| 69.4 | 承包商暂停工作的权力 | 16.1 | 承包商暂停工作的权利 |
| 69.5 | 复工 | 16.1 | 承包商暂停工作的权利 |
| 费用和法规的变更 | | | |
| 70.1 | 费用的增加或减少 | 13.8 | 因成本改变的调整 |
| 70.2 | 后续的法规 | 13.7 | 因法律改变的调整 |
| 货币及汇率 | | | |
| 71.1 | 货币限制 | | |
| 72.1 | 汇率 | 14.15 | 支付的货币 |
| 72.2 | 货币比例 | 14.15 | 支付的货币 |
| 72.3 | 为暂定金额支付的货币 | 14.15 | 支付的货币 |

# 第 14 章 支　付

承包商在投标和合同管理过程中应考虑现金流量,这是一项非常重要的工作。

——布赖恩·W·托特蒂尔:《FIDIC 用户指南》

## 14.1　合同类型与付款方式

根据英美法,在建筑工程施工合同中,承包商承诺实施、完成和维护工程项目,而业主承诺支付工程价款,这是施工合同的对价,也是施工合同成立,即要约、承诺和对价三个要件之一。

### 14.1.1　单价合同

单价合同的支付是以计量承包商实际完成的工程数量,乘以工程数量表中的单价后计算承包商应得合同价款的一种付款方式。单价合同主要有 1987 年版红皮书和 1999 年版 FIDIC 合同新红皮书、ICE 合同第 7 版(测量和估价版)、JCT 合同中的以测量和单价形式出现的合同版本,以及 FIDIC 分包合同 1994 年第 1 版等,2009 年版 FIDIC《施工分包合同条件》。

在单价合同中,测量标准和计量准则一般会在合同中,如合同条款、规范或图纸中明示规定。在 1999 年版 FIDIC 新红皮书中,第 12 条规定了测量和计价具体内容、要求和程序。在单价合同中,工程师需要对承包商所做的工程进行测量和计量,统计承包商每月完成的工程量,然后将工程量表中的某项工程的单价乘以本月该项工程完成的工程数量,扣除预付款(如有)和保留金后,即为本月应付承包商的工程价款。

### 14.1.2　总价合同

在总价合同中,业主向承包商的付款主要采用分期支付(installment)、阶段付款(stage payment)或里程碑付款(milestone payment)方式,即承包商完成一个阶段或里程碑的工程,业主则向承包商支付这个阶段或里程碑的工程款项。如果分包合同也是总价合同方式,则承包商向分包商支付分包工程款项也按照分期或阶段付款方式进行。属于总价合同的标准格式合同主要有 FIDIC 合同 1999 年版新黄皮书和银皮书、ICE 的设计和施工合同、JCT 的设计和施工合同格式、NEC 的设计和施工合同格式等。

在总价合同中，合同应规定分期付款、阶段付款或里程碑付款的具体方式。在分期付款方式中，合同应规定分期付款的时间、次数和具体金额，以便承包商在投标时测算现金流量，制定现金流量表，预测现金流对其报价的影响。在阶段付款或里程碑付款方式中，应详细规定具体的付款的阶段和里程碑，每个阶段或里程碑的具体要求和界限，以便工程师核验承包商完成的工程量或者里程碑，完成验工和支付手续。

在以时间节点为支付标准的总价合同中，例如在合同仅仅规定 3 个月进行验工付款，但合同没有规定具体的里程碑和阶段工程时，工程师应与承包商进行协商，对总价合同的工程内容和工程量进行分解，制定详细的验工标准和程序，以便工程师进行验工计价，保证承包商能够按照商定的验工标准和程序回收工程款项。对承包商而言，在与工程师商定验工标准时，应根据合同的工程量表，结合工程的具体性质，确定简单的、容易辨别的验工准则和范围，以便在时间节点进行准确的验工计价。

在以里程碑付款、阶段工程付款和时间节点付款的总价合同中，对业主、工程师和承包商而言，里程碑付款和阶段工程付款易于操作，而以时间节点付款的总价合同难于操作，因此，建议业主在准备和起草合同的过程中，应详细考虑总价合同的付款方式，安排合理的付款进度和支付方式，以便业主能从承包商处获得较为合理的投标价格。如果支付方式和时间安排不当，造成承包商在施工中大量垫资，承包商会将垫资或使用流动资金的成本计入投标价格中，从而导致投标价格高企，损害业主的利益。

在英国相关的判例中，有关总价合同的争议主要集中在完全合同（entire contract）和基本履行（substantial performance）两个方面。根据英国判例，完全合同是指给付款项是以完全履行为前提条件。大多数总价合同是这种类型的合同，在建筑工程合同中，业主向承包商分期支付或阶段付款是以承包商符合工程进度或时间要求，或两者均满足的情况下才能进行。在 Cutter 诉 Powell（1795）案中，法官判定完全合同的定义为，完全合同是一项单独的合同，一方当事人完全履行承诺是另一方当事人有权要求履行其任何一部分承诺的前提条件。

基本履行是指业主不能以缺陷或省略为由剥夺承包商获得付款的权利。在扣除了省略工程或修复缺陷工程款项后，业主应向承包商支付工程价款。

因此，在一般的总价合同中，如果承包商已经基本完成（substantial

completion）了合同工程项目，承包商有权要求业主付款，但其要求的合同价款中应扣除业主抵消部分或对缺陷的反索赔金额。

【案例】在 Hoeing 诉 Isaacs, Court of Appeal [1952] 2 All ER 176 案[一]中，原告为被告装修公寓并提供家具，价格为 750 英镑，合同规定："按进度付款，竣工时多退少补"。被告按照进度分期支付了 400 英镑，但竣工时以设计和工艺存在缺陷为由拒绝支付余款 350 英镑。

法院判决：原告已经实际履行了合同，被告应向原告支付 750 英镑，但应扣除修复缺陷的费用 56 英镑。

【案例】在 H. Dakin & Co. Ltd. 诉 Lee, Court of Appeal, [1961] 1 KB 566 案[二]中，原告为被告的住房进行改动工程，总价为 264 英镑。但该工程没有完全按照规范进行，于是业主拒绝付款。

法院判决：原告有权获得 264 英镑，但应扣除使工程符合规范的施工费用。

【案例】在 Bolton 诉 Mahadeva 案[三]中，原告同意为被告的住宅安装中央取暖系统，总价为 560 英镑。竣工时，被告抱怨系统存在缺陷，即不能有效工作并不能达到取暖效果，于是被告拒绝付款。修复费用为 174 英镑。

法院判决：在原告基本完成合同后，原告有权索偿扣除修复费用之后的合同价款。

## 14.1.3 成本加酬金合同

在成本加酬金合同中，一般合同中会明示规定成本计算的方式以及承包商递交有关支付单据、发票和合同等文件的详细程序。在合同没有明示规定时，根据西方判例，应以诚实的和合理的原则计算成本。在大中型项目中，成本的计算和签认的程序会是一个严格的程序，而没有规定成本计算原则的多是小型工程项目。

在成本加酬金合同中，业主和承包商应按照成本计量原则计算成本支出，并根据合同规定的时间向承包商支付合同价款和酬金。

---

[一] Michael Furmston. Powell-Smith and Furmston's Building Contract Casebook [M]. 4th. Oxford: Blackwell Publishing Ltd., 2006. 179-180.

[二] Michael Furmston. Powell-Smith and Furmston's Building Contract Casebook [M]. 4th. Oxford: Blackwell Publishing Ltd., 2006. 179.

[三] Michael Furmston. Powell-Smith and Furmston's Building Contract Casebook [M]. 4th. Oxford: Blackwell Publishing Ltd., 2006. 181-182.

## 14.2 计量

### 14.2.1 计量准则

大多数标准合同格式中都规定了计量准则，如英国土木工程师学会出版的《土木工程标准测量方法》等。与大多数标准合同格式不同，考虑到合同的广泛性和适用性，FIDIC新红皮书没有明确规定使用标准的测量方法，只在第12.2款规定"(b) 测量的方法应按照工程量表或其他适用清单的规定。"业主可考虑在专用条款中对工程所使用的测量方法作出明示规定。另外，工程量表应对将使用的测量方法的作出详细解释。例如，需要解释什么是"净实际数量"。它不是指承包商完成工程的实际数量。特别地，在地下工程施工时，为了能够配合施工方法，承包商需要注入额外的水泥混凝土或进行额外的挖掘工程。因此，净实际数量是指为实施永久工程而要求实施的最低数量。

1999年版FIDIC新红皮书中的第12条是为需要重新测量的单价合同而编制的。在此类合同中，中标合同价格基于估计工程数量而确定，承包商应按照图纸和规范要求进行施工，并按照他实际完成的数量，通过测量计价，按月付款。1987年版FIDIC红皮书、ICE第7版合同都属于这一类合同。

在FIDIC新黄皮书、银皮书中，由于新黄皮书和银皮书属于总价合同，因此，新黄皮书和银皮书第12条规定了"竣工后试验"的内容，替代了新红皮书的测量和估价。也就是说，使用新黄皮书和银皮书时，工程师或业主不需要对承包商所做的工程进行测量，只需对承包商完成的工程是否满足里程碑或阶段工程付款要求，工程没有缺陷，就需向承包商支付工程款项。在以时间为节点的总价合同中，只要承包商实施的工程满足了验工计价的标准，业主就需向承包商付款。

### 14.2.2 测量程序

1999年版FIDIC新红皮书第12.1款规定了测量程序，如下：
(1) 工程师决定需要对部分工程进行测量并通知承包商；
(2) 承包商参加并协助工程师进行测量；
(3) 如承包商未能参加测量工作，应认可工程师的测量是准确的。

如果需要根据施工记录进行测量部分工程，投标文件中应对此进行详细规定。在工程师准备记录，承包商检查记录并对记录表示是否同意的情况下，也适用同样的程序。

如果工程师要求承包商为了测量和准备记录而进行施工，规范中应对此进行规定。在实践中，承包商经常起着比合同规定更为积极的作用。承包商更愿意将有关雇员和设备准备妥当，并且有些承包商倾向于自己进行测量工作，而不是协助工程师进行测量。工程师可以随后检查和确认承包商的测量记录。

合同没有规定测量所需的确切时间期限，这是工程师的事情。虽然在掩埋和覆盖之前需要对这些工程进行测量，但测量通知的时间将依据工程的进度和工程量表中某些项目完成的具体情况而定。在工程需要掩埋和覆盖之前，承包商应根据第7.3款通知工程师。

为了在竣工时承包商能够准备和递交第14.10款项下的报表，工程师应及时完成测量工作，但测量工作与期中付款没有任何关联。第14.3款有关期中付款的规定基于"已实施的估算价值"，而不是最终价格。估算价值可能基于一项期中付款或大致的测量结果，并可以在双方同意的最终测量数据基础上进行调整。

### 14.2.3 分包工程的计量

在单价合同中，工程师以及验工计量师对承包商所实施的工程进行测量和计量，而分包合同作为主合同的一部分，工程师以及验工计量师承担了分包工程的测量和计量工作。在设计—施工（DB）工程项目和EPC工程项目中，在主包商聘用分包商实施部分工程时，主包商应制定测量和计量规则，对分包商的工程进行验工计价，在验工计价的基础上，向分包商支付分包合同款项。

在DB或EPC项目中，例如在使用FIDIC新黄皮书或银皮书的情况下，无论分包合同是总价合同还是单价合同，主包商均需要对分包商所实施的工程进行验工计价。主包商应制定分包工程的验工计价规则和程序，以便向分包商支付分包合同价款。在DB或EPC工程中，分包工程的验工计价流程见图14-1。

### 14.2.4 估价

1999年版FIDIC新红皮书第12.3款规定了估价原则，如下：

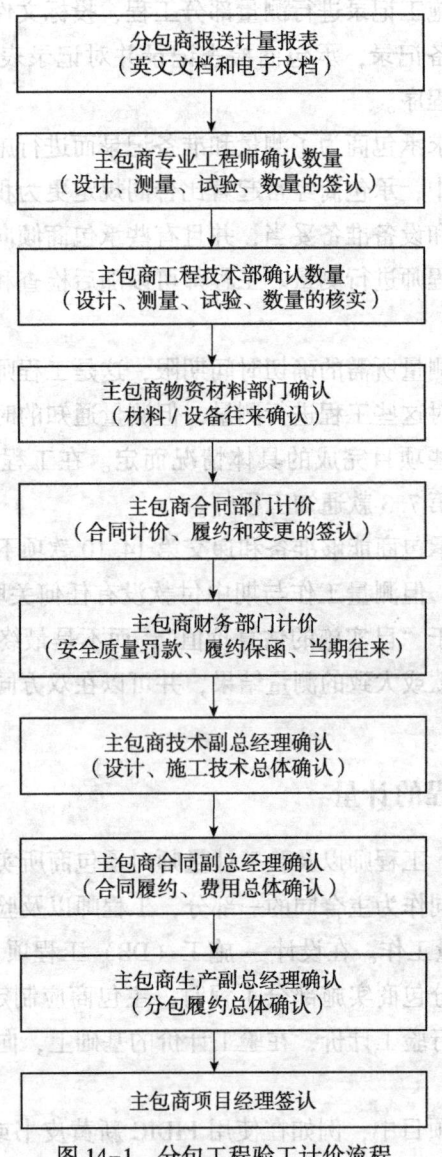

图 14-1 分包工程验工计价流程

"除合同另有规定外，工程师应通过上述第 12.1 款和 12.2 款商定或决定的测量方法和适宜的费率和价格，对各项工作内容进行估价，再按照第 3.5 款 [决定] 的规定，商定或决定合同价格。

各项工作内容的适宜费率或价格，应为合同对此类工作内容规定的费率或价格，如合同中无此项内容，应取类似工作的费率或价格。但在以下情况下，宜对有关工作内容采用新的费率或价格：

(a) (i) 该项工作测出的数量变化超过工程量表或其他清单中所列数量的 10%以上;

(ii) 此数量变化与该项工作上述规定的费率的乘积,超过中标合同金额的 0.01%;

(iii) 此数量变化直接改变该项工作的单位成本超过 1%;

(iv) 合同中没有规定该项工作为'固定费率项目';以及

(b) (i) 根据第 13 条 [变更和调整] 的规定指示的工作;

(ii) 合同中没有规定该项工作的费率或价格;以及

(iii) 由于工作性质不同,或在与合同中任何工作不同的条件下实施,未规定适宜的费率或价格。

新的费率或价格应考虑 (a) 和 (b) 项中描述的有关事项中相关费率或价格加以合理调整后得出。如果没有相关的费率或价格可供推算出新的费率或价格,应根据实施该工作的合理成本和合理利润,并考虑其他相关事项后得出。

工程师应在商定或决定适宜费率或价格前,决定用于期中付款证书的临时费率或价格。"

与 1987 年版 FIDIC 红皮书规定的工程量超过工程量表 15%时承包商才能申请采用新的费率或价格不同,1999 年版 FIDIC 新红皮书第 12.3 款规定了测量后的数量变化超过工程量表 10%以上时,承包商有权申请采用新的费率或价格。同时,新红皮书第 12.3 款第 (a) 项、第 (b) 项还列举了承包商可以申请采用新的费率或价格的情况。与 1987 年版 FIDIC 红皮书仅仅规定测量后的工程量超过 15%时承包商才有权申请采用新的费率或价格相比,对承包商而言,新红皮书的费率或价格调整的规定更为有利。

工程师应根据第 3.5 款的程序决定所有的估价、新的费率或价格,即工程师应与双方当事人协商并应努力达成一致。如未能达成一致,工程师应作出公正的决定。如果不满工程师的决定,任何一方均有权使用第 20 条争议解决程序。

## 14.3 付款程序

### 14.3.1 预付款支付程序

1999 年版第 14.3 款规定了与预付款有关的内容。第 14.2 款规定了预付款的性质、支付程序、扣款要求等，如下：

"当承包商按照本款提交保函后，业主应支付一笔预付款，作为用于动员的无息贷款。预付款总额、分期预付的次数和时间安排（如次数多于一次），以及适用的货币和比例，应按投标附录中的规定。

除非和直到业主受到保函，或如果投标附录中未列明预付款总额，本款应不适用。

工程师在收到（根据第14.3款［期中付款证书的申请］规定的）报表，以及业主收到（i）按照第4.2款［履约担保］要求提交的履约担保，和（ii）由业主批准的国家（或其他司法管辖区）的实体，按专用条款所附格式或业主批准的其他格式签发的，金额或货币种类与预付款一致的保函后，为首次分期付款发出期中付款证书。

在还清预付款前，承包商应确保此保函一直有效并可执行，但其总额可根据付款证书列明的承包商付还的金额逐渐减少。如果保函条款中规定了期满日期，而在期满日期前28天预付款尚未还清时，承包商应将保函有效期延至预付款还清为止。

预付款应通过付款证书中按百分比扣减的方式付还。除非投标附录中规定了其他百分比：

（a）扣减应从确认的期中付款（不包括预付款、扣减额和保留金的付还）累计额超过中标合同金额减去暂定金额后余额的百分之十（10%）时的付款证书开始；以及

（b）扣减应按每次付款证书中金额（不包括预付款、扣减额和保留金的付还）的四分之一（25%）的摊还比率，并按预付款的货币和比例计算，直到预付款还清时为止。

如果在颁发工程接收证书前，或根据第15条［由业主终止］、第16条［由承包商暂停和终止］、或第19条［不可抗力］（视情况而定）的规定终止前，预付款尚未还清，则全部余额应立即成为承包商对业主的到期应付款。"

根据第14.2款的规定，预付款支付程序见图14-2。预付款付款程序也适用于FIDIC新黄皮书和银皮书。

### 14.3.2 期中付款支付程序

1999年版FIDIC新红皮书第14.3款至第14.7款明示规定了期中付款的支付程序。根据第14.3款的规定：

（1）承包商应在每月月末，按工程师批准的格式向工程师提交报

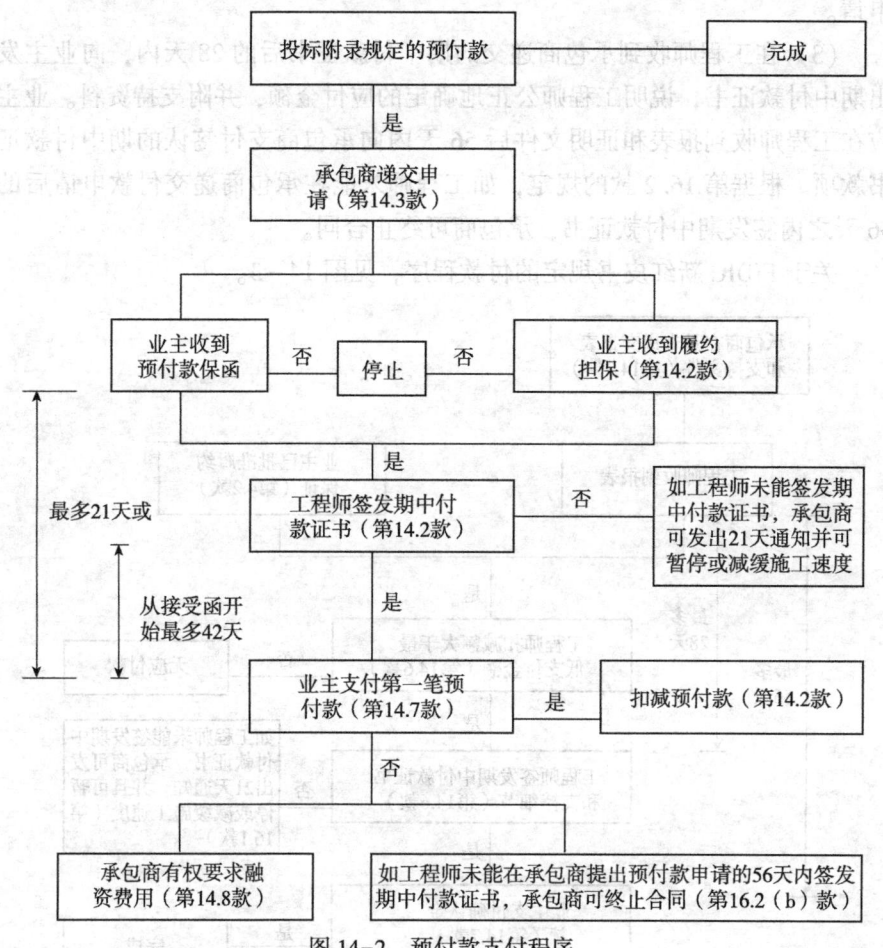

图 14-2 预付款支付程序

表,一式六份,详细说明承包商自己认为有权得到的款额,同时提交包括按第 4.21 款 [进度报告] 的规定编制的相关进度报告在内的证明文件。

(2) 在递交的月付款证书中列明承包商当月实际完成的合同价值、第 13.7 款和第 13.8 款列明的因法律和成本改变的调整的合同价值、应付的设备和材料价值,扣除应当扣减的保留金金额、预付款金额和以前付款证书中应当扣减的合同价值。在合同规定了最低支付金额的情况下,如果承包商当月完成的合同价值不足最低支付金额时,承包商不能向工程师提出付款申请。只有期中付款证书结算金额满足最低支付金额时,承包商才能向工程师提出付款申请。有时,业主或工程师为了完成投资计划或年度预算,即使在承包商无法满足最低付款金额时,也会要求承包商提交付款申请。

（3）在工程师收到承包商递交的期中付款证书后的 28 天内，向业主发出期中付款证书，说明工程师公正地确定的应付金额，并附支持资料。业主应在工程师收到报表和证明文件后 56 天内向承包商支付签认的期中付款证书款项。根据第 16.2 款的规定，如工程师未能在承包商递交付款申请后的 56 天之内签发期中付款证书，承包商可终止合同。

关于 FIDIC 新红皮书规定的付款程序，见图 14-3。

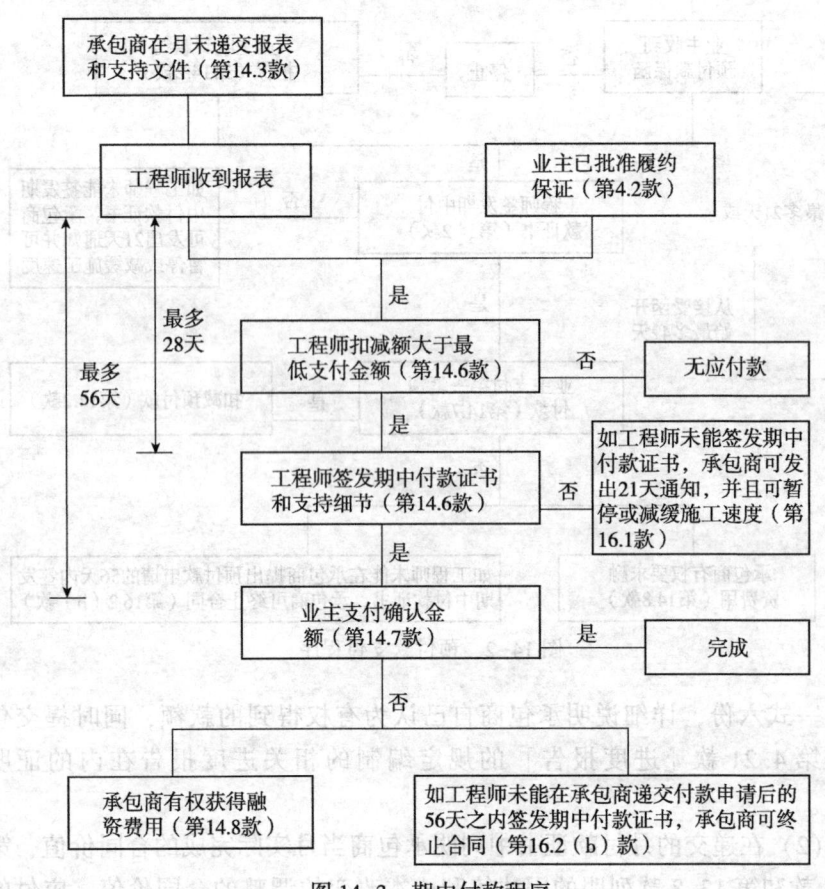

图 14-3 期中付款程序

在新黄皮书和银皮书中，期中付款是根据付款计划的要求支付，而不是按月支付，因此，付款计划是一份十分重要的文件。在黄皮书中，黄皮书第 14.3 款允许合同中规定支付期限，在这种情形下，需要业主和工程师根据时间节点制定详细的付款计划。

在分期付款的情况下，根据新红皮书第14.4款，合同应规定详细的分期付款时间和金额，如果分期付款额不是参照工程实际达到的进度确定，且发现实际进度比付款计划表依据的进度落后时，工程师可按照第3.5款［决定］的要求进行商定或决定，修改分期付款额，这种修改应考虑实际进度落后于该分期付款额原依据的进度的程度。

如果合同为包括付款计划表，承包商应每个季度提交他预计应付的无约束性估算付款额。第一次估算应在开工日期后42天内提交。直到颁发工程接收证书前，应按季度提交修正的估算。

对于生产设备和材料，建筑和工程业界习惯做法是，业主可以为那些已经指定给项目，但尚未构成工程一部分的生产设备和材料支付期中付款。

如果需要对那些运往所在国的运输途中的生产设备和材料支付工程款项，那么承包商必须提供与应付金额等额的银行担保。担保必须与预付款担保相似，并应经过工程师批准。新红皮书第14.5款规定了应付金额和必要的支持文件。

### 14.3.3 最终付款支付程序

根据FIDIC新红皮书第14.11款的规定，承包商应在收到履约证书后56天内，向工程师提交按照工程师批准的格式编制的最终报表草案，并附证明文件，一式六份，详细列出：

（1）根据合同完成的所有工程的价值；以及

（2）承包商认为根据合同或其他规定应付给他的任何其他款额。

如果工程师不同意或无法核实最终报表草案中的任何部分，承包商应按工程师可能提出的合理要求提交补充资料，并按双方可能商定的意见，对该草案进行修改。然后，承包商应按商定的意见编制并向工程师提交最终报表。这份经商定的报表在本条款中称为"最终报表"。

如果在工程师和承包商协商并就协商一致的意见对最终报表草案进行修改过程中，明显存在争议，工程师应向业主报送最终报表草案中已同意部分的期中付款证书（给承包商一份副本）。此后，如果争议根据第20.4款［取得争议裁决委员会的决定］或第20.5款［友好解决］的规定，最终得到解决，承包商随后应编制并向业主提交最终报表。

最终付款支付流程，见图14－4。

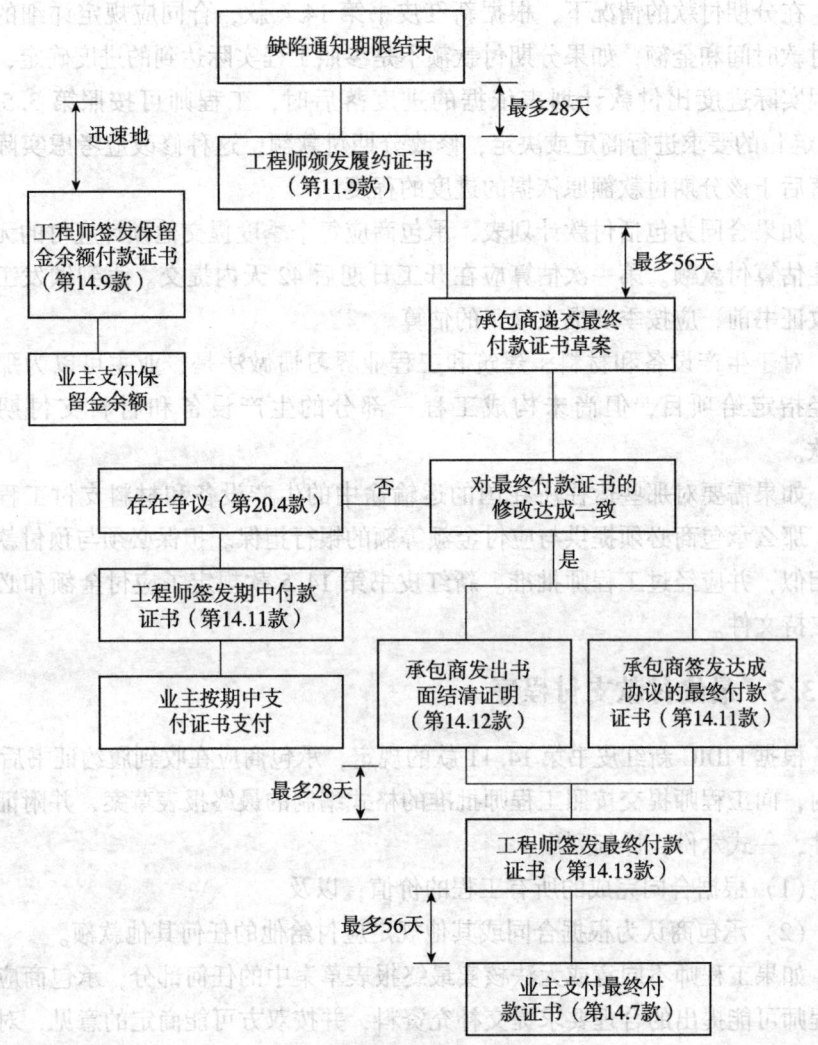

图 14-4　最终付款支付流程

## 14.4　业主的抵消权

### 14.4.1　抵消权

根据《牛津法律词典》（第 6 版）的解释，抵消权（set‑off）是指"(1) 一项对抗请求人提出索偿行为的金钱上的反请求权；(2) 应付款项与所欠款项的相抵。许多商业合同包括一项明示条款禁止抵消。"

根据英国法，抵消权包括三种形式：

(1) 普通法上的抵消权,当事人行使抵消权时,可以提出金钱上的要求,但不能是损害赔偿费,也不要求抵消事项源自同一项交易。

(2) 衡平法上的抵消权,要求提出反请求权必须与原交易密切相关,不能是一项单独的反索偿请求,但可以是损害赔偿费。

(3) 合同上的抵消权,依合同的明示规定行使的抵消权。

在建筑工程施工行业中,业主经常根据他有权对延误和缺陷工程要求损害赔偿费而拒绝向承包商支付或全额支付应付款项,这种行为也时常发生在承包商与分包商之间。

在建筑合同中,根据有关判例,如 Dawnays Ltd. 诉 F. G. Minter Ltd. 案和 Gilbert-Ash (Northern) Ltd. 诉 Modern Engineering (Bristol) Ltd. 案,抵消权的行使有其特定的基本规则,即应有清晰的文字证明扣除或取走一方当事人的款项是合法的。

【案例】在 Dawnays Ltd. 诉 F. G. Minter Ltd., Court of Appeal, (1971) 1 BLR 16 案⊖中, 第13条指定分包商规定:

"虽然承包商有权从应付给分包商的款项中扣减或抵消分包合同项下任何分包商负有责任应向承包商支付的任何款项。"

在本案中,承包商以他有权要求分包商延误的损害赔偿费为由拒绝在临时付款证书中向分包商支付有关款项。

法院判决:根据对合同的真实解释,根据第13条的规定,扣减的金额只能是已成立的或承认应付的已清偿的或确定的金额。

【案例】在 Gilbert-Ash (Northern) Ltd. 诉 Modern Engineering (Bristol) Ltd. 案⊖中, 当事人使用的不是标准格式合同,其中抵消条款规定:

"如果分包商未能遵守本分包合同的任何条款,承包商保留暂停或扣缴任何到期应付或即将应付给分包商款项的权利。承包商还保留从应付给承包商的已签认任何付款中扣减款项的权利,和/或从真实的对销账户中索偿任何款项的权利,和/或承包商在分包合同或其他合同项下向分包商提出索赔的权利。"

法院判决:根据对合同的真实解释,主包商有权抵消对分包商违约索赔中涉及的款项,合同条款并没有排除普通法上和衡平法上的抵消权。

---

⊖ Michael Furmston. Powell-Smith and Furmston's Building Contract Casebook [M]. 4th. Oxford: Blackwell Publishing Ltd., 2006. 191-192.

⊖ Michael Furmston. Powell-Smith and Furmston's Building Contract Casebook [M]. 4th. Oxford: Blackwell Publishing Ltd., 2006. 192-194.

无论是业主对承包商行使抵消权，还是承包商对分包商行使抵消权，应注意区别三个相关概念，即反请求权（counterclaim），在建筑工程行业中译为反索赔，抵消权和取消（abatement）的区别。

反请求权，或称反索赔，根据丹宁大法官在 Herriksens A/S 诉 Rolimpex THZ [1974] 1 QB 233 CA. 案中的解释：

"任何一项独立标的请求。不能将其限定在金钱上的请求……和……与原来的诉因或事项没有关系或相关联。"

因此，反请求权必须独立于另一方当事人提出的索赔，但如果反请求权符合有关要求，可以使一方当事人行使抵消权。

关于取消，Morris 大法官在 Gilber Ash 诉 Modern Engineering（Bristol）Ltd. 案中描述道：

"一项长久以来确立的法律原则是，如果一个人为另一个人工作，如后者遭到起诉时，他可以行使抗辩权，表明前者所做工作很差，其有关请求应予撤销。"

在货物买卖合同中，买方可以应付给卖方的货款中扣除缺陷货物的价格，并向卖方支付余款。但取消仅适用于减少或偿清已付价款或合同项下应付价款，并且不能超出整个合同价款金额。

有关抵消权的判例，参见 B. Hargreaves Ltd. 诉 Action 2000 Ltd. 案、Acsim（southern）Ltd. 诉 Dancon Danish Contracting and Development Co. Ltd.，Court of Appeal，（1989）19 Con LR 1 案、C. A. Duquemin Ltd. 诉 Slater，Queen's Bench Division（1993）35 Con LR 147 案、Mellowes Archital Ltd. 诉 Bell Products Ltd.，Court of Appeal，（1997）58 Con LR 22 案等。

### 14.4.2　FIDIC 合同中业主对承包商抵消权的行使

与 1987 年版 FIDIC 红皮书不同，1999 年版新红皮书明确规定了业主的索赔程序和规定，即在业主对承包商行使抵消权时，FIDIC 合同明确规定了业主可以行使抵消权的事项和程序。按照 1999 年版 FIDIC 新红皮书的规定，业主可对如下事项行使抵消权：

（1）第 4.2 款：履约保函；

（2）第 4.19 款：电力、供水和天然气；

（3）第 4.20 款：业主的设备和免费材料；承包商要求的其他服务；

（4）第 5.4 款：向指定分包商支付的证据；

（5）第 7.5 款：拒绝；

（6）第 7.6 款：补救工程；

(7) 第 8.6 款：进度；
(8) 第 9.2 款：延误的试验；
(9) 第 10.2 款：部分工程的移交；
(10) 第 11.3 款：缺陷通知期限的延长；
(11) 第 11.4 款：未能补救缺陷；
(12) 第 11.6 款：进一步试验；
(13) 第 11.11 款：清理现场；
(14) 第 15.4 款：终止后的支付；
(15) 第 18.1 款：保险的一般要求。

根据 FIDIC 新红皮书和新黄皮书第 3.5 款"决定"的规定，工程师在业主行使上述抵消权时，工程师根据第 3.5 款与业主和承包商进行协商，尽量达成协议。如果达不成协议，工程师应对所有有关情况给予应有的考虑，按照合同作出公正的决定。

工程师应将每项商定意见或决定向双方发出通知，并附详细依据。除非并直到根据第 20 条［索赔、争端和仲裁］的规定作出修改，各方均应履行每项商定或决定事项。

按照 FIDIC 新红皮书、新黄皮书的规定，在承包商对工程师作出的决定不满时，承包商可将争议提交争议裁决委员会，由争议裁决委员会作出决定，业主和承包商均应遵守争议裁决委员会的决定。如任何一方对争议裁决委员会的决定不满，任何一方均有权将争议提交仲裁。

在业主向承包商行使抵消权时，业主或工程师均有权向承包商发出索赔通知，并附上所依据的合同条款和详情。有关业主索赔的有关内容，见本书第 17 章有关章节。

## 14.4.3 向指定分包商直接付款

FIDIC 合同 1987 年第 4 版第 59.5 款对指定分包商的支付证书中明确规定了业主对承包商未付指定分包商款项的抵消权，即业主可以直接向指定分包商支付其应得款项。第 59.5 款"对指定分包商的支付证书"规定：

"在按照第 60 条签发任何包括关于任何指定分包商已完成的工作或已提供的货物、材料、工程设备或服务的任何支付证书之前，工程师应有权要求承包商提供合理的证明，证明以前的证书包括的该指定分包商的有关工作或货物、材料、工程设备或服务的所有费用（扣除保留金）均已由承包商支付或偿清。如果承包商未提供上述证明，除非承包商：

(a) 以书面材料使工程师同意他有正当的理由扣留或拒绝支付该项价

款；和

（b）向工程师递交合理证明，证明他已将上述情况以书面形式通知了该指定分包商。

则业主有权根据工程师的证明直接向指定分包商支付在指定分包合同中已规定的，而承包商未曾向该指定分包商支付的一切费用（扣留保留金），并以抵消的方式从业主应付给或将付给承包商的任何款项中将业主支付的上述金额扣除。

在工程师已签发证明，且业主已如上述规定直接付款的情况下，工程师在签发以承包商为受款人的进一步证书时，应从付款额中扣除上述直接支付的款项，但不应拒发或拖延按合同条款应该发出的证书。"

FIDIC 合同 1999 年版红皮书第 5.3 款付款证据中也规定了对指定分包商的直接付款，其第 5.3 款规定的内容与 1987 年第 4 版第 59.5 款的内容基本相同。

ICE 合同第 7 版第 59.(7) 款"向指定分包商付款"也规定了业主向指定分包商付款的权利。

业主向指定分包商直接付款，会使得本已不顺的承包商和指定分包商之间的关系变得紧张，因为指定分包商不是承包商自己选择的，是业主或工程师指定并要求承包商接受的分包商。指定分包商非常清楚，他的任命是业主或工程师作出的，他并不依靠承包商的信赖和任命取得在项目执行中的地位。

在承包商破产的情况下，如果业主直接向指定分包商付款，根据西方大多数判例，业主的这种行为违背了破产法的基本原则，是无效的。

【案例】在 B. Mullen & Sons (Contractors) Ltd. 诉 Ross, Court of Appeal in Northern Ireland (1996) 54 Con LR 163 案⊖中，在承包商破产的情况下，业主直接向指定分包商付款，法官认为业主无权履行对指定分包商直接付款的义务，因为承包商已经宣布破产。

在承包商破产的情况下，承包商的任何应得款项将被视为承包商的债权，这种债权将由清算人管理，根据破产法规定的清偿顺序进行分配，如果在承包商破产情形下业主向指定分包商直接付款，则破坏了破产法规定的债权和清偿原则，因此，大多数判例判定这种行为违背破产法基本原则，没有法律效力。在 JCT 合同中，如 JCT98 规定，在承包商破产时，业主丧失向指定分包商直接付款的权利。

---

⊖ Michael Furmston. Powell-Smith and Furmston's Building Contract Casebook [M]. 4th. Oxford: Blackwell Publishing Ltd., 2006. 483.

・有关判例，参见 British Eagle International Airlines Ltd. 诉 Compagnite National Air France (1973) 案、Right Time Construction Co. Ltd. (1990) 案、Attorney General of Singapore 诉 Joo Yee Construction Pte Ltd. (1992) 案、Glow Heating Ltd. 诉 Eastern Health Board and Another (1988) 案。

### 14.4.4　承包商对分包商抵消权的行使

根据 FIDIC 分包合同 1994 年版第 16.1 款规定，分包商应得的合同价款如下：

(1) 已实施的分包工程的价值；

(2) 分包合同工程量表中的任何其他项目，包括分包商的设备、临时工程、计日工以及类似项目；

(3) 分包商的报价附录中注明的全部表列材料，以及分包商运至现场准备为分包工程配套使用但尚未安装到该工程上的工程设备的发票价值的百分比；

(4) 按第21条费用和法律变更进行的调整；

(5) 按照分包合同或其他规定，分包商可能有权得到的任何其他金额。

如果根据主合同的规定，需要在主包商的临时付款证书中扣减预付款和保留金，则主包商应相应地在分包商的付款证书中扣减预付款和保留金。

FIDIC 分包合同 1994 年版第 16.3 款规定，在下列情况下，承包商应有权扣发或缓发根据上述规定本应支付的全部或部分金额：

(1) 月报表中包含的款额连同承包商认为分包商可能有权另外获得的金额的总合，在扣除保留金和其他应扣款项后，少于分包商报价书附录中规定的最低支付限额（如有）；

(2) 月报表中包含的款额连同按照第16.2款承包商按主合同申请的任何其他金额，在扣除保留金与其余应扣款项后，其总额不足以使工程师按照主合同签发临时支付证书；

(3) 月报表中包括的金额没有被工程师全部证明，而这又不是由于承包商的行为或违约造成的；

(4) 承包商已根据主合同将分包商报表中所列的款项包括在承包商的报表中，且工程师已为此签发证书，但业主尚未向承包商支付上述全部金额，而这不是承包商的行为或违约引起的；

(5) 分包商与承包商之间和/或承包商与业主之间，即涉及计量或工程量问题或上述分包商的报表中包含的任何其他事宜已发生争执。

如果承包商扣发或缓发任何分包款项，他应在合理可行的情况下尽快地但不迟于上述款项应支付的日期,将扣发或缓发的理由通知分包商。

在承包商向分包商行使抵消权时,应根据分包合同的明示条款规定进行,并应有充分的证据证明他行使抵消权是正当的。

## 附录14　1987年第4版红皮书业主、工程师和承包商的主要义务对照表

| FIDIC合同1987年第4版合同条款 | | 业主的义务 | 工程师的主要义务 | 承包商的主要义务 |
|---|---|---|---|---|
| 定义和解释 | | | | |
| 1.5 | 通知、同意、批准、证明和决定 | (1) 书面义务<br>(2) 不得无故扣压或拖延 | (1) 书面义务<br>(2) 不得无故扣压或拖延 | (1) 书面义务<br>(2) 不得无故扣压或拖延 |
| 工程师和工程师代表 | | | | |
| 2.1 | 工程师的职责和权力 | (1) 任命工程师<br>(2) 业主批准工程师行使合同规定的权力 | (1) 履行合同规定的职责<br>(2) 履行合同默示的权力,但需要业主批准的除外<br>(3) 无权解除合同规定的承包商的任何义务 | |
| 2.2 | 任命工程师代表 | | 任命工程师代表 | |
| 2.3 | 工程师权力的委托 | | 以书面形式将工程师的权力委托给工程师代表,并可随时撤回委托 | |
| 2.4 | 任命助理 | | 可以书面形式任命工程师助理,并通知承包商 | |
| 2.5 | 书面指示 | | (1) 以书面形式发出指示<br>(2) 如以口头方式发出指示,应以书面形式对其予以确认<br>(3) 如承包商在7天内以书面形式向工程师确认口头指示,而工程师未以书面形式加以否认,则应视为是工程师的指示 | (1) 应遵守工程师的书面和口头指示<br>(2) 如口头指示,承包商应在7天内以书面形式向工程师确认 |

（续）

| FIDIC 合同 1987 年第 4 版合同条款 | | 业主的义务 | 工程师的主要义务 | 承包商的主要义务 |
|---|---|---|---|---|
| 2.6 | 工程师要行为公正 | | 公正地处理与工程师职责有关的一切事宜 | |
| 转让与分包 | | | | |
| 3.1 | 合同转让 | 同意或否决承包商转让合同的行为 | | 无业主事先同意，承包商不得转让合同 |
| 4.1 | 分包 | 同意或否决承包商的分包行为 | 对承包商的分包事宜作出决定 | （1）不得将整个工程进行分包<br>（2）无工程师的事先同意，不得将工程任何部分分包<br>（3）对分包工程负完全责任 |
| 4.2 | 分包商义务的转让 | 要求分包商在缺陷责任期届满时将尚未终止的分包义务转让给业主 | | （1）将没有到期的分包商的义务转让给业主<br>（2）保证让分包商同意这种转让 |
| 合同文件 | | | | |
| 5.1 | 语言和法律 | 确定合同的主导语言 | | （1）使用合同规定的语言<br>（2）遵守合同规定的法律 |
| 5.2 | 合同文件的优先次序 | | 在合同文件出现含糊或歧义时，作出解释、校正，并应向承包商发出有关指示 | |
| 6.1 | 图纸和文件的保管和提供 | 按时或按合同规定提供施工用图纸、文件和复印件 | （1）保管图纸，免费向承包商提供两套复印件<br>（2）书面要求承包商提供更多的图纸、规范和其他文件的复印件 | （1）不得将图纸、规范或其他文件用于第三方或转送给第三方<br>（2）在颁发缺陷责任证书时，将全部图纸、规范和其他文件退还给工程师<br>（3）提交图纸、规范和其他文件副本给工程师<br>（4）根据工程师的书面要求，向工程师提供更多的图纸、规范和其他文件 |

（续）

| FIDIC 合同 1987 年第 4 版合同条款 | | 业主的义务 | 工程师的主要义务 | 承包商的主要义务 |
|---|---|---|---|---|
| 6.2 | 现场要保留一套图纸 | 检查承包商在现场保留的图纸和文件 | 可检查和使用承包商保留在现场的图纸 | （1）应在现场保留一套图纸<br>（2）应随时提供给工程师或其授权的人检查和使用 |
| 6.3 | 工程进展中断 | 接收承包商发出的延误或中断提供图纸的通知 | 在合理时间内发出进一步的图纸和指示 | 向工程师提交书面通知，内容包括所需的图纸或指示、需要的原因和时间以及造成工程进展中断等详细说明 |
| 6.4 | 图纸误期和误期的费用 | 同意或决定承包商提出的印图纸延误导致的工期延长索赔和/或费用索赔 | （1）与业主和承包商进行必要的协商，作出延长工期和增加费用的决定<br>（2）将延长工期和增加费用的决定通知承包商，抄送业主 | |
| 6.5 | 承包商未能提交图纸 | | 在作出决定时，将承包商未能提交图纸的这一失误考虑在内 | 承包商应按时提交图纸、规范或其他文件 |
| 7.1 | 补充图纸和指示 | 提供补充图纸和指示 | 有权向承包商发出此类补充图纸和指示 | （1）承包商应及时提供补充图纸，并受其约束<br>（2）应执行工程师发出的此类补充图纸的指示 |
| 7.2 | 由承包商设计的永久工程 | | 批准由承包商设计的永久工程 | （1）完成设计任务<br>（2）向工程师提交图纸、规范、计算结果和其他资料<br>（3）向工程师提交使用和维修手册、竣工图纸 |
| 7.3 | 批准不影响责任 | | | 承包商承担全部合同责任 |
| 一般义务 | | | | |
| 8.1 | 承包商的一般责任 | | | （1）遵守合同的规定，设计、实施和完成工程并修补任何缺陷<br>（2）为实施工程的目的，提供监督、劳务、材料、设备等 |

(续)

| FIDIC 合同 1987 年第 4 版合同条款 | | 业主的义务 | 工程师的主要义务 | 承包商的主要义务 |
|---|---|---|---|---|
| 8.2 | 现场作业和施工方法 | | | (1) 对所有现场作业和施工方法的完备、稳定和安全负担全部责任<br>(2) 承包商对其设计的部分永久性工程负全部责任 |
| 9.1 | 合同协议书 | (1) 邀请承包商签署合同协议书<br>(2) 承担签订合同的费用 | | 应同意并签订和履行合同协议书 |
| 10.1 | 履约担保 | | | (1) 在收到中标通知书后的 28 天内向业主提交履约保函<br>(2) 通知工程师提交保函事宜<br>(3) 应按照合同规定的格式提交保函<br>(4) 提供履约担保的机构需经业主同意<br>(5) 负担开具保函的费用 |
| 10.2 | 履约担保的有效期 | 在履约担保到期后将其退还给承包商 | | 应保证履约保函的有效期 |
| 10.3 | 根据履约担保的索赔 | 在对履约担保提出索赔时，通知承包商，说明承包商的违约性质 | | |
| 11.1 | 现场视察 | 向承包商提供水文和地质资料 | | (1) 视察现场<br>(2) 对有关现场情况的资料的解释负责 |
| 12.1 | 投标书的完备性 | | | 对投标的各项费率和价格负责 |
| 12.2 | 不利的外界障碍或条件 | 同意或决定承包商提出的因不利的外界障碍或条件而导致的工期延长和（或）费用索赔 | (1) 如果工程师认为此类障碍或条件是一个有经验的承包商无法合理地预见到的，应对延长工期或增加费用作出决定<br>(2) 将决定通知承包商，并抄送给业主 | 向工程师报告不利的外界障碍 |
| 13.1 | 不利的外界障碍或条件 | | 由工程师或工程师代表发出指示 | (1) 应严格按照合同进行工程施工和竣工，并修补任何缺陷<br>(2) 应严格遵守和执行工程师的指示 |

（续）

| FIDIC 合同 1987 年第 4 版合同条款 | | 业主的义务 | 工程师的主要义务 | 承包商的主要义务 |
|---|---|---|---|---|
| 14.1 | 应提交的进度计划 | 同意或评估承包商提交的进度计划 | （1）可提供进度计划的适当格式<br>（2）同意承包商提交的进度计划 | （1）提交工程进度计划<br>（2）提交施工方案和安排的总说明 |
| 14.2 | 修订的进度计划 | 同意或评估承包商提交的修订的进度计划 | 要求承包商提供修订的进度计划 | （1）应向工程师提交修订的进度计划<br>（2）按修订的进度计划实施工程 |
| 14.3 | 应提交的现金流量估算 | | 可要求承包商提供现金流量估算 | （1）向工程师提供现金流量表<br>（2）向工程师提供修订的现金流量表 |
| 14.4 | 不解除承包商的义务或责任 | | | 承担合同规定的任何义务和责任 |
| 15.1 | 承包商的监督 | | 批准或撤回承包商对其代表的任命 | （1）应在工程施工期间及其后提供一切必要的监督<br>（2）派遣合格的人员进行工程监督<br>（3）替换监督人员 |
| 15.2 | 应提供口译人员 | | 要求承包商提供合格的翻译人员 | |
| 16.1 | 承包商的雇员 | | | （1）提供合格的管理人员<br>（2）提供合格的工人 |
| 16.2 | 工程师有权反对 | | 有权反对并要求承包商撤换渎职者、不能胜任工作人员、玩忽职守人员以及他认为不宜留在现场的人员 | 撤换不合格人员 |
| 17.1 | 放线 | 提供原始基准点、基准线和参考标高 | （1）向承包商书面提供原始基准点、基准线和参考标高<br>（2）要求承包商纠正位置、标高、尺寸或基准线错误<br>（3）如工程师提供了不正确数据，则应根据第 52 条的规定增加合同价格，并相应地通知承包商，副本抄送业主<br>（4）检查承包商的放线工作、基准或标高 | （1）应负责对工程准确的放线<br>（2）自费纠正放线差错<br>（3）应保护和保留好一切水准点、视准轨、测桩和工程放线所用的物件 |

(续)

| FIDIC 合同 1987 年第 4 版合同条款 | | 业主的义务 | 工程师的主要义务 | 承包商的主要义务 |
|---|---|---|---|---|
| 18.1 | 钻孔和勘探开挖 | | 如需要，可要求承包商钻孔、勘探或开挖 | 按工程师要求进行钻孔和勘探开挖 |
| 19.1 | 安全、保卫和环境保护 | | 监督工程的安全、保卫和环境保护 | （1）保证人员安全<br>（2）自费提供并保持一切照明、防护、围栏、警告信号和看守<br>（3）保护环境 |
| 19.2 | 业主的责任 | 在使用业主自己的人员时，负责安全并保持现场井然有序。在使用业主雇用的其他分包商时，也应负责安全和秩序 | | |
| 责任的分担和保险义务 | | | | |
| 20.1 | 工程的照管 | | | （1）应对施工期内的工程、材料和待安装的工程设备负照管责任<br>（2）对缺陷期内的工程、材料和设备负照管责任 |
| 20.2 | 弥补损失或损坏的责任 | | | （1）自费对照管的工程、材料和设备的损失或损坏负责<br>（2）对作业过程中造成的对工程的任何损失或损坏负担责任 |
| 20.3 | 由于业主风险造成的损失或损坏 | 向承包商支付因业主风险造成工程损坏的修复费用 | （1）要求承包商修复此类损失或损坏的工程<br>（2）作出增加合同价格的决定，并相应地通知承包商，副本抄送业主<br>（3）在多种风险造成了损失或损坏时，决定承包商和业主责任的比例 | |
| 21.1 | 工程和承包商设备的保险 | | | （1）按合同规定进行保险的义务<br>（2）使保险有效的义务 |

(续)

| FIDIC 合同 1987 年第 4 版合同条款 | | 业主的义务 | 工程师的主要义务 | 承包商的主要义务 |
|---|---|---|---|---|
| 21.2 | 保险范围 | 在需要业主对工程进行保险时，进行有关工程的保险 | | （1）与业主的联合名义进行保险<br>（2）提供缺陷责任期内的保险 |
| 21.3 | 对未能收回金额的责任 | 根据第 20 条的规定分担保险责任 | | 与业主分担未保险和未能从承保人收回金额的风险 |
| 22.1 | 人身或财产的损害 | | | 保障业主免于承受本条规定的任何损失或索赔 |
| 22.3 | 业主提供的保障 | 保障承包商免于承受本条规定的任何损失或索赔 | | |
| 23.1 | 第三方保险（包括业主的财产） | 在需要以业主的联合名义对因履行合同引起的任何人员上万或财产损失进行保险时，投保有关保险 | | 应以业主的联合名义对因履行合同引起的任何人员上万或财产损失进行保险 |
| 23.2 | 保险的最低数额 | 在业主承担保险责任时，应至少承保最低保险数额 | | 应至少承保最低保险数额 |
| 23.3 | 交叉责任 | 承担保险的交叉责任 | | 承担保险的交叉责任 |
| 24.1 | 人员的事故或受伤 | | | 应保障业主不承担上述业主应负责任外的一切损害赔偿和补偿、索赔、诉讼、诉讼费等 |
| 24.2 | 人员的事故保险 | | | （1）为其雇用人员进行保险<br>（2）展延人员保险<br>（3）要求分包商向业主出示保险单 |
| 25.1 | 保险的证据和条款 | 在业主承担保险责任时，提供保险证据 | | （1）在现场工作开始之前向业主提供保险证据<br>（2）在开工之日起的 84 天内向业主提供保险单<br>（3）通知工程师提供保险单事宜<br>（4）应根据业主批准的条件进行保险 |

(续)

| FIDIC合同1987年第4版合同条款 | | 业主的义务 | 工程师的主要义务 | 承包商的主要义务 |
|---|---|---|---|---|
| 25.2 | 保险的完备性 | 在业主承担保险责任时，保证保险的完备性 | | （1）通知承保人工程性质、范围和进度计划的变化情况<br>（2）保证合同期内保险的完备性<br>（3）向业主出示生效的保险单和支付收据 |
| 25.3 | 对承包商未办保险的补救方法 | 在承包商未履行保险义务时，业主可进行保险并保持其有效，支付保险费用，并可从应付给承包商的款项中扣除 | | |
| 25.4 | 遵守保险单的条件 | 保障承包商免受未能遵守保险单条件而造成的一切损失和索赔 | | 保障业主免受未能遵守保险单条件而造成的一切损失和索赔 |
| 承包商的其他义务 | | | | |
| 26.1 | 遵守法令、规章 | | | （1）遵守工程所在国、所在地的法律和规章<br>（2）应保障业主免于承担因违反法律、规定的任何罚款和责任 |
| 27.1 | 化石 | 同意或决定承包商提出的因化石而导致的工期延长和（或）费用索赔 | （1）对承包商发现的化石等物品发出指示<br>（2）作出延长工期和增加合同价格的决定，并相应地通知承包商，副本抄送给业主 | （1）应采取合理的预防措施<br>（2）应防止其工人或人员移动或损坏此类物品<br>（3）通知工程师，执行工程师的指示 |
| 28.1 | 专利权 | | | （1）遵守专利权的规定<br>（2）保障业主免于因侵犯专利权而引起的索赔、诉讼、损害赔偿费、诉讼费、指控费等 |
| 28.2 | 矿区使用费 | | | 应支付工程所需材料的吨位费、矿区使用费、租金或赔偿费 |
| 29.1 | 对交通和毗邻财产的干扰 | | | （1）不应对交通和毗邻财产的干扰<br>（2）保障业主免于承担因干扰造成的索赔、诉讼、损害赔偿费、诉讼费、指控费等 |

(续)

| FIDIC合同1987年第4版合同条款 | | 业主的义务 | 工程师的主要义务 | 承包商的主要义务 |
|---|---|---|---|---|
| 30.1 | 避免损坏道路 | | | 应避免自己和分包商损坏道路、桥梁 |
| 30.2 | 承包商设备或临时工程的运输 | | | （1）自付费用负责加固或改建道路和桥梁<br>（2）保障业主免于承担因运输造成的任何桥梁、道路引起的索赔 |
| 30.3 | 材料或工程设备的运输 | | 如工程师认为有关材料或工程设备运输的索赔是承包商的责任时，则工程师应与业主和承包商协商确定应赔偿的总额，业主应从承包商处收回该款项，工程师应通知承包商，副本抄送业主 | 立即通知工程师有关运输材料或设备对道路和桥梁造成的损害或索赔 |
| 30.4 | 水运 | | | 在使用水运方式时遵守第30条的有关规定 |
| 31.1 | 为其他承包商提供机会 | | 要求承包商为其他承包商提供合理的机会 | 为其他承包商和人员提供实施工程的合理机会 |
| 31.2 | 为其他承包商提供方便 | | 书面要求承包商为其他承包商提供方便 | 为其他承包商提供实施工程的方便 |
| 32.1 | 承包商保持现场清洁 | | | 应保持现场整洁 |
| 33.1 | 竣工时的现场清理 | | 要求承包商清理现场，并使其满意 | （1）竣工时应清除现场的全部设备、多余材料、垃圾和临时工程<br>（2）保持现场整洁并使工程师满意 |
| 劳务 | | | | |
| 34.1 | 职员和劳务人员的雇佣 | | | 应自行安排所有职员和劳务人员、报酬、住房、膳食和交通 |
| 35.1 | 劳务人员和承包商设备情况的报告 | | 可要求承包商提交劳务人员和设备情况的报告 | （1）应遵守工程所在地劳动法规和条件<br>（2）遵照同行业所付一般工资标准和劳动条件 |

(续)

| FIDIC 合同 1987 年<br>第 4 版合同条款 | | 业主的义务 | 工程师的主要义务 | 承包商的主要义务 |
|---|---|---|---|---|
| 材料、工程设备和工艺 | | | | |
| 36.1 | 材料、工程设备和工艺的质量 | 检验和检测材料、设备和工艺质量 | （1）提出材料、工程设备和工艺的质量要求<br>（2）检查、测量和检验材料或工程设备 | （1）材料、工程设备和工艺的质量符合合同的规定<br>（2）按照工程师的要求进行检验<br>（3）为检查、测量和检验任何材料或工程设备提供协助<br>（4）按工程师的要求提供材料样品进行检验 |
| 36.2 | 样品费用 | | | 负责承担样品费用 |
| 36.3 | 检验费用 | | | 负担检验费用 |
| 36.4 | 未规定检验费用 | 向承包商支付未规定的检验费用 | 可要求承包商进行规范规定以外的检验 | 如检验没有使工程师满意，承包商应负担检验费用 |
| 36.5 | 工程师关于未规定检验的决定 | 对未规定的检验费用作出决定 | 工程师应与业主和承包商协商，决定对未规定的检验延长工期和增加合同价格，并相应地通知承包商，副本抄送业主 | 承包商应与工程师协商确定检验费用和工期延长 |
| 37.1 | 操作检查 | | 进入现场进行操作检查 | 为工程师及其人员提供检查的进入现场的一切便利，并协助取得进入现场的权力 |
| 37.2 | 检查和检验 | | 有权对材料和设备的制造、装配或准备过程进行检查和检验 | 应为工程师进入不属于承包商的车间或场所取得检查和检验的许可 |
| 37.3 | 检查和检验的日期 | 提前 24 小时通知检查和检验的日期 | （1）提前 24 小时通知承包商检查或参加检验的意向<br>（2）如果工程师未能参加检验工作，应对检验数据的准确性给予认可 | （1）与工程师商定检查和检验的时间和地点<br>（2）将检验数据送交工程师 |
| 37.4 | 拒收 | 通知承包商拒收并说明理由 | （1）如材料或工程设备不符合合同规定，可拒收这些材料或工程设备，并立即通知承包商<br>（2）进行重复检验 | （1）应立即纠正所述缺陷或保证被拒收的材料或工程设备符合合同规定<br>（2）按工程师的要求对被拒收的材料或工程设备进行检验或重复检验<br>（3）与工程师协商确定重复检验的费用 |

(续)

| FIDIC 合同 1987 年第 4 版合同条款 | | 业主的义务 | 工程师的主要义务 | 承包商的主要义务 |
|---|---|---|---|---|
| 37.5 | 独立检查 | | （1）可将材料或工程设备的检查和检验委托给一名独立的检查员进行<br>（2）应提前 14 天通知承包商有关任命独立检查员的事宜 | |
| 38.1 | 工程覆盖前的检查 | | （1）批准工程的覆盖，对有关将要覆盖的工程进行检查或测量<br>（2）应参加工程覆盖部分的检查和测量，不得无故拖延 | （1）应保证工程师有充分的机会对工程在覆盖前进行检查<br>（2）通知工程师在覆盖前进行检查 |
| 38.2 | 剥露和开孔 | 确定剥露和开孔的费用，并向承包商支付该笔费用 | （1）指示承包商移动工程任何部分的覆盖物，或指示承包商开孔<br>（2）与业主和承包商协商剥露、开孔、恢复原状和完好的费用总额，决定增加合同价格，并相应地通知承包商，副本抄送业主 | （1）按工程师的要求移动工程的覆盖物或开孔，并将该部分恢复原状和使之完好<br>（2）与工程师协商已覆盖或掩蔽工程的剥露和开孔的费用 |
| 39.1 | 不合格的工程材料或工程设备的拆除 | | （1）指示承包商运走不合格的材料或工程设备<br>（2）指示承包商用合格适用的材料或工程设备<br>（3）指示承包商拆除不合格的材料、工程设备或工艺，并重新进行施工 | （1）将不合格材料或工程设备运离现场<br>（2）用合格的材料或设备取代<br>（3）对不合格工程进行拆除和重新施工 |
| 39.2 | 承包商不遵守指示 | 业主雇用他人实施工程并支付费用 | 在承包商不遵守指示时，与业主协商确定雇用他人的全部费用，并相应地通知承包商，副本送交业主 | （1）与工程师协商由其他承包商实施工程的费用<br>（2）承担由其他承包商实施工程的费用 |
| 暂时停工 | | | | |
| 40.1 | 暂时停工 | | 指示承包商暂停施工 | （1）根据工程师的指示，在必要的时间和方式暂停工程<br>（2）停工期间负责对工程进行必要的保护和安全保障 |

(续)

| FIDIC合同1987年第4版合同条款 | | 业主的义务 | 工程师的主要义务 | 承包商的主要义务 |
|---|---|---|---|---|
| 40.2 | 暂时停工后工程师的决定 | 同意或决定承包商提出的因暂停施工而导致的工期延长和（或）费用索赔 | 与业主和承包商协商后，决定延长工期或增加合同价格，并相应地通知承包商，副本送交业主 | 与工程师协商暂时停工后的工期延长和费用 |
| 40.3 | 暂时停工持续84天以上 | 承担暂停施工的合同责任 | 批准复工 | （1）向承包商递交通知开始工程的施工<br>（2）按第51条规定通知工程师删减工程<br>（3）业主违约时，执行第69.2和第69.3条的规定 |
| 开工和误期 | | | | |
| 41.1 | 工程的开工 | | 签发开工通知 | （1）在开工令下发后尽快开工<br>（2）应迅速且毫不拖延地开始工程施工 |
| 42.1 | 现场占有权及其通道 | 给予承包商现场占有权和通道 | | （1）提出合理建议进行开工<br>（2）将合理开工建议递交工程师，并呈交一份副本给业主<br>（3）按照业主提供的现场制定进度计划进行施工 |
| 42.2 | 未能给出占有权 | 在未能给出占有权时，同意或决定承包商提出的相应的工期延长和（或）费用索赔 | 决定工期延长和增加合同价格，并相应地通知承包商，副本抄送业主 | 与工程师协商业主未能给出占有权时的工期延长和费用 |
| 42.3 | 道路通行权和设施 | | | （1）承担进出现场所需的专用或临时道路通行权的费用和开支<br>（2）自费提供现场外的附加设施 |
| 43.1 | 竣工时间 | | | 在合同规定的时间完成合同工程或某一区段 |
| 44.1 | 竣工时间的延长 | 同意或决定承包商提出的竣工期限延长的索赔 | 在与业主和承包商适当地协商后，决定竣工时间的延长，并相应地通知承包商，副本抄送业主 | 与工程师和业主协商竣工工期的延长 |

(续)

| FIDIC 合同 1987 年第 4 版合同条款 | | 业主的义务 | 工程师的主要义务 | 承包商的主要义务 |
|---|---|---|---|---|
| 44.2 | 承包商应提供的通知和详细申述 | | 除非承包商在 28 天内递交了通知，或在递交通知后的 28 天内或工程师同意的其他期限内，承包商提供了详细情况，否则，工程师不一定必须作出决定 | （1）在事件发生后的 28 天内通知工程师<br>（2）向工程师提交任何延期的详细申述 |
| 44.3 | 临时的延期决定 | 同意或决定承包商提出的临时工期延长索赔 | （1）不得无故拖延，作出延期的临时决定<br>（2）在收到最终详情后，复查全部情况，作出延期决定<br>（3）对于上述两种情况，工程师应与业主和承包商协商后作出决定，并相应地通知承包商，副本抄送业主 | （1）向工程师提交延期事件的通知<br>（2）与工程师和业主协商工期延长事宜 |
| 45.1 | 工作时间的限制 | | 同意承包商在夜间或休息日施工 | （1）不得在夜间或休息日施工<br>（2）向工程师提出夜间或休息日施工的建议 |
| 46.1 | 施工进度 | 业主可从任何应支付或将支付给承包商的款项中扣除附加监理费用 | （1）要求承包商赶工<br>（2）准许承包商夜间和休息日施工<br>（3）与业主和承包商协商附加监理费金额，并相应地通知承包商，副本抄送业主 | （1）在工程师同意的情况下采取必要的措施加快施工进度，以使其符合竣工工期的要求<br>（2）向工程师提交夜间施工和休息日施工的建议<br>（3）与业主和工程师协商附加监理费用<br>（4）承担因赶工造成的附加监理费用 |
| 47.1 | 误期损害赔偿费 | 业主可从应付给承包商的款项中扣除误期损害赔偿费用 | | （1）向业主支付误期损害赔偿费<br>（2）仍然承担完成工程的义务或合同规定的其他义务和责任 |
| 47.2 | 误期损害赔偿费的减少 | 业主可根据工程价值的降低而按比例减少误期损害赔偿费金额 | | |

(续)

| FIDIC 合同 1987 年第 4 版合同条款 | | 业主的义务 | 工程师的主要义务 | 承包商的主要义务 |
|---|---|---|---|---|
| 48.1 | 移交证书 | 颁发移交证书 | （1）在 21 天内向承包商签发移交证书，副本抄送业主<br>（2）书面指示承包商完成尚未完成的工程，修复任何工程缺陷 | （1）通知工程师有关移交申请<br>（2）完成工程师指出的任何缺陷 |
| 48.2 | 区段或部分移交 | 接收区段或部分移交的工程 | 对区段工程或部分工程签发移交证书 | 进行区段或部分移交 |
| 48.3 | 部分工程基本竣工 | 在部分工程竣工时，颁发部分工程移交证书 | 对基本竣工的部分工程签发移交证书 | |
| 48.4 | 地表需要恢复原状 | | | 自费恢复地表原状 |
| 48.5 | 妨碍检验 | | （1）对妨碍检验的工程签发移交证书<br>（2）要求在 14 天内进行竣工检验 | |
| 缺陷责任 | | | | |
| 49.2 | 完成剩余工作和修补缺陷 | | 指示承包商完成剩余工作和修补缺陷 | （1）在移交证书注明的日期之后，尽快完成在当时尚未完成的工作<br>（2）按工程师的要求修补、重建和补救缺陷 |
| 49.3 | 修补缺陷的费用 | | （1）对工程缺陷责任作出判断<br>（2）如非承包商原因造成的缺陷，应决定增加合同价格，并相应地通知承包商，副本抄送业主 | 自费承担修补缺陷费用 |
| 49.4 | 承包商未执行指示 | （1）业主可要求其他承包商修补缺陷的费用<br>（2）业主可从应付给承包商的款项中扣除其他承包商的修补缺陷的费用 | 与业主和承包商协商后，确定费用金额，并相应地通知承包商，副本抄送业主 | （1）支付因承包商未执行指示而由其他承包商修补缺陷的费用<br>（2）与工程师协商由其他承包商修补缺陷的费用 |
| 50.1 | 承包商进行调查 | （1）要求承包商调查工程缺陷<br>（2）确定修补缺陷的费用 | （1）指示承包商调查工程缺陷，并将副本抄送业主<br>（2）确定承包商调查费用金额，增加合同价格，并相应地通知承包商，副本抄送业主 | （1）调查缺陷责任期满之前的缺陷、收缩或不合格工程原因<br>（2）自费负责修补缺陷、收缩或不合格工程<br>（3）与工程师协商修补缺陷、收缩或不合格工程费用 |

(续)

| FIDIC 合同 1987 年第 4 版合同条款 | 业主的义务 | 工程师的主要义务 | 承包商的主要义务 |
|---|---|---|---|
| 变更、增添和省略 | | | |
| 51.1 变更 | 作出变更指示 | 作出变更指示 | （1）按工程师的指示进行工程的变更、增添和省略<br>（2）承担由于承包商违约或毁约造成的工程变更费用 |
| 51.2 变更的指示 | | | 不得擅自变更、增添和省略工程 |
| 52.1 变更的估价 | 同意或决定变更后的合理的费率和价格 | （1）按合同费率对变更作出估价决定<br>（2）与业主和承包商协商，确定一个合适的费率，并相应地通知承包商，副本抄送业主<br>（3）在作出费率决定之前，决定暂行费率或价格，计入临时付款证书 | 与工程师协商变更后的合理的费率和价格 |
| 52.2 工程师确定费率的权力 | 决定变更后的费率和价格 | （1）与业主和承包商适当协商后，确定新的费率和价格<br>（2）如无法达成一致，确定他认为适当的费率或价格，并相应地通知承包商，副本抄送业主<br>（3）在确定新费率或价格之前，确定暂行费率或价格 | |
| 52.3 变更超过 15% | 决定变更超过 15% 后的费率和价格 | （1）与业主和承包商协商，在合同价格中增加或减少同意的款项<br>（2）如无法达成一致，工程师应决定该项款额 | 与业主和工程师协商变更超过 15% 后的费率和价格 |
| 52.4 计日工 | （1）同意以计日工为基础进行施工<br>（2）按计日工规定的费率和价格向承包商支付工程价款 | （1）指示承包商在计日工基础上进行施工<br>（2）审核和批准按计日工付款，或按照他认为合理的工作价值付款 | （1）向工程师提供付款收据或其他凭证，在订购材料前向工程师提交订货报价单供其批准<br>（2）向工程师每天报告所从事工作的所有工人的姓名、工种和工时单，以及所用材料和设备清单<br>（3）每月月末向工程师递交日工报表 |

(续)

| FIDIC 合同 1987 年第 4 版合同条款 | | 业主的义务 | 工程师的主要义务 | 承包商的主要义务 |
|---|---|---|---|---|
| 索赔程序 | | | | |
| 53.1 | 索赔通知 | | | 在索赔事件第一次发生后的 28 天内将索赔意向通知工程师 |
| 53.2 | 同期记录 | | 审查并指示承包商保持同期记录 | （1）应同期记录索赔事件<br>（2）根据工程师指示保持合理的同期记录<br>（3）允许工程师审查所有同期记录，向工程师提供记录副本 |
| 53.3 | 索赔的证明 | 指示承包商进一步提供索赔资料 | 要求承包商在其他合理的时间内递交索赔的详细材料 | （1）向工程师提供说明索赔款额和提出索赔依据的详细材料<br>（2）在连续发生索赔事件时，应发出进一步的临时详细索赔报告<br>（3）在索赔事件结束后的 28 天内向工程师提出最终详细索赔报告<br>（4）按工程师要求将索赔报告递交给业主 |
| 53.4 | 未能遵守 | | 决定索赔金额，并相应地通知承包商，副本抄送业主 | |
| 53.5 | 索赔的支付 | 向承包商支付已经批准的索赔款项 | | |
| 承包商的设备、临时工程和材料 | | | | |
| 54.1 | 工程专用的承包商的设备、临时工程和材料 | | 同意将承包商的设备、临时工程和材料运出现场 | （1）提供施工所需的设备、临时工程和材料<br>（2）未经工程师同意，不得将设备、临时工程和材料运离现场 |
| 54.3 | 清关 | 业主协助承包商办理海关手续 | | 负责设备、临时工程和材料的清关 |
| 54.4 | 承包商的设备再出口 | 业主协助承包商办理设备再出口手续 | | 负责将设备再出口 |
| 54.5 | 承包商的设备租用条件 | 允许承包商租用设备实施工程 | | 当合同终止时，承包商不得将租用的设备带至现场 |
| 54.6 | 用于第 63 条的费用 | 支付业主租赁的设备费用 | | |

(续)

| FIDIC 合同 1987 年第 4 版合同条款 | | 业主的义务 | 工程师的主要义务 | 承包商的主要义务 |
|---|---|---|---|---|
| 54.7 | 编入分包合同的条款 | | | 应将第 54 条的有关规定编入分包合同中 |
| 计量 | | | | |
| 56.1 | 需测量工程 | 重新测量工程 | （1）适时通知承包商及其代理人进行测量工作<br>（2）通过测量核实和确定工程的价值及其承包商应得的付款<br>（3）在测量时准备好记录和图纸<br>（4）承包商提出申诉时，复查记录和图纸，予以确认或修改 | （1）参加或派出合格的代表协助工程师测量<br>（2）提供工程师所要求的一切详细资料 |
| 57.2 | 包干项目的分项 | 批准包干项目中的分项工程 | 批准包干项目 | 在接到中标通知书后 28 天内把包含在投标书中的每一项包干项目的分项表提交给工程师 |
| 暂定金额 | | | | |
| 58.1 | 暂定金额的定义 | | 指示承包商实施暂定金额项目，作出决定，并相应地通知承包商，副本抄送业主 | |
| 58.2 | 暂定金额的使用 | 指示承包商使用暂定金额，用于提供货物、材料、设备或服务 | 有权指示承包商或指定分包商实施暂定金额项下的工作、提供货物、材料、设备或服务 | |
| 58.3 | 凭证的出示 | | | 应向工程师出示与暂定金额开支有关的所有报价单、发票、凭证和账单或收据 |
| 指定分包商 | | | | |
| 59.2 | 指定的分包商；对指定的反对 | 业主指定和雇用指定分包商 | 指定某分包商 | |
| 59.3 | 设计要求应明确规定 | 明确指定分包中的设计要求 | | |
| 59.4 | 对指定的分包商的付款 | | | 支付指定分包商付款 |

（续）

| FIDIC 合同 1987 年第 4 版合同条款 | | 业主的义务 | 工程师的主要义务 | 承包商的主要义务 |
|---|---|---|---|---|
| 59.5 | 对指定分包商的支付证书 | 在承包商未支付指定分包商的情况下，业主直接支付指定分包商，并从应付给承包商的款项中扣除 | （1）有权要求承包商提供支付指定分包商的证明<br>（2）应从支付给承包商的款额中扣除业主直接支付给指定分包商的款项，但不应拒发或拖延签发付款证书 | 向工程师提供证明，证明他已向指定分包商支付款项 |
| 证书与支付 | | | | |
| 60.1 | 月报表 | | | 在每个月月末向工程师提交月报表 |
| 60.2 | 每月的支付 | 支付应付给承包商的工程进度款 | （1）在收到承包商报表后的 28 天内确认业主应付款项<br>（2）在月支付证书金额小于合同规定的最低限额时，不应签发付款证书 | |
| 60.3 | 保留金的支付 | 按照合同规定向承包商支付保留金 | 签发支付保留金的付款证书 | |
| 60.4 | 证书的修改 | 修改或更正临时付款证书 | 修改付款证书金额 | |
| 60.5 | 竣工报表 | | | 向工程师递交竣工报表 |
| 60.6 | 最终报表 | 支付最终报表中的应付给承包商的款项 | 对最终报表作出决定 | （1）向工程师递交最终报表<br>（2）根据工程师的要求提交进一步的资料<br>（3）编制并向工程师提交双方同意的最终报表 |
| 60.7 | 结清 | | | 应给业主一份书面结清单，并递交一份副本给工程师 |
| 60.8 | 最终证书 | | 在接到最终报表和书面结清证明后的 28 天内，向业主发出最终证书，副本抄送承包商 | |
| 60.10 | 支付时间 | 按照合同规定的时间向承包商付款 | | |
| 62.1 | 缺陷责任证书 | 颁发缺陷责任证书 | 向承包商颁发缺陷责任证书 | |

(续)

| FIDIC 合同 1987 年第 4 版合同条款 | | 业主的义务 | 工程师的主要义务 | 承包商的主要义务 |
|---|---|---|---|---|
| 62.2 | 未履行的义务 | 履行缺陷责任证书颁发前的义务 | | 应对在缺陷责任证书颁发前按合同规定应予履行，而在缺陷责任证书颁发时尚未履行的义务承担责任 |
| 补救措施 | | | | |
| 63.1 | 承包商的违约 | （1）提前 14 天发出通知，进驻现场和工程，终止对承包商的雇用 （2）业主可自己完成或雇用他人完成工程 | 证明承包商违约 | |
| 63.2 | 终止日的估价 | 与工程师协商终止时的工程估价 | 应尽快单方面地或通过与各方协商后，作出估价决定 | 与工程师协商终止时的工程估价 |
| 63.3 | 终止后的付款 | 业主向承包商支付应付款项 | 查清施工、竣工及修补任何缺陷的费用等，签发付款证书 | 向业主支付超出部分的款额 |
| 63.4 | 协议利益的转让 | 接受协议利益的转让 | | 应将其为该合同目的可能签订的、有关提供任何货物或材料或服务或有关实施任何工作的协议的权益转让给业主 |
| 64.1 | 紧急补救工作 | （1）业主采取紧急补救工作，支付补救费用 （2）从应付给承包商的款项中扣除业主支付的费用 | （1）与业主和承包商协商后，确定补救工作的费用金额，并相应地通知承包商，副本抄送业主 （2）在发生紧急补救工作时，尽快通知承包商 | （1）支付由业主或其他承包商的紧急补救工作款项 （2）与工程师协商由业主或其他承包商紧急补救工作所发生的费用 |
| 特殊风险 | | | | |
| 65.3 | 特殊风险对工程的损害 | 支付因特殊风险而造成的额外费用 | 根据第 52 条的规定确定追加合同价格，并相应地通知承包商，副本抄送业主 | （1）根据工程师的指示修复特殊风险所造成的损坏或损害 （2）根据工程师的指示替换或修复材料或承包商设备 |
| 65.5 | 由特殊风险引起的费用增加 | 业主应偿还承包商因特殊风险造成的费用增加款项 | 与业主和承包商适当协商，确定由特殊风险导致的费用增加额，计入合同价格中，并相应地通知承包商，副本抄送业主 | （1）应立即通知工程师因特殊风险引起的费用增加 （2）与工程师和业主协商增加费用 |

（续）

| FIDIC 合同 1987 年第 4 版合同条款 | | 业主的义务 | 工程师的主要义务 | 承包商的主要义务 |
|---|---|---|---|---|
| 65.7 | 合同终止时承包商设备的撤离 | | | （1）应尽快从现场撤离全部设备<br>（2）为其分包商提供撤离设备的便利 |
| 65.8 | 合同终止后的付款 | 支付合同终止后应付给承包商的款项 | 与业主和承包适当地进行协商，确定合同终止后的付款，并相应地通知承包商，副本抄送业主 | |
| 解除履约 | | | | |
| 66.1 | 解除履约时的付款 | 支付解除履约后应付给承包商的款项 | | |
| 争议的解决 | | | | |
| 67.1 | 工程师的决定 | 在不满工程师的决定时，提出仲裁请求 | 对有关争议作出决定 | （1）应将与业主的争端首先以书面形式提交给工程师<br>（2）应以应有的精心继续进行工程施工，并执行工程师的指示，除非合同被终止<br>（3）如在收到工程师有关决定后的 70 天内没有表明要将争端提交仲裁，则应遵守工程师的决定 |
| 67.2 | 友好解决 | 应友好解决争端 | | 应友好解决争端 |
| 67.3 | 仲裁 | 根据仲裁规则指定仲裁人 | | 根据仲裁规则指定仲裁人 |
| 67.4 | 未能遵从工程师的决定 | 将争议提交仲裁 | | |
| 通知 | | | | |
| 68.1 | 致承包商的通知 | 通知承包商的义务 | 将通知发到指定地址 | |
| 68.2 | 致业主和工程师的通知 | | | 按照合同规定的方式和地址发出通知 |
| 68.3 | 地址的变更 | 通知对方地址变更事宜，并抄送给工程师 | 通知业主和承包商有关地址变更 | 通知对方地址变更事宜，并抄送给工程师 |
| 业主的违约 | | | | |
| 69.1 | 业主的违约 | | | 通知业主违约并将副本呈交给工程师 |
| 69.2 | 承包商设备的撤离 | | | 应尽快从现场撤离所有带至工地的设备 |

(续)

| FIDIC 合同 1987 年第 4 版合同条款 | | 业主的义务 | 工程师的主要义务 | 承包商的主要义务 |
|---|---|---|---|---|
| 69.3 | 终止时的付款 | 向承包商支付应付给承包商的款项 | | |
| 69.4 | 承包商暂停工作的权利 | | 与业主和承包商适当协商后决定工期延长和增加合同价格,并相应地通知承包商,副本抄送业主 | |
| 69.5 | 复工 | | | 应尽快恢复正常施工 |
| 费用和法规的变更 | | | | |
| 70.2 | 后续的法规 | 同意或决定因法律变更而导致的费用增加 | 与业主和承包商适当协商后,增加合同价格,并相应地通知承包商,副本抄送业主 | (1) 通知工程师因法规变更或增加所造成费用的增加<br>(2) 与工程师和业主协商费用增加 |
| 货币及汇率 | | | | |
| 71.1 | 货币限制 | 赔偿因货币限制导致的损失 | | |
| 72.2 | 货币比例 | 按照货币比例支付应付给承包商的工程价款 | | |
| 72.3 | 为暂定金额支付的货币 | 按照货币比例支付暂定金额付款 | | |

# 第 15 章　风险的识别、分担和管理

最好的办法是你要学会识别预期项目的所有潜在风险。

—— FIDIC：《风险管理手册》

## 15.1　国际工程合同风险及其分配

### 15.1.1　国际工程合同风险

在国际工程项目中，业主和承包商共同而又分别承担着工程建造过程中可能出现的各种风险，从承包商的立场出发，这些风险可归集分类为风险清单，见表 15-1。

表 15-1　国际承包工程项目主要风险

| 风险类别 | 风　险 |
| --- | --- |
| 政治风险 | 项目审批延误<br>项目取消<br>项目推迟实施<br>政府无所作为或负面作为<br>项目预算在政府和议会的审批<br>政府决策迟缓<br>来自工程所在国政府部门的监管<br>政治不可抗力<br>业主终止合同<br>政府不支付费用<br>现有实施状况和有关规定<br>与投资银行关系<br>罢工、示威和游行<br>战争、内战、动乱、恐怖行动<br>国际关系紧张<br>政策多变<br>贪污和腐败 |

(续)

| 风险类别 | 风 险 |
|---|---|
| 建造风险 | 征地和补偿 |
| | 设备/材料进口限制 |
| | 成本超支 |
| | 工期 |
| | 质量 |
| | 工程变更 |
| | 恶劣天气 |
| | 不可预见的地质条件 |
| | 规范不明确 |
| | 现场条件差异 |
| | 环保、健康和安全 |
| | 施工不可抗力 |
| | 与其他承包商的关系 |
| | 环境限制 |
| | 材料可获得性 |
| | 分包商拖延、质量问题或违约 |
| | 供应商拖延、质量问题或违约 |
| | 当地风俗习惯 |
| 业主风险 | 业主支付信誉和支付能力 |
| | 业主官僚 |
| | 业主决策过程 |
| | 业主提供材料和设备的质量 |
| | 业主提供材料和设备的时效性 |
| | 指定分包商履约能力 |
| | 工程竣工后能否释放履约保函 |
| | 能否按时释放保留金 |
| | 业主清算或破产 |
| 财务风险 | 通货膨胀 |
| | 利率 |
| | 外汇兑换率 |
| | 外汇可兑换性 |
| | 外汇管制 |

(续)

| 风险类别 | 风 险 |
|---|---|
| 技术风险 | 水文和地质条件复杂 |
|  | 自然气候不适应 |
|  | 技术难度 |
|  | 技术规范不熟悉 |
|  | 设计错误或不恰当 |
|  | 设计批准延误 |
|  | 施工方法不当 |
| 管理风险 | 总部服务、控制不力 |
|  | 管理人员缺乏经验和知识,不能胜任 |
|  | 报价缺项、漏项 |
|  | 投标决策失误 |
|  | 前期动员准备不充分 |
|  | 投入流动资金不足 |
|  | 设备投入不充分 |
|  | 项目管理松散,成本和进度控制不严格 |
| 联合体风险（如有） | 合作诚意 |
|  | 母公司出现财务问题 |
|  | 母公司的干预和介入 |
|  | 各方相互不信任 |
|  | 合作方管理不善和投入不足 |
|  | 职位和工作分配 |
|  | 联合体财务分配争议 |
| 公共关系风险 | 与业主关系 |
|  | 与工程师关系 |
|  | 与当地政府和居民关系 |
|  | 与代理关系 |
| 法律风险 | 法律变更 |
|  | 劳工法律变更 |
|  | 税率提高 |
|  | 社会保险和保障法律变更 |

在承包商看来,表15-1所列举的风险发生的概率在不同国家、不同类型的项目上是不尽相同的。在一个国际工程项目上所有风险全部发生的概率几乎为零,但不同的项目确实会遇到不同的风险。根据风险发生的概率,从承包商立场出发,这些风险的大小、先后次序如下:

①建造风险,②技术风险,③业主风险,④公共关系风险,⑤财务风

险，⑥管理风险，⑦联合体风险（如有），⑧法律风险，⑨政治风险。

上述风险发生的概率可用曲线图 15-1 表示，其中竖轴表示风险程度和发生概率，如下：

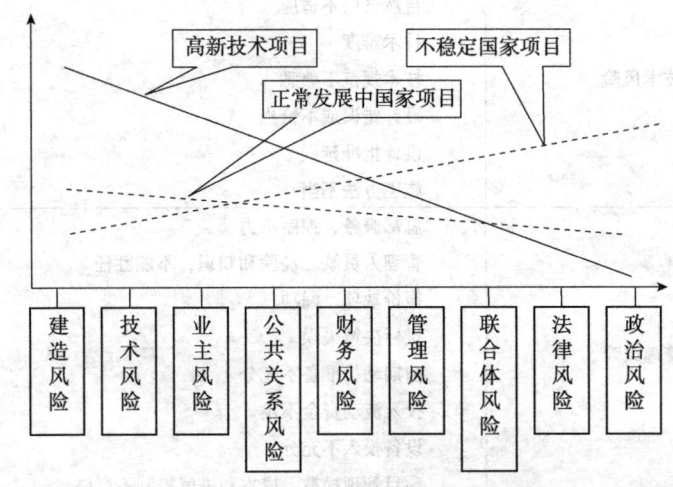

图 15-1　国际工程项目风险程度和概率

图 15-1 所示风险程度和发生概率是以一个正常的发展中国家和较发达的发展中国家为标准，项目所应用的技术或施工技术为成熟技术。如果项目处于一个战乱国家或地区，则政治风险发生的概率要大得多。如果项目技术或施工技术为创新技术，则技术风险相对要大。

因项目所在国不同，项目性质不同，任何一个国际承包工程项目的风险种类及其发生概率均是不相同的，承包商需要在投标或项目前期运作阶段进行风险识别，采取必要的应对措施，以规避、减轻或转移项目风险。

## 15.1.2　不同合同类型的风险分配

不同类型的工程合同的风险在业主和承包商之间的分配是不同的，图 15-2 以图形方式表明了合同风险在业主和承包商之间分配的关系：

在图 15-2 中，总价合同和成本补偿合同的风险在业主与承包商之间的分配如下：

（1）不可调价的总价合同：承包商承担了合同绝大部分风险，如通货膨胀、物价上涨、工程量变更、不可预见的气候、地质条件等风险，而业主只承担了很小一部分风险。

（2）可小部分调整价格的总价合同：业主承担了部分工程量和设计变更的风险，承包商承担了大部分的风险，如通货膨胀、不可预见的气候和地

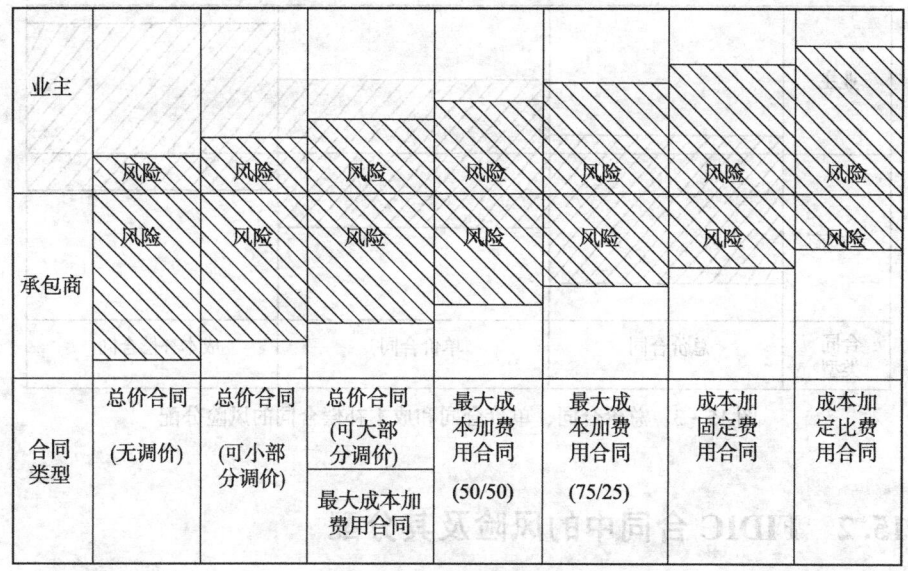

图 15-2　不同合同类型的风险分配表⊖

质条件等风险。

（3）可大部分调价的总价合同：业主承担了大部分的工程量和设计变更的风险，承包商承担了部分风险。

（4）最大成本加费用合同（50/50）：承包商和业主之间风险的分配比例基本相同。

（5）最大成本加费用合同：风险分配取决于合同性质、最大成本水平、共享成本节约的分成比例等。

（6）成本加固定费用合同：业主承担了成本、成本上升等风险，承包商承担了少部分的风险。

（7）成本加定比费用合同：业主承担了绝大部分的风险，承包商只承担了很小一部分的风险。

根据国际工程承包业界多年的经验和实践，在图 15-3 中所示的三种主要合同中，采用总价合同时承包商承担了大部分的风险，业主承担了小部分风险，风险偏向承包商；采用单价合同时承包商与业主的风险基本平衡；采用成本补偿合同时业主承担了大部分风险，承包商只承担了小部分的风险，风险偏向业主。

---

⊖　Keith Collier. Construction Contracts [M]. 3rd ed. 北京：清华大学出版社，2004：76.

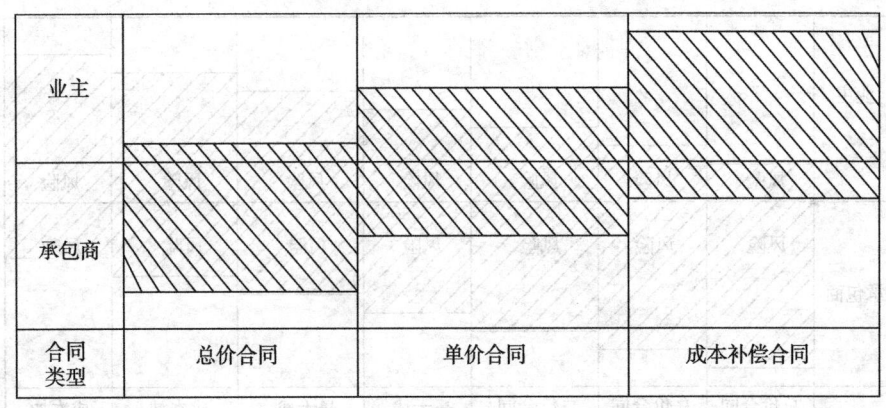

图 15-3　总价合同、单价合同和成本补偿合同的风险分配

## 15.2　FIDIC 合同中的风险及其分配

### 15.2.1　不同 FIDIC 合同类型的风险分配

对承包商来说，不同版本的 FIDIC 合同存在不同的风险。1999 年版新红皮书、新黄皮书和银皮书的风险程度见图 15-4。

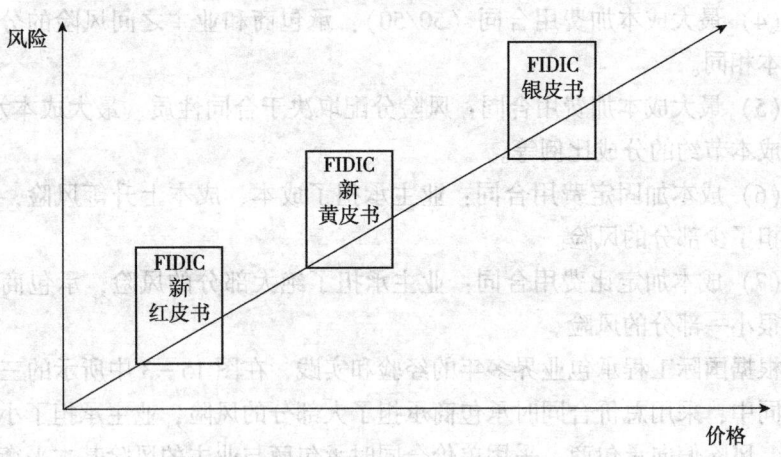

图 15-4　1999 年版不同 FIDIC 合同风险程度

在 1999 年版 FIDIC 新红皮书、新黄皮书和银皮书中，承包商的风险分配在不同的合同中存在较大区别，见表 15-2。

## 第 15 章 风险的识别、分担和管理

表 15-2　FIDIC 合同中承包商风险的分配

| 序号 | 内容 | 新红皮书 | | 新黄皮书 | | 银皮书 | |
|---|---|---|---|---|---|---|---|
| | | 承包商 | 业主 | 承包商 | 业主 | 承包商 | 业主 |
| 1 | 资金不到位 | | √ | | √ | | √ |
| 2 | 设计责任 | | √ | √ | | √ | |
| 3 | 设计变更 | | √ | | √ | √ | |
| 4 | 设计错误 | | √ | √ | | √ | |
| 5 | 未能按规定提交设计图纸 | | √ | √ | | √ | |
| 6 | 未能按规定提交施工规范 | √ | | √ | | √ | |
| 7 | 未能按规定提交质量保证文件 | √ | | √ | | √ | |
| 8 | 未能及时取得建筑许可 | √ | | √ | | √ | |
| 9 | 未能按合同颁发开工令 | | √ | | √ | | √ |
| 10 | 未能按时移交现场使用权 | | √ | | √ | | √ |
| 11 | 延误图纸 | | √ | | √ | | |
| 12 | 延误发布指示 | | √ | | √ | | √ |
| 13 | 不可预见的自然条件 | | √ | | √ | √ | |
| 14 | 放线 | | √ | | √ | | √ |
| 15 | 化石 | | √ | | √ | | √ |
| 16 | 工程数量的变化 | | √ | | √ | | |
| 17 | 变更 | | √ | | √ | | √ |
| 18 | 价格浮动 | | √ | | √ | √ | |
| 19 | 业主原因导致的工期延误 | | √ | | √ | | √ |
| 20 | 承包商原因导致的工期延误 | √ | | √ | | √ | |
| 21 | 汇率变化 | √ | | √ | | √ | |
| 22 | 劳动力可获得性 | √ | | √ | | √ | |
| 23 | 材料可获得性 | √ | | √ | | √ | |
| 24 | 施工方法 | √ | | √ | | √ | |
| 25 | 现场保安 | √ | | √ | | √ | |
| 26 | 分包商可获得性 | √ | | √ | | √ | |
| 27 | 法律变更 | | √ | | √ | | √ |
| 28 | 政府行为 | | √ | | √ | | √ |
| 29 | 不可抗力 | | √ | | √ | | √ |
| 30 | 承包商违约 | √ | | √ | | √ | |
| 31 | 业主违约 | | √ | | √ | | √ |

**【案例】** 某项目风险分析

某公司中标承建某国高速公路项目，项目为设计—施工总承包合同，合同使用的是 1999 年版 FIDIC 黄皮书。在投标阶段，项目投标人员对项目主要风险分析如下：

**1. 设计风险**

（1）本项目是设计施工总承包项目，设计直接影响着工程的造价和实施。

（2）由于设计规范的不同，中方设计人员和当地设计人员在进行设计交流时可能存在一部分偏差。

（3）得到批准的报建设计工程量可能会与投标时的工程量存在一定的差异。

（4）报建设计得到批准的时间可能会超过预计。

**2. 施工技术风险**

（1）本工程所经路段为平原地区，桥梁短、不良地质少，技术上没有施工难度。

（2）本工程大多路段为填方路段，所需路基填料多，需就近解决大量填料，因此如何就近解决大量的路基填料对工程实施有较大的影响。

（3）路面较国内同类工程厚，所需沥青混凝土的施工时间较长，合理安排好路面的施工时间才能保证项目的顺利实施。

（4）设计和施工规范与中国不同，在施工过程中可能会存在因这些差异造成的工程返工现象。

**3. 工期风险**

（1）本项目的工期相对较为紧张，完工节点明确，工期有压力。加快设计进度、尽快完成拆迁工程尽早使正式工程开工可以减少工期压力。

（2）如果在施工期间雨天增多，会对工期造成很大的压力。

**4. 物价风险**

（1）目前欧洲正处在金融危机的低谷期，钢筋价格较便宜，但是特种钢材与普通钢材之间的价差很大。实施阶段，对于水泥、钢材、沥青、油料等大宗材料考虑与供应商签订长期供货合同，来规避日后可能因欧洲经济复苏导致物价上涨的风险，同时在目前报价阶段也考虑物价上涨的因素。

（2）钢护栏和隔音屏可以考虑从国内进口，因为国内价和当地有较大的差价。可以增加本项目的抵抗物价上涨风险的能力。

**5. 汇率风险**

（1）本项目为当地币报价，当地币对人民币和欧元美元总体成上升趋势，对本项目的实施有利。

（2）在当用的材料可以先期订购降低成本，在国内和其他国家采购的设备和材料可以用时再购。

**6. 总体评价**

（1）工程所在国目前在建的土建项目较多，应尽早寻找有实力的分包商承担分包工程，有利于降低成本，转移风险。

(2) 本工程施工难度不大，可以更广泛地寻找分包商以求利益最大化。

(3) 安全设施及隔音屏与中国的差价较大，且项目的用量较大，可以考虑从国内进口的可能性。

(4) 设计还存在一定优化的可能，可以降低工程成本。

## 15.2.2　FIDIC 合同中的不可抗力风险

FIDIC 合同新红皮书、新黄皮书和银皮书第 19.1 款对不可抗力的定义作出了明示规定：

"19.1 不可抗力的定义

在本条中，'不可抗力'系指某种特殊事件或情况：

(a) 一方无法控制的；

(b) 该方在签订合同前，不能对之进行合理防备的；

(c) 发生后，该方不能合理避免或克服的；以及

(d) 不主要归因于他方的。

只要满足上述（a）至（d）项条件，不可抗力可包括但不限于下列各种特殊事件或情况：

(i) 战争、敌对行动（不论宣战与否）、入侵、外敌行为；

(ii) 叛乱、恐怖主义、革命、暴动、军事政变或篡夺政权或内战；

(iii) 承包商人员和承包商以及其分包商的其他雇员以外的人员的骚动、喧闹、混乱、罢工或停工；

(iv) 战争军火、爆炸物资、电离辐射或放射性污染，但可能因承包商使用此类军火、炸药、辐射或放射性引起的除外；以及

(v) 自然灾害，如地震、飓风、台风或火山活动。"

在如何理解 FIDIC 新红皮书第 17.3 款、第 19.4 款和银皮书中不可抗力条款时，往往会出现理解偏差。对此，应对第 17.3 款、第 19.4 款和银皮书的不可抗力条款作出全面的分析。

新红皮书第 17.3 款、第 19.4 款和银皮书有关条款的明示规定：

(1) 新红皮书将不可抗力视为是业主的风险，而银皮书则将"自然灾害"类（FIDIC 合同条款定义中界定的自然灾害）排除在业主风险之外，即承包商承担因自然灾害而发生的不可抗力事件的风险。

(2) 新红皮书第 17.3 款和第 19.4 款没有矛盾之处，在发生了不可抗力事件后，承包商有权获得工期延长，但在某些情况下（但不是第 17.3 款第（a）至第（h）项规定的全部情况下），即第（ii）至第（iv）项规定的情形下，承包商可以获得额外费用（additional cost）的补偿，也就是说，在第

(ii) 至第 (iv) 项以外的情况下，承包商无权获得额外费用的补偿。

有关著作和专家的理解也是如此，例如：

Nael Bunni 在《FIDIC Forms of Contract》第 534 页作了上述论述，还补充说，第 17.3 款和第 19.4 款存在漏洞，即承包商可以援引第 19.7 款［合同的落空］的有关规定解除合同。

在《FIDIC 用户指南》一书中，英国资深咨询工程师 Brian Totterdill 先生在第 205 页中写道："承包商只能根据第 19.1 款第 (i) 项至第 (iv) 项规定的战争性质的事件要求索赔，而不能根据自然灾害的后果要求索赔。"（当然还必须是发生在工程所在国的第 (ii) 至第 (iv) 项的事件）。

在《Understanding FIDIC New Red Book》一书中，资深律师 Glover 的解释是："在发生了不可抗力事件时，承包商可以获得工期延长，在某些情况下，承包商可以获得额外费用补偿。""某些情况"是指第 (ii) 至第 (iv) 项规定的情形。

(3) 根据 FIDIC 新红皮书合同第 17.3 款和第 19.4 款，在发生不可抗力事件时，虽然新红皮书将不可抗力归属为业主的风险，但业主并不能承担全部的不可抗力风险所带来的后果，即业主承担工期延长（EOT）风险，但业主只能承担某些不可抗力（第 (ii) 至第 (iv) 项）导致的额外费用的风险。

(4) 令人产生疑惑的原因可能源于混淆了两个概念：

① 风险和过错。根据各国法律对不可抗力的解释和法律规定，不可抗力是非属于合同当事人任何一方的责任，在发生了不可抗力事件时，当事人可按事先约定或有关法律规定履行或终止合同，也就是说，不可抗力风险与后果应分别对待，即使不可抗力风险属于某一个合同当事人，当合同当事人可约定风险后果的承担程度。

风险不是过错，合同任何一方应为其过错（或违约）承担损害赔偿（damages，包括 liquidated damages 和 general damages）的责任，但发生了合同当事人约定的风险后，当事人可按照约定的承担后果的方式和范围承担责任，而不一定由某一方当事人承担全部损失，因为不可抗力不属于合同当事人任何一方的责任。

② 风险和后果。应将风险和风险产生的后果分开考虑，不可抗力是指战争、自然灾害等事件，但不可抗力事件产生的后果是复杂的，在 FIDIC 合同中，将其归结为工期延长和额外费用两种后果。对于工期延长，业主给予补偿，但对于额外费用，有些情况下给予补偿，但有些情况下业主不予补偿。

人们产生如此认识的原因（更大程度上）是："既然 FIDIC 说不可抗力是业主的风险，那么业主就应该承担全部后果。为什么不可抗力是业主的风险，而业主又不承担全部后果？"

根据契约自由原则，合同当事人可以自由约定不可抗力事件的范围和承担后果的程度。在 FIDIC 合同中，合同是按照第 19.4 款约定了不可抗力的后果，当然，合同当事人也可以约定业主承担全部工期延长和额外费用的责任。人们无法得知 FIDIC 在起草红皮书第 19.4 款时的确切想法和思路，但合同如此规定是有一定道理的。

## 15.3　合同风险的识别

### 15.3.1　风险识别的步骤和方法

风险识别（risk identification）是通过某种方法和技术找出项目的所有风险。根据一般风险理论，风险识别的步骤见图 15-5：

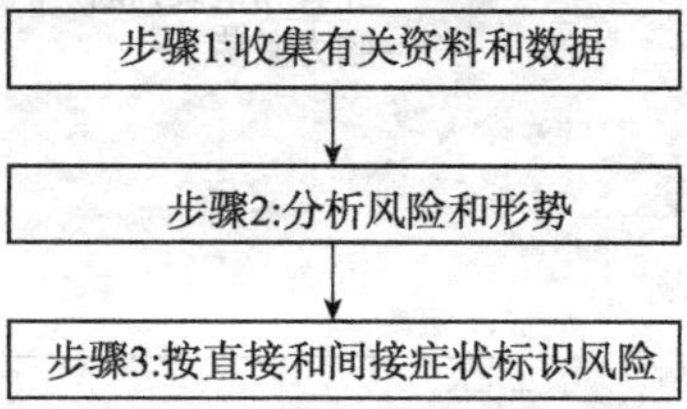

风险识别的内容包括识别出风险的来源、类型、影响和后果，风险识别需要回答如下问题：

第一，哪里会出现风险？
第二，风险出现的原因？
第三，以何种方式出现风险？
第四，后果和损害程度如何？

步骤1：收集有关资料和数据

步骤2：分析风险和形势

步骤3：按直接和间接症状标识风险

图 15-5　风险识别步骤示意图

承包商在投标报价时或合同准备期内根据工程项目所在国家、项目地理位置、项目性质和特征整理分析风险的来源，按照一定的风险分类方式将风险分类，归入某一类型，这一步的工作需要投标报价人员对所在国进行详细的调查、了解，也需要对现场、材料供应、进出场道路等施工外部条件进行周详的调查才能得出可信的依据进行风险的进一步归类和分析。

风险的影响和后果可以根据风险度或风险大小定性分为七个等级，即不严重、轻微严重、有些严重、严重、很严重、非常严重、异常严重，与此相对应，承包商或分包商应采取的应对措施可以分为：可忽略、可规避、可承受、可分担、可转移、应采取应对措施、无法承受等应对措施。如承包商或分包商经过分析，认为即使采取应对措施也无法承受有些风险时，应决定不予投标或退出竞争。

风险识别的方法和技术是多种多样的，归纳如下：

第一，分解分析法；
第二，集思广益法；

第三，问卷调查法；

第四，专家调查法；

第五，优势、劣势、机会和威胁分析（SWOT）；

第六，财务报表法；

第七，流程分析法；

第八，现场勘察法；

第九，情景分析法。

有经验的承包商或分包商可采取几种方法并用的原则，找出项目的风险，并根据风险的大小和严重程度归纳风险层次。这对一个在特定国家、特定项目来说，找出风险和归集风险并不是一件难事，只要它是建立在一个客观的基础之上。图15-6表达了各种风险识别方法的客观性分区情况。

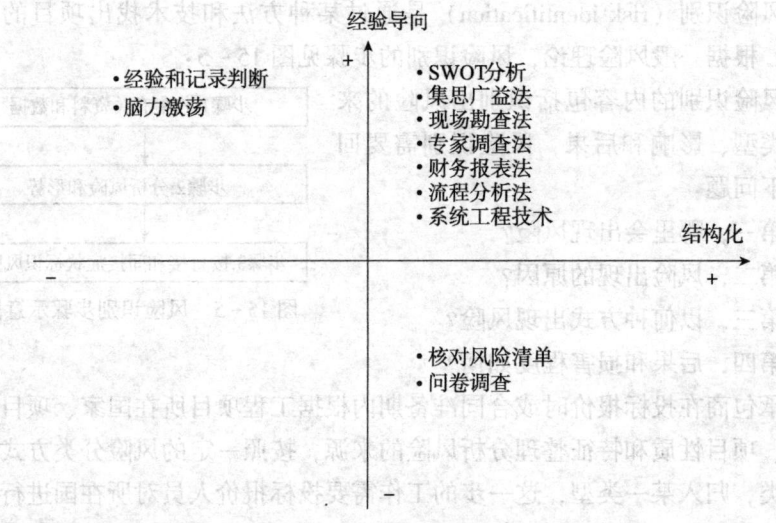

图15-6　风险识别方法

【案例】分包合同汇率风险识别、分析和验证

某公司在印度尼西亚承建了一座大型跨海斜拉桥项目，作为主包商，根据印度尼西亚政府的有关规定，引桥工程分包给印度尼西亚国营公司组成的联合体，分包合同采用FIDIC分包合同格式1994年第1版。

主合同汇率采用议标前28天印度尼西亚中央银行公布的汇率中间价作为主合同的基本汇率，即1美元兑换8965印度尼西亚盾。由于分包合同的外汇和当地币比例与主合同相差较大，增加了主包商的汇率风险。为此，主包商采用调查方式对1998年12月后的美元与印度尼西亚盾汇率走势进行了分析。印度尼西亚中央银行的汇率数据表明，1998年12月至2004年8月间，印度尼西亚盾经历了波浪形行情，高点位于1美元兑换11500印度尼西亚盾，低点位于1美元兑换8060印度尼西亚盾。由于主合同以90%美元支付，需要兑换当地币支付分包工程款，主包商和分包商均无法预测未来3年印度尼西亚盾的走势，因此存在较大的汇兑损益。

为了减少汇率风险，在编制分包合同中采用了如下三种方式规避和减少汇率风险：

第一，主包商在得到业主付款后将美元兑换为印度尼西亚盾支付分包商，这样主包商将承担汇率风险。

第二，主包商在得到业主付款后，无论汇率如何，按合同汇率支付分包合同款项。

第三，业主支付什么货币，分包商就得到什么货币。

为了规避汇率风险，在2005年签署分包合同时采用了第三种解决方式，这样可避免汇率风险。但在实际施工过程中，由于印度尼西亚盾汇率一直在高位徘徊，主包商采取了在收到业主支付的美元后，在当地兑换为印度尼西亚盾，然后支付给承包商的做法，取得了一部分汇兑收益。但在2004年9月至2007年11月间，印度尼西亚盾曾两次低于合同汇率，时间约为5个月，也形成了一部分汇兑损失。图15-7表示2004年9月1日至2007年11月1日期间印度尼西亚盾的走势，根据这个区间走势，应采用第一种解决方式，但此间主包商承担了巨大的汇率风险，因此，为了规避汇率风险，妥善的方式是分包合同应尽可能采取第三种方式避免汇率风险。

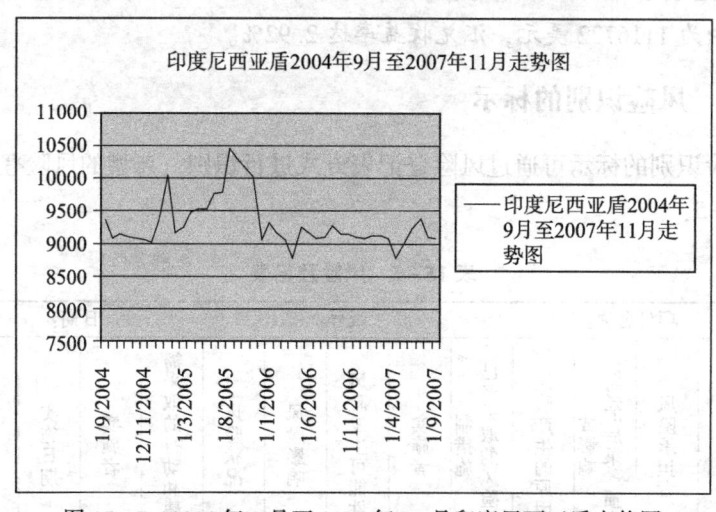

图15-7  2004年9月至2007年11月印度尼西亚盾走势图

在 2005 年期间，签订分包合同时对汇率风险进行了定量分析，见表 15-3。

表 15-3　分包合同汇率风险情景分析

| 内容 | 汇率 | 情景 1 | 情景 2 | 情景 3 |
|---|---|---|---|---|
| 分包合同中当地币金额（折合美元） | 主合同汇率 | 兑换率：1 美元兑换 8000 印度尼西亚盾汇率损失（折合美元） | 兑换率：1 美元兑换 9500 印度尼西亚盾汇率收益（折合美元） | 兑换率：1 美元兑换 10000 印度尼西亚盾（折合美元） |
| 38069065 | 8965 | -4097785 | +2143889 | +4147524 |
| 汇率损益百分比 | | -12.06% | +5.63% | +10.89% |
| 风险 | | 高汇率风险 | 无风险 | 无风险 |

2005 年 10 月开工至 2007 年 11 月间汇率损益实际情况如下，见表 15-4。

表 15-4　分包合同实际汇率损益情况

| 分包合同中当地币金额（折合美元） | 2 年平均汇率 | 平均汇率差（印度尼西亚盾） | 截至 2007 年 11 月实际完成当地币部分合同额（美元） | 汇率收益金额（折合美元） | 汇率收益（%） |
|---|---|---|---|---|---|
| 38069065 | 9236 | 271 | 12379812 | 363244 | +2.93 |

从表 15-3 和表 15-4 可以得出，主包商在签署合同之前的风险分析和计算与实际发生的情景存在一定的差异，幸运的是，主包商预想的最坏的结果并没有出现，而出现了对主包商有利的汇率走势，如在 2007 年 11 月后至 2008 年 12 月底平均汇率维持在 9236 的水平，则项目结束时主包商的汇兑收益将约为 1116722 美元，汇兑收益率达 2.92%。

### 15.3.2　风险识别的标示

风险识别的标示可通过风险登记表方式进行识别，典型的风险登记表格见表 15-5：

表 15-5　风险登记表

| 项目名称： | | | | | 版号： | | | | 日期： | | |
|---|---|---|---|---|---|---|---|---|---|---|---|
| 风险代码 | 关键词 | 风险承担者 | 风险的后果或影响、损失 | 风险产生的原因 | 已经采取的风险控制措施 | 实施者 | 风险发生可能性 | 风险影响 | 风险状况 | 需采取的行动和建议 | 实施者 | 实施日期 | 风险消失 | 剩余风险 |

由于工程所在国家不同、项目性质和特点不同，主包商、分包商可根据特定项目的需要制定风险登记表，作为风险分析和管理的基本依据。

风险识别应建立在投标文件阅读和分析、可行性研究和设计深度评价、现场调查和勘察、工程所在国分析调查、项目性质和特征分析、业主支付历史情况评价和履约能力评价等客观调查的基础上，对于主观认识，应尽可能取得客观依据，只有这样才能使风险识别客观、准确，才能为项目风险管理提供可靠依据。

除风险登记表这种直接的表达方式外，风险识别还可以采用风险矩阵（risk matrix）方式表示，如表 15-6 所示。

表 15-6  风险识别矩阵

|  | 几乎不可能 | 非常不可能发生 | 不可能发生 | 可能发生 | 很可能发生 | 通常会发生 |
| --- | --- | --- | --- | --- | --- | --- |
| 5—极为严重 |  |  |  |  |  |  |
| 4—很严重 |  |  |  |  | 不能容忍 |  |
| 3—严重 |  |  | 可以容忍 |  |  |  |
| 2—有些严重 |  | 可以接受 |  |  |  |  |
| 1—轻微 |  |  |  |  |  |  |

在表 15-6 中，浅灰色区域的风险是承包商和分包商可以接受的，中灰色区域的风险是可以容忍，但需要采取应对措施，深灰色区域的风险是不能容忍的，需要承包商和分包商立即采取措施回避、转移、减轻这些风险。

## 15.4　合同风险管理

### 15.4.1　风险管理的架构和程序

在完成了项目风险识别、项目风险分析和评估后，需要采取相应的风险管理实施方案，对风险进行规划、控制和监督。在制定风险管理方案前，应了解风险管理的架构和程序，以便能够做到按步骤和程序进行风险管理。在风险管理中，不妨采用成熟的风险管理架构，图15-8所示的是加拿大政府的风险管理架构。

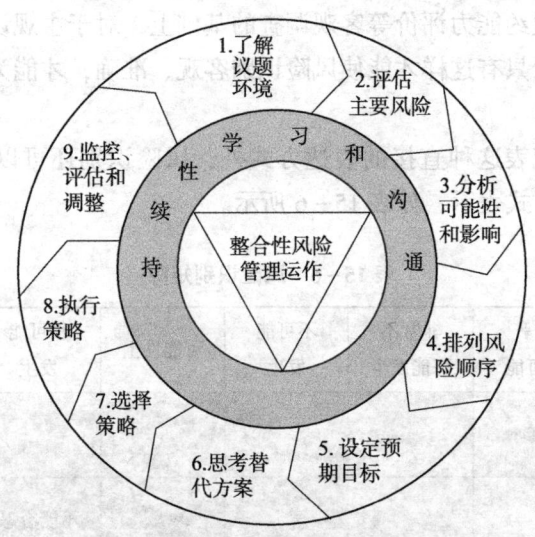

图15-8 加拿大整合性风险管理架构

图15-9表明了风险管理的宏观步骤和程序。

### 15.4.2 风险处理

风险处理包括找出风险应对策略和措施，评估应对方法，储备风险应对计划以及执行风险应对措施。风险处理的程序和步骤见图15-10。

根据风险管理理论，风险的处理和应对措施主要有如下四种方式：

**1. 回避风险**

采用不介入可能产生风险活动的方式规避风险。在工程项目中，如采用成熟的施工方法和技术，通过沟通明确工程范围或避免不熟悉分包商等方式规避风险。

**2. 转移风险**

转移风险是由其他机构或组织承担或分担部分风险，包括合伙经营、共同投资、保险、分包等。将风险转移给他人的做法可以降低风险转让方的风险，但整体上并没有减轻或消除整个项目的风险，同时，转让风险会使风险受让方遭遇新的风险。

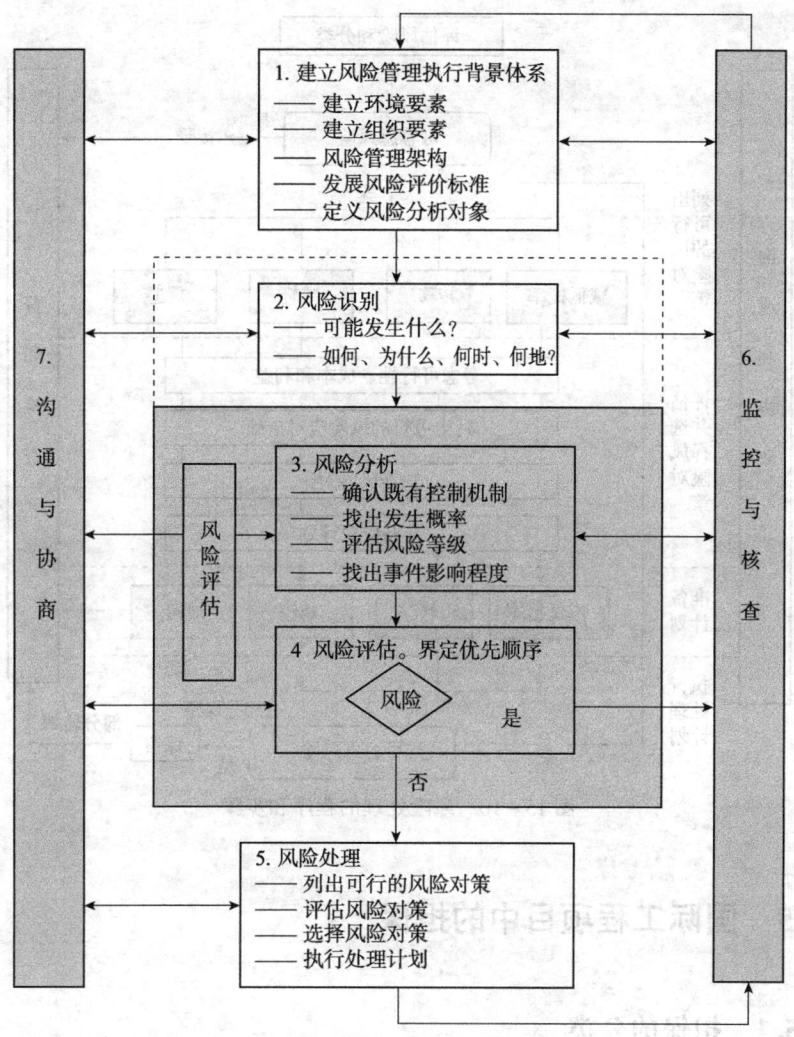

图 15-9 风险管理宏观步骤和程序

**3. 减轻风险**

通过采取风险处理步骤和程序把不利的风险发生的可能性或后果降低到一个可以接受的程度。

**4. 接受风险**

接受风险是指自行承担风险带来的后果。主包商可以通过回避、转移和减轻风险后,将剩余风险自行承担,并采取风险应对措施。

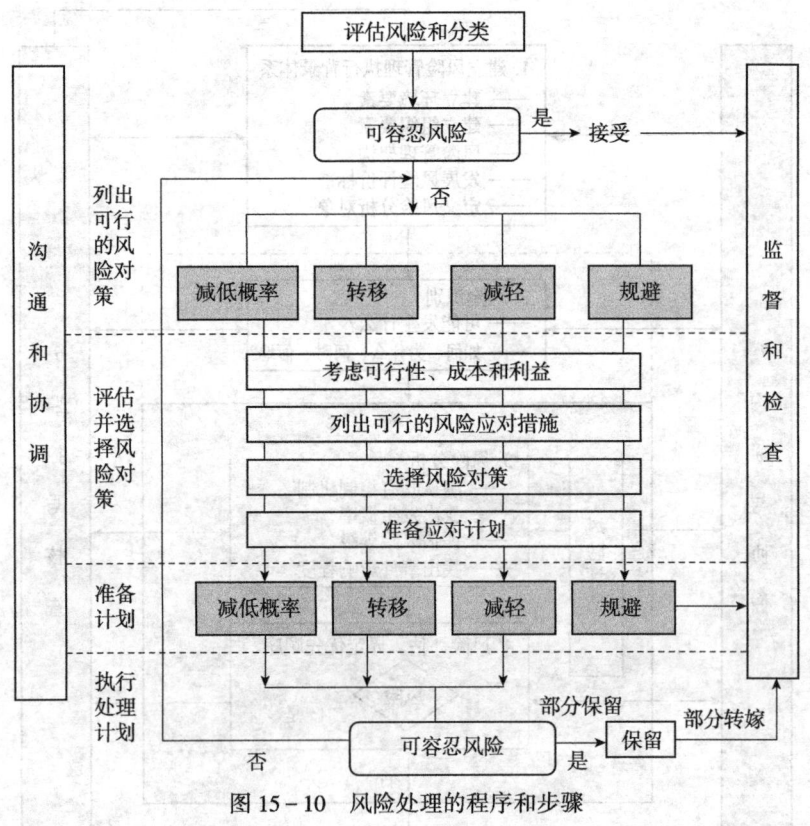

图 15-10　风险处理的程序和步骤

## 15.5　国际工程项目中的担保

### 15.5.1　担保的分类

根据各国法律，担保可分为：

(1) 物的担保。也称物权担保或担保权益，属于财产法或物权法的范畴。物的担保是指以确保债务清偿为目的，而在债务人或第三人的有形财产或权利财产上设定的担保物权，如抵押权、质权和留置权，如债务人到期不履行义务，债权人可通过处分作为担保品的财产优先得到清偿。

(2) 人的担保。是指由自然人或者法人以其自身的信誉和资产为他人的债务提供担保。如债务人不履行债务时，即由保证人或担保人负责履行债务。与物的担保不同，人的担保属于债法或合同法的范畴。

人的担保又可分为传统的人的担保,即保证。保证是一种合同关系,系指由保证人与债务人约定,当主债务人不履行债务时,即由保证人负责履行。其主要特征是保证合同是从属性和补充性,如果主债务人的债务得以履行,则保证人无需履行保证义务。只有当主债务人违约,保证人才能代替他履行主债务人的义务。同时,主债务被宣告无效或消灭,保证人的保证义务也随之无效或消灭。而且保证人可以主债务合同为由行使抗辩权,使债务人的债务无法履行。英国法中的保证合同(contract of Guarantee)即属于传统的保证合同。大陆法系国家,如德国、法国称之为保证合同。

第二种人的担保形式是新型的担保,习惯称之为担保,是合同关系的一种。其特征是担保具有非从属性和独立性,它是不从属于主债务人和债权人之间的合同,担保人原则上不能以主债务人根据他同债权人之间的抗辩理由来对抗债权人。目前国际工程承包业普遍使用的"凭要求即付"保函(又译为"见索即付"保函)等以银行和保险公司出具的投标保函、履约保函、预付款保函、保留金保函等即属于担保合同。英国法中的赔偿合同(contract of Indemnity)即属于担保合同。大陆法系国家,如德国、法国称之为担保合同。

这种以银行和保险公司为担保人提供的"凭要求即付"担保,银行和保险公司不介入或卷入主债务人,即承包商与债权人,即业主之间的基础合同的纠纷中,也不能行使主债务人对债权人的抗辩权,担保银行和保险公司的基本义务是收到保函中列明的索赔文件后,即应向债权人支付保函上列明的担保金额。对于银行或保险公司而言,由于在主债务人申请开具保函时已经向银行或保险公司提供了反担保,如现金抵押或保证或使用了一部分的担保额度,银行和保险公司的风险基本上不存在或承担很小的风险,还可以收取一定比例的手续费,因此,这项业务已成为银行或保险公司经营的一种中间业务。

有关担保的分类和担保合同法律关系见图 15-11 和图 15-12。

## 15.5.2 国际工程承包行业中使用的担保

在国际工程承包业中,普遍使用的担保有投标保函、履约保函、预付款保函、保留金保函等。保函是担保函的简称,是以银行或保险公司为担保人,以业主为受益人,保证在承包商违约的情况下,银行向业主支付一定金额的一种担保文件。

在实际义务中,担保合同可分为"凭要求即付"(on demand)担保和

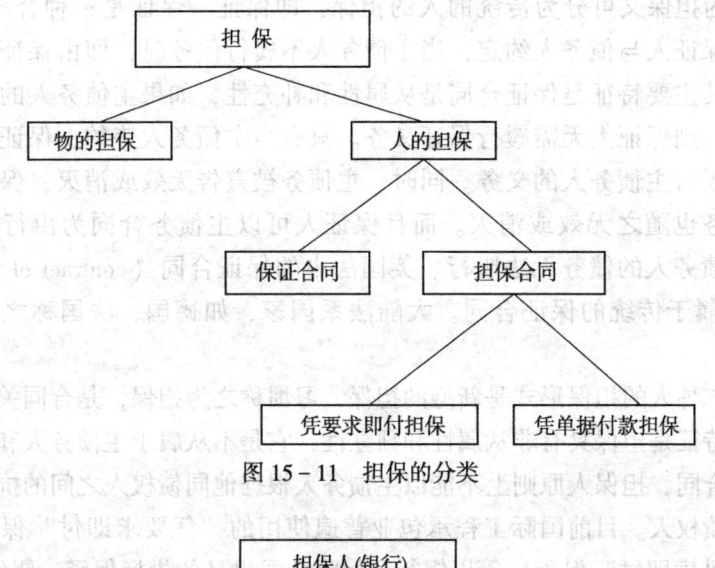

图 15-11　担保的分类

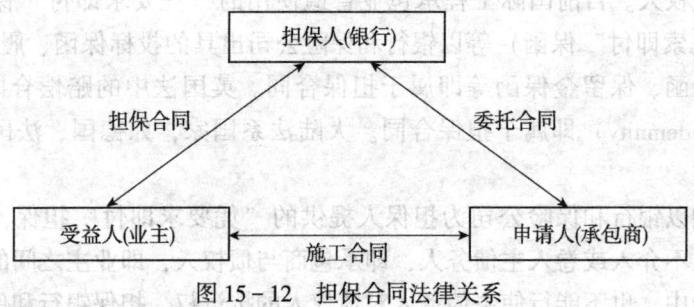

图 15-12　担保合同法律关系

"凭单据付款"担保，前者是国际工程承包业务以及国际贸易中普遍使用的方式，后者使用得较少。

根据国际商会 1978 年第 325 号出版物《合同担保统一规则》(Uniform Rules for Contract Guarantee) 的规定：

投标担保 (tender guarantee) 系指一家银行、保险公司或其他当事人（即担保人）应投标人的请求，或按照另一家银行、保险公司或其他当事人根据投标人的请求所发的指示，向招标的一方（受益人）所作出的义务承担。根据此项义务承担，担保人承担因投标人不履行投标所产生的义务而发生违约事件时，在规定的金额限度内向受益人付款。

履约担保 (performance guarantee) 系指一家银行、保险公司或其他当事人（即担保人）应货物或劳务供应人或承包商（指示人）的请求，或按照另一家银行、保险公司或其他当事人根据指示人的请求所发出的指示，向买方或招标人（即受益人）所作出的义务承担。根据此项义务承担，担保人承担应指示人不履行指示人与受益人之间的合同而发生违约事件时，在规定的金额限度内向受益人付款，或者如果担保文件上有此规定，亦可由担保人选择由其安排履行合同。

偿还款项担保（repayment guarantee）系指一家银行、保险公司或其他当事人（即担保人）应货物或劳务供应人或承包商（即指示人）的请求，或按照另一家银行、保险公司或其他当事人根据指示人的请求所发出的指示，向买方或招标人（即受益人）所作出的义务承担。根据此项义务承担，担保人承担因指示人不按照指示人与受益人之间的合同条款和条件的规定偿还款项而发生违约事件时，担保人应就受益人预付或已付给指示人但指示人未予偿还的一笔或几笔款项，在规定的金额限度内向受益人付款。

在实践中，偿还款项担保亦称为预付款担保，因为业主支付的预付款项为预付款性质，因此承包商在临时付款证书中需要扣减预付款项。业主为保护自己，避免承包商违约时不能取回或全额取回预付款，才需要承包商向业主提供由银行或保险公司提供的担保。

### 15.5.3 FIDIC 合同 1999 年版中使用的担保

FIDIC 合同 1999 年版附录中给出了担保格式，共有 7 项担保格式：

附录 A：母公司担保范例格式；
附录 B：投标担保范例格式；
附录 C：履约担保——凭要求即付范例格式；
附录 D：履约担保——担保保证范例格式；
附录 E：预付款担保范例格式；
附录 F：保留金担保范例格式；
附录 G：业主支付担保范例格式。

在上述附录 A 至附录 G 项担保文件中，附录 A：母公司担保范例格式属于保证合同，即承包商的母公司保证承包商的履约，在承包商不能履约时由母公司履行债务，但母公司的保证义务是从属性和第二位的义务。而附录 B 至附录 F 属于担保合同的范畴，即由银行或保险公司为担保人，承诺在承包商违约时由银行或保险公司向业主支付保函规定的金额。附录 G：业主支付担保范例格式也属于担保合同范围，在这种担保中，由业主或保险公司开具保函，承诺在业主不能按时付款或不能付款时在保函规定的金额限度内向承包商的支付义务。

### 15.5.4 凭要求即付担保

**1. 凭要求即付担保的定义**

凭要求即付担保是指担保人（一般是指银行）应申请人（一般指承包商）的要求或指示没对受益人（一般指业主）承诺下述义务：只要受益人要求付款，担保人应立即支付约定的金额，受益人的付款要求是无条件的，他不需要证明其付款要求是有根据的，也不需要证明被担保的主债务未能得到履行或主债务人违约。担保人一旦收到受益人的付款要求（on first demand），即应向受益人付款。担保人不得以申请人根据基础交易合同所产生的抗辩对抗受益人。凭要求即付担保是无条件的担保（unconditional guarantee, unconditional bond）。

**2. 凭要求即付担保的特征**

（1）凭要求即付担保是非从属性的担保，担保人（银行）所承担的义务独立于基础交易合同的，担保人不能以基础合同所产生的抗辩对抗受益人。从独立于基础交易合同的角度而言，凭要求即付担保与国际贸易中普遍使用的信用证交易相似，对银行而言，是一种单证业务。

（2）凭要求即付是无条件的，即担保人仅凭受益人的要求即应付款，而不能介入其所担保的主债务是否得到履行。

（3）凭要求即付担保中，担保人（银行）承担的义务是付款义务，而不是实际履行主债务人本应履行的义务。

凭要求即付担保与信用证是有区别的，尽管美国许多银行习惯采用备用信用证为客户提供银行担保，但两者区别如下：

（1）不可撤销的信用证是一种付款方式，而凭要求即付担保是一种担保方式。

（2）不可撤销的信用证一般是跟单信用证，而凭要求即付担保不是跟单的，担保银行仅凭受益人的要求即应予以支付。

**3. 凭要求即付担保的验证标准**

判断一项担保是否是凭要求即付担保，应根据担保文件的明示规定进行判断，而不能根据默示推定其是否为凭要求即付担保。凭要求即付担保的典型用语如下：

应委托人请求，我方（银行名称）……………在此不可撤销地承诺，在我方收到你方的书面要求和关于（在要求中）下列事项的书面声明后，向你方，受益人/业主，支付总额不超过……………（"保证金额"，即：……………）的任何一笔或几笔款项。

在担保函中，只要出现 on demand, on first demand, on your first demand, on written demand, on your written demand 用语，并且明示规定银行在收到受益人的要求立即付款的内容，即可判断这种担保是凭要求即付担保。

目前，在国际工程承包行业，普遍使用的是凭要求即付担保，其担保文件的名称通称为凭要求即付保函。

### 15.5.5　凭单据付款担保

凭单据付款担保是指受益人（一般指业主）在要求担保人（一般指银行）付款时必须向担保人提交担保函内规定的单据，担保人在收到单据并在形式上进行审查认为其符合担保函要求后，才能向受益人支付担保的款项。凭单据付款担保是有条件的担保（conditional guarantee）。

凭单据付款担保使用的单据，可分为三种：

（1）凭担保申请人（一般指承包商）与受益人之间的书面协议支付。

（2）凭鉴定人或工程师出具的证明承包商违约事实存在的证书支付。

（3）凭法院判决或仲裁庭裁决支付。

在第（1）种单据中，由于是业主和承包商之间的争议，因此，他们之间达成业主没收保函协议的可能性极低，在实践中不会采用这种单据，因为这对业主而言极为不利，业主无法实现担保项下其应获得的补偿。

第（2）种单据中，如工程师出具证明证实承包商违约，是一种可行的做法，但会使工程师处于非常难堪的地位，也可能面临承包商的诉讼。

第（3）种单据中，毫无疑问，法院的判决或仲裁庭的裁决无疑具有不容置疑的地位，但法院和仲裁庭耗时很长，对受益人实现其付款极为不利。

鉴于以上种种原因，在国际工程承包业中，业主使用的都是凭要求即付担保，使用凭单据付款担保极为罕见。

## 附录15  1999年版新红皮书业主、工程师和承包商主要义务对照表

| 条目 | 条款标题 | 业主的主要义务 | 工程师的主要义务 | 承包商的主要义务 |
|---|---|---|---|---|
| 1 | | | 一般规定 | |
| 1.3 | 通信交流 | （1）采用书面形式的义务<br>（2）不得无故扣压或拖延批准、证明、同意和决定 | （1）采用书面形式的义务<br>（2）不得无故扣压或拖延批准、证明、同意和决定 | 采用书面形式的义务 |
| 1.5 | 文件优先次序 | | 在文件出现歧义或不一致时，发出必要的澄清或指示 | |
| 1.6 | 合同协议书 | 支付印花税和签署合同协议书有关的其他费用 | | |
| 1.7 | 权益转让 | 在全部或部分转让合同时应得到承包商的同意 | | |
| 1.8 | 文件的照管和提供 | | 接受承包商提供的承包商文件 | （1）照管和提供承包商文件的义务<br>（2）通知业主承包商文件中的技术性错误或缺陷 |
| 1.9 | 延误的图纸和指示 | 对合同内容的保密义务 | （1）按时提供图纸或指示<br>（2）根据第3.5款的规定，同意或决定工期延长或增加合同价格，包括费用和合理利润 | 承包商通知工程师有关图纸或指示延误事宜 |
| 1.12 | 保密事项 | | | 为证明承包商遵守合同的情况，向业主透露合理的和需要的信息 |
| 1.13 | 遵守法律 | 为永久性工程取得规划、区域划定或类似的许可的义务；取得业主要求中规定的任何其他许可的义务 | | 遵守合同适用法律的义务 |
| 2 | | | 业主 | |
| 2.1 | 现场进入权 | 给予承包商进入和占有现场的义务；根据合同规定的时间和方式进入任何基础、结构、设备或者选择进入手段的义务 | 根据第3.5款的规定，同意或决定工期延长或增加合同价格，包括费用和合理利润 | |

(续)

| 条目 | 条款标题 | 业主的主要义务 | 工程师的主要义务 | 承包商的主要义务 |
|---|---|---|---|---|
| 2.2 | 许可、执照和批准 | 协助承包商取得法律文本以及申请许可、执照或批准的义务 | | |
| 2.3 | 业主人员 | 与承包商的各项努力进行合作，遵守安全程序和环境保护要求 | | |
| 2.4 | 业主的资金安排 | 应承包商的要求，向承包商提供资金安排的合理证明 | | |
| 2.5 | 业主的索赔 | 向承包商发出业主索赔金钱和延长缺陷通知期限的通知和提供说明细节 | （1）应尽快向承包商发出业主索赔的通知，说明细节<br>（2）根据第3.5款的规定，同意或决定（i）业主有权得到承包商支付的金额，（ii）延长缺陷通知期限 | |
| 3 | | | 工程师 | |
| 3.1 | 工程师的职责和义务 | 业主应任命工程师批准工程师行使某些权力 | （1）应履行合同中指派给他的任务<br>（2）无权修改合同<br>（3）可行使合同规定的或必然默示的应属于工程师的权力<br>（4）如要求，获得业主的批准 | |
| 3.2 | 工程师的委托 | | （1）书面向其助手指派和撤销委托<br>（2）不得将第3.5款规定的任何事项的权力委托他人 | |
| 3.3 | 工程师的指示 | | （1）按照合同规定向承包商发出指示和实施工程和修补缺陷可能需要的附加或修正图纸<br>（2）采用书面形式发出指示<br>（3）书面确认口头指示或未通过书面拒绝或进行答复 | 接受工程师或其助手发出的指示 |

(续)

| 条目 | 条款标题 | 业主的主要义务 | 工程师的主要义务 | 承包商的主要义务 |
|---|---|---|---|---|
| 3.4 | 工程师的替换 | 提前42天通知承包商更换工程师，并通知相关工程师的细节。在承包商反对时，业主不应雇用拟替换的工程师 | | |
| 3.5 | 决定 | 根据合同的规定，同意或决定承包商提出的索赔或者争议事项 | （1）与业主和承包商协商，尽量达成协议<br>（2）如不能达成协议，按照合同作出公正的决定<br>（3）通知业主和承包商有关决定，并附上详细依据 | 除非根据第20条的规定作出修改，否则，应遵守工程师的决定 |
| 4 | | | 承包商 | |
| 4.1 | 承包商的一般义务 | | 要求承包商提交工程施工安排和方法 | （1）按照合同设计、实施和完成工程，并修补其中的任何缺陷。工程应满足使用功能<br>（2）提供设计、施工、竣工和修补缺陷所需的所有设备、人员、材料、服务等一起事宜<br>（3）满足业主要求或合同默示要求的为工程的稳定、完成、安全或有效运行所需的所有工作<br>（4）提交其建议采用的施工安排和方法的细节，并执行其施工安排和方法 |
| 4.2 | 履约担保 | | | 按照专用条款规定的金额向业主提交履约担保 |
| 4.3 | 承包商代表 | | 同意或不同意承包商任命的承包商代表 | 任命承包商代表 |
| 4.4 | 分包商 | | | 雇用分包商，对分包工程承担责任，并将分包商的有关细节通知业主 |
| 4.5 | 分包合同权益的转让 | | | 在根据合同规定需将分包合同权益转让给业主时，应予转让 |

第15章 风险的识别、分担和管理 563

(续)

| 条目 | 条款标题 | 业主的主要义务 | 工程师的主要义务 | 承包商的主要义务 |
|---|---|---|---|---|
| 4.6 | 合作 | | 指示承包商为现场或附近从事工作的人员提供适当的条件 | (1) 为业主人员、其他承包商和公共当局的人员提供适当的机会<br>(2) 对现场施工活动负责,并与在现场施工的其他承包商进行合作 |
| 4.7 | 放线 | | (1) 通知承包商原始基准点、基准线、基准标高<br>(2) 同意或决定工期延长和增加合同价格<br>(3) 决定(i)错误是否不能被合理发现,不能合理发现的程度,(ii)与该程度相关的工期延长和费用 | 根据合同规范的规定进行放线,并修正其中的错误 |
| 4.8 | 安全程序 | | | 遵守法律和安全规则的义务 |
| 4.9 | 质量保证 | | | 建立质量保证体系的义务 |
| 4.10 | 现场数据 | 向承包商提供现场数据以及基准日期之后的此类数据 | | 核实和解释业主提供的现场数据 |
| 4.11 | 合同价格的充分性 | | | 确定合同价格的正确性和充分性 |
| 4.12 | 不可预见的物质条件 | | (1) 收到承包商的通知后,对该物质条件进行检验研究,同意或决定(i)此类物质条件是否不可预见,以及不可预见的程度,(ii)与该程度有关的工期延长和费用<br>(2) 审核工程类似部分的其他物质条件是否比投标时合理预见的更为有利,如此,同意或决定费用减少金额<br>(3) 考虑承包商投标时可能提供的预见的物质条件的任何证据 | 对一切可以预见困难和完工费用承担责任 |
| 4.13 | 道路通行权与设施 | | | 承担道路通行权与设施的全部费用 |

(续)

| 条目 | 条款标题 | 业主的主要义务 | 工程师的主要义务 | 承包商的主要义务 |
|---|---|---|---|---|
| 4.14 | 避免干扰 | | | 避免对公众方便和道路造成不必要或不适当的干扰 |
| 4.15 | 进场道路 | | | 防止任何道路或桥梁因承包商的通行或承包商人员受到损坏。提供进场道路的维护，提供标志或方向指示，并承担进场道路不适用和不可用性的全部费用 |
| 4.16 | 货物运输 | | | 承担所有货物运输的费用，相应通知承包商有关运输事宜 |
| 4.17 | 承包商的设备 | | 同意或否决承包商运走设备 | 对承包商的设备负责 |
| 4.18 | 环境保护 | | | 保护环境的义务 |
| 4.19 | 电、水和燃气 | | 根据第 2.5 款和第 3.5 款同意或决定电、水和燃气费用 | 提供电、水和燃气的义务 |
| 4.20 | 业主设备和免费供应的材料 | 向承包商提供业主设备和免费材料 | 根据第 2.5 款和第 3.5 款同意或决定业主设备的数量和应付金额 | 照管和支付承包商使用的业主设备的义务 |
| 4.21 | 进度报告 | | | 提交详细的月进度报告 |
| 4.22 | 现场保安 | | | 保证现场安全的义务 |
| 4.23 | 承包商的现场作业 | | | 应将其作业限制在现场，保持现场没有一切不必要的障碍物，在业主接收之前清理现场 |
| 4.24 | 化石 | | （1）应就处理化石等物品发出指示<br>（2）根据第 3.5 款的规定，同意或决定工期延长和增加合同金额 | 采取适当的措施保护现场发现的化石和古物 |
| 5 | | | 指定分包商 | |
| 5.1 | 指定分包商的定义 | 任命指定分包商 | | |
| 5.2 | 反对指定 | 在承包商反对指定时，保障承包商免受任何损害 | | 提出反对指定分包商的义务 |

(续)

| 条目 | 条款标题 | 业主的主要义务 | 工程师的主要义务 | 承包商的主要义务 |
|---|---|---|---|---|
| 5.3 | 向指定分包商付款 | | | 向指定分包商支付应付金额 |
| 5.4 | 付款证据 | 在承包商未能向指定分包商付款时,业主可自行决定直接向指定分包商付款 | 发出包含应付指定分包商金额的付款证书前,可要求承包商提供合理的证据,证明承包商已支付指定分包商款项 | 根据工程师的要求,提供已向指定分包商付款的证据 |
| 6 | | | 职员和劳务 | |
| 6.1 | 职员和劳务的雇用 | | | 雇用职员和劳务的义务 |
| 6.2 | 工资标准和劳动条件 | | | 向职员和劳务支付适当的工资,并遵守当地劳动法的规定 |
| 6.3 | 为业主服务的人员 | | | 不应从业主人员中招收或试图招收职员和劳务 |
| 6.4 | 劳动法 | | | 应遵守适用于承包商人员的相关劳动法律 |
| 6.5 | 工作时间 | | 同意承包商在休息日之外工作 | 在正常工作时间内施工 |
| 6.6 | 为职员和劳务提供设施 | | | 为承包商人员和业主人员提供必要的食宿和福利设施 |
| 6.7 | 健康和安全 | | | 对职员和劳务的健康和安全采取必要的预防措施 |
| 6.8 | 承包商的监督 | | | 监督设计和施工的义务 |
| 6.10 | 承包商人员和设备的记录 | | 批准承包商递交的设备和人员格式 | 向业主递交人员和设备的记录 |
| 6.11 | 无序行为 | | | 避免发生无序行为 |
| 7 | | | 生产设备、材料和工艺 | |
| 7.1 | 实施方法 | | | 按照合同规定的方法、良好惯例,使用适当的设备和材料进行施工 |
| 7.2 | 样品 | | 指示承包商提供变更的附加样品 | 自费向业主递交样品,供业主审核 |

(续)

| 条目 | 条款标题 | 业主的主要义务 | 工程师的主要义务 | 承包商的主要义务 |
|---|---|---|---|---|
| 7.3 | 检验 | 在生产、加工和施工期间毫无延误地对材料和工艺进行检查、检验、测量和试验，并将上述工作内容通知承包商 | 及时检查、检验、测量和试验，不得无故拖延，或应立即通知承包商无需进行这些工作 | 允许业主人员检查工程 |
| 7.4 | 试验 | 提前24小时将参加试验的意图通知承包商，在业主通知试验变更时，批准承包商的试验变更费用和工期延长申请 | （1）与业主商定试验所需的物质条件<br>（2）可改变进行试验的位置或细节，或指示承包商进行附加的试验<br>（3）根据第3.5款的规定，同意或决定工期延长和增加合同金额 | 进行规定的所有试验 |
| 7.5 | 拒收 | 将拒绝设备、材料、设计或者工艺的事项通知承包商，并提供拒绝的理由 | （1）拒收生产设备、材料或工艺<br>（2）要求对生产设备、材料或工艺进行试验 | 对业主拒收的工程，应迅速修复缺陷，并使之符合合同规定 |
| 7.6 | 修改工作 | | 指示承包商进行修补工作 | 按照业主要求进行修补工作 |
| 7.7 | 生产设备和材料的所有权 | | | 支付材料的使用费和租金 |
| 8 | 开工、延误和暂停 | | | |
| 8.1 | 工程的开工 | 提前7天向承包商发出开工日期的通知 | 应在不少于7天前向承包商发出开工日期的通知 | 在开工日期后毫不拖延地开始工厂的设计和施工 |
| 8.2 | 竣工时间 | | | 在合同规定的时间内完成整个工程（或区段工程） |
| 8.3 | 进度计划 | 在收到计划后的21天内，向承包商发出计划不符合合同要求的通知 | （1）在21天内向承包商发出通知，指出不符合合同要求的内容<br>（2）要求承包商提交未来事件或情况预期影响的股价，或提出建议<br>（3）向承包商发出通知，指出进度计划不符合合同要求 | 向业主递交进度计划，在发生延误或不利影响时通知业主 |
| 8.4 | 竣工时间的延长 | 同意或对承包商提出的因变更、延误或者业主造成的障碍或其他原因导致的索赔作出决定 | 应审查工期延长申请，可以增加，但不能减少总的延长时间 | |

(续)

| 条目 | 条款标题 | 业主的主要义务 | 工程师的主要义务 | 承包商的主要义务 |
|---|---|---|---|---|
| 8.6 | 工程进度 | | 指示承包商提交一份修订的进度计划 | 向业主递交修订的进度计划,根据业主的指示,加快施工进度 |
| 8.7 | 误期损害赔偿费 | | | 如果未能按期完工,向业主支付误期损害赔偿费 |
| 8.8 | 暂时停工 | | 可随时指定承包商暂停工程某一部分或全部的施工,并通知暂停原因 | 根据业主的指示暂停施工 |
| 8.9 | 暂停的后果 | 同意或决定承包商提出的因业主指示暂停工程导致的工期延长和/或费用索赔(当承包商没有过错的情况下);根据第8.10款的规定,向承包商支付材料款 | 根据第3.5款的规定,同意或决定工期延长和增加合同价格 | |
| 8.12 | 复工 | | 检查受暂停影响的工程、生产设备和材料 | |
| 9 | | | 竣工试验 | |
| 9.1 | 承包商的义务 | | (1)指示承包商进行竣工试验的时间 (2)在考虑竣工试验结果时,应考虑到业主对工程的使用,对工程性能和其他特性的影响 | 根据合同的要求进行竣工试验 |
| 9.2 | 延误的试验 | 对承包商提出的因业主不当延误竣工试验而导致的工期延长和/或费用索赔表示同意或作出决定 | 在延误后,通知承包商进行竣工试验 | |
| 9.3 | 重新试验 | | 要求重新进行竣工试验 | 如未能通过竣工试验,重新进行未通过的试验和竣工试验 |
| 9.4 | 未能通过竣工试验 | | 有权下令重复进行竣工试验 | |
| 10 | | | 业主的接收 | |
| 10.1 | 工程和区段工程的接收 | 在工程竣工时接收工程,并向承包商颁发接收证书 | 在收到承包商的申请通知后的28天内(i)颁发接收证书,(ii)拒绝申请,说明理由 | |

(续)

| 条目 | 条款标题 | 业主的主要义务 | 工程师的主要义务 | 承包商的主要义务 |
|---|---|---|---|---|
| 10.2 | 部分工程的接收 | | （1）颁发永久工程任何部分的接收证书<br>（2）根据第3.5款的规定，同意或决定增加费用 | |
| 10.3 | 对竣工试验的干扰 | 对承包商提出的因业主干扰竣工试验而导致的工期延长和（或）费用索赔表示同意或作出决定 | （1）在竣工试验受到干扰时颁发接收证书<br>（2）根据第3.5款的规定，同意或决定工期延长和增加合同价格 | |
| 11 | | | 缺陷责任 | |
| 11.1 | 完成扫尾工作和修补缺陷 | 通知承包商工程的内在缺陷或损害情况 | | 在颁发接收证书后完成剩余工程和修补缺陷 |
| 11.6 | 进一步试验 | 在修复缺陷或损害后，通知承包商进行其要求的重复试验 | 要求重新进行任何试验 | 在修补缺陷后，根据业主的要求进行进一步的试验 |
| 11.7 | 进入权 | 向承包商提供工程所有部分的通道，向承包商提供使用运行和工作记录，直至颁发履约证书为止 | | |
| 11.8 | 承包商调查 | 对承包商提出的应业主要求调查缺陷而导致的费用索赔表示同意或作出决定 | （1）可要求承包商调查任何缺陷原因<br>（2）决定调查费用加合理利润 | 根据业主的指示，对造成缺陷的原因进行调查 |
| 11.9 | 履约证书 | 在缺陷通知期限结束后或在承包商提供所有的文件，完成了所有的工程的试验并修复了缺陷后的28天内颁发履约证书 | 在最后一个缺陷通知期限期满后的28天内颁发履约证书 | |
| 11.10 | 未履行的义务 | 在颁发履约证书后履行所有业主应履行的其他义务 | | 负责完成当时尚未履行的任何义务 |
| 11.11 | 现场清理 | 出售或处理承包商应从现场撤走，但没有撤走的设备、材料以及临时工程等，业主可从应付给承包商的付款余额中扣除上述清理费用 | | 在收到履约证书后负责清理现场 |

（续）

| 条目 | 条款标题 | 业主的主要义务 | 工程师的主要义务 | 承包商的主要义务 |
|---|---|---|---|---|
| 12 | | | 测量和估价 | |
| 12.1 | 需测量的工程 | | （1）测量工程的任何部分<br>（2）准备测量记录<br>（3）审查记录，进行确认或更改 | 根据工程师的要求，及时派出合同代表协助测量工作，并提供工程师要求的任何具体资料 |
| 12.3 | 估价 | 对工程进行测量和估价，决定新的费率和价格 | （1）根据确定的测量结果和适当的费率和价格，进行估价，再根据第3.5款同意或决定合同价格<br>（2）在确定适当费率和价格前，应确定临时费率和价格 | |
| 12.4 | 删减 | 决定删减任何工程 | 根据第3.5款，同意或决定删减工程的费用，计入合同价格 | 根据工程师的要求提供详细的资料 |
| 13 | | | 变更和调整 | |
| 13.1 | 变更权 | 取消、确认或变更业主签发的，但遭到承包商反对的指示 | （1）可通过指示或要求承包商递交建议书的方式，提出变更<br>（2）取消、确认或改变原指示 | 遵守和执行业主的变更指示 |
| 13.2 | 价值工程 | | 批复承包商递交的价值工程建议书 | |
| 13.3 | 变更程序 | 批准、否决或者对承包商应业主要求提出的承包商建议书作出评论<br>同意或决定变更的合同价格的调整 | （1）尽快对承包商提出的建议进行批准、不批准或提出意见<br>（2）向承包商发出执行每项变更的指示 | 在发出变更指示前，应业主的要求，提交建议书 |
| 13.5 | 暂定金额 | | （1）指示承包商全部或部分地使用暂定金额<br>（2）要求承包商出示报价单、发票、凭证或收据 | 根据业主的指示使用暂定金额，并递交报价单、发票、凭证和收据等 |
| 13.6 | 计日工 | | 指示按计日工实施变更 | 根据业主的变更指示在日工基础上进行施工 |
| 13.7 | 因法律改变的调整 | 同意或决定承包商提出的因法律变更而导致的工期延长和（或）费用索赔 | 根据第3.5款的规定，同意或决定工期延长和增加合同价格 | |

(续)

| 条目 | 条款标题 | 业主的主要义务 | 工程师的主要义务 | 承包商的主要义务 |
|---|---|---|---|---|
| 13.8 | 因成本改变的调整 | | (1) 确定成本指数或参考价格<br>(2) 确定临时指数 | |
| 14 | 合同价格和付款 | | | |
| 14.1 | 合同价格 | | | 支付合同项下所有的税费 |
| 14.2 | 预付款 | 根据合同专用条款的规定,向承包商支付动员和设计的预付款 | 签发预付款的临时付款证书 | 向业主递交预付款担保 |
| 14.3 | 临时付款的申请 | | | 递交临时付款申请 |
| 14.5 | 拟用于工程的生产设备和材料 | | 确定和确认各项增加金额 | |
| 14.6 | 临时付款 | 如业主不同意承包商递交的报表,则应在收到报表后的28内通知承包商 | (1) 在收到有关报表和证明文件后的28天内,向业主发出临时付款证书<br>(2) 在临时付款证书金额低于最低付款金额时,不予签发临时付款证书,并通知承包商<br>(3) 可对任何一次付款证书金额进行改正或修改 | |
| 14.7 | 付款的时间安排 | 根据合同的规定,向承包商支付预付款、每一笔工程进度款和应付的最终付款 | | |
| 14.8 | 延误的付款 | 向承包商支付迟付工程款的融资费用 | | |
| 14.9 | 保留金的支付 | 向承包商支付保留金:在签发接收证书后返回50%,在缺陷通知期限届满后返回剩余的保留金 | 在颁发接收证书和缺陷责任证书时,确认将保留金支付给承包商 | |
| 14.10 | 竣工报表 | 在收到承包商递交的完成任何单项工程报表后,如业主对此存有异议,应在收到报表后的28天内通知业主。如无任何异议,应向承包商付款 | 确认竣工报表 | 在收到接收证书之日起的84天内递交竣工报表 |

(续)

| 条目 | 条款标题 | 业主的主要义务 | 工程师的主要义务 | 承包商的主要义务 |
|---|---|---|---|---|
| 14.11 | 最终付款的申请 | | （1）对最终报表作出决定<br>（2）应向业主报送最终报表中已同意部分的临时付款证书 | 递交最终付款申请书 |
| 14.12 | 结清证明 | | | 提交最终付款的书面证明 |
| 14.13 | 最终付款 | 向承包商支付最终付款 | （1）签发最终付款证书<br>（2）要求承包商提出最终证书申请，如承包商未能在28天内提交申请，应按公正确定的最终付款金额签发最终付款证书 | |
| 15 | | | 业主的终止 | |
| 15.1 | 通知改正 | | 通知承包商，要求在合理的时间内，纠正并补救不履约 | 在收到业主的改正通知后，在规定的合理时间内纠正并补救未能履行的义务 |
| 15.2 | 业主的终止 | 在业主有权终止合同的情况下，应至少提前14天向承包商发出终止合同的通知 | | 根据业主终止的通知，撤离现场并将所有材料等交给业主 |
| 15.3 | 终止日期的估价 | 在业主终止合同时，同意或决定应付给承包商的工程价款 | 根据第3.5款确定或决定工程、货物和承包商文件的价值以及承包商应得的其他款项 | |
| 15.4 | 终止后的付款 | 在业主终止合同时，向承包商支付工程款的余额 | | |
| 15.5 | 业主终止的权利 | 在因业主方便时终止合同的情况下，通知承包商，并向承包商支付所有应付款项 | | 在业主因方便终止合同时，停止施工和撤离设备 |
| 16 | | | 暂停和承包商的终止 | |
| 16.1 | 承包商暂停工作的权利 | 在发生暂停时，同意或决定承包商提出的工期延长和（或）费用索赔 | | |
| 16.3 | 停止工作和承包商设备的撤离 | | | 在承包商终止合同后，停止工作和撤离设备 |

(续)

| 条目 | 条款标题 | 业主的主要义务 | 工程师的主要义务 | 承包商的主要义务 |
|---|---|---|---|---|
| 16.4 | 终止时的付款 | 在终止时返还履约保函，向承包商支付应付的工程价款、费用、利润损失和损害赔偿费用 | | |
| 17 | | | 风险和责任 | |
| 17.1 | 保障 | 保障承包商免于合同规定的索赔、损害、损失和费用 | | 保障和使业主免受来自承包商的任何索赔、损害赔偿、损失和费用 |
| 17.2 | 承包商对工程的照管 | | | 负责照管工程，直至颁发接收证书为止 |
| 17.4 | 业主风险的后果 | 在发生业主风险后，同意或决定承包商提出的工期延长和（或）费用索赔 | 根据第3.5款的规定，决定工期延长和增加合同价格 | 在发生了业主风险后，通知业主，并按业主要求，修正此类损失或损害 |
| 17.5 | 知识产权和工业产权 | 保障并使承包商免受工业和知识产权侵权的损害 | | 保障并使业主免受知识产权和工业产权引起的索赔 |
| 18 | | | 保险 | |
| 18.1~18.4 | | 根据合同的规定，承担业主负责的工程保险 | | 对工程进行各种保险和支付保费 |
| 19 | | | 不可抗力 | |
| 19.2 | 不可抗力的通知 | 通知承包商不可抗力事件 | | 在发生了不可抗力事件时，向业主递交不可抗力通知 |
| 19.3 | 将延误减至最小的义务 | 降低不可抗力事件对工程施工的影响，在不可抗力事件对业主的影响停止时，通知承包商 | | 应尽所有合理的努力，使不可抗力对履约合同的任何延误减至最小 |
| 19.4 | 不可抗力的后果 | 同意或决定承包商提出的因不可抗力事件而导致的工期延长和费用索赔 | 根据第3.5款的规定，决定工期延长和增加合同价格 | |
| 19.6, 19.7 | 自主选择终止、付款和解除根据法律解除履约 | 在不可抗力事件造成合同终止时，向承包商支付应付的工程价款 | 确定已完工程的价值，签发付款证书 | （1）在因不可抗力终止合同后，停止施工并将设备撤离现场<br>（2）在根据法律解除合同后，停止施工并将设备撤离现场 |

(续)

| 条目 | 条款标题 | 业主的主要义务 | 工程师的主要义务 | 承包商的主要义务 |
|---|---|---|---|---|
| 20 | | | 索赔、争议和仲裁 | |
| 20.1 | 承包商的索赔 | 回应承包商的索赔要求，批准或否决（附评估意见）承包商提出的工期延长和（或）费用索赔 | （1）在收到索赔通知后，可检查记录，保持情况，指示承包商保存进一步的同期记录<br>（2）在收到索赔报告或进一步的证明资料后的42天内，做出回应，表示同意、不批准并附上具体意见，还可要求承包商提供进一步的资料<br>（3）根据第3.5款的规定，决定工期延长和（或）增加合同价格 | 按时递交索赔通知，保留同期记录，提供细节 |
| 20.2 | 争议裁决委员会的任命 | 与承包商一起共同任命争议裁决委员会（DAB）成员；任命一名成员并获得承包商的同意；向DAB成员支付一半的报酬 | | 任命争议裁决委员会的成员，并同意第3名成员的任命 |
| 20.3 | 对争议裁决委员会未能取得一致 | 通知并抄送DAB对争议作出的决定，向DAB成员提供现场进入权<br>在DAB作出决定时，如不满，应及时发出通知 | | |
| 20.4 | 取得争议裁决委员会的决定 | 在诉诸仲裁之前，友好解决争议 | | 向争议裁决委员会递交所有与索赔有关的资料 |
| 20.5 | 友好解决 | 将争议诉诸仲裁，并遵守仲裁裁决 | | 在递交不满争议裁决委员会的决定通知书，并在提交仲裁前，努力以友好的方式解决争议 |
| 20.6 | 仲裁 | | | 提交国际商会进行仲裁 |

# 第 16 章 索 赔

近些年来,索赔的编制和谈判已经成为工程建筑行业衍生出来的一个新的行业。

——雷吉·托马斯:《施工合同索赔》

## 16.1 概述

### 16.1.1 索赔的定义

《牛津法律词典》第 6 版将索赔(claim)定义为:"一项补偿的要求或权利主张,特别是将具体案件诉诸法院的权利(诉讼的权利)。在民事诉讼中使用这项术语。"《朗曼法律词典》将索赔定义为:"要求或权利主张。"

在建筑和土木工程施工合同中,上述定义略显过于宽泛,不能体现施工合同索赔的要旨,因此,学者们将施工合同的索赔定义加以细化,采用各种不同表述方式定义索赔的确切含义,有关法律也给出了立法上的解释。

美国《联邦占有法》和《合同争议法》将索赔定义为:
"某一承包当事人依照权利要求的一定金额的金钱给付,合同条款的调整或解释,或合同项下的或与合同有关的其他救济……在递交时没有任何争议的收据、发票或其他正常的付款要求不构成一项索赔。"

在美国 Reflectone, Inc. 诉 Dalton, 60 F. 3d 1572 (Fed. Cir. 1995) 案中,法庭就索赔的定义进行了诠释,根据最近美国依据《合同争议法》中构成索赔和争议的争论,法庭认为根据《合同争议法》,为了构成"索赔","非正常"付款(non-routine)要求不必要"处于争议之中"。根据该案,非正常付款要求必须:

(1) 一项书面要求或主张。
(2) 依据权利提出要求。
(3) 一定金额的金钱给付。

在美国 Ellett Constr. Co., Inc. 诉 United States, 93 F. 3d 1537 U. S. App. LEXIS, 1996 案中,法院认为因美国政府因方便而取消部分工程后

原告提出的"合同终止事宜解决方案"构成了一项"非正常"付款要求，因为原告的要求符合 Reflection 案件中提出的三项标准。

但法庭认为并不是每一项"非正常"付款要求都能构成索赔，因为根据《合同争议法》，一项索赔必须递交承包工程管理官员作出决定。在本案中，原告承包商递交的"合同终止事宜解决方案"只是供双方谈判的筹码，因此不能构成一项索赔，但如果谈判陷入僵局，根据《联邦占有法》，将其递交给承包工程管理官员时，才能构成一项索赔。在本案中，法院发现原被告经过长时间的谈判，双方的谈判陷入僵局，因此原告提出的"合同终止事宜解决方案"构成了一项索赔。

尼尔·G·布尼在《FIDIC 合同》一书中将索赔定义为：

"在施工合同中，一般而言，索赔在实践中被认为是一项要求应付给一方的额外付款或要求延长竣工时间的主张。"

1987 年第 4 版、1999 年版 FIDIC 合同，1994 年 FIDIC 分包合同格式，ICE 合同第 7 版等都没有规定索赔的定义，但多数学者将建筑和土木工程行业的索赔定义为除正常付款之外的额外付款要求或主张。大卫·查贝尔在《建筑合同索赔》一书中将索赔定义为：

"在建筑行业，可将索赔定义为通常是承包商提出的一项要求延长合同期限，和（或）根据建筑合同的明示或默示条款提出付款要求的权利主张。在施工行业，'索赔'一词一般用于描述承包商提出的除按正常合同规定付款之外的付款请求……这个词也用来描述根据建筑合同承包商要求延长工期的申请。"

## 16.1.2 索赔的构成条件

根据美国法庭对 Ellett Constr. Co., Inc. 诉 United States, 93 F. 3d 1537 U. S. App. LEXIS, 1996 案的判决可以得出，构成建筑和土木工程业的索赔的条件是：

（1）一项书面的要求或主张。

（2）依据权利提出要求。

（3）一定金额的金钱给付，或工期延长，或包括金钱给付和工期延长要求。

（4）对非正常付款或额外付款提出的要求或主张。

（5）满足合同或法律规定的程序或者时间的要求。

一般而言，在建筑和土木工程施工合同中，索赔成立的条件是：

（1）造成工期延长和额外费用不属于承包商的行为责任。

(2) 造成工期延长和额外费用不是承包商应当承担的风险。

(3) 与施工合同相比较，已造成了实际的工期损失或额外费用，或者工期损失和额外费用。

(4) 在索赔事件发生后，承包商在合同规定的期限内递交了索赔意向通知和索赔详情。

### 16.1.3 索赔的分类

根据不同的标准、从不同的当事人的不同角度出发，可以将索赔进行不同的分类。在西方有关建筑和工程业的主要著作中，将索赔分为：

(1) 依合同规定提出的索赔（contractual claim）；

(2) 因合同产生或与之有关的索赔，或基于普通法的索赔（ex-contractual claim）；

(3) 基于按劳计酬原则的索赔（quantum meruit claim）；

(4) 通融索赔（ex gratia claim）。

从承包商的立场出发，依合同规定提出的索赔主要有：

(1) 工期延长索赔（Extension of Time claim, EOT claim）；

(2) 费用索赔（cost and expense claim）。

在建筑和土木工程施工合同中，承包商可以根据具体发生的造成延误或费用索赔的事件对索赔进行更加详细的分类，但总体而言，承包商对业主提出的合同项下的索赔主要是工期延长索赔和费用索赔两大类。

### 16.1.4 索赔的验证标准

构成一项索赔的事项和验证标准是：

(1) 任何要求延长竣工时间的主张均属索赔范畴。

(2) 业主提出的承包商付款要求，即业主的索赔，属于索赔范围。

(3) 业主要求承包商支付误期损害赔偿费的要求，属于索赔范畴。

(4) 当承包商提出付款要求时，区分是否构成索赔的验证标准是承包商提出付款要求是属于正常付款（routine payment）还是非正常付款（non-routine payment）或额外付款（additional payment）要求或主张：

① 正常付款，如在 FIDIC 合同红皮书中工程量表中的在规定数量内的计量和付款属于正常付款，承包商对工程量表中的项目提出付款要求或主张，不属于索赔范围。

② 在 FIDIC 合同红皮书中，超出工程数量表中规定的数量的付款，仍属于正常付款，不属于额外付款，不构成索赔，因为合同规定工程数量只是

一个估计数量，工程数量的增加或减少不构成变更。

③ FIDIC 合同 1987 年第 4 版第 60.1 款、1999 年版红皮书第 14.3 款、1994 年 FIDIC 分包合同格式第 16.1 款中规定的承包商应得的款项，均属于正常付款，承包商对这些款项提出付款要求，不构成索赔。

④ 变更。如承包商按照工程师指示进行的变更，如果承包商按照工程师依照变更估价原则作出的估价没有异议，则应计入当月的临时付款证书中，承包商要求对变更付款的要求是正常付款主张，不构成索赔。如果承包商对工程师作出的变更估价不满，形成争议，则构成索赔。

⑤ 因法律或价格波动而发生的价格调整，如 FIDIC 合同 1987 年第 4 版第 26 条、第 70.1、70.2 款的规定，1999 年版红皮书第 13.7 款和第 13.8 款的规定，FIDIC 分包合同格式第 21.1 款和第 21.2 款的规定，属于正常付款，承包商应将因法律或价格波动造成的费用增减额计入当月的临时付款证书，承包商对此项内容提出的付款要求，不属于索赔。

⑥ 利息。因业主延迟付款，承包商提出的利息要求，属于非正常付款，即额外付款，构成承包商的索赔。

⑦ 利润。承包商对因发生费用，根据合同条款对费用孳生的利润而提出的要求，属于非正常付款，构成承包商的索赔。

⑧ 融资费用。承包商根据合同规定对融资费用提出付款的要求，属于非正常付款，构成承包商的索赔。

⑨ 因承包商认为有权要求工期延长，在工程延长期内派生的、承包商认为有权得到的费用付款要求，属于非正常付款，构成承包商的索赔。

⑩ 其他属于非正常付款或额外付款的要求或主张。

（5）在业主和承包商没有正式合同时，承包商按照大陆法系中不当得利，或根据英美法系中按劳计酬（quantum meruit）原则提出的付款要求，构成索赔。

（6）不是根据合同规定，而是根据法律规定，或侵权法提出的付款要求，构成索赔。

## 16.2 FIDIC 合同项下索赔的依据

### 16.2.1 新旧版红皮书中的索赔依据

1987 年第 4 版红皮书和 1999 年版 FIDIC 施工合同条款承包商索赔条款的对照表见表 16-1。

表16-1　1987年第4版与1999年版FIDIC施工合同条款承包商索赔条款对照表

| 1987年第4版条目 | 1987年第4版合同标题 | 构成索赔的基础 | 1999年第1版对应条款 |
|---|---|---|---|
| 1.1（g） | 费用 | 费用是指承包商在现场内外发生的或将发生的所有合理开支，包括管理费用及类似的开支，但不包括利润 | 1.1.4.3 |
| 1.5 | 通知、同意、批准、证明和决定 | 任何交往须是书面形式，不得无故扣压和拖延 | 1.3 |
| 2 | 工程师及工程师代表 | 工程师要行为公正，无偏见 | 3 |
| 5.2 | 合同文件的优先次序 | 组成合同的多个文件如有歧义或含糊，工程师应发出指示，解释或校正 | 1.5 |
| 6.4 | 图纸延误和误期的费用 | 工程师在合理的时间内未曾或不能发出承包商正常施工所需的图纸和指示，导致工程延误或中断 | 1.9 |
| 12.2 | 不利的外界障碍或条件 | 发生了承包商无法预见的自然情况或人为障碍 | 4.12 |
| 13 | 法律或实际上不可能 | 中途终止合同 | 3.3, 19.7 |
| 14 | 进度计划 | 承包商索赔的时间参照系 | 8.3, 14.4, 3.1 |
| 17.1（c） | 放线 | 根据工程师或其代表提供的错误数据放线 | 4.7 |
| 18 | 钻孔和钻探开挖 | 根据工程师的指令钻孔或开挖 | 13.1 |
| 20.3, 20.4 | 因业主风险造成的损失或损坏业主的风险 | 对业主风险引起的损坏、修理或恢复，业主应承担相应费用 | 17.4, 17.3 |
| 26.1 | 遵守法令、规章 | 遵守法令和规章已发生的费用 | 1.13 |
| 27 | 化石 | 在现场发现化石、古币、有价值的物品或文物、建筑结构及其有地质或考古学价值的遗迹或物品 | 4.24 |
| 31.2 | 为其他承包商提供方便 | 根据工程师要求，承包商向其他承包商提供使用道路、脚手架或其他服务 | 4.6 |
| 36.2, 36.4, 36.5 | 样品费用；未规定检验费用；工程师关于未规定的检验的决定 | 要求的样品是合同中没有明确指明或规定提供的；要求的试验是合同中没有明确指明或规定的，且试验表明工程是完好合格的 | 7.2, 7.4 |

(续)

| 1987年第4版条目 | 1987年第4版合同标题 | 构成索赔的基础 | 1999年第1版对应条款 |
|---|---|---|---|
| 38.2 | 剥露和开孔 | 工程师指令承包商剥离或凿开工程的任何部分,但发现该部分符合合同规定 | 7.3 |
| 40.1 | 暂时停工 | 工程师发出停工令,指示工程中止并由承包商对工程进行维护和照管 | 8.8 |
| 40.3 | 暂时停工持续84天以上 | 按工程师指令停工持续84天或更长的时间未允许再开工,致使工程被视为业主取消该部分工程,形成合同的部分删除 | 8.11 |
| 41 | 开工和误期 | 只能在"合理可能的情况下"开工 | 8.1 |
| 42.2 | 未能给出占有权 | 业主因征地问题未能将现场提供给承包商使用 | 2.1 |
| 44 | 竣工期限 | 超出承包商控制的原因造成工期拖延,承包商可获得合理延期 | 8.4, 20.1 |
| 49.3 | 修补缺陷的费用 | 按要求修理、修改、重建或校正等 | 11.2 |
| 50 | 承包商的调查 | 对缺陷进行调查 | 11.8 |
| 51 | 变更、增添和省略 | 工程变更 | 13.1 |
| 52.1, 52.2 | 变更的估价;工程师确定费率的权利 | 按第52.1条要求额外付款;按第52.2条因增减工程数量或性质导致某项单价或价格不合理或不合适,须改变单价和价格 | 12.3 |
| 52.3 | 变更超过15% | 工程数量超过15% | |
| 53 | 索赔程序 | 规定了索赔程序 | 20.1 |
| 59.4 | 对指定分包商的付款 | 付款给指定分包商 | 5.3 |
| 60 | 证书与支付 | 验工计价和材料预付款的支付;项目预付款和工程保留金的规定 | 14 |
| 65 | 特殊风险 | 特殊风险造成的全部损失不应由承包商承担,而应由业主补偿承包商因此发生的额外费用 | 17.3, 17.4, 19.6 |
| 66 | 解除履约 | 合同终止,解除双方合同 | 19.7 |
| 69 | 业主的违约 | 业主违约 | 16.2, 16.3, 16.4, 16.1 |
| 70.1 | 费用的增加或减少 | 价格调整 | 13.8 |
| 70.2 | 后续的法规 | 法律的变化造成承包商增加成本 | 13.7 |
| 71 | 货币及汇率 | 强制执行的货币限制,影响到支付货币 | 14.15 |

## 16.2.2　新旧版红皮书中索赔条款的主要变化

（1）1999年版施工合同条款第2.5款中增加了1987年第4版红皮书中没有的业主向承包商索赔条款的内容和程序，以明示条款的方式规定业主向承包商的索赔，为业主索赔提供了合同基础和理由。

（2）1999年版新版合同规定了新的索赔程序，便于合同管理且明确了承包商向业主索赔的程序要求和时间限制。

（3）1999年版合同引入了争议裁决委员会解决争议或分歧的机制，改变了1987年第4版中工程师负责裁决争议权限。工程师作用的这种变化反映在新版合同的许多条款中，而对于未能达成一致的索赔事项，承包商可以将其提交争议裁决委员会决定，或通过友好协商解决或通过仲裁解决。

（4）1999年版合同删除了1987年第4版第52.3款中工程量变更达15%以上，承包商有权变更合同价格或费率的规定。但新版合同在第12.3款估价中规定了"该项工作测出的数量变化超过工程量表或其他清单中所列数量的10%以上"，可以采用新的费率或价格。

## 16.2.3　1999年版FIDIC合同中承包商向业主索赔条款

（1）要求承包商递交造成延误和额外费用的通知条款

第1.9款：延误图纸或指示；

第4.12款：不可预见的自然条件；

第4.24款：化石；

第16.1款：承包商暂停施工的权利；

第17.4款：业主风险的后果；

第19.4款：不可抗力后果。

（2）承包商有权延期和（或）额外付款的条款

第1.9款：延误图纸或指示；

第2.1款：进入现场的权利；

第4.7款：放线；

第4.12款：不可预见的自然条件；

第4.24款：化石；

第7.4款：试验；

第10.2款：部分工程移交；

第10.3款：竣工试验的干扰；

第11.8款：承包商的调查；

第13.7款：法律变更的调整；
第16.1款：承包商暂停施工的权利；
第17.4款：业主风险的后果；
第19.4款：不可抗力后果。

(3) 有关价值或相同要求的条款

第12.3款：估价；
第12.4款：省略；
第15.3款：终止合同之日的价值；
第16.4款：终止时的支付；
第18.1款：保险的一般要求。

(4) 承包商可以索赔利润和费用的条款

第1.9款：延误图纸或指示；
第2.1款：进入现场的权利；
第4.7款：放线；
第7.4款：试验；
第10.2款：部分工程移交；
第10.3款：竣工试验的干扰；
第11.8款：承包商的调查；
第16.4款：终止时的支付；
第17.4款：业主风险的后果。

## 16.3 FIDIC合同项下索赔的前提条件

FIDIC合同1987年第4版第53.1款规定：

"尽管本合同有任何其他规定，如承包商根据本条款的任何条款或其他有关规定索偿任何额外付款，他应在引起索赔事件第一次发生之后的28天内，将索赔意向通知工程师，并将一份副本递交给业主。"

FIDIC合同1999年版第20.1款对递交索赔的通知规定如下：

"根据本条件任何条款或与合同有关的其他文件，如果承包商认为他有权得到竣工时间的任何工期延长和/或任何额外付款，承包商应向工程师发出通知，说明引起索赔的事件或情况。该项通知应尽快在承包商知晓或应当知晓该事件或情况后的28天内发出。

如果承包商未能在上述28天期限内发出索赔通知，则不得延长竣工时间，承包商亦无权获得额外付款，而业主应免除有关索赔的全部责任。否则，应适用本款的下述规定。"

ICE 合同第 7 版第 53（1）款规定，如果承包商打算索赔更高的费率或价格，则应收到通知后的 28 天内向承包商发出索赔意向的书面通知。第 53（2）款规定，如果承包商打算索赔额外的付款，承包商应在合理的时间内，并应无论如何在引起索赔的事件发生后的 28 天内向工程师递交索赔意向。

根据上述规定，28 天的书面通知是索赔成立的必要前提条件。FIDIC 合同 1999 年版中更加明确规定了如果未能遵守这项时间规定，承包商将不得延长竣工时间，也无权获得额外付款，而业主应免除有关索赔的全部责任。

在分包工程项目中，由于分包工程是主合同工程的一个组成部分，因此，分包商也应遵守这项 28 天的索赔通知的规定，否则，分包商也将：

（1）不得延长竣工时间；
（2）无权获得额外付款；
（3）业主和承包商免除分包工程有关索赔的全部责任。

作为索赔的前提条件，如合同中明示规定了提出索赔的时间要求，则法院、仲裁庭和工程师都会严格遵循这项规定，如果承包商未能在 28 天内向工程师发出索赔意向通知，则丧失工期和费用索赔的权利，而业主则可免责。

【案例】 在 Tersons Ltd. 诉 Stevenage Development Corporation（1963）案[1]中，根据 ICE 合同条款第 52（2）款规定，承包商负有义务在索赔额外付款时向工程师发出书面通知。根据第 52（4）款，进一步要求承包商递交额外付款的月索赔金额的通知。在收到工程师图纸的大约 6 个月后，承包商向工程师发出了打算索赔额外付款的通知。上诉法院判决仲裁庭的裁定符合合同第 52 条规定的，对任何变更提出索赔需递交书面通知的前提条件，即使没有递交月索赔金额的通知，但承包商应尽快地就特定事件发出充分的通知。

法院判决承包商未能遵守索赔的时间要求，无权就图纸中的变更提出索赔。

【案例】 在 Hersent Offshore AS and Amsterdamse Ballast Betonen Waterbouw BV 诉 Burmah Oil Tankers Ltd.（1978）案[2]中，在考虑因建设一座原油码头项目的索赔诉讼时，法院判决："除非索赔一方可以提出未能遵守弃权的理由，否则，他们应遵守第 52 条最后一段规定的要求，即在索赔额外付款时应发出索赔意向通知。"

---

[1] Adam Constable. Construction Claim [M]. Covertry: Royal Institution of Chartered Surveyors, 2007. 53.

[2] Adam Constable. Construction Claim [M]. Covertry: Royal Institution of Chartered Surveyors, 2007. 53-54.

【案例】在澳大利亚 Jennings Construction 诉 Birt（1986）案[1]中，合同规定：在索赔事件或情况发生后的不迟于 14 天内，承包商应向工程师发出书面索赔意向，否则丧失索赔权利。由于需要采用特定的更昂贵的施工方法进行挖掘工作，承包商主张即使未能在合同规定的时间内向工程师发出索赔意向通知，也应该有权就额外付款进行索赔。法院认定本款的含义是使业主能够调查有关索赔事件并考虑有关情况。法院判决索赔通知义务是承包商应遵守的一项严格义务，因此索赔不能成立。

【案例】在澳大利亚 Wormald Engineering Ltd. 诉 Resources Conservation International（1988）案[2]中，承包商未能按照合同规定在变更令发出后向工程师递交通知。业主支付了有关变更发生的费用，但随后承包商就延误和干扰提出索赔。法院判决：按照 Jennings Construction 诉 Birt 案的相同理由，发出书面通知是有权进行额外付款索赔的前提条件。

在索赔意向通知的时间要求方面，承包商应当注意，不同的标准合同格式规定了不同的时间要求，如 JCT 建筑合同标准格式（2005）没有规定任何严格的索赔通知的期限，但第 4.2 款和第 4.3 款规定，在实际完工的 6 个月内，承包商应递交所有调整最终合同金额的文件。ICE 合同第 7 版规定了 28 天的递交索赔意向的通知要求。

## 16.4 工期延长索赔

### 16.4.1 工期延长索赔的依据

**1. 1987 年第 4 版 FIDIC 合同项下工期索赔条款结构层次和依据**

在 1987 年第 4 版 FIDIC 合同中，与工期索赔的有关条款如下：
(1) 第 53 条：索赔程序；
(2) 第 44 条：竣工期限延长；
(3) 第 6.3 款和第 6.4 款：延误提供图纸；
(4) 第 12.2 款：不利的外界障碍或条件；
(5) 第 27.1 款：化石；

---

[1] Adam Constable. Construction Claim [M]. Covertry：Royal Institution of Chartered Surveyors, 2007. 53.
[2] Adam Constable. Construction Claim [M]. Covertry：Royal Institution of Chartered Surveyors, 2007. 53-54.

(6) 第 36.5 款：工程师关于未规定的检验；

(7) 第 40.2 款：工程进度的暂停；

(8) 第 42.2 款：未能给出占有权；

(9) 第 44.1 款：竣工时间的延长；

(10) 第 69.4 款：承包商暂停工程或进度的权利。

在承包商有权进行索赔的上述条款中，可以分为三个层次。第一个层次的条款，即第 53 条索赔程序，是所有工期索赔应予遵守的程序。第二个层次是第 44 条，根据本条规定承包商有权进行工期延长索赔。其他条款则是承包商索赔的具体的条款依据。1987 年第 4 版 FIDIC 合同正期索赔条款层次结构如图 16-1 所示：

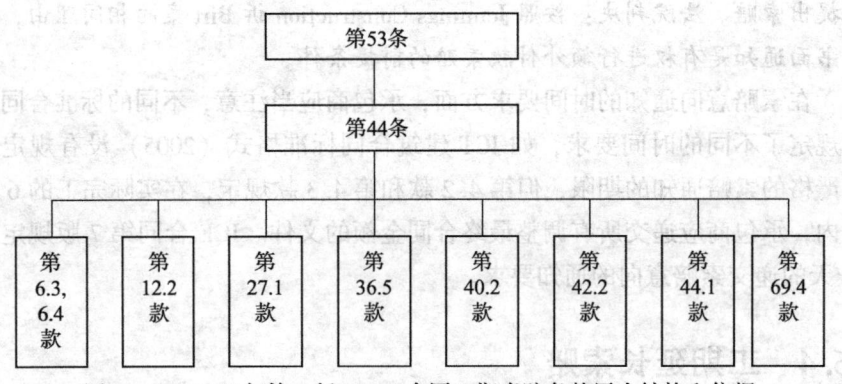

图 16-1　1987 年第 4 版 FIDIC 合同工期索赔条款层次结构和依据

**2. 1999 年版 FIDIC 合同项下工期索赔条款结构层次和依据**

在 1999 年版 FIDIC 新红皮书中，承包商有权进行工期延长索赔的条款如下：

(1) 第 1.9 款：延误的图纸和指示；

(2) 第 2.1 款：现场进入权；

(3) 第 4.7 款：放线；

(4) 第 4.12 款：不可预见的物质条件；

(5) 第 4.24 款：化石；

(6) 第 7.4 款：试验；

(7) 第 8.5 款：当局造成的延误；

(8) 第 8.9 款：暂停的后果；

(9) 第 10.3 款：对竣工验收的干扰；

(10) 第 13 条：变更和调整；

(11) 第 13.7 款：因法律改变的调整；
(12) 第 16.1 款：承包商暂停工作的权利；
(13) 第 17.4 款：业主风险的后果；
(14) 第 19.4 款：不可抗力的后果。

上述 14 项合同条款是承包商可以有权进行工期索赔的明示条款规定，除这 14 项外，1999 年版新红皮书第 20.1 款规定了承包商的索赔、通知和程序要求，第 8.4 款规定了竣工时间延长的明示条款。在这些条款中，承包商有权进行工期索赔的合同条款结构层次和依据如图 16-2 所示。

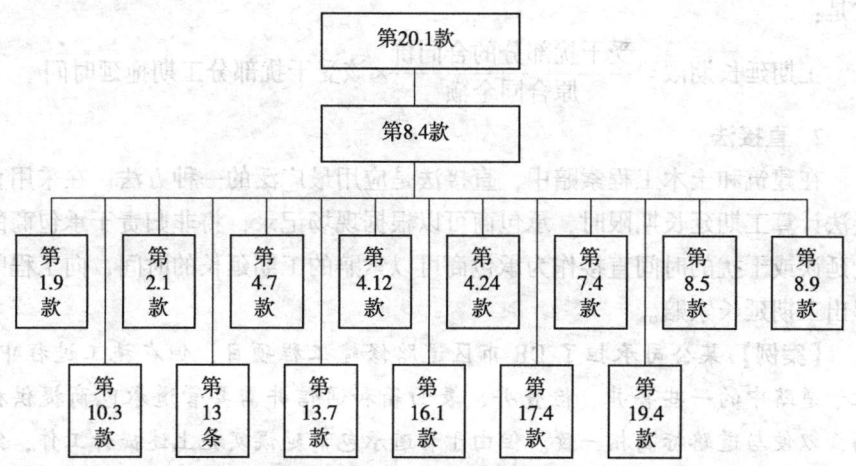

图 16-2 FIDIC 合同 1999 年版红皮书中工期索赔条款的结构层次和依据

## 16.4.2 工期延长索赔的计算：单因延误事件

当发生了承包商有权进行索赔的事件后，例如工程师未能在承包商要求的时间内提供工程图纸或承包商遇到了他不能控制的自然条件或人为障碍等情况，如何合理或正确地估价造成延误的事件对工程进度和工期的影响以及索赔时间的长短，是一个十分复杂的问题，而更难判断的是几个事件或更多事件对工程进度和工期的综合影响及其程度。可以说，延误工期的计算是工期索赔的难点，也是承包商提出工期索赔是否合理的关键。

**1. 百分比法**

百分比法主要适用于工程大量变更，工程数量比合同工程量表中大幅增加的情况。这种计算方法不适用于日常的工期索赔工作，但更适用于承包商在工程进行到中、后期或者最后的一揽子索赔之中，或者是工程师在批复承包商工期延长索赔时常常使用的一种最为简明扼要的、直接了当的方法。对工程师而言，在工程量大幅增加的情况下，使用这种方法延长工期，可以避开复杂的合同条款、层出不穷的索赔事件的困扰，用最简单的方法解决了最复杂的问题。这种方法是工程师最乐于使用的延长工期的方法。

在已知整个工程额外工程量的情形下，采用百分比法计算工期延长的公式是：

$$总工期延长期限 = \frac{新增加工程合同金额}{原合同金额} \times 原合同总工期$$

在已知部分工程额外工程量的情形下，采用百分比法计算工期延长的公式是：

$$工期延长期限 = \frac{受干扰部分的合同价}{原合同金额} \times 该受干扰部分工期拖延时间$$

**2. 直接法**

在建筑和土木工程索赔中，直接法是应用最广泛的一种方法。在采用直接法计算工期延长期限时，承包商可以根据现场记录，将非归责于承包商的受延误或干扰的时间直接作为承包商可以索赔的工期延长的时间，向工程师提出工期延长索赔。

【案例】某公司承担了DB市区道路修建工程项目，但在施工过程中，位于道路中的一些窨井、检查井、表面箱和通信井需要管道承包商提供标高，以便与道路标高相一致。但由于管道承包商延误实施上述提升工作，经管道承包商的工程师与道路承包商的工程师协商，道路承包商承担了提升窨井、检查井、表面箱和通信井的标高等工作，因此造成了道路承包商未能按原计划摊铺沥青磨耗层，延误了整个工期。上述工作作为道路承包商的一项附加或额外工作，根据FIDIC合同第3版第44条的规定，道路承包商提出了索赔的要求。具体的延误工期计算如下：

1991年4月2日至1991年4月27日，按照工程师的指示，承包商实施和提升了54个窨井，25个检查井，31个表面箱和25个通信井，由于提升工作是按工程师确认的日工记录表以日工为基础计算费用，因此，提升井数可从日工记录表中得出。承包商投入了全部的人力提升窨井、检查井、表面箱和通信井，且上述额外工程又处于道路工程的关键线路上，因此，从1991年4月2日至4月27日，由于上述额外工程造成的工期延误时间为：

26天-2天（星期五休息日）= 24天。

应当指出，上述直接法只能适用于延误事件较集中发生的区域，且是发生在关键线路上的延误。在多发性事件的情况下，如频繁的当地居民的干扰，也可根据承包商递交给工程师的索赔通知书，按时间顺序列表得出工期被延误的总计时间。如人为干扰发生在二个或二个以上工班,应将总计时间除以工班的数量,才能得出正确的延误时间。

在业主或工程师暂停工程的情况下,如非归责于承包商的原因,则承包商可根据业主或工程师暂停工程的时间,采用直接法进行工期索赔,即业主或工程师暂停了多长时间,如5周,承包商就有权索赔暂停期5周的时间。

在发生不可抗力的情况下,因不可抗力延误的时间,承包商也可以采用直接法索赔因不可抗力发生而受到延误的工期,即受不可抗力延误的时间就是承包商有权索赔工期的时间。

在项目受恶劣气候影响而不能施工的情况下,承包商可采用直接法进行索赔工期,即受恶劣气候不能施工的时间,就是承包商有权索赔的延长时间。

在业主不能交付现场、进场道路的情况下,也适合采用直接法进行索赔工期,承包商可以索赔开工日期和业主实际交付现场的时间差,这项时间差构成了承包商的延长工期。

**3. 间接法**

【案例】在某公司承建的给水排水管道的工程项目中,按照工程量表,全部给水排水管线的石方量共计10800立方米。但在施工过程中,承包商却遇到了意外的自然条件,施工中的石方量几倍于工程量表中的数量,致使承包商不得不改变施工方法,延误了工程进度和工期。为此,承包商曾提出工期索赔的要求。经协商,工程师给承包商增加了14.5个月的工期,加上其他原因造成的延误,共计延长竣工工期26个月,条件是石方的总量不超过45000立方米(承包商提出第一份索赔报告时已开挖了20745立方米)。

在随后的施工过程中,石方量继续增加,到1991年4月底,石方量已达47871.34立方米,于是承包商按照合同规定提出了进一步的工期索赔,具体的工期计算如下:

第一步:按照工程师的决定,应首先计算出在14.5个月内承包商要完成整个工程时需要每天完成多少石方量:

$$\frac{45000-\text{第一份索赔报告中列明的已开挖的石方量}}{\text{剩余工程量所需时间}\times 30 \text{天/月}} = \frac{45000-20145}{14.5\times 30}$$

$$=57.14 \text{立方米/天}$$

第二步:应计算出截至1991年4月底,已超出45000立方米的石方量:
47871.34-45000=2871.34立方米

第三步:如每天开挖57.14立方米,那么开挖剩余的2871.34立方米应在多少天内完成：

$$\frac{2871.34}{57.14} = 50.25 \text{ 天} = 50 \text{ 天}$$

因此，可以得出，由于石方量的大量增加，承包商有权按照 FIDIC 合同第 12 条和第 44 条（第 3 版）的规定要求 50 天的工期延长。

### 4. 相对单位法

相对单位法是以劳动量为计算的相对单位，在工程发生变更时，以劳动量变化为依据计算承包商可以索赔的工期延长的时间。采用相对单位法计算工期延长的公式如下：

$$\text{工期延长期限} = \text{原合同工期} \times \left[ \frac{\text{原合同规定的劳动量相对单位} + \text{新增劳动量相对单位}}{\text{总劳动量相对单位}} - 1 \right]$$

【案例】某土建工程部分工期为 20 个月，安装工程工期为 3 个月。其中，土建部分折合劳动量为 260 个相对单位，安装工程为 70 个相对单位。施工合同规定工程量增减 5% 不能要求工期延长补偿。在实际施工过程中，因业主的工程变更造成土建工程量增加 65 个相对单位，安装工程增加了 25 个相对单位。根据相对单位法，工期延长计算如下：

第一步：考虑工程量增加 5% 是承包商的风险，因此，承包商不能要求工期补偿的劳动量相对单位是：

土建工程：$260 \times 1.05 = 273$ 相对单位

安装工程：$70 \times 1.05 = 73.5$ 相对单位

第二步：按照相对单位法公式，计算承包商可以要求工期延长的期限：

土建工程：工期延长期限 $= 20 \times [\ (260 + 65)\ /273 - 1] = 3.81$ 月

安装工程：工期延长期限 $= 3 \times [\ (70 + 25)\ /73.5 - 1] = 0.88$ 月

第三步：土建工程和安装工程工期延长时间合计：

$3.81 + 0.88 = 4.69$ 月

### 5. 平均值法

平均值法是以可原谅的延误对承包商的工作同时造成了影响为基础计算工期延长的一种计算方法，公式如下：

$$\text{工期延长期限} = \frac{\text{各分项工程延误天数之和}}{\text{分项工程个数}}$$

例如，A、B、C 和 D 项工程同时受到了可原谅的延误，其中 A 项工程延误 10 天，B 项工程延误 5 天，C 项工程延误 4 天，D 项工程延误 9 天，则：

$$工期延长期限 = \frac{10+5+4+9}{4} = 7 \text{ 天}$$

应当指出，在采用平均值法计算工期延长期限时，这种方法没有考虑承包商的各项工作是否均处于关键线路这个问题。例如，在 A、B、C 和 D 项工作均处于关键线路时，承包商有权索赔的工期延长期限为 $10+5+4+9=28$ 天，而采用平均值法减少了承包商可以有权索赔工期延长的期限。在 A 项工程处于关键线路，而 B、C 和 D 项工程处于非关键线路时，承包商仅有权对关键线路上的延误索赔工期。在这种情况下，承包商可以有权索赔 10 天的工期延长，而平均值法减少了承包商有权索赔工期延长的期限。在 B 项工程处于关键线路，而 A、C 和 D 项工程处于非关键线路时，承包商仅有权索赔 5 天的工期延长，而平均值法增加了承包商有权索赔工期的期限。也就是说，工程或工作是否处于关键线路上决定了承包商是否有权提出工期延长索赔以及工期延长期限。

### 6. 工序法

在建筑和土木工程施工合同中，工序法是计算工期延长索赔和费用索赔最常用的，也是具有一定说服力的方法之一。工序法的基本原理是将承包商实施的工程或工作按照施工工序分解为若干个单项工作，根据实际人工和设备工时对承包商完成单项工作所需的时间和费用进行计算，得出某个工程或工作的单位时间量或费用金额，然后乘以总工程或工作数量，即可计算出承包商有权索赔的工期延长或额外费用金额。

【案例】在某公司承担的给水排水工程项目中，由于当地居民的破坏和其他承包商的破坏，共计损坏了 6 米长的给水进户连接管线 936.40 米，承包商不得不重新修复已被损坏的管线，造成了工程进度和工期的延误。如按照工序法计算延误工期，在总结了人工、设备小时数的基础上，具体计算如下：

第一步：根据施工工序，列出每一道工序所花费的人工、设备小时数：

(1) 挖出被损坏了的 6 米长的管道

人工：2 小时；挖掘机：1 小时

(2) 重新铺设 6 米长的管道

人工：2 小时

(3) 垫铺砂层

人工：2 小时

(4) 修理被损坏的夹具和管座

人工：2.5 小时

(5) 水压测试

人工：2小时；压力泵：2小时

(6) 固定给水进户竖管

人工：1小时

(7) 回填和夯实

人工：2小时；装载机：1小时；夯实机：1小时

第二步：计算出由5人组成的一个工班修复6米长的管道所需单位时间：

$$\frac{人工小时数+设备小时数}{工班的人数}=\frac{12.5+5}{5}=3.5 小时$$

第三步：计算出每修复1米长的管道所需的时间：

$$3.5/6=0.58 小时/米$$

第四步：在计算出每修复1米管线所需时间后，如果由3个工班同时施工，每天工作8小时，则修复936.40米需要：

[（0.58米/小时×936.40米）/3]/8＝22.63天＝23天

因此得出，修复被损坏的936.40米给水进户管线，共延误工期23天。

## 7. 关键线路法

关键线路法（critical path method，CPM）是通过确定项目各工作最早、最迟开始和结束时间，通过最早最迟时间的差额分析每一工作相对时间的紧迫度和工作的重要程度，这种最早和最迟时间的差额成为机动时间，机动时间为零的工作通常为关键工作，关键线路上全部工序的总持续时间就是项目的总工期。关键线路法是工程项目管理中时常使用的项目管理工具，也是承包商在工程管理和工期索赔中经常应用的网络计划技术。承包商可以从现有项目管理软件，如微软的项目管理软件P3中轻松地获得项目的关键线路，也可根据业主或工程师的要求，使用与业主和工程师相同的项目管理程序进行项目管理和索赔工作。

在某个工程项目使用关键线路网络计划时，承包商应向工程师和业主递交计划的关键线路网络计划，以供工程师和业主批准，作为控制计划予以实施。在承包商递交的关键线路网络计划中，承包商应指明每一项工作的顺序、每一项工作的起始时间、每一项工作的结束时间以及各个工作之间的相互关系。对于大型项目而言，工程师或业主可能还要求承包商在关键线路网络计划中表明可用资源配置的信息，如人力、设备和材料等资源情况。

在承包商准备完毕初始的关键网络计划后，承包商还应在关键线路网络计划中提供其分包商和供应商的信息，以便使分包商和供应商遵守关键线路网络计划。为了配合承包商的关键线路网络计划，承包商也应要求分包商和供应商提供有关信息并制定关键线路网络计划。

一旦承包商的关键网络计划被工程师或业主批准，承包商应抄送给分包商和供应商一份关键线路网络计划。根据大多数规范要求，承包商和工程师应每月对关键线路网络计划进行评估，按照每一工作的实施状态调整和更新关键线路网络计划。如果承包商没有按时完成关键线路上的工作，根据一些规范和要求，承包商应准备补救计划，并在补救计划中表明承包商如何在规定的时间内完成工作，使用什么资源赶工，以便计划中的工作能够按时完成。

工期延误索赔是否成立，承包商必须证明其具备如下4个条件：

(1) 可原谅的延误。

① 因业主和工程师引起的延误。对承包商而言，因业主及工程师造成的延误，属于可原谅的延误。

② 因承包商原因引起的延误。由于延误是承包商计划不周、不能及时和合理配置资源、施工拖沓、管理不善等自身原因造成的，因此，这类延误属于不可原谅的延误。

③ 承包商不可控制的因素引起的延误。如异常恶劣气候条件、不可抗力、社会事件或者承包商不能控制的第三方原因引起的延误，此类延误不能归咎于业主、工程师和承包商中的任何一方，对承包商而言，此类延误属于可原谅的延误。

(2) 可要求补偿的延误。

可要求补偿的延误是指非归责于承包商原因引起的工程延误，包括因业主和工程师引起的延误和承包商不可控制的因素引起的延误，且延误发生在关键线路上。在发生承包商不能控制的因素造成的延误时，承包商只能索赔工期，而不能索赔费用，但合同另有规定者除外。如果延误是由业主或工程师造成的，但该项延误未处于关键线路上，则承包商只能索赔费用，而不能要求延长工期。但如果延误是业主或工程师造成的，且延误发生在关键线路上，则承包商既可索赔工期，又可索赔费用。

不可要求补偿的延误是指引承包商原因造成的延误，如果发生此类延误，则承包商无权要求工期延长，并应修订计划，改善管理，按合同规定的工期竣工。如承包商因自身原因未能按期完工，则承包商应向业主支付误期损害赔偿费。

(3) 关键线路上的延误。

(4) 非共同延误造成的延误。

如果某项活动是共同延误造成的，在判断工程延误之前，应首先根据共同延误规则判断主导原因，确定延误是否属于可原谅的延误还是不可原谅的延误。

在上述4个条件中，需要运用关键线路网络技术判断第（3）、第（4）项条件是否成立。随着网络计划技术的发展，关键线路法已成为分析工期延误和证明延误索赔的主要技术、工具和手段之一。目前，确定承包商是否可以获得工期延长的索赔，主要决定于延误事件是否发生在工程项目的关键线路上。有些合同甚至规定关键线路计划是接受工程延误索赔的唯一可靠证据。

在涉及工程延误和工期延长的案件中，英美法院一般也要求承包商提供关键线路图，以证明工程延误索赔的成立。在 Wilner 诉 United States 23 Cl. Ct. 241, 245（1991）案中，法院认为："……然而，工程项目中的有些工序必须根据计划按期完成，否则，由于这些工序处于'关键线路'上，延期完成会造成整个工程项目的延误。处于关键线路上的工程的延误或赶工将会影响整个工程项目。"在英国 Motherwell Bridge Construction Ltd. 诉 Micafil Vakuumtechnik 案中，法官要求原告提供和确认关键线路计划，并在判决中阐述道："至关重要的问题是（a）延误是否发生在关键线路上？如果是：(b) 是否是原告造成的？如果第（a）项的答案是肯定的，而第（b）项的答案是否定的，法院就应该评估造成了多长时间的延误。"

利用关键线路法判断工程延误时间的基本原理在于：由于机动时间为零的活动构成关键线路，而关键线路上全部工序或活动的总持续时间就是项目的总工期（Total Project Time, TPT），因此，关键线路上工序或活动的延误必然造成项目总工期（TPT）的延误。非关键线路上的工序或活动存在机动时间，因此，非关键线路上的延误不会造成项目总工期的延误。

在使用关键线路法计算工程延误时，处理原则如下：

（1）发生在关键线路上的延误，且非归责于承包商的原因（可原谅的延误）造成的，承包商可获得工期索赔。在这种情况下，通过干扰事件对网络计划的影响分析，获得一个新工期，新工期与原工期之差即为干扰事件对总工期影响的时间，承包商可索赔这个时间差值。

（2）非关键线路上的工期延误，且该工序或活动被延误的时间没有超过总时差，无论归责于谁，该工序或活动并不影响总工期，承包商不能获得工期延长。

（3）关键线路和非关键线路上的共同延误，如非归责于承包商的原因，则应给予承包商关键线路上受到延误的工期延长。如果关键线路上的延误归责于承包商,而非关键线路上的延误非归责于业主,则承包商无法获得工期延长。

(4) 非关键线路上的延误,但被延误的时间超过了其总时差,应进一步明确:① 在非关键活动变成关键活动后,关键线路发生变化,在这种情况下,该活动被延误的时间减去总时差,其差额就是项目总工期的延误。② 在多个非关键活动被延误时,关键工序或活动以及非关键工序或活动均被延误,工程师和承包商应重新调整网络计划的时间参数,确定延误事项和延误时间。

【案例】图 16-3 是关键线路网络计划图(计划图),图 16-4 是若干项活动受到干扰延误调整后的实际网络计划图。

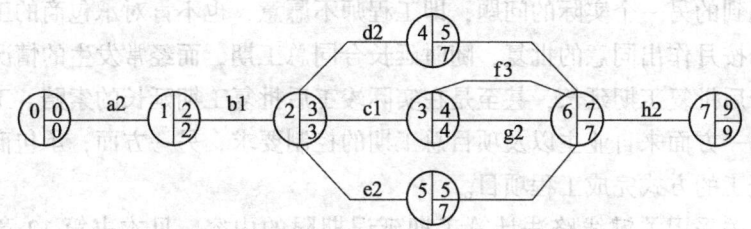

图 16-3 关键线路网络计划图(计划图)

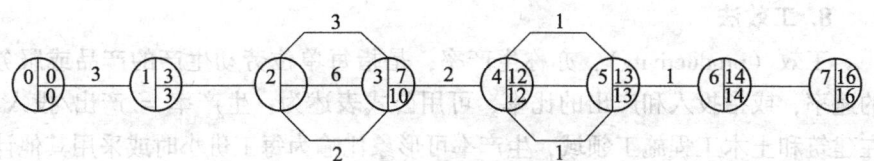

图 16-4 若干活动受到干扰延误调整后的网络计划图

如图 16-3 网络计划所示,计划工期为 9 周,活动 a、b、c、g、h 为关键线路,其活动时差的总和为 9 周。活动 d、e、f 为非关键线路。在工程项目的实施过程中,活动 a、c 受到延误,其中活动 a 比计划延误 2 周,活动 c 比计划延误 5 周。由于延误的活动 a、c 处于关键线路上,因此活动 a、c 的延误造成了总工期的延误,调整网络计划后总工期为 16 周。而处于非关键线路上的活动 d 的延误不影响项目的总工期。

关键线路网络计划是一项动态的活动计划,由于造成工程延误的原因复杂多样,工程师和承包商应对每一项延误、干扰等进行动态分析,确定延误或干扰事件对单个工程活动的影响以及对总工期的影响,并应与原计划按月或在延误或干扰发生时进行比对,才能得出正确的结论。在实践中,特别是在大中型工程项目中,由于网络计划中活动少则上百项,多则上千项,在发生工期延误和活动受到干扰时，对网络计划的调整、分析远比图 16-3、图 16-4 复杂得多。

关键线路网络计划是工程项目管理的一个工具和手段，也是判断和证明工程延误时间的一种方法。但这种方法并非完美无缺，因为这种方法依赖原始计划及其建立的逻辑关系，依赖输入程序中的与延误有关的数据的正确性和完整性。在使用计算机软件中的关键线路法证明和支持工程延误索赔以及计算工期时，承包商可能面临的第一个难题是证明关键线路网络计划中工程延误影响之间的逻辑关系，其后还需要证明延误和干扰对总工期的影响和时间的长短等内容。

在实践中，运用关键线路网络计划计算工期延误，进行工期延长索赔时还会遇到的另一个实际的问题，即工程师不愿意，也不肯对承包商的工期延长索赔按月作出同意的批复，随时延长合同总工期，而经常发生的情况是工程师滞后批复工期延长，甚至是在实际竣工后批复工期延长的索赔。工程师的压力一方面来自业主以及项目总工期的控制要求，另一方面，承包商可以通过赶工的方式完成工程项目。

有关采用关键线路法计算工期延误期限的内容，见本书第 12 章有关章节。

### 8. 工效法

工效（productivity），亦称生产率，是指每单位劳动生产的产品或服务的速率，或指投入和产出的比率，可用公式表述为：生产率 = 产出/投入。在建筑和土木工程施工领域，生产率可形象比喻为每工班小时或采用其他计量标准时绑扎钢筋的吨数、浇注水泥混凝土数量、铺设管道的长度等。

工效损失是指预期劳动生产率与实际劳动生产率的差值。当实际劳动生产率低于预期劳动生产率时，就会产生工效损失。工效损失可用公司表述为：

$$工效损失 = 预期劳动生产率 - 实际劳动生产率$$

工效损失法是国际承包工程业界公认的费用索赔方法，是费用索赔中可以单独进行索赔的一个索赔题目，可与承包商索赔直接损失或费用、现场管理费、总部管理费等费用索赔并列成为一项承包商有权索赔费用的内容，同时，它也是承包商进行工期索赔的一种计算方法。采用工效损失法计算工期延长和费用索赔的情况有：

（1）业主违约；

（2）合同明示条款允许的事项，如工程的变更或暂停；

（3）业主向承包商提供保障或已经同意补偿承包商的事项。

承包商利用工效损失法进行工期和费用索赔的基本原理在于：在施工工程项目投标中，承包商需要以一定的劳动生产率为基础计算报价，如果在施工过程中遇到了承包商不可预见的和不能控制的原因，如变更或干扰等事项造成了预期劳动生产率的下降或损失，不仅会对承包商的工期造成直接的延误影响，也会对承包商的费用和利润产生直接影响。另一方面，为了满足项目的工期时间要求，承包商不得不投入更多的人力和机械设备等资源，弥补先前实施工程过程中工效降低的损失。

采用工效损失法计算工期延误的公式如下：

$$\text{分项工程索赔工期} = \text{分项工程计划工期} \times \frac{\text{预期劳动生产率} - \text{实际劳动生产率}}{\text{预期劳动生产率}}$$

或：

$$\text{分项工程索赔工期} = \text{分项工程计划工期} \times \text{工效损失}$$

式中：

$$\text{工效损失} = \frac{\text{预期劳动生产率} - \text{实际劳动生产率}}{\text{预期劳动生产率}} \times 100\%$$

【案例】在 Natkin & Co. 诉 George A Fuller Co. 案中，承包商安装管道工程受到了干扰和延误，根据现场施工记录，工程施工未受干扰时的工效为 0.181（人·小时）/根（或 5.525 根/小时），而受到延误时的工效为 0.20（人·小时）/根（或 5.00 根/小时），则工效损失为：

$$\frac{5.525 - 5.00}{5.525} \times 100\% = 9.5\%$$

承包商计划工期为 12 个月，在受到干扰的 12 个月内，承包商可要求索赔工期为：

$$\text{索赔工期} = 12 \text{ 个月} \times 9.5\% = 1.14 \text{ 月} \approx 34 \text{ 天}$$

【案例】在 Whittall Builders Company Ltd. 诉 Chester-le-Street District Council 案中，原告（承包商）采用全行业工效对比法对工效损失进行了分析，如下：

业主违约期间平均工效：£108/（人·周）

正常工作时间内平均工效：£161/（人·周）

则业主违约期间工效损失为：

$$\frac{£161 - £108}{£161} \times 100\% = 33\%$$

在采用工效损失法进行工期和费用索赔时，承包商承担举证责任，应证明：
(1) 符合合同规定的通知要求。
(2) 在施工过程中发生的事件是履行合同时承包商无法预见的。
(3) 发生的事件是承包商、分包商或供应商无法控制的。
(4) 发生的事件是业主或其代理人应当承担责任的，或者是业主应当承担责任的情形所造成的。
(5) 合同条款不禁止承包商索偿其造成的损失。
(6) 在施工过程中造成变更的事件导致了费用的增加和时间的延长。
(7) 工效的降低或损失与要求的工期延长和费用损失之间的因果关系。
(8) 确定定量计算工效的标准、计算过程及其结果。

与承包商遭受的直接成本损失的计算方式不同，由于工效降低或损失有时无法确切记录，而又不能与承包商的成本进行单独识别，因此，建筑工程施工业界对如何计算工效损失并没有形成一个共识。

目前，建筑和土木工程施工领域普遍使用的工效损失或降低的计算方法主要有：
(1) 现场工效记录分析法；
(2) 挣值法；
(3) 取样法；
(4) 工效对比法；
(5) 一般和特定行业工效分析法；
(6) 修正全成本法；
(7) 全成本法。

需要注意的是，工效降低或损失计算和分析方法的选择应视具体项目情况、需要分析的事件性质、现有劳动力数据的性质和范围而定，每一种工效损失的分析和计算方法均有其内在的优点和缺点，承包商应根据项目具体情况决定使用何种方法分析工效损失。

对于上述工效损失计算方法，学者威廉姆·伊比斯等在《工程变更的定量分析》一文中对各种工效损失的计算方法的可信度、承包商需要付出的努力进行了分析，如图 16-5 所示：

从图 16-5 可以看出，上述工效分析和计算方法的可信度存在差别。从现场工效记录分析法到法院判决，不确定性因素在不断增加，也就意味着其分析方法的可靠性在不断减弱。另一方面，从法院判决到现场工效记录分析法，承包商付出的努力的要求不断提高，承包商准备同期项目文件的要求在不断增加，同时承包商准备或使用这些计算和分析方法以及解决问题的成本

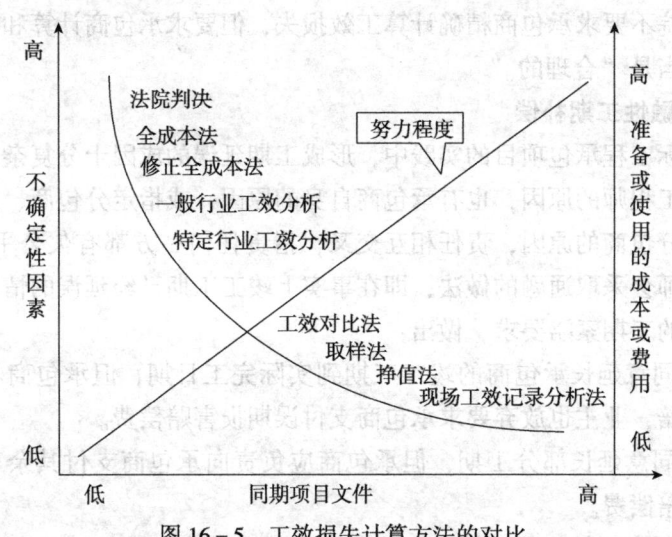

图 16-5 工效损失计算方法的对比

也在不断上升。

承包商采用工效损失法进行工期延长索赔以及费用索赔的困难和难点在于：

（1）承包商往往没有适当的现场施工记录，或缺乏完整的现场施工记录，造成无法举证证明劳动生产率的降低或损失额。

（2）因业主原因造成的工效损失，在事件开始时，承包商无法察觉而缺乏有效的记录。

（3）承包商往往在项目结束时才开始准备索赔，因此，承包商只能进行工效损失的粗略的估算或采用全成本法计算工效损失。

（4）计算工效损失有多种方法，而业界没有一个公认的方法，因此，工效损失计算自身就造成了诸多麻烦。

（5）两种或两种以上计算方法自身无法比较，会造成承包商、工程师和业主的困惑。

（6）在计算工效损失时，承包商非常困难或无法证明延误事件与工效损失之间的因果关系。

虽然承包商有时难以精确计算和量化工效损失，但业主并不能因此否定承包商有权获得补偿的权利，而且精确的定量分析也不是补偿所必备的前提条件。在 Hanlon D&G Co. 诉 S. Pac. Co.（1928）案中，法院确定："受损害的一方不能精确计量损失金额的事实不能妨碍他获得损害赔偿的权利。"在 Elte, Inc. S. S. Mullen Inc.（9th Cir, 1972）469 F. 2d 1127 案中，法院明确："不能将确定损害金额的困难与承包商获得补偿的权利相混淆。"根据西方判例，法院不要求承包商精确计算工效损失，但要求承包商计算和分析的工效损失应当是"合理的。"

**9. 通融性工期补偿**

在国际工程承包项目的实践中，形成工期延误的成因十分复杂，有时既有业主和工程师的原因，也有承包商自身的原因，或指定分包商、指定供货商或其他分包商的原因，责任相互交叉，指责任何一方都有欠公平，因此，有时工程师会采取通融的做法，即在事实上竣工工期已经延误的情况下，根据承包商的工期索赔要求，做出：

（1）同意延长承包商的竣工工期到实际完工日期，但承包商不能对费用进行索赔，业主也放弃要求承包商支付误期损害赔偿费。

（2）同意延长部分工期，但承包商应负责向承包商支付其余工期内的误期损害赔偿费。

（3）同意延长部分工期，但承包商不能索赔有关费用，业主也不要求承包商支付其余工期的误期损害赔偿费。

这种一次性通融工期补偿做法的主动权在业主和工程师手中，是项目进行到结束阶段时的业主、工程师和承包商之间相互要价，进行谈判的一种方式，也是避免将有关争议上升为仲裁或诉诸法庭解决的一种解决方式。但对于承包商而言，如果没有在项目过程中积累的工期索赔文件和延长工期的要求，则承包商就失去了谈判和妥协的筹码。

### 16.4.3 工期延长索赔的计算：共同延误事件

共同延误（concurrent delay），又译混合原因延误，是指存在两个以上导致索赔的原因在同一时间发生时所导致的延误。在施工合同中经常会遇到这种共同延误的情形，即因承包商过错出现延误时，业主的过错行为也在同一时间出现并导致延误，有时也会出现中性事件，如恶劣的气候条件造成承包商不能继续施工，而需要暂停一段时间的情况。目前英美法律对这种共同延误并没有明确或清晰的规定，但可以通过借鉴西方有关工程法律专家的权威的论述对共同延误做出基本判断。

目前，司法和学术界关于共同延误下责任的划分和判断主要来自《基廷论建筑合同》（Keating on Building Contracts）⊖中确定的基廷原则，如下：

---

⊖ Stephen Furst and Vivian Ramsey, Keating on Building Contracts, 7th ed. London: Sweat & Maxwell, 246.

(1) 戴尔文法（The Devlin Approach），主张如果同时存在造成损害的两个原因，其中之一是违约行为，则对违约负有责任的一方当事人应对损失承担责任。

(2) 主因法（The Dominant Cause Approach），主张如果存在两个原因，其中一个有效的、主导的原因是决定性因素。

(3) 举证法（The Burden of Proof Approach），主张如果存在两个原因，并且索赔人违约，索赔人应举证说明损失是不是因其违约而造成的。

在上述三种方法中，适用范围可能不尽相同，有些情况下适用主因法较为合适，有些情况下适用戴尔文法或举证法较为适合，应视具体情况具体分析。因此，在提出共同延误问题的时候，应确定必须有两个竞合延误的原因同时发生，并影响了项目的关键线路。

【案例】在 H. Fairweather & Co. Ltd. 诉 London Borough of Wandsworth, Queen's Bench Division, (1987) 39 BLR 106 案[1]中，当事人就 JCT 合同 1963 年版发生争议，主要集中在仲裁员认定工期延长的方法上。

法院判决：根据 JCT 合同规定，准予工期延长不是承包商有权索偿直接损害和（或）费用的前提条件。

在判决中，法官就发生共同延误时的责任的判定写道：

"'主导'一词包括很多含义：'支配的、优先的、最具影响力的'等多种解释。假定第 21 条不仅规定的是误期损害赔偿费或者确认损害的方法，而且还规定了承包商有权根据第 24 条索偿直接损失和费用，则建筑师以及仲裁员，在事实需要时，负有将延长的工期分配到各个不同成因上的任务。在这里，我认为主因法的验证标准是不正确的。"

在基廷原则中，将共同延误的索赔分为三类[2]：

(1) A 类：如工程缺陷是建筑师设计和承包商施工缺陷共同造成的。

(2) B 类：延误是（a）非归责于任一方的中性事件，如恶劣气候造成的，或者是（b）承包商违约造成的。

(3) C 类：延误是（a）任何一方当事人没有过错，或者是（b）承包商违约造成的。

一般认为，主因法不适合 A 类共同延误情形，但适合于 B 类和 C 类共同延误事件。戴尔文法有可能解决 B（a）类和 C（a）类项下的共同延误。

---

[1] Michael Furmston. Powell-Smith and Furmston's Building Contract Casebook [M]. 4th. Oxford: Blackwell Publishing Ltd., 2006. 313-317.

[2] 邱创. 国际工程合同原理与实务 [M]. 北京：中国建筑工业出版社，2001. 230-234.

而举证法不适用 B 类和 C 类索赔，因为在严格举证责任的情况下，原被告都面临法律上的困境，胜诉的可能性较低。

关于共同延误下工期延长的分配和判断，举例如下：

在图 16-6 中，假设因承包商的过错延误工期 4 天，在承包商延误这 4 天中的第 2、第 3 天，建筑师未能及时签发图纸，在这种情况下，又处于关键线路时，由于承包商的过错，则承包商无权要求工期延长。

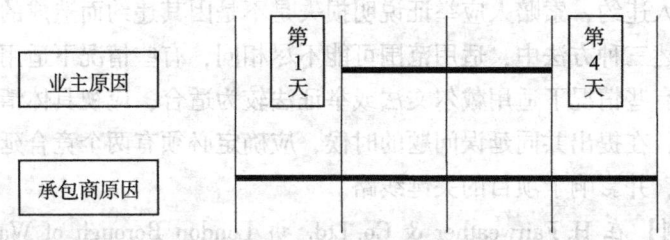

图 16-6 共同延误时工期延长的判定（一）

在图 16-7 中，业主和承包商违约导致的延误情况与图 13-4 相反，承包商不得不停工等待建筑师签发图纸，假设在延误过程中，承包商的设备在第 2、第 3 天不能工作需要修复，但到第 3 天结束时已经修复完毕，并可在第 4 天正常工作，则承包商设备的损坏并没有影响到工期，因此，承包商可以获得 4 天的工期延长。

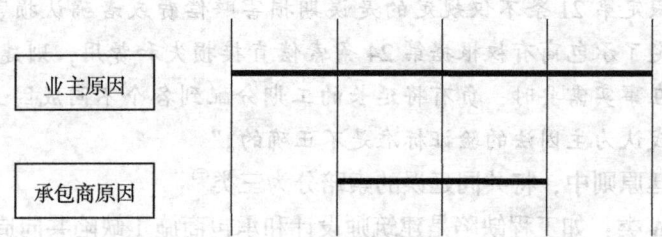

图 16-7 共同延误时工期延长的判定（二）

在图 16-8 中，建筑师未能在第 1~3 天签发施工图纸，导致承包商停工等待，因处在关键线路上，因此延误 3 天竣工时间。但在第 4 天建筑师签发图纸后，承包商的设备还没有修复完毕，不能投入使用，因此，两者相加影响了 4 天工期，按比例分配，承包商可以获得 3 天工期延长。

在图 16-9 中，承包商的设备损坏并造成了 3 天的延误，在第 2 天，建筑师未能给出施工图纸，并持续到第 4 天。在第 1、第 2 天，建筑师延误发出图纸并没有影响到工期，但承包商在修复完成设备后，建筑师未能发出图纸，则延误了 1 天工期。因此，按比例分配的工期延长天数为 1 天，承包商

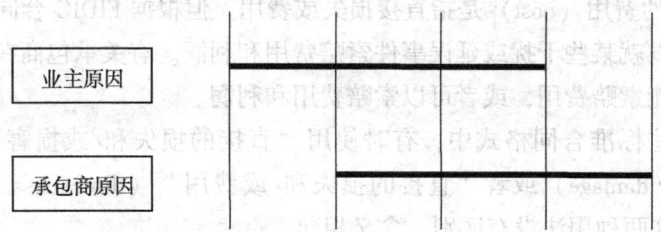

图 16-8　共同延误时工期延长的判定（三）

有权获得 1 天的工期延长。

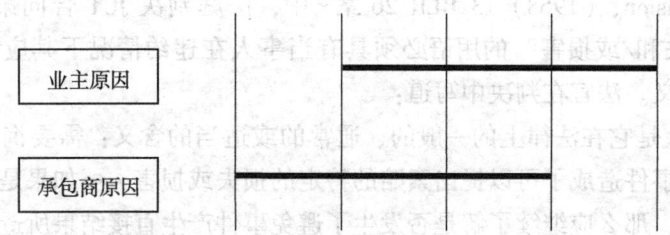

图 16-9　共同延误时工期延长的判定（四）

## 16.5　费用索赔

### 16.5.1　直接损失和费用的含义

在大多数标准合同格式中，合同条款均规定，如果承包商遭受干扰或延误，承包商有权就"直接损失和费用"要求额外付款。如 FIDIC 合同 1999 年版第 4.7 款放线规定：

"在实施工程中，如果承包商因这几项基准中的某项错误必然遭受延误和/或招致增加费用，而一个有经验的承包商不能合理发现此类错误并无法避免此延误和/或增加费用，根据第 20.1 款［承包商的索赔］的规定，承包商应通知工程师，有权要求：

（a）根据第 8.4 款［竣工时间的延长］的规定，如竣工已经或即将受到延误，对任何此类延误给予工期延长；和

（b）支付计入合同价格的任何此类费用和合理利润。"

在 1999 年版合同中，根据第 1.1.4.3 款，将合同条款中的费用（cost）的定义为："是指承包商在现场内外发生的（或将发生的）所有合理开支，包括管理费用及类似支出，但不包括利润"。从这项规定中，可以得出 FID-

IC 合同中的费用（cost）是指直接损失或费用。但根据 FIDIC 合同规定，承包商也可以就某些干扰或延误事件索赔费用和利润。有关承包商在何种事件发生时只能索赔费用，或者可以索赔费用和利润。

在某些标准合同格式中，有时使用"直接的损失和/或损害"（direct loss and/or damage）或者"直接的损失和/或费用"（direct loss and/or expense），这两种用法没有区别，含义相同。

但是，承包商在索赔直接损害和/或费用时，必须分清什么是直接费用，什么是间接费用。在 Wraight Ltd. 诉 P. H. &T. (Holdings) Ltd., Queen's Bench Division, (1968) 13 BLR 26 案[1]中，法庭判决 JCT 合同第 26 条的"直接损失和/或损害"的用语必须具有当事人在违约情况下其应该具有的相同的含义。法官在判决中写道：

"什么是它在法律上的一般的、通常的或适当的含义：需要询问的是是否因特定事件造成了可以提出索赔的特定的损失或损害……如果是由特定事件造成的，那么应继续了解是否发生了避免事件产生直接结果所造成的损失或损害的干扰事件或其他原因。"

在 Saint Line Ltd. 诉 Richardsons, Westgarth & Co. Ltd. 案[2]中，原告要求违约的被告赔偿（a）未能按期交船期限内的利润损失；（b）工资和仓库的费用；（c）支付给专家监造的费用。法庭判决：所有索赔是直接损失，合同并没有排除这项要求。法官解释说：

"什么是'直接损害'？直接损失是违约行为所自然产生的，并且没有其他干扰原因以及其他独立的特殊情况发生……'间接或随之发生的'的措辞并不排除违约的直接和自然的结果所造成的损害责任"。

在英美法中，"直接的损失和/或损害"与"直接的损失和/或费用"与普通法上的"损害"具有相同的含义。"直接的损失和/或费用"也可表述为"直接的损失"和"直接的费用"，但应注意两者的区别，"损失"包括损失和费用，但"费用"并不包括损失在内。

### 16.5.2 费用和利润索赔的合同依据

在 FIDIC 合同中，在承包商遭受干扰或延误时，承包商可以根据合同条

---

[1] Michael Furmston. Powell-Smith and Furmston's Building Contract Casebook [M]. 4th. Oxford: Blackwell Publishing Ltd., 2006. 317-318.

[2] Michael Furmston. Powell-Smith and Furmston's Building Contract Casebook [M]. 4th. Oxford: Blackwell Publishing Ltd., 2006. 318-319.

款的规定对直接损失或费用进行索赔,但是否可以对利润进行索赔,则应根据合同条款的规定进行。在 FIDIC 合同 1987 年版和 1999 年版中,承包商是否可以索赔利润的条款有所不同。

**1. 1987 年第 4 版 FIDIC 合同承包商可以索赔利润的条款见表 16-2。**

表 16-2  1987 年第 4 版 FIDIC 合同承包商可索赔利润条款

| 合同条款序号 | 合同条款标题 | 是否包括利润 |
| --- | --- | --- |
| 1.1 (g) (i) | 费用 | 否 |
| 1.5 | 通知、同意、批准、证明和决定 | 视具体情况 |
| 2 | 工程师和工程师代表 | 是 |
| 5.2 | 合同文件的优先次序 | 否 |
| 6.4 | 图纸误期和误期的费用 | 否 |
| 12.2 | 不利的外界障碍或条件 | 否 |
| 13 | 应遵照合同工作 | 否 |
| 14 | 计划 | 否 |
| 17.1 (c) | 放线 | 否 |
| 18 | 钻孔和勘探开挖 | 是 |
| 20.3 和 20.4 | 因业主风险造成的损失或损坏、业主的风险 | 否 |
| 26.2 | 遵守法律 | 否 |
| 27 | 化石 | 是 |
| 31.2 | 为其他承包商提供方便 | 是 |
| 36.2, 36.4, 36.5 | 样品费用、未规定的检验费用、工程师关于未规定的检验的决定 | 否 |
| 38.2 | 剥露和开孔 | 是 |
| 40.1 | 暂时停工 | 否 |
| 40.3 | 暂时停工持续 84 天以上 | 是 |
| 41 | 开工和误期 | 否 |
| 42.2 | 未能给出占有权 | 是 |
| 44 | 竣工期限的延长 | 否 |
| 49.3 | 修补缺陷的费用 | 是 |
| 50 | 承包商进行调查 | 否 |
| 51 | 工程变更 | 是 |
| 52.1, 52.2 | 变更的估价、工程师确定费率的权力 | 是 |
| 52.3 | 变更超过 15% | |

(续)

| 合同条款序号 | 合同条款标题 | 是否包括利润 |
|---|---|---|
| 53 | 索赔程序 | 视具体情况 |
| 59.4 | 对指定分包商的付款 | 否 |
| 60 | 付款 | 否 |
| 65 | 特殊风险 | 是 |
| 66 | 解除履约 | 见65.8 |
| 69 | 业主的违约 | 见65.8 |
| 70.1 | 费用的增加或减少 | 否 |
| 70.2 | 后续的法规 | 否 |
| 71 | 货币和汇率 | |

**2. 1999年版FIDIC合同承包商可以索赔利润的条款见表16-3。**

表16-3　1999年版FIDIC合同承包商可索赔利润条款

| 合同条款序号 | 合同条款标题 | 是否包括费用、利润？ |
|---|---|---|
| 1.9 | 延误的图纸或指示 | 费用加上合理利润 |
| 2.1 | 现场进入权 | 费用加上合理利润 |
| 4.7 | 放线 | 费用加上合理利润 |
| 4.12 | 不可预见的物质条件 | 费用，不能加上利润 |
| 4.24 | 化石 | 费用，不能加上利润 |
| 7.4 | 试验 | 费用加上合理利润 |
| 8.5 | 当局造成的延误 | 只能延长工期 |
| 8.9 | 暂停的后果 | 费用，不能加上利润 |
| 10.3 | 对竣工验收的干扰 | 费用加上合理利润 |
| 13 | 变更和调整 | 见8.4（a） |
| 13.7 | 因法律变更的调整 | 费用，不能加上利润 |
| 16.1 | 承包商暂停工作的权利 | 费用加上合理利润 |
| 17.4 | 业主风险的后果 | 费用，不能加上利润 |
| 19.4 | 不可抗力的后果 | 费用，不能加上利润 |

根据表16-2、表16-3所示，在某些条款下，承包商可以在费用（或成本）的基础上加上利润，并将其计入业主应付的款项中，但在某些条款下，承包商只能索赔费用（或成本），而不能索赔利润。

### 16.5.3 费用索赔的分类

根据产生额外费用的原因不同，承包商的费用索赔可以分为若干分项，例如因不可预见的地质条件产生的费用索赔、因变更产生的费用索赔、因延迟批复图纸产生的费用索赔、因不可抗力产生的费用索赔、因法律变更产生的费用索赔、总部管理费和利润索赔、现场管理费索赔、利息索赔、融资费用索赔等。但无论因何种原因导致了承包商有权提出费用索赔要求，承包商均需要计算因索赔事件导致的额外的人工费、机械费、材料费、工效损失费用，并加上现场管理费、总部管理费和利润以及融资费用（如有），据此，费用索赔的分类见图 16-10。

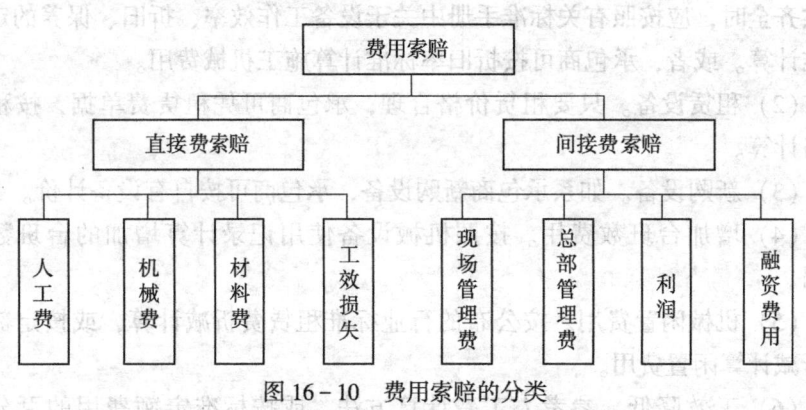

图 16-10 费用索赔的分类

### 16.5.4 费用索赔的计算

**1. 人工费**

在建筑和土木工程施工合同索赔中，因可原谅的延误而导致承包商提出人工费索赔时，承包商可就额外雇佣劳务人员、加班工作、工资上涨、人员闲置和工效降低费用提出索赔。具体计算方法如下：

（1）额外雇佣人员：承包商有权索赔的费用 = 投标时的人工单价 × 工时数。

（2）加班工作：承包商有权索赔的费用 = 加班工时 × 加班工资。在计算加班工资时，承包商应根据工程所在国有关加班工资的计算方法，计算加班工资。

（3）工资上涨：承包商有权索赔的费用 = 工资差价。

（4）计日工：承包商有权索赔的费用 = 按照计日工表中的单价计算的费用。

（5）人员闲置：承包商可按照人工费的 0.75 折算，计算人员闲置费用。承包商也可以就人员闲置问题与工程师协商，按照双方达成的折算数值计算。在大多数情况下，如发生人员闲置，承包商均会安排施工人员从事其他工作，但在施工人员转换工种进行施工时，会产生一定的工效损失，此时，承包商应做好现场记录，计算工效损失数值和费用。

**2. 机械费**

在建筑和土木工程施工合同中，在计算施工机械费时，应考虑如下不同的情况：

（1）承包商自有的施工机械设备。在这种情况下，承包商应提供详细的设备运行时间和台数、燃料消耗记录、随机操作人员工作记录等。在无法提供齐全时，应按照有关标准手册中关于设备工作效率、折旧、保养的定额标准计算。或者，承包商可按折旧率标准计算施工机械费用。

（2）租赁设备。只要租赁价格合理，承包商可凭租赁费单据，按租赁价格计算。

（3）新购设备。如系承包商新购设备，承包商可按自有设备计价。

（4）增加台班数费用。按照机械设备使用记录计算增加的台班数和费用。

（5）机械闲置费用。按公布的行业标准租赁费折减计算，或按定额标准折减计算闲置费用。

（6）工效降低。参考人工费计算方法，或按标准定额费用的百分比计算。

（7）台班费上涨。按照标准手册或有关定额取值。

（8）计日工。按照计日工表中的费率取值计算计日工施工机械费用。

**3. 材料费**

在建筑和土木工程施工索赔中，材料费索赔主要是指材料费增加费用和材料费上涨两种情况。承包商可根据具体索赔事件和情形，计算材料费增加费用和材料费上涨费用。

（1）材料费增加费用。在这种情况下，因发生了承包商有权提出费用索赔的事件，承包商施工所使用的材料用量超出了计划用量，承包商可就增加的这部分材料费用提出索赔，公式如下：

承包商有权提出的索赔费用 = 材料费增加费用 × 投标时的材料单价

（2）材料费等成本上涨费用，包括材料价格上涨、手续费增加、运费增加、仓储费增加以及合理损耗等。在发生了索赔事件时，承包商可就材料成本上涨费用提出索赔。

## 第16章 索 赔

**【案例】** 在 Sewlerlayer Ltd. 诉 Wessex District Council 案中，因工程师发出暂停令和延误签发图纸，导致承包商发生了额外费用。承包商就此提出费用索赔，费用计算单如下：

因工程师暂停令而招致的费用

| 劳务： | 费率/（人·周） | 人·周 | 金额 |
|---|---|---|---|
| 1 工头人数 | 280 | 12 | 3360 |
| 2 操作手 | 260 | 24 | 6240 |
| 3 劳务人数 | 240 | 48 | 11520 |
| 合计劳务费用： | | | 21120 |

| 设备 | 费率/周 | 周 | |
|---|---|---|---|
| 吊车 20 吨 | 900 | 12 | 10800 |
| 拔桩机 1.5 吨 | 100 | 6 | 600 |
| 打桩机 | 600 | 8 | 4800 |
| 水泵 102mm 柴油 | 60 | 12 | 720 |
| 设备费用合计： | | | 16920 |

| 材料： | 费率 | 数量 | |
|---|---|---|---|
| 钢板桩 | 450/吨 | 34 吨 | 15300 |
| 木材 | 250/m$^3$ | 12m$^3$ | 3000 |
| 材料费用合计： | | | 18300 |

| 现场管理费： | 费率/周 | 周 | 金额 |
|---|---|---|---|
| 现场工程师 | 320 | | 3840 |
| 工头 | 280 | | 3360 |
| 秘书/职员 | 300 | | 3600 |
| 茶水工/清洁工 | 220 | | 2400 |
| 办公室含服务 | 160 | | 1920 |

| 现场车间/仓库 | 250 | | 3000 |
|---|---|---|---|
| 合同保险 | 280 | | 3360 |
| 履约保函 | 160 | | 1920 |
| 每周现场管理费: | 2170 | 12 | 26040 |

小结:

| 劳务 | 21120 |
|---|---|
| 设备 | 16920 |
| 材料 | 18300 |
| 现场管理费 | 26040 |
| 现场费用总计: | 82380 |

<u>因延迟签发图纸造成的费用</u>

| 劳务: | 费率/(人·周) | 人·周 | 金额 |
|---|---|---|---|
| 1 工头人数 | 280 | 6 | 1680 |
| 2 操作手 | 260 | 6 | 1560 |
| 3 木工 | 260 | 12 | 3120 |
| 4 劳务人数 | 240 | 18 | 4230 |
| 劳务费用合计: | | | 10680 |

| 设备: | 费率/周 | 周 | |
|---|---|---|---|
| 吊车 5 吨 | 600 | 6 | 3600 |
| 水泵 102mm 柴油 | 60 | 6 | 360 |
| 设备费用合计: | | | 3960 |

| 现场管理费: | | 6 | 13020 |
|---|---|---|---|

小结:

| 劳务 | 10680 |
|---|---|
| 设备 | 3960 |

| 现场管理费 | 13020 |
| 现场费用总计: | 27660 |

承包商两项费用索赔合计：82380 + 27660 = 110240 英镑

### 4. 工效损失

在计算工效损失费用时，为了能够证明承包商因此遭受了实际的损害，承包商应慎重选择工效损失的计算方法，以便满足合同要求的和法律要求的举证责任。为此，承包商应尽可能选择现场记录分析法、工效对比法、挣值法或者取样法，而应避免采用全成本法或者修正全成本法计算工效损失。

(1) 工效对比法

工效对比法是根据现场记录，将受干扰时的工效和未受到干扰时的工效进行对比，计算分析出工效损失值，从而计算出工效损失费用的一种方法。由于这种方法采用的是现场记录，因此，这种方法较易为业主、工程师、仲裁员或者法官接受，作为工效损失的直接证据。对承包商而言，在采用这种方法时，需要承包商具有敏锐的合同观念和索赔意识，记录施工的全过程，并从记录中分析得出工效损失数值。

【案例】在某建筑施工现场，由于业主安装电气设施的原因，导致承包商塔吊吊运混凝土的工作效率降低。承包商的现场记录见表 16 – 4。

表 16 – 4  承包商施工设备工作记录

| | 第1天 | 第2天 | 第3天 | 第4天 | 第5天 | 平均值 |
|---|---|---|---|---|---|---|
| 未受干扰时的平均工效: $m^3$/小时 | 7 | 6 | 6.5 | 8 | 6 | 6.7 |
| 受干扰时的平均工效: $m^3$/小时 | 5 | 5 | 4 | 4.5 | 6 | 4.5 |

$$工效降低值 = 6.7 - 4.5 = 1.95 m^3/小时$$

单位时间内的工效损失费用 = 计划台班 × (工效降低值/预期工效) × 台班单价

假设计划台班为每天 2 班，台班单价为 500 美元，则工效损失降低费用为：

$$每天工效损失费用 = 2 × (1.95/6.7) × 500 = 291 美元/天$$

业主安装电气设施干扰承包商共 5 天的工作时间，则承包商在受干扰期间的索赔费用总额为：

$$291 美元/天 × 5 天 = 1455 美元$$

### (2) 工效系数法

工效系数法是依据现场记录，采用工时记录的方法，计算出未受干扰期间的工时和受干扰期间的工时，然后计算出工效系数（productivity factor, PF），再用工效系数乘以受干扰期间的劳动力总成本，从而得出工效损失费用的一种计算方法。与工效对比法一样，在使用这种方法时，承包商需要全程记录施工工效，并通过对比分析，得出工效系数。工效系数法的公式如下：

$$PF = \frac{\text{一定期间的计划工时}}{\text{一定期间的实际工时}}$$

式中 PF——工效系数。

按照上述公式和工时分配原则，人们可以进行工效对比分析，举例如下：

受影响或干扰期间 A 的工时和工效分析：

一定期间的实际工时为 905

一定期间的计划工时为 825

$$PF = \frac{\text{一定期间内的计划工时}}{\text{一定期间内的实际工时}} = \frac{825}{905} = 0.912$$

即每 1 个工作的工时产生 0.912 工作人工时的价值。

未受影响或正常工作期间 B 的工时和工效分析：

一定期间的实际工时为 601

一定期间的计划工时为 623

$$PF = \frac{\text{一定期间内的计划工时}}{\text{一定期间内的实际工时}} = \frac{623}{601} = 1.031$$

即每 1 个工作的人工时产生 1.031 工作工时的价值。

在受影响期间 A（与未受影响的期间 B 比较）的工效损失：

$$\frac{1.031 - 0.912}{1.031} \times 100 = 11.54\%$$

将工效损失 PF 值 11.54% 乘以受影响期间的劳动力总成本，即可得出工效损失费用索赔金额。

### 5. 现场管理费

现场管理费（site overheads）包括与实施工程没有直接关联的所有现场费用。一般而言，现场管理费包括：

（1）非生产人员的工资：包括代理、现场工程师、验工测量师、秘书、一般领班、流动性领班、设备装配工、仓库保管员、测量员、清洁工、茶水工等。

（2）办公室安置、租赁等其他费用：包括照明、供暖、卫生、电话租费、电话费用、文具费用和邮递费用等。

（3）保安：保安监控和照明。

（4）仓库、车间、厕所等的安置、租用、拆除、照明、供暖和清洁费用。

（5）现场便道的施工、维护和拆除费用。

（6）设备运到现场和离开现场的费用。

（7）合同的保险和履约保函费用。

（8）小型工具的提供和维护。

（9）生活和旅行成本和补贴。

在上述费用中，有些是与时间有关的费用（time-related），有些是以一次性的总价方式出现的。承包商在计算现场管理费用时可按照实际支出进行计算，设备部分应按照工程师承认的折旧进行分期摊销，并计算出索赔期限内的应发生的实际费用。以总价方式出现的物品，应按项目工期按月或按周进行摊销，从而计算出索赔期限内应发生的实际费用。

**6. 总部管理费**

承包商的总部管理费用（head office overheads）是现场以外（off-site）发生的费用，按照西方著名学者的解释和有关判例的诠释，目前，世界上公认的总部管理费计算公式主要有哈得逊公式（Hudson Formula）、艾姆顿公式（Emden Formula）和爱其利公式（Eichleay Formula）。

（1）哈得逊公式

$$总部管理费金额 = 总部管理费利润百分比 \times 合同总额 \times \frac{拖延工期}{合同工期}$$

西方建筑和工程业界和法学界对哈得逊公式的批评甚多，并且认为"合同总额"（contract sum）应为"合同总额减去利润和管理费用"，这样表述更为准确。

哈得逊公式是建立在一定的假设基础之上的，主要是：

① 在延误期间，承包商总部仍可从其他地方获得利润和管理费用。

② 利润和管理费百分比是一个合理的比例。

③ 在延误期间，存在同等利润水平或管理费补偿的工作。

在加拿大 Ellis-Don Ltd. 诉 The Parking Authority of Toronto（1978）案中，法官奥利瑞接受了哈得逊公式作为计算承包商总部管理费的公式，在该案中，承包商主张合同总额 3.87% 作为总部的管理费用和利润。但如果根据合同条款,承包商无权索赔相关直接损失或费用的利润时,如ICE小型工程合同条款的规定,则按照哈得逊公式计算就有可能夸大了承包商的总部管理费用。

(2) 艾姆顿公式

在《艾姆顿论建筑合同和实务》第8版中,作者提出了计算总部管理费的变通公式如下:

$$\frac{h}{100} \times \frac{c}{cp} \times pd$$

式中　$h$——承包商的总部管理费和利润总额除以总营业额而得出的总部管理费比例;

　　　$c$——合同总额;

　　　$cp$——合同工期(周);

　　　$pd$——延误期限(周)。

在艾姆顿公式中,承包商总部管理费的百分比是根据承包商整个机构的管理费得出的,因此,这个数据更为真实。但使用该公式时应给予充分的注意。有的学者认为,在ICE合同中,特别是ICE小型工程项目合同,由于承包商不能索赔利润,因此,合同总额中应扣除利润。

艾姆顿公式在 Whittall Builders 诉 Chesterle-Street DC (1987) 40 BLR 82 案中得到了认可和应用。但在 Alfred McAlpine 诉 Property and Land (1995) 76 BLR 59 案中被法官拒绝,因为在本案中,被告在当时只承担了这一个工程项目。在 Norwest Holest 诉 Co-op Wholesale Society (1997/1998) 案中,法官多顿写道:

艾姆顿公式是可以成立的,并可在确定承包商有权索赔损失和/或费用的下列情况基础上使用这个公式:

(i) 已证明了实际发生了有关损失。

(ii) 已证明了有关延误造成了承包商不能从事现有的另外一项工程项目,导致承包商无法获得管理费补偿的机会。

(iii) 延误必须与营业额的增加和管理费的补偿没有关联。

(iv) 在承包商不能获得营业额以便支付有关费用的情况下,管理费不能是在任何情况下可能发生的管理费用。

(v) 在其他地方赚取利润的因素并没有在市场上发生变化,并存在可替代的市场。

(3) 爱其利公式

在承包商计算总部管理费时,在实践中使用最为广泛的是爱其利公式。

该公式源于美国法院在爱其利公司一案。目前，在实践中广泛使用的是两个版本，第一种版本用于延误索赔，第二种版本用于工程范围的索赔。

① 延误索赔（delay claims）

在承包商因延误索赔而主张总部管理费时，其计算公式分为三步，如下：

1）合同延误期间所占总部的管理费份额 = $\dfrac{\text{合同签认金额}}{\text{合同期间内的合同总额}}$ × 合同期间期内公司管理费总额

2）日合同管理费 = $\dfrac{\text{合同延误期间所占总部的管理费份额}}{\text{施工天数}}$

3）可索赔的公司管理费总额 = 日合同管理费 × 延误天数

② 在承包商进行工程范围索赔时，可以使用爱其利公式，如下：

1）合同延误期间所占总部的管理费份额 = $\dfrac{\text{原合同直接成本}}{\text{合同期间工程直接成本总额}}$ × 原合同期间管理费总额

2）工程直接成本中每一美元成本的公司管理费 = $\dfrac{\text{合同延误期间所占总部的管理费份额}}{\text{原合同直接成本}}$

3）可索赔的公司管理费金额 = 工程直接成本中每一美元成本的公司管理费 × 工程范围的金额

哈得逊公式、艾姆顿公式和爱其利公式各有各的优势，但都存在一定的局限性。承包商在使用这些公式计算总部管理费时应予以注意，使用公式的目的只是提供一种量化的方法和手段，不同的公式也会带来不同的结果。另外，承包商还承担着举证的责任，需要提供相应的文件，如总部的资产负债表、年营业额、管理费总额等文件支持总部管理费的索赔。如合同文件中承包商提供了总部管理费的百分比，则承包商可以使用该百分比作为计算依据，但如果合同中不能体现这个数据，则如何确定一个合理的比例，如百分比是2%，还是5%或者10%，是承包商需要认真考虑和准备有关证据的严肃问题。

## 16.6 分包工程的索赔

### 16.6.1 分包工程索赔概述

FIDIC 分包合同格式 1994 年版第 11 条索赔和通知规定如下：

"11.1 在不影响第4条适用的情形下，除非分包合同另有规定，则无论何时根据主合同条件要求承包商向工程师或业主递交任何通知或其他资料或保持同期记录时，分包商应就有关分包工程以书面形式向承包商发出此类通知或其他资料及保持同期记录，以便承包商能遵守该主合同条款。分包商应花费足够的时间完成上述事项以便承包商能按时遵守主合同条款。

始终规定，假如分包商不知道或无需知道承包商要求他递交上述通知或资料或保持同期记录时，则分包商可不必遵守本款的规定。

11.2 在分包工程实施过程中，如分包商遇到了任何不利的外界障碍或外部条件或任何其他情况而由此按主合同可能进行索赔时，则在分包商遵守本款规定的情况下，承包商应采取一切合理步骤从业主（工程师）处获得可能的有关此项合同方面的利益（包括额外付款、延长工期，或二者均有）。分包商应花费足够的时间，向承包商提供所有为使承包商能就此合同方面的利益进行索赔的材料和帮助。当承包商从业主处获得任何此项合同方面的利益时，承包商应将所有情况下公平合理的那一部分转交给分包商。此处还应理解到，即：如果承包商索赔一笔额外付款，则承包商从业主处得到该笔款项应作为承包商就该索赔向分包商承担责任的先决条件。承包商应定期将他为此获得该合同的利益而采取的步骤以及他获得的利益的情况通知分包商。除本款或第7.2款中的规定外，承包商对分包商在其分包工程的施工过程中可能遇到的任何障碍、条件或情况均不负任何责任。分包商应被认为他已经清楚地了解了分包合同价格的正确性和充分性。该价格包括了分包商为履行分包合同规定的义务所提供的一切必要物品及承担一切必要工作。

始终规定，本款中的任何内容都不应阻止分包商就由于承包商的行为获违约所造成的分包工程施工的延误或其他情况而向承包商提出索赔。

11.3 如由于分包商未能遵守第11.1款而阻碍了承包商根据主合同从业主处获得与主包工程有关的任何金额的补偿，则在不影响承包商为分包商未能遵守第11.1款的行为而采取其他补救措施的情况下，承包商可从分包合同中本应支付给分包商的金额中扣除该笔款项。"

根据上述规定，分包商索赔的可分为：

（1）根据主合同的规定，由于分包工程是主合同工程的一部分，在遇到不利的外界条件或障碍时，分包商也可以按照主合同的有关规定索赔工期或费用，或者工期和费用。主包商不能剥夺分包商的这项权利。

（2）主包商对分包商的索赔，如分包商延误或造成主包商发生费用损失或损害，主包商可以根据分包合同的规定向分包商提出索赔。另外，主包商也可根据法律，向分包商索赔有关合同之外的损失和费用。

(3) 分包商对主包商的索赔，如主包商的行为或违约造成了分包商的延误或费用，则分包商有权对承包商提出索赔。除合同规定的索赔外，分包商也可根据法律规定，向主包商索赔合同之外的损失和费用。

在上述第（1）种情况下，分包商应花费足够的时间准备索赔文件和资料及帮助。承包商应帮助分包商向业主索赔工期或费用，或者工期加上费用。在这种情况下，分包商的索赔实际上与主包商的索赔是一样的，都需要遵守主合同的有关索赔规定、时间和程序。在主包商从业主处获得分包合同的利益时，应将这份利益转给分包商。

在上述第（1）种情况下，分包商能够获得索赔的工期和费用，不取决于主包商，而取决于工程师（在使用FIDIC合同第4版时），或者取决于工程师和争议裁决委员会（在使用FIDIC合同1999年版红皮书时），主包商的义务主要是转交分包商的索赔，帮助分包商争取索赔利益，但主包商不承担一定帮助分包商索赔成功的义务和责任，分包商不能以承包商未尽力为由指责或向主包商提出索赔，要求主包商赔偿其索赔利益。

在上述第（2）、第（3）种情况下，由于业主、工程师与分包商没有合同关系，因此，在发生主包商和分包商之间的相互索赔时，缺少了工程师或者争议裁决委员会介入和作出决定的机制，完全依靠主包商和分包商之间的谈判、协商，在协商不成时诉诸仲裁或法院解决。

### 16.6.2 分包工程的工期索赔

主包商在主合同项下具有向业主进行工期和费用索赔的权利，在分包合同项下，分包商也享有向主包商进行工期和费用索赔的权利。在分包合同中，主包商不能取消分包商索赔的权利，这对分包商是不公平的。

根据FIDIC合同1987年第4版第44条的规定，主包商在合同规定的某些情形下，在满足了合同确定的通知规定后有权就工期进行索赔。与此相对应，FIDIC分包合同1994年版第7.2条也规定了分包商在下述情形下有权就工期提出索赔：

(1) 在主包商得到业主就主合同项下主包工程竣工延期的情形下；
(2) 除第8.2款第（a）项外的根据第8.2款作出的任何指令；
(3) 由于主包商或他应负有责任的对分包合同的违约。

必须指出，分包商在分包合同项下的延期权利不能超过主合同中主包商享有的工期延长的权利和范围。

在上述三种情形中，第一种情形是处理和解决在关键线路上的分包工程问题，如主包商有权对延误的工程进行工期索赔，处在关键线路上的分包工程也相应享有该项权利和成果。第二种情形是处理和解决主包商在主合同项下无权进行工期索赔的事项。第三种情形是主包商构成对分包合同违约的情况，分包商当然享有工期索赔的权利。

分包商对主包商提出工期延长索赔，应严格遵守分包合同中关于索赔通知的具体时间规定和程序规定，以便主包商能够根据主合同的有关规定及时通知工程师。

分包商在提出工期索赔的情况下，还应严格遵守主合同有关工期索赔的规定、时间和程序，否则，分包商可能丧失索赔工期的权利和机会。

### 16.6.3 分包工程的费用索赔

除分包合同中的正常支付和支付其他一般性付款外，如何处理主包商在主合同中可以提出费用索赔情形下分包商的索赔权利是分包合同和工程管理中的一个难题。主包商可以提出索赔的情形如下：

（1）不可预见的现场自然障碍或条件；

（2）第20条（FIDIC1987年第4版）项下业主的风险造成的对工程的损害；

（3）业主未能充分移交现场；

（4）工程师延迟批准图纸或指示。

根据FIDIC分包合同格式第11.2条的规定，如果主包商在采取了所有合理的步骤之后仍没有得到业主就不可预见的自然障碍或自然条件支付的款项，主包商对分包商在实施分包工程过程中遇到的不可预见的自然障碍或条件不承担任何责任。

在其余的三种情形中，如果业主没有向主包商支付索赔款项，主包商对分包商也不承担相应的索赔付款责任。

在费用索赔中，应掌握如下原则，处理好分包商的索赔：

（1）主包商在主合同中享有的索赔权利，分包商也享有这些权利。

（2）分包商有权对主包商在分包合同中的违约行为进行索赔。反之，主包商也有权对分包商的违约行为进行索赔。

（3）除主包商自身违约行为外，如业主没有对主包商的索赔进行支付，主包商没有责任向分包商支付有关索赔款项。

（4）除主包商自身违反分包合同外，主包商应将分包商的索赔递交工程师和业主审查批准。工程师批准的分包商索赔是成立的，未批准的分包索赔是不成立的，主包商对此不应承担支付责任。

（5）分包商的索赔权利和索赔范围不能超越主合同中规定的主包商的

索赔权利和范围。

分包商递交费用索赔的时间限制和程序应严格按照主合同和分包合同的规定，在规定的时间，按照规定的程序进行，否则分包商就失去了索赔的权利。

## 16.7　反索赔：业主的索赔

### 16.7.1　1999年版FIDIC合同中业主向承包商索赔条款

在1987年FIDIC红皮书中，合同中没有提出业主索赔的概念，因此，在实践中，均将业主提出的索赔称为反索赔。在1999年版FIDIC合同系列中，合同中提出了业主索赔的概念，并在第2.5款规定了业主索赔的内容。根据1999年FIDIC合同的规定，业主索赔的有关条款如下：

(1) 第2.5款要求通知的条款

第7.5款：拒绝；

第7.6款：补救工程；

第8.6款：进度；

第11.3款：缺陷通知期限的延长；

第15.4款：终止后的支付。

(2) 不需要通知的条款

第4.19款：电力、供水和天然气；

第4.20款：业主的设备和免费材料；承包商要求的其他服务。

(3) 允许业主索赔和扣款的条款

第4.2款：履约担保；

第5.4款：向指定分包商支付的证据；

第9.2款：延误的试验；

第10.2款：部分工程的移交；

第11.4款：未能补救缺陷；

第11.6款：进一步试验；

第11.11款：清理现场；

第18.1款：保险的一般要求；

第18.2款：工程和承包商设备的保险。

### 16.7.2　业主索赔的程序

根据1999年版FIDIC合同第2.5款的规定，业主索赔的程序如图16 -

11 所示。

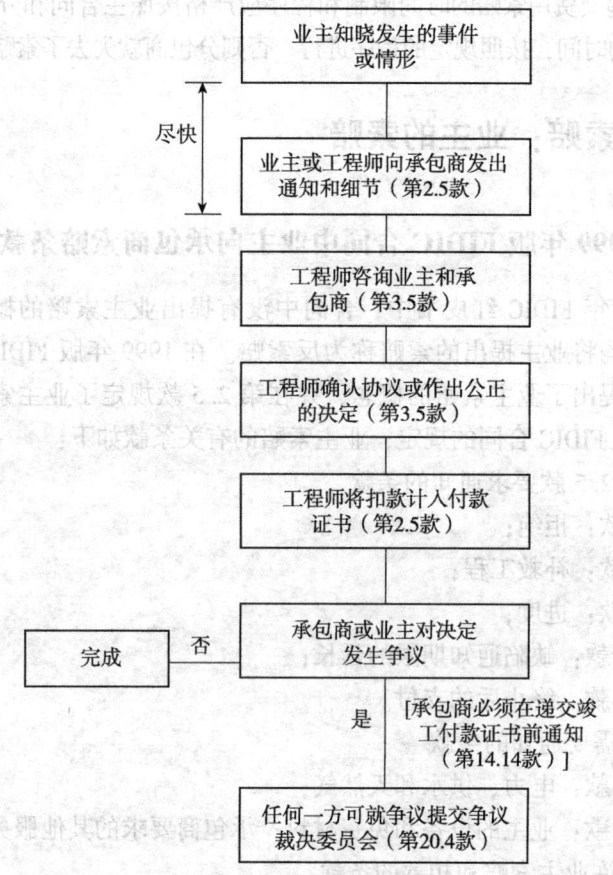

图 16-11 业主索赔程序

与承包商向业主提出索赔的要求不同，由于业主拥有抵消权，即业主可以从应付给承包商的工程价款中直接扣除索赔款项，因此，业主在提出索赔要求时，应是理由充足的、确实的、毫不含糊的。业主或工程师在提出索赔要求时，应提出所依据的合同条款，具体的计算过程等。如果承包商存有异议，承包商可将争议提交争议裁决委员会进行裁决。

## 16.8 索赔的陈述和索赔报告的编制

承包商如何陈述索赔的依据、事实、记录、工期计算和费用计算，并没有一个固定的书面格式，索赔报告的编写也没有固定格式，但总体而言，承包商的索赔文件可分为：

(1) 索赔意向通知书；
(2) 索赔详情和支持文件；
(3) 期中索赔报告和支持文件；
(4) 最终索赔报告和支持文件。

索赔意向通知书是承包商在遭受合同条款规定的索赔事件，如不利的物质条件、不可抗力、干扰、工程师延误签发图纸等时，根据合同向工程师发出的一封索赔意向的函件。这封函件的内容只是通知工程师，承包商遇到了合同规定的延误和造成费用发生的事件，不需要提供索赔的金额和工期时间，也不需要提供详细的计算和支持文件。根据 FIDIC 合同新旧版红皮书的规定，承包商应在知道或应该知道索赔事件发生之日起 28 天内向工程师发出通知，否则丧失索赔权利。

索赔详情和支持文件是在承包商向工程师发出索赔意向通知后，在合同条款要求的时间内向工程师报告索赔的详情，并随附支持文件。这份文件要求承包商需要递交详细的索赔内容，包括但并不限于索赔依据的合同条款、索赔事件发生的事实、承包商所遭受的延误或干扰的时间及计算依据、承包商所遭受的直接的损失或费用以及计算依据等。支持文件包括合同条款、同期记录、工程师的指示、图纸、计划、进度、劳务、设备资料等，只要是承包商认为这些文件、资料或数据可以支持所提出的工期延长和费用索赔即可。

期中索赔报告和支持文件是工程进展到一定进度时，承包商将零星提出的或分散提出的工期延长和费用索赔进行分类归纳总结，提出的一份具有对一个阶段索赔事件进行汇总的索赔报告。这份报告的基本要求是要叙述完整，对索赔事件进行定性和定量分析，提出承包商的明确的工期延长和费用索赔主张，具有系统性和完整性，这也是该份索赔报告与索赔详情的区别所在。

最终索赔报告和支持文件是工程竣工时，承包商将所有施工过程中发生的索赔事件、工期延长和费用索赔进行最终分类总结，按照事件的性质归类所提出的一份最终的、完整的索赔报告。最终索赔报告的要求与期中索赔报告相同。

以下是某个工程项目索赔的目录，承包商可参考这份索赔报告的体例编写索赔报告。

封面
1.0　导言（Introduction）
1.1　当事人各方（the Parties）

1.2 工程（the Works）
1.3 投标和合同价格（the Tender and the Contract Sum）
1.4 合同（the Contract）
1.5 计划（the Programme）
2.0 事实总结（Summary of Facts）
2.1 现场占有权：工程的开工和竣工（Possession of Site：Commencement and Completion of the Works）
2.2 延误和工期延长（Delay and Extension of Time）
2.3 未完工证书（Certificate of Non-completion）
2.4 直接损失和/或费用（Direct Loss and/or Expense）
2.5 支付和最终账单（Payment and Final Account）
2.6 缺陷（Defects）
3.0 索赔的基础（Basis of Claim）
4.0 索赔细节（Details of Claim）
4.1 导言（Introduction）
4.2 异常的气候条件-延误（D1）［Exceptionally Advance Weather Conditions – Delay (D1)］
4.3 第一号建筑师指示-延误（D2）［Architect's Instruction No.1 – Delay (D2)］
4.4 附加工程-延误（D3）［(Additional Works – Delay (D3)］
4.5 对直接成本金额的延迟指示-延误（D4）［Late Instruction for Expenditure of PC sum – Delay (D4)］
4.6 总结（Summary）
5.0 损失和费用的评估（Evaluation of Loss and/or Expense）
5.1 直接损失和/或费用索赔（Direct loss and/or expense claim）
5.1.1 延期（Prolongation）
5.1.2 干扰（Disruption）
5.1.3 损失和费用的融资成本（Finance charges on loss and expense）
5.1.4 编制索赔报告的成本（Costs of preparing the claim）
5.2 损失和/或费用和/或损害赔偿费总结（Summary of loss and/or expense and/or damages）
6.0 索赔声明（Statement of claim）
6.1 工期延长（Extension of time）
6.2 损失和费用和/或损害赔偿费（Loss and expense and/or damages）

6.3 保留金（Retention）
6.4 合同价格的调整（Adjustments to the contract sum）
6.5 误期损害赔偿费（Liquidated damages）
6.6 孳生的融资成本（Finance charges accruing）

# 附录16 1999年版新黄皮书业主、工程师和承包商主要义务对照表

| 条目 | 条款标题 | 业主的主要义务 | 工程师的主要义务 | 承包商的主要义务 |
| --- | --- | --- | --- | --- |
| 1 | | | 一般规定 | |
| 1.3 | 通信交流 | | （1）采用书面形式的义务<br>（2）不得无故扣压或拖延批准、证明、同意和决定 | 采用书面形式的义务 |
| 1.5 | 文件优先次序 | | 在文件出现歧义或不一致时，发出必要的澄清或指示 | |
| 1.6 | 合同协议书 | 支付印花税和签署合同协议书有关的其他费用 | | |
| 1.7 | 权益转让 | 在全部或部分转让合同时应得到承包商的同意 | | |
| 1.8 | 文件的照管和提供 | | 接受承包商提供的承包商文件 | （1）照管和提供承包商文件的义务<br>（2）通知业主承包商文件中的技术性错误或缺陷 |
| 1.9 | 业主要求中的错误 | 同意或决定因业主要求中的错误导致的承包商提出的工期延长和（或）费用索赔 | （1）按时提供图纸或指示<br>（2）根据第3.5款的规定，同意或决定工期延长或增加合同价格，包括费用和合理利润 | |
| 1.12 | 保密事项 | 遵守保密义务 | | 为证明承包商遵守合同的情况，向业主透露合理的和需要的信息 |
| 1.13 | 遵守法律 | 为永久性工程取得规划、区域划定或类似的许可的义务；取得业主要求中规定的任何其他许可的义务 | | 遵守合同适用法律的义务 |

(续)

| 条目 | 条款标题 | 业主的主要义务 | 工程师的主要义务 | 承包商的主要义务 |
|---|---|---|---|---|
| 2 | | | 业主 | |
| 2.1 | 现场进入权 | 给予承包商进入和占有现场的义务；根据合同规定的时间和方式进入任何基础、结构、设备或者选择进入手段的义务 | 根据第3.5款的规定，同意或决定工期延长或增加合同价格，包括费用和合理利润 | |
| 2.2 | 许可、执照和批准 | 协助承包商取得法律文本以及申请许可、执照或批准的义务 | | |
| 2.3 | 业主人员 | 与承包商的各项努力进行合作，遵守安全程序和环境保护要求 | | |
| 2.4 | 业主的资金安排 | 应承包商的要求，向承包商提供资金安排的合理证明 | | |
| 2.5 | 业主的索赔 | 向承包商发出业主索赔金钱和延长缺陷通知期限的通知和提供说明细节 | （1）应尽快向承包商发出业主索赔的通知，说明细节<br>（2）根据第3.5款的规定，同意或决定①业主有权得到承包商支付的金额；②延长缺陷通知期限 | |
| 3 | | | 工程师 | |
| 3.1 | 工程师的职责和义务 | 业主应任命工程师批准工程师行使某些权力 | （1）应履行合同中指派给他的任务<br>（2）无权修改合同<br>（3）可行使合同规定的或必然默示的应属于工程师的权力<br>（4）如要求，获得业主的批准 | |
| 3.2 | 工程师的委托 | | （1）书面向其助手指派和撤销委托<br>（2）不得将第3.5款规定的任何事项的权力委托他人 | |

(续)

| 条目 | 条款标题 | 业主的主要义务 | 工程师的主要义务 | 承包商的主要义务 |
|---|---|---|---|---|
| 3.3 | 工程师的指示 | | （1）按照合同规定向承包商发出指示，提供工程和修补缺陷可能需要的附加或修正图纸<br>（2）采用书面形式发出指示<br>（3）书面确认口头指示或未通过书面拒绝或进行答复 | 接受工程师或其助手发出的指示 |
| 3.4 | 工程师的替换 | 提前42天通知承包商更换工程师，并通知相关工程师的细节。在承包商反对时，业主不应雇用拟替换的工程师 | | |
| 3.5 | 决定 | 根据合同的规定，同意或决定承包商提出的索赔或者争议事项 | （1）与业主和承包商协商，尽量达成协议<br>（2）如不能达成协议，按照合同作出公正的决定<br>（3）通知业主和承包商有关决定，并附上详细依据 | 除非根据第20条的规定作出修改，否则，应遵守工程师的决定 |
| 4 | 承包商 | | | |
| 4.1 | 承包商的一般义务 | | 要求承包商提交工程施工安排和方法 | （1）按照合同设计、实施和完成工程，并修补其中的任何缺陷。工程应满足使用功能<br>（2）提供设计、施工、竣工和修补缺陷所需的所有设备、人员、材料、服务等事宜<br>（3）满足业主要求或合同默示要求的为工程的稳定、完成、安全或有效运行所需的所有工作<br>（4）提交其建议采用的施工安排和方法的细节，并执行其施工安排和方法 |
| 4.2 | 履约担保 | | | 按照专用条款规定的金额向业主提交履约担保 |
| 4.3 | 承包商代表 | | 同意或不同意承包商任命的承包商代表 | 任命承包商代表 |

(续)

| 条目 | 条款标题 | 业主的主要义务 | 工程师的主要义务 | 承包商的主要义务 |
|---|---|---|---|---|
| 4.4 | 分包商 | | | 雇用分包商,对分包工程承担责任,并将分包商的有关细节通知业主 |
| 4.5 | 指定分包商 | | | 如果没有合理的理由拒绝业主的指定,雇用指定分包商 |
| 4.6 | 合作 | | 指示承包商为现场或附近从事工作的人员提供适当的条件 | (1) 为业主人员、其他承包商和公共当局的人员提供适当的机会<br>(2) 对现场施工活动负责,并与在现场施工的其他承包商进行合作 |
| 4.7 | 放线 | | (1) 通知承包商原始基准点、基准线、基准标高<br>(2) 同意或决定工期延长和增加合同价格<br>(3) 决定①错误是否不能被合理发现,不能合理发现的程度;②与该程度相关的工期延长和费用 | 根据合同规范的规定进行放线,并修正其中的错误 |
| 4.8 | 安全程序 | | | 遵守法律和安全规则的义务 |
| 4.9 | 质量保证 | | | 建立质量保证体系的义务 |
| 4.10 | 现场数据 | 向承包商提供现场数据以及基准日期之后的此类数据 | | 核实和解释业主提供的现场数据 |
| 4.11 | 合同价格的充分性 | | | 确定合同价格的正确性和充分性 |
| 4.12 | 不可预见的物质条件 | | (1) 收到承包商的通知后,对该物质条件进行检验研究,同意或决定①此类物质条件是否不可预见,以及不可预见的程度;②与该程度有关的工期延长和费用<br>(2) 审核工程类似部分的其他物质条件是否比投标时合理预见的更为有利,如此,同意或决定费用减少金额<br>(3) 考虑承包商投标时可能提供的预见的物质条件的任何证据 | 对一切可以预见困难和完工费用承担责任 |

(续)

| 条目 | 条款标题 | 业主的主要义务 | 工程师的主要义务 | 承包商的主要义务 |
|---|---|---|---|---|
| 4.13 | 道路通行权与设施 | | | 承担道路通行权与设施的全部费用 |
| 4.14 | 避免干扰 | | | 避免对公众方便和道路造成不必要或不适当的干扰 |
| 4.15 | 进场道路 | | | 防止任何道路或桥梁因承包商的通行或承包商人员受到损坏。提供进场道路的维护，提供标志或方向指示，并承担进场道路不适用和不可用性的全部费用 |
| 4.16 | 货物运输 | | | 承担所有货物运输的费用，相应通知承包商有关运输事宜 |
| 4.17 | 承包商的设备 | | 同意或否决承包商运走设备 | 对承包商的设备负责 |
| 4.18 | 环境保护 | | | 保护环境的义务 |
| 4.19 | 电、水和燃气 | | 根据第2.5款和第3.5款同意或决定电、水和燃气费用 | 提供电、水和燃气的义务 |
| 4.20 | 业主设备和免费供应的材料 | 向承包商提供业主设备和免费材料 | | 照管和支付承包商使用的业主设备的义务 |
| 4.21 | 进度报告 | | | 提交详细的月进度报告 |
| 4.22 | 现场保安 | | | 保证现场安全的义务 |
| 4.23 | 承包商的现场作业 | | | 应将其作业限制在现场，保持现场没有一切不必要的障碍物，在业主接收之前清理现场 |
| 4.24 | 化石 | | （1）应就处理化石等物品发出指示<br>（2）根据第3.5款的规定，同意或决定工期延长和增加合同金额 | 采取适当的措施保护现场发现的化石和古物 |
| 5 | | | 设计 | |
| 5.1 | 设计义务的一般要求 | 对业主要求中的业主提供的某些数据的准确性负责 | 应确定是否应用变更规定，并相应地通知承包商 | 仔细审查业主要求，负责工程的设计，对业主要求的正确性负责 |

（续）

| 条目 | 条款标题 | 业主的主要义务 | 工程师的主要义务 | 承包商的主要义务 |
|---|---|---|---|---|
| 5.2 | 承包商文件 | | （1）审核承包商文件，指出不符合合同的内容<br>（2）通知承包商，说明是否已经批准承包商文件<br>（3）要求进一步的承包商文件 | 准备所有承包商文件，应业主的要求，递交给业主进行审核 |
| 5.3 | 承包商的承诺 | | | 根据适用的法律和合同文件，负责设计、施工和完成工程项目 |
| 5.4 | 技术标准和法规 | 如业主要求承包商遵守有关变更或新的标准、规定或其他法律，业主应着手作出变更 | 对技术标准作出变更 | 遵守有关工程的设计、施工和完成的有关的技术标准和法规 |
| 5.5 | 培训 | | | 对业主人员进行工程操作和维修培训 |
| 5.6 | 竣工文件 | | 审核竣工文件 | 准备和保存竣工文件 |
| 5.7 | 操作和维修手册 | | | 提供操作和维修手册 |
| 5.8 | 设计错误 | | | 自费对缺陷和问题进行修补和改正 |
| 6 | | | 职员和劳务 | |
| 6.1 | 职员和劳务的雇用 | | | 雇用职员和劳务的义务 |
| 6.2 | 工资标准和劳动条件 | | | 向职员和劳务支付适当的工资，并遵守当地劳动法的规定 |
| 6.3 | 为业主服务的人员 | | | 不应从业主人员中招收或试图招收职员和劳务 |
| 6.4 | 劳动法 | | | 应遵守适用于承包商人员的相关劳动法律 |
| 6.5 | 工作时间 | | 同意承包商在休息日之外工作 | 在正常工作时间内施工 |
| 6.6 | 为职员和劳务提供设施 | | | 为承包商人员和业主人员提供必要的食宿和福利设施 |
| 6.7 | 健康和安全 | | | 对职员和劳务的健康和安全采取必要的预防措施 |
| 6.8 | 承包商的监督 | | | 监督设计和施工的义务 |

(续)

| 条目 | 条款标题 | 业主的主要义务 | 工程师的主要义务 | 承包商的主要义务 |
|---|---|---|---|---|
| 6.10 | 承包商人员和设备的记录 | | 批准承包商递交的设备和人员格式 | 向业主递交人员和设备的记录 |
| 6.11 | 无序行为 | | | 避免发生无序行为 |
| 7 | 生产设备、材料和工艺 | | | |
| 7.1 | 实施方法 | | | 按照合同规定的方法、良好惯例,使用适当的设备和材料进行施工 |
| 7.2 | 样品 | | 指示承包商提供变更的附加样品 | 自费向业主递交样品,供业主审核 |
| 7.3 | 检验 | 在生产、加工和施工期间毫无延误地对材料和工艺进行检查、检验、测量和试验,并将上述工作内容通知承包商 | 及时检查、检验、测量和试验,不得无故拖延,或应立即通知承包商无需进行这些工作 | 允许业主人员检查工程 |
| 7.4 | 试验 | 提前24小时将参加试验的意图通知承包商,在业主通知试验变更时,批准承包商的试验变更费用和工期延长申请 | (1) 与业主商定试验所需的物质条件 (2) 可改变进行规定试验的位置或细节,或指示承包商进行附加的试验 (3) 根据第3.5款的规定,同意或决定工期延长和增加合同金额 | 进行规定的所有试验 |
| 7.5 | 拒收 | 将拒绝设备、材料、设计或者工艺的事项通知承包商,并提供拒绝的理由 | (1) 拒收生产设备、材料或工艺 (2) 要求对生产设备、材料或工艺进行试验 | 对业主拒收的工程,应迅速修复缺陷,并使之符合合同规定 |
| 7.6 | 修改工作 | | 指示承包商进行修补工作 | 按照业主要求进行修补工作 |
| 7.7 | 生产设备和材料的所有权 | | | 支付材料的使用费和租金 |
| 8 | 开工、延误和暂停 | | | |
| 8.1 | 工程的开工 | 提前7天向承包商发出开工日期的通知 | 应在不少于7天前向承包商发出开工日期的通知 | 在开工日期后毫不拖延地开始工厂的设计和施工 |
| 8.2 | 竣工时间 | | | 在合同规定的时间内完成整个工程(或区段工程) |

(续)

| 条目 | 条款标题 | 业主的主要义务 | 工程师的主要义务 | 承包商的主要义务 |
|---|---|---|---|---|
| 8.3 | 进度计划 | 在收到计划后的21天内，向承包商发出计划不符合合同要求的通知 | （1）在21天内向承包商发出通知，指出不符合合同要求的内容<br>（2）要求承包商提交未来事件或情况预期影响的股价，或提出建议<br>（3）向承包商发出通知，指出进度计划不符合合同要求 | 向业主递交进度计划，在发生延误或不利影响时通知业主 |
| 8.4 | 竣工时间的延长 | 同意或对承包商提出的因变更、延误或者业主造成的障碍或其他原因导致的索赔作出决定 | 应审查工期延长申请，可以增加，但不能减少总的延长时间 | |
| 8.6 | 工程进度 | | 指示承包商提交一份修订的进度计划 | 向业主递交修订的进度计划，根据业主的指示，加快施工进度 |
| 8.7 | 误期损害赔偿费 | | | 如果未能按期完工，向业主支付误期损害赔偿费 |
| 8.8 | 暂时停工 | | 可随时指定承包商暂停工程某一部分或全部的施工，并通知暂停原因 | 根据业主的指示暂停施工 |
| 8.9 | 暂停的后果 | 同意或决定承包商提出的因业主指示暂停工程导致的工期延长和（或）费用索赔（当承包商没有过错的情况下）；根据第8.10款的规定，向承包商支付材料款 | 根据第3.5款的规定，同意或决定工期延长和增加合同价格 | |
| 8.12 | 复工 | | 检查受暂停影响的工程、生产设备和材料 | |
| 9 | | | 竣工试验 | |
| 9.1 | 承包商的义务 | | （1）指示承包商进行竣工试验的时间<br>（2）在考虑竣工试验结果时，应考虑到业主对工程的使用，对工程性能和其他特性的影响 | 根据合同的要求进行竣工试验 |

第16章 索 赔 629

(续)

| 条目 | 条款标题 | 业主的主要义务 | 工程师的主要义务 | 承包商的主要义务 |
|---|---|---|---|---|
| 9.2 | 延误的试验 | 对承包商提出的因业主不当，延误竣工试验而导致的工期延长和（或）费用索赔表示同意或作出决定 | 在延误后，通知承包商进行竣工试验 | |
| 9.3 | 重新试验 | | 要求重新进行竣工试验 | 如未能通过竣工试验，重新进行未通过的试验和竣工试验 |
| 9.4 | 未能通过竣工试验 | | 有权下令重复进行竣工试验 | |
| 10 | | | 业主的接收 | |
| 10.1 | 工程和区段工程的接收 | 在工程竣工时接收工程，并向承包商颁发接收证书 | 在收到承包商的申请通知后的28天内①颁发接收证书；②拒绝申请，说明理由 | |
| 10.2 | 部分工程的接收 | | （1）颁发永久工程任何部分的接收证书<br>（2）根据第3.5款的规定，同意或决定增加费用 | |
| 10.3 | 对竣工试验的干扰 | 对承包商提出的因业主干扰竣工试验而导致的工期延长和（或）费用索赔表示同意或作出决定 | （1）在竣工试验受到干扰时颁发接收证书<br>（2）根据第3.5款的规定，同意或决定工期延长和增加合同价格 | |
| 11 | | | 缺陷责任 | |
| 11.1 | 完成扫尾工作和修补缺陷 | 通知承包商工程的内在缺陷或损害情况 | | 在颁发接收证书后完成剩余工程和修补缺陷 |
| 11.6 | 进一步试验 | 在修复缺陷或损害后，通知承包商进行其要求的重复试验 | 要求重新进行任何试验 | 在修补缺陷后，根据业主的要求进行进一步的试验 |
| 11.7 | 进入权 | 向承包商提供工程所有部分的通道，向承包商提供使用、运行的工作记录，直至颁发履约证书为止 | | |
| 11.8 | 承包商调查 | 对承包商提出的应业主要求调查缺陷而导致的费用索赔表示同意或作出决定 | （1）可要求承包商调查任何缺陷原因<br>（2）决定调查费用加合理利润 | 根据业主的指示，对造成缺陷的原因进行调查 |

（续）

| 条目 | 条款标题 | 业主的主要义务 | 工程师的主要义务 | 承包商的主要义务 |
|---|---|---|---|---|
| 11.9 | 履约证书 | 在缺陷通知期限结束后或在承包商提供的所有的文件，完成了所有的工程的试验并修复了缺陷后的28天内颁发履约证书 | 在最后一个缺陷通知期限期满后的28天内颁发履约证书 | |
| 11.10 | 未履行的义务 | 在颁发履约证书后履行所有业主应履行的其他义务 | | 负责完成当时尚未履行的任何义务 |
| 11.11 | 现场清理 | 出售或处理承包商应从现场撤走，但没有撤走的设备、材料以及临时工程等，业主可从应付给承包商的付款余额中扣除上述清理费用 | | 在收到履约证书后负责清理现场 |
| 12 | | | 竣工后试验 | |
| 12.1 | 竣工后试验的程序 | 提前21天向承包商发出进行竣工后试验的通知，并提供所有的电力、燃料、材料，准备妥当业主的人员和设备 | | 为竣工后试验提供设备、仪器和人员 |
| 12.2 | 延误的试验 | 同意或决定承包商提出的因业主的不合理延误竣工后试验而导致的索赔 | 根据第3.5款的规定确定费用和利润 | |
| 12.3 | 重新试验 | 在业主的不合理延误批准承包商使用竣工后试验通道，以致承包商无法调查竣工后试验失败的原因并进行适当的调整或修正时，如承包商提出索赔，业主应同意或决定索赔 | | 对未通过的实验进行重新试验 |
| 12.4 | 未能通过竣工后试验 | | 根据第3.5款确定费用和利润 | |
| 13 | | | 变更和调整 | |
| 13.1 | 变更权 | 取消、确认或变更业主签发的，但遭到承包商反对的指示 | （1）可通过指示或要求承包商递交建议书的方式，提出变更<br>（2）取消、确认或改变原指示 | 遵守和执行业主的变更指示 |
| 13.2 | 价值工程 | | 批复承包商递交的价值工程建议书 | |

(续)

| 条目 | 条款标题 | 业主的主要义务 | 工程师的主要义务 | 承包商的主要义务 |
|---|---|---|---|---|
| 13.3 | 变更程序 | 批准、否决或者对承包商应业主要求提出的承包商建议书作出评论同意或决定变更的合同价格的调整 | (1) 尽快对承包商提出的建议进行批准、不批准或提出意见<br>(2) 向承包商发出执行每项变更的指示 | 在发出变更指示前，应业主的要求，提交建议书 |
| 13.5 | 暂定金额 | | (1) 指示承包商全部或部分地使用暂定金额<br>(2) 要求承包商出示报价单、发票、凭证或收据 | 根据业主的指示使用暂定金额，并递交报价单、发票、凭证和收据等 |
| 13.6 | 计日工 | | 指示按计日工实施变更 | 根据业主的变更指示在日工基础上进行施工 |
| 13.7 | 因法律改变的调整 | 同意或决定承包商提出的因法律变更而导致的工期延长和（或）费用索赔 | 根据第3.5款的规定，同意或决定工期延长和增加合同价格 | |
| 13.8 | 因成本改变的调整 | | (1) 确定成本指数或参考价格<br>(2) 确定临时指数 | |
| 14 | 合同价格和付款 | | | |
| 14.1 | 合同价格 | | | 支付合同项下所有的税费 |
| 14.2 | 预付款 | 根据合同专用条款的规定，向承包商支付动员和设计的预付款 | 签发预付款的临时付款证书 | 向业主递交预付款担保 |
| 14.3 | 临时付款的申请 | | | 递交临时付款申请 |
| 14.5 | 拟用于工程的生产设备和材料 | | 确定和确认各项增加金额 | |
| 14.6 | 临时付款 | 如业主不同意承包商递交的报表，则应在收到报表后的28内通知承包商 | (1) 在收到有关报表和证明文件后的28天内，向业主发出临时付款证书<br>(2) 在临时付款证书金额低于最低付款金额时，不予签发临时付款证书，并通知承包商<br>(3) 可对任何一次付款证书金额进行改正或修改 | |

(续)

| 条目 | 条款标题 | 业主的主要义务 | 工程师的主要义务 | 承包商的主要义务 |
|---|---|---|---|---|
| 14.7 | 付款的时间安排 | 根据合同的规定，向承包商支付预付款、每一笔工程进度款和应付的最终付款 | | |
| 14.8 | 延误的付款 | 向承包商支付迟付工程款的融资费用 | | |
| 14.9 | 保留金的支付 | 向承包商支付保留金：在签发接收证书后返回50%，在缺陷通知期限届满后返回剩余的保留金 | 在颁发接收证书和缺陷责任证书时，确认将保留金支付给承包 | |
| 14.10 | 竣工报表 | 在收到承包商递交的完成任何单项工程报表后，如业主对此存有异议，应在收到报表后的28天内通知业主。如无任何异议，向承包商付款 | 确认竣工报表 | 在收到接收证书之日起的84天内递交竣工报表 |
| 14.11 | 最终付款证书的申请 | | （1）对最终报表作出决定<br>（2）应向业主报送最终报表中已同意部分的临时付款证书 | 递交最终付款申请书 |
| 14.12 | 结清证明 | | | 提交最终付款的书面证明 |
| 14.13 | 最终付款 | 向承包商支付最终付款 | （1）签发最终付款证书<br>（2）要求承包商提出最终证书申请，如承包商未能在28天内提交申请，应按公正确定的最终付款金额签发最终付款证书 | |
| 15 | | | 业主的终止 | |
| 15.1 | 通知改正 | | 通知承包商，要求在合理的时间内，纠正并补救不履约 | 在收到业主的改正通知后，在规定的合理时间内纠正并补救未能履行的义务 |
| 15.2 | 业主的终止 | 在业主有权终止合同的情况下，应至少提前14天向承包商发出终止合同的通知 | | 根据业主终止的通知，撤离现场并将所有材料等交给业主 |

(续)

| 条目 | 条款标题 | 业主的主要义务 | 工程师的主要义务 | 承包商的主要义务 |
|---|---|---|---|---|
| 15.3 | 终止日期的估价 | 在业主终止合同时,同意或决定应付给承包商的工程价款 | 根据第3.5款确定或决定工程、货物和承包商文件的价值以及承包商应得的其他款项 | |
| 15.4 | 终止后的付款 | 在业主终止合同时,向承包商支付工程款的余额 | | |
| 15.5 | 业主终止的权利 | 在因业主方便时终止合同的情况下,通知承包商,并向承包商支付所有应付款项 | | 在业主因方便终止合同时,停止施工和撤离设备 |
| 16 | | 暂停和承包商的终止 | | |
| 16.1 | 承包商暂停工作的权利 | 在发生暂停时,同意或决定承包商提出的工期延长和(或)费用索赔 | | |
| 16.3 | 停止工作和承包商设备的撤离 | | | 在承包商终止合同后,停止工作和撤离设备 |
| 16.4 | 终止时的付款 | 在终止时返还履约保函,向承包商支付应付的工程价款、费用、利润损失和损害赔偿费用 | | |
| 17 | | 风险和责任 | | |
| 17.1 | 保障 | 保障承包商免于合同规定的索赔、损害、损失和费用 | | 保障和使业主免受来自承包商的任何索赔、损害赔偿、损失和费用 |
| 17.2 | 承包商对工程的照管 | | | 负责照管工程,直至颁发接收证书为止 |
| 17.4 | 业主风险的后果 | 在发生业主风险后,同意或决定承包商提出的工期延长和(或)费用索赔 | 根据第3.5款的规定,决定工期延长和增加合同价格 | 在发生了业主风险后,通知业主,并按业主要求,修正此类损失或损害 |
| 17.5 | 知识产权和工业产权 | 保障并使承包商免受工业和知识产权侵权的损害 | | 保障并使业主免受知识产权和工业产权引起的索赔 |
| 18 | | 保险 | | |
| 18.1~18.4 | | 根据合同的规定,承担业主负责的工程保险 | | 对工程进行各种保险和支付保费 |
| 19 | | 不可抗力 | | |
| 19.2 | 不可抗力的通知 | 通知承包商不可抗力事件 | | 在发生了不可抗力事件时,向业主递交不可抗力通知 |

(续)

| 条目 | 条款标题 | 业主的主要义务 | 工程师的主要义务 | 承包商的主要义务 |
|---|---|---|---|---|
| 19.3 | 将延误减至最小的义务 | 降低不可抗力事件对工程施工的影响，在不可抗力事件对业主的影响停止时，通知承包商 | | 应尽所有合理的努力，使不可抗力对履约合同的任何延误减至最小 |
| 19.4 | 不可抗力的后果 | 同意或决定承包商提出的因不可抗力事件而导致的工期延长和费用索赔 | 根据第3.5款的规定，决定工期延长和增加合同价格 | |
| 19.6, 19.7 | 自主选择终止、付款和解除根据法律解除履约 | 在不可抗力事件造成合同终止时，向承包商支付应付的工程价款 | 确定已完工程的价值，签发付款证书 | （1）在因不可抗力终止合同后，停止施工并将设备撤离现场<br>（2）在根据法律解除合同后，停止施工并将设备撤离现场 |
| 20 | 索赔、争议和仲裁 | | | |
| 20.1 | 承包商的索赔 | 回应承包商的索赔要求，批准或否决（附评估意见）承包商提出的工期延长和（或）费用索赔 | （1）在收到索赔通知后，可检查记录保持情况，指示承包商保存进一步的同期记录<br>（2）在收到索赔报告或进一步的证明资料后的42天内，做出回应，表示同意、不批准并附上具体意见，还可要求承包商提供进一步的资料<br>（3）根据第3.5款的规定，决定工期延长和（或）增加合同价格 | 按时递交索赔通知，保留同期记录，提供细节 |
| 20.2 | 争议裁决委员会的任命 | 与承包商一起共同任命争议裁决委员会（DAB）成员；任命一名成员并获得承包商的同意；向DAB成员支付一半的报酬 | | 任命争议裁决委员会的成员，并同意第3名成员的任命 |
| 20.3 | 对争议裁决委员会未能取得一致 | 通知并抄送DAB对争议作出的决定，向DAB成员提供现场进入权<br>在DAB作出决定时，如不满，应及时发出通知 | | |
| 20.4 | 取得争议裁决委员会的决定 | 在诉诸仲裁之前，友好解决争议 | | 向争议裁决委员会递交所有与索赔有关的资料 |

(续)

| 条目 | 条款标题 | 业主的主要义务 | 工程师的主要义务 | 承包商的主要义务 |
|---|---|---|---|---|
| 20.5 | 友好解决 | 将争议诉诸仲裁,并遵守仲裁裁决 | | 在递交不满争议裁决委员会的决定通知书,并在提交仲裁前,努力以友好的方式解决争议 |
| 20.6 | 仲裁 | | | 提交国际商会进行仲裁 |

# 第 17 章 合同违约、损害赔偿、暂停和终止

> 在没有双方当事人进行严肃讨论，并试图克服问题和纠正有关情形下，终止合同是不可以援用的一项措施。
> ——布赖恩·W·托特蒂尔：《FIDIC 用户指南》

## 17.1 概述

### 17.1.1 合同履行的概念和原则

合同的履行是指合同当事人根据合同规定，完成合同项下的民事权利和义务的行为。各国法律均认为，合同当事人在订立合同之后，都有履行合同的义务，如果没有履行应尽的合同义务，违约方应承担相应的法律责任。

合同履行的原则一般可以分为全面履行和实际履行。

所谓全面履行是指当事人应按照合同的规定全面承担各自的义务，使合同的内容得以全面实现。

实际履行是指当事人只能按合同规定的标的履行，不能用其他标的代替，也不能以支付违约金或赔偿金来代替。大陆法系的多数国家和中国将实际履行作为一个重要原则，而英美法系国家把实际履行作为一种补充性的、例外的救济手段。

根据英美合同法规定，合同当事人可履行如下抗辩权：

(1) 同时履行抗辩权：即指合同当事人在无先后履行顺序时，一方在对方未履行之前，有拒绝履行自己的义务的权利。构成要件如下：

1) 须由同一双务合同互负债务。
2) 须双方互负的债务均已届清偿期。
3) 须对方未履行债务或未提出履行债务。
4) 须对方的对待给付是可能履行的。

(2) 不安抗辩权，指合同中应当先履行义务的一方当事人有证据证明后履行一方有财务状况恶化等情形，可能丧失履行能力的情况时，在后履行一方未履行其债务或者为提供担保前，有拒绝先履行自己债务的权利。不安

抗辩权构成要件如下：
1) 双方当事人因同一双务合同而互负债务。
2) 后给付义务人的履行能力明显降低，有不能给付的现实危险。

(3) 先履行抗辩权：即指双务合同的双方当事人有先后履行顺序的，在先履行一方未履行债务之前，后履行一方有拒绝其履行请求的权利。先履行抗辩权构成要件是：
1) 须双方当事人互负债务。
2) 两个债务须有先后履行顺序。
3) 先履行一方未履行或其履行不符合债务的本旨。

## 17.1.2 违约和违约救济

违约是指合同当事人不履行或者没有完全履行合同义务的行为。各国法律均规定，如果合同当事人不履行或不完全履行合同义务，应承担相应的法律责任。

在如何构成违约的问题上，大陆法系和英美法系之间存在着重要差异，主要是：

**1. 过失责任**

大陆法系以过失责任作为民事责任的基本原则，合同债务人只有当存在着可以归责于合同当事人的过失时，才承担违约责任，即当事人不履行或不完全履行合同是出于故意或过失。而英美法系则认为，只要允诺人没有履行合同的义务，即使没有任何过失，也构成违约，应承担违约的后果。

**2. 违约的形式**

关于违约形式，各国法律均根据违约的不同情况，将违约分为不同形式，并对不同形式的违约规定相应的救济措施。

(1) 英国法。英国法将合同条款分为条件条款（conditions）和担保条款（warranties），其违约形式亦分为违反条件与违反担保两种方式。所谓违反条件（breach of condition），是指违反合同的重要条款，而一方当事人不履行这种义务，另一方可以正确地认为根本没有履行合同，可以解除合同。所谓违反担保（breach of warranty），是指违反合同的次要条款或辅助条款。如果一方当事人违反了次要条款，无过错的一方只能请求损害赔偿，而不能解除合同。英国货物买卖法规定，在买卖合同中应包含卖方保证买方得以安稳地占有货物，不受任何第三人的干扰的默示担保。即使当事人在合同中没有写明，但只要双方当事人没有相反的意思，就应认为合同中包含这项默示担保。如卖方违反了这项默示担保，买方就有权要求赔偿损失。

（2）美国法。美国法将违约分为重大违约和轻微违约两类。所谓重大违约（material breach of contract）是指债务人没有履行合同或履行合同有缺陷致使债权人不能得到主要利益的违约，在这种情况下，无过错的一方可以解除合同并可要求赔偿损失。所谓轻微违约（minor breach of contract）是指当事人一方在履约中，尽管存在一些违约行为，但另一方已经从中得到这项交易的主要利益的违约，在这种情况下，无过错的一方只能请求损害赔偿，但不能拒绝履行自己的义务。

（3）德国法。德国民法典将违约分为给付不能和给付延迟。给付不能（supervening impossibility of performance）是指债务人由于种种原因不可能履行合同的义务。给付延迟（delay in performance）是指合同已届履行期，且合同是可能履行的，但债务人没有按期履行合同义务的行为。

违约的救济方法（Remedies for Breach of Contract）是指合同一方当事人的合法权利被他方侵害时，法律给予受损害方的补偿方法。各国法律在规定救济方法时有很大的不同，但主要有如下几种方式：

（1）实际履行。大陆法系国家和我国将实际履行作为违约的主要救济方式，而英美法国家没有实际履行的救济方法。

（2）损害赔偿。英美法认为合同的一切义务都是当事人所作出的允诺，只要当事人没有全部履行合同，即构成违约，并且不需要催告，即承担损害赔偿责任。大陆法系认为只有当债务人有过错并给债权人造成损害时，债权人才能向其请求损害赔偿。我国合同法规定，当事人一方不履行合同义务的或者履行合同义务不符合规定的，应当承担继续履行、采取补救措施或者赔偿损失等违约责任。

（3）解除合同（resolution of contract）。所谓解除合同是指合同当事人依约或者依法行使解除权，终止合同的权利和义务的行为。英国法规定，凡一方当事人违反合同时，另一方当事人可宣告解除合同。美国法认为只有在重大违约时，合同另一方才能解除合同。德国法规定当事人在行使合同解除权时，只需向对方表达意思通知即可。而法国法则规定需向法院提起，由法院判决。

（4）支付违约金。

## 17.1.3　情势变迁、合同落空和不可抗力

情势变迁（Changes of Circumstances）是大陆法系的概念，合同落空（Frustration of Contract）是英美法系概念，两者指的是在合同成立后，非由于当事人自身的过错，而是由于事后发生的意外情况致使当事人在订立合同

时所谋求的商业目的受到挫折，如果仍继续履行，将会产生显失公平的结果，有悖于诚实信用的原则，因此，对于未履行的合同义务，当事人得予以免除或者变更责任。英美法系认为，合同落空的后果使合同归于终止，双方义务得以自动解除。大陆法系认为情势变迁主要是免除债务人不履行义务本来应负的损害赔偿责任，合同并非当然消灭。

根据英国法，合同落空的事件有：

（1）合同标的毁灭或者已不存在；

（2）提供个人服务的合同或个人人格在合同中十分重要的合同当事人死亡或丧失行为能力；

（3）如履行，合同将是非法的；

（4）合同所依据的事实受挫；

（5）政府干预或延误。

根据英国法，合同落空的原则不适用下列情形：

（1）以不方便、费用增加、利润损失为理由的；

（2）合同中有干预事件（即不可抗力条款）的明示规定；

（3）自我造成的落空；

（4）已被预见的事件。

不可抗力（Force Majeure）是指非由当事人的主观意志决定，也非当事人能力能抗拒的客观情示。不可抗力的范围，合同当事人可以在合同中进行约定。

构成不可抗力须具备如下条件：

（1）是在合同成立后发生的；

（2）不是由于任何一方当事人的过失或疏忽而造成的；

（3）意外事故的发生是任何一方当事人不能预见、无法避免、无法预防的。

不可抗力事故包括自然原因引起的，如地震、海啸、水灾、风灾、旱灾、大雪等，另外一种是社会原因引起的，如战争、罢工、政府封锁、禁运。

FIDIC 合同 1987 年第 4 版、1999 年版红皮书、黄皮书和银皮书对不可抗力作了详尽的规定，并对其后果和补救措施作了规定。

不可抗力事故发生后的法律后果，一般均可以使当事人有解除合同或要求延迟履行合同的权利。具体须是视不可抗力的大小和持续时间决定。如不可抗力使合同的履行成为不可能，则可解除合同。如只是暂时阻碍了合同的履行，则只能延迟履行合同。

### 17.1.4 合同的让与和消灭

合同的让与合同的主体（即当事人）发生了变更，而合同客体（即标的）没有发生变更的行为。合同的让与主要是债权让与和债务承担两种。各国法律对合同的让与都有明确的规定，且允许合同当事人将现存的合同权利转让给第三方。

债权让与是指债权人将其债权转让给第三者的行为，第三者基于债权让与取代原债权人，成为新的债权人。在存在债权让与的情形下，德国和美国法律规定，让与合同的当事人就债权让与达成协议时，该让与合同即对债务人发生效力。而法国、英国则规定，债权让与合同订立后，以通知债务人时才对债务人发生效力。

债务承担是指由新债务人代替原债务人履行债务的行为。债务承担没有改变债务内容，只是变更了债务人。在债务承担合同中，由于更换了债务人，而不同债务人的履约能力不同，可能对债权人的利益造成重大影响，因此，各国法律均规定债务承担合同必须经过债权人的认可才能发生效力。

合同的消灭是指合同当事人依约或依法解除合同的权利和义务，使合同关系不复存在的行为。在英美法中称为合同消灭（Discharge of Contract），在大陆法中包含在债的消灭有关内容中。

英美法中合同消灭的方式主要有如下五种：

（1）合同因单方面依法终止而消灭；
（2）合同因双方当事人的协议而消灭；
（3）合同因依约履行而消灭；
（4）合同因当事人违约而消灭；
（5）合同被依法消灭。

合同终止或消灭时，应当通知对方，合同自通知到达当事人时解除，并且若法律、法规规定解除合同应当办理批准、登记手续的，应当遵守其规定。合同权利与义务的终止不影响合同中结算和清理条款的效力。

## 17.2 误期损害赔偿费

### 17.2.1 误期损害赔偿费的性质

根据《牛津法律词典》第 6 版，误期损害赔偿费（liquidated damages）的定义为："合同当事人事先约定的，在一方违约时应向另一方支付的一笔固定金额的款项。如果约定的金额是对可能发生的违约后果的一项公平的预先估价，则该误期损害赔偿费可以收回，但如果是罚款（penalty），则当事人不能收回。"

误期损害赔偿费与罚款的主要区别如下：

（1）根据英国法，误期损害赔偿费是一项对可能违约的一项公平的估价。而罚款是当事人任意规定的违约金额，目的在于阻止或惩罚对方违约，这种罚款往往定的很高，超出了违约所造成的损失。在 Dunlop Pnematic Tyre Co. Ltd. 诉 New Garge and Motor Co. Ltd.（1915）案中，法官在判决中写道：

"罚款的实质是支付一笔费用，作为对违约方的一种恐吓；而误期损害赔偿费的实质是一种真实的、契约化的对损失的预估金额。"

（2）根据英国法，误期损害赔偿费为法律和法院所允许，是当事人的一项合法的权利。而罚款为法律和法院所不允许的。

（3）根据英国法，误期损害赔偿费是一项强制性的，而罚款不具有强制性，法律和法院不会支持当事人之间约定的罚款。

至于双方当事人事先约定，违约时应该支付的金额是误期损害赔偿费还是罚款，法院会根据具体案情，作出法院认为适当的解释，而不在于当事人如何措辞。即使双方当事人在合同中将罚款称之为误期损害赔偿费，法院也可以根据具体情况将其定性为罚款，判决这种罚款条款为无效条款。

误期损害赔偿费与一般的损害赔偿（damages）不同，其主要区别如下：

（1）误期损害赔偿费是合同当事人事先约定的，而一般的损害赔偿是当事人违约后估价的。

（2）误期损害赔偿费是一笔固定的金额，而一般的损害赔偿是不确定的费用，须依当事人具体违约情形决定损失金额的大小。

（3）在当事人一方对误期损害赔偿费的追索时，无须提供有关遭受损失和费用的证据。而对一般损害赔偿的追索需要追索一方当事人提供有关发生了损失和费用的证据。

在建筑和工程业中，误期损害赔偿费可被定义为在竣工被延误的情况下，业主就可能遭受的损失的合理预估金额。如承包商因其自身过失造成了工程的延误，则业主可以从应付给承包商的价款中扣除该笔误期损害赔偿费。

## 17.2.2 FIDIC 合同中的误期损害赔偿费

FIDIC 合同 1987 年第 4 版第 47.1 款规定了误期损害赔偿费，如下：

"如承包商未能按照第 48 条规定的全部工程竣工期限完成整个工程，

或未能在第 43 条规定的相应时间内完成任何区段工程（如有），则承包商应向业主支付投标附录中写明的相应的金额（这笔金额是承包商为这种过失所应支付的唯一款项）作为该项违约的损害赔偿费，而不是作为自相应的竣工期限起至颁发整个工程或相应区段的移交证书之日止之间的每日或不足以一日的罚款，但上述损害赔偿费应限制在投标附录中注明的适当的限额内。在不排斥采用其他赔偿方法的前提下，业主可以从应支付或将支付给承包商的任何款项中扣除此项误期损害赔偿费。此误期损害赔偿费的支付或扣除不应解除承包商对完成该项工程的义务或合同规定的承包商的任何其他义务或责任。"

FIDIC 合同 1999 年版《施工合同条款》第 8.7 款误期损害赔偿费规定：

"如承包商未能遵守第 8.2 款［竣工时间］的规定，承包商应为其违约行为依照第 2.5 款［业主的索赔］的要求，向业主支付误期损害赔偿费。误期损害赔偿费应按投标附录中规定的每天应付的金额，以接收证书注明的日期超过相应竣工时间的天数计算。但根据本款计算的赔偿总额不得超过投标附录中规定的误期损害赔偿费的最高限额（如有）。

除在工程竣工前按照第 15.2 款［由业主终止］的规定终止的情况外，误期损害赔偿费应是承包商为此项违约应付的唯一的损害赔偿费。损害赔偿费不应解除承包商完成工程的义务，或合同规定的其可能承担的其他责任、义务或职责。"

在 FIDIC 分包合同 1994 年版的合同条款中，没有规定误期损害赔偿费条款。但在第二部分《专用条款编制指南》第 7.4 款中，提供了可供主包商和分包商选择的误期损害赔偿费范例条款，如下：

"如分包商未能按照第 7.1 款规定的分包工程的竣工期限完工，或未能在第 7.1 款规定的相应期限内完成其中任何区段（如适用），则分包商应向承包商支付在分包商的报价书附录中注明的相应金额（该金额是分包商为其过失行为应付的唯一款项），作为自分包工程的竣工期限起至分包工程或相应区段（如适用）完成，颁发移交证书之日止的每日或不足一日的损害赔偿费，而不是作为罚款。但上述损害赔偿费不应超过分包商报价书附录中注明的规定限额。在不排斥其他赔偿方法的前提下，承包商可从到期应付给分包商的其他款项中扣除此项损害赔偿费。此项赔偿费的支付或扣除不应解除分包商完成该分包工程的义务，也不应解除分包合同规定的任何其他责任和义务。"

根据上述规定，在 FIDIC 合同中，误期损害赔偿费应具有如下意义：

(1) 承包商未能在合同规定的工期内完成工程，则业主有权扣除投标附录中写明的误期损害赔偿费。如分包商未能在分包合同规定的工期内完成分包工程，则承包商有权扣除分包商报价书附录中写明的误期损害赔偿费。在承包商或分包商提出工期索赔的情况下，工程师批准的工期延长期限应不能包括在未完成合同工程的工期内。

（2）业主可以从应付给承包商的款项中扣除误期损害赔偿费，承包商也可从应付给分包商的款项中扣除误期损害赔偿费。

（3）误期损害赔偿费的支付或扣除不应解除承包商完成工程的义务，也不应解除合同规定的任何其他责任和义务。在分包合同中，承包商扣除误期损害赔偿费也不应解除分包商完成分包工程的义务，也不应解除分包合同规定的分包商的任何其他责任和义务。

业主何时有权扣除承包商的误期损害赔偿费，或者主包商何时有权扣除分包商的误期损害赔偿费，根据合同规定，只有在承包商或分包商没有在合同规定的工期内完成合同工程，且这种未能完成工程是因为承包商或分包商的原因造成的。如果由于业主的原因造成承包商不能在合同工期内完成工程，则业主无权扣除损害赔偿费。

【案例】在 Peak Construction (Liverpool) Ltd. 诉 Mckinney Foundations Ltd., Court of Appeal (1970) 1 BLR 111 案[一]中，原告为被告建筑一栋公寓楼，但工程遭受了延误，未能按期完成，但其中大部分原因是因为业主未能作出相关决定而造成的。法院判决：

（1）由于整个延误的一部分是因业主违约造成的，因此，应成立一个新的法庭以评估被告违约所造成的具体时间。

（2）就业主而言，根据主合同的规定，业主无权向原告追索任何误期损害赔偿费。业主不能追索他造成延误的那部分误期损害赔偿费。

在有些情况下，如果合同当事人没有规定误期损害赔偿费，则合同一方无权主张追索误期损害赔偿费，而只能寻求追索一般的损害赔偿费，要求违约方赔偿损失。在 Temloc Ltd. 诉 Errill Properties Ltd. (1987) 12 Con LR 109 案[二]中，双方使用的合同是 JCT80 版施工合同，双方在合同附录中的误期损害赔偿费一栏中填写的金额为"零英镑"。由于未能按时完工，第三方向业主提出了索赔。上诉法院判决：由于承包商未能按时完工，业主无权要求任何免责。

---

[一] Michael Furmston. Powell-Smith and Furmston's Building Contract Casebook. London: Blackwell Publishing Ltd. 2005: 375-378.

[二] Michael Furmston. Powell-Smith and Furmston's Building Contract Casebook. London: Blackwell Publishing Ltd. 2005: 385-387.

投标附录中的误期损害赔偿费可以采用下述方式列明：
（1）一个具体金额。
（2）一个具体的百分比。
（3）一个具体的计算公式。

对于上述三种方式，法院都不否认，或者说承认上述三种方式写明误期损害赔偿费用。

## 17.3 暂停

### 17.3.1 业主暂停的权利

在建筑和土木工程施工合同中，业主拥有暂停承包商施工的权利。1999年 FIDIC 新红皮书、新黄皮书和银皮书第 8.8 款、第 8.9 款、第 8.10 款和第 8.11 款规定了工程师暂停承包商施工的内容。

根据 1999 年 FIDIC 新红皮书第 8.8 款的规定，"工程师可以随时指示承包商暂停工程某一部分或全部的施工。在暂停期间，承包商应保护、保管和保证该部分或全部工程不致产生任何变质、损失或损害。

工程师还可通知暂停的原因。如果是已通知了原因，而且是由于承包商的责任造成的情况，则下列第 8.9、8.10 和 8.11 款应不适用。"

按照第 8.8 款，工程师可以随时签发指示，暂停承包商的施工。工程师可以通知暂停的原因，也可以不通知暂停的原因。在接到暂停施工指示后，承包商应立即停止施工，等待工程师的进一步指示。

如果承包商为执行工程师发出的暂停施工指示而遭受了工期和额外费用损失，承包商有权根据第 8.9 款的规定，提出工期延长和额外费用索赔要求。在这种情况下，承包商应遵守第 20.1 款的规定，在 28 天内向工程师发出索赔意向通知，并在 42 天内向工程师递交索赔详情。

在下列条件下，承包商有权得到尚未运到现场的生产设备和（或）材料（按暂停开始的日期时）的价值的付款：

（1）生产设备的生产和生产设备和（或）材料的交付被暂停达 28 天以上；以及

（2）承包商已按工程师的指示，标明上述生产设备和（或）材料为业主的财产。

如果第 8.8 款 ［暂时停工］所述的暂停已持续 84 天以上，承包商可以要求工程师允许继续施工。如果提出这一要求后 28 天内工程师没有给出许可，承包商可以通知工程师，将工程受暂停影响的部分视为根据第13条［变更和调整］规定的删减项目。如果暂停影响到整个工程，承包商可以根据第16.2款［由承包商终止］的规定发出终止的通知。

如果暂停没有取消，并且承包商选择将暂停的部分工程作为第13.1(d)项下的删减工程对待时，那么，应通过协议或根据第12.4款确定删减工程的价值。根据第13.1(d)款删减工程的规定，已删减工程不能由他人实施。如果暂停了整个工程，并且承包商决定根据第16.2(f)款规定发出终止合同通知，则应根据第19.6款进行支付。至于因不可抗力而终止合同，应增加利润的损失、其他损失或第16.4(c)款项下的损害费用。

在发出继续施工的许可或指示后，承包商和工程师应共同对受暂停影响的工程、生产设备和材料进行检查。承包商应负责修复在暂停期间发生的工程、生产设备或材料中的任何变质、缺陷或损失。

### 17.3.2 承包商暂停的权利

1999年FIDIC新红皮书、新黄皮书和银皮书第16.1款规定了承包商暂停施工的权利。根据第16.1款的规定，承包商有权放慢施工速度或暂停工程，如果：

(1) 业主未能提供有关第2.4款规定的资金安排的信息；或者
(2) 工程师未能按照第14.6款签发期中付款证书；或者
(3) 业主未能向承包商支付第14.7款项下到期的款项。

如果因按照本款暂停工作（或放慢工作速度），使承包商遭受延误和(或)招致增加费用，承包商应向工程师发出通知，有权根据第20.1款［承包商的索赔］的规定，要求：

1) 根据第8.4款［竣工时间的延长］的规定，如竣工已或将受到延误，对任何此类延误给予延长期；以及
2) 对任何此类费用加合理利润应计入合同价格，给予支付。

工程师收到此通知后，应按照第3.5款［决定］的规定，对这些事项进行商定或决定。

在承包商采取行动放慢施工速度或暂停工程时，不可避免地会发生额外费用和延误，并可能延误竣工时间。承包商应根据第16.1款发出通知，并遵守第8.4款和第20.1款规定的程序。工程师可根据第3.5款的规定尽力达成一致或作出决定。承包商的费用应包括复工费用和他有权得到的这些费用产生的利润。

## 17.4　合同的终止

### 17.4.1　业主终止合同

在合同一方当事人未能履行其义务、未能完成其义务或妨碍另一方履行义务等事项发生时，当事人的行为即构成分包合同项下的违约。1999年FIDIC新红皮书第15条规定了业主终止合同的程序、业主终止合同的原因以及补救措施。

无论是因承包商违约导致业主采取终止合同的行为，还是业主因方便而终止合同，终止合同的行为都是一件非常严肃的事情。对业主和承包商来说，都需要进行事前的认真讨论和谈判，在缺少双方沟通的情况下采取终止合同的措施，对任何一方都会产生严重的后果和问题。

根据1999年FIDIC合同第15.2款的规定，在下述情形下，业主有权终止合同：

"（a）未能遵守第4.2款［履约担保］的规定，或根据第15.1款［通知改正］的规定发出通知的要求；

（b）放弃工程，或明确表现出不愿意继续按照合同履行其义务的意向；

（c）无合理解释，未能：

（i）按照第8条［开工、延误和暂停］的规定进行工程；或

（ii）在收到按照第7.5款［拒收］或第7.6款［修补工作］的规定发出通知后28天内，遵守通知要求；

（d）未经必要的许可，将整个工程分包出去，或将合同转让给他人；

（e）破产或无力偿债，停业清理，已有对其财产的接管令或管理令，与债权人达成和解，或为其债权人的利益在财产接管人、受托人或管理人的监督下营业，或采取了任何行动或发生任何事件（根据有关适用法律）具有与前述行动或事件相似的效果；或

（f）（直接或间接）向任何人付给或企图付给任何贿赂、礼品、赏金、回扣或其他贵重物品，以引诱或报偿他人：

（i）采取或不采取有关合同的任何行动；或

（ii）对与合同有关的任何人做出或不做有利或不利的表示；或任何承包商人员、代理人或分包商（直接或间接）向任何人付给或企图付给本款（f）项所述的任何此类引诱物或报偿。但对给予承包商人员的合法奖励和奖偿无权终止。"

业主有权因本款列明的承包商违约或第 15.5 款规定的业主认为方便的时候终止合同。第 19.6 款也规定，如果不可抗力事件持续 84 天并对全部工程的进度造成实际影响，任何一方均可终止合同的规定。这项规定非常宽泛，也包括业主不知情或未经同意的分包商的行为。在这些情况下，要求承包商终止分包合同比终止合同更为适合。

第（a）至第（d）项规定了根据合同具体条款承包商未能履行义务的情形，包括未能履行轻微义务的情形，而对这些轻微的违约，可能需要采取非常严厉的补救措施。其他条款，如第 11.4（c）款规定的承包商未能修补缺陷的行为，业主也有权终止全部或部分合同。当这些情况发生时，业主也应遵守第 15 条规定的程序以及有关具体条款的要求。

与工程师不同，这些程序要求业主应向承包商发出一份 14 天的终止通知。这项规定给了承包商履行相关义务或与工程师或直接与业主讨论的最后机会。

第（e）至第（f）项规定了业主有权立即终止合同的承包商破产和行贿的行为。如果业主打算根据这些规定终止合同，他必须十分小心以确保掌握法律能够接受的证据。同时，业主应能够证明第（e）款规定的承包商破产或类似情形，以及要被刑事起诉的行贿行为。如果承包商予以否认并且法庭能够接受的独立证据不能支持这些指控，即使承包商认罪也是不充分的。

终止通知的内容应包括有关安全的指示和分包合同的转让，并且可以包括承包商撤离现场的其他任何指示以及工程的价值。在援用本款之前，应核实有关合同适用法律中有关终止的规定。

在分包合同中，在分包商违约的前提下，主包商也享有终止分包合同的权利。FIDIC 分包合同 1994 年版第 18.1 款规定了分包商违约的事项，如下：

（1）分包商破产、停业、解体或失去偿付能力。

（2）分包商已经否认分包合同有效。

（3）分包商无正当理由，未能按第 7.1 款开工或实施分包工程。

（4）在承包商根据本款规定作出要求分包商拆除有缺陷的材料或修补有缺陷的工作的指示后，分包商拒绝执行或忽视此类指示。

（5）分包商无视承包商的事先书面警告，固执地或公然地忽视履行分包合同规定的任何义务。

（6）分包商违反第 2.5 款，将分包工程再行分包或转包。

（7）在工程师根据主合同的规定预先通知承包商后，要求承包商将分包商从主包工程上撤出。

在 FIDIC 分包合同格式规定的违约事项中，除第（5）项外，我们可以较为容易地验证分包商的违约行为。在第（5）项中，"忽视履行分包合同规定的任何义务"，主要是指：

(1) 分包商未能遵守分包合同规定的质量义务。
(2) 分包商未能遵守分包合同规定的时间义务。
(3) 分包商未能遵守分包合同规定的技术规范。
(4) 分包商未能遵守分包合同规定的其他合同义务，并造成重大违约。

FIDIC 分包合同格式第 18.1 款规定的分包商违约事项，实质上规定的是分包商违反第 18.1 款时，主包商可以终止分包合同的情形。也就是说，除了第 18.1 款规定的分包商的重大违约事项外，主包商不能因为分包商的轻微违约而终止分包合同。

### 17.4.2 承包商终止合同

1999 年 FIDIC 新红皮书、新黄皮书和银皮书第 16.2 款规定了承包商终止合同的事项。按照第 16.2 款的规定，如出现下列情况，承包商应有权终止合同：

(a) 承包商在根据第 16.1 款［承包商暂停工作的权利］的规定，就未能遵循第 2.4 款［业主的资金安排］规定的事项发出通知后 42 天内，仍未收到合理的证据；

(b) 工程师未能在收到报表和证明文件后 56 天内发出有关的付款证书；

(c) 在第 14.7 款［付款］规定的付款时间到期后 42 天内，承包商仍未收到根据期中付款证书的应付款额（按照第 2.5 款［业主的索赔］规定的扣减部分除外）；

(d) 业主实质上未能根据合同规定履行其义务；

(e) 业主未遵守第 1.6 款［合同协议书］或第 1.7 款［权益转让］的规定；

(f) 第 8.11 款［拖长的暂停］所述的拖长的停工影响了整个工程；或

(g) 业主破产或无力偿债，停业清理，已有对其财产的接管令或管理令，与债权人达成和解，或为其债权人的利益在财产接管人、受托人或管理人的监督下营业，或采取了任何行动或发生任何事件（根据有关适用法律）具有与前述行动或事件相似的效果。

在上述任何事件或情况下，承包商可通知业主，14 天后终止合同。但在 (f) 或 (g) 项情况下，承包商可发出通知立即终止合同。

承包商做出终止合同的选择，不应影响其根据合同或其他规定所享有的其他任何权利。

第16.2款列明了承包商有权终止合同的理由，包括未能遵守第16.1款规定的要求。除非承包商在第8.11款规定的拖延的暂停发生时可立即终止合同，或者业主破产或者发生了本款第（g）项列明的问题，否则承包商必须终止合同之前发出14天的通知。在发生了第19.6款规定的拖延的不可抗力事件时，承包商也可以终止合同。

在采取行动之前，承包商必须确保他有法律接受的证据，即业主未能履行有关义务。在业主未能付款的例子中，很容易确定有关证据。但是，在第（d）项的"业主实质上未能根据合同规定履行其义务"的情况下，如果业主不同意终止合同，则很难确定有关能够使争议裁决委员会或仲裁庭满意的证据。业主方面的任何重大违约一般都可能成为往来函件的主题，并可能已经导致承包商根据合同其他条款提出索赔。

在分包合同中，与其他任何合同相同，不仅分包商可能会违约，而且主包商也可能违约。FIDIC分包合同格式只规定了分包商违约的事项，没有规定主包商违约的事项及其违约后果，这显然对分包商不太公平，也给人以偏袒主包商的嫌疑。在JCT分包合同2005年版《标准建筑分包合同》中，对分包商的违约和主包商的违约分别作了相应规定，第7.8款规定了承包商违约的违约事项，如下：

"承包商的违约

第7.8款（1）如果承包商：

1）没有任何合理的理由，完全地或实质性地暂停主合同工程的实施。

2）没有任何合理的理由，未能实施主合同工程，并导致分包合同工程受到了严重的影响。

3）未能按照分包合同的规定付款。

4）未能遵守《1994年施工（设计和管理）条例》的有关规定。"

在上述情况发生时，分包商可以终止分包合同。

FIDIC分包合同1994年版没有规定分包商终止分包合同的事项，但这并不意味着分包商不能终止分包合同。在分包合同没有明示规定分包商终止分包合同的事项时，分包商可根据当地合同法等有关法律的规定，终止分包合同。但如果分包商擅自终止合同时，则分包商应赔偿承包商的损失，而承包商可以没收分包商的保函，扣押分包商的设备和材料，因此，分包商在决定终止合同时，应慎重行事，考虑所有的可能发生的后果。

### 17.4.3 合同终止时的通知

由于终止合同是一项重大的合同行为，因此，各版 FIDIC 合同均要求业主或承包商履行一定的程序。按照 1999 年版 FIDIC 合同第 15 条的规定，在业主终止合同时，业主终止合同的程序如图 17-1 所示：

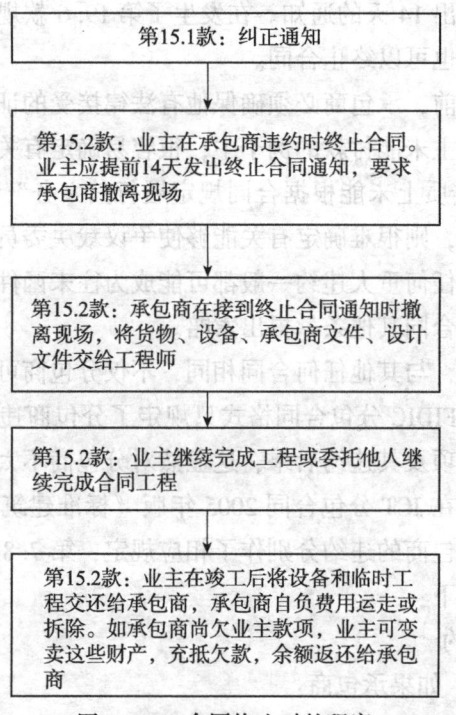

图 17-1 合同终止时的程序

在分包合同终止时，不同的分包合同规定了不同的终止分包合同的通知程序。

在 JCT 合同中，合同明示规定了有关分包商违约时的通知程序，2005 年版《标准建筑分包合同》第 7.4 款规定的主包商应予遵循的基本程序如下：

（1）分包商违反了分包合同的规定。

（2）主包商向分包商发出通知，告知分包商违约事项。

（3）在收到主包商的违约通知后，如果分包商继续违约，并达到 10 天（扣除公共假日），则承包商可以在第一次向分包商发出违约通知之日起的第 10 天或 10 天内发出通知，根据分包合同的规定终止分包合同。

（4）如果承包商没有发出上述违约通知（无论何种原因），分包商重复进行其项特定的违约行为，则在分包商重复其上述违约行为后的合理时间内，承包商可向分包商发出通知，根据分包合同的规定终止分包合同。

（5）无论主包商以何种理由终止了分包合同，在终止后的任何时间，当事人都可以根据双方达成的协议恢复分包合同的履行。但在分包商破产的情况下，主包商和分包商应根据破产法的相关规定办理分包合同的终止事宜。

在主包商违约，分包商有权终止合同时，根据 JCT 合同第 7.8 款的规定，分包商也应根据上述程序向主包商发出违约通知。

根据 FIDIC 分包合同格式第 18.1 款的规定，如果发生了分包商的违约，则"承包商可根据分包合同的规定，在通知分包商后，立即终止对分包商的雇用"。从该款的规定可以看出，与 JCT 分包合同给出 10 天期限不同，FIDIC 分包合同格式没有给予分包商任何缓冲期限，只要主包商发出分包商违约通知，通知分包商终止分包合同，就应立即终止分包合同，分包商应立即从现场撤走。

如果分包合同规定了合同终止时的通知程序时，主包商或分包商应遵守通知程序的要求，任何一方都应十分关注通知的程序。

【案例】在 Hounslow LBC 诉 Twickenham Garden Development（1971）案[一]中，由于当地发生了大规模的罢工，原告（承包商）不得不停止施工，长达 6 个月之久。在承包商复工后的几个月后，建筑师声称承包商未能正常地和勤勉地施工，除非承包商在 14 天内使工程进度有所改观，否则业主将终止合同。在建筑师发出通知的几周后，业主终止合同。承包商认为业主终止合同的行为构成了拒绝承担义务的违约责任，承包商不能接受业主终止合同的行为，因为业主是通过招标程序选择承包商实施合同工程。

法院判决：业主未能提供其遵守通知规定的事实依据。然而，关于通知形式的有效性问题，法院认为建筑师有必要根据 RIBA 合同条款第 25（1）款的规定向承包商发出违约的通知，以便提醒承包商出现了什么错误。合同条款没有要求建筑师自担风险，在其通知中清楚地说明有关违约的每一个细节。如果承包商要求说明违约的细节，但建筑师拒绝了这项要求，则可以考虑其他措施。

【案例】在 Architectural Installation Services 诉 James Gibbons Windows（1989）案[二]中，被告向原告发出信函，通知原告应遵守合同专用条款的有

---

[一] Adam Constable/Calum Lamont. Construction Claims. Coventry：RICS Books. 2007. 188-189.

[二] Adam Constable/Calum Lamont. Construction Claims. Coventry：RICS Books. 2007. 189.

关规定,在工作日内全天进行施工。在这封信函中,提到了在该信函发出之日的 11 个月后,被告则会发出终止合同通知,要求原告从现场撤走施工人员。

法院判决:虽然第一份信函中没有提及终止合同的机制以及未能遵守的后果,但第一份通知是一份有效的通知。但是,如果合同规定了终止合同时必须首先发出警告通知,然后再发出终止通知,而且合同要求需要发出这两份通知时,则任何一方当事人都应遵守合同的这项规定。

## 17.4.4 分包合同中主包商未能付款时的终止

FIDIC 分包合同 1994 年版没有明示规定分包商终止分包合同的内容,因此,分包商未能获得主包商付款时是否有权终止分包合同,需要参照有权判例和法律规定以及主合同中的有关规定和补救措施。在 FIDIC 合同 1999 年版红皮书中,如果主包商未能及时付款,则承包商可以采取索赔应付款的利息、放慢施工进度或暂停工程的方式进行补救。

在分包商根据分包合同的规定适当地履行义务的情况下,如果主包商未能根据分包合同付款的规定向分包商支付分包合同价款,由于合同或法律规定了替代性的补救措施,如暂停施工等,则主包商的未能支付分包合同价款的行为不能视为是违反了拒绝承担义务的责任。

JCT《标准建筑分包合同》第 7.8.1.3 款规定了主包商未能支付分包合同价款时,分包商有权终止分包合同的内容。如分包商以此为由终止分包合同,则应仔细检查分包合同的所有要求,包括是否给出了主包商支付合同价款的时间,是否递交了有关通知等。在分包商因主包商未能及时付款而行使终止分包合同的权利时,应确定:

(1) 分包合同价款是否已是应付款项。如果主包商对应付款项存有异议,则分包合同价款不是应付款项。

(2) 主包商没有支付分包合同应付款项,并且在分包商要求后拒绝支付,或者不愿支付分包合同的应付款项。

(3) 履行了有关通知等程序要求。

在 D. R. Bradley (Cable Jointing) Limited 诉 Jefco Mechanical Services Limited [1998] OR 1986 - D - 959 案中,分包商因未能获得付款而停止了施工。法院认为原告存在违约行为,并发现被告已经向原告发出通知,允许原告在收到通知后的 7 天内开始施工。在开工之前,双方开会讨论了付款问题,但被告拒绝支付全部应付款项。法院判决:被告拒绝付款的行为足以证明被告拒绝承担付款义务的违约义务,因此,原告有权终止合同。

在主包商未能支付分包合同价款时，分包商如何安全地行使终止权利，这是分包商在终止分包合同时需要认真仔细考虑的问题。谨慎的做法是，如果合同明示规定了未能付款的补救措施，则分包商应首先采取这些补救措施，如放慢施工进度或暂停施工，对应付款项提出利息索赔，如主包商递交了付款保函，可以提出没收付款保函的请求等，如主包商拒绝付款，可要求终止合同。

## 17.4.5 分包合同中分包商不能满足进度要求时的终止

在大多数分包合同格式中，一般都规定了分包商按照一定的进度，或者是"正常地和勤勉地"进行施工的义务（如JCT分包合同格式）。FIDIC分包合同第7.1款规定，分包商应迅速且毫不拖延地开始分包工程的施工。

不同的合同，对主包商是否可以在分包商不能正常地和勤勉地实施工程时行使终止的权利有着不同的规定，JCT分包合同明示规定分包商不能正常地和勤勉地施工，工程进度未能满足竣工要求时，主包商可以终止合同。而FIDIC分包合同并没有将工程进度与主包商终止分包合同的权利相联系。

主包商最为头疼的和最为常见的问题是分包商的进度迟缓，不能满足主合同工程的进度要求。由于分包商可以修改进度计划，可以增加资源加快施工，因此，在工程初期或中期，如果分包商的进度迟缓，主包商要想终止合同是一件异常艰难的事情。在分包商进度缓慢，可能导致主包商不能在合同规定的工期内完成工程时，主包商打算终止分包合同时，应注意如下要点：

（1）存在分包商未能正常地和勤勉的，或者迅速且毫不拖延进行分包合同施工的事实，且这项事实可能造成主合同工程不能按期完成。

（2）可能造成主合同工程不能按期完成是一项事实，是一项可以证明的事实，而不是主包商的妄断或推测。主包商如何支持这个事实，是能否终止分包合同的焦点问题。主包商应确定，即使分包商提供了充足的资源，加快了施工进度，也无法按照合同规定的工期内完成工程。

（3）分包商提出的最常见的抗辩是他可以修改进度计划，提供充足的资源，加快施工，保证在分包合同工期内完成。这种抗辩常常会使主包商处于争议和诉讼的风险之中，造成主包商犹犹豫豫，不敢承担诉讼的风险。

（4）最谨慎的做法是在分包商进度迟缓时，主包商要求分包商修改进度计划，按照修改的计划进行施工。如果再次发生延误，如尚未影响到整个工程的竣工，则可以再次修改进度计划进行施工。如又发生延误，且归责于分包商，则可以发出警告通知，要求分包商更正。如无法更改，则应发出终止通知，通知分包商终止合同。

（5）由于分包工程是主合同工程的一部分，主包商可以寻求工程师或业主的帮助，确定分包商不能按期完成分包工程的事实。

### 17.4.6 方便时的终止

与FIDIC合同1987年第4版不同，FIDIC合同1999年版红皮书第15.5款规定，业主可以在他认为方便的时候终止合同，这项新的规定是：

"15.5 业主终止的权利

业主应有权在他方便的任何时候，向承包商发出终止通知，终止合同。此项终止应在承包商收到该项通知或业主退回履约担保两者中较晚的日期后第28天生效。业主不应为了自己实施或安排另外的承包商实施工程，而依据本款终止合同。

在终止后，承包商应根据第16.3款［停止工作和承包商设备的撤离］的规定办理，并应根据第19.6款［自主选择终止、付款和解除］的规定得到付款。"

根据第15.5款的规定，1999年版红皮书赋予了业主可以任意终止合同的权利，而无论承包商是否存在违约行为，无论是轻微的还是重大的、实质性的违约。在业主任意终止合同时，根据本款的规定：

（1）业主可以在任何时间内终止合同，无论承包商是否违约，但业主应提前28天通知承包商。

（2）如果业主根据该款的规定终止合同，则不能由他人继续完成工程。

（3）承包商有权获得第16.3款和第19.6款规定的付款。

业主可以随意终止合同，这是业主的权利，但这可能与业主的利益相违背，但如果业主确实遇到了资金问题，无法继续支持工程项目的建设，业主可以根据本款的规定终止合同，但这是业主的违约行为，业主需要为此承担违约的后果，赔偿承包商的损失。虽然FIDIC合同1999年版红皮书冠以一个中性的、耐听的"方便时"终止合同的措辞，但不可否认，根据各国合同法，在不存在承包商的重大违约事项时，业主随意终止合同构成了业主的违约。

FIDIC分包合同1994年版没有规定主包商可以在方便时终止合同的条款，但根据各国合同法，合同可因一方违约或终止而消灭，但如果另一方当事人没有违约的事实，或违约尚不构成实质性的或重大的违约，一方当事人终止合同则构成了违约，应向无过错的另一方赔偿损失。在分包合同中，如果在分包商没有过错或只存在轻微违约时，如没有按合同规定及时发出通知等，主包商擅自终止合同，则主包商的行为构成违约，应赔偿分包商的损失。

## 17.4.7 终止合同的后果

终止合同并非意见简单容易的事情，它会产生一系列的法律后果，会给业主和承包商带来极大的麻烦，仲裁甚至诉讼，也会给业主和承包商带来经济利益的损失。一般而言，为了减轻终止合同所带来的后果，大多数标准格式合同中均规定终止后的估价和付款等内容，以便减少业主和承包商之间因终止合同而带来的法律纠纷。

1999年FIDIC新红皮书、新黄皮书和银皮书第15.3款规定，在根据第15.2款［由业主终止］的规定发出的终止通知生效后，工程师应尽快按照第3.5款［决定］的要求商定或决定工程、货物和承包商文件的价值，以及承包商按照合同实施的工作应得的任何其他款项。

在根据第15.2款［由业主终止］的规定发出的终止通知生效后，业主可以：

(a) 按照第2.5款［业主的索赔］的规定进行；

(b) 在确定施工、竣工和修补任何缺陷的费用、因延误竣工（如有）的损害赔偿费，以及由业主负担的全部其他费用前，暂不向承包商支付进一步款项；和/或

(c) 在根据第15.3款［终止日期时的估价］的规定答应付给承包商的任何款额后，先从承包商收回业主蒙受的任何损失和损害赔偿费，以及完成工程所需的任何额外费用。在收回任何此类损失、损害赔偿费和额外费用后，业主应将任何余额付给承包商。

第15.3款第（a）和第（b）项规定了对已被终止合同的承包商造成的有关问题的改正事项。第（a）项要求第2.5款项下的索赔应遵循第2.5款的程序。同样的，因承包商的行为引起的第（b）项下的索赔也应尽可能遵循相同的程序。

第（c）项规定的程序实施起来更为困难。如果在项目的早期终止了合同，或者在新承包商进场工作之前出现了延误，业主招致的额外费用可能是会实际发生，并可能与承包商形成争议。业主的任何此类索赔也可根据第2.5款进行。业主必须保证保存的所有记录能够证实任何此类索赔。

业主和承包商可将因终止程序而引起的争议提交争议裁决委员会解决。红皮书第20.2款的最后一段规定，在对提交的最后一项争议作出决定或者在出具的第14.12款项下的结清证明生效后，争议裁决委员会的任命期限才

会期满。第14.12款规定的结清证明将依据承包商的最终报表而定。可能直到替代的承包商完成了全部工程并且业主确定了将要发生的额外费用后，双方当事人才能对最终报表达成一致。根据黄皮书第20.2款的规定，对于特别争议裁决委员会，在对其指定的争议作出决定时，争议委员会的任命才能期满。

在分包合同中，如果承包商终止了分包合同，则承包商应按照分包合同的规定，采取有关措施。FIDIC分包合同1994年版第18.1款第2段规定：

"在发生上述情况时，在不影响承包商任何其他权利或采取补救方法的情况下，承包商可根据分包合同，在通知分包商后，立即终止对分包商的雇用。承包商随后可占有分包商带至现场的所有材料、分包商的设备及其他任何物品，并可由承包商或其他承包商将上述物品用于施工和完成分包工程以及修补其中的任何缺陷。如承包商认为适当，他可将上述全部或部分物品出售，并将所得收入用于补偿分包商应支付给承包商的款项"。

上述规定明确了在分包商违约时，主包商可以采取的如下措施：

（1）扣留、占有和使用分包商带至现场的设备、材料和其他物品，用于施工和完成分包商工程以及修补缺陷。

（2）变卖分包商的设备、材料和其他物品，补偿主包商的损失。

除FIDIC分包合同规定的上述补救措施外，主包商还可以：

（1）没收分包商的履约保函。

（2）如果在支付了分包商的预付款后，尚未从工程款中扣清分包工程预付款，则主包商可没收分包商提供的预付款保函。

（3）根据法律规定，追索一般性的损害赔偿费。

由此可见，在因分包商违约而造成分包合同终止时，分包商会因此遭受巨大的损失。FIDIC分包合同中如此规定的理由是为了保护主包商的利益，与FIDIC合同1987年第4版和1999年版中保护业主利益的规定是一致的。

在因主包商违约导致分包合同终止时，分包商并不能享有FIDIC分包合同第18.1款第2段赋予的权利，不能扣留、占有主包商的设备、材料和其他物品，如打算就主包商的设备、材料和其他物品采取保全措施，需要到法院申请财产保全，在得到法院许可后，方能由法院执行财产保全。因此，在主包商违约造成终止分包合同时，分包商只能诉诸仲裁或法院解决，追索一般性的损害赔偿，要求主包商赔偿其经济损失。

FIDIC分包合同的上述规定适用于主包商终止整个分包合同的情形。在大型工程项目中，特别是在分包商是当地政府指定的或提名的，分包商又承担了一定比例的工程时，主包商终止部分分包合同，接管部分分包工程的情况也是时有发生的。在主包商部分接管分包工程的情况下，无论是主包商自己实施，还是交由其他分包商实施，都会面临材料的估价问题。在部分接管分包工程的情况下，主包商与分包商应划清责任、界限和时间，如下：

(1) 在单价合同中，应按分包商完成的并经工程师计量的工程数量，按照合同规定的费率和价格结算，支付给分包商。

(2) 在总价合同中，如无需计量，则主包商应按照分包工程占主合同的比例，按分包商实际完成的工作内容，支付给分包商。

(3) 对于只能用于主包商接管的分包工程的，且不能用于其他工程内容的材料，按照分包商购买价格支付，也可按主包商和分包商协议价格，由主包商支付给分包商。

(4) 分包商将其人员、设备、材料以及其他物品，按照主包商和分包商商定的时间撤出现场。

(5) 主包商和分包商应就临时工程的使用、费用达成一致，如主包商继续使用分包商的临时工程，则应支付给分包商相应费用。如无法使用，则分包商应自费拆除。

在部分接管分包工程时，主包商应保留追索其受到的损失的权利，也可行使没收履约保函等措施，保护自己的利益。

无论何种原因，如果业主终止了主合同，在分包商全面履行分包合同规定的义务之前，主包商应立即通知分包商，终止对分包商的雇用。在接到此项通知后，分包商应尽快将其人员和设备撤离现场。

根据 FIDIC 分包合同 1994 年版第 17.2 款的规定，如果发生了业主终止主合同，相应导致分包合同终止时，主包商应在扣除已支付给分包商的部分工程款项后，向分包商支付下述费用：

(1) 按分包合同规定的费率和价格（如有），在分包合同终止日期前完成的全部工作的费用，如果没有此类费率或价格，则应支付公平合理的款项。

(2) 由分包商适当地运抵现场并留在现场的所有材料的费用，以及将设备撤离现场的费用。

(3) 分包商人员的遣返费。

(4) 为随后安装到分包工程上且在现场外已经适当地准备或制作的任何物品的费用，但分包商应将此类物品运至现场或承包商合理指定的其他地方。

如果因分包商违反分包合同而导致业主终止主合同，则不应使用上述付款规定。在这种情况下，主包商应根据分包合同有关终止的规定，追索损害赔偿费用，要求分包商赔偿损害。

## 附录17　1999年版FIDIC银皮书业主和承包商主要义务对照表

| 条目 | 条款标题 | 业主的主要义务 | 承包商的主要义务 |
|---|---|---|---|
| 1 | 一般规定 | | |
| 1.6 | 合同协议书 | 支付印花税和签署合同协议书有关的其他费用 | |
| 1.7 | 权益转让 | 在全部或部分转让合同时应得到承包商的同意 | |
| 1.8 | 文件的照管和提供 | | （1）照管和提供承包商文件的义务<br>（2）通知业主承包商文件中的技术性错误或缺陷 |
| 1.9 | 保密 | 对合同内容的保密义务 | 对合同文件承担保密义务 |
| 1.12 | 保密事项 | | 为证明承包商遵守合同的情况，向业主透露合理的和需要的信息 |
| 1.13 | 遵守法律 | 为永久性工程取得规划、区域划定或类似的许可的义务；取得业主要求中规定的任何其他许可的义务 | 遵守合同适用法律的义务 |
| 2 | 业主 | | |
| 2.1 | 现场进入权 | 给予承包商进入和占有现场的义务；根据合同规定的时间和方式进入任何基础、结构、设备或者选择进入手段的义务 | |
| 2.2 | 许可、执照和批准 | 协助承包商取得法律文本以及申请许可、执照或批准的义务 | |
| 2.3 | 业主人员 | 与承包商的各项努力进行合作，遵守安全程序和环境保护要求 | |
| 2.4 | 业主的资金安排 | 应承包商的要求，向承包商提供资金安排的合理证明 | |
| 2.5 | 业主的索赔 | 向承包商发出业主索赔金钱和延长缺陷通知期限的通知和提供说明细节 | |
| 3 | 业主的管理 | | |
| 3.4 | 指示 | | 接受业主、业主代表或其助手发出的指示 |
| 3.5 | 决定 | 根据合同的规定，同意或决定承包商提出的索赔或者争议事项 | |

(续)

| 条目 | 条款标题 | 业主的主要义务 | 承包商的主要义务 |
|---|---|---|---|
| 4 | | | 承包商 |
| 4.1 | 承包商的一般义务 | | (1) 按照合同设计、实施和完成工程，比修补其中的任何缺陷。工程应满足使用功能<br>(2) 提供设计、施工、竣工和修补缺陷所需的所有设备、人员、材料、服务等事宜<br>(3) 满足业主要求或合同默示要求的为工程的稳定、完成、安全或有效运行所需的所有工作<br>(4) 提交其建议采用的施工安排和方法的细节，并执行其施工安排和方法 |
| 4.2 | 履约担保 | | 按照专用条款规定的金额向业主提交履约担保 |
| 4.3 | 承包商代表 | | 任命承包商代表 |
| 4.4 | 分包商 | | 雇用分包商，对分包工程承担责任，并将分包商的有关细节通知业主 |
| 4.5 | 指定分包商 | | 如果没有合理的理由拒绝业主的指定，雇用指定分包商 |
| 4.6 | 合作 | | (1) 为业主人员、其他承包商和公共当局的人员提供适当的机会<br>(2) 对现场施工活动负责，并与在现场施工的其他承包商进行合作 |
| 4.7 | 放线 | | 根据合同规范的规定进行放线，并修正其中的错误 |
| 4.8 | 安全程序 | | 遵守法律和安全规则的义务 |
| 4.9 | 质量保证 | | 建立质量保证体系的义务 |
| 4.10 | 现场数据 | 向承包商提供现场数据以及基准日期之后的此类数据 | 核实和解释业主提供的现场数据 |
| 4.11 | 合同价格的充分性 | | 确定合同价格的正确性和充分性 |
| 4.12 | 不可预见的困难 | | 对一切可以预见困难和完工费用承担责任 |
| 4.13 | 道路通行权与设施 | | 承担道路通行权与设施的全部费用 |
| 4.14 | 避免干扰 | | 避免对公众方便和道路造成不必要或不适当的干扰 |
| 4.15 | 进场道路 | | 防止任何道路或桥梁因承包商的通行或承包商人员受到损坏。提供进场道路的维护，提供标志或方向指示，并承担进场道路不适用和不可用性的全部费用 |

(续)

| 条目 | 条款标题 | 业主的主要义务 | 承包商的主要义务 |
|---|---|---|---|
| 4.16 | 货物运输 | | 承担所有货物运输的费用,相应通知承包商有关运输事宜 |
| 4.17 | 承包商设备 | | 对承包商的设备负责 |
| 4.18 | 环境保护 | | 保护环境的义务 |
| 4.19 | 电、水和燃气 | | 提供电、水和燃气的义务 |
| 4.20 | 业主设备和免费供应的材料 | 向承包商提供业主设备和免费材料 | 照管和支付承包商使用的业主设备的义务 |
| 4.21 | 进度报告 | | 提交详细的月进度报告 |
| 4.22 | 现场保安 | | 保证现场安全的义务 |
| 4.23 | 承包商的现场作业 | | 应将其作业限制在现场,保持现场没有一切不必要的障碍物,在业主接收之前清理现场 |
| 4.24 | 化石 | | 采取适当的措施保护现场发现的化石和古物 |
| 5 | | 设计 | |
| 5.1 | 设计义务的一般要求 | 对业主要求中的业主提供的某些数据的准确性负责 | 仔细审查业主要求,负责工程的设计,对业主要求的正确性负责 |
| 5.2 | 承包商文件 | | 准备所有承包商文件,应业主的要求,递交给业主进行审核 |
| 5.4 | 技术标准和法规 | 如业主要求承包商遵守有关变更或新的标准、规定或其他法律,业主应着手作出变更 | 遵守有关工程的设计、施工和完成的有关的技术标准和法规 |
| 5.5 | 培训 | | 对业主人员进行工程操作和维修培训 |
| 5.6 | 竣工文件 | | 准备和保存竣工文件 |
| 5.7 | 操作和维修手册 | | 提供操作和维修手册 |
| 5.8 | 设计错误 | | 自费对缺陷和问题进行修补和改正 |
| 6 | | 职员和劳务 | |
| 6.1 | 职员和劳务的雇用 | | 雇用职员和劳务的义务 |
| 6.2 | 工资标准和劳动条件 | | 向职员和劳务支付适当的工资,并遵守当地劳动法的规定 |
| 6.3 | 为业主服务的人员 | | 不应从业主人员中招收或试图招收职员和劳务 |
| 6.4 | 劳动法 | | 应遵守适用于承包商人员的相关劳动法律 |

(续)

| 条目 | 条款标题 | 业主的主要义务 | 承包商的主要义务 |
|---|---|---|---|
| 6.5 | 工作时间 | | 在正常工作时间内施工 |
| 6.6 | 为职员和劳务提供设施 | | 为承包商人员和业主人员提供必要的食宿和福利设施 |
| 6.7 | 健康和安全 | | 对职员和劳务的健康和安全采取必要的预防措施 |
| 6.8 | 承包商的监督 | | 监督设计和施工的义务 |
| 6.10 | 承包商人员和设备的记录 | | 向业主递交人员和设备的记录 |
| 6.11 | 无序行为 | | 避免发生无序行为 |
| 7 | | 设备、材料和工艺 | |
| 7.1 | 实施方法 | | 按照合同规定的方法、良好惯例,使用适当的设备和材料进行施工 |
| 7.2 | 样品 | | 自费向业主递交样品,供业主审核 |
| 7.3 | 检验 | 在生产、加工和施工期间毫无延误地对材料和工艺进行检查、检验、测量和试验,并将上述工作内容通知承包商 | 允许业主人员检查工程 |
| 7.4 | 试验 | 提前24小时将参加试验的意图通知承包商,在业主通知试验变更时,批准承包商的试验变更费用和工期延长申请 | 进行规定的所有试验 |
| 7.5 | 拒收 | 将拒绝设备、材料、设计或者工艺的事项通知承包商,并提供拒绝的理由 | 对业主拒收的工程,应迅速修复缺陷,并使之符合合同规定 |
| 7.6 | 修补工作 | | 按照业主要求进行修补工作 |
| 7.7 | 生产设备和材料的所有权 | | 支付材料的使用费和租金 |
| 8 | | 开工、延误和暂停 | |
| 8.1 | 工程的开工 | 提前7天向承包商发出开工日期的通知 | 在开工日期后毫不拖延地开始工厂的设计和施工 |
| 8.2 | 竣工时间 | | 在合同规定的时间内完成整个工程(或区段工程) |
| 8.3 | 进度计划 | 在收到计划后的21天内,向承包商发出计划不符合合同要求的通知 | 向业主递交进度计划,在发生延误或不利影响时通知业主 |
| 8.4 | 竣工时间的延长 | 同意或对承包商提出的因变更、延误或者业主造成的障碍或其他原因导致的索赔作出决定 | |

(续)

| 条目 | 条款标题 | 业主的主要义务 | 承包商的主要义务 |
|---|---|---|---|
| 8.6 | 工程进度 |  | 向业主递交修订的进度计划,根据业主的指示,加快施工进度 |
| 8.7 | 误期损害赔偿费 |  | 如果未能按期完工,向业主支付误期损害赔偿费 |
| 8.8 | 暂时停工 |  | 根据业主的指示暂停施工 |
| 8.9 | 暂停的后果 | 同意或决定承包商提出的因业主指示暂停工程导致的工期延长和(或)费用索赔(当承包商没有过错的情况下);根据第8.10款的规定,向承包商支付材料款 |  |
| 9 | 竣工试验 | | |
| 9.1 | 承包商的义务 |  | 根据合同的要求进行竣工试验 |
| 9.2 | 延误的试验 | 对承包商提出的因业主不当延误竣工试验而导致的工期延长和(或)费用索赔表示同意或作出决定 |  |
| 9.3 | 重新试验 |  | 如未能通过竣工试验,重新进行未通过的试验和竣工试验 |
| 10 | 业主的接收 | | |
| 10.1 | 工程和区段工程的接收 | 在工程竣工时接收工程,并向承包商颁发接收证书 |  |
| 10.3 | 对竣工试验的干扰 | 对承包商提出的因业主干扰竣工试验而导致的工期延长和(或)费用索赔表示同意或作出决定 |  |
| 11 | 缺陷责任 | | |
| 11.1 | 完成扫尾工作和修补缺陷 | 通知承包商工程的内在缺陷或损害情况 | 在颁发接收证书后完成剩余工程和修补缺陷 |
| 11.6 | 进一步试验 | 在修复缺陷或损害后,通知承包商进行其要求的重复试验 | 在修补缺陷后,根据业主的要求进行进一步的试验 |
| 11.7 | 进入权 | 向承包商提供工程所有部分的通道,向承包商提供使用、运行的工作记录,直至颁发履约证书为止 |  |
| 11.8 | 承包商调查 | 对承包商提出的应业主要求调查缺陷而导致的费用索赔表示同意或作出决定 | 根据业主的指示,对造成缺陷的原因进行调查 |
| 11.9 | 履约证书 | 在缺陷通知期限结束后或在承包商提供的所有的文件,完成了所有的工程的试验并修复了缺陷后的28天内颁发履约证书 |  |

(续)

| 条目 | 条款标题 | 业主的主要义务 | 承包商的主要义务 |
|---|---|---|---|
| 11.10 | 未履行的义务 | 在颁发履约证书后履行所有业主应履行的其他义务 | 负责完成当时尚未履行的任何义务 |
| 11.11 | 现场清理 | 出售或处理承包商应从现场撤走,但没有撤走的设备、材料以及临时工程等,业主可从应付给承包商的付款余额中扣除上述清理费用 | 在收到履约证书后负责清理现场 |
| 12 | | 竣工后试验 | |
| 12.1 | 竣工后试验的程序 | 提前21天向承包商发出进行竣工后试验的通知,并提供所有的电力、燃料、材料,准备妥当业主的人员和设备 | 为竣工后试验提供设备、仪器和人员 |
| 12.2 | 延误的试验 | 同意或决定承包商提出的因业主的不合理延误竣工后试验而导致的索赔 | |
| 12.3 | 重新试验 | 在业主的不合理延误允许承包商使用竣工后试验通道,以致承包商无法调查竣工后试验失败的原因并进行适当的调整或修正时,如承包商提出索赔,业主应同意或决定索赔 | 对未通过的实验进行重新试验 |
| 13 | | 变更和调整 | |
| 13.1 | 变更权 | 取消、确认或变更业主签发的,但遭到承包商反对的指示 | 遵守和执行业主的变更指示 |
| 13.3 | 变更程序 | 批准、否决或者对承包商应业主要求提出的承包商建议书作出评论同意或决定变更的合同价格的调整 | 在发出变更指示前,应业主的要求,提交建议书 |
| 13.5 | 暂定金额 | | 根据业主的指示使用暂定金额,并递交报价单、发票、凭证和收据等 |
| 13.6 | 计日工 | | 根据业主的变更指示在日工基础上进行施工 |
| 13.7 | 因法律改变的调整 | 同意或决定承包商提出的因法律变更而导致的工期延长和(或)费用索赔 | |
| 14 | | 合同价格和付款 | |
| 14.1 | 合同价格 | | 支付合同项下所有的税费 |
| 14.2 | 预付款 | 根据合同专用条款的规定,向承包商支付动员和设计的预付款 | 向业主递交预付款担保 |
| 14.3 | 临时付款的申请 | | 递交临时付款申请 |
| 14.6 | 临时付款 | 如业主不同意承包商递交的报表,则应在收到报表后的28内通知承包商 | |

(续)

| 条目 | 条款标题 | 业主的主要义务 | 承包商的主要义务 |
|---|---|---|---|
| 14.7 | 付款的时间安排 | 根据合同的规定，向承包商支付预付款、每一笔工程进度款和应付的最终付款 | |
| 14.8 | 延误的付款 | 向承包商支付迟付工程款的融资费用 | |
| 14.9 | 保留金的支付 | 向承包商支付保留金：在签发接收证书后返回50%，在缺陷通知期限届满后返回剩余的保留金 | |
| 14.10 | 竣工报表 | 在收到承包商递交的完成任何单项工程报表后，如业主对此存有异议，应在收到报表后的28天内通知业主。如无任何异议，应向承包商付款 | |
| 14.11 | 最终付款的申请 | | 递交最终付款申请书 |
| 14.12 | 结清证明 | | 提交最终付款的书面证明 |
| 14.13 | 最终付款 | 向承包商支付最终付款 | |
| 15 | | 业主的终止 | |
| 15.1 | 通知改正 | | 在收到业主的改正通知后，在规定的合理时间内纠正并补救未能履行的义务 |
| 15.2 | 业主的终止 | 在业主有权终止合同的情况下，应至少提前14天向承包商发出终止合同的通知 | 根据业主终止的通知，撤离现场并将所有材料等交给业主 |
| 15.3 | 终止日期的估价 | 在业主终止合同时，同意或决定应付给承包商的工程价款 | |
| 15.4 | 终止后的付款 | 在业主终止合同时，向承包商支付工程款的余额 | |
| 15.5 | 业主终止的权利 | 在因业主方便时终止合同的情况下，通知承包商，并向承包商支付所有应付款项 | 在业主因方便终止合同时，停止施工和撤离设备 |
| 16 | | 暂停和承包商的终止 | |
| 16.1 | 承包商暂停工作的权利 | 在发生暂停时，同意或决定承包商提出的工期延长和（或）费用索赔 | |
| 16.3 | 停止工作和承包商设备的撤离 | | 在承包商终止合同后，停止工作和撤离设备 |
| 16.4 | 终止时的付款 | 在终止时返还履约保函，向承包商支付应付的工程价款、费用、利润损失和损害赔偿费用 | |
| 17 | | 风险和责任 | |
| 17.1 | 保障 | 保障承包商免于合同规定的索赔、损害、损失和费用 | 保障和使业主免受来自承包商的任何索赔、损害赔偿、损失和费用 |

## 第17章　合同违约、损害赔偿、暂停和终止

（续）

| 条目 | 条款标题 | 业主的主要义务 | 承包商的主要义务 |
|---|---|---|---|
| 17.2 | 承包商对工程的照管 | | 负责照管工程，直至颁发接收证书为止 |
| 17.4 | 业主风险的后果 | 在发生业主风险后，同意或决定承包商提出的工期延长和（或）费用索赔 | 在发生了业主风险后，通知业主，并按业主要求，修正此类损失或损害 |
| 17.5 | 知识产权和工业产权 | 保障并使承包商免受工业和知识产权侵权的损害 | 保障并使业主免受知识产权和工业产权引起的索赔 |
| 18 | | 保险 | |
| 18.1~18.4 | | 根据合同的规定，承担业主负责的工程保险 | 对工程进行各种保险和支付保费 |
| 19 | | 不可抗力 | |
| 19.2 | 不可抗力的通知 | 通知承包商不可抗力事件 | 在发生了不可抗力事件时，向业主递交不可抗力通知 |
| 19.3 | 将延误减至最小的义务 | 降低不可抗力事件对工程施工的影响，在不可抗力事件对业主的影响停止时，通知承包商 | 应尽所有合理的努力，使不可抗力对履约合同的任何延误减至最小 |
| 19.4 | 不可抗力的后果 | 同意或决定承包商提出的因不可抗力事件而导致的工期延长和费用索赔 | |
| 19.6,19.7 | 自主选择终止、付款和解除根据法律解除履约 | 在不可抗力事件造成合同终止时，向承包商支付应付的工程价款 | （1）在因不可抗力终止合同后，停止施工并将设备撤离现场（2）在根据法律解除合同后，停止施工并将设备撤离现场 |
| 20 | | 索赔、争议和仲裁 | |
| 20.1 | 承包商的索赔 | 回应承包商的索赔要求，批准或否决（附评估意见）承包商提出的工期延长和（或）费用索赔 | 按时递交索赔通知，保留同期记录，提供细节 |
| 20.2 | 争议裁决委员会的任命 | 与承包商一起共同任命争议裁决委员会（DAB）成员；任命一名成员并获得承包商的同意；向DAB成员支付一半的报酬 | 任命争议裁决委员会的成员，并同意第3名成员的任命 |
| 20.3 | 对争议裁决委员会未能取得一致 | 通知并抄送DAB对争议作出的决定，向DAB成员提供现场进入权在DAB作出决定时，如不满，应及时发出通知 | |
| 20.4 | 取得争议裁决委员会的决定 | 在诉诸仲裁之前，友好解决争议 | 向争议裁决委员会递交所有与索赔有关的资料 |
| 20.5 | 友好解决 | 将争议诉诸仲裁，并遵守仲裁裁决 | 在递交不满争议裁决委员会的决定通知书，并在提交仲裁前，努力以友好的方式解决争议 |
| 20.6 | 仲裁 | | 提交国际商会进行仲裁 |

# 第 18 章　争议的解决

诉讼不如仲裁，仲裁不如调解，而调解又不如预先防止发生法律纠纷。

—— 施米托夫：《出口贸易》

## 18.1　争议解决方式的选择

### 18.1.1　合同当事人选择的权利

按照契约自由的原则，在商务合同中，如买卖合同、货物销售合同、工程建设合同、保险合同、运输合同等商业交易合同，合同当事人享有选择解决争议方式的权利，即合同当事人可以选择以友好协商、调解、调停、仲裁或诉诸法院和以诉讼的方式解决合同双方之间发生的争议。

在合同当事人可以选择解决争议的方式中，友好协商、调解、调停方式属于非诉讼解决方式（alternative dispute resolution，ADR），而仲裁和诉讼方式解决争议属于以诉讼方式解决争议的手段。

在通过非诉讼解决方式解决争议时，双方当事人所作出的决定或解决争议的决定，第三人斡旋而作出的决定或和解协议，调解或调停协议书没有法律的约束力，合同当事人可以在达成一致或协议的情况下反悔或推翻有关决定或协议，可将双方的争议提交仲裁和法院解决。而仲裁裁决和法院判决具有强制性，一俟仲裁庭作出裁决，则裁决是最终的，双方当事人必须予以执行。在诉诸法院解决争议时，在一审法院作出判决后，如果双方当事人没有上诉，则法院判决具有强制力。如合同当事人一方或双方不服一审判决而提出上诉时，终审法院的判决也具有强制力，合同当事人必须予以执行。

在当事人只选择非诉讼解决方式的情况下（这种情况很少发生），如合同当事人反悔或推翻达成的和解协议，则双方当事人仍有权选择通过达成仲裁协议的方式，将争议提交仲裁解决。双方当事人也可以将争议诉诸有管辖权的法院，通过法院解决争议。根据仲裁原则和各国实践，在当事人通过有效的仲裁条款或仲裁协议达成将争议提交仲裁后，当事人则丧失了通过法院解决争议的权利，除非某国法律允许当事人不服仲裁裁决，可将仲裁提交法院解决。另一方面，如果当事人同意将争议提交法院解决时，合同双方就不能将争议提交仲裁解决，这是因为仲裁是民间组织的一种民间活动和行为，而法院则是国家权力赋予的一种具有强制力的执法机构。

因此，虽然合同当事人享有选择解决争议方式的自由，但这项自由受到了非诉讼和诉讼方式自身的限制和制约。为充分享有这份自由，合同当事人应遵守友好解决、调解、调停、仲裁和诉讼的规则和程序。

## 18.1.2　标准合同格式规定的解决争议的方式

在商务合同中，特别是在标准合同格式中，除了规定友好解决争议的非诉讼方式外，一般均规定是通过仲裁还是法院解决争议。在涉及国际性的商务合同中，一般采用仲裁方式解决合同当事人之间发生的争议，这主要是因为仲裁和诉讼有着不同的特点，而仲裁较诉讼有着明显的优越性。正如施米托夫在《出口贸易》一书中所说的："诉讼不如仲裁，仲裁不如调解，而调解又不如预先防止发生法律纠纷，这几乎是不言而喻的⊖"。

与诉诸法院解决争议相比，仲裁具有如下特征：

(1) 管辖权的非强制性。由于仲裁机构属民间机构，其仲裁权的取得依靠合同当事人之间的协议，即合同双方当事人同意将争议提交某个仲裁机构，该仲裁机构才能受理争议，其管辖权的取得是通过合同当事人的授予获得的。而诉讼无需当事人之间的协议，只要一方在某个具有管辖权的法院起诉，被告即得应诉。

(2) 程序简便灵活。根据仲裁机构制定的仲裁规则，与诉讼相比，仲裁可以采取灵活的程序进行。而诉讼则需要根据诉讼法的规定严格执行诉讼程序。

(3) 专业人士处理争议。各个仲裁机构聘任的仲裁员一般都是某个领域的知名人士或专家，对某个领域的业务比较熟悉，且发生合同争议的当事人还可以选择仲裁员，因此，处理问题较法院快速及时，费用也较法院低廉。而在将争议诉诸法院后，合同当事人没有选择法官的权利，并且法院审理的费用较高。

(4) 仲裁裁决的终局性。仲裁裁决一般都是终局性的，合同当事人必须执行仲裁裁决，任何一方都不得向法院起诉，也不得向其他机构提出变更

---

⊖　施米托夫. 出口贸易 [M]. 北京：对外贸易教育出版社，1985：522.

裁决的请求。而法院诉讼一般至少有两个或两个以上的审级，如任何一方当事人不服法院的判决，可在法定期限内提起上诉。

（5）使用文件的原始文本。在仲裁时，仲裁庭一般使用的是合同规定的语言，合同当事人不需要将文件翻译为某种文字，可直接递交原合同语言的文本。而诉讼则不同，如果受理争议的法院使用的不是合同规定使用的语言，则合同当事人需要将所有证据翻译为法院所能接受的语言。

（6）保密性。仲裁一般是不公开进行的，仲裁裁决也不会对外公布。而法院判决，特别是英美法系国家，法院判决需要在报纸或官方刊物上刊载。

尽管仲裁与诉讼相比有许多优点，但仲裁也不是毫无缺点的。由于仲裁员一般是专业人员，对法律的理解无法与法官相比。德夫林法官在一个案例中发表过如下见解：

"仲裁有很大的好处，但也有不利之处。把事实问题与法律问题分割开来，可能就是其中一个不利之处……重要的是，打算在法庭上就法律上的论点进行辩论的人，必须了解已经认定的事实，作为他们准备提交法庭进行辩论的法律论点的依据㊀"。

在标准合同格式中，特别是工程施工合同格式中，如 FIDIC、ICE、JCT、AIA 等合同格式，一般均以明示的方式规定了解决争议的方式。有关仲裁机构，如联合国国际贸易法委员会建议合同双方当事人以下述方式订立仲裁条款：

"凡本合同引起的或与本合同有关的，或与违反、终止本合同或合同无效有关的所有争议、争执或请求权，应按现行有效的联合国国际贸易法委员会仲裁规则以仲裁方式处理。

注：双方当事人可考虑增订：

（1）指定仲裁员的机构应为……（机构或人员名称）

（2）仲裁员的人数应为……（一人或三人）

（3）仲裁地点应在……（城市或国家的名称）

（4）仲裁程序所使用的语言应为……"

合同当事人应牢记的是，在选择了仲裁时，就选择了放弃使用诉讼解决争议的方式。

---

㊀ 施米托夫. 出口贸易 [M]. 北京：对外贸易教育出版社，1985：520.

## 18.2 FIDIC 合同项下解决争议的机制

### 18.2.1 1987 年第 4 版规定的解决争议方式

FIDIC 合同 1987 年第 4 版第 67 条规定了解决争议的方式。FIDIC 在其《土木工程施工合同条款应用指南》指出:"尽管本条通常被称为仲裁条款,但它涉及的内容远远超过了仲裁条款。它既提供了双方解决争议的途径,同时也包括了把提交仲裁作为最后解决争议的办法的规定。"

FIDIC 合同 1987 年第 4 版第 67.1 款规定:

"如果业主和承包商之间由于或起因于合同或工程施工而产生任何争议,包括对工程师的任何意见、指示、决定、证书或估价方面的任何争议,无论是在工程施工中还是竣工后,也无论是在否认合同有效或合同在其他情况下终止之前还是之后,此类争议事宜应首先以书面形式提交工程师,并将一份副本提交另一方,并应说明向工程师提交此项文件是根据本款采取的行动。工程师应在收到上述文件后的 84 天之内将其决定通知业主和承包商。该决定应说明是根据本款作出的。

除非合同已被否认或终止,在任何情形下,承包商都应以应有的谨慎继续进行工程的施工,而且承包商和业主应立即执行工程师作出的每一项此类决定,除非并直到该决定按下述规定变为友好协商或仲裁裁决。

如果业主或承包商中的任何一方对工程师的任何决定不满意,或者如果工程师未能在他接到该文件后的第 84 天或在此之前将他所作决定的通知发出,那么,无论业主或是承包商都可以在收到此决定的通知后的第 70 天或在此之前,或在上述 84 天期满之后的第 70 天或在此之前,视情况而定,按下述规定将其把有关争议提交仲裁的意向通知另一方,并将一份副本提交工程师供其参考。这项通知确定了发出通知一方就争议案下述规定开始仲裁的权利。根据第 67.4 款的规定,如果没有发出此项通知,上述仲裁不能开始。"

FIDIC 合同第 67.2 款规定:

"根据第 67.1 款规定已经发出将一项争议提交仲裁的通知后,争议双方应首先设法友好解决争议,否则不应对这一争议开始仲裁。如果争议双方没有另外的协议,仲裁可在将此争议提交仲裁的意向通知发出后第 56 天或在此之后开始,而无论是否已作过友好解决的尝试。"

根据 FIDIC 合同 1987 年第 4 版第 67 条的规定,业主和承包商解决争议的方式如下：

（1）将争议提交工程师，由工程师在收到此争议文件后的84天内作出解决争议的决定。

（2）如对工程师的决定不满，则应向对方发出仲裁意向通知。

（3）在发出仲裁意向通知后的56天内，业主和承包商应尝试通过友好协商解决争议。

（4）如果双方未能通过友好协商解决争议，则可将争议提交第67.3款规定的仲裁机构，按照仲裁规则进行仲裁。

FIDIC合同将友好解决作为业主和承包商解决问题的一个程序。在双方进行友好协商时，也可邀请工程师给予协助。

### 18.2.2　1999年版新红皮书规定的解决争议方式

1999年版新红皮书对解决争议的方式和程序作出了重大修改，引入了争议裁决委员会（Dispute Adjudication Board, DAB）的机构和解决争议的机制。在FIDIC合同1987年第4版建立的工程师作出决定、友好协商和仲裁的三步解决争议的机制中加入了DAB裁决机制，为避免业主和承包商将争议提交仲裁增添了一道过滤网。FIDIC合同1999年版红皮书、黄皮书和银皮书中规定的DAB机制，得到了咨询工程师、承包商和法律界的好评。

根据1999年版红皮书第20.4款、第20.5款、第20.6款和第20.7款的规定，如果业主和承包商之间发生争议，应按照下述方式和程序解决争议：

（1）将双方之间的有关施工的争议，包括对工程师的任何证明、决定、指示、意见或估价的任何争议，以书面形式提交DAB。

（2）DAB应在84天内，要求业主或承包商提供进一步的信息，举行听证会，作出DAB的决定。

（3）如业主或承包商的任何一方对DAB的决定不满，应在收到DAB决定后的28天内，向另一方当事人发出不满通知。

（4）业主和承包商可在发出不满通知后的56天内或其后通过友好协商方式解决争议。

（5）如业主和承包商未能通过友好协商解决争议，则任何一方均可通过仲裁解决争议。

根据FIDIC合同1999年版第20.6款的规定，仲裁规则采用国际商会仲裁规则进行。但是，业主和承包商也可以在专用条款中修改该项内容，采用其他仲裁机构的仲裁规则进行仲裁。

DAB 是一个由三人或一人组成的对争议作出决定的独立的小组。当事人应执行 DAB 的决定，但如果任何一方当事人不满 DAB 的决定，可以将原争议提交仲裁解决。第 20.4 款特别规定了 DAB 不能作为仲裁员，因此不受合同准据法中有关仲裁最大的限制。承包商有必要规定 DAB 的程序、权力和权限，以及在 DAB 对争议作出决定后当事人可以或必须采取的行动。第 20.2 款至第 20.4 款，第 20 条后面的附件和附录以及在 FIDIC 文件结尾印制了 DAB 协议书规定了 DAB 的程序、权力和权限。

经验表明，与工程师根据 FIDIC 程序所作出的决定相比，双方当事人对 DAB 的决定更为满意且易于接受。如 DAB 能够成功运行，必须：

（1）DAB 成员选择的程序允许每一方分别推荐一个成员，随后任命的成员将完全独立于双方当事人。

（2）应在合同规定的时间任命 DAB，双方当事人和 DAB 的每一成员应签订争议裁决协议书。

（3）DAB 的任何决定应得到立即执行。

第 20.2 款（红皮书）要求根据投标附录的规定，在开工日期后的 28 天内，在合同开始时任命 DAB。第 20.2 款（黄皮书）要求根据第 20.4 款的规定，应在一方当事人向另一方当事人发出将争议提交 DAB 后的 28 天内任命 DAB。

对于一个三人 DAB 而言，合同要求每一方指定一个成员，并取得另一方的批准。在征询两个成员后，双方当事人应就主席人选达成一致，或者由第 20.3 款规定任命机构任命。

一人 DAB 可通过协议任命或由任命机构任命。应正视合同中规定的不同的成员任命程序，如下：

（1）每一方当事人可在递交标书之后和在中标通知书之前的这段时间指定一个成员，供另一方当事人同意。中标通知书中应确定双方同意的成员。

（2）第 20.2 款提及了在合同中规定潜在成员名单的可能性。FIDIC《专用条款编制指南》建议，如果不能在合同开始时任命 DAB，则上述名单是十分有用的，但强调"一方当事人不能强迫另一方当事人接受候选人承担这个职务（作为 DAB 成员）"。因此，在业主与首选的投标人进行合同谈判之前，应准备 DAB 成员名单。不能由业主单方面准备成员名单，名单中必须包括承包商建议的人选。

（3）在准备潜在的 DAB 成员名单时，可能出现的问题是实际任命名单中的成员可能没有时间。另外，在已经知道中标人的情况下，有必要检查是否存在利益的冲突。

（4）FIDIC投标函格式允许承包商接受或拒绝业主建议的名单，并可将其指定的人选列入名单。如果使用该程序，投标人可以在不承受任何压力的情况下接受业主的建议，并可以自由地在名单中增加他建议的人选。

（5）在开工日期之后的这段时间可以递交推荐人选并进行协商。这是最后程序，在现场工作的人员可以介入选择程序，但这可能各有利弊。

（6）如果当事人未能达成一致，FIDIC投标附录将指定FIDIC总裁作为任命机构。投标附录也可能对指定不同的任命机构进行了修改。

FIDIC《专用条款编制指南》强调了每一方当事人自由指定一个成员的重要性，以及在中标通知书之前任命DAB的好处。

重要的是，任命为DAB的成员应具有施工经验，包括索赔和解决争议的经验，合同解释的知识以及有关DAB程序的知识。DAB作为一个团队，而不是当事人的代表，因此，团队内的成员在经验和专业技术方面应取得平衡。同时，对于由不同当事人任命的成员而言，很难取得这样的平衡，因此应在选择主席时予以考虑。在作出最终决定之前，当事人最好能够讨论预期的候选人。

## 18.2.3 FIDIC分包合同规定的解决争议方式

由于分包商与业主和工程师没有合同关系，考虑到分包合同的特殊性，因此，FIDIC合同1987年第4版和1999年版红皮书中规定的解决争议的机制无法在分包合同中加以运用。如果主包商和分包商之间因分包工程或分包工程的施工发生争议，工程师无法介入其中，争议裁决委员会也无权对主包商和分包商的争议作出决定，也就是说，主合同规定的解决争议的方式和机制无法延伸到分包合同之中。在主包商和分包商发生争议时，只能通过友好协议和仲裁或诉讼解决争议，而不能通过工程师或DAB解决他们之间的争议。

FIDIC分包合同1994年版第19条规定了解决争议的方式，即：

（1）如果主包商和分包商之间发生争议，可在递交仲裁之前的56天通过友好协商解决争议。

（2）如果未能通过友好协商解决争议，则任何一方均可通过仲裁解决争议。

在FIDIC分包合同1994年版第19条中，规定了采用国际商会调解和仲裁规则的内容，对此，主包商和分包商可以在专用条款中进行选择和修改，采用选定仲裁机构制定的仲裁规则。

由于主包商和分包商之间发生争议后，无法借助主合同规定的解决争议的方式，即无法让工程师或 DAB 出面作出决定解决争议，因此，为避免将有关争议提交仲裁，避免诉诸最后的解决争议的手段，双方的友好协商就变得非常宝贵。毕竟，如同诉诸司法解决争议一样，仲裁也是解决争议的最后的手段，不到万不得已，应尽量避免使用仲裁或法院解决争议。

## 18.3 仲裁

### 18.3.1 仲裁条款和仲裁协议

仲裁条款是合同双方当事人在订立合同时同意的，在将来可能发生的争议时提交仲裁解决的合同条款。这种仲裁条款是合同条款的一个组成部分，包含在合同之中。

仲裁协议是合同双方当事人在发生合同争议后，表示同意将已经发生的争议交付仲裁的协议。

目前根据大多数国家的法律，只要合同中订有仲裁条款，在发生争议需要提交仲裁时，合同当事人无需另行签订仲裁协议，凭合同中的仲裁条款即可将争议提交仲裁。但在没有仲裁条款的情况下，则要求合同当事人在提出仲裁之前达成仲裁协议，凭仲裁协议才可将争议提交仲裁。

在合同当事人订立了仲裁条款或仲裁协议后，仲裁条款和协议的效力如下：

(1) 合同当事人应受仲裁条款和协议的约束，如发生争议，应提交仲裁解决，而不能向法院提起诉讼。

(2) 仲裁机构取得对争议案件的管辖权。

(3) 排除了法院对争议案件的管辖权。

一项具有效力的仲裁条款或仲裁协议的主要内容应包括：

(1) 仲裁地点。仲裁地点是合同双方当事人争论的焦点。业主、当地主包商都希望将仲裁地点确定在自己的国家，而外国承包商、外国分包商或外国主包商则不希望将仲裁地点确定在业主或当地主包商的国家，而希望选择在第三国进行仲裁。对于分包合同而言，为了避免选择在工程所在国的仲裁机构进行仲裁，一般而言，在第三国仲裁是一项主包商和分包商均可接受的选择。

(2) 仲裁机构。由于某些国家，特别是英美等发达国家，有全国性的仲裁机构，如英国伦敦仲裁院，也有许多专业性的组织都设有仲裁机构，如伦敦油籽协会、伦敦谷物贸易协会等，可以从事仲裁业务，因此，合同当事人在选择了仲裁地点后，还需要进一步选定仲裁机构。

（3）仲裁规则。仲裁规则是仲裁机构制定的如何进行仲裁的程序规则，包括如何提出仲裁申请、如何答辩、指定仲裁员、如何作出仲裁裁决和裁决的效力等内容。一般而言，合同当事人在选择了仲裁机构后，都会选择该仲裁机构自己制定的仲裁规则。当然，合同当事人也可以选择其他机构制定的仲裁规则。

（4）仲裁的效力。合同当事人应在仲裁条款或仲裁协议中明确规定仲裁的效力，即仲裁裁决是终局的裁决，对双方当事人都有约束力，任何一方都不得向法院提起上诉。

在标准合同格式中，一般都明确规定了一项完整的仲裁条款的内容，但在分包合同中，在主包商自己起草分包合同时，应注意仲裁条款的有效性和完整性，以便发生争议时可以依据仲裁条款将争议提交仲裁解决。

### 18.3.2 仲裁机构

一般来说，大多数国家的相关的组织和机构都设有各种类型的仲裁机构，有的是全国性的，有的是地区性的，有的则是专业性的仲裁机构。目前，在国际上比较有影响力的仲裁机构是：

（1）伦敦国际仲裁院。成立于1892年，1981年改名为伦敦国际仲裁院，是英国最主要的常设仲裁机构，由伦敦市政府、伦敦商会和英女王特许仲裁协会共同组成的联合委员会管理。

（2）美国仲裁协会。成立于1926年，总部设在纽约，在其他24个城市设有分会，由协会理事会领导，备有6000多名经济贸易界和其他各界人士的仲裁员名单。

（3）国际商会仲裁院。成立于1923年，总部设在巴黎，是处理国际商事争端的国际性民间组织。

（4）瑞典斯德哥尔摩仲裁院。成立于1917年，是瑞典全国性的仲裁机构，由于瑞典是中立国，因此，许多商事争议均在该仲裁院进行仲裁。

另外，在国际上享有盛名的仲裁机构还有中国香港仲裁机构、新加坡国际仲裁中心、日本商事仲裁协会等。

### 18.3.3 仲裁规则

除了各个仲裁机构都制定了自己的仲裁规则外，为了统一世界各国的仲裁规则，一些国际机构也制定了仲裁规则，主要有联合国国际贸易法委员会仲裁规则（UNCITRAL Arbitration Rules）和国际商会仲裁院仲裁规则（ICC Arbitration Rules）。FIDIC合同中推荐使用的是国际商会仲裁院仲裁规则，但业主和承包商也可约定使用其他机构的仲裁规则。

联合国国际贸易法委员会于1973年制定了供世界各国使用的仲裁规则，1976年获联合国正式通过，并推荐给各国采用。根据该仲裁规则的规定，凡合同当事人达成书面协议采用这一规则时，他们之间发生的争议就应按照这一规则进行仲裁。

仲裁员的人数由合同双方当事人事先约定。如双方未约定一名仲裁员，则应指定三名仲裁员。如指定一名仲裁员，则仲裁员的国籍应与合同双方当事人的国籍不同。在指定三名仲裁员的情况下，合同双方当事人指定两名仲裁员，然后由两名仲裁员指定第三名仲裁员，并由其担任首席仲裁员。

仲裁地点由合同双方当事人在仲裁条款或仲裁协议中约定，如未约定，则由仲裁员根据具体情况决定仲裁地点。如合同规定了合同的准据法，则仲裁员应予适用。如合同未能规定准据法，则仲裁员可根据法律冲突原则确定合同的准据法。

在作出裁决前，如合同当事人同意和解，仲裁员可发出停止仲裁的命令，也可以裁决方式记录调解的内容。

仲裁裁决对合同双方当事人具有约束力，裁决应以书面做成，并应表明裁决理由。裁决中还应明确裁决费用。仲裁费用通常由败诉一方承担，但仲裁员也可以决定由合同双方当事人分担。

## 18.3.4 仲裁程序

国际性的仲裁规则和各个仲裁机构制定的仲裁规则都规定了仲裁应该遵守的程序，这些程序基本相似，现以国际商会仲裁院1998年仲裁规则为例加以说明。

（1）仲裁申请。发生争议后，一方当事人应根据仲裁条款或仲裁协议，向国际商会仲裁院秘书处递交仲裁申请书。秘书处收到申请之日即为仲裁程序开始的日期。秘书处在收到申请后，应将申请书副本和附件寄送给被诉人。被诉人应在收到文件后的30天内提出答辩。

（2）组成仲裁庭。如仲裁庭由三人组成，则合同双方当事人应各指定一名仲裁员，首席仲裁员由仲裁院指定。如是一人仲裁员，合同当事人可协商提名，并报仲裁院确认。

（3）审理事项。仲裁庭在审理开始时，应起草"审理事项"文件，并制定审理日程表。在确认合同当事人已经交纳预付仲裁费后，仲裁庭开始审理案件。

（4）作出仲裁裁决。在合同当事人签署"审理事项"文件后的 6 个月内，仲裁庭应作出仲裁裁决。秘书处应向合同双方当事人宣告裁决文本。

## 18.3.5　仲裁裁决的执行

与法院判决的执行不同，由于仲裁机构属于民间组织，如果败诉一方拒不执行裁决，仲裁机构就无能为力，只能由胜诉一方向有关法院提出申请，要求法院强制执行。为了解决各国在承认和执行外国仲裁裁决上存在的分歧，国际上作出了积极的努力，在联合国的主持下，1958 年在纽约缔结了《关于承认和执行外国仲裁裁决的公约》，简称纽约公约。目前，已有 130 多个国家加入了纽约公约，使得承认和执行外国仲裁裁决有了国际公约的支持，扫清了外国仲裁裁决执行的障碍。

纽约公约的主要规定如下：

（1）公约规定，缔约国应该相互承认和执行对方国家作出的仲裁裁决。

（2）公约规定，申请承认和执行裁决的一方当事人应提供经过适当证明的裁决的正本或副本。

（3）公约详细规定了拒绝承认和执行外国仲裁裁决的条件。

（4）公约允许各缔约国在参加该公约时可以发表声明，提出若干保留条件。

目前，在承认和执行外国仲裁裁决的公约时，各国均根据该公约承认和执行有关的外国仲裁裁决。在国际承包工程业中，业主、承包商和分包商可以选择仲裁方式解决争议，而不必担心仲裁裁决的执行问题。

# 参 考 文 献

[1] 崔军. 如何计算工期索赔 [J]. 国际经济合作, 1992 (4).
[2] 崔军. 论对外工程承包中的保函 [D]. 北京: 北京大学法律学系, 1991.
[3] 崔军. 海外 BOT/PPP 案例分析. 特许权经营、BOT 和 PPP 国际先驱论坛论文集 [C]. 北京: 清华大学出版社, 2005.
[4] 崔军. BOT/PPP 项目风险、识别和分担 [C]. 全国工程项目融资高级研讨班, 2005.
[5] 崔军. 国际承包工程的融资方式 [J]. 国际工程与劳务, 2007 (3).
[6] 崔军. 工程分包的性质和特征 [J]. 国际工程与劳务, 2007 (5).
[7] 崔军. 国际工程分包合同关系 [J]. 国际工程与劳务, 2007 (6).
[8] 崔军. 国际工程分包的一般原则 [J]. 国际工程与劳务, 2007 (7).
[9] 崔军. 国际工程分包的特殊规则 [J]. 国际工程与劳务, 2007 (8).
[10] 崔军. 国际工程分包合同的编制 [J]. 国际工程与劳务, 2007 (9).
[11] 崔军. 国际工程分包合同中的几个问题 [J]. 国际工程与劳务, 2007 (10).
[12] 崔军. 国际分包工程的控制和管理 [J]. 国际工程与劳务, 2007 (11).
[13] 崔军. 投标两阶段合同理论和分包报价 [J]. 国际工程与劳务, 2008 (3).
[14] 崔军. 国际承包工程项目中的谨慎义务 [J]. 国际工程与劳务, 2008 (5).
[15] 崔军. 新旧版 FIDIC 合同索赔比较 [J]. 国际工程与劳务, 2008 (6).
[16] 崔军. FIDIC 合同中的满足使用功能的义务 [J]. 国际工程与劳务, 2008 (7).
[17] 崔军. FIDIC 合同中"迅捷和毫不延误地"的含义 [J]. 国际工程与劳务, 2008 (12).
[18] 崔军. FIDIC 合同中的警告义务 [J]. 国际工程与劳务, 2009 (3).
[19] 崔军. FIDIC 合同中按劳付酬原则及其应用 [J]. 国际工程与劳务, 2009 (6).
[20] 崔军. FIDIC 合同工期索赔的依据 [J]. 国际工程与劳务, 2009 (7).
[21] 崔军. 工期延长索赔的计算: 单因延误事件 [J]. 国际工程与劳务, 2009 (8).
[22] 崔军. 工期延长索赔的计算: 共同延误 [J]. 国际工程与劳务, 2009 (9).
[23] 崔军. 工期延长索赔的计算: 关键线路法 [J]. 国际工程与劳务, 2009 (10).
[24] 崔军. 工期延长索赔的计算: 工效损失法 [J]. 国际工程与劳务, 2009 (11).
[25] 崔军. 工期延误分析技术——计划影响法 [J]. 国际工程与劳务, 2009 (12).
[26] 崔军. 工期延误分析技术——时间影响分析法 [J]. 国际工程与劳务, 2010 (1).
[27] 崔军, 2009 年新版 FIDIC 分包合同中的主要内容和特点 [J]. 国际工程与劳务, 2010 (2).
[28] 崔军. 工期延误分析技术——实际与计划工期对比法 [J]. 国际工程与劳务, 2010 (3).
[29] 崔军. 工期延误分析技术——影响时间剔除法 [J]. 国际工程与劳务, 2010 (4).
[30] 崔军. FIDIC 合同项下工期延误的成因及其分析 [J]. 国际工程与劳务, 2010 (5).
[31] 崔军, 2009 年 FIDIC《施工分包合同》索赔处理机制 [J]. 国际工程与劳务,

2010（8）.
[32] 崔军. FIDIC 合同中工程变更的估价［J］. 国际工程与劳务，2010（9）.
[33] 崔军. 论 FIDIC 合同中的设计责任［J］. 项目管理技术，2010（6）.
[34] 崔军. 论国际承包工程中的意向书［J］. 项目管理技术，2010（7）.
[35] 崔军. CPM 网络进度计划中时差的归属［J］. 项目管理技术，2011（1）.
[36] 崔军. FIDIC 分包合同原理与实务［M］. 北京：机械工业出版社，2009.
[37] 曹祖平. 新编国际商法［M］. 2 版. 北京：中国人民大学出版社，2004.
[38] 国际咨询工程师联合会（FIDIC）. 大型土木工程项目保险［M］. 中国工程咨询协会编译. 北京：中国计划出版社，2001.
[39] 国际咨询工程师联合会（FIDIC）. 风险管理手册［M］. 中国工程咨询协会编译. 北京：中国计划出版社，2001.
[40] 国际咨询工程师联合会（FIDIC）. 客户/咨询工程师（单位）协议书（白皮书）指南［M］. 2 版. 中国工程咨询协会编译. 北京：机械工业出版社，2004.
[41] 国际咨询工程师联合会（FIDIC）. 土木工程施工合同条件应用指南［M］. 北京：航空工业出版社，1991.
[42] 国际咨询工程师联合会（FIDIC）. 土木工程施工分包合同条件［M］. 刘英，等译. 北京：中国建筑工业出版社，1996.
[43] 国际咨询工程师联合会（FIDIC）. 施工合同条件［M］. 中国工程咨询协会编译. 北京：机械工业出版社，2002.
[44] 罗格·诺尔斯. 合同争端及解决 100 例［M］. 冯志祥，路晓村，译. 北京：中国建筑工业出版社，2003.
[45] 吕文学. 国际工程合同管理［M］. 北京：化学工业出版社，2005.
[46] 邱闯. 国际工程合同原理与实务［M］. 北京：中国建筑工业出版社，2002.
[47] 沈达明，冯大同. 国际经济贸易中使用的银行担保［M］. 北京：法律出版社，1987.
[48] 施米托夫. 出口贸易—国际贸易的法律与实务［M］. 对外经济贸易大学对外贸易系，译. 北京：对外贸易教育出版社，1985.
[49] 汤礼智. 国际工程承包实务［M］. 北京：中国对外经济贸易出版社，1990.
[50] 田威. FIDIC 合同条件实用技巧［M］. 北京：中国建筑工业出版社，2002.
[51] 望月礼二郎. 英美法［M］. 郭建，王仲涛，译. 北京：商务印书馆，2005.
[52] 王兆俊. 国际建筑工程项目索赔案例详解［M］. 北京：海洋出版社，2006.
[53] 夏志宏. 国际承包工程风险和规避［M］. 北京：中国建筑工业出版社，2003.
[54] 杨建基. 国际工程项目管理［M］. 北京：中国水利水电出版社，1999.
[55] 杨桢. 英美契约法论［M］. 4 版. 北京：北京大学出版社，2007.
[56] 中国对外承包工程商会. 国际工程承包实用手册［M］. 北京：中国铁道出版社，2007.
[57] Adam Constable, Calum Lamont. Construction Claims［M］. Coventry：RIBA Books，2007.
[58] Brian W. Totterdill. FIDIC 用户指南［M］. 崔军，译. 北京：机械工业出版社，2009.
[59] David Chappell, Vincent Powell - Smith, John Sims. Building Contract Claims［M］.

Oxford: Blackwell Publishing, 2006.

[60] Dennis F. Turner. Building Contract Disputes [M]. London: Longman Scientific & Technical, 1990.

[61] Elizabeth A. Martin. A Dictionary of Law [M]. 4th ed. Oxford: Oxford University Press, 1997.

[62] Federation Internationale Des Ingenieurs – Conseils. Guide to the Use of FIDIC Conditions of Contract for Works of Civil Engineering Construction [M]. 4th ed. Switzerland, 1989.

[63] FWH Yik. Problems with Specialist Subcontracting in the Construction Industry [R/OL]. JHK Lai. KT Chan. http://bse.sagepub.com/cgi/reprint/27/3/183.

[64] Institution of Civil Engineers. ICE Conditions of Contract. 7th ed. London: Thomas Telford Limited, 2003.

[65] John Adriaanse. Construction Contract Law [M]. 2nd ed. New York, Palarave Macmillan, 2007.

[66] John McGuinness. The Law and Management of Building Subcontracts [M]. 2nd ed. Oxford: Blackwell Publishing, 2007.

[67] John Murdoch. Construction Contracts Law and Management [M]. 4th ed. London, Taylor & Francis, 2008.

[68] John Uff. Construction Law [M]. 9th ed. London: Sweet & Maxwell Limited, 2005.

[69] Julio Y. Shimizu. Subcontracting and Cooperation Network in Building Construction: A Literature Review [R/OL]. http://www.cpgec.ufrgs.br/iglc10/papers/74-Shimizu&Cardoso.pdf.

[70] Keith Collier. Construction Contract [M]. 3rd ed. 北京: 清华大学出版社, 2004.

[71] Marnah Suff. Essential Contract Law [M]. 2nd ed. 武汉: 武汉大学出版社, 2004.

[72] Max W. Abrahamson. Engineering Law and the I.C.E. Contracts [M]. 4th ed. London: Applied Science Publishers, 1983.

[73] Mcneill Stokes. Construction Law in Contractors' Language [M]. New York, Mcgraw-Hill Book Company, 1977.

[74] Nicholas J. Carnell. Causation and Delay in Construction Disputes [M]. 2nd ed. Oxford: Blackwell Publishing, 2005.

[75] Reg Thomas. 施工合同索赔 [M]. 2nd ed. 崔军, 译. 北京: 机械工业出版社, 2010.

[76] Roger Knowles. 150 Contractual Problems and Their Solutions [M]. 2nd ed. Oxford: Blackwell Publishing, 2005.

[77] Stephanie Owen. Law for the Construction Industry [M]. 2nd ed. Harlow: Pearson Education Limited, 1997.

[78] Stuart H. Bartholomew. Construction Contracting Business and Legal Principles [M]. 北京: 中国建筑工业出版社, 2005.

[79] Vincent Powell-Smith. Civil Engineering Claims [M]. Douglas Stephenson. Oxford: BSP Professional Books, 1989.